NOUVELLES ÉDITIONS CLASSIQUES

PUBLIÉES AVEC DES NOTES HISTORIQUES ET LITTÉRAIRES

THÉATRE CLASSIQUE

CONTENANT

LE CID, HORACE, CINNA, POLYEUCTE
DE P. CORNEILLE

BRITANNICUS, ESTHER, ATHALIE
DE J. RACINE

MÉROPE
DE VOLTAIRE

LE MISANTHROPE
DE MOLIÈRE

avec

LES PRÉFACES DES AUTEURS, LES EXAMENS DE CORNEILLE
LES VARIANTES ET LES PRINCIPALES IMITATIONS

ET ANNOTÉ

PAR AD. REGNIER

Professeur honoraire de rhétorique au lycée Charlemagne

PARIS
LIBRAIRIE HACHETTE ET Cie
BOULEVARD SAINT-GERMAIN, 79

YF 11871

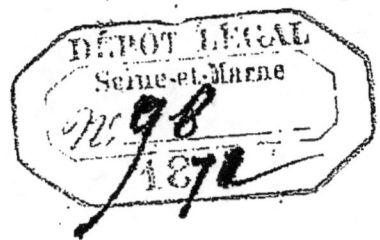

THÉATRE

CLASSIQUE

COULOMMIERS. — TYPOGRAPHIE A. MOUSSIN.

THÉATRE CLASSIQUE

CONTENANT

LE CID, HORACE, CINNA, POLYEUCTE
DE P. CORNEILLE
BRITANNICUS, ESTHER, ATHALIE
DE J. RACINE
MÉROPE
DE VOLTAIRE
LE MISANTHROPE
DE MOLIÈRE

avec

LES PRÉFACES DES AUTEURS, LES EXAMENS DE CORNEILLE
LES VARIANTES ET LES PRINCIPALES IMITATIONS

ET ANNOTÉ

PAR AD. REGNIER

Professeur honoraire de rhétorique au lycée Charlemagne

PARIS
LIBRAIRIE HACHETTE ET Cie
BOULEVARD SAINT-GERMAIN, 79

1872

1871

LE CID

TRAGÉDIE DE P. CORNEILLE

— 1636 —

« Le *Cid* n'a eu qu'une voix pour lui à sa naissance, qui a été celle de l'admiration ; il s'est vu plus fort que l'autorité et la politique, qui ont tenté vainement de le détruire ; il a réuni en sa faveur des esprits toujours partagés d'opinions et de sentiments, les grands et le peuple : ils s'accordent tous à le savoir de mémoire, et à prévenir au théâtre les acteurs qui le récitent. Le *Cid* enfin est l'un des plus beaux poëmes que l'on puisse faire. (LA BRUYÈRE.)

En vain contre le *Cid* un ministre se ligue,
Tout Paris pour Chimène a les yeux de Rodrigue.
L'Académie en corps a beau le censurer,
Le public révolté s'obstine à l'admirer.
(BOILEAU.)

ÉPITRE DE CORNEILLE

A MADAME LA DUCHESSE

D'AIGUILLON[1].

Madame,

Ce portrait vivant que je vous offre représente un héros assez reconnoissable aux lauriers dont il est couvert. Sa vie a été une suite continuelle de victoires; son corps, porté dans son armée, a gagné des batailles après sa mort; et son nom, au bout de six cents ans, vient encore triompher en France. Il y a trouvé une réception trop favorable pour se repentir d'être sorti de son pays, et d'avoir appris à parler une autre langue que la sienne. Ce succès a passé mes plus ambitieuses espérances, et m'a surpris d'abord; mais il a cessé de m'étonner depuis que j'ai vu la satisfaction que vous avez témoignée quand il a paru devant vous. Alors j'ai osé me promettre de lui tout ce qui en est arrivé, et j'ai cru qu'après les éloges dont vous l'avez honoré, cet applaudissement universel ne lui pouvoit manquer. Et véritablement, Madame, on ne peut douter avec raison de

---

[1] Marie-Magdeleine de Vignerot, fille de la sœur du cardinal de Richelieu et de René de Vignerot, seigneur de Pont-Courley. Elle épousa le marquis du Roure de Combalet, et fut dame d'atours de la reine; elle fut duchesse d'Aiguillon, de son chef, sur la fin de 1637. Cette épître dédicatoire lui fut adressée au commencement de 1637. Elle avoit un très-grand crédit sur son oncle le cardinal.

ce que vaut une chose qui a le bonheur de vous plaire ; le jugement que vous en faites est la marque assurée de son prix : et comme vous donnez toujours libéralement aux véritables beautés l'estime qu'elles méritent, les fausses n'ont jamais le pouvoir de vous éblouir. Mais votre générosité ne s'arrête pas à des louanges stériles pour les ouvrages qui vous agréent ; elle prend plaisir à s'étendre utilement sur ceux qui les produisent, et ne dédaigne point d'employer en leur faveur ce grand crédit que votre qualité et vos vertus vous ont acquis. J'en ai ressenti des effets qui me sont trop avantageux pour m'en taire, et je ne vous dois pas moins de remercîments pour moi que pour LE CID. C'est une reconnoissance qui m'est glorieuse, puisqu'il m'est impossible de publier que je vous ai de grandes obligations, sans publier en même temps que vous m'avez assez estimé pour vouloir que je vous en eusse. Aussi, MADAME, si je souhaite quelque durée pour cet heureux effort de ma plume, ce n'est point pour apprendre mon nom à la postérité, mais seulement pour laisser des marques éternelles de ce que je vous dois, et faire lire à ceux qui naîtront dans les autres siècles la protestation que je fais d'être toute ma vie,

MADAME,

    Votre très-humble, très-obéissant
    et très-obligé serviteur,

        P. CORNEILLE.

AVERTISSEMENT DE CORNEILLE.

Fragment de l'historien Mariana, *Historia general de España*, liv. IX, c. 5.

« Avia pocos dias antes hecho campo con D. Gomez conde de « Gormaz. Venciόle, y diόle la muerte. Lo que resultό deste « caso, fue que casό con doña Ximena, hija y heredera del mismo « conde. Ella misma requiriό al rey que se le diesse por marido « (ca estava muy prendada de sus partes), ό le castigasse con- « forme á las leyes, por la muerte que diό á su padre. Hizόse « el casamiento, que á todos estava á cuento, con qual por el « grande dote de su esposa, que se allegό al estado que él tenia « de su padre, se aumentό en poder y riquezas. »

Voilà ce qu'a prêté l'histoire à D. Guillem de Castro [1], qui a mis ce fameux événement sur le théâtre avant moi. Ceux qui entendent l'espagnol y remarqueront deux circonstances : l'une, que Chimène, ne pouvant s'empêcher de reconnoître et d'aimer les belles qualités qu'elle voyoit en D. Rodrigue, quoiqu'il eût tué son père (*estava prendada de sus partes*), alla proposer elle-même au roi cette généreuse alternative, ou qu'il le lui donnât pour mari, ou qu'il le fît punir suivant les lois; l'autre, que ce mariage se fît au gré de tout le monde (*á todos estava á cuento*). Deux chroniques du Cid ajoutent qu'il fut célébré par l'archevêque de Séville, en présence du roi et de toute sa cour; mais je me suis contenté du texte de l'historien, parce que toutes les deux ont quelque chose qui sent le roman, et peuvent ne persuader pas davantage que celles que nos François ont faites de Charlemagne et de Roland. Ce que j'ai rapporté de Mariana

[1]. Guillen de Castro, bien qu'il fût contemporain de Lope de Vega, est compté parmi les auteurs dramatiques antérieurs à ce grand poëte, parce que les pièces auxquelles il doit sa célébrité furent composées, pour la plupart, avant les chefs-d'œuvre de ce dernier. Il était mort depuis cinq ans, lorsque le *Cid* français parut.
Voyez dans le *Journal général de l'Instruction publique*, du 9 mars 1839 (compte rendu du cours de M. Fauriel), un parallèle du *Cid* de Guillen de Castro et du *Cid* de Corneille.

suffit pour faire voir l'état qu'on fit de Chimène et de son mariage dans son siècle même, où elle vécut en un tel éclat, que les rois d'Aragon et de Navarre tinrent à honneur d'être ses gendres, en épousant ses deux filles. Quelques-uns ne l'ont pas si bien traitée dans le nôtre : et, sans parler de ce qu'on a dit de la Chimène du théâtre, celui qui a composé l'histoire d'Espagne en françois l'a notée, dans son livre, de s'être tôt et aisément consolée de la mort de son père, et a voulu taxer de légèreté une action qui fut imputée à grandeur de courage par ceux qui en furent les témoins. Deux romances espagnoles que je vous donnerai ensuite de cet avertissement, parlent encore plus en sa faveur. Ces sortes de petits poëmes sont comme des originaux décousus de leurs anciennes histoires ; et je serois ingrat envers la mémoire de cette héroïne, si, après l'avoir fait connoître en France, et m'y être fait connoître par elle, je ne tâchois de la tirer de la honte qu'on lui a voulu faire, parce qu'elle a passé par mes mains. Je vous donne donc ces pièces justificatives de la réputation où elle a vécu, sans dessein de justifier la façon dont je l'ai fait parler françois. Le temps l'a fait pour moi, et les traductions qu'on en a faites en toutes les langues qui servent aujourd'hui à la scène, et chez tous les peuples où l'on voit des théâtres, je veux dire en italien, flamand, et anglois, sont d'assez glorieuses apologies contre tout ce qu'on en a dit. Je n'y ajouterai pour toute chose qu'environ une douzaine de vers espagnols qui semblent faits exprès pour la défendre. Ils sont du même auteur qui l'a traitée avant moi, D. Guillen de Castro, qui, dans une autre comédie, qu'il intitule *Engañarse engañando*, fait dire à une princesse de Béarn :

> A mirar
> Bien el mondo, que el tener
> Apetitos que vencer,
> Y ocasiones que dexar.
> Examinan el valor
> En la muger, yo dixera
> Lo que siento, porque fuera
> Luzimiento de mi honor.

> Pero malicias fundadas
> En honras mal entendidas
> De tentaciones vencidas
> Hacen culpas declaradas :
> Y assi, la que el dessear
> Con el resistir apunta,
> Vence dos vezes, si junta
> Con el resistir el callar.

C'est, si je ne me trompe, comme agit Chimène dans mon ouvrage, en présence du roi et de l'infante. Je dis en présence du roi et de l'infante, parce que, quand elle est seule, ou avec sa confidente, ou avec son amant, c'est une autre chose. Ses mœurs

AVERTISSEMENT DE CORNEILLE

sont inégalement égales, pour parler en termes de notre Aristote, et changent suivant les circonstances des lieux, des personnes, des temps et des occasions, en conservant toujours le même principe.

Au reste, je me sens obligé de désabuser le public de deux erreurs qui s'y sont glissées touchant cette tragédie, et qui semblent avoir été autorisées par mon silence. La première est que j'aie convenu de juges touchant son mérite, et m'en sois rapporté au sentiment de ceux qu'on a priés d'en juger. Je m'en tairois encore, si ce faux bruit n'avoit été jusque chez M. de Balzac dans sa province, ou, pour me servir de ses paroles mêmes, dans son désert, et si je n'en avois vu depuis peu les marques dans cette admirable lettre qu'il a écrite sur ce sujet, et qui ne fait pas la moindre richesse des deux derniers trésors qu'il nous a donnés. Or, comme tout ce qui part de sa plume regarde toute la postérité, maintenant que mon nom est assuré de passer jusqu'à elle dans cette lettre incomparable, il me seroit honteux qu'il y passât avec cette tache, et qu'on pût à jamais me reprocher d'avoir compromis de ma réputation. C'est une chose qui jusqu'à présent est sans exemple; et de tous ceux qui ont été attaqués comme moi, aucun que je sache n'a eu assez de foiblesse pour convenir d'arbitres avec ses censeurs; et s'ils ont laissé tout le monde dans la liberté publique d'en juger, ainsi que j'ai fait, ç'a été sans s'obliger, non plus que moi, à en croire personne. Outre que, dans la conjoncture où étoient lors les affaires du Cid, il ne falloit pas être grand devin pour prévoir ce que nous en avons vu arriver. A moins que d'être tout à fait stupide, on ne pouvoit pas ignorer que, comme les questions de cette nature ne concernent ni la religion ni l'État, on en peut décider par les règles de la prudence humaine, aussi bien que par celles du théâtre, et tourner sans scrupule le sens du bon Aristote du côté de la politique. Ce n'est pas que je sache si ceux qui ont jugé du Cid en ont jugé suivant leur sentiment ou non, ni même que je veuille dire qu'ils en aient bien ou mal jugé, mais seulement que ce n'a jamais été de mon consentement qu'ils en ont jugé, et que peut-être je l'aurois justifié sans beaucoup de peine, si la même raison qui les a fait parler ne m'avoit obligé à me taire. Aristote ne s'est pas expliqué si clairement dans sa Poétique, que nous n'en puissions faire ainsi que les philosophes, qui le tirent chacun à leur parti dans leurs opinions contraires; et comme c'est un pays inconnu pour beaucoup de monde, les plus zélés partisans du Cid en ont cru ses censeurs sur leur parole, et se sont imaginé avoir pleinement satisfait à toutes leurs objections, quand ils ont soutenu qu'il importoit peu qu'il fût selon les règles d'Aristote, et qu'Aristote en avoit fait pour son siècle et pour des Grecs, et non pas pour le nôtre et pour des François.

Cette seconde erreur, que mon silence a affermie, n'est pas moins injurieuse à Aristote qu'à moi. Ce grand homme a traité la poétique avec tant d'adresse et de jugement, que les préceptes qu'il nous en a laissés sont de tous les temps et de tous les peuples; et, bien loin de s'amuser au détail des bienséances et des agréments, qui peuvent être divers, selon que ces deux circonstances sont diverses, il a été droit aux mouvements de l'âme, dont la nature ne change point. Il a montré quelles passions la tragédie doit exciter dans celles de ses auditeurs; il a cherché quelles conditions sont nécessaires, et aux personnes qu'on introduit, et aux événements qu'on représente, pour les y faire naître; il en a laissé des moyens qui auroient produit leur effet partout dès la création du monde, et qui seront capables de le produire encore partout, tant qu'il y aura des théâtres et des acteurs; et pour le reste, que les lieux et les temps peuvent changer, il l'a négligé, et n'a pas même prescrit le nombre des actes, qui n'a été réglé que par Horace beaucoup après lui.

Et certes, je serois le premier qui condamnerois *le Cid*, s'il péchoit contre ces grandes et souveraines maximes que nous tenons de ce philosophe; mais, bien loin d'en demeurer d'accord, j'ose dire que cet heureux poëme n'a si extraordinairement réussi que parce qu'on y voit les deux maîtresses conditions (permettez-moi cette épithète) que demande ce grand maître aux excellentes tragédies, et qui se trouvent si rarement assemblées dans un même ouvrage, qu'un des plus doctes commentateurs de ce divin traité qu'il en a fait, soutient que toute l'antiquité ne les a vues se rencontrer que dans le seul OEdipe. La première est que celui qui souffre et est persécuté ne soit ni tout méchant ni tout vertueux, mais un homme plus vertueux que méchant, qui, par quelque trait de foiblesse humaine qui ne soit pas un crime, tombe dans un malheur qu'il ne mérite pas: l'autre, que la persécution et le péril ne viennent point d'un ennemi, ni d'un in-

AVERTISSEMENT DE CORNEILLE.

différent, mais d'une personne qui doive aimer celui qui souffre et en être aimée. Et voilà, pour en parler pleinement, la véritable et seule cause de tout le succès du *Cid*, en qui l'on ne peut méconnoître ces deux conditions, sans s'aveugler soi-même pour lui faire injustice. J'achève donc en m'acquittant de ma parole; et après vous avoir dit en passant ces deux mots pour le Cid du théâtre, je vous donne, en faveur de la Chimène de l'histoire, les deux romances que je vous ai promises.

ROMANCE PRIMERO.

Delante el rey de Leon
Doña Ximena una tarde
Se pone á pedir justicia
Por la muerte de su padre.
Para contra el Cid la pide,
Don Rodrigo de Bivare,
Que huerfana la dexó,
Niña, y de muy poca edade.
Si tengo razon, o non,
Bien, rey, lo alcanzas y sabes,
Que los negocios de honra
No pueden disimularse.
Cada dia que amanece
Veo al lobo de mi sangre
Caballero en un caballo
Por darme mayor pesare.
Mandale, buen rey, pues puedes,
Que no me ronde mi calle,
Que no se venga en mugeres
El hombre que mucho vale.
Si mi padre afrentó al suyo,
Bien ha vengado á su padre,

Que si honras pagaron muertes,
Para su disculpa basten.
Encomendada me tienes,
No consientas que me agravien,
Que el que á mi se fiziere,
A tu corona se faze.
Calledes, doña Ximena,
Que me dades pena grande,
Que yo dare buen remedio
Para todos vuestros males.
Al Cid no le he de ofender,
Que es hombre que mucho vale,
Y me defiende mis reynos,
Y quiero que me los guarde.
Pero yo faré un partido
Con el, que no os este male,
De tomalle la palabra
Para que con vos se case.
Contenta quedó Ximena,
Con la merced que le faze,
Que quien huerfana la fizó
Aquese mesmo la ampare.

ROMANCE SEGUNDO.

A Ximena y á Rodrigo
Prendió el rey palabra, y mano,
De juntarlos para en uno
En presencia de Layn Calvo.
Las enemistades viejas
Con amor se conformaron,
Que donde preside amor
Se olvidan muchos agravios.
. . . .
. . . .

Llegaron juntos los novios,
Y al dar la mano, y abrazo,

El Cid mirando á la novia,
Le dixó todo turbado:
Maté á tu padre, Ximena,
Pero no á desaguisado,
Matéle de hombre á hombre,
Para vengar cierto agravio.
Maté hombre, y hombre doy,
Aqui estoy a tu mandado,
Y en lugar del muerto padre
Cobraste un marido honrado.
A todos pareció bien,
Su discrecion alabaron,
Y assi se hizieron las bodas
De Rodrigo el Castellano.

PERSONNAGES.

D. FERNAND[1], premier roi de Castille.
D. URRAQUE, infante de Castille.
D. DIÈGUE, père de don Rodrigue.
D. GOMÈS, comte de Gormas, père de Chimène.
D. RODRIGUE[2], fils de don Diègue, et amant de Chimène.
D. SANCHE, amoureux de Chimène.
D. ARIAS, } gentilshommes castillans.
D. ALONSE,
CHIMÈNE, fille de don Gomès.
LÉONOR, gouvernante de l'infante.
ELVIRE, gouvernante de Chimène.
Un page de l'infante.

— La scène est à Séville[3]. —

---

1. Ferdinand Ier, dit *le Grand*, mourut en 1065, après avoir régné trente ans en Castille et vingt-huit ans dans le royaume de Léon.
2. D. Rodrigo ou Ruy Diaz de Bivar, surnommé *le Cid*, héros castillan du xie siècle.
3. Tantôt au palais du roi, tantôt dans la maison du comte de Gormas, tantôt dans la ville.

LE CID.

ACTE PREMIER.

*SCÈNE Iʳᵉ.
CHIMÈNE, ELVIRE.

CHIMÈNE.

Elvire, m'as-tu fait un rapport bien sincère ?
Ne déguises-tu rien de ce qu'a dit mon père ?

ELVIRE.

Tous mes sens à moi-même en sont encor charmés :
Il estime Rodrigue autant que vous l'aimez ;
Et si je ne m'abuse à lire dans son âme,
Il vous commandera de répondre à sa flamme.

CHIMÈNE.

Dis-moi donc, je te prie, une seconde fois,
Ce qui te fait juger qu'il approuve mon choix ;
Apprends-moi de nouveau quel espoir j'en dois prendre ;
Un si charmant discours ne se peut trop entendre ;
Tu ne peux trop promettre aux feux de notre amour
La douce liberté de se montrer au jour.
Que t'a-t-il répondu sur la secrète brigue
Que font auprès de toi don Sanche et don Rodrigue ?
N'as-tu point trop fait voir quelle inégalité
Entre ces deux amants me penche d'un côté ?

ELVIRE.

Non, j'ai peint votre cœur dans une indifférence
Qui n'enfle d'aucun d'eux, ni détruit l'espérance,
Et sans les voir d'un œil trop sévère ou trop doux,
Attend l'ordre d'un père à choisir un époux.

---

* *Voir*, à la fin de la pièce, *les Notes et les Variantes.*

Ce respect l'a ravi, sa bouche et son visage
M'en ont donné sur l'heure un digne témoignage;
Et puisqu'il vous en faut encor faire un récit,
Voici d'eux et de vous ce qu'en hâte il m'a dit :
« Elle est dans le devoir, tous deux sont dignes d'elle,
« Tous deux formés d'un sang noble, vaillant, fidèle,
« Jeunes, mais qui font lire aisément dans leurs yeux
« L'éclatante vertu de leurs braves aïeux.
« Don Rodrigue surtout n'a trait en son visage,
« Qui d'un homme de cœur ne soit la haute image,
« Et sort d'une maison si féconde en guerriers,
« Qu'ils y prennent naissance au milieu des lauriers.
« La valeur de son père, en son temps sans pareille,
« Tant qu'a duré sa force, a passé pour merveille;
« Ses rides sur son front ont gravé ses exploits[2],
« Et nous disent encor ce qu'il fut autrefois.
« Je me promets du fils ce que j'ai vu du père;
« Et ma fille, en un mot, peut l'aimer et me plaire. »
Il alloit au conseil, dont l'heure qui pressoit
A tranché ce discours qu'à peine il commençoit;
Mais à ce peu de mots je crois que sa pensée
Entre vos deux amants n'est pas fort balancée.
Le roi doit à son fils élire un gouverneur,
Et c'est lui que regarde un tel degré d'honneur;
Ce choix n'est pas douteux, et sa rare vaillance
Ne peut souffrir qu'on craigne aucune concurrence.
Comme ses hauts exploits le rendent sans égal,
Dans un espoir si juste il sera sans rival :
Et puisque don Rodrigue a résolu son père
Au sortir du conseil à proposer l'affaire,
Je vous laisse à juger s'il prendra bien son temps,
Et si tous vos désirs seront bientôt contents.

CHIMÈNE.
Il semble toutefois que mon âme troublée
Refuse cette joie, et s'en trouve accablée.
Un moment donne au sort des visages divers,
Et dans ce grand bonheur je crains un grand revers.

ELVIRE.
Vous verrez cette crainte heureusement déçue[3].

CHIMÈNE.
Allons, quoi qu'il en soit, en attendre l'issue.

SCÈNE II.

L'INFANTE, LÉONOR, UN PAGE

L'INFANTE.

Page, allez avertir Chimène de ma part [4]
Qu'aujourd'hui pour me voir elle attend un peu tard;
Et que mon amitié se plaint de sa paresse.

(Le page rentre.)

LÉONOR.

Madame, chaque jour même désir vous presse;
Et dans son entretien je vous vois chaque jour [5]
Demander en quel point se trouve son amour.

L'INFANTE.

Ce n'est pas sans sujet; je l'ai presque forcée
A recevoir les traits dont son âme est blessée :
Elle aime don Rodrigue, et le tient de ma main,
Et par moi don Rodrigue a vaincu son dédain;
Ainsi de ces amants ayant formé les chaînes,
Je dois prendre intérêt à voir finir leurs peines [6].

LÉONOR.

Madame, toutefois, parmi leurs bons succès,
Vous montrez un chagrin qui va jusqu'à l'excès [7].
Cet amour, qui tous deux les comble d'allégresse,
Fait-il de ce grand cœur la profonde tristesse?
Et ce grand intérêt que vous prenez pour eux
Vous rend-il malheureuse alors qu'ils sont heureux?
Mais je vais trop avant et deviens indiscrète.

L'INFANTE.

Ma tristesse redouble à la tenir secrète.
Écoute, écoute enfin comme j'ai combattu,
Écoute quels assauts brave encor ma vertu [8].
  L'amour est un tyran qui n'épargne personne.
Ce jeune cavalier, cet amant que je donne [9],
Je l'aime.

LÉONOR.

Vous l'aimez!

L'INFANTE.

Mets la main sur mon cœur,
Et vois comme il se trouble au nom de son vainqueur,
Comme il le reconnoît.

LÉONOR.
                Pardonnez-moi, madame,
Si je sors du respect pour blâmer cette flamme.
Une grande princesse à ce point s'oublier
Que d'admettre en son cœur un simple cavalier [10] !
Et que diroit le roi, que diroit la Castille ?
Vous souvient-il encor de qui vous êtes fille ?
            L'INFANTE.
Il m'en souvient si bien que j'épandrai mon sang,
Avant que je m'abaisse à démentir mon rang.
Je te répondrois bien que dans les belles âmes
Le seul mérite a droit de produire des flammes ;
Et, si ma passion cherchoit à s'excuser,
Mille exemples fameux pourroient l'autoriser :
Mais je n'en veux point suivre où ma gloire s'engage ;
La surprise des sens n'abat point mon courage [11],
Et je me dis toujours qu'étant fille de roi,
Tout autre qu'un monarque est indigne de moi.
Quand je vis que mon cœur ne se pouvoit défendre,
Moi-même je donnai ce que je n'osois prendre.
Je mis, au lieu de moi, Chimène en ses liens,
Et j'allumai leurs feux pour éteindre les miens.
Ne t'étonne donc plus si mon âme gênée
Avec impatience attend leur hyménée :
Tu vois que mon repos en dépend aujourd'hui.
Si l'amour vit d'espoir, il périt avec lui [12] ;
C'est un feu qui s'éteint faute de nourriture ;
Et, malgré la rigueur de ma triste aventure,
Si Chimène a jamais Rodrigue pour mari,
Mon espérance est morte, et mon esprit guéri.
    Je souffre cependant un tourment incroyable.
Jusques à cet hymen Rodrigue m'est aimable :
Je travaille à le perdre, et le perds à regret ;
Et de là prend son cours mon déplaisir secret.
Je vois avec chagrin que l'amour me contraigne [13]
A pousser des soupirs pour ce que je dédaigne ;
Je sens en deux partis mon esprit divisé.
Si mon courage est haut, mon cœur est embrasé.
Cet hymen m'est fatal, je le crains et souhaite :
Je n'ose en espérer qu'une joie imparfaite [14].
Ma gloire et mon amour ont pour moi tant d'appas,
Que je meurs s'il s'achève, ou ne s'achève pas.

LÉONOR.
Madame, après cela je n'ai rien à vous dire,
Sinon que de vos maux avec vous je soupire :
Je vous blâmois tantôt, je vous plains à présent;
Mais, puisque dans un mal si doux et si cuisant
Votre vertu combat et son charme et sa force,
En repousse l'assaut, en rejette l'amorce,
Elle rendra le calme à vos esprits flottants.
Espérez donc tout d'elle, et du secours du temps :
Espérez tout du ciel; il a trop de justice
Pour laisser la vertu dans un si long supplice [15].
L'INFANTE.
Ma plus douce espérance est de perdre l'espoir.
LE PAGE.
Par vos commandements Chimène vous vient voir.
L'INFANTE, à Léonor.
Allez l'entretenir en cette galerie.
LÉONOR.
Voulez-vous demeurer dedans la rêverie ?
L'INFANTE.
Non, je veux seulement, malgré mon déplaisir,
Remettre mon visage un peu plus à loisir.
Je vous suis.
L'INFANTE.
   Juste ciel, d'où j'attends mon remède,
Mets enfin quelque borne au mal qui me possède,
Assure mon repos, assure mon honneur.
Dans le bonheur d'autrui je cherche mon bonheur.
Cet hyménée à trois également importe;
Rends son effet plus prompt, ou mon âme plus forte.
D'un lien conjugal joindre ces deux amants,
C'est briser tous mes fers, et finir mes tourments.
Mais je tarde un peu trop, allons trouver Chimène,
Et, par son entretien, soulager notre peine.

SCÈNE III [16].

LE COMTE, D. DIÈGUE.

LE COMTE.
Enfin vous l'emportez, et la faveur du roi
Vous élève en un rang qui n'étoit dû qu'à moi;
Il vous fait gouverneur du prince de Castille.

D. DIÈGUE.

Cette marque d'honneur qu'il met dans ma famille
Montre à tous qu'il est juste, et fait connoître assez
Qu'il sait récompenser les services passés.

LE COMTE.

Pour grands que soient les rois, ils sont ce que nous sommes :
Ils peuvent se tromper comme les autres hommes ;
Et ce choix sert de preuve à tous les courtisans
Qu'ils savent mal payer les services présents.

D. DIÈGUE.

Ne parlons plus d'un choix dont votre esprit s'irrite ;
La faveur l'a pu faire autant que le mérite.
Mais on doit ce respect au pouvoir absolu [17],
De n'examiner rien quand un roi l'a voulu.
A l'honneur qu'il m'a fait ajoutez-en un autre ;
Joignons d'un sacré nœud ma maison à la vôtre.
Vous n'avez qu'une fille, et moi je n'ai qu'un fils [18] ;
Leur hymen nous peut rendre à jamais plus qu'amis :
Faites-nous cette grâce, et l'acceptez pour gendre.

LE COMTE.

A des partis plus hauts ce beau fils doit prétendre ;
Et le nouvel éclat de votre dignité
Lui doit enfler le cœur d'une autre vanité [19].
Exercez-la, monsieur, et gouvernez le prince ;
Montrez-lui comme il faut régir une province,
Faire trembler partout les peuples sous sa loi,
Remplir les bons d'amour, et les méchants d'effroi ;
Joignez à ces vertus celles d'un capitaine :
Montrez-lui comme il faut s'endurcir à la peine,
Dans le métier de Mars se rendre sans égal,
Passer les jours entiers et les nuits à cheval,
Reposer tout armé, forcer une muraille,
Et ne devoir qu'à soi le gain d'une bataille :
Instruisez-le d'exemple, et rendez-le parfait [20],
Expliquant à ses yeux vos leçons par l'effet.

D. DIÈGUE.

Pour s'instruire d'exemple, en dépit de l'envie,
Il lira seulement l'histoire de ma vie.
Là, dans un long tissu de belles actions,
Il verra comme il faut dompter des nations,
Attaquer une place, ordonner une armée,
Et sur de grands exploits bâtir sa renommée.

LE COMTE.

Les exemples vivants sont d'un autre pouvoir [21],
Un prince dans un livre apprend mal son devoir.
Et qu'a fait, après tout, ce grand nombre d'années,
Que ne puisse égaler une de mes journées?
Si vous fûtes vaillant, je le suis aujourd'hui;
Et ce bras du royaume est le plus ferme appui.
Grenade et l'Aragon tremblent quand ce fer brille;
Mon nom sert de rempart à toute la Castille:
Sans moi, vous passeriez bientôt sous d'autres lois,
Et vous auriez bientôt vos ennemis pour rois [22].
Chaque jour, chaque instant, pour rehausser ma gloire,
Met lauriers sur lauriers, victoire sur victoire:
Le prince à mes côtés feroit dans les combats
L'essai de son courage à l'ombre de mon bras;
Il apprendroit à vaincre en me regardant faire;
Et, pour répondre en hâte à son grand caractère,
Il verroit...

D. DIÈGUE.

　　　　Je le sais, vous servez bien le roi.
Je vous ai vu combattre et commander sous moi:
Quand l'âge dans mes nerfs a fait couler sa glace,
Votre rare valeur a bien rempli ma place:
Enfin, pour épargner les discours superflus,
Vous êtes aujourd'hui ce qu'autrefois je fus.
Vous voyez toutefois qu'en cette concurrence
Un monarque entre nous met quelque différence [23].

LE COMTE.

Ce que je méritois, vous l'avez emporté.

D. DIÈGUE.

Qui l'a gagné sur vous l'avoit mieux mérité.

LE COMTE.

Qui peut mieux l'exercer en est bien le plus digne.

D. DIÈGUE.

En être refusé n'en est pas un bon signe.

LE COMTE.

Vous l'avez eu par brigue, étant vieux courtisan.

D. DIÈGUE.

L'éclat de mes hauts faits fut mon seul partisan.

LE COMTE.
Parlons-en mieux, le roi fait honneur à votre âge.
D. DIÈGUE.
Le roi, quand il en fait, le mesure au courage.
LE COMTE.
Et par là cet honneur n'étoit dû qu'à mon bras.
D. DIÈGUE.
Qui n'a pu l'obtenir ne le méritoit pas.
LE COMTE.
Ne le méritoit pas ! Moi ?
D. DIÈGUE.
Vous.
LE COMTE.
Ton impudence,
Téméraire vieillard, aura sa récompense.
(Il lui donne un soufflet.)
D. DIÈGUE, mettant l'épée à la main.
Achève, et prends ma vie après un tel affront,
Le premier dont ma race ait vu rougir son front.
LE COMTE.
Et que penses-tu faire avec tant de foiblesse ?
D. DIÈGUE.
O Dieu ! ma force usée en ce besoin me laisse [24] !
LE COMTE.
Ton épée est à moi ; mais tu serois trop vain,
Si ce honteux trophée avoit chargé ma main.
Adieu. Fais lire au prince, en dépit de l'envie,
Pour son instruction, l'histoire de ta vie ;
D'un insolent discours ce juste châtiment
Ne lui servira pas d'un petit ornement [25].

SCÈNE IV.

D. DIÈGUE.

O rage ! ô désespoir ! ô vieillesse ennemie !
N'ai-je donc tant vécu que pour cette infamie ?
Et ne suis-je blanchi dans les travaux guerriers
Que pour voir en un jour flétrir tant de lauriers ?
Mon bras qu'avec respect toute l'Espagne admire,
Mon bras qui tant de fois a sauvé cet empire,
Tant de fois affermi le trône de son roi,
Trahit donc ma querelle, et ne fait rien pour moi ?

O cruel souvenir de ma gloire passée !
OEuvre de tant de jours en un jour effacée !
Nouvelle dignité, fatale à mon bonheur !
Précipice élevé d'où tombe mon honneur !
Faut-il de votre éclat voir triompher le comte,
Et mourir sans vengeance, ou vivre dans la honte ?
Comte, sois de mon prince à présent gouverneur ;
Ce haut rang n'admet point un homme sans honneur ;
Et ton jaloux orgueil, par cet affront insigne,
Malgré le choix du roi, m'en a su rendre indigne.
Et toi, de mes exploits glorieux instrument,
Mais d'un corps tout de glace inutile ornement,
Fer, jadis tant à craindre, et qui, dans cette offense,
M'as servi de parade, et non pas de défense,
Va, quitte désormais le dernier des humains,
Passe, pour me venger, en de meilleures mains [26]

SCÈNE V.

D. DIÈGUE, D. RODRIGUE

D. DIÈGUE.

Rodrigue, as-tu du cœur ?

D. RODRIGUE.

Tout autre que mon père
L'éprouveroit sur l'heure.

D. DIÈGUE.

Agréable colère !
Digne ressentiment à ma douleur bien doux !
Je reconnois mon sang à ce noble courroux ;
Ma jeunesse revit en cette ardeur si prompte.
Viens, mon fils, viens, mon sang, viens réparer ma honte ;
Viens me venger.

D. RODRIGUE.

De quoi ?

D. DIÈGUE.

D'un affront si cruel,
Qu'à l'honneur de tous deux il porte un coup mortel ;
D'un soufflet. L'insolent en eût perdu la vie ;
Mais mon âge a trompé ma généreuse envie ;
Et ce fer que mon bras ne peut plus soutenir,
Je le remets au tien pour venger et punir.

Va contre un arrogant éprouver ton courage :
Ce n'est que dans le sang qu'on lave un tel outrage ;
Meurs, ou tue. Au surplus, pour ne te point flatter,
Je te donne à combattre un homme à redouter :
Je l'ai vu, tout couvert de sang et de poussière[27]
Porter partout l'effroi dans une armée entière.
J'ai vu, par sa valeur, cent escadrons rompus ;
Et, pour t'en dire encor quelque chose de plus,
Plus que brave soldat, plus que grand capitaine,
C'est....

D. RODRIGUE.

De grâce, achevez.

D. DIÈGUE.

Le père de Chimène.

D. RODRIGUE.

Le....

D. DIÈGUE.

Ne réplique point, je connois ton amour.
Mais qui peut vivre infâme est indigne du jour
Plus l'offenseur est cher, et plus grande est l'offense :
Enfin tu sais l'affront, et tu tiens la vengeance.
Je ne te dis plus rien. Venge-moi, venge-toi ;
Montre-toi digne fils d'un père tel que moi.
Accablé des malheurs où le destin me range,
Je vais les déplorer. Va, cours, vole, et nous venge[28].

SCÈNE VI.

D. RODRIGUE.

Percé jusques au fond du cœur
D'une atteinte imprévue aussi bien que mortelle,
Misérable vengeur d'une juste querelle,
Et malheureux objet d'une injuste rigueur,
Je demeure immobile, et mon âme abattue
   Cède au coup qui me tue.
Si près de voir mon feu récompensé,
   O Dieu ! l'étrange peine !
En cet affront mon père est l'offensé,
   Et l'offenseur le père de Chimène !

ACTE I, SCÈNE VI.

Que je sens de rudes combats !
Contre mon propre honneur mon amour s'intéresse :
Il faut venger un père, et perdre une maîtresse.
L'un m'anime le cœur, l'autre retient mon bras[29].
Réduit au triste choix ou de trahir ma flamme,
  Ou de vivre en infâme,
  Des deux côtés mon mal est infini.
    O Dieu ! l'étrange peine !
  Faut-il laisser un affront impuni ?
  Faut-il punir le père de Chimène ?

    Père, maîtresse, honneur, amour,
Noble et dure contrainte, aimable tyrannie[30],
Tous mes plaisirs sont morts, ou ma gloire ternie.
L'un me rend malheureux, l'autre indigne du jour.
Cher et cruel espoir d'une âme généreuse,
    Mais ensemble amoureuse,
  Digne ennemi de mon plus grand bonheur[31],
    Fer qui causes ma peine,
  M'es-tu donné pour venger mon honneur ?
  M'es-tu donné pour perdre ma Chimène ?

    Il vaut mieux courir au trépas.
Je dois à ma maîtresse aussi bien qu'à mon père ;
J'attire en me vengeant sa haine et sa colère[32] ;
J'attire ses mépris en ne me vengeant pas.
A mon plus doux espoir l'un me rend infidèle,
    Et l'autre indigne d'elle.
  Mon mal augmente à le vouloir guérir ;
    Tout redouble ma peine.
  Allons, mon âme, et puisqu'il faut mourir,
  Mourons du moins sans offenser Chimène.

    Mourir sans tirer ma raison !
Rechercher un trépas si mortel à ma gloire !
Endurer que l'Espagne impute à ma mémoire
D'avoir mal soutenu l'honneur de ma maison !
Respecter un amour dont mon âme égarée
    Voit la perte assurée !
  N'écoutons plus ce penser suborneur,
    Qui ne sert qu'à ma peine.
  Allons, mon bras, sauvons du moins l'honneur,
  Puisque après tout il faut perdre Chimène[33].

Oui, mon esprit s'étoit déçu.
Je dois tout à mon père avant qu'à ma maîtresse[54] :
Que je meure au combat, ou meure de tristesse,
Je rendrai mon sang pur comme je l'ai reçu.
Je m'accuse déjà de trop de négligence :
    Courons à la vengeance ;
Et, tout honteux d'avoir tant balancé,
    Ne soyons plus en peine,
(Puisque aujourd'hui mon père est l'offensé,
Si l'offenseur est père de Chimène.

FIN DU PREMIER ACTE.

ACTE SECOND.

SCÈNE I.
D. ARIAS, LE COMTE.

LE COMTE.
Je l'avoue entre nous, mon sang un peu trop chaud [1]
S'est trop ému d'un mot, et l'a porté trop haut.
Mais, puisque c'en est fait, le coup est sans remède.

D. ARIAS.
Qu'aux volontés du roi ce grand courage cède :
Il y prend grande part; et son cœur irrité
Agira contre vous de pleine autorité.
Aussi vous n'avez point de valable défense.
Le rang de l'offensé, la grandeur de l'offense,
Demandent des devoirs et des submissions
Qui passent le commun des satisfactions.

LE COMTE.
Le roi peut, à son gré, disposer de ma vie [2].

D. ARIAS.
De trop d'emportement votre faute est suivie.
Le roi vous aime encore; apaisez son courroux :
Il a dit, JE LE VEUX; désobéirez-vous?

LE COMTE.
Monsieur, pour conserver tout ce que j'ai d'estime [3],
Désobéir un peu n'est pas un si grand crime;
Et, quelque grand qu'il soit, mes services présents [4]
Pour le faire abolir sont plus que suffisants [5].

D. ARIAS.
Quoi qu'on fasse d'illustre et de considérable,
Jamais à son sujet un roi n'est redevable.
Vous vous flattez beaucoup, et vous devez savoir
Que qui sert bien son roi ne fait que son devoir.
Vous vous perdrez, monsieur, sur cette confiance.

LE COMTE.
Je ne vous en croirai qu'après l'expérience.

D. ARIAS.
Vous devez redouter la puissance d'un roi.
LE COMTE.
Un jour seul ne perd pas un homme tel que moi.
Que toute sa grandeur s'arme pour mon supplice,
Tout l'État périra, s'il faut que je périsse[6].
D. ARIAS.
Quoi! vous craignez si peu le pouvoir souverain....
LE COMTE.
D'un sceptre qui sans moi tomberoit de sa main.
Il a trop d'intérêt lui-même en ma personne,
Et ma tête en tombant feroit choir sa couronne.
D. ARIAS.
Souffrez que la raison remette vos esprits.
Prenez un bon conseil.
LE COMTE.
Le conseil en est pris.
D. ARIAS.
Que lui dirai-je enfin? je lui dois rendre compte.
LE COMTE.
Que je ne puis du tout consentir à ma honte.
D. ARIAS.
Mais songez que les rois veulent être absolus.
LE COMTE.
Le sort en est jeté, monsieur; n'en parlons plus.
D. ARIAS.
Adieu donc, puisqu'en vain je tâche à vous résoudre.
Tout couvert de lauriers, craignez encor la foudre[7].
LE COMTE.
Je l'attendrai sans peur.
D. ARIAS.
Mais non pas sans effet.
LE COMTE.
Nous verrons donc par là don Diègue satisfait.
(D. Arias rentre.)
Qui ne craint point la mort ne craint point les menaces[8].
J'ai le cœur au-dessus des plus fières disgrâces;
Et l'on peut me réduire à vivre sans bonheur,
Mais non pas me résoudre à vivre sans honneur.

SCÈNE II.
LE COMTE, D. RODRIGUE.

D. RODRIGUE.
A moi, comte, deux mots.

LE COMTE.
Parle.

D. RODRIGUE.
Ote-moi d'un doute.
Connois-tu bien don Diègue?

LE COMTE.
Oui.

D. RODRIGUE.
Parlons bas; écoute.
Sais-tu que ce vieillard fut la même vertu,
La vaillance et l'honneur de son temps? le sais-tu?

LE COMTE.
Peut-être.

D. RODRIGUE.
Cette ardeur que dans les yeux je porte,
Sais-tu que c'est son sang? le sais-tu?

LE COMTE.
Que m'importe?

D. RODRIGUE.
A quatre pas d'ici je te le fais savoir.

LE COMTE.
Jeune présomptueux.

D. RODRIGUE.
Parle sans t'émouvoir.
Je suis jeune, il est vrai; mais aux âmes bien nées
La valeur n'attend point le nombre des années.

LE COMTE.
Te mesurer à moi! qui t'a rendu si vain [9],
Toi, qu'on n'a jamais vu les armes à la main?

D. RODRIGUE.
Mes pareils à deux fois ne se font point connoître,
Et pour leurs coups d'essai veulent des coups de maître.

LE COMTE.
Sais-tu bien qui je suis?

D. RODRIGUE.

Oui ; tout autre que moi
Au seul bruit de ton nom pourroit trembler d'effroi.
Les palmes dont je vois ta tête si couverte [10]
Semblent porter écrit le destin de ma perte.
J'attaque en téméraire un bras toujours vainqueur ;
Mais j'aurai trop de force ayant assez de cœur.
A qui venge son père il n'est rien d'impossible [11].
Ton bras est invaincu, mais non pas invincible.

LE COMTE.

Ce grand cœur qui paroît aux discours que tu tiens
Par tes yeux, chaque jour, se découvroit aux miens ;
Et, croyant voir en toi l'honneur de la Castille,
Mon âme avec plaisir te destinoit ma fille.
Je sais ta passion, et suis ravi de voir
Que tous ses mouvements cèdent à ton devoir ;
Qu'ils n'ont point affoibli cette ardeur magnanime ;
Que ta haute vertu répond à mon estime ;
Et que, voulant pour gendre un cavalier parfait [12],
Je ne me trompois point au choix que j'avois fait.
Mais je sens que pour toi ma pitié s'intéresse :
J'admire ton courage, et je plains ta jeunesse.
Ne cherche point à faire un coup d'essai fatal ;
Dispense ma valeur d'un combat inégal ;
Trop peu d'honneur pour moi suivroit cette victoire :
A vaincre sans péril, on triomphe sans gloire.
On te croiroit toujours abattu sans effort ;
Et j'aurois seulement le regret de ta mort.

D. RODRIGUE.

D'une indigne pitié ton audace est suivie :
Qui m'ose ôter l'honneur craint de m'ôter la vie !

LE COMTE.

Retire-toi d'ici.

D. RODRIGUE.

Marchons sans discourir.

LE COMTE.

Es-tu si las de vivre ?

D. RODRIGUE.

As-tu peur de mourir ?

LE COMTE.

Viens, tu fais ton devoir, et le fils dégénère
Qui survit un moment à l'honneur de son père.

SCÈNE III.

L'INFANTE, CHIMÈNE, LÉONOR.

L'INFANTE.
Apaise, ma Chimène, apaise ta douleur;
Fais agir ta constance en ce coup de malheur :
Tu reverras le calme après ce foible orage;
Ton bonheur n'est couvert que d'un peu de nuage[13],
Et tu n'as rien perdu pour le voir différer.

CHIMÈNE.
Mon cœur outré d'ennuis n'ose rien espérer.
Un orage si prompt qui trouble une bonace
D'un naufrage certain nous porte la menace;
Je n'en saurois douter, je péris dans le port.
J'aimois, j'étois aimée, et nos pères d'accord;
Et je vous en contois la charmante nouvelle[14]
Au malheureux moment que naissoit leur querelle,
Dont le récit fatal, sitôt qu'on vous l'a fait,
D'une si douce attente a ruiné l'effet.
Maudite ambition, détestable manie,
Dont les plus généreux souffrent la tyrannie!
Honneur impitoyable à mes plus chers désirs[15],
Que tu me vas coûter de pleurs et de soupirs!

L'INFANTE.
Tu n'as dans leur querelle aucun sujet de craindre,
Un moment l'a fait naître, un moment va l'éteindre;
Elle a fait trop de bruit pour ne pas s'accorder,
Puisque déjà le roi les veut accommoder;
Et tu sais que mon âme, à tes ennuis sensible[16],
Pour en tarir la source y fera l'impossible.

CHIMÈNE.
Les accommodements ne font rien en ce point :
De si mortels affronts ne se réparent point[17].
En vain on fait agir la force ou la prudence;
Si l'on guérit le mal, ce n'est qu'en apparence :
La haine que les cœurs conservent au dedans
Nourrit des feux cachés, mais d'autant plus ardents.

L'INFANTE.
Le saint nœud qui joindra don Rodrigue et Chimène
Des pères ennemis dissipera la haine;

Et nous verrons bientôt votre amour le plus fort
Par un heureux hymen étouffer ce discord.
CHIMÈNE.
Je le souhaite ainsi plus que je ne l'espère :
Don Diègue est trop altier, et je connois mon père.
Je sens couler des pleurs que je veux retenir;
Le passé me tourmente, et je crains l'avenir.
L'INFANTE.
Que crains-tu? d'un vieillard l'impuissante foiblesse?
CHIMÈNE.
Rodrigue a du courage.
L'INFANTE.
Il a trop de jeunesse.
CHIMÈNE.
Les hommes valeureux le sont du premier coup.
L'INFANTE.
Tu ne dois pas pourtant le redouter beaucoup;
Il est trop amoureux pour te vouloir déplaire;
Et deux mots de ta bouche arrêtent sa colère.
CHIMÈNE.
S'il ne m'obéit point, quel comble à mon ennui!
Et, s'il peut m'obéir, que dira-t-on de lui?
Étant né ce qu'il est, souffrir un tel outrage[18]!
Soit qu'il cède ou résiste au feu qui me l'engage,
Mon esprit ne peut qu'être ou honteux, ou confus,
De son trop de respect, ou d'un juste refus.
L'INFANTE.
Chimène a l'âme haute, et, quoique intéressée[19],
Elle ne peut souffrir une basse pensée :
Mais, si jusques au jour de l'accommodement
Je fais mon prisonnier de ce parfait amant,
Et que j'empêche ainsi l'effet de son courage,
Ton esprit amoureux n'aura-t-il point d'ombrage?
CHIMÈNE.
Ah, madame! en ce cas je n'ai plus de souci.

SCÈNE IV.
L'INFANTE, CHIMÈNE, LÉONOR, LE PAGE.

L'INFANTE.
Page, cherchez Rodrigue, et l'amenez ici.

LE PAGE.
Le comte de Gormas et lui....
CHIMÈNE.
Bon Dieu! je tremble.
L'INFANTE.
Parlez.
LE PAGE.
De ce palais ils sont sortis ensemble.
CHIMÈNE.
Seuls?
LE PAGE.
Seuls, et qui sembloient tout bas se quereller.
CHIMÈNE.
Sans doute ils sont aux mains, il n'en faut plus parler.
Madame, pardonnez à cette promptitude.

SCÈNE V.

L'INFANTE, LÉONOR.

L'INFANTE.
Hélas! que dans l'esprit je sens d'inquiétude!
Je pleure ses malheurs, son amant me ravit;
Mon repos m'abandonne, et ma flamme revit.
Ce qui va séparer Rodrigue de Chimène
Fait renaître à la fois mon espoir et ma peine[20],
Et leur division, que je vois à regret,
Dans mon esprit charmé jette un plaisir secret.

LÉONOR.
Cette haute vertu qui règne dans votre âme
Se rend-elle sitôt à cette lâche flamme?

L'INFANTE.
Ne la nomme point lâche, à présent que chez moi
Pompeuse et triomphante elle me fait la loi;
Porte-lui du respect, puisqu'elle m'est si chère.
Ma vertu la combat, mais, malgré moi, j'espère;
Et d'un si fol espoir mon cœur mal défendu
Vole après un amant que Chimène a perdu.

LÉONOR.
Vous laissez choir ainsi ce glorieux courage?
Et la raison chez vous perd ainsi son usage?

L'INFANTE.

Ah! qu'avec peu d'effet on entend la raison,
Quand le cœur est atteint d'un si charmant poison!
Et lorsque le malade aime sa maladie [21],
Qu'il a peine à souffrir que l'on y remédie!

LÉONOR.

Votre espoir vous séduit, votre mal vous est doux,
Mais enfin ce Rodrigue est indigne de vous [22].

L'INFANTE.

Je ne le sais que trop; mais, si ma vertu cède,
Apprends comme l'amour flatte un cœur qu'il possède.
Si Rodrigue une fois sort vainqueur du combat,
Si dessous sa valeur ce grand guerrier s'abat,
Je puis en faire cas, je puis l'aimer sans honte.
Que ne fera-t-il point, s'il peut vaincre le comte!
J'ose m'imaginer qu'à ses moindres exploits
Les royaumes entiers tomberont sous ses lois;
Et mon amour flatteur déjà me persuade
Que je le vois assis au trône de Grenade,
Les Maures subjugués trembler en l'adorant,
L'Aragon recevoir ce nouveau conquérant,
Le Portugal se rendre, et ses nobles journées
Porter delà les mers ses hautes destinées;
Du sang des Africains arroser ses lauriers [23];
Enfin tout ce qu'on dit des plus fameux guerriers,
Je l'attends de Rodrigue après cette victoire,
Et fais de son amour un sujet de ma gloire.

LÉONOR.

Mais, madame, voyez où vous portez son bras,
Ensuite d'un combat qui peut-être n'est pas.

L'INFANTE.

Rodrigue est offensé, le comte a fait l'outrage;
Ils sont sortis ensemble, en faut-il davantage?

LÉONOR.

Eh bien, ils se battront puisque vous le voulez [24];
Mais Rodrigue ira-t-il si loin que vous allez?

L'INFANTE.

Que veux-tu? je suis folle, et mon esprit s'égare;
Tu vois par là quels maux cet amour me prépare [25].
Viens dans mon cabinet consoler mes ennuis;
Et ne me quitte point dans le trouble où je suis.

SCÈNE VI.

D. FERNAND, D. ARIAS, D. SANCHE.

D. FERNAND.
Le comte est donc si vain et si peu raisonnable !
Ose-t-il croire encor son crime pardonnable ?
D. ARIAS.
Je l'ai de votre part longtemps entretenu.
J'ai fait mon pouvoir, sire, et n'ai rien obtenu.
D. FERNAND.
Justes cieux ! ainsi donc un sujet téméraire
A si peu de respect et de soin de me plaire !
Il offense don Diègue, et méprise son roi !
Au milieu de ma cour il me donne la loi !
Qu'il soit brave guerrier, qu'il soit grand capitaine,
Je saurai bien rabattre une humeur si hautaine[26] ;
Fût-il la valeur même et le dieu des combats,
Il verra ce que c'est que de n'obéir pas.
Quoi qu'ait pu mériter une telle insolence[27],
Je l'ai voulu d'abord traiter sans violence ;
Mais, puisqu'il en abuse, allez dès aujourd'hui,
Soit qu'il résiste, ou non, vous assurer de lui.
D. SANCHE.
Peut-être un peu de temps le rendroit moins rebelle ;
On l'a pris tout bouillant encor de sa querelle.
Sire, dans la chaleur d'un premier mouvement
Un cœur si généreux se rend malaisément.
Il voit bien qu'il a tort, mais une âme si haute[28]
N'est pas sitôt réduite à confesser sa faute.
D. FERNAND.
Don Sanche, taisez-vous, et soyez averti
Qu'on se rend criminel à prendre son parti.
D. SANCHE.
J'obéis, et me tais ; mais de grâce encor, sire,
Deux mots en sa défense.
D. FERNAND.
Et que pourrez-vous dire ?
D. SANCHE.
Qu'une âme accoutumée aux grandes actions
Ne se peut abaisser à des submissions :

Elle n'en conçoit point qui s'expliquent sans honte;
Et c'est à ce mot seul qu'a résisté le comte²⁹.
Il trouve en son devoir un peu trop de rigueur,
Et vous obéiroit, s'il avoit moins de cœur.
Commandez que son bras, nourri dans les alarmes,
Répare cette injure à la pointe des armes;
Il satisfera, sire; et, vienne qui voudra,
Attendant qu'il l'ait su, voici qui répondra.

D. FERNAND.

Vous perdez le respect : mais je pardonne à l'âge,
Et j'excuse l'ardeur èn un jeune courage³⁰.
Un roi dont la prudence a de meilleurs objets
Est meilleur ménager du sang de ses sujets :
Je veille pour les miens, mes soucis les conservent,
Comme le chef a soin des membres qui le servent.
Ainsi votre raison n'est pas raison pour moi;
Vous parlez en soldat, je dois agir en roi;
Et, quoi qu'on veuille dire, et quoi qu'il ose croire³¹,
Le comte à m'obéir ne peut perdre sa gloire.
D'ailleurs, l'affront me touche; il a perdu d'honneur
Celui que de mon fils j'ai fait le gouverneur;
S'attaquer à mon choix, c'est se prendre à moi-même³²,
Et faire un attentat sur le pouvoir suprême.
N'en parlons plus. Au reste, on a vu dix vaisseaux
De nos vieux ennemis arborer les drapeaux;
Vers la bouche du fleuve ils ont osé paroître.

D. ARIAS.

Les Maures ont appris par force à vous connoître,
Et, tant de fois vaincus, ils ont perdu le cœur
De se plus hasarder contre un si grand vainqueur.

D. FERNAND.

Ils ne verront jamais, sans quelque jalousie,
Mon sceptre, en dépit d'eux, régir l'Andalousie;
Et ce pays si beau, qu'ils ont trop possédé,
Avec un œil d'envie est toujours regardé.
C'est l'unique raison qui m'a fait dans Séville
Placer, depuis dix ans, le trône de Castille,
Pour les voir de plus près, et d'un ordre plus prompt,
Renverser aussitôt ce qu'ils entreprendront.

D. ARIAS.

Ils savent aux dépens de leurs plus dignes têtes³³
Combien votre présence assure vos conquêtes;

Vous n'avez rien à craindre.

D. FERNAND.

Et rien à négliger.
Le trop de confiance attire le danger ;
Et vous n'ignorez pas qu'avec fort peu de peine [34]
Un flux de pleine mer jusqu'ici les amène.
Toutefois j'aurois tort de jeter dans les cœurs,
L'avis étant mal sûr, de paniques terreurs.
L'effroi que produiroit cette alarme inutile,
Dans la nuit qui survient, troubleroit trop la ville :
Faites doubler la garde aux murs et sur le port [35],
C'est assez pour ce soir.

SCÈNE VII.

D. FERNAND, D. ALONSE, D. SANCHE, D. ARIAS.

D. ALONSE.

Sire, le comte est mort.
Don Diègue, par son fils, a vengé son offense.

D. FERNAND.

Dès que j'ai su l'affront, j'ai prévu la vengeance,
Et j'ai voulu dès lors prévenir ce malheur.

D. ALONSE.

Chimène à vos genoux apporte sa douleur ;
Elle vient tout en pleurs vous demander justice.

D. FERNAND.

Bien qu'à ses déplaisirs mon âme compatisse,
Ce que le comte a fait semble avoir mérité
Ce digne châtiment de sa témérité [36].
Quelque juste pourtant que puisse être sa peine,
Je ne puis sans regret perdre un tel capitaine.
Après un long service à mon État rendu,
Après son sang pour moi mille fois répandu,
A quelques sentiments que son orgueil m'oblige,
Sa perte m'affoiblit, et son trépas m'afflige.

SCÈNE VIII.

D. FERNAND, D. DIÈGUE, CHIMÈNE, D. SANCHE, D. ARIAS, D. ALONSE.

CHIMÈNE.

Sire, sire, justice.

D. DIÈGUE.

Ah! sire, écoutez-nous.

CHIMÈNE.

Je me jette à vos pieds.

D. DIÈGUE.

J'embrasse vos genoux.

CHIMÈNE.

Je demande justice.

D. DIÈGUE.

Entendez ma défense.

CHIMÈNE.

D'un jeune audacieux punissez l'insolence[57];
Il a de votre sceptre abattu le soutien,
Il a tué mon père.

D. DIÈGUE.

Il a vengé le sien.

CHIMÈNE.

Au sang de ses sujets un roi doit la justice.

D. DIÈGUE.

Pour la juste vengeance il n'est point de supplice[38].

D. FERNAND.

Levez-vous l'un et l'autre, et parlez à loisir.
Chimène, je prends part à votre déplaisir;
D'une égale douleur je sens mon âme atteinte.
(A D. Diègue:)
Vous parlerez après; ne troublez pas sa plainte.

CHIMÈNE.

Sire, mon père est mort; mes yeux ont vu son sang
Couler à gros bouillons de son généreux flanc;
Ce sang qui tant de fois garantit vos murailles,
Ce sang qui tant de fois vous gagna des batailles,
Ce sang qui tout sorti fume encor de courroux
De se voir répandu pour d'autres que pour vous,
Qu'au milieu des hasards n'osoit verser la guerre,
Rodrigue en votre cour vient d'en couvrir la terre[55].

J'ai couru sur le lieu, sans force et sans couleur⁴⁰,
Je l'ai trouvé sans vie. Excusez ma douleur,
Sire; la voix me manque à ce récit funeste;
Mes pleurs et mes soupirs vous diront mieux le reste.

D. FERNAND.

Prends courage, ma fille, et sache qu'aujourd'hui
Ton roi te veut servir de père au lieu de lui.

CHIMÈNE.

Sire, de trop d'honneur ma misère est suivie.
Je vous l'ai déjà dit, je l'ai trouvé sans vie⁴¹;
Son flanc étoit ouvert; et, pour mieux m'émouvoir,
Son sang sur la poussière écrivoit mon devoir;
Ou plutôt sa valeur en cet état réduite
Me parloit par sa plaie, et hâtoit ma poursuite;
Et, pour se faire entendre au plus juste des rois,
Par cette triste bouche elle empruntoit ma voix.
Sire, ne souffrez pas que sous votre puissance
Règne devant vos yeux une telle licence;
Que les plus valeureux, avec impunité,
Soient exposés aux coups de la témérité;
Qu'un jeune audacieux triomphe de leur gloire,
Se baigne dans leur sang, et brave leur mémoire.
Un si vaillant guerrier qu'on vient de vous ravir
Éteint, s'il n'est vengé, l'ardeur de vous servir.
Enfin mon père est mort, j'en demande vengeance,
Plus pour votre intérêt que pour mon allégeance.
Vous perdez en la mort d'un homme de son rang;
Vengez-la par une autre, et le sang par le sang.
Immolez, non à moi, mais à votre couronne⁴²,
Mais à votre grandeur, mais à votre personne;
Immolez, dis-je, sire, au bien de tout l'État
Tout ce qu'enorgueillit un si grand attentat.

D. FERNAND.

Don Diègue, répondez.

D. DIÈGUE.

Qu'on est digne d'envie
Lorsqu'en perdant la force on perd aussi la vie⁴³!
Et qu'un long âge apprête aux hommes généreux,
Au bout de leur carrière, un destin malheureux!
Moi, dont les longs travaux ont acquis tant de gloire,
Moi, que jadis partout a suivi la victoire,
Je me vois aujourd'hui, pour avoir trop vécu,

Recevoir un affront, et demeurer vaincu.
Ce que n'a pu jamais, combat, siége, embuscade,
Ce que n'a pu jamais Aragon, ni Grenade,
Ni tous vos ennemis, ni tous mes envieux,
Le comte en votre cour l'a fait presque à vos yeux[44],
Jaloux de votre choix et fier de l'avantage
Que lui donnoit sur moi l'impuissance de l'âge.
Sire, ainsi ces cheveux blanchis sous le harnois,
Ce sang pour vous servir prodigué tant de fois,
Ce bras, jadis l'effroi d'une armée ennemie,
Descendoient au tombeau tout chargés d'infamie,
Si je n'eusse produit un fils digne de moi,
Digne de son pays, et digne de son roi :
Il m'a prêté sa main, il a tué le comte;
Il m'a rendu l'honneur, il a lavé ma honte.
Si montrer du courage et du ressentiment,
Si venger un soufflet mérite un châtiment,
Sur moi seul doit tomber l'éclat de la tempête :
Quand le bras a failli, l'on en punit la tête.
Qu'on nomme crime ou non ce qui fait nos débats[45],
Sire, j'en suis la tête, il n'en est que le bras.
Si Chimène se plaint qu'il a tué son père,
Il ne l'eût jamais fait, si je l'eusse pu faire.
Immolez donc ce chef que les ans vont ravir,
Et conservez pour vous le bras qui peut servir.
Aux dépens de mon sang satisfaites Chimène :
Je n'y résiste point, je consens à ma peine;
Et, loin de murmurer d'un rigoureux décret[46],
Mourant sans déshonneur, je mourrai sans regret.

D. FERNAND.

L'affaire est d'importance, et, bien considérée,
Mérite en plein conseil d'être délibérée.
Don Sanche, remettez Chimène en sa maison.
Don Diègue aura ma cour et sa foi pour prison.
Qu'on me cherche son fils. Je vous ferai justice.

CHIMÈNE.

Il est juste, grand roi, qu'un meurtrier périsse.

D. FERNAND.

Prends du repos, ma fille, et calme tes douleurs.

CHIMÈNE.

M'ordonner du repos, c'est croître mes malheurs.

FIN DU SECOND ACTE.

ACTE TROISIÈME.

SCÈNE I.
D. RODRIGUE, ELVIRE.

ELVIRE.
Rodrigue, qu'as-tu fait? où viens-tu, misérable?
D. RODRIGUE.
Suivre le triste cours de mon sort déplorable.
ELVIRE.
Où prends-tu cette audace et ce nouvel orgueil
De paroître en des lieux que tu remplis de deuil?
Quoi! viens-tu jusqu'ici braver l'ombre du comte ?
Ne l'as-tu pas tué?
D. RODRIGUE.
Sa vie étoit ma honte;
Mon honneur de ma main a voulu cet effort.
ELVIRE.
Mais chercher ton asile en la maison du mort!
Jamais un meurtrier en fit-il son refuge?
D. RODRIGUE.
Et je n'y viens aussi que m'offrir à mon juge¹.
Ne me regarde plus d'un visage étonné;
Je cherche le trépas après l'avoir donné.
Mon juge est mon amour, mon juge est ma Chimène.
Je mérite la mort de mériter sa haine,
Et j'en viens recevoir, comme un bien souverain,
Et l'arrêt de sa bouche, et le coup de sa main.
ELVIRE.
Fuis plutôt de ses yeux, fuis de sa violence;
A ses premiers transports dérobe ta présence.
Va, ne t'expose point aux premiers mouvements
Que poussera l'ardeur de ses ressentiments.
D. RODRIGUE.
Non, non, ce cher objet à qui j'ai pu déplaire
Ne peut pour mon supplice avoir trop de colère:

Et j'évite cent morts qui me vont accabler[2],
Si pour mourir plus tôt je la puis redoubler.

ELVIRE.

Chimène est au palais, de pleurs toute baignée,
Et n'en reviendra point que bien accompagnée.
Rodrigue, fuis, de grâce, ôte-moi de souci.
Que ne dira-t-on point si l'on te voit ici ?
Veux-tu qu'un médisant, pour comble à sa misère[3],
L'accuse d'y souffrir l'assassin de son père ?
Elle va revenir; elle vient, je la voi :
Du moins, pour son honneur, Rodrigue, cache-toi.

SCÈNE II.

D. SANCHE, CHIMÈNE, ELVIRE.

D. SANCHE.

Oui, madame, il vous faut de sanglantes victimes :
Votre colère est juste, et vos pleurs légitimes;
Et je n'entreprends pas, à force de parler,
Ni de vous adoucir, ni de vous consoler.
Mais si de vous servir je puis être capable,
Employez mon épée à punir le coupable ;
Employez mon amour à venger cette mort :
Sous vos commandements mon bras sera trop fort.

CHIMÈNE.

Malheureuse !

D. SANCHE.

De grâce, acceptez mon service[4].

CHIMÈNE.

J'offenserois le roi, qui m'a promis justice.

D. SANCHE.

Vous savez qu'elle marche avec tant de langueur,
Que bien souvent le crime échappe à sa longueur;
Son cours lent et douteux fait trop perdre de larmes.
Souffrez qu'un cavalier vous venge par les armes[5] :
La voie en est plus sûre, et plus prompte à punir.

CHIMÈNE.

C'est le dernier remède; et s'il y faut venir,
Et que de mes malheurs cette pitié vous dure,
Vous serez libre alors de venger mon injure.

D. SANCHE.

C'est l'unique bonheur où mon âme prétend ;
Et, pouvant l'espérer, je m'en vais trop content.

SCÈNE III.

CHIMÈNE, ELVIRE.

CHIMÈNE.

Enfin je me vois libre, et je puis, sans contrainte,
De mes vives douleurs te faire voir l'atteinte ;
Je puis donner passage à mes tristes soupirs ;
Je puis t'ouvrir mon âme et tous mes déplaisirs.
Mon père est mort, Elvire ; et la première épée
Dont s'est armé Rodrigue a sa trame coupée.
Pleurez, pleurez, mes yeux, et fondez-vous en eau ;
La moitié de ma vie a mis l'autre au tombeau,
Et m'oblige à venger, après ce coup funeste,
Celle que je n'ai plus sur celle qui me reste.

ELVIRE.

Reposez-vous, madame.

CHIMÈNE.

Ah ! què mal à propos
Dans un malheur si grand tu parles de repos⁶ !
Par où sera jamais ma douleur apaisée,
Si je ne puis haïr la main qui l'a causée ?
Et que dois-je espérer qu'un tourment éternel,
Si je poursuis un crime, aimant le criminel ?

ELVIRE.

Il vous prive d'un père, et vous l'aimez encore !

CHIMÈNE.

C'est peu de dire aimer, Elvire, je l'adore ;
Ma passion s'oppose à mon ressentiment ;
Dedans mon ennemi je trouve mon amant ;
Et je sens qu'en dépit de toute ma colère,
Rodrigue dans mon cœur combat encor mon père :
Il l'attaque, il le presse, il cède, il se défend,
Tantôt fort, tantôt foible, et tantôt triomphant :
Mais, en ce dur combat de colère et de flamme,
Il déchire mon cœur sans partager mon âme ;
Et, quoi que mon amour ait sur moi de pouvoir,
Je ne consulte point pour suivre mon devoir ;

Je cours sans balancer où mon honneur m'oblige.
Rodrigue m'est bien cher, son intérêt m'afflige ;
Mon cœur prend son parti ; mais, malgré son effort [7],
Je sais ce que je suis, et que mon père est mort.

ELVIRE.

Pensez-vous le poursuivre ?

CHIMÈNE.

Ah ! cruelle pensée !
Et cruelle poursuite où je me vois forcée !
Je demande sa tête, et crains de l'obtenir :
Ma mort suivra la sienne, et je le veux punir !

ELVIRE.

Quittez, quittez, madame, un dessein si tragique ;
Ne vous imposez point de loi si tyrannique.

CHIMÈNE.

Quoi ! mon père étant mort et presque entre mes bras [8],
Son sang criera vengeance, et je ne l'aurai pas !
Mon cœur, honteusement surpris par d'autres charmes,
Croira ne lui devoir que d'impuissantes larmes !
Et je pourrai souffrir qu'un amour suborneur
Sous un lâche silence étouffe mon honneur [9] !

ELVIRE.

Madame, croyez-moi, vous serez excusable
D'avoir moins de chaleur contre un objet aimable [10],
Contre un amant si cher : vous avez assez fait ;
Vous avez vu le roi, n'en pressez point l'effet :
Ne vous obstinez point en cette humeur étrange.

CHIMÈNE.

Il y va de ma gloire, il faut que je me venge ;
Et de quoi que nous flatte un désir amoureux,
Toute excuse est honteuse aux esprits généreux.

ELVIRE.

Mais vous aimez Rodrigue, il ne vous peut déplaire.

CHIMÈNE.

Je l'avoue.

ELVIRE.

Après tout, que pensez-vous donc faire ?

CHIMÈNE.

Pour conserver ma gloire et finir mon ennui,
Le poursuivre, le perdre, et mourir après lui.

SCÈNE IV.

D. RODRIGUE, CHIMÈNE, ELVIRE.

D. RODRIGUE.
Eh bien, sans vous donner la peine de poursuivre,
Assurez-vous l'honneur de m'empêcher de vivre[11].
CHIMÈNE.
Elvire, où sommes-nous? et qu'est-ce que je vois?
Rodrigue en ma maison! Rodrigue devant moi!
D. RODRIGUE.
N'épargnez point mon sang; goûtez, sans résistance,
La douceur de ma perte et de votre vengeance.
CHIMÈNE.
Hélas!
D. RODRIGUE.
    Écoutez-moi.
CHIMÈNE.
    Je me meurs.
D. RODRIGUE.
              Un moment.
CHIMÈNE.
Va, laisse-moi mourir.
D. RODRIGUE.
          Quatre mots seulement;
Après, ne me réponds qu'avecque cette épée.
CHIMÈNE.
Quoi! du sang de mon père encor toute trempée!
D. RODRIGUE.
Ma Chimène....
CHIMÈNE.
    Ote-moi cet objet odieux,
Qui reproche ton crime et ta vie à mes yeux.
D. RODRIGUE.
Regarde-le plutôt pour exciter ta haine,
Pour croître ta colère, et pour hâter ma peine.
CHIMÈNE.
Il est teint de mon sang.
D. RODRIGUE.
          Plonge-le dans le mien;
Et fais-lui perdre ainsi la teinture du tien.

CHIMÈNE.

Ah! quelle cruauté, qui tout en un jour tue
Le père par le fer, la fille par la vue!
Ote-moi cet objet, je ne le puis souffrir :
Tu veux que je t'écoute, et tu me fais mourir.

D. RODRIGUE.

Je fais ce que tu veux, mais sans quitter l'envie
De finir par tes mains ma déplorable vie ;
Car enfin n'attends pas de mon affection
Un lâche repentir d'une bonne action.
L'irréparable effet d'une chaleur trop prompte[12]
Déshonoroit mon père, et me couvroit de honte.
Tu sais comme un soufflet touche un homme de cœur.
J'avois part à l'affront, j'en ai cherché l'auteur :
Je l'ai vu, j'ai vengé mon honneur et mon père ;
Je le ferois encor, si j'avois à le faire :
Ce n'est pas qu'en effet, contre mon père et moi,
Ma flamme assez longtemps n'ait combattu pour toi ;
Juge de son pouvoir : dans une telle offense
J'ai pu délibérer si j'en prendrois vengeance[13].
Réduit à te déplaire ou souffrir un affront,
J'ai pensé qu'à son tour mon bras étoit trop prompt[14],
Je me suis accusé de trop de violence ;
Et ta beauté, sans doute, emportoit la balance,
A moins que d'opposer à tes plus forts appas[15]
Qu'un homme sans honneur ne te méritoit pas ;
Que, malgré cette part que j'avois en ton âme,
Qui m'aima généreux me haïroit infâme ;
Qu'écouter ton amour, obéir à sa voix,
C'étoit m'en rendre indigne et diffamer ton choix.
Je te le dis encore, et, quoique j'en soupire[16],
Jusqu'au dernier soupir je veux bien le redire,
Je t'ai fait une offense, et j'ai dû m'y porter
Pour effacer ma honte, et pour te mériter ;
Mais, quitte envers l'honneur, et quitte envers mon père,
C'est maintenant à toi que je viens satisfaire :
C'est pour t'offrir mon sang qu'en ce lieu tu me vois.
J'ai fait ce que j'ai dû, je fais ce que je dois.
Je sais qu'un père mort t'arme contre mon crime ;
Je ne t'ai pas voulu dérober ta victime :
Immole avec courage au sang qu'il a perdu
Celui qui met sa gloire à l'avoir répandu.

CHIMÈNE.

Ah, Rodrigue! il est vrai, quoique ton ennemie,
Je ne te puis blâmer d'avoir fui l'infamie;
Et, de quelque façon qu'éclatent mes douleurs,
Je ne t'accuse point, je pleure mes malheurs.
Je sais ce que l'honneur, après un tel outrage,
Demandoit à l'ardeur d'un généreux courage :
Tu n'as fait le devoir que d'un homme de bien;
Mais aussi, le faisant, tu m'as appris le mien.
Ta funeste valeur m'instruit par ta victoire;
Elle a vengé ton père et soutenu ta gloire :
Même soin me regarde, et j'ai, pour m'affliger,
Ma gloire à soutenir et mon père à venger.
Hélas! ton intérêt ici me désespère.
Si quelque autre malheur m'avoit ravi mon père,
Mon âme auroit trouvé dans le bien de te voir
L'unique allégement qu'elle eût pu recevoir;
Et contre ma douleur j'aurois senti des charmes,
Quand une main si chère eût essuyé mes larmes.
Mais il me faut te perdre après l'avoir perdu;
Cet effort sur ma flamme à mon honneur est dû [17];
Et cet affreux devoir, dont l'ordre m'assassine,
Me force à travailler moi-même à ta ruine.
Car enfin n'attends pas de mon affection
De lâches sentiments pour ta punition.
De quoi qu'en ta faveur notre amour m'entretienne,
Ma générosité doit répondre à la tienne :
Tu t'es, en m'offensant, montré digne de moi;
Je me dois, par ta mort, montrer digne de toi.

D. RODRIGUE.

Ne diffère donc plus ce que l'honneur t'ordonne;
Il demande ma tête, et je te l'abandonne;
Fais-en un sacrifice à ce noble intérêt;
Le coup m'en sera doux, aussi bien que l'arrêt.
Attendre après mon crime une lente justice,
C'est reculer ta gloire autant que mon supplice.
Je mourrai trop heureux mourant d'un coup si beau.

CHIMÈNE.

Va, je suis ta partie, et non pas ton bourreau.
Si tu m'offres ta tête, est-ce à moi de la prendre?
Je la dois attaquer, mais tu dois la défendre:
C'est d'un autre que toi qu'il me faut l'obtenir,

Et je dois te poursuivre, et non pas te punir.
D. RODRIGUE.
De quoi qu'en ma faveur notre amour t'entretienne,
Ta générosité doit répondre à la mienne ;
Et, pour venger un père, emprunter d'autres bras,
Ma Chimène, crois-moi, c'est n'y répondre pas :
Ma main seule du mien a su venger l'offense,
Ta main seule du tien doit prendre la vengeance.
CHIMÈNE.
Cruel ! à quel propos sur ce point t'obstiner ?
Tu t'es vengé sans aide, et tu m'en veux donner !
Je suivrai ton exemple, et j'ai trop de courage
Pour souffrir qu'avec toi ma gloire se partage.
Mon père et mon honneur ne veulent rien devoir
Aux traits de ton amour, ni de ton désespoir.
D. RODRIGUE.
Rigoureux point d'honneur ! hélas ! quoi que je fasse,
Ne pourrai-je à la fin obtenir cette grâce ?
Au nom d'un père mort, ou de notre amitié,
Punis-moi par vengeance, ou du moins par pitié.
Ton malheureux amant aura bien moins de peine
A mourir par ta main qu'à vivre avec ta haine.
CHIMÈNE.
Va, je ne te hais point.
D. RODRIGUE.
        Tu le dois.
CHIMÈNE.
                Je ne puis.
D. RODRIGUE.
Crains-tu si peu le blâme, et si peu les faux bruits?
Quand on saura mon crime, et que ta flamme dure,
Que ne publieront point l'envie et l'imposture !
Force-les au silence, et, sans plus discourir,
Sauve ta renommée en me faisant mourir.
CHIMÈNE.
Elle éclate bien mieux en te laissant la vie [18],
Et je veux que la voix de la plus noire envie
Élève au ciel ma gloire et plaigne mes ennuis,
Sachant que je t'adore et que je te poursuis.
Va-t'en, ne montre plus à ma douleur extrême
Ce qu'il faut que je perde encore que je l'aime.
Dans l'ombre de la nuit cache bien ton départ ;

Si l'on te voit sortir, mon honneur court hasard.
La seule occasion qu'aura la médisance,
C'est de savoir qu'ici j'ai souffert ta présence :
Ne lui donne point lieu d'attaquer ma vertu.

D. RODRIGUE.

Que je meure.

CHIMÈNE.

Va-t'en.

D. RODRIGUE.

A quoi te résous-tu?

CHIMÈNE.

Malgré des feux si beaux qui troublent ma colère[19],
Je ferai mon possible à bien venger mon père;
Mais, malgré la rigueur d'un si cruel devoir,
Mon unique souhait est de ne rien pouvoir.

D. RODRIGUE.

O miracle d'amour!

CHIMÈNE.

O comble de misères[20]!

D. RODRIGUE.

Que de maux et de pleurs nous coûteront nos pères!

CHIMÈNE.

Rodrigue, qui l'eût cru....

D. RODRIGUE.

Chimène, qui l'eût dit....

CHIMÈNE.

Que notre heur fût si proche, et sitôt se perdît?

D. RODRIGUE.

Et que, si près du port, contre toute apparence,
Un orage si prompt brisât notre espérance?

CHIMÈNE.

Ah! mortelles douleurs!

D. RODRIGUE.

Ah! regrets superflus?

CHIMÈNE.

Va-t'en, encore un coup, je ne t'écoute plus.

D. RODRIGUE.

Adieu; je vais traîner une mourante vie,
Tant que par ta poursuite elle me soit ravie.

CHIMÈNE.

Si j'en obtiens l'effet, je t'engage ma foi[21]
De ne respirer pas un moment après toi.

Adieu ; sors, et surtout garde bien qu'on te voie.
ELVIRE.
Madame, quelques maux que le ciel nous envoie....
CHIMÈNE.
Ne m'importune plus, laisse-moi soupirer.
Je cherche le silence et la nuit pour pleurer.

SCÈNE V.
D. DIÈGUE.

Jamais nous ne goûtons de parfaite allégresse :
Nos plus heureux succès sont mêlés de tristesse ;
Toujours quelques soucis en ces événements
Troublent la pureté de nos contentements.
Au milieu du bonheur mon âme en sent l'atteinte ;
Je nage dans la joie, et je tremble de crainte.
J'ai vu mort l'ennemi qui m'avoit outragé ;
Et je ne saurois voir la main qui m'a vengé.
En vain je m'y travaille, et d'un soin inutile,
Tout cassé que je suis, je cours toute la ville :
Ce peu que mes vieux ans m'ont laissé de vigueur[22]
Se consume sans fruit à chercher ce vainqueur.
A toute heure, en tous lieux, dans une nuit si sombre
Je pense l'embrasser, et n'embrasse qu'une ombre ;
Et mon amour, déçu par cet objet trompeur,
Se forme des soupçons qui redoublent ma peur.
Je ne découvre point de marques de sa fuite ;
Je crains du comte mort les amis et la suite ;
Leur nombre m'épouvante et confond ma raison.
Rodrigue ne vit plus, ou respire en prison.
Justes cieux ! me trompé-je encore à l'apparence,
Ou si je vois enfin mon unique espérance ?
C'est lui, n'en doutons plus ; mes vœux sont exaucés ;
Ma crainte est dissipée et mes ennuis cessés.

SCÈNE VI.
D. DIÈGUE, D. RODRIGUE.

D. DIÈGUE.
Rodrigue, enfin le ciel permet que je te voie !
D. RODRIGUE.
Hélas !
D. DIÈGUE.
Ne mêle point de soupirs à ma joie ;

Laisse-moi prendre haleine afin de te louer.
Ma valeur n'a point lieu de te désavouer;
Tu l'as bien imitée, et ton illustre audace
Fait bien revivre en toi les héros de ma race :
C'est d'eux que tu descends, c'est de moi que tu viens;
Ton premier coup d'épée égale tous les miens :
Et d'une belle ardeur ta jeunesse animée
Par cette grande épreuve atteint ma renommée.
Appui de ma vieillesse, et comble de mon heur,
Touche ces cheveux blancs à qui tu rends l'honneur;
Viens baiser cette joue, et reconnois la place
Où fut empreint l'affront que ton courage efface[23].

D. RODRIGUE.

L'honneur vous en est dû, je ne pouvois pas moins,
Étant sorti de vous et nourri par vos soins.
Je m'en tiens trop heureux, et mon âme est ravie
Que mon coup d'essai plaise à qui je dois la vie :
Mais parmi vos plaisirs ne soyez point jaloux
Si je m'ose à mon tour satisfaire après vous[24].
Souffrez qu'en liberté mon désespoir éclate;
Assez et trop longtemps votre discours le flatte.
Je ne me repens point de vous avoir servi;
Mais rendez-moi le bien que ce coup m'a ravi.
Mon bras, pour vous venger, armé contre ma flamme,
Par ce coup glorieux m'a privé de mon âme;
Ne me dites plus rien; pour vous j'ai tout perdu;
Ce que je vous devois, je vous l'ai bien rendu.

D. DIÈGUE.

Porte, porte plus haut le fruit de ta victoire[25].
Je t'ai donné la vie, et tu me rends ma gloire;
Et d'autant que l'honneur m'est plus cher que le jour,
D'autant plus maintenant je te dois de retour.
Mais d'un cœur magnanime éloigne ces foiblesses[26],
Nous n'avons qu'un honneur, il est tant de maîtresses !
L'amour n'est qu'un plaisir, l'honneur est un devoir[27].

D. RODRIGUE.

Ah! que me dites vous?

D. DIÈGUE.

    Ce que tu dois savoir.

D. RODRIGUE.

Mon honneur offensé sur moi-même se venge;
Et vous m'osez pousser à la honte du change !

L'infamie est pareille, et suit également
Le guerrier sans courage et le perfide amant.
A ma fidélité ne faites point d'injure ;
Souffrez-moi généreux sans me rendre parjure ;
Mes liens sont trop forts pour être ainsi rompus ;
Ma foi m'engage encor si je n'espère plus ;
Et, ne pouvant quitter ni posséder Chimène,
Le trépas que je cherche est ma plus douce peine.

D. DIÈGUE.

Il n'est pas temps encor de chercher le trépas ;
Ton prince et ton pays ont besoin de ton bras.
La flotte qu'on craignoit, dans le grand fleuve entrée,
Croit surprendre la ville et piller la contrée [28].
Les Maures vont descendre ; et le flux et la nuit
Dans une heure à nos murs les amènent sans bruit.
La cour est en désordre, et le peuple en alarmes ;
On n'entend que des cris, on ne voit que des larmes.
Dans ce malheur public mon bonheur a permis
Que j'ai trouvé chez moi cinq cents de mes amis,
Qui, sachant mon affront, poussés d'un même zèle,
Se venoient tous offrir à venger ma querelle [29].
Tu les a prévenus ; mais leurs vaillantes mains
Se tremperont bien mieux au sang des Africains.
Va marcher à leur tête, où l'honneur te demande ;
C'est toi que veut pour chef leur généreuse bande.
De ces vieux ennemis va soutenir l'abord :
Là, si tu veux mourir, trouve une belle mort ;
Prends-en l'occasion, puisqu'elle t'est offerte ;
Fais devoir à ton roi son salut à ta perte ;
Mais reviens-en plutôt les palmes sur le front.
Ne borne pas ta gloire à venger un affront,
Porte-la plus avant ; force par ta vaillance [30]
Ce monarque au pardon, et Chimène au silence ;
Si tu l'aimes, apprends que revenir vainqueur
C'est l'unique moyen de regagner son cœur.
Mais le temps est trop cher pour le perdre en paroles ;
Je t'arrête en discours, et je veux que tu voles.
Viens, suis-moi, va combattre, et montrer à ton roi
Que ce qu'il perd au comte, il le recouvre en toi.

FIN DU TROISIÈME ACTE.

ACTE QUATRIÈME.

SCÈNE I.
CHIMÈNE, ELVIRE.

CHIMÈNE.
N'est-ce point un faux bruit? le sais-tu bien, Elvire?
ELVIRE.
Vous ne croiriez jamais comme chacun l'admire,
Et porte jusqu'au ciel, d'une commune voix,
De ce jeune héros les glorieux exploits.
Les Maures devant lui n'ont paru qu'à leur honte;
Leur abord fut bien prompt, leur fuite encor plus prompte;
Trois heures de combat laissent à nos guerriers
Une victoire entière et deux rois prisonniers.
La valeur de leur chef ne trouvoit point d'obstacles.
CHIMÈNE.
Et la main de Rodrigue a fait tous ces miracles!
ELVIRE.
De ses nobles efforts ces deux rois sont le prix;
Sa main les a vaincus, et sa main les a pris.
CHIMÈNE.
De qui peux-tu savoir ces nouvelles étranges?
ELVIRE.
Du peuple, qui partout fait sonner ses louanges,
Le nomme de sa joie et l'objet et l'auteur,
Son ange tutélaire et son libérateur.
CHIMÈNE.
Et le roi, de quel œil voit-il tant de vaillance?
ELVIRE.
Rodrigue n'ose encor paroître en sa présence;
Mais don Diègue ravi lui présente enchaînés,
Au nom de ce vainqueur, ces captifs couronnés,
Et demande pour grâce à ce généreux prince
Qu'il daigne voir la main qui sauve la province.

CHIMÈNE.

Mais n'est-il point blessé?

ELVIRE.

Je n'en ai rien appris.
Vous changez de couleur! reprenez vos esprits.

CHIMÈNE.

Reprenons donc aussi ma colère affoiblie :
Pour avoir soin de lui faut-il que je m'oublie?
On le vante, on le loue, et mon cœur y consent!
Mon honneur est muet, mon devoir impuissant!
Silence, mon amour, laisse agir ma colère;
S'il a vaincu deux rois, il a tué mon père;
Ces tristes vêtements, où je lis mon malheur,
Sont les premiers effets qu'ait produits sa valeur;
Et quoi qu'on dise ailleurs d'un cœur si magnanime[1],
Ici tous les objets me parlent de son crime.
Vous qui rendez la force à mes ressentiments,
Voile, crêpes, habits, lugubres ornements,
Pompe où m'ensevelit sa première victoire,
Contre ma passion soutenez bien ma gloire;
Et lorsque mon amour prendra trop de pouvoir,
Parlez à mon esprit de mon triste devoir;
Attaquez sans rien craindre une main triomphante.

ELVIRE.

Modérez ces transports, voici venir l'infante.

SCÈNE II.

L'INFANTE, CHIMÈNE, LÉONOR, ELVIRE.

L'INFANTE.

Je ne viens pas ici consoler tes douleurs;
Je viens plutôt mêler mes soupirs à tes pleurs.

CHIMÈNE.

Prenez bien plutôt part à la commune joie,
Et goûtez le bonheur que le ciel vous envoie,
Madame : autre que moi n'a droit de soupirer.
Le péril dont Rodrigue a su nous retirer[2],
Et le salut public que vous rendent ses armes,
A moi seule aujourd'hui souffrent encor les larmes[3] :
Il a sauvé la ville, il a servi son roi;
Et son bras valeureux n'est funeste qu'à moi.

ACTE IV, SCÈNE II.

L'INFANTE.
Ma Chimène, il est vrai qu'il a fait des merveilles.
CHIMÈNE.
Déjà ce bruit fâcheux a frappé mes oreilles;
Et je l'entends partout publier hautement
Aussi brave guerrier que malheureux amant.
L'INFANTE.
Qu'a de fâcheux pour toi ce discours populaire?
Ce jeune Mars qu'il loue a su jadis te plaire;
Il possédoit ton âme, il vivoit sous tes lois,
Et vanter sa valeur, c'est honorer ton choix.
CHIMÈNE.
Chacun peut la vanter avec quelque justice [4];
Mais pour moi sa louange est un nouveau supplice.
On aigrit ma douleur en l'élevant si haut :
Je vois ce que je perds quand je vois ce qu'il vaut.
Ah! cruels déplaisirs à l'esprit d'une amante!
Plus j'apprends son mérite, et plus mon feu s'augmente;
Cependant mon devoir est toujours le plus fort,
Et, malgré mon amour, va poursuivre sa mort.
L'INFANTE.
Hier ce devoir te mit en une haute estime;
L'effort que tu te fis parut si magnanime,
Si digne d'un grand cœur, que chacun à la cour
Admiroit ton courage et plaignoit ton amour.
Mais croirois-tu l'avis d'une amitié fidèle?
CHIMÈNE.
Ne vous obéir pas me rendroit criminelle.
L'INFANTE.
Ce qui fut juste alors ne l'est plus aujourd'hui [5]?
Rodrigue maintenant est notre unique appui,
L'espérance et l'amour d'un peuple qui l'adore,
Le soutien de Castille, et la terreur du Maure.
Le roi même est d'accord de cette vérité [6],
Que ton père en lui seul se voit ressuscité;
Et si tu veux enfin qu'en deux mots je m'explique,
Tu poursuis en sa mort la ruine publique.
Quoi! pour venger un père est-il jamais permis
De livrer sa patrie aux mains des ennemis?
Contre nous ta poursuite est-elle légitime?
Et pour être punis, avons-nous part au crime?

Ce n'est pas qu'après tout tu doives épouser
Celui qu'un père mort t'obligeoit d'accuser ;
Je te voudrois moi-même en arracher l'envie :
Ote-lui ton amour, mais laisse-nous sa vie.

CHIMÈNE.

Ah ! ce n'est pas à moi d'avoir tant de bonté [7] ;
Le devoir qui m'aigrit n'a rien de limité.
Quoique pour ce vainqueur mon amour s'intéresse,
Quoiqu'un peuple l'adore, et qu'un roi le caresse,
Qu'il soit environné des plus vaillants guerriers,
J'irai sous mes cyprès accabler ses lauriers.

L'INFANTE.

C'est générosité quand, pour venger un père,
Notre devoir attaque une tête si chère ;
Mais c'en est une encor d'un plus illustre rang,
Quand on donne au public les intérêts du sang.
Non, crois-moi, c'est assez que d'éteindre ta flamme ;
Il sera trop puni s'il n'est plus dans ton âme.
Que le bien du pays t'impose cette loi ;
Aussi bien que crois-tu que t'accorde le roi ?

CHIMÈNE.

Il peut me refuser, mais je ne puis me taire.

L'INFANTE.

Pense bien, ma Chimène, à ce que tu veux faire.
Adieu : tu pourras seule y penser à loisir [8].

CHIMÈNE.

Après mon père mort, je n'ai point à choisir [9].

SCÈNE III.

D. FERNAND, D. DIÈGUE, D. ARIAS, D. RODRIGUE,
D. SANCHE.

D. FERNAND.

Généreux héritier d'une illustre famille,
Qui fut toujours la gloire et l'appui de Castille,
Race de tant d'aïeux en valeur signalés,
Que l'essai de la tienne a sitôt égalés,
Pour te récompenser ma force est trop petite ;
Et j'ai moins de pouvoir que tu n'as de mérite.
Le pays délivré d'un si rude ennemi,
Mon sceptre dans ma main par la tienne affermi,

Et les Maures défaits avant qu'en ces alarmes
J'eusse pu donner ordre à repousser leurs armes
Ne sont point des exploits qui laissent à ton roi
Le moyen ni l'espoir de s'acquitter vers toi.
Mais deux rois tes captifs feront ta récompense :
Ils t'ont nommé tous deux leur Cid en ma présence.
Puisque Cid en leur langue est autant que seigneur,
Je ne t'envierai pas ce beau titre d'honneur.
Sois désormais le Cid ; qu'à ce grand nom tout cède ;
Qu'il comble d'épouvante et Grenade et Tolède [10],
Et qu'il marque à tous ceux qui vivent sous mes lois
Et ce que tu me vaux, et ce que je te dois.

D. RODRIGUE.

Que votre majesté, sire, épargne ma honte.
D'un si foible service elle fait trop de compte,
Et me force à rougir devant un si grand roi
De mériter si peu l'honneur que j'en reçoi.
Je sais trop que je dois au bien de votre empire
Et le sang qui m'anime, et l'air que je respire ;
Et, quand je les perdrai pour un si digne objet,
Je ferai seulement le devoir d'un sujet.

D. FERNAND.

Tous ceux que ce devoir à mon service engage
Ne s'en acquittent pas avec même courage ;
Et lorsque la valeur ne va point dans l'excès,
Elle ne produit point de si rares succès.
Souffre donc qu'on te loue, et de cette victoire
Apprends-moi plus au long la véritable histoire.

D. RODRIGUE.

Sire, vous avez su qu'en ce danger pressant,
Qui jeta dans la ville un effroi si puissant,
Une troupe d'amis chez mon père assemblée
Sollicita mon âme encor toute troublée....
Mais, sire, pardonnez à ma témérité,
Si j'osai l'employer sans votre autorité ;
Le péril approchoit ; leur brigade étoit prête,
Me montrant à la cour, je hasardois ma tête [11],
Et, s'il la falloit perdre, il m'étoit bien plus doux
De sortir de la vie en combattant pour vous.

D. FERNAND.

J'excuse ta chaleur à venger ton offense ;
Et l'État défendu me parle en ta défense :

Crois que dorénavant Chimène a beau parler,
Je ne l'écoute plus que pour la consoler.
Mais poursuis.

D. RODRIGUE.

      Sous moi donc cette troupe s'avance,
Et porte sur le front une mâle assurance.
Nous partîmes cinq cents; mais, par un prompt renfort,
Nous nous vîmes trois mille en arrivant au port;
Tant, à nous voir marcher avec un tel visage [12],
Les plus épouvantés reprenoient de courage!
J'en cache les deux tiers, aussitôt qu'arrivés,
Dans le fond des vaisseaux qui lors furent trouvés :
Le reste, dont le nombre augmentoit à toute heure,
Brûlant d'impatience, autour de moi demeure,
Se couche contre terre, et, sans faire aucun bruit
Passe une bonne part d'une si belle nuit.
Par mon commandement la garde en fait de même,
Et, se tenant cachée, aide à mon stratagème;
Et je feins hardiment d'avoir reçu de vous
L'ordre qu'on me voit suivre et que je donne à tous.
Cette obscure clarté qui tombe des étoiles
Enfin avec le flux nous fit voir trente voiles;
L'onde s'enfle dessous, et d'un commun effort [13]
Les Maures et la mer montent jusques au port.
On les laisse passer; tout leur paroît tranquille;
Point de soldats au port, point aux murs de la ville.
Notre profond silence abusant leurs esprits,
Ils n'osent plus douter de nous avoir surpris;
Ils abordent sans peur, ils ancrent, ils descendent,
Et courent se livrer aux mains qui les attendent.
Nous nous levons alors, et tous en même temps
Poussons jusques au ciel mille cris éclatants;
Les nôtres, à ces cris, de nos vaisseaux répondent [14];
Ils paroissent armés, les Maures se confondent,
L'épouvante les prend à demi descendus;
Avant que de combattre ils s'estiment perdus.
Ils couroient au pillage, et rencontrent la guerre;
Nous les pressons sur l'eau, nous les pressons sur terre,
Et nous faisons courir des ruisseaux de leur sang,
Avant qu'aucun résiste ou reprenne son rang.
Mais bientôt, malgré nous, leurs princes les rallient,
Leur courage renaît, et leurs terreurs s'oublient :

La honte de mourir sans avoir combattu
Arrête leur désordre, et leur rend leur vertu[15].
Contre nous de pied ferme ils tirent leurs alfanges,
De notre sang au leur font d'horribles mélanges;
Et la terre, et le fleuve, et leur flotte, et le port,
Sont des champs de carnage où triomphe la mort.
O combien d'actions, combien d'exploits célèbres
Sont demeurés sans gloire au milieu des ténèbres[16],
Où chacun, seul témoin des grands coups qu'il donnoit
Ne pouvoit discerner où le sort inclinoit!
J'allois de tous côtés encourager les nôtres,
Faire avancer les uns, et soutenir les autres,
Ranger ceux qui venoient, les pousser à leur tour;
Et ne l'ai pu savoir jusques au point du jour[17].
Mais enfin sa clarté montre notre avantage;
Le Maure voit sa perte, et perd soudain courage[18]:
Et, voyant un renfort qui nous vient secourir,
L'ardeur de vaincre cède à la peur de mourir.
Ils gagnent leurs vaisseaux, ils en coupent les câbles,
Poussent jusques aux cieux des cris épouvantables[19],
Font retraite en tumulte, et sans considérer
Si leurs rois avec eux peuvent se retirer[20].
Pour souffrir ce devoir, leur frayeur est trop forte;
Le flux les apporta, le reflux les remporte;
Cependant que leurs rois, engagés parmi nous,
Et quelque peu des leurs tout percés de nos coups,
Disputent vaillamment et vendent bien leur vie.
A se rendre moi-même en vain je les convie;
Le cimeterre au poing ils ne m'écoutent pas :
Mais, voyant à leurs pieds tomber tous leurs soldats,
Et que seuls désormais en vain ils se défendent,
Ils demandent le chef; je me nomme, ils se rendent.
Je vous les envoyai tous deux en même temps;
Et le combat cessa faute de combattants.
C'est de cette façon que, pour votre service....

SCÈNE IV.

D. FERNAND, D. DIÈGUE, D. RODRIGUE, D. ARIAS,
D. ALONSE, D. SANCHE.

D. ALONSE.

Sire, Chimène vient vous demander justice.

D. FERNAND.
La fâcheuse nouvelle, et l'importun devoir!
Va, je ne la veux pas obliger à te voir.
Pour tout remercîment il faut que je te chasse :
Mais, avant que sortir, viens, que ton roi t'embrasse.
(D. Rodrigue rentre.)
D. DIÈGUE.
Chimène le poursuit, et voudroit le sauver.
D. FERNAND.
On m'a dit qu'elle l'aime, et je vais l'éprouver.
Montrez un œil plus triste[21]!

SCÈNE V.
D. FERNAND, D. DIÈGUE, D. ARIAS, D. SANCHE,
D. ALONSE, CHIMÈNE, ELVIRE

D. FERNAND.
　　　　　　Enfin soyez contente,
Chimène, le succès répond à votre attente.
Si de nos ennemis Rodrigue a le dessus,
Il est mort à nos yeux des coups qu'il a reçus;
Rendez grâces au ciel qui vous en a vengée.
(A D. Diègue:)
Voyez comme déjà sa couleur est changée.
D. DIÈGUE.
Mais voyez qu'elle pâme, et d'un amour parfait,
Dans cette pâmoison, sire, admirez l'effet.
Sa douleur a trahi les secrets de son âme,
Et ne vous permet plus de douter de sa flamme.
CHIMÈNE.
Quoi! Rodrigue est donc mort?
D. FERNAND.
　　　　　　　　　Non, non, il voit le jour,
Et te conserve encore un immuable amour :
Calme cette douleur qui pour lui s'intéresse[22].
CHIMÈNE.
Sire, on pâme de joie, ainsi que de tristesse :
Un excès de plaisir nous rend tout languissants;
Et, quand il surprend l'âme, il accable les sens.
D. FERNAND.
Tu veux qu'en ta faveur nous croyions l'impossible?
Chimène, ta douleur a paru trop visible[23].

CHIMÈNE.

Eh bien, sire, ajoutez ce comble à mon malheur[24],
Nommez ma pâmoison l'effet de ma douleur :
Un juste déplaisir à ce point m'a réduite ;
Son trépas déroboit sa tête à ma poursuite ;
S'il meurt des coups reçus pour le bien du pays,
Ma vengeance est perdue et mes desseins trahis :
Une si belle fin m'est trop injurieuse.
Je demande sa mort, mais non pas glorieuse,
Non pas dans un éclat qui l'élève si haut,
Non pas au lit d'honneur, mais sur un échafaud ;
Qu'il meure pour mon père, et non pour la patrie ;
Que son nom soit taché, sa mémoire flétrie.
Mourir pour le pays n'est pas un triste sort,
C'est s'immortaliser par une belle mort.
J'aime donc sa victoire, et je le puis sans crime ;
Elle assure l'Etat, et me rend ma victime,
Mais noble, mais fameuse entre tous les guerriers,
Le chef, au lieu de fleurs, couronné de lauriers ;
Et, pour dire en un mot ce que j'en considère,
Digne d'être immolée aux mânes de mon père....
Hélas ! à quel espoir me laissé-je emporter !
Rodrigue de ma part n'a rien à redouter ;
Que pourroient contre lui des larmes qu'on méprise ?
Pour lui tout votre empire est un lieu de franchise ;
Là, sous votre pouvoir, tout lui devient permis ;
Il triomphe de moi comme des ennemis.
Dans leur sang répandu la justice étouffée[25]
Au crime du vainqueur sert d'un nouveau trophée ;
Nous en croissons la pompe, et le mépris des lois
Nous fait suivre son char au milieu de deux rois.

D. FERNAND.

Ma fille, ces transports ont trop de violence.
Quand on rend la justice, on met tout en balance.
On a tué ton père, il étoit l'agresseur ;
Et la même équité m'ordonne la douceur.
Avant que d'accuser ce que j'en fais paroître,
Consulte bien ton cœur ; Rodrigue en est le maître ;
Et ta flamme en secret rend grâces à ton roi,
Dont la faveur conserve un tel amant pour toi.

CHIMÈNE.

Pour moi! mon ennemi! l'objet de ma colère!
L'auteur de mes malheurs! l'assassin de mon père!
De ma juste poursuite on fait si peu de cas
Qu'on me croit obliger en ne m'écoutant pas!
Puisque vous refusez la justice à mes larmes,
Sire, permettez-moi de recourir aux armes;
C'est par là seulement qu'il a su m'outrager,
Et c'est aussi par là que je me dois venger.
A tous vos cavaliers je demande sa tête[26];
Oui, qu'un d'eux me l'apporte, et je suis sa conquête;
Qu'ils le combattent, sire; et, le combat fini,
J'épouse le vainqueur, si Rodrigue est puni;
Sous votre autorité souffrez qu'on le publie.

D. FERNAND.

Cette vieille coutume en ces lieux établie,
Sous couleur de punir un injuste attentat,
Des meilleurs combattants affoiblit un État;
Souvent de cet abus le succès déplorable
Opprime l'innocent, et soutient le coupable.
J'en dispense Rodrigue, il m'est trop précieux
Pour l'exposer aux coups d'un sort capricieux;
Et, quoi qu'ait pu commettre un cœur si magnanime,
Les Maures en fuyant ont emporté son crime.

D. DIÈGUE.

Quoi! sire, pour lui seul vous renversez des lois
Qu'a vu toute la cour observer tant de fois!
Que croira votre peuple, et que dira l'envie,
Si, sous votre défense, il ménage sa vie,
Et s'en fait un prétexte à ne paroître pas[27]
Où tous les gens d'honneur cherchent un beau trépas?
De pareilles faveurs terniroient trop sa gloire[28];
Qu'il goûte sans rougir les fruits de sa victoire.
Le comte eut de l'audace, il l'en a su punir :
Il l'a fait en brave homme, et le doit maintenir[29].

D. FERNAND.

Puisque vous le voulez, j'accorde qu'il le fasse :
Mais d'un guerrier vaincu mille prendroient la place;
Et le prix que Chimène au vainqueur a promis
De tous mes cavaliers feroit ses ennemis[30] :
L'opposer seul à tous seroit trop d'injustice;
Il suffit qu'une fois il entre dans la lice.

Choisis qui tu voudras, Chimène, et choisis bien;
Mais après ce combat ne demande plus rien.
D. DIÈGUE.
N'excusez point par là ceux que son bras étonne;
Laissez un champ ouvert où n'entrera personne[31].
Après ce que Rodrigue a fait voir aujourd'hui,
Quel courage assez vain s'oseroit prendre à lui?
Qui se hasarderoit contre un tel adversaire?
Qui seroit ce vaillant, ou bien ce téméraire?
D. SANCHE.
Faites ouvrir le champ : vous voyez l'assaillant[32];
Je suis ce téméraire, ou plutôt ce vaillant.
Accordez cette grâce à l'ardeur qui me presse.
Madame, vous savez quelle est votre promesse.
D. FERNAND.
Chimène, remets-tu ta querelle en sa main?
CHIMÈNE.
Sire, je l'ai promis.
D. FERNAND.
Soyez prêt à demain.
D. DIÈGUE.
Non, sire, il ne faut pas différer davantage :
On est toujours trop prêt quand on a du courage.
D. FERNAND.
Sortir d'une bataille, et combattre à l'instant!
D. DIÈGUE.
Rodrigue a pris haleine en vous la racontant.
D. FERNAND.
Du moins une heure ou deux je veux qu'il se délasse.
Mais de peur qu'en exemple un tel combat ne passe,
Pour témoigner à tous qu'à regret je permets
Un sanglant procédé qui ne me plut jamais,
De moi ni de ma cour il n'aura la présence.
(A D. Arias :)
Vous seul des combattants jugerez la vaillance.
Ayez soin que tous deux fassent en gens de cœur,
Et, le combat fini, m'amenez le vainqueur.
Quel qu'il soit, même prix est acquis à sa peine[33];
Je le veux de ma main présenter à Chimène,
Et que, pour récompense, il reçoive sa foi.
CHIMÈNE.
Quoi! sire, m'imposer une si dure loi[34]!

D. FERNAND.

Tu t'en plains ; mais ton feu, loin d'avouer ta plainte,
Si Rodrigue est vainqueur, l'accepte sans contrainte.
Cesse de murmurer contre un arrêt si doux ;
Qui que ce soit des deux, j'en ferai ton époux.

FIN DU QUATRIÈME ACTE.

ACTE CINQUIÈME.

SCÈNE I.
D. RODRIGUE, CHIMÈNE.

CHIMÈNE.
Quoi ! Rodrigue en plein jour ! d'où te vient cette audace ?
Va, tu me perds d'honneur ; retire-toi, de grâce.
D. RODRIGUE.
Je vais mourir, madame, et vous viens en ce lieu,
Avant le coup mortel, dire un dernier adieu ;
Cet immuable amour qui sous vos lois m'engage[1]
N'ose accepter ma mort sans vous en faire hommage.
CHIMÈNE.
Tu vas mourir !
D. RODRIGUE.
   Je cours à ces heureux moments
Qui vont livrer ma vie à vos ressentiments.
CHIMÈNE.
Tu vas mourir ! Don Sanche est-il si redoutable,
Qu'il donne l'épouvante à ce cœur indomptable ?
Qui t'a rendu si foible ? ou qui le rend si fort ?
Rodrigue va combattre, et se croit déjà mort !
Celui qui n'a pas craint les Maures, ni mon père,
Va combattre don Sanche, et déjà désespère !
Ainsi donc au besoin ton courage s'abat !
D. RODRIGUE.
Je cours à mon supplice, et non pas au combat ;
Et ma fidèle ardeur sait bien m'ôter l'envie,
Quand vous cherchez ma mort, de défendre ma vie.
J'ai toujours même cœur ; mais je n'ai point de bras
Quand il faut conserver ce qui ne vous plaît pas ;
Et déjà cette nuit m'auroit été mortelle,
Si j'eusse combattu pour ma seule querelle ;

Mais défendant mon roi, son peuple, et mon pays²,
A me défendre mal je les aurois trahis.
Mon esprit généreux ne hait pas tant la vie,
Qu'il en veuille sortir par une perfidie :
Maintenant qu'il s'agit de mon seul intérêt,
Vous demandez ma mort, j'en accepte l'arrêt.
Votre ressentiment choisit la main d'un autre;
Je ne méritois pas de mourir de la vôtre.
On ne me verra point en repousser les coups;
Je dois plus de respect à qui combat pour vous;
Et, ravi de penser que c'est de vous qu'ils viennent,
Puisque c'est votre honneur que ses armes soutiennent,
Je lui vais présenter mon estomac ouvert,
Adorant en sa main la vôtre qui me perd.

CHIMÈNE.
Si d'un triste devoir la juste violence,
Qui me fait malgré moi poursuivre ta vaillance,
Prescrit à ton amour une si forte loi
Qu'il te rend sans défense à qui combat pour moi,
En cet aveuglement ne perds pas la mémoire
Qu'ainsi que de ta vie, il y va de ta gloire,
Et que, dans quelque éclat que Rodrigue ait vécu,
Quand on le saura mort, on le croira vaincu.
Ton honneur t'est plus cher que je ne te suis chère³,
Puisqu'il trempe tes mains dans le sang de mon père,
Et te fait renoncer, malgré ta passion,
A l'espoir le plus doux de ma possession :
Je t'en vois cependant faire si peu de compte,
Que sans rendre combat tu veux qu'on te surmonte.
Quelle inégalité ravale ta vertu?
Pourquoi ne l'as-tu plus? ou pourquoi l'avois-tu?
Quoi ! n'es-tu généreux que pour me faire outrage?
S'il ne faut m'offenser n'as-tu point de courage?
Et traites-tu mon père avec tant de rigueur,
Qu'après l'avoir vaincu tu souffres un vainqueur?
Va, sans vouloir mourir, laisse-moi te poursuivre⁴,
Et défends ton honneur, si tu ne veux plus vivre.

D. RODRIGUE.
Après la mort du comte, et les Maures défaits,
Faudroit-il à ma gloire encor d'autres effets⁵?
Elle peut dédaigner le soin de me défendre;
On sait que mon courage ose tout entreprendre

ACTE V, SCÈNE I.

Que ma valeur peut tout, et que dessous les cieux,
Auprès de mon honneur, rien ne m'est précieux [6].
Non, non, en ce combat, quoi que vous veuilliez croire,
Rodrigue peut mourir sans hasarder sa gloire,
Sans qu'on l'ose accuser d'avoir manqué de cœur,
Sans passer pour vaincu, sans souffrir un vainqueur.
On dira seulement : « Il adoroit Chimène ;
« Il n'a pas voulu vivre et mériter sa haine ;
« Il a cédé lui-même à la rigueur du sort
« Qui forçoit sa maîtresse à poursuivre sa mort :
« Elle vouloit sa tête ; et son cœur magnanime,
« S'il l'en eût refusée, eût pensé faire un crime.
« Pour venger son honneur il perdit son amour,
« Pour venger sa maîtresse il a quitté le jour,
« Préférant, quelque espoir qu'eût son âme asservie,
« Son honneur à Chimène, et Chimène à sa vie. »
Ainsi donc vous verrez ma mort en ce combat,
Loin d'obscurcir ma gloire, en rehausser l'éclat ;
Et cet honneur suivra mon trépas volontaire
Que tout autre que moi n'eût pu vous satisfaire.

CHIMÈNE.

Puisque, pour t'empêcher de courir au trépas,
Ta vie et ton honneur sont de foibles appas,
Si jamais je t'aimai, cher Rodrigue, en revanche
Défends-toi maintenant pour m'ôter à don Sanche ;
Combats pour m'affranchir d'une condition
Qui me donne à l'objet de mon aversion [7].
Te dirai-je encor plus ? va, songe à la défense,
Pour forcer mon devoir, pour m'imposer silence ;
Et, si tu sens pour moi ton cœur encore épris [8],
Sors vainqueur d'un combat dont Chimène est le prix.
Adieu : ce mot lâché me fait rougir de honte.

D. RODRIGUE, seul.

Est-il quelque ennemi qu'à présent je ne dompte ?
Paroissez, Navarrois, Maures et Castillans,
Et tout ce que l'Espagne a nourri de vaillants ;
Unissez-vous ensemble, et faites une armée,
Pour combattre une main de la sorte animée :
Joignez tous vos efforts contre un espoir si doux ;
Pour en venir à bout c'est trop peu que de vous.

SCÈNE II.

L'INFANTE.

T'écouterai-je encor, respect de ma naissance,
 Qui fais un crime de mes feux?
T'écouterai-je, amour, dont la douce puissance
Contre ce fier tyran fait révolter mes vœux[9]?
 Pauvre princesse! auquel des deux
 Dois-tu prêter obéissance?
Rodrigue, ta valeur te rend digne de moi;
Mais, pour être vaillant, tu n'es pas fils de roi.

Impitoyable sort, dont la rigueur sépare
 Ma gloire d'avec mes désirs,
Est-il dit que le choix d'une vertu si rare
Coûte à ma passion de si grands déplaisirs?
 O cieux! à combien de soupirs
 Faut-il que mon cœur se prépare,
Si jamais il n'obtient sur un si long tourment[10]
Ni d'éteindre l'amour, ni d'accepter l'amant!

Mais c'est trop de scrupule, et ma raison s'étonne[11]
 Du mépris d'un si digne choix :
Bien qu'aux monarques seuls ma naissance me donne,
Rodrigue, avec honneur je vivrai sous tes lois.
 Après avoir vaincu deux rois,
 Pourrois-tu manquer de couronne?
Et ce grand nom de Cid que tu viens de gagner
Ne fait-il pas trop voir sur qui tu dois régner[12]?

Il est digne de moi, mais il est à Chimène;
 Le don que j'en ai fait me nuit.
Entre eux la mort d'un père a si peu mis de haine[13]
Que le devoir du sang à regret le poursuit :
 Ainsi n'espérons aucun fruit
 De son crime ni de ma peine,
Puisque pour me punir le destin a permis
Que l'amour dure même entre deux ennemis.

SCÈNE III.

L'INFANTE, LÉONOR.

L'INFANTE.

Où viens-tu, Léonor?

LÉONOR.

Vous applaudir, madame [15],
Sur le repos qu'enfin a retrouvé votre âme.

L'INFANTE.

D'où viendroit ce repos dans un comble d'ennui?

LÉONOR.

Si l'amour vit d'espoir, et s'il meurt avec lui,
Rodrigue ne peut plus charmer votre courage.
Vous savez le combat où Chimène l'engage;
Puisqu'il faut qu'il y meure, ou qu'il soit son mari,
Votre espérance est morte et votre esprit guéri.

L'INFANTE.

Ah! qu'il s'en faut encor [15]!

LÉONOR.

Que pouvez-vous prétendre?

L'INFANTE.

Mais plutôt quel espoir me pourrois-tu défendre?
Si Rodrigue combat sous ces conditions,
Pour en rompre l'effet j'ai trop d'inventions.
L'amour, ce doux auteur de mes cruels supplices,
Aux esprits des amants apprend trop d'artifices.

LÉONOR.

Pourrez-vous quelque chose après qu'un père mort
N'a pu, dans leurs esprits, allumer de discord?
Car Chimène aisément montre par sa conduite
Que la haine aujourd'hui ne fait pas sa poursuite.
Elle obtient un combat, et pour son combattant
C'est le premier offert qu'elle accepte à l'instant :
Elle n'a point recours à ces mains généreuses [16]
Que tant d'exploits fameux rendent si glorieuses;
Don Sanche lui suffit, et mérite son choix [17],
Parce qu'il va s'armer pour la première fois;
Elle aime en ce duel son peu d'expérience;
Comme il est sans renom, elle est sans défiance:
Et sa facilité vous doit bien faire voir [18]
Qu'elle cherche un combat qui force son devoir,

Qui livre à son Rodrigue une victoire aisée [19],
Et l'autorise enfin à paroître apaisée.

L'INFANTE.

Je le remarque assez, et toutefois mon cœur
A l'envi de Chimène adore ce vainqueur.
A quoi me résoudrai-je, amante infortunée?

LÉONOR.

A vous mieux souvenir de qui vous êtes née [20].
Le ciel vous doit un roi, vous aimez un sujet!

L'INFANTE.

Mon inclination a bien changé d'objet.
Je n'aime plus Rodrigue, un simple gentilhomme;
Non, ce n'est plus ainsi que mon amour le nomme [21].
Si j'aime, c'est l'auteur de tant de beaux exploits,
C'est le valeureux Cid, le maître de deux rois.
Je me vaincrai pourtant, non de peur d'aucun blâme,
Mais pour ne troubler pas une si belle flamme;
Et, quand pour m'obliger on l'auroit couronné,
Je ne veux point reprendre un bien que j'ai donné.
Puisqu'en un tel combat sa victoire est certaine,
Allons encore un coup le donner à Chimène.
Et toi, qui vois les traits dont mon cœur est percé,
Viens me voir achever comme j'ai commencé.

SCÈNE IV.

CHIMÈNE, ELVIRE.

CHIMÈNE.

Elvire, que je souffre! et que je suis à plaindre!
Je ne sais qu'espérer, et je vois tout à craindre;
Aucun vœu ne m'échappe où j'ose consentir;
Je ne souhaite rien sans un prompt repentir [22].
A deux rivaux pour moi je fais prendre les armes :
Le plus heureux succès me coûtera des larmes;
Et, quoi qu'en ma faveur en ordonne le sort,
Mon père est sans vengeance, ou mon amant est mort.

ELVIRE.

D'un et d'autre côté je vous vois soulagée :
Ou vous avez Rodrigue, ou vous êtes vengée;
Et quoi que le destin puisse ordonner de vous,
Il soutient votre gloire, et vous donne un époux.

CHIMÈNE.

Quoi! l'objet de ma haine, ou de tant de colère[23]?
L'assassin de Rodrigue, ou celui de mon père?
De tous les deux côtés on me donne un mari
Encor tout teint du sang que j'ai le plus chéri.
De tous les deux côtés mon âme se rebelle.
Je crains plus que la mort la fin de ma querelle.
Allez, vengeance, amour, qui troublez mes esprits,
Vous n'avez point pour moi de douceurs à ce prix :
Et toi, puissant moteur du destin qui m'outrage,
Termine ce combat sans aucun avantage,
Sans faire aucun des deux ni vaincu ni vainqueur.

ELVIRE.

Ce seroit vous traiter avec trop de rigueur.
Ce combat pour votre âme est un nouveau supplice,
S'il vous laisse obligée à demander justice,
A témoigner toujours ce haut ressentiment,
Et poursuivre toujours la mort de votre amant.
Madame, il vaut bien mieux que sa rare vaillance[24],
Lui couronnant le front, vous impose silence;
Que la loi du combat étouffe vos soupirs,
Et que le roi vous force à suivre vos désirs.

CHIMÈNE.

Quand il sera vainqueur, crois-tu que je me rende?
Mon devoir est trop fort, et ma perte trop grande;
Et ce n'est pas assez pour leur faire la loi,
Que celle du combat et le vouloir du roi.
Il peut vaincre don Sanche avec fort peu de peine,
Mais non pas avec lui la gloire de Chimène;
Et, quoi qu'à sa victoire un monarque ait promis,
Mon honneur lui fera mille autres ennemis.

ELVIRE.

Gardez, pour vous punir de cet orgueil étrange,
Que le ciel à la fin ne souffre qu'on vous venge.
Quoi! vous voulez encor refuser le bonheur
De pouvoir maintenant vous taire avec honneur?
Que prétend ce devoir, et qu'est-ce qu'il espère?
La mort de votre amant vous rendra-t-elle un père?
Est-ce trop peu pour vous que d'un coup de malheur?
Faut-il perte sur perte, et douleur sur douleur?
Allez, dans le caprice où votre humeur s'obstine,
Vous ne méritez pas l'amant qu'on vous destine;

Et nous verrons du ciel l'équitable courroux [25]
Vous laisser, par sa mort, don Sanche pour époux.

CHIMÈNE.

Elvire, c'est assez des peines que j'endure,
Ne les redouble point par ce funeste augure.
Je veux, si je le puis, les éviter tous deux,
Sinon, en ce combat Rodrigue a tous mes vœux :
Non qu'une folle ardeur de son côté me penche ;
Mais, s'il était vaincu, je serois à don Sanche :
Cette appréhension fait naître mon souhait....
Que vois-je, malheureuse ! Elvire, c'en est fait.

SCÈNE V.

D. SANCHE, CHIMÈNE, ELVIRE.

D. SANCHE.

Obligé d'apporter à vos pieds cette épée [26]....

CHIMÈNE.

Quoi ! du sang de Rodrigue encor toute trempée !
Perfide, oses-tu bien te montrer à mes yeux,
Après m'avoir ôté ce que j'aimois le mieux ?
Éclate, mon amour, tu n'as plus rien à craindre ;
Mon père est satisfait, cesse de te contraindre ;
Un même coup a mis ma gloire en sûreté,
Mon âme au désespoir, ma flamme en liberté.

D. SANCHE.

D'un esprit plus rassis....

CHIMÈNE.

Tu me parles encore,
Exécrable assassin d'un héros que j'adore !
Va, tu l'as pris en traître ; un guerrier si vaillant
N'eût jamais succombé sous un tel assaillant [27].
N'espère rien de moi, tu ne m'as point servie ;
En croyant me venger, tu m'as ôté la vie.

D. SANCHE.

Étrange impression qui, loin de m'écouter....

CHIMÈNE.

Veux-tu que de sa mort je t'écoute vanter,
Que j'entende à loisir avec quelle insolence
Tu peindras son malheur, mon crime, et ta vaillance [28]

SCÈNE VI.

D. FERNAND, D. DIÈGUE, D. ARIAS, D. SANCHE,
D ALONSE, CHIMÈNE, ELVIRE.

CHIMÈNE.

Sire, il n'est plus besoin de vous dissimuler
Ce que tous mes efforts ne vous ont pu celer.
J'aimois, vous l'avez su; mais, pour venger mon père,
J'ai bien voulu proscrire une tête si chère :
Votre majesté, sire, elle-même a pu voir
Comme j'ai fait céder mon amour au devoir.
Enfin Rodrigue est mort, et sa mort m'a changée
D'implacable ennemie en amante affligée.
J'ai dû cette vengeance à qui m'a mise au jour,
Et je dois maintenant ces pleurs à mon amour.
Don Sanche m'a perdue en prenant ma défense;
Et du bras qui me perd je suis la récompense !
Sire, si la pitié peut émouvoir un roi,
De grâce, révoquez une si dure loi;
Pour prix d'une victoire où je perds ce que j'aime,
Je lui laisse mon bien; qu'il me laisse à moi-même;
Qu'en un cloître sacré je pleure incessamment,
Jusqu'au dernier soupir, mon père et mon amant.

D. DIÈGUE.

Enfin, elle aime, sire, et ne croit plus un crime
D'avouer par sa bouche un amour légitime,

D. FERNAND.

Chimène, sors d'erreur, ton amant n'est pas mort;
Et don Sanche vaincu t'a fait un faux rapport.

D. SANCHE.

Sire, un peu trop d'ardeur malgré moi l'a déçue:
Je venois du combat lui raconter l'issue.
Ce généreux guerrier dont son cœur est charmé,
« Ne crains rien, m'a-t-il dit, quand il m'a désarmé.
« Je laisserois plutôt la victoire incertaine,
« Que de répandre un sang hasardé pour Chimène;
« Mais puisque mon devoir m'appelle auprès du roi,
« Va de notre combat l'entretenir pour moi,
« De la part du vainqueur lui porter ton épée [29]. »
Sire, j'y suis venu : cet objet l'a trompée;

Elle m'a cru vainqueur, me voyant de retour;
Et soudain sa colère a trahi son amour
Avec tant de transport, et tant d'impatience,
Que je n'ai pu gagner un moment d'audience.
Pour moi, bien que vaincu, je me répute heureux;
Et, malgré l'intérêt de mon cœur amoureux,
Perdant infiniment, j'aime encor ma défaite,
Qui fait le beau succès d'une amour si parfaite.

D. FERNAND.

Ma fille, il ne faut point rougir d'un si beau feu,
Ni chercher les moyens d'en faire un désaveu :
Une louable honte en vain t'en sollicite;
Ta gloire est dégagée, et ton devoir est quitte;
Ton père est satisfait, et c'étoit le venger
Que mettre tant de fois ton Rodrigue en danger.
Tu vois comme le ciel autrement en dispose.
Ayant tant fait pour lui, fais pour toi quelque chose,
Et ne sois point rebelle à mon commandement
Qui te donne un époux aimé si chèrement.

SCÈNE VII.

D. FERNAND, D. DIÈGUE, D. ARIAS, D. RODRIGUE,
D. ALONSE, D. SANCHE, L'INFANTE, CHIMÈNE,
LÉONOR, ELVIRE.

L'INFANTE.

Sèche tes pleurs, Chimène, et reçois sans tristesse
Ce généreux vainqueur des mains de ta princesse.

D. RODRIGUE.

Ne vous offensez point, sire, si devant vous
Un respect amoureux me jette à ses genoux.
Je ne viens point ici demander ma conquête;
Je viens tout de nouveau vous apporter ma tête,
Madame; mon amour n'emploiera point pour moi
Ni la loi du combat, ni le vouloir du roi.
Si tout ce qui s'est fait est trop peu pour un père,
Dites par quels moyens il vous faut satisfaire.
Faut-il combattre encor mille et mille rivaux,
Aux deux bouts de la terre étendre mes travaux,
Forcer moi seul un camp, mettre en fuite une armée,
Des héros fabuleux passer la renommée?

ACTE V, SCÈNE VII.

Si mon crime par là se peut enfin laver,
J'ose tout entreprendre et puis tout achever :
Mais si ce fier honneur, toujours inexorable,
Ne se peut apaiser sans la mort du coupable,
N'armez plus contre moi le pouvoir des humains ;
Ma tête est à vos pieds, vengez-vous par vos mains ;
Vos mains seules ont droit de vaincre un invincible ;
Prenez une vengeance à tout autre impossible ;
Mais du moins que ma mort suffise à me punir :
Ne me bannissez point de votre souvenir ;
Et, puisque mon trépas conserve votre gloire,
Pour vous en revancher conservez ma mémoire,
Et dites quelquefois, en déplorant mon sort [30] :
« S'il ne m'avoit aimée, il ne seroit pas mort. »

CHIMÈNE.

Relève-toi, Rodrigue. Il faut l'avouer, sire,
Je vous en ai trop dit pour m'en pouvoir dédire [31].
Rodrigue a des vertus que je ne puis haïr ;
Et, quand un roi commande, on lui doit obéir.
Mais, à quoi que déjà vous m'ayez condamnée,
Pourrez-vous à vos yeux souffrir cet hyménée ?
Et, quand de mon devoir vous voulez cet effort,
Toute votre justice en est-elle d'accord ?
Si Rodrigue à l'État devient si nécessaire,
De ce qu'il fait pour vous dois-je être le salaire,
Et me livrer moi-même au reproche éternel
D'avoir trempé mes mains dans le sang paternel ?

D. FERNAND.

Le temps assez souvent a rendu légitime
Ce qui sembloit d'abord ne se pouvoir sans crime.
Rodrigue t'a gagnée, et tu dois être à lui.
Mais, quoique sa valeur t'ait conquise aujourd'hui,
Il faudroit que je fusse ennemi de ta gloire
Pour lui donner sitôt le prix de sa victoire.
Cet hymen différé ne rompt point une loi
Qui, sans marquer de temps, lui destine ta foi.
Prends un an, si tu veux, pour essuyer tes larmes
Rodrigue, cependant il faut prendre les armes.
Après avoir vaincu les Maures sur nos bords,
Renversé leurs desseins, repoussé leurs efforts,
Va jusqu'en leur pays leur reporter la guerre,
Commander mon armée, et ravager leur terre.

A ce seul nom de Cid ils trembleront d'effroi ;
Ils t'ont nommé seigneur, et te voudront pour roi.
Mais parmi tes hauts faits sois-lui toujours fidèle :
Reviens-en, s'il se peut, encor plus digne d'elle ;
Et par tes grands exploits fais-toi si bien priser,
Qu'il lui soit glorieux alors de t'épouser.

D. RODRIGUE.

Pour posséder Chimène, et pour votre service,
Que peut-on m'ordonner que mon bras n'accomplisse ?
Quoi qu'absent de ses yeux il me faille endurer,
Sire, ce m'est trop d'heur de pouvoir espérer.

D. FERNAND.

Espère en ton courage, espère en ma promesse ;
Et, possédant déjà le cœur de ta maîtresse,
Pour vaincre un point d'honneur qui combat contre toi,
Laisse faire le temps, ta vaillance et ton roi.

FIN DU CINQUIÈME ACTE.

NOTES ET VARIANTES.

AVERTISSEMENT (p. 5).

L'*Historia general de España*, d'où Corneille a tiré le fragment qui précède son Avertissement, n'est qu'une traduction libre, faite par le Père Mariana lui-même, de son histoire latine, intitulée *Historiæ de rebus Hispaniæ libri* XX. Voici le passage qui correspond, dans cet ouvrage original, au fragment espagnol cité par Corneille :

« Gormatii comitem Gometium non multo antea, in privata contentione, adacto in viscera gladio peremerat (Rodericus). Occisi patris, pro quo supplicium debebatur, merces Semenæ filiæ conjugium fuit ; cum illa juvenis virtutem admirata, sibi virum dari, aut lege in eum agi regem postulasset. Rodericus, ad paternam ditionem, dotali principatu occisi soceri auctus, viribus et potentia validus, etc.... »

(MARIANA, *Hist. de rebus Hispan.* l. IX, c. 5.)

N. B. Nous donnerons, comme variantes, après chaque pièce, soit les anciennes leçons, soit les corrections faites par l'auteur que nous n'avons pas adoptées dans notre texte. Nous rétablirons aussi les vers que le poëte lui-même a supprimés. On pourra, au moyen de ces variantes et de ces additions, comparer la forme première de l'ouvrage avec la dernière rédaction à laquelle l'auteur s'est arrêté ; et cette comparaison, surtout lorsqu'il s'agit des œuvres de Corneille, n'est pas seulement intéressante en elle-même, mais encore d'un grand secours pour l'étude historique de la langue et de la poésie françaises.

ACTE PREMIER (p. 11).

1. Dans l'origine, *Le Cid* portoit le titre de tragi-comédie, et s'ouvroit par une scène entre le comte de Gormas et Elvire, dans laquelle Corneille mettoit en dialogue ce que Chimène apprend par le récit de sa suivante ; en changeant la forme de son exposition, l'auteur donna plus de rapidité à son action. Quoi qu'il en soit, voici les vers de cette scène que Corneille n'a pas conservée :

SCÈNE I.
LE COMTE, ELVIRE.

ELVIRE.
Entre tous ces amants dont la jeune ferveur
Adore votre fille, et brigue ma faveur,
Don Rodrigue et don Sanche, à l'envi, font paroître
Le beau feu qu'en leurs cœurs ses beautés ont fait naître.
Ce n'est pas que Chimène écoute leurs soupirs,
Ou d'un regard propice anime leurs désirs.
Au contraire, pour tous dedans l'indifférence,
Elle n'ôte à pas un, ni donne d'espérance ;

Et, sans le voir d'un œil trop sévère ou trop doux,
C'est de votre seul choix qu'elle attend un époux.
LE COMTE.
Elle est dans le devoir. . . . .
. . . .
Et ma fille, en un mot, peut l'aimer et me plaire.
Va l'en entretenir; mais, dans cet entretien,
Cache mon sentiment, et découvre le sien.
Je veux qu'à mon retour nous en parlions ensemble;
L'heure à présent m'appelle au conseil qui s'assemble.
Le roi doit à son fils choisir un gouverneur,
Ou plutôt m'élever à ce haut rang d'honneur :
Ce que pour lui mon bras chaque jour exécute
Me défend de penser qu'aucun me le dispute.

SCÈNE II
CHIMÈNE, ELVIRE.

ELVIRE, seule.
Quelle douce nouvelle à ces jeunes amants'
Et que tout se dispose à leurs contentements

CHIMÈNE.
Eh bien, Elvire, enfin que faut-il que j'espère?
Que dois-je devenir? et que t'a dit mon père?

ELVIRE.
Deux mots dont tous vos sens doivent être charmés :
Il estime Rodrigue autant que vous l'aimez.

CHIMÈNE.
L'excès de ce bonheur me met en défiance.
Puis-je à de tels discours donner quelque croyance?

ELVIRE.
Il passe bien plus outre; il approuve vos feux,
Et vous doit commander de répondre à ses vœux.
Jugez, après cela, puisque tantôt son père,
Au sortir du conseil, doit proposer l'affaire,
S'il pouvoit avoir lieu de mieux prendre son temps.

2. Racine a parodié ce vers dans *les Plaideurs;* il y dit d'un vieux huissier :

Ses rides sur son front gravoient tous ses exploits.

3. VAR. Vous verrez votre crainte heureusement deçue.
4. VAR. Va-t'en trouver Chimène, et lui dis de ma part.
5. VAR. Et je vous vois, pensive et triste chaque jour,
Demander avec soin comme va son amour.

L'INFANTE.
J'en dois bien avoir soin; je l'ai presque forcée
A recevoir les coups dont son âme est blessée.

6. VAR. Je dois prendre intérêt à la fin de leurs peines.
7. VAR. On vous voit un chagrin qui va jusqu'à l'excès.
8. VAR. Et, plaignant ma foiblesse, admire ma vertu.
9. VAR. Ce jeune chevalier, cet amant que je donne.
10. VAR. Choisir pour votre amant un simple chevalier!
Une grande princesse à ce point s'oublier!
Et que dira le roi? que dira la Castille?
Vous souvenez-vous bien de qui vous êtes fille?

L'INFANTE.
Oui, oui, je m'en souviens, et j'épandrai mon sang
Plutôt que de rien faire indigne de mon rang.

NOTES ET VARIANTES. 75

11. Var. Si j'ai beaucoup d'amour, j'ai bien plus de courage;
Un noble orgueil m'apprend qu'étant fille de roi.

12. Var. Si l'amour vit d'espoir, il meurt avecque lui.

13. Var. Je suis au désespoir que l'amour me contraigne.

14. Var. Je ne m'en promets rien qu'une joie imparfaite.
Ma gloire et mon amour ont tous deux tant d'appas,
Que je meurs s'il s'achève, et ne s'achève pas.

15. Var. Pour souffrir la vertu si longtemps au supplice.

16. Aujourd'hui, quand les comédiens représentent cette pièce, ils commencent par cette scène*. Il paroît qu'ils ont très-grand tort; car peut-on s'intéresser à la querelle du comte et de don Diègue, si on n'est pas instruit des amours de leurs enfants? L'affront que Gormas fait à don Diègue est un coup de théâtre, quand on espère qu'ils vont conclure le mariage de Chimène avec Rodrigue. Ce n'est point jouer *le Cid*, c'est insulter son auteur, que de le tronquer ainsi. On ne devroit pas permettre aux comédiens d'altérer ainsi les ouvrages qu'ils représentent. (*Voltaire*.)

17. Var. Vous choisissant, peut-être on eût pu mieux choisir;
Mais le roi m'a trouvé plus propre à son désir.

18. Var. Rodrigue aime Chimène, et ce digne sujet
De ses affections est le plus cher objet :
Consentez-y, monsieur, et l'acceptez pour gendre.
LE COMTE.
A de plus hauts partis Rodrigue doit prétendre.

19. Var. Lui doit bien mettre au cœur une autre vanité.

20. Var. Instruisez-le d'exemple, et vous ressouvenez
Qu'il faut faire à ses yeux ce que vous enseignez.

21. Var. Les exemples vivants ont bien plus de pouvoir.

22. Var. Et, si vous ne m'aviez, vous n'auriez plus de rois.
Chaque jour, chaque instant, entassent, pour ma gloire,
Laurier dessus laurier, victoire sur victoire.
Le prince, pour essai de générosité,
Gagneroit des combats, marchant à mon côté.
Loin des froides leçons qu'à mon bras on préfère,
Il apprendroit à vaincre en me regardant faire.
D. DIÈGUE.
Vous me parlez en vain de ce que je connoi.

23. Var. Un monarque entre nous met de la différence.

24. Var. O Dieu! ma force usée à ce besoin me laisse!

25. La scène continuoit ainsi :

D. DIÈGUE.
Épargnes-tu mon sang?
LE COMTE.
Mon âme est satisfaite,
Et mes yeux à ma main reprochent ta défaite.
D. DIÈGUE.
Tu dédaignes ma vie!
LE COMTE.
En arrêter le cours
Ne feroit que hâter la Parque de trois jours.

---

* C'est J.-B. Rousseau qui fit ce changement, et qui supprima le rôle de l'infante

26. Les quatre vers suivants ont été supprimés ici :
> Si Rodrigue est mon fils, il faut que l'amour cède,
> Et qu'une ardeur plus haute à ses flammes succède
> Mon honneur est le sien, et le mortel affront
> Qui tombe sur mon chef rejaillit sur son front.

27. Var. Je l'ai vu, tout sanglant au milieu des batailles,
> Se faire un beau rempart de mille funérailles.
> D. RODRIGUE.
> Son nom ? C'est perdre temps en propos superflus.
> D. DIÈGUE.
> Donc, pour te dire encor quelque chose de plus.

28. Var. Je m'en vais les pleurer. Va, cours, vole, et nous venge.
29. Var. L'un échauffe mon cœur, l'autre retient mon bras.
30. Var. Illustre tyrannie, adorable contrainte,
> Par qui de ma raison la lumière est éteinte,
> A mon aveuglement rendez un peu de jour.

(*Autre.*) Impitoyable loi, cruelle tyrannie.

31. Var. Noble ennemi de mon plus grand bonheur,
> Qui fais toute ma peine.

32. Var. Qui venge cet affront irrite sa colère,
> Et qui peut le souffrir ne la mérite pas.
> Prévenons la douleur d'avoir failli contre elle,
> Qui nous seroit mortelle :
> Tout m'est fatal ; rien ne peut me guérir,
> Ni soulager ma peine.

33. Var. Allons, mon bras, du moins sauvons l'honneur,
> Puisque aussi bien il faut perdre Chimène.

34. Var. Dois-je pas à mon père avant qu'à ma maîtresse ?

ACTE SECOND (p. 23).

1. Var. Je l'avoue entre nous, quand je lui fis l'affront,
> J'eus le sang un peu chaud, et le bras un peu prompt.

2. Var. Qu'il prenne donc ma vie ; elle est en sa puissance.
> D. ARIAS.
> Un peu moins de transport, et plus d'obéissance.
> D'un prince qui vous aime apaisez le courroux.

3. Var. Monsieur, pour conserver ma gloire et mon estime.

4. Var. Et, quelque grand qu'il fût, mes services présents.

5. C'est ici qu'il y avoit :
> Les satisfactions n'apaisent point une âme :
> Qui les reçoit a tort, qui les fait se diffame ;
> Et de pareils accords l'effet le plus commun
> Est de déshonorer deux hommes au lieu d'un.

Ces vers parurent trop dangereux dans un temps où l'on punissoit les duels qu'on ne pouvoit arrêter, et Corneille les supprima. (*Voltaire.*)

6. Var. Tout l'État périra plutôt que je périsse.
7. Var. Avec tous vos lauriers, craignez encor la foudre.
8. Var. Je m'étonne fort peu de menaces pareilles.
> Dans les plus grands périls je fais plus de merveilles ;
> Et, quand l'honneur y va, les plus cruels trépas,
> Présentés à mes yeux, ne m'ébranleroient pas.

NOTES ET VARIANTES.

9. Var. Mais t'attaquer à moi! qui t'a rendu si vain?
10. Var. Mille et mille lauriers dont ta tête est couverte.
11. Var. A qui venge son père il n'est rien impossible.
12. Var. Et que, voulant pour gendre un chevalier parfait?
13. Var. Ton bonheur n'est couvert que d'un petit nuage.
14. Var. Et je vous en contois la première nouvelle.
15. Var. Impitoyable honneur mortel à mes plaisirs.
16. Var. Et, de ma part, mon âme, à tes ennuis sensible,
17. Var. Les affronts à l'honneur ne se réparent point.
18. Var. Souffrir un tel affront, étant né gentilhomme!
    Soit qu'il cède ou résiste au feu qui le consomme.
19. Var. Chimène est généreuse, et, quoique intéressée,
    Elle ne peut souffrir une lâche pensée.
20. Var. Avecque mon espoir fait renaître ma peine.
21. Var. Alors que le malade aime sa maladie,
    Il ne peut plus souffrir que l'on y remédie.
22. Var. Mais toujours ce Rodrigue est indigne de vous.
23. Var. Au milieu de l'Afrique arborer ses lauriers.
24. Var. Je veux que ce combat demeure pour certain,
    Votre esprit va-t-il point bien vite pour sa main?
25. Var. Mais c'est le moindre mal que l'amour me prépare.
26. Var. Je lui rabattrai bien cette humeur si hautaine.
27. Var. Je sais trop comme il faut dompter cette insolence.
28. Var. On voit bien qu'on a tort, mais une âme si haute.
29. Var. Et c'est contre ce mot qu'a résisté le comte.
30. Var. Et j'estime l'ardeur en un jeune courage.
31. Var. Et quoi qu'il faille dire, et quoi qu'il veuille croire
32. Var. Et, par ce trait hardi d'une insolence extrême,
    Il s'est pris à mon choix, il s'est pris à moi-même :
    C'est moi qu'il satisfait en réparant ce tort.
    N'en parlons plus. Au reste, on nous menace fort;
    Sur un avis reçu, je crains une surprise.

D. ARIAS.
Les Maures contre vous font-ils quelque entreprise?
S'osent-ils préparer à des efforts nouveaux?

LE ROI.
Vers la bouche du fleuve on a vu leurs vaisseaux;
Et vous n'ignorez pas qu'avec fort peu de peine,
Le flux de pleine mer jusqu'ici les amène.

D. ARIAS.
Tant de combats perdus leur ont ôté le cœur
D'attaquer désormais un si puissant vainqueur.

LE ROI.
N'importe, ils ne sauroient qu'avecque jalousie
Voir mon sceptre aujourd'hui régir l'Andalousie;
Et ce pays si beau, que j'ai conquis sur eux,
Réveille à tous moments leurs desseins généreux.

33. Var. Sire, ils ont trop appris aux dépens de leurs têtes.
34. Var. Et le même ennemi que l'on vient de détruire,
    S'il sait prendre son temps, est capable de nuire.
35. Var. Puisqu'on fait bonne garde aux murs et sur le port,
    Il suffit pour ce soir.
36. Var. Ce juste châtiment de sa témérité.

37. Var.
CHIMÈNE.
Vengez-moi d'une mort....
D. DIÈGUE.
Qui punit l'insolence.
CHIMÈNE.
Rodrigue, sire....
D. DIÈGUE.
A fait un coup d'homme de bien.
CHIMÈNE.
Il a tué mon père.

38. Var. Une vengeance juste est sans peur du supplice.
39. Les quatre vers suivants ont été supprimés par Corneille:
Et, pour son coup d'essai, son indigne attentat
D'un si ferme soutien a privé votre État,
De vos meilleurs soldats abattu l'espérance,
Et de vos ennemis relevé l'espérance.
40. Var. J'arrivai sur le lieu, sans force et sans couleur;
Je le trouvai sans vie.
41. Var. J'arrivai donc sans force, et le trouvai sans vie;
Il ne me parla point, mais pour mieux m'émouvoir.
42. Var. Sacrifiez don Diègue et toute sa famille
A vous, à votre peuple, à toute la Castille.
Le soleil, qui voit tout, ne voit rien sous les cieux
Qui vous puisse payer un sang si précieux.
43. Var. Quand avecque la force on perd aussi la vie,
Sire; et que l'âge apporte aux hommes généreux,
Avecque sa foiblesse, un destin malheureux!
44. Var. L'orgueil, dans votre cour, l'a fait presque à vos yeux,
Et souillé sans respect l'honneur de ma vieillesse,
Avantagé de l'âge, et fort de ma foiblesse.
45. Var. Du crime glorieux qui cause nos débats.
46. Var. Et loin de murmurer d'un injuste décret.

ACTE TROISIÈME (p. 37).

1. Var. Jamais un meurtrier s'offrit-il à son juge ?
2. Var. Et d'un heur sans pareil je me verrai combler.
3. Var. Veux-tu qu'un médisant l'accuse, en sa misère,
D'avoir reçu chez soi l'assassin de son père?
4. Var. . . . . . Madame, acceptez mon service.
5. Var. Souffrez qu'un chevalier vous venge par les armes.
6. Var. Ton avis importun m'ordonne le repos!
Par où sera jamais mon âme satisfaite,
Si je pleure ma perte, ou la main qui l'a faite?
Et que puis-je espérer qu'un tourment éternel?
7. Var. Mon cœur prend son parti; mais, contre leur effort,
Je sais que je suis fille, et que mon père est mort.
8. Var. Quoi! j'aurai vu mourir mon père entre ses bras!
9. Var. Dans un lâche silence étouffe mon honneur.
10. Var. De conserver pour vous un homme incomparable;
Un amant si chéri; vous avez assez fait.
11. Var. Soûlez-vous du plaisir de m'empêcher de vivre.

NOTES ET VARIANTES.

12. Var. De la main de ton père un coup irréparable
   Déshonoroit du mien la vieillesse honorable.
13. Var. J'ai pu douter encor si j'en prendrois vengeance.
14. Var. J'ai retenu ma main, j'ai cru mon bras trop prompt
15. Var. Si je n'eusse opposé contre tous tes appas.
   . . . .
   Qu'après m'avoir chéri quand je vivois sans blâme.
16. Var. Je te le dis encore, et veux, tant que j'expire,
   Sans cesse le penser, et sans cesse le dire.
17. Var. Et, pour mieux tourmenter mon esprit éperdu,
   Avec tant de rigueur mon astre me domine,
   Qu'il me faut travailler moi-même à ta ruine.
18. Var. Elle éclate bien mieux en te laissant en vie.
19. Var. Malgré des feux si beaux qui rompent ma colère.
20. Var. . . . . Mais, comble de misères!
21. Var. Si j'en obtiens l'effet, je te donne ma foi.
22. Var. Si peu que mes vieux ans m'ont laissé de vigueur
   Se consomme sans fruit à chercher ce vainqueur.
23. Var. Où fut jadis l'affront que ton courage efface.
   D. RODRIGUE.
   L'honneur vous en est dû; les cieux vous sont témoins;
   Qu'étant sorti de vous, je ne pouvois pas moins.
   Je me tiens trop heureux.
24. Var. Si j'ose satisfaire à moi-même après vous.
25. Var. Porte encore plus haut le prix de ta victoire.
26. Var. Mais d'un si brave cœur éloigne ces foiblesses.
27. Var. L'amour n'est qu'un plaisir, et l'honneur un devoir.
28. Var. Vient surprendre la ville et piller la contrée.
29. Var. Venoient m'offrir leur vie à venger ma querelle.
30. Var. Pousse-la plus avant; force par ta vaillance
   La justice au pardon, et Chimène au silence.
   Si tu l'aimes, apprends que retourner vainqueur.

ACTE QUATRIÈME (p. 49).

1. Var. Et combien que pour lui tout un peuple s'anime.
2. Var. Le péril dont Rodrigue a su vous retirer.
3. Var. A moi seule aujourd'hui permet encor les larmes.
4. Var. J'accorde que chacun la vante avec justice.
5. Var. Ce qui fut bon alors ne l'est plus aujourd'hui.
6. Var. Ses faits nous ont rendu ce qu'ils nous ont ôté,
   Et ton père en lui seul se voit ressuscité.
7. Var. Ah, madame! souffrez qu'avecque liberté
   Je pousse jusqu'au bout ma générosité.
   Quoique mon cœur pour lui contre moi s'intéresse.
8. Var. Adieu; tu pourras seule y songer à loisir.
9. Var. Après mon père mort, je n'ai rien à choisir.
10. Var. Qu'il devienne l'effroi de Grenade et Tolède.
11. Var. Et paroître à la cour eût hasardé ma tête,
   Qu'à défendre l'État j'aimois bien mieux donner,
   Qu'aux plaintes de Chimène ainsi l'abandonner.
12. Var. Tant, à nous voir marcher en si bon équipage.

13. Var. L'onde s'enfloit dessous, et d'un commun effort,
Les Maures et la mer entrèrent dans le port.
14. Var. Les nôtres au signal de nos vaisseaux répondent.
15. Var. Rétablit leur désordre, et leur rend leur vertu.
Contre nous, de pied ferme, ils tirent leurs épées
Des plus braves soldats les trames sont coupées.

Alfange (*alfanje*) est un mot espagnol qui signifie *sabre, cimeterre, coutelas*. L'épée était alors une arme inconnue aux Maures; et ce fut là sans doute le motif qui détermina Corneille à changer les deux vers qu'on trouve ci-dessus en variantes.

16. Var. Furent ensevelis dans l'horreur des ténèbres.
17. Var. Et n'en pus rien savoir jusques au point du jour.
18. Var. Le Maure vit sa perte, et perdit le courage,
Et, voyant un renfort qui nous vint secourir,
Changea l'ardeur de vaincre à la peur de mourir.
19. Var. Nous laissent pour adieux des cris épouvantables.
20. Var. Si leurs rois avec eux ont pu se retirer.
21. Var. Contrefaites le triste.
22. Var. Tu le possèderas, reprends ton allégresse.
23. Var. Ta tristesse, Chimène, a paru trop visible.
24. Var. Eh bien, sire, ajoutez ce comble à mes malheurs;
Nommez ma pâmoison l'effet de mes douleurs.
25. Var. Dans leur sang épandu la justice étouffée.
26. Var. A tous vos chevaliers je demande sa tête.
27. Var. Et s'en sert d'un prétexte à ne paroître pas.
28. Var. Sire, ôtez ces faveurs qui terniroient sa gloire.
29. Var. Il l'a fait en brave homme, et le doit soutenir
30. Var. De tous mes chevaliers feroit ses ennemis.
31. Var. Laissez un camp ouvert où n'entrera personne.
32. Var. Faites ouvrir le camp : vous voyez l'assaillant.
33. Var. Qui qu'il soit, même prix est acquis à sa peine
34. Var. Sire, c'est me donner une trop dure loi.

ACTE CINQUIÈME (p. 61).

1. Var. Mon amour vous le doit, et mon cœur, qui soupire,
N'ose, sans votre aveu, sortir de votre empire.
CHIMÈNE.
Tu vas mourir!
D. RODRIGUE.
J'y cours, et le comte est vengé
Aussitôt que de vous j'en aurai le congé.
2. Var. Mais défendant mon roi, son peuple, et le pays.
3. Var. L'honneur te fut plus cher que je ne te suis chère,
Puisqu'il trempa tes mains dans le sang de mon père,
Et te fit renoncer, malgré ta passion.
4. Var. Non; sans vouloir mourir, laisse-moi te poursuivre.
5. Var. Mon honneur, appuyé sur de si grands effets,
Contre un autre ennemi n'a plus à se défendre.
6. Var. Quand mon honneur y va, rien ne m'est précieux.
7. Var. Qui me livre à l'objet de mon aversion.
8. Var. Et si jamais l'amour échauffa tes esprits.

NOTES ET VARIANTES.

9. Var. Contre ce fier tyran fait rebeller mes vœux.
10. Var. S'il ne peut obtenir dessus mon sentiment.
11. Var. Mais ma honte m'abuse, et ma raison s'étonne.
12. Var. Marque-t-il pas déjà sur qui tu dois régner?
13. Var. Entre eux un père mort sème si peu de haine.
14. Var. . . . . Vous témoigner, madame,
L'aise que je ressens du repos de votre âme.
15. Var. Oh, qu'il s'en faut encor!
16. Var. Elle ne choisit point de ces mains généreuses.
17. Var. Don Sanche lui suffit; c'est la première fois
Que ce jeune seigneur endosse le harnois.
18. Var. Un tel choix, et si prompt, vous doit bien faire voir
19. Var. Et, livrant à Rodrigue une victoire aisée,
Puisse l'autoriser à paroître apaisée.
20. Var. A vous ressouvenir de qui vous êtes née.
21. Var. Une ardeur bien plus digne à présent me consomme.
22. Var. Et mes plus doux souhaits sont pleins de repentir.
23. Var. Quoi! l'objet de ma haine, ou bien de ma colère!
24. Var. Non, non, il vaut bien mieux que sa rare vaillance,
Lui gagnant un laurier, vous impose silence.
25. Var. Et le ciel, ennuyé d'un supplice si doux,
Vous lairra, par sa mort, don Sanche pour époux.
26. Var. Madame, à vos genoux j'apporte cette épée.
27. Après ces vers se trouvoient, dans la première édition, les suivants que Corneille a supprimés :

ELVIRE.
Mais, madame, écoutez.

CHIMÈNE.
Que veux-tu que j'écoute!
Après ce que je vois, puis-je être encore en doute?
J'obtiens, pour mon malheur, ce que j'ai demandé,
Et ma juste poursuite a trop bien succédé.
Pardonne, cher amant, à sa rigueur sanglante;
Songe que je suis fille aussi bien comme amante :
Si j'ai vengé mon père aux dépens de ton sang,
Du mien, pour te venger, j'épuiserai mon flanc.
Mon âme désormais n'a rien qui la retienne;
Elle ira recevoir ce pardon de la tienne.
Et toi, qui me prétends acquérir par sa mort,
Ministre déloyal de mon rigoureux sort,
N'espère rien de moi.

28. La scène se terminoit d'abord par les quatre vers suivants, qui ne se trouvent que dans les premières éditions :

Qu'à tes yeux ce récit tranche mes tristes jours.
Va, va, je mourrai bien sans ce cruel secours;
Abandonne mon âme au mal qui la possède :
Pour venger mon amant je ne veux point qu'on m' de.

29. Var. Offrir à ses genoux ta vie et ton épée.
30. Var. Et dites quelquefois, en songeant à mon sort,

31. Var. Mon amour a paru, je ne puis m'en dédire.
. . . .
Et vous êtes mon roi, je vous dois obéir
. . . .
Sire, quelle apparence, à ce triste hyménée,
Qu'un même jour commence et finisse mon deuil,
Mette en mon lit Rodrigue, et mon père au cercueil.
C'est trop d'intelligence avec son homicide:
Vers ses mânes sacrés c'est me rendre perfide,
Et souiller mon honneur d'un reproche éternel.

EXAMEN DU CID PAR CORNEILLE.

Ce poëme a tant d'avantages du côté du sujet et des pensées brillantes dont il est semé, que la plupart de ses auditeurs n'ont pas voulu voir les défauts de sa conduite, et ont laissé enlever leurs suffrages au plaisir que leur a donné sa représentation. Bien que ce soit celui de tous mes ouvrages réguliers où je me suis permis le plus de licence, il passe encore pour le plus beau auprès de ceux qui ne s'attachent pas à la dernière sévérité des règles; et depuis cinquante ans qu'il tient sa place sur nos théâtres, l'histoire ni l'effort de l'imagination n'y ont rien fait voir qui en ait effacé l'éclat. Aussi a-t-il les deux grandes conditions que demande Aristote aux tragédies parfaites, et dont l'assemblage se rencontre si rarement chez les anciens ni chez les modernes; il les assemble même plus fortement et plus noblement que les espèces que pose ce philosophe. Une maîtresse que son devoir force à poursuivre la mort de son amant, qu'elle tremble d'obtenir, a les passions plus vives et plus allumées que tout ce qui peut se passer entre un mari et sa femme, une mère et son fils, un frère et sa sœur; et la haute vertu dans un naturel sensible à ces passions, qu'elle dompte sans les affoiblir, et à qui elle laisse toute leur force pour en triompher plus glorieusement, a quelque chose de plus touchant, de plus élevé et de plus aimable, que cette médiocre bonté, capable d'une foiblesse, et même d'un crime, où nos anciens étoient contraints d'arrêter le caractère le plus parfait des rois et des princes, dont ils faisoient leurs héros, afin que ces taches et ces forfaits, défigurant ce qu'ils leur laissoient de vertu, s'accommodât[1] au goût et aux souhaits de leurs spectateurs, et fortifiât l'horreur qu'ils avoient conçue de leur domination et de la monarchie.

Rodrigue suit ici son devoir sans rien relâcher de sa passion: Chimène fait la même chose à son tour, sans laisser ébranler son dessein par la douleur où elle se voit abîmée par là; et si la pré

---

[1]. Sans chercher à justifier l'emploi de ce verbe au singulier, nous ferons remarquer que nous donnons la phrase de Corneille telle qu'elle se trouve dans les éditions publiées de son vivant.

sence de son amant lui fait faire quelque faux pas, c'est une glissade dont elle se relève à l'heure même; et non-seulement elle connoît si bien sa faute, qu'elle nous en avertit; mais elle fait un prompt désaveu de tout ce qu'une vue si chère lui a pu arracher. Il n'est point besoin qu'on lui reproche qu'il lui est honteux de souffrir l'entretien de son amant après qu'il a tué son père; elle avoue que c'est la seule prise que la médisance aura sur elle. Si elle s'emporte jusqu'à lui dire qu'elle veut bien qu'on sache qu'elle l'adore et le poursuit, ce n'est point une résolution si ferme, qu'elle l'empêche de cacher son amour de tout son possible lorsqu'elle est en la présence du roi. S'il lui échappe de l'encourager au combat contre don Sanche par ces paroles :

<blockquote>Sors vainqueur d'un combat dont Chimène est le prix,</blockquote>

elle ne se contente pas de s'enfuir de honte au même moment, mais sitôt qu'elle est avec Elvire, à qui elle ne déguise rien de ce qui se passe dans son âme, et que la vue de ce cher objet ne lui fait plus de violence, elle forme un souhait plus raisonnable, qui satisfait sa vertu et son amour tout ensemble, et demande au ciel que le combat se termine

<blockquote>Sans faire aucun des deux, ni vaincu, ni vainqueur.</blockquote>

Si elle ne dissimule point qu'elle penche du côté de Rodrigue, de peur d'être à don Sanche, pour qui elle a de l'aversion, cela ne détruit point la protestation qu'elle a faite un peu auparavant que, malgré la loi de ce combat, et les promesses que le roi a faites à Rodrigue, elle lui fera mille autres ennemis, s'il en sort victorieux. Ce grand éclat même qu'elle laisse faire à son amour après qu'elle le croit mort est suivi d'une opposition vigoureuse à l'exécution de cette loi qui la donne à son amant, et elle ne se tait qu'après que le roi l'a différée, et lui a laissé lieu d'espérer qu'avec le temps il y pourra survenir quelque obstacle. Je sais bien que le silence passe d'ordinaire pour une marque de consentement; mais, quand les rois parlent, c'en est une de contradiction : on ne manque jamais à leur applaudir, quand on entre dans leurs sentiments; et le seul moyen de leur contredire avec le respect qui leur est dû, c'est de se taire, quand leurs ordres ne sont pas si pressants qu'on ne puisse remettre à s'excuser de leur obéir lorsque le temps en sera venu, et conserver cependant une espérance légitime d'un empêchement qu'on ne peut encore déterminément prévoir.

Il est vrai que, dans ce sujet, il faut se contenter de tirer Rodrigue de péril, sans le pousser jusqu'à son mariage avec Chimène. Il est historique, et a plu en son temps; mais bien sûrement il déplairoit au nôtre; et j'ai peine à voir que Chimène y consente chez l'auteur espagnol, bien qu'il donne plus de trois ans de durée à la comédie qu'il en a faite. Pour ne pas contredire l'histoire, j'ai cru ne me pouvoir dispenser d'en jeter quelque idée, mais avec incertitude de l'effet; et ce n'étoit que par là que je pouvois accorder la bienséance du théâtre avec la vérité de l'événement.

Les deux visites que Rodrigue fait à sa maîtresse ont quelque chose qui choque cette bienséance de la part de celle qui les souffre; la rigueur du devoir vouloit qu'elle refusât de lui parler, et s'enfermât dans son cabinet au lieu de l'écouter : mais permettez-moi de dire avec un des premiers esprits de notre siècle, « que leur conversation est remplie de si beaux senti-« ments, que plusieurs n'ont pas connu ce défaut, et que ceux « qui l'ont connu l'ont toléré. » J'irai plus outre, et dirai que presque tous ont souhaité que ces entretiens se fissent; et j'ai remarqué aux premières représentations qu'alors que ce malheureux amant se présentoit devant elle, il s'élevoit un certain frémissement dans l'assemblée, qui marquoit une curiosité merveilleuse, et un redoublement d'attention pour ce qu'ils avoient à se dire dans un état si pitoyable. Aristote dit « qu'il y a des absurdités « qu'il faut laisser dans un poëme, quand on peut espérer qu'elles « seront bien reçues; et il est du devoir du poëte, en ce cas, de « les couvrir de tant de brillants, qu'elles puissent éblouir. » Je laisse au jugement de mes auditeurs si je me suis assez bien acquitté de ce devoir pour justifier par là ces deux scènes. Les pensées de la première des deux sont quelquefois trop spirituelles pour partir de personnes fort affligées; mais, outre que je n'ai fait que la paraphraser de l'espagnol, si nous ne nous permettions quelque chose de plus ingénieux que le cours ordinaire de la passion, nos poëmes ramperoient souvent, et les grandes douleurs ne mettroient dans la bouche de nos acteurs que des exclamations et des hélas. Pour ne déguiser rien, cette offre que fait Rodrigue de son épée à Chimène, et cette protestation de se laisser tuer par don Sanche, ne me plairoient pas maintenant. Ces beautés étoient de mise en ce temps-là, et ne le seroient plus en celui-ci. La première est dans l'original espagnol; et l'autre est tirée sur ce modèle. Toutes les deux ont fait leur effet en ma faveur; mais je ferois scrupule d'en étaler de pareilles à l'avenir sur notre théâtre.

J'ai dit ailleurs ma pensée touchant l'infante et le roi; il reste néanmoins quelque chose à examiner sur la manière dont ce dernier agit, qui ne paroît pas assez vigoureuse, en ce qu'il ne fait pas arrêter le comte après le soufflet donné, et n'envoie pas des gardes à don Diègue et à son fils. Sur quoi on peut considérer que don Fernand étant le premier roi de Castille, et ceux qui en avoient été maîtres auparavant lui n'ayant eu titre que de comtes, il n'étoit peut-être pas assez absolu sur les grands seigneurs de son royaume pour le pouvoir faire. Chez don Guilhem de Castro, qui a traité ce sujet avant moi, et qui devoit mieux connoître que moi qu'elle étoit l'autorité de ce premier monarque de son pays, le soufflet se donne en sa présence, et en celle de deux ministres d'État, qui lui conseillent, après que le comte s'est retiré fièrement et avec bravade, et que don Diègue a fait la même chose en soupirant, de ne le pousser point à bout, parce qu'il a quantité d'amis dans les Asturies, qui se pourroient révolter, et prendre parti avec les Maures dont son État est environné : ainsi il se résout d'accommoder l'affaire sans bruit, et recommande le secret à ces deux ministres, qui ont été seuls témoins de l'action. C'est sur cet exemple que je me suis cru bien fondé à le faire agir plus mollement qu'on ne feroit en ce temps-ci, où l'autorité royale est plus absolue. Je ne pense pas non plus qu'il fasse une faute bien grande de ne jeter point l'alarme, de nuit, dans sa ville, sur l'avis incertain qu'il a du dessein des Maures, puisqu'on faisoit bonne garde sur les murs et sur le port; mais il est inexcusable de n'y donner aucun ordre après leur arrivée, et de laisser tout faire à Rodrigue. La loi du combat qu'il propose à Chimène, avant que de le permettre à don Sanche contre Rodrigue, n'est pas si injuste que quelques-uns ont voulu le dire, parce qu'elle est plutôt une menace pour la faire dédire de la demande de ce combat, qu'un arrêt qu'il lui veuille faire exécuter. Cela paroît en ce qu'après la victoire de Rodrigue il n'en exige pas précisément l'effet de sa parole, et la laisse en état d'espérer que cette condition n'aura point de lieu.

Je ne puis dénier que la règle des vingt et quatre heures presse trop les incidents de cette pièce. La mort du comte et l'arrivée des Maures s'y pouvoient entresuivre d'aussi près qu'elles font, parce que cette arrivée est une surprise qui n'a point de communication, ni de mesures à prendre avec le reste; mais il n'en va pas ainsi du combat de don Sanche, dont le roi étoit le maître, et pouvoit lui choisir un autre temps que deux heures après la fuite des Maures. Leur défaite avoit assez fatigué Rodrigue toute la nuit pour mériter deux ou trois jours de repos ; et même il y avoit quelque apparence qu'il n'en étoit pas échappé sans blessures, quoique je n'en aie rien dit, parce qu'elles n'auroient fait que nuire à la conclusion de l'action.

Cette même règle presse aussi trop Chimène de demander

justice au roi la seconde fois. Elle l'avoit fait le soir d'auparavant, et n'avoit aucun sujet d'y retourner le lendemain matin pour en importuner le roi, dont elle n'avoit encore aucun lieu de se plaindre, puisqu'elle ne pouvoit encore dire qu'il lui eût manqué de promesse. Le roman lui auroit donné sept ou huit jours de patience avant que de l'en presser de nouveau; mais les vingt et quatre heures ne l'ont pas permis; c'est l'incommodité de la règle. Passons à celle de l'unité de lieu, qui ne m'a pas donné moins de gêne en cette pièce.

Je l'ai placé dans Séville, bien que don Fernand n'en ait jamais été le maître; et j'ai été obligé à cette falsification, pour former quelque vraisemblance à la descente des Maures, dont l'armée ne pouvoit venir si vite par terre que par eau. Je ne voudrois pas assurer toutefois que le flux de la mer monte effectivement jusque-là; mais, comme dans notre Seine, il fait encore plus de chemin qu'il ne lui en faut faire sur le Guadalquivir pour battre les murailles de cette ville, cela peut suffire à fonder quelque probabilité parmi nous, pour ceux qui n'ont point été sur le lieu même.

Cette arrivée des Maures ne laisse pas d'avoir ce défaut que j'ai marqué ailleurs, qu'ils se présentent d'eux-mêmes, sans être appelés dans la pièce directement ni indirectement par aucun acteur du premier acte. Ils ont plus de justesse dans l'irrégularité de l'auteur espagnol. Rodrigue n'osant plus se montrer à la cour, les va combattre sur la frontière, et ainsi le premier acteur les va chercher, et leur donne place dans le poëme; au contraire de ce qui arrive ici, où ils semblent se venir faire de fête exprès pour en être battus, et lui donner moyen de rendre à son roi un service d'importance qui lui fasse obtenir sa grâce. C'est une seconde incommodité de la règle dans cette tragédie.

Tout s'y passe donc dans Séville, et garde ainsi quelque espèce d'unité de lieu en général; mais le lieu particulier change de scène en scène, et tantôt c'est le palais du roi, tantôt l'appartement de l'infante, tantôt la maison de Chimène, et tantôt une rue ou place publique. On le détermine aisément pour les scènes détachées; mais pour celles qui ont leur liaison ensemble, comme les quatre dernières du premier acte, il est malaisé d'en choisir un qui convienne à toutes. Le comte et don Diègue se querellent au sortir du palais; cela se peut passer dans une rue; mais, après le soufflet reçu, don Diègue ne peut pas demeurer en cette rue à faire ses plaintes, attendant que son fils survienne, qu'il ne soit tout aussitôt environné de peuple, et ne reçoive l'offre de quelques amis. Ainsi il seroit plus à propos qu'il se plaignît dans sa maison, où le met l'espagnol, pour laisser aller ses sentiments en liberté; mais, en ce cas, il faudroit délier les scènes comme il a fait. En l'état où elles sont ici, on peut dire qu'il faut quelquefois aider au théâtre, et suppléer favorablement ce qui ne s'y peut représenter. Deux personnes s'y arrêtent pour parler, et quelquefois il faut présumer qu'ils marchent, ce qu'on ne peut exposer sensiblement à la vue, parce qu'ils échapperoient aux yeux avant que d'avoir pu dire ce qu'il est nécessaire qu'ils fassent savoir à l'auditeur. Ainsi, par une fiction de théâtre, on peut s'imaginer que don Diègue et le comte, sortant du palais du roi, avancent toujours en se querellant, et sont arrivés devant la maison de ce premier lorsqu'il reçoit le soufflet qui l'oblige à y entrer pour y chercher du secours. Si cette fiction poétique ne vous satisfait point, laissons-le dans la place publique, et disons que le concours du peuple autour de lui après cette offense, et les offres de service que lui font les premiers amis qui s'y rencontrent, sont des circonstances que le roman ne doit pas oublier, mais que ces menues actions ne servant de rien à la principale, il n'est pas besoin que le poëte s'en embarrasse sur la scène. Horace l'en dispense par ces vers :

> Hoc amet, hoc spernat promissi carminis auctor;
> Pleraque negligat[1].

Et ailleurs,

> Semper ad eventum festinet[2].

C'est ce qui m'a fait négliger, au troisième acte, de donner à don Diègue, pour aide à chercher son fils, aucun des cinq cents amis qu'il avoit chez lui. Il y a grande apparence que quelques-uns d'eux l'y accompagnoient, et même que quelques autres le cherchoient pour lui d'un autre côté; mais ces accompagnements inutiles de personnes qui n'ont rien à dire, puisque celui qu'ils accompagnent a seul tout l'intérêt à l'action, ces sortes d'accompagnements, dis-je, ont toujours mauvaise grâce au théâtre, et d'autant plus que les comédiens n'emploient à ces personnages muets que leurs moucheurs de chandelles et leurs valets, qui ne savent quelle posture tenir.

Les funérailles du comte étoient encore une chose fort embarrassante, soit qu'elles se soient faites avant la fin de la pièce, soit que le corps ait demeuré en présence dans son hôtel, atten-

---

1. *De Arte poetica*, v. 45. Corneille cite de mémoire; Horace a dit : *Pleraque differat*.

2. *Ibid.* v. 148. Le verbe, dans Horace, est au présent de l'indicatif : *Semper ad eventum festinat*.

dant qu'on y donnât ordre. Le moindre mot que j'en eusse laissé dire pour en prendre soin, eût rompu toute la chaleur de l'attention, et rempli l'auditeur d'une fâcheuse idée. J'ai cru plus à propos de les dérober à son imagination par mon silence, aussi bien que le lieu précis de ces quatre scènes du premier acte dont je viens de parler; et je m'assure que cet artifice m'a si bien réussi, que peu de personnes ont pris garde à l'un ni à l'autre, et que la plupart des spectateurs, laissant emporter leurs esprits à ce qu'ils ont vu et entendu de pathétique en ce poëme, ne se sont point avisés de réfléchir sur ces deux considérations.

J'achève par une remarque sur ce que dit Horace, que ce qu'on expose à la vue touche bien plus que ce qu'on n'apprend que par un récit[1].

C'est sur quoi je me suis fondé pour faire voir le soufflet que reçoit don Diègue, et cacher aux yeux la mort du comte, afin d'acquérir et conserver à mon premier acteur l'amitié des auditeurs, si nécessaire pour réussir au théâtre. L'indignité d'un affront fait à un vieillard, chargé d'années et de victoires, les jette aisément dans le parti de l'offensé; et cette mort, qu'on vient dire au roi tout simplement sans aucune narration touchante, n'excite point en eux la commisération qu'y eût fait naître le spectacle de son sang, et ne leur donne aucune aversion pour ce malheureux amant, qu'ils ont vu forcé, par ce qu'il devoit à son honneur, d'en venir à cette extrémité, malgré l'intérêt et la tendresse de son amour.

---

[1]. Segnius irritant animos demissa per aurem,
   Quam quæ sunt oculis subjecta fidelibus.
   De Arte poetica, v. 180.

RÉPONSE DE CORNEILLE
AUX DÉTRACTEURS DU CID.

« Au sortir de la première représentation du *Cid*, dit M. Sainte-Beuve, notre théâtre est véritablement fondé; la France possède tout entier le grand Corneille; et le poëte triomphant, qui, à l'exemple de ses héros, parle hautement de lui-même comme il en pense, a droit de s'écrier, sans peur de démenti, aux applaudissements de ses admirateurs, et au désespoir de ses envieux :

. . . .
Je sais ce que je vaux, et crois ce qu'on m'en dit.
Pour me faire admirer, je ne fais point de ligue;
J'ai peu de voix pour moi, mais je les ai sans brigue;
Et mon ambition, pour faire un peu de bruit,
Ne les va point quêter de réduit en réduit.
Mon travail, sans appui, monte sur le théâtre;
Chacun en liberté l'y blâme ou l'idolâtre.
Là, sans que mes amis prêchent leurs sentiments,
J'arrache quelquefois des applaudissements;
Là, content du succès que le mérite donne,
Par d'illustres avis je n'éblouis personne.
Je satisfais ensemble et peuple et courtisans,
Et mes vers en tous lieux sont mes seuls partisans;
Par leur seule beauté ma plume est estimée;
Je ne dois qu'à moi seul toute ma renommée,
Et pense toutefois n'avoir point de rival
A qui je fasse tort en le traitant d'égal. »
. . . .
(P. CORNEILLE, *Excuse à Ariste.*)

FIN.

HORACE
TRAGÉDIE DE P. CORNEILLE

— 1639. —

A MONSEIGNEUR
LE CARDINAL DUC DE RICHELIEU.

MONSEIGNEUR,

Je n'aurois jamais eu la témérité de présenter à votre Éminence ce mauvais portrait d'Horace, si je n'eusse considéré qu'après tant de bienfaits que j'ai reçus d'elle, le silence où mon respect m'a retenu jusqu'à présent passeroit pour ingratitude, et que, quelque juste défiance que j'aie de mon travail, je dois avoir encore plus de confiance en votre bonté[1]. C'est d'elle que je tiens tout ce que je suis, et ce n'est pas sans rougir que, pour toute reconnoissance, je vous fais un présent si peu digne de vous et si peu proportionné à ce que je vous dois. Mais dans cette confusion, qui m'est commune avec tous ceux qui écrivent, j'ai cet avantage qu'on ne peut, sans quelque injustice, condamner mon choix, et que ce généreux Romain, que je mets aux pieds de votre Éminence, eût pu paroître devant elle avec moins de honte, si les forces de l'artisan eussent répondu à la dignité de la matière : j'en ai pour garant l'auteur dont je l'ai tirée[2], qui commence à décrire cette fameuse histoire par ce glorieux éloge, « qu'il n'y a presque aucune chose plus noble dans l'antiquité. » Je voudrois que ce qu'il a dit de l'action se pût dire de la peinture que j'en ai faite, non pour en tirer plus de vanité, mais seulement pour vous offrir quelque chose un peu moins indigne de vous être offert. Le sujet étoit capable de plus de grâces, s'il eût été traité d'une main plus savante; mais, du moins, il a reçu de la mienne toutes celles qu'elle étoit

---

1. Richelieu, quoiqu'il se fût ligué avec les mauvais poëtes détracteurs du *Cid*, n'en payoit pas moins à Corneille une pension de cinq cents écus, dont celui-ci lui savoit gré. Toutefois, ses remerciements hyperboliques ne sont pas complétement sincères. Sa préface du *Cid* laisse percer les ressentiments du poëte, et le sonnet qu'on lira un peu plus loin prouve que ces ressentiments survécurent à la mort du ministre.

2. Tite-Live, liv. I, ch. 23 et suivants. Nous donnons, page 96, le passage de l'historien.

capable de lui donner, et qu'on pouvoit raisonnablement attendre d'une muse de province¹ qui, n'étant pas assez heureuse pour jouir souvent des regards de votre Éminence, n'a pas les mêmes lumières à se conduire qu'ont celles qui en sont continuellement éclairées. Et certes, monseigneur, ce changement visible qu'on remarque en mes ouvrages depuis que j'ai l'honneur d'être à votre Éminence, qu'est-ce autre chose qu'un effet des grandes idées qu'elle m'inspire quand elle daigne souffrir que je lui rende mes devoirs; et à quoi peut-on attribuer ce qui s'y mêle de mauvais, qu'aux teintures grossières que je reprends quand je demeure abandonné à ma propre foiblesse? Il faut, monseigneur, que tous ceux qui donnent leurs veilles au théâtre publient hautement avec moi que nous vous avons deux obligations très-signalées: l'une, d'avoir ennobli le but de l'art; l'autre, de nous en avoir facilité les connoissances. Vous avez ennobli le but de l'art, puisque, au lieu de plaire au peuple que nous prescrivent nos maîtres, et dont les deux plus honnêtes gens de leur siècle, Scipion et Lælie, ont autrefois protesté de se contenter², vous nous avez donné celui de vous plaire et de vous divertir; et qu'ainsi nous ne rendons pas un petit service à l'État, puisque, contribuant à vos divertissements, nous contribuons à l'entretien d'une santé qui lui est si précieuse et si nécessaire³. Vous nous en avez facilité les connoissances, puisque nous n'avons plus besoin d'autre étude pour les acquérir que d'attacher nos yeux sur votre Éminence quand elle honore de sa présence et de son attention le récit de nos poëmes. C'est là que, lisant sur son visage ce qui lui plaît et ce qui ne lui plaît pas, nous nous instruisons avec certitude de ce qui est bon et de ce qui est mauvais, et tirons des règles infaillibles de ce qu'il faut suivre et de ce qu'il faut éviter; c'est là que j'ai souvent appris en deux heures ce que mes livres n'eussent pu m'apprendre en dix ans; c'est là que

1. Corneille habitoit ordinairement la ville de Rouen, sa patrie.
2. Allusion au premier vers du prologue de l'*Andrienne*:

> *Poeta, quum primum animum ad scribendum adpulit,*
> *Id sibi negoti credidit solum dari,*
> *Populo ut placerent quas fecisset fabulas.*

Corneille exagère ici l'opinion déjà problématique qui fait de Scipion et de Lælius les collaborateurs de Térence. Sans doute il veut flatter le cardinal-ministre en dépouillant l'affranchi Térence au profit des deux patriciens ses protecteurs.

3. Richelieu ne s'en portoit pas mieux: déjà même il étoit attaqué de la maladie de langueur dont il mourut deux ans après la représentation d'*Horace*.

j'ai puisé ce qui m'a valu l'applaudissement du public ; et c'est là qu'avec votre faveur j'espère puiser assez pour être un jour une œuvre digne de vos mains. Ne trouvez donc pas mauvais, Monseigneur, que, pour vous remercier de ce que j'ai de réputation, dont je vous suis entièrement redevable, j'emprunte quatre vers d'un autre Horace[1] que celui que je vous présente, et que je vous exprime par eux les plus véritables sentiments de mon âme :

« Totum muneris hoc tui est,
Quod monstror digito praetereuntium
 Scenae non levis artifex :
Quod spiro et placeo, si placeo, tuum est. »

Je n'ajouterai qu'une vérité à celle-ci en vous suppliant de croire que je suis et serai toute ma vie très-passionnément[2],

MONSEIGNEUR,

DE VOTRE ÉMINENCE,

Le très-humble, très-obéissant
et très-fidèle serviteur,

CORNEILLE.

1. Il y a maladresse et faux goût dans ce rapprochement de noms. Le poëte poli du siècle d'Auguste et le héros barbare contemporain de Tullus Hostilius sont bien étonnés de se rencontrer ici.
2. Cette épître, si elle étoit sincère, auroit encore l'inconvénient de passer les bornes de la flatterie. Le malheur des temps du despotisme est de pousser à la dissimulation les plus fermes esprits. Ajoutons qu'en 1643, à la mort de Louis XIII, qui ne survécut que six mois à son ministre, le poëte, par une nouvelle et moins excusable foiblesse, fit connoître ses sentiments véritables en composant le sonnet suivant :

Sous ce marbre repose un monarque sans vice,
Dont la seule bonté dépit aux bons François ;
Ses erreurs, ses écarts, vinrent d'un mauvais choix,
Dont il fut trop longtemps innocemment complice.

L'ambition, l'orgueil, la haine, l'avarice,
Armés de son pouvoir, nous donnèrent des lois ;
Et, bien qu'il fût en soi le plus juste des rois,
Son règne fut toujours celui de l'injustice.

Fier vainqueur au dehors, vil esclave en sa cour,
Son tyran et le nôtre à peine perd le jour,
Que jusque dans sa tombe il le force à le suivre.

Et, par cet ascendant, ses projets confondus,
Après trente-trois ans sur le trône perdus,
Commençant à régner, il a cessé de vivre.

EXTRAIT
DE TITE-LIVE.

Titus Livius, lib. 1, c. 23 et sqq.

Bellum utrinque summa ope parabatur, civili simillimum bello, prope inter parentes natosque; trojanam utramque prolem, quum Lavinium ab Troja, ab Lavinio Alba, ab Albanorum stirpe regum oriundi Romani essent. Eventus tamen belli minus miserabilem dimicationem fecit : quod nec acie certatum est; et, tectis modo dirutis alterius urbis, duo populi in unum confusi sunt. Albani priores ingenti exercitu in agrum romanum impetum fecere : castra ab Urbe haud plus quinque millia passuum locant, fossa circumdant. Fossa Cluilia ab nomine ducis per aliquot secula appellata est, donec cum re nomen quoque vetustate abolevit. In his castris Cluilius Albanus rex moritur. Dictatorem Albani Mettum Suffetium creant. Interim Tullus ferox, præcipue morte regis, magnumque deorum numen ab ipso capite orsum, in omne nomen Albanum expetiturum pœnas ob bellum impium dictitans, nocte præteritis hostium castris, infesto exercitu in agrum albanum pergit. Ea res ab stativis excivit Mettum; is ducit exercitum quam proxime ad hostem potest; inde legatum præmissum nuntiare Tullo jubet, priusquam dimicent, opus esse colloquio : si secum congressus sit, satis scire, ea se allaturum, quæ nihilo minus ad rem romanam, quam ad albanam, pertineant. Haud aspernatus Tullus, tametsi vana afferebantur, suos in aciem ducit. Exeunt contra et Albani. Postquam instructi utrinque stabant, cum paucis procerum in medium duces procedunt. Ibi infit Albanus : « Injurias et non redditas res ex fœdere, quæ repetitæ sint, et ego regem nostrum Cluilium, causam hujusce esse belli, audisse videor : nec te dubito, Tulle, eadem præ te ferre. Sed, si vera potius, quam dictu speciosa, dicenda sunt, cupido imperii duos cognatos vicinosque populos ad arma stimulat; neque recte an perperam interpretor : fuerit ista ejus deliberatio, qui bellum suscepit : me Albani gerendo bello ducem creavere. Illud te, Tulle, monitum velim : Etrusca res, quanta circa nos teque maxime sit, quo propior es Etruscis, hoc magis scis : multum illi terra, plurimum mari pollent. Memor esto, jam quum signum pugnæ dabis, has duas acies spectaculo fore; ut fessos confectosque, simul victorem ac victum, aggrediantur. Itaque, si nos dii amant, quoniam, non contenti libertate certa, in dubiam imperii servitiique aleam imus, ineamus aliquam viam, qua utri utris imperent, sine magna clade, sine multo sanguine utriusque populi, decerni possit. » Haud displicet res Tullo, quamquam tum indole animi, tum spe victoriæ, ferocior erat. Quærentibus utrinque ratio initur, cui et fortuna ipsa præbuit materiam.

Forte in duobus tum exercitibus erant trigemini fratres, nec ætate, nec viribus dispares. Horatios Curiatiosque fuisse satis constat, **NEC FERME RES ANTIQUA ALIA EST NOBILIOR**; tamen in re tam clara nominum error manet, utrius populi Horatii, utrius Curiatii fuerint. Auctores utroque trahunt: plures tamen invenio, qui Romanos Horatios vocent: hos ut sequar, inclinat animus. Cum trigeminis agunt reges, ut pro sua quisque patria dimicent ferro: ibi imperium fore, unde victoria fuerit. Nihil recusatur, tempus et locus convenit. Priusquam dimicarent, fœdus ictum inter Romanos et Albanos est his legibus, ut, cujus populi cives eo certamine vicissent, is alteri populo cum bona pace imperitaret....

Fœdere icto, trigemini (sicut convenerat) arma capiunt. Quum sui utrosque adhortarentur, « deos patrios, patriam ac parentes, quicquid civium domi, quicquid in exercitu sit, illorum tunc arma, illorum intueri manus: » feroces et suopte ingenio, et pleni adhortantium vocibus, in medium inter duas acies procedunt. Consederant utrinque pro castris duo exercitus, periculi magis præsentis, quam curæ, expertes: quippe imperium agebatur, in tam paucorum virtute atque fortuna positum. Itaque ergo erecti suspensique in minime gratum spectaculum animo intenduntur. Datur signum: infestisque armis, velut acies, terni juvenes, magnorum exercituum animos gerentes, concurrunt. Nec his, nec illis periculum suum; publicum imperium servitiumque observatur animo, futuraque ea deinde patriæ fortuna, quam ipsi fecissent. Ut primo statim concursu increpuere arma, micantesque fulsere gladii, horror ingens spectantes perstringit; et, neutro inclinata spe, torpebat vox spiritusque. Consertis deinde manibus, quum jam non motus tantum corporum, agitatioque anceps telorum armorumque, sed vulnera quoque et sanguis spectaculo essent; duo Romani, super alium alius, vulneratis tribus Albanis, exspirantes corruerunt. Ad quorum casum quum conclamasset gaudio albanus exercitus, romanas legiones jam spes tota, nondum tamen cura, deseruerat, exanimes vice unius, quem tres Curiatii circumsteterant. Forte is integer fuit, ut universis solus nequaquam par, sic adversus singulos ferox.

Ergo, ut segregaret pugnam eorum, capessit fugam, ita ratus secuturos, ut quemque vulnere affectum corpus sineret. Jam aliquantum spatii ex eo loco, ubi pugnatum est, aufugerat, quum respiciens videt magnis intervallis sequentes : unum haud procul ab sese abesse : in eum magno impetu rediit. Et, dum albanus exercitus inclamat Curiatiis, uti opem ferant fratri, jam Horatius, cæso hoste, victor secundam pugnam petebat. Tum clamore (qualis ex insperato faventium solet : Romani adjuvant militem suum : et ille defungi prœlio festinat. Prius itaque quam alter, qui nec procul aberat, consequi posset, et alterum Curiatium conficit. Jamque, æquato Marte singuli supererant ; sed nec spe, nec viribus pares : alterum, intactum ferro corpus et geminata victoria, ferocem in certamen tertium dabant : alter, fessum vulnere, fessum cursu trahens corpus, victusque fratrum ante se strage, victori objicitur hosti. Nec illud prœlium fuit. Romanus exultans, « Duos, inquit, fratrum manibus dedi, tertium causæ belli hujusce, ut Romanus Albano imperet, dabo. » Male sustinenti arma gladium superne jugulo defigit, jacentem spoliat. Romani ovantes ac gratulantes Horatium accipiunt : eo majore cum gaudio, quo propius metum res fuerat. Ad sepulturam inde suorum nequaquam paribus animis vertuntur ; quippe imperio alteri aucti, alteri ditionis alienæ facti. Sepulcra exstant, quo quisque loco cecidit : duo romana uno loco propius Albam, tria albana Romam versus ; sed distantia locis, et ut pugnatum est.

Priusquam inde digrederentur, roganti Metto, ex fœdere icto quid imperaret, imperat Tullus, uti juventutem in armis habeat, usurum se eorum opera, si bellum cum Veientibus foret. Ita exercitus inde domos abducti. Princeps Horatius ibat trigemina spolia præ se gerens, cui soror virgo, quæ desponsa uni ex Curiatiis fuerat, obvia ante portam Capenam fuit ; cognitoque super humeros fratris paludamento sponsi, quod ipsa confecerat, solvit crines, et flebiliter nomine sponsum mortuum appellat. Movet feroci juveni animum comploratio sororis in victoria sua tantoque gaudio publico. Stricto itaque gladio, simul verbis increpans, transfigit puellam. « Abi hinc cum immaturo amore ad sponsum, inquit, oblita fratrum mortuorum vivique, oblita patriæ. Sic eat, quæcumque Romana lugebit hostem. » Atrox visum id facinus patribus plebique, sed recens meritum facto obstabat : tamen raptus in jus ad regem. Rex, ne ipse tam tristis ingratique ad vulgus judicii, aut, secundum judicium, supplicii auctor esset, concilio populi advocato, « Duumviros, inquit, qui Horatio perduellionem judicent, secundum legem facio. » Lex horrendi carminis erat: « Duumviri perduellionem judicent. Si a duumviris provocarit, provocatione certato : si vincent, caput obnubito, infelici arbori reste suspendito, verberato, vel intra pomœrium, vel extra pomœrium. » Hac lege duumviri creati, qui se absolvere non rebantur ea lege, ne innoxium quidem, posse. Quum condemnassent, tum alter ex his, « P. Horati, tibi perduellionem judico, inquit. I, lictor, colliga manus. » Accesserat lictor, injiciebatque laqueum; tum Horatius, auctore Tullo, clemente legis interprete : « Provoco, » inquit. Ita de provocatione certatum ad populum est. Moti homines sunt in eo judicio, maxime P. Horatio patre proclamante, se filiam jure cæsam judicare; ni ita esset, patrio jure in filium animadversurum fuisse. Orabat deinde, ne se, quem paulo ante cum egregia stirpe conspexissent, orbum liberis facerent. Inter hæc senex juvenem amplexus, spolia Curiatiorum fixa eo loco, qui nunc Pila Horatia appellatur, ostentans, « Hunccine, aiebat, quem modo decoratum ovantemque victoria incedentem vidistis, Quirites, eum sub furca vinctum inter verbera et cruciatus videre potestis ? quod vix Albanorum oculi tam deforme spectaculum ferre possent. I, lictor, colliga manus, quæ paulo ante armatæ imperium populo romano pepererunt. I, caput obnube liberatoris urbis hujus : arbori infelici suspende : verbera, vel intra pomœrium, modo inter illa pila et spolia hostium, vel extra pomœrium, modo inter sepulcra Curiatiorum. Quo enim ducere hunc juvenem potestis, ubi non sua decora cum a tanta fœditate supplicii vindicent ? » Non tulit populus nec patris lacrymas, nec ipsius parem in omni periculo animum : absolveruntque admiratione magis virtutis, quam jure causæ. Itaque ut cædes manifesta aliquo tamen piaculo lueretur, imperatum patri, ut filium expiaret pecunia publica. Is, quibusdam piacularibus sacrificiis factis, quæ deinde genti Horatiæ tradita sunt, transmisso per viam tigillo, capite adoperto, velut sub jugum misit juvenem. Id hodie publice quoque semper refectum manet. Sororium tigillum vocant. Horatiæ sepulcrum, quo loco corruerat icta, constructum es saxo quadrato

PERSONNAGES.

TULLE, roi de Rome.
LE VIEIL HORACE, chevalier romain.
HORACE, son fils.
CURIACE, gentilhomme d'Albe, amant de Camille.
VALÈRE, chevalier romain, amoureux de Camille.
SABINE, femme d'Horace et sœur de Curiace.
CAMILLE, amante de Curiace et sœur d'Horace.
JULIE, dame romaine, confidente de Sabine et de Camille.
FLAVIAN, soldat de l'armée d'Albe.
PROCULE, soldat de l'armée de Rome.

La scène est à Rome, dans une salle de la maison d'Horace

HORACE.

ACTE PREMIER.

SCÈNE Ire.

SABINE[1], JULIE.

SABINE.
Approuvez ma foiblesse, et souffrez ma douleur ;
Elle n'est que trop juste en un si grand malheur :
Si près de voir sur soi fondre de tels orages,
L'ébranlement sied bien aux plus fermes courages,
Et l'esprit le plus mâle et le moins abattu
Ne sauroit sans désordre exercer sa vertu.
Quoique le mien s'étonne à ces rudes alarmes,
Le trouble de mon cœur ne peut rien sur mes larmes[2] ;
Et, parmi les soupirs qu'il pousse vers les cieux,
Ma constance du moins règne encor sur mes yeux.
Quand on arrête là[3] les déplaisirs d'une âme,
Si l'on fait moins qu'un homme, on fait plus qu'une femme.
Commander à ses pleurs en cette extrémité,
C'est montrer pour le sexe assez de fermeté.

JULIE.
C'en est peut-être assez pour une âme commune
Qui du moindre péril se fait une infortune ;
Mais de cette foiblesse un grand cœur est honteux ;
Il ose espérer tout dans un succès douteux.
Les deux camps sont rangés au pied de nos murailles ;
Mais Rome ignore encor comme on perd des batailles.
Loin de trembler pour elle, il lui faut applaudir ;
Puisqu'elle va combattre, elle va s'agrandir.
Bannissez, bannissez une frayeur si vaine,
Et concevez des vœux dignes d'une Romaine.

* *Voir*, à la fin de la pièce, *les Notes*.

SABINE.

Je suis Romaine, hélas! puisqu'Horace est Romain[4];
J'en ai reçu le titre en recevant sa main;
Mais ce nœud me tiendroit en esclave enchaînée,
S'il m'empêchoit de voir en quels lieux je suis née.
Albe, où j'ai commencé de respirer le jour[5],
Albe, mon cher pays et mon premier amour[6],
Lorsqu'entre nous et toi je vois la guerre ouverte,
Je crains notre victoire autant que notre perte.
Rome, si tu te plains que c'est là te trahir,
Fais-toi des ennemis que je puisse haïr[7].
Quand je vois de tes murs leur armée et la nôtre,
Mes trois frères dans l'une, et mon mari dans l'autre,
Puis-je former des vœux, et, sans impiété,
Importuner le ciel pour ta félicité?
Je sais que ton État, encore en sa naissance,
Ne sauroit sans la guerre affermir sa puissance;
Je sais qu'il doit s'accroître, et que tes grands destins
Ne le borneront pas chez les peuples latins;
Que les dieux t'ont promis l'empire de la terre[8],
Et que tu n'en peux voir l'effet que par la guerre.
Bien loin de m'opposer à cette noble ardeur,
Qui suit l'arrêt des dieux, et court à ta grandeur,
Je voudrois déjà voir tes troupes couronnées
D'un pas victorieux franchir les Pyrénées.
Va jusqu'en l'orient pousser tes bataillons,
Va sur les bords du Rhin planter tes pavillons;
Fais trembler sous tes pas les colonnes d'Hercule,
Mais respecte une ville à qui tu dois Romule[9]:
Ingrate, souviens-toi que du sang de ses rois
Tu tiens ton nom, tes murs, et tes premières lois.
Albe est ton origine; arrête, et considère
Que tu portes le fer dans le sein de ta mère.
Tourne ailleurs les efforts de tes bras triomphants,
Sa joie éclatera dans l'heur de ses enfants[10],
Et, se laissant ravir à l'amour maternelle[11],
Ses vœux seront pour toi, si tu n'es plus contre elle.

JULIE.

Ce discours me surprend, vu que[12], depuis le temps
Qu'on a contre son peuple armé nos combattants,
Je vous ai vu pour elle autant d'indifférence
Que si d'un sang romain vous aviez pris naissance.

J'admirois la vertu qui réduisoit en vous
Vos plus chers intérêts à ceux de votre époux;
Et je vous consolois au milieu de vos plaintes,
Comme si notre Rome eût fait toutes vos craintes.

SABINE.

Tant qu'on ne s'est choqué qu'en de légers combats,
Trop foibles pour jeter un des partis à bas [13],
Tant qu'un espoir de paix a pu flatter ma peine,
Oui, j'ai fait vanité d'être toute Romaine.
Si j'ai vu Rome heureuse avec quelque regret,
Soudain j'ai condamné ce mouvement secret;
Et si j'ai ressenti, dans ses destins contraires,
Quelque maligne joie en faveur de mes frères [14],
Soudain, pour l'étouffer, rappelant ma raison,
J'ai pleuré quand la gloire entroit dans leur maison.
Mais aujourd'hui qu'il faut que l'une ou l'autre tombe,
Qu'Albe devienne esclave, ou que Rome succombe,
Et qu'après la bataille il ne demeure plus
Ni d'obstacle aux vainqueurs, ni d'espoir aux vaincus,
J'aurois pour mon pays une cruelle haine,
Si je pouvois encore être toute Romaine,
Et si je demandois votre triomphe aux dieux
Au prix de tant de sang qui m'est si précieux [15].
Je m'attache un peu moins aux intérêts d'un homme,
Je ne suis point pour Albe, et ne suis plus pour Rome;
Je crains pour l'une et l'autre en ce dernier effort,
Et serai du parti qu'affligera le sort.
Égale à tous les deux jusques à la victoire [16],
Je prendrai part aux maux, sans en prendre à la gloire,
Et je garde, au milieu de tant d'âpres rigueurs,
Mes larmes aux vaincus, et ma haine aux vainqueurs [17].

JULIE.

Qu'on voit naître souvent, de pareilles traverses [18],
En des esprits divers, des passions diverses!
Et qu'à nos yeux Camille agit bien autrement!
Son frère est votre époux, le vôtre est son amant;
Mais elle voit d'un œil bien différent du vôtre
Son sang dans une armée, et son amour dans l'autre.
Lorsque vous conserviez un esprit tout romain,
Le sien irrésolu, le sien tout incertain,
De la moindre mêlée appréhendoit l'orage,
De tous les deux partis détestoit l'avantage,

Au malheur des vaincus donnoit toujours ses pleurs,
Et nourrissoit ainsi d'éternelles douleurs.
Mais hier, quand elle sut qu'on avoit pris journée[19],
Et qu'enfin la bataille alloit être donnée,
Une soudaine joie, éclatant sur son front...

SABINE.

Ah, que je crains, Julie, un changement si prompt !
Hier, dans sa belle humeur, elle entretint Valère[20] :
Pour ce rival, sans doute, elle quitte mon frère ;
Son esprit, ébranlé par les objets présents[21],
Ne trouve point d'absent aimable après deux ans.
Mais excusez l'ardeur d'une amour fraternelle,
Le soin que j'ai de lui me fait craindre tout d'elle :
Je forme des soupçons d'un trop léger sujet[22] ;
Près d'un jour si funeste on change peu d'objet ;
Les âmes rarement sont de nouveau blessées,
Et dans un si grand trouble on a d'autres pensées ;
Mais on n'a pas aussi de si doux entretiens,
Ni de contentements qui soient pareils aux siens[23].

JULIE.

Les causes, comme à vous, m'en semblent fort obscures ;
Je ne me satisfais d'aucunes conjectures.
C'est assez de constance, en un si grand danger,
Que de le voir, l'attendre, et ne point s'affliger ;
Mais certes c'en est trop d'aller jusqu'à la joie.

SABINE.

Voyez qu'un bon génie à propos nous l'envoie[24].
Essayez sur ce point à la faire parler ;
Elle vous aime assez pour ne vous rien céler :
Je vous laisse. Ma sœur, entretenez Julie[25] ;
J'ai honte de montrer tant de mélancolie ;
Et mon cœur, accablé de mille déplaisirs,
Cherche la solitude à cacher ses soupirs[26].

SCÈNE II.

CAMILLE, JULIE.

CAMILLE.

Qu'elle a tort de vouloir que je vous entretienne[27] !
Croit-elle ma douleur moins vive que la sienne,
Et que, plus insensible à de si grands malheurs,

ACTE I, SCÈNE II.

A mes tristes discours je mêle moins de pleurs ?
De pareilles frayeurs mon âme est alarmée ;
Comme elle je perdrai dans l'une et l'autre armée.
Je verrai mon amant, mon plus unique bien [28],
Mourir pour son pays, ou détruire le mien ;
Et cet objet d'amour devenir, pour ma peine,
Digne de mes soupirs, ou digne de ma haine.
Hélas !

JULIE.

Elle est pourtant plus à plaindre que vous :
On peut changer d'amant, mais non changer d'époux [29].
Oubliez Curiace, et recevez Valère,
Vous ne tremblerez plus pour le parti contraire,
Vous serez toute nôtre [30] ; et votre esprit remis
N'aura plus rien à perdre au camp des ennemis.

CAMILLE.

Donnez-moi des conseils qui soient plus légitimes,
Et plaignez mes malheurs sans m'ordonner des crimes.
Quoiqu'à peine à mes maux je puisse résister,
J'aime mieux les souffrir que de les mériter.

JULIE.

Quoi ! vous appelez crime un change raisonnable ?

CAMILLE.

Quoi ! le manque de foi vous semble pardonnable ?

JULIE.

Envers un ennemi qui peut nous obliger ?

CAMILLE.

D'un serment solennel qui peut nous dégager ?

JULIE.

Vous déguisez en vain une chose trop claire ;
Je vous vis encore hier entretenir Valère ;
Et l'accueil gracieux qu'il recevoit de vous
Lui permet de nourrir un espoir assez doux.

CAMILLE.

Si je l'entretins hier et lui fis bon visage [31],
N'en imaginez rien qu'à son désavantage [32] ;
De mon contentement un autre étoit l'objet :
Mais, pour sortir d'erreur, sachez-en le sujet.
Je garde à Curiace une amitié trop pure
Pour souffrir plus longtemps qu'on m'estime parjure.
Il vous souvient qu'à peine on voyoit de sa sœur
Par un heureux hymen mon frère possesseur.

Quand, pour comble de joie, il obtint de mon père
Que de ses chastes feux je serois le salaire.
Ce jour nous fut propice et funeste à la fois ;
Unissant nos maisons, il désunit nos rois ;
Un même instant conclut notre hymen et la guerre
Fit naître notre espoir, et le jeta par terre[33],
Nous ôta tout sitôt qu'il nous eut tout promis,
Et, nous faisant amants, il nous fit ennemis.
Combien nos déplaisirs parurent lors extrêmes !
Combien contre le ciel il vomit de blasphèmes !
Et combien de ruisseaux coulèrent de mes yeux !
Je ne vous le dis point ; vous vîtes nos adieux.
Vous avez vu depuis les troubles de mon âme ;
Vous savez pour la paix quels vœux a faits ma flamme,
Et quels pleurs j'ai versés à chaque événement,
Tantôt pour mon pays, tantôt pour mon amant.
Enfin mon désespoir, parmi ces longs obstacles,
M'a fait avoir recours à la voix des oracles ;
Écoutez si celui qui me fut hier rendu
Eut droit de rassurer mon esprit éperdu.
Ce Grec si renommé, qui, depuis tant d'années,
Au pied de l'Aventin prédit nos destinées,
Lui qu'Apollon jamais n'a fait parler à faux,
Me promit par ces vers la fin de mes travaux :
« Albe et Rome demain prendront une autre face :
Tes vœux sont exaucés ; elles auront la paix ;
Et tu seras unie avec ton Curiace,
Sans qu'aucun mauvais sort t'en sépare jamais. »
Je pris sur cet oracle une entière assurance ;
Et, comme le succès passoit mon espérance,
J'abandonnai mon âme à des ravissements
Qui passoient les transports des plus heureux amants.
Jugez de leur excès : je rencontrai Valère ;
Et, contre sa coutume, il ne put me déplaire.
Il me parla d'amour sans me donner d'ennui :
Je ne m'aperçus pas que je parlois à lui ;
Je ne lui pus montrer de mépris ni de glace ;
Tout ce que je voyois me sembloit Curiace[34],
Tout ce qu'on me disoit me parloit de ses feux,
Tout ce que je disois l'assuroit de mes vœux.
Le combat général aujourd'hui se hasarde,
J'en sus hier la nouvelle, et je n'y pris pas garde ;

Mon esprit rejetoit ces funestes objets,
Charmé des doux pensers d'hymen et de la paix.
La nuit a dissipé des erreurs si charmantes ;
Mille songes affreux, mille images sanglantes,
Ou plutôt mille amas de carnage et d'horreur,
M'ont arraché ma joie et rendu ma terreur :
J'ai vu du sang, des morts, et n'ai rien vu de suite[35] ;
Un spectre, en paroissant, prenoit soudain la fuite ;
Ils s'effaçoient l'un l'autre ; et chaque illusion
Redoubloit mon effroi par sa confusion.

JULIE.

C'est en contraire sens qu'un songe s'interprète.

CAMILLE.

Je le dois croire ainsi, puisque je le souhaite :
Mais je me trouve enfin, malgré tous mes souhaits,
Au jour d'une bataille, et non pas d'une paix.

JULIE.

Par là finit la guerre, et la paix lui succède.

CAMILLE.

Dure à jamais le mal, s'il y faut ce remède !
Soit que Rome y succombe, ou qu'Albe ait le dessous,
Cher amant, n'attends plus d'être un jour mon époux ;
Jamais, jamais ce nom ne sera pour un homme
Qui soit ou le vainqueur, ou l'esclave de Rome.
Mais quel objet nouveau se présente en ces lieux ?
Est-ce toi, Curiace ? en croirai-je mes yeux[36] ?

SCÈNE III.

CURIACE, CAMILLE, JULIE.

CURIACE.

N'en doutez point, Camille ; et revoyez un homme
Qui n'est ni le vainqueur ni l'esclave de Rome.
Cessez d'appréhender de voir rougir mes mains
Du poids honteux des fers, ou du sang des Romains
J'ai cru que vous aimiez assez Rome et la gloire
Pour mépriser ma chaîne et haïr ma victoire ;
Et comme également, en cette extrémité,
Je craignois la victoire et la captivité...

CAMILLE.

Curiace, il suffit ; je devine le reste ;

Tu fuis une bataille à tes vœux si funeste ;
Et ton cœur tout à moi, pour ne me perdre pas,
Dérobe à ton pays le secours de ton bras [57].
Qu'un autre considère ici ta renommée,
Et te blâme, s'il veut, de m'avoir trop aimée ;
Ce n'est point à Camille à t'en mésestimer :
Plus ton amour paroît, plus elle doit t'aimer ;
Et si tu dois beaucoup aux lieux qui t'ont vu naître,
Plus tu quittes pour moi, plus tu le fais paroître.
Mais as-tu vu mon père ? et peut-il endurer
Qu'ainsi dans sa maison tu t'oses retirer ?
Ne préfère-t-il point l'État à sa famille ?
Ne regarde-t-il point Rome plus que sa fille ?
Enfin notre bonheur est-il bien affermi ?
T'a-t-il vu comme gendre, ou bien comme ennemi ?

CURIACE.

Il m'a vu comme gendre, avec une tendresse
Qui témoignoit assez une entière allégresse ;
Mais il ne m'a point vu, par une trahison,
Indigne de l'honneur d'entrer dans sa maison.
Je n'abandonne point l'intérêt de ma ville ;
J'aime encor mon honneur en adorant Camille :
Tant qu'a duré la guerre, on m'a vu constamment
Aussi bon citoyen que véritable amant ;
D'Albe avec mon amour j'accordois la querelle ;
Je soupirois pour vous en combattant pour elle ;
Et s'il falloit encor que l'on en vînt aux coups,
Je combattrois pour elle en soupirant pour vous :
Oui, malgré les désirs de mon âme charmée,
Si la guerre duroit, je serois dans l'armée.
C'est la paix qui chez vous me donne un libre accès,
La paix à qui nos feux doivent ce beau succès.

CAMILLE.

La paix ! et le moyen de croire un tel miracle !

JULIE.

Camille, pour le moins, croyez-en votre oracle ;
Et sachons pleinement par quels heureux effets
L'heure d'une bataille a produit cette paix.

CURIACE.

L'auroit-on jamais cru ? déjà les deux armées,
D'une égale chaleur au combat animées,
Se menaçoient des yeux, et, marchant fièrement,

N'attendoient, pour donner, que le commandement ;
Quand notre dictateur devant les rangs s'avance,
Demande à votre prince un moment de silence ;
Et l'ayant obtenu : « Que faisons-nous, Romains ?
Dit-il, et quel démon nous fait venir aux mains [38] ?
Souffrons que la raison éclaire enfin nos âmes.
Nous sommes vos voisins, nos filles sont vos femmes ;
Et l'hymen nous a joints par tant et tant de nœuds
Qu'il est peu de nos fils qui ne soient vos neveux.
Nous ne sommes qu'un sang et qu'un peuple en deux villes,
Pourquoi nous déchirer par des guerres civiles,
Où la mort des vaincus affaiblit les vainqueurs,
Et le plus beau triomphe est arrosé de pleurs ?
Nos ennemis communs attendent avec joie
Qu'un des partis défait leur donne l'autre en proie,
Lassé, demi-rompu, vainqueur, mais, pour tout fruit,
Dénué d'un secours par lui-même détruit.
Ils ont assez longtemps joui de nos divorces [39] ;
Contre eux dorénavant joignons toutes nos forces,
Et noyons dans l'oubli ces petits différends
Qui de si bons guerriers font de mauvais parents.
Que si l'ambition de commander aux autres
Fait marcher aujourd'hui vos troupes et les nôtres,
Pourvu qu'à moins de sang nous voulions l'apaiser,
Elle nous unira, loin de nous diviser.
Nommons des combattants pour la cause commune,
Que chaque peuple aux siens attache sa fortune ;
Et, suivant ce que d'eux ordonnera le sort,
Que le parti plus foible obéisse au plus fort,
Mais sans indignité pour des guerriers si braves ;
Qu'ils deviennent sujets sans devenir esclaves,
Sans honte, sans tribut, et sans autre rigueur
Que de suivre en tous lieux les drapeaux du vainqueur :
Ainsi nos deux États ne feront qu'un empire. »
Il semble qu'à ces mots notre discorde expire :
Chacun, jetant les yeux dans un rang ennemi.
Reconnoît un beau-frère, un cousin, un ami
Ils s'étonnent comment leurs mains de sang avides
Voloient, sans y penser, à tant de parricides,
Et font paroître un front couvert tout à la fois
D'horreur pour la bataille, et d'ardeur pour ce choix.
Enfin l'offre s'accepte, et la paix désirée

Sous ces conditions est aussitôt jurée ;
Trois combattront pour tous : mais, pour les mieux choisir,
Nos chefs ont voulu prendre un peu plus de loisir ;
Le vôtre est au sénat, le nôtre dans sa tente.
            CAMILLE.
O dieux, que ce discours rend mon âme contente !
            CURIACE.
Dans deux heures au plus, par un commun accord,
Le sort de nos guerriers réglera notre sort.
Cependant tout est libre attendant qu'on les nomme.
Rome est dans notre camp, et notre camp dans Rome,
D'un et d'autre côté l'accès étant permis,
Chacun va renouer avec ses vieux amis.
Pour moi, ma passion m'a fait suivre vos frères :
Et mes désirs ont eu des succès si prospères,
Que l'auteur de vos jours m'a promis à demain [40]
Le bonheur sans pareil de vous donner la main [41].
Vous ne deviendrez pas rebelle à sa puissance ?
            CAMILLE.
Le devoir d'une fille est dans l'obéissance.
            CURIACE.
Venez donc recevoir ce doux commandement [42]
Qui doit mettre le comble à mon contentement.
            CAMILLE.
Je vais suivre vos pas, mais pour revoir mes frères,
Et savoir d'eux encor la fin de nos misères [43].
            JULIE.
Allez, et cependant au pied de nos autels
J'irai rendre pour vous grâces aux immortels.

FIN DU PREMIER ACTE.

ACTE SECOND.

SCÈNE I.

HORACE, CURIACE.

CURIACE.

Ainsi Rome n'a point séparé son estime;
Elle eût cru faire ailleurs un choix illégitime.
Cette superbe ville en vos frères et vous
Trouve les trois guerriers qu'elle préfère à tous,
Et, ne nous opposant d'autres bras que les vôtres,
D'une seule maison brave toutes les nôtres [1].
Nous croirons, à la voir tout entière en vos mains,
Que, hors les fils d'Horace, il n'est point de Romains.
Ce choix pouvoit combler trois familles de gloire,
Consacrer hautement leurs noms à la mémoire [2];
Oui, l'honneur que reçoit la vôtre par ce choix
En pouvoit à bon titre immortaliser trois;
Et, puisque c'est chez vous que mon heur et ma flamme
M'ont fait placer ma sœur, et choisir une femme,
Ce que je vais vous être, et ce que je vous suis,
Me font y prendre part autant que je le puis.
Mais un autre intérêt tient ma joie en contrainte,
Et parmi ses douceurs mêle beaucoup de crainte :
La guerre en tel éclat a mis votre valeur,
Que je tremble pour Albe, et prévois son malheur
Puisque vous combattez, sa perte est assurée;
En vous faisant nommer, le destin l'a jurée :
Je vois trop dans ce choix ses funestes projets,
Et me compte déjà pour un de vos sujets.

HORACE.

Loin de trembler pour Albe, il vous faut plaindre Rome,
Voyant ceux qu'elle oublie, et les trois qu'elle nomme.

C'est un aveuglement pour elle bien fatal
D'avoir tant à choisir et de choisir si mal.
Mille de ses enfants, beaucoup plus dignes d'elle,
Pouvoient bien mieux que nous soutenir sa querelle.
Mais quoique ce combat me promette un cercueil,
La gloire de ce choix m'enfle d'un juste orgueil;
Mon esprit en conçoit une mâle assurance :
J'ose espérer beaucoup de mon peu de vaillance;
Et du sort envieux quels que soient les projets,
Je ne me compte point pour un de vos sujets.
Rome a trop cru de moi; mais mon âme ravie
Remplira son attente, ou quittera la vie.
Qui veut mourir ou vaincre, est vaincu rarement :
Ce noble désespoir périt malaisément.
Rome, quoi qu'il en soit, ne sera point sujette,
Que mes derniers soupirs n'assurent ma défaite.

CURIACE.

Hélas, c'est bien ici que je dois être plaint !
Ce que veut mon pays, mon amitié le craint.
Dures extrémités de voir Albe asservie,
Ou sa victoire au prix d'une si chère vie;
Et que l'unique bien où tendent ses désirs
S'achète seulement par vos derniers soupirs!
Quels vœux puis-je former, et quel bonheur attendre?
De tous les deux côtés j'ai des pleurs à répandre;
De tous les deux côtés mes désirs sont trahis.

HORACE.

Quoi! vous me pleureriez mourant pour mon pays ?
Pour un cœur généreux ce trépas a des charmes,
La gloire qui le suit ne souffre point de larmes;
Et je le recevrois en bénissant mon sort,
Si Rome et tout l'Etat perdoient moins à ma mort.

CURIACE.

A vos amis pourtant permettez de le craindre;
Dans un si beau trépas ils sont les seuls à plaindre :
La gloire en est pour vous, et la perte pour eux;
Il vous fait immortel, et les rend malheureux :
On perd tout quand on perd un ami si fidèle.
Mais Flavian m'apporte ici quelque nouvelle.

SCÈNE II.

HORACE, CURIACE, FLAVIAN.

CURIACE.
Albe de trois guerriers a-t-elle fait le choix ?
FLAVIAN.
Je viens pour vous l'apprendre.
CURIACE.
Eh bien ! qui sont les trois ?
FLAVIAN.
Vos deux frères et vous.
CURIACE.
Qui ?
FLAVIAN.
Vous et vos deux frères [1].
Mais pourquoi ce front triste et ces regards sévères ?
Ce choix vous déplaît-il ?
CURIACE.
Non, mais il me surprend ;
Je m'estimois trop peu pour un honneur si grand.
FLAVIAN.
Dirai-je au dictateur, dont l'ordre ici m'envoie,
Que vous le recevez avec si peu de joie ?
Ce morne et froid accueil me surprend à mon tour.
CURIACE.
Dis-lui que l'amitié, l'alliance et l'amour,
Ne pourront empêcher que les trois Curiaces
Ne servent leur pays contre les trois Horaces.
FLAVIAN.
Contre eux ! Ah ! c'est beaucoup me dire en peu de mots.
CURIACE.
Porte-lui ma réponse, et nous laisse en repos.

SCÈNE III.

HORACE, CURIACE.

CURIACE.
Que désormais le ciel, les enfers et la terre
Unissent leurs fureurs à nous faire la guerre ;

Que les hommes, les dieux, les démons et le sort
Préparent contre nous un général effort;
Je mets à faire pis, en l'état où nous sommes
Le sort et les démons, et les dieux et les hommes [5].
Ce qu'ils ont de cruel, et d'horrible, et d'affreux,
L'est bien moins que l'honneur qu'on nous fait à tous deux.

HORACE.

Le sort, qui de l'honneur nous ouvre la barrière,
Offre à notre constance une illustre matière.
Il épuise sa force à former un malheur
Pour mieux se mesurer avec notre valeur [6],
Et comme il voit en nous des âmes peu communes,
Hors de l'ordre commun il nous fait des fortunes [7]
Combattre un ennemi pour le salut de tous,
Et contre un inconnu s'exposer seul aux coups,
D'une simple vertu c'est l'effet ordinaire,
Mille déjà l'ont fait, mille pourroient le faire.
Mourir pour le pays est un si digne sort,
Qu'on brigueroit en foule une si belle mort [8];
Mais vouloir au public immoler ce qu'on aime,
S'attacher au combat contre un autre soi-même,
Attaquer un parti qui prend pour défenseur
Le frère d'une femme et l'amant d'une sœur;
Et, rompant tous ces nœuds, s'armer pour la patrie
Contre un sang qu'on voudroit racheter de sa vie;
Une telle vertu n'appartenoit qu'à nous.
L'éclat de son grand nom [9] lui fait peu de jaloux,
Et peu d'hommes au cœur l'ont assez imprimée
Pour oser aspirer à tant de renommée.

CURIACE.

Il est vrai que nos noms ne sauroient plus périr;
L'occasion est belle, il nous la faut chérir;
Nous serons les miroirs d'une vertu bien rare :
Mais votre fermeté tient un peu du barbare.
Peu, même des grands cœurs, tireroient vanité
D'aller par ce chemin à l'immortalité :
A quelque prix qu'on mette une telle fumée,
L'obscurité vaut mieux que tant de renommée.
Pour moi, je l'ose dire, et vous l'avez pu voir,
Je n'ai point consulté pour suivre mon devoir;
Notre longue amitié, l'amour, ni l'alliance,
N'ont pu mettre un moment mon esprit en balance;

Et puisque, par ce choix, Albe montre en effet
Qu'elle m'estime autant que Rome vous a fait [10];
Je crois faire pour elle autant que vous pour Rome;
J'ai le cœur aussi bon, mais enfin je suis homme :
Je vois que votre honneur demande tout mon sang,
Que tout le mien consiste à vous percer le flanc,
Prêt d'épouser la sœur, qu'il faut tuer le frère,
Et que pour mon pays j'ai le sort si contraire.
Encor qu'à mon devoir je coure sans terreur,
Mon cœur s'en effarouche, et j'en frémis d'horreur;
J'ai pitié de moi-même, et jette un œil d'envie
Sur ceux dont notre guerre a consumé la vie [11].
Sans souhait toutefois de pouvoir reculer,
Ce triste et fier honneur m'émeut sans m'ébranler;
J'aime ce qu'il me donne, et je plains ce qu'il m'ôte;
Et si Rome demande une vertu plus haute,
Je rends grâces aux dieux de n'être pas Romain,
Pour conserver encor quelque chose d'humain [12].

HORACE.

Si vous n'êtes Romain, soyez digne de l'être;
Et si vous m'égalez, faites-le mieux paroître.
  La solide vertu dont je fais vanité [13]
N'admet point de foiblesse avec sa fermeté;
Et c'est mal de l'honneur entrer dans la carrière [14],
Que dès le premier pas regarder en arrière.
Notre malheur est grand, il est au plus haut point;
Je l'envisage entier, mais je n'en frémis point.
Contre qui que ce soit que mon pays m'emploie,
J'accepte aveuglément cette gloire avec joie.
Celle de recevoir de tels commandements
Doit étouffer en nous tous autres sentiments;
Qui, près de le servir, considère autre chose,
A faire ce qu'il doit lâchement se dispose;
Ce droit saint et sacré rompt tout autre lien.
Rome a choisi mon bras, je n'examine rien.
Avec une allégresse aussi pleine et sincère
Que j'épousai la sœur, je combattrai le frère,
Et pour trancher enfin ces discours superflus,
Albe vous a nommé, je ne vous connois plus [15].

CURIACE.

Je vous connois encore, et c'est ce qui me tue;
Mais cette âpre vertu ne m'étoit pas connue;

Comme notre malheur, elle est au plus haut point,
Souffrez que je l'admire et ne l'imite point.
####### HORACE.
Non, non, n'embrassez pas de vertu par contrainte [16];
Et, puisque vous trouvez plus de charme à la plainte,
En toute liberté goûtez un bien si doux.
Voici venir ma sœur pour se plaindre avec vous [17];
Je vais revoir la vôtre et résoudre son âme
A se bien souvenir qu'elle est toujours ma femme,
A vous aimer encor si je meurs par vos mains,
Et prendre en son malheur des sentiments romains.

SCÈNE IV.

HORACE, CURIACE, CAMILLE.

####### HORACE.
Avez-vous su l'état [18] qu'on fait de Curiace,
Ma sœur?
####### CAMILLE.
Hélas! mon sort a bien changé de face.
####### HORACE.
Armez-vous de constance, et montrez-vous ma sœur;
Et si par mon trépas il retourne vainqueur,
Ne le recevez point en meurtrier d'un frère,
Mais en homme d'honneur qui fait ce qu'il doit faire,
Qui sert bien son pays, et sait montrer à tous,
Par sa haute vertu, qu'il est digne de vous.
Comme si je vivois, achevez l'hyménée.
Mais si ce fer aussi tranche sa destinée,
Faites à ma victoire un pareil traitement,
Ne me reprochez point la mort de votre amant [19].
Vos larmes vont couler, et votre cœur se presse [20];
Consumez avec lui toute cette foiblesse,
Querellez ciel et terre, et maudissez le sort,
Mais après le combat ne pensez plus au mort.
(A Curiace.)
Je ne vous laisserai qu'un moment avec elle,
Puis nous irons ensemble où l'honneur nous appelle.

SCÈNE V.

CURIACE, CAMILLE.

CAMILLE.

Iras-tu, Curiace [21] ? et ce funeste honneur
Te plaît-il aux dépens de tout notre bonheur ?

CURIACE.

Hélas ! je vois trop bien qu'il faut, quoi que je fasse,
Mourir, ou de douleur, ou de la main d'Horace.
Je vais comme au supplice à cet illustre emploi,
Je maudis mille fois l'état qu'on fait de moi,
Je hais cette valeur qui fait qu'Albe m'estime ;
Ma flamme au désespoir passe jusques au crime,
Elle se prend au ciel, et l'ose quereller ;
Je vous plains, je me plains ; mais il y faut aller.

CAMILLE.

Non ; je te connois mieux, tu veux que je te prie,
Et qu'ainsi mon pouvoir t'excuse à ta patrie [22].
Tu n'es que trop fameux par tes autres exploits ;
Albe a reçu par eux tout ce que tu lui dois ;
Autre n'a mieux que toi soutenu cette guerre,
Autre de plus de morts n'a couvert notre terre [23] ;
Ton nom ne peut plus croître, il ne lui manque rien ;
Souffre qu'un autre ici puisse ennoblir le sien.

CURIACE.

Que je souffre à mes yeux qu'on ceigne une autre tête
Des lauriers immortels que la gloire m'apprête,
Ou que tout mon pays reproche à ma vertu
Qu'il auroit triomphé si j'avois combattu,
Et que sous mon amour ma valeur endormie [24]
Couronne tant d'exploits d'une telle infamie !
Non, Albe, après l'honneur que j'ai reçu de toi,
Tu ne succomberas, ni vaincras que par moi.
Tu m'as commis ton sort, je t'en rendrai bon compte :
Je vivrai sans reproche, ou périrai sans honte.

CAMILLE.

Quoi ! tu ne veux pas voir qu'ainsi tu me trahis !

CURIACE.

Avant que d'être à vous je suis à mon pays.

CAMILLE.
Mais te priver pour lui toi-même d'un beau-frère,
Ta sœur de son mari !
CURIACE.
Telle est notre misère.
Le choix d'Albe et de Rome ôte toute douceur
Aux noms jadis si doux de beau-frère et de sœur.
CAMILLE.
Tu pourras donc, cruel, me présenter sa tête,
Et demander ma main pour prix de ta conquête[25] !
CURIACE.
Il n'y faut plus penser : en l'état où je suis,
Vous aimer sans espoir, c'est tout ce que je puis.
Vous en pleurez, Camille[26] ?
CAMILLE.
Il faut bien que je pleure:
Mon insensible amant ordonne que je meure,
Et quand l'hymen pour nous allume son flambeau,
Il l'éteint de sa main pour m'ouvrir le tombeau.
Ce cœur impitoyable à ma perte s'obstine,
Et dit qu'il m'aime encore alors qu'il m'assassine.
CURIACE.
Que les pleurs d'une amante ont de puissants discours[27]
Et qu'un bel œil est fort avec un tel secours[28] !
Que mon cœur s'attendrit à cette triste vue !
Ma constance contre elle à regret s'évertue.
N'attaquez plus ma gloire avec tant de douleurs,
Et laissez-moi sauver ma vertu de vos pleurs.
Je sens qu'elle chancelle, et défend mal la place ;
Plus je suis votre amant, moins je suis Curiace :
Foible d'avoir déjà combattu l'amitié,
Vaincroit-elle à la fois l'amour et la pitié ?
Allez, ne m'aimez plus, ne versez plus de larmes,
Ou j'oppose l'offense à de si fortes armes ;
Je me défendrai mieux contre votre courroux,
Et pour le mériter, je n'ai plus d'yeux pour vous.
Vengez-vous d'un ingrat, punissez un volage[29].
Vous ne vous montrez point sensible à cet outrage!
Je n'ai plus d'yeux pour vous, vous en avez pour moi !
En faut-il plus encor ? je renonce à ma foi.
Rigoureuse vertu dont je suis la victime,
Ne peux-tu résister sans le secours d'un crime?

CAMILLE.

Ne fais point d'autre crime, et j'atteste les dieux
Qu'au lieu de t'en haïr, je t'en aimerai mieux ;
Oui, je te chérirai, tout ingrat et perfide,
Et cesse d'aspirer au nom de fratricide.
Pourquoi suis-je Romaine, ou que n'es-tu Romain ?
Je te préparerois des lauriers de ma main,
Je t'encouragerois au lieu de te distraire,
Et je te traiterois comme j'ai fait⁵⁹ mon frère.
Hélas! j'étois aveugle en mes vœux aujourd'hui,
J'en ai fait contre toi quand j'en ai fait pour lui.
  Il revient : quel malheur, si l'amour de sa femme
Ne peut non plus sur lui que le mien sur ton âme³¹ !

SCÈNE VI.

HORACE, SABINE, CURIACE, CAMILLE.

CURIACE.

Dieux! Sabine le suit! Pour ébranler mon cœur,
Est-ce peu de Camille ? y joignez-vous ma sœur ?
Et, laissant à ses pleurs vaincre ce grand courage³²,
L'amenez-vous ici chercher même avantage ?

SABINE.

Non, non, mon frère, non ; je ne viens en ce lieu
Que pour vous embrasser et pour vous dire adieu.
Votre sang est trop bon, n'en craignez rien de lâche,
Rien dont la fermeté de ces grands cœurs se fâche³³ ;
Si ce malheur illustre ébranloit l'un de vous,
Je le désavouerois pour frère ou pour époux.
Pourrai-je toutefois vous faire une prière
Digne d'un tel époux et digne d'un tel frère ?
Je veux d'un coup si noble ôter l'impiété,
A l'honneur qui l'attend rendre sa pureté,
La mettre en son éclat sans mélange de crimes,
Enfin je vous veux faire ennemis légitimes.
  Du saint nœud qui vous joint je suis le seul lien ;
Quand je ne serai plus, vous ne vous serez rien.
Brisez votre alliance, et rompez-en la chaîne ;
Et, puisque votre honneur veut des effets de haine,
Achetez par ma mort le droit de vous haïr :

Albe le veut et Rome, il faut leur obéir :
Qu'un de vous deux me tue et que l'autre me venge[54];
Alors votre combat n'aura plus rien d'étrange,
Et du moins l'un des deux sera juste agresseur,
Ou pour venger sa femme, ou pour venger sa sœur.
Mais quoi ! vous souilleriez une gloire si belle,
Si vous vous animiez par quelque autre querelle :
Le zèle du pays vous défend de tels soins ;
Vous feriez peu pour lui si vous vous étiez moins[55];
Il lui faut, et sans haine, immoler un beau-frère.
Ne différez donc plus ce que vous devez faire ;
Commencez par sa sœur à répandre son sang ;
Commencez par sa femme à lui percer le flanc ;
Commencez par Sabine à faire de vos vies
Un digne sacrifice à vos chères patries :
Vous êtes ennemis en ce combat fameux,
Vous d'Albe, vous de Rome, et moi de toutes deux.
Quoi ! me réservez-vous à voir une victoire
Où, pour haut appareil d'une pompeuse gloire[56],
Je verrai les lauriers d'un frère ou d'un mari
Fumer encor d'un sang que j'aurai tant chéri ?
Pourrai-je entre vous deux régler alors mon âme ?
Satisfaire aux devoirs et de sœur et de femme,
Embrasser le vainqueur en pleurant le vaincu ?
Non, non : avant ce coup Sabine aura vécu ;
Ma mort le préviendra, de qui que je l'obtienne ;
Le refus de vos mains y condamne la mienne.
Sus donc, qui vous retient ? Allez, cœurs inhumains,
J'aurai trop de moyens pour y forcer vos mains ;
Vous ne les aurez point au combat occupées,
Que ce corps au milieu n'arrête vos épées ;
Et, malgré vos refus, il faudra que leurs coups
Se fassent jour ici pour aller jusqu'à vous[57].

HORACE.

O ma femme !

CURIACE.

O ma sœur !

CAMILLE.

Courage ! ils s'amollissent.

SABINE.

Vous poussez des soupirs, vos visages pâlissent !

Quelle peur vous saisit? sont-ce là ces grands cœurs,
Ces héros qu'Albe et Rome ont pris pour défenseurs?
HORACE.
Que t'ai-je fait, Sabine 38? et quelle est mon offense,
Qui t'oblige à chercher une telle vengeance?
Que t'a fait mon honneur? et par quel droit viens-tu
Avec toute ta force attaquer ma vertu?
Du moins contente-toi de l'avoir étonnée,
Et me laisse achever cette grande journée.
Tu me viens de réduire en un étrange point;
Aime assez ton mari pour n'en triompher point 39 :
Va-t'en, et ne rends plus la victoire douteuse;
La dispute déjà m'en est assez honteuse;
Souffre qu'avec honneur je termine mes jours.
SABINE.
Va, cesse de me craindre; on vient à ton secours.

SCÈNE VII.

LE VIEIL HORACE, HORACE, CURIACE, SABINE, CAMILLE.

LE VIEIL HORACE.
Qu'est-ce-ci, mes enfants? Ecoutez-vous vos flammes 40?
Et perdez-vous encor le temps avec des femmes 41?
Prêts à verser du sang, regardez-vous des pleurs 42?
Fuyez, et laissez-les déplorer leurs malheurs.
Leurs plaintes ont pour vous trop d'art et de tendresse :
Elles vous feroient part enfin de leur foiblesse :
Et ce n'est qu'en fuyant qu'on pare de tels coups 43.
SABINE.
N'appréhendez rien d'eux, ils sont dignes de vous :
Malgré tous nos efforts, vous en devez attendre
Ce que vous souhaitez et d'un fils et d'un gendre;
Et si notre foiblesse ébranloit leur honneur,
Nous vous laissons ici pour leur rendre du cœur.
  Allons, ma sœur, allons, ne perdons plus de larmes;
Contre tant de vertus ce sont de foibles armes.
Ce n'est qu'au désespoir qu'il nous faut recourir.
Tigres 44, allez combattre; et nous, allons mourir.

SCÈNE VIII.

LE VIEIL HORACE, HORACE, CURIACE.

HORACE.

Mon père, retenez des femmes qui s'emportent,
Et, de grâce, empêchez surtout qu'elles ne sortent;
Leur amour importun viendroit avec éclat
Par des cris et des pleurs troubler notre combat[45];
Et ce qu'elles nous sont feroit qu'avec justice
On nous imputeroit ce mauvais artifice;
L'honneur d'un si beau choix seroit trop acheté,
Si l'on nous soupçonnoit de quelque lâcheté.

LE VIEIL HORACE.

J'en aurai soin. Allez, vos frères vous attendent;
Ne pensez qu'aux devoirs que vos pays demandent[46].

CURIACE.

Quel adieu vous dirai-je? et par quels compliments...

LE VIEIL HORACE.

Ah! n'attendrissez point ici mes sentiments;
Pour vous encourager ma voix manque de termes;
Mon cœur ne forme point de pensers assez fermes :
Moi-même en cet adieu j'ai les larmes aux yeux[47],
Faites votre devoir, et laissez faire aux dieux[48].

FIN DU SECOND ACTE.

ACTE TROISIÈME.

SCÈNE Iʳᵉ.

SABINE.

Prenons parti, mon âme, en de telles disgrâces,
Soyons femme d'Horace, ou sœur des Curiaces.
Cessons de partager nos inutiles soins,
Souhaitons quelque chose, et craignons un peu moins.
Mais las! quel parti prendre en un sort si contraire?
Quel ennemi choisir d'un époux, ou d'un frère?
La nature ou l'amour parle pour chacun d'eux,
Et la loi du devoir m'attache à tous les deux.
Sur leurs hauts sentiments réglons plutôt les nôtres;
Soyons femme de l'un ensemble, et sœur des autres,
Regardons leur honneur comme un souverain bien,
Imitons leur constance, et ne craignons plus rien.
La mort qui les menace est une mort si belle,
Qu'il en faut sans frayeur attendre la nouvelle.
N'appelons point alors les destins inhumains [2];
Songeons pour quelle cause, et non par quelles mains;
Revoyons les vainqueurs, sans penser qu'à la gloire
Que toute leur maison reçoit de leur victoire,
Et sans considérer aux dépens de quel sang
Leur vertu les élève en cet illustre rang [3],
Faisons nos intérêts de ceux de leur famille :
En l'une je suis femme, en l'autre je suis fille,
Et tiens à toutes deux par de si forts liens,
Qu'on ne peut triompher que par les bras des miens.
Fortune, quelque maux que ta rigueur m'envoie,
J'ai trouvé les moyens d'en tirer de la joie,
Et puis voir aujourd'hui le combat sans terreur,
Les morts sans désespoir, les vainqueurs sans horreur.
  Flatteuse illusion, erreur douce et grossière,
Vain effort de mon âme, impuissante lumière
De qui le faux brillant prend droit de m'éblouir,

Que tu sais peu durer et tôt t'évanouir!
Pareille à ces éclairs qui, dans le fort des ombres,
Poussent un jour qui fuit, et rend les nuits plus sombres,
Tu n'as frappé mes yeux d'un moment de clarté
Que pour les abîmer dans plus d'obscurité.
Tu charmois trop ma peine, et le ciel qui s'en fâche
Me vend déjà bien cher ce moment de relâche.
Je sens mon triste cœur percé de tous les coups
Qui m'ôtent maintenant un frère, ou mon époux :
Quand je songe à leur mort, quoi que je me propose
Je songe par quels bras, et non pour quelle cause,
Et ne vois les vainqueurs en leur illustre rang,
Que pour considérer aux dépens de quel sang.
La maison des vaincus touche seule mon âme,
En l'une je suis fille, en l'autre je suis femme,
Et tiens à toutes deux par de si forts liens,
Qu'on ne peut triompher que par la mort des miens[5].
C'est là donc cette paix que j'ai tant souhaitée?
Trop favorables dieux, vous m'avez écoutée!
Quels foudres lancez-vous quand vous vous irritez,
Si même vos faveurs ont tant de cruautés?
Et de quelle façon punissez-vous l'offense,
Si vous traitez ainsi les vœux de l'innocence?

SCÈNE II.

SABINE, JULIE.

SABINE.

En est-ce fait, Julie? et que m'apportez-vous[6]?
Est-ce la mort d'un frère, ou celle d'un époux?
Le funeste succès de leurs armes impies
De tous les combattants fait-il autant d'hosties[7],
Et m'enviant l'horreur que j'aurois des vainqueurs,
Pour tous tant qu'ils étoient demande-t-il mes pleurs?

JULIE.

Quoi! ce qui s'est passé, vous l'ignorez encore?

SABINE.

Vous faut-il étonner de ce que je l'ignore?
Et ne savez-vous pas que de cette maison
Pour Camille et pour moi l'on fait une prison?

Julie, on nous renferme, on a peur de nos larmes ;
Sans cela nous serions au milieu de leurs armes,
Et par les désespoirs⁸ d'une chaste amitié
Nous aurions des deux camps tiré quelque pitié.

JULIE.

Il n'étoit pas besoin d'un si tendre spectacle ;
Leur vue à leur combat apporte assez d'obstacle.
  Sitôt qu'ils ont paru prêts à se mesurer,
On a dans les deux camps entendu murmurer :
A voir de tels amis, des personnes si proches,
Venir pour leur patrie aux mortelles approches,
L'un s'émeut de pitié, l'autre est saisi d'horreur,
L'autre d'un si grand zèle admire la fureur,
Tel porte jusqu'aux cieux leur vertu sans égale,
Et tel l'ose nommer sacrilége et brutale.
Ces divers sentiments n'ont pourtant qu'une voix ;
Tous accusent leurs chefs, tous détestent leur choix,
Et ne pouvant souffrir un combat si barbare,
On s'écrie, on s'avance, enfin on les sépare.

SABINE.

Que je vous dois d'encens, grands dieux, qui m'exaucez !

JULIE.

Vous n'êtes pas, Sabine, encore où vous pensez :
Vous pouvez espérer, vous avez moins à craindre ;
Mais il vous reste encore assez de quoi vous plaindre.
  En vain d'un sort si triste on les veut garantir,
Ces cruels généreux n'y peuvent consentir⁹.
La gloire de ce choix leur est si précieuse,
Et charme tellement leur âme ambitieuse,
Qu'alors qu'on les déplore ils s'estiment heureux,
Et prennent pour affront la pitié qu'on a d'eux.
Le trouble des deux camps souille leur renommée ;
Ils combattront plutôt et l'une et l'autre armée,
Et mourront par les mains qui leur font d'autres lois,
Que pas un d'eux renonce aux honneurs d'un tel choix¹⁰.

SABINE.

Quoi ! dans leur dureté ces cœurs d'acier s'obstinent !

JULIE.

Ils le font, mais d'ailleurs les deux camps se mutinent¹¹,
Et leurs cris des deux parts poussés en même temps
Demandent la bataille, ou d'autres combattants.
La présence des chefs à peine est respectée,

Leur pouvoir est douteux, leur voix mal écoutée;
Le roi même s'étonne, et pour dernier effort :
« Puisque chacun, dit-il, s'échauffe en ce discord [12],
Consultons des grands dieux la majesté sacrée,
Et voyons si ce change à leurs bontés agrée.
Quel impie osera se prendre à leur vouloir,
Lorsqu'en un sacrifice ils nous l'auront fait voir? »
Il se tait, et ces mots semblent être des charmes;
Même aux six combattants ils arrachent les armes,
Et ce désir d'honneur qui leur ferme les yeux,
Tout aveugle qu'il est, respecte encor les dieux.
Leur plus bouillante ardeur cède à l'avis de Tulle;
Et soit par déférence, où par un prompt scrupule,
Dans l'une et l'autre armée on s'en fait une loi,
Comme si toutes deux le connoissoient pour roi [13].
Le reste s'apprendra par la mort des victimes.

SABINE.

Les dieux n'avoueront point un combat plein de crimes;
J'en espère beaucoup, puisqu'il est différé,
Et je commence à voir ce que j'ai désiré.

SCÈNE III.

SABINE, CAMILLE, JULIE.

SABINE.

Ma sœur, que je vous die une bonne nouvelle [14].

CAMILLE.

Je pense la savoir, s'il faut la nommer telle;
On l'a dite à mon père, et j'étois avec lui :
Mais je n'en conçois rien qui flatte mon ennui.
Ce délai de nos maux rendra leurs coups plus rudes;
Ce n'est qu'un plus long terme à nos inquiétudes,
Et tout l'allégement qu'il en faut espérer,
C'est de pleurer plus tard ceux qu'il faudra pleurer.

SABINE.

Les dieux n'ont pas en vain inspiré ce tumulte [15].

CAMILLE.

Disons plutôt, ma sœur, qu'en vain on les consulte;
Ces mêmes dieux à Tulle ont inspiré ce choix,

Et la voix du public n'est pas toujours leur voix.
Ils descendent bien moins dans de si bas étages [16],
Que dans l'âme des rois, leurs vivantes images,
De qui l'indépendante et sainte autorité
Est un rayon secret de leur divinité.

JULIE.

C'est vouloir sans raison vous former des obstacles,
Que de chercher leur voix ailleurs qu'en leurs oracles
Et vous ne vous pouvez figurer tout perdu,
Sans démentir celui qui vous fut hier rendu.

CAMILLE.

Un oracle jamais ne se laisse comprendre [17];
On l'entend d'autant moins que plus on croit l'entendre,
Et loin de s'assurer sur un pareil arrêt,
Qui n'y voit rien d'obscur, doit croire que tout l'est [18].

SABINE.

Sur ce qu'il fait pour nous prenons plus d'assurance,
Et souffrons les douceurs d'une juste espérance.
Quand la faveur du ciel ouvre à demi ses bras,
Qui ne s'en promet rien ne la mérite pas;
Il empêche souvent qu'elle ne se déploie,
Et lorsqu'elle descend son refus la renvoie.

CAMILLE.

Le ciel agit sans nous en ces événements
Et ne les règle point dessus nos sentiments.

JULIE.

Il ne vous a fait peur que pour vous faire grâce :
Adieu, je vais savoir comme enfin tout se passe [19].
Modérez vos frayeurs, j'espère à mon retour,
Ne vous entretenir que de propos d'amour [20],
Et que nous n'emploierons la fin de la journée
Qu'aux doux préparatifs d'un heureux hyménée.

SABINE.

J'ose encor l'espérer.

CAMILLE.

Moi, je n'espère rien.

JULIE.

L'effet vous fera voir que nous en jugeons bien.

SCÈNE IV[21].

SABINE, CAMILLE.

SABINE.

Parmi nos déplaisirs souffrez que je vous blâme ;
Je ne puis approuver tant de trouble en votre âme.
Que feriez-vous, ma sœur, au point où je me vois,
Si vous aviez à craindre autant que je le dois,
Et si vous attendiez de leurs armes fatales
Des maux pareils aux miens et des pertes égales ?

CAMILLE.

Parlez plus sainement de vos maux et des miens.
Chacun voit ceux d'autrui d'un autre œil que les siens[22];
Mais à bien regarder ceux où le ciel me plonge,
Les vôtres auprès d'eux vous sembleront un songe.
  La seule mort d'Horace est à craindre pour vous.
Des frères ne sont rien à l'égal d'un époux[23];
L'hymen qui nous attache en une autre famille[24]
Nous détache de celle où l'on a vécu fille ;
On voit d'un œil divers des nœuds si différents,
Et pour suivre un mari l'on quitte ses parents.
Mais si près d'un hymen l'amant que donne un père
Nous est moins qu'un époux, et non pas moins qu'un frère,
Nos sentiments entre eux demeurent suspendus,
Notre choix impossible, et nos vœux confondus.
Ainsi, ma sœur, du moins vous avez dans vos plaintes,
Où porter vos souhaits, et terminer vos craintes ;
Mais si le ciel s'obstine à nous persécuter,
Pour moi, j'ai tout à craindre, et rien à souhaiter.

SABINE.

Quand il faut que l'un meure, et par les mains de l'autre,
C'est un raisonnement bien mauvais que le vôtre[25].
  Quoique ce soient, ma sœur, des nœuds bien différents,
C'est sans les oublier qu'on quitte ses parents,
L'hymen n'efface point ces profonds caractères,
Pour aimer un mari l'on ne hait pas ses frères,
La nature en tout temps garde ses premiers droits,
Aux dépens de leur vie on ne fait point de choix,
Aussi bien qu'un époux ils sont d'autres nous-mêmes,
Et tous maux sont pareils alors qu'ils sont extrêmes[26].

Mais l'amant qui vous charme et pour qui vous brûlez,
Ne vous est, après tout, que ce que vous voulez ;
Une mauvaise humeur, un peu de jalousie,
En fait assez souvent passer la fantaisie.
Ce que peut le caprice, osez-le par raison,
Et laissez votre sang hors de comparaison.
C'est crime qu'opposer des liens volontaires
A ceux que la naissance a rendus nécessaires.
Si donc le ciel s'obstine à nous persécuter,
Seule j'ai tout à craindre, et rien à souhaiter :
Mais, pour vous le devoir vous donne dans vos plaintes
Où porter vos souhaits et terminer vos craintes.

CAMILLE.

Je le vois bien, ma sœur, vous n'aimâtes jamais,
Vous ne connoissez point ni l'amour ni ses traits [27].
On peut lui résister quand il commence à naître [28],
Mais non pas le bannir quand il s'est rendu maître [29],
Et que l'aveu d'un père, engageant notre foi,
A fait de ce tyran un légitime roi.
Il entre avec douceur, mais il règne par force,
Et quand l'âme une fois a goûté son amorce,
Vouloir ne plus aimer c'est ce qu'elle ne peut,
Puisqu'elle ne peut plus vouloir que ce qu'il veut [30] ;
Ses chaînes sont pour nous aussi fortes que belles [31].

SCÈNE V.

LE VIEIL HORACE, SABINE, CAMILLE.

LE VIEIL HORACE.

Je viens vous apporter de fâcheuses nouvelles [32],
Mes filles ; mais en vain je voudrois vous céler
Ce qu'on ne vous sauroit longtemps dissimuler :
Vos frères sont aux mains, les dieux ainsi l'ordonnent.

SABINE.

Je veux bien l'avouer, ces nouvelles m'étonnent,
Et je m'imaginois dans la Divinité
Beaucoup moins d'injustice, et bien plus de bonté.
Ne nous consolez point ; contre tant d'infortune
La pitié parle en vain, la raison importune.
Nous avons en nos mains la fin de nos douleurs,

Et qui veut bien mourir peut braver les malheurs.
Nous pourrions aisément faire en votre présence
De notre désespoir une fausse constance;
Mais quand on peut sans honte être sans fermeté,
L'affecter au dehors, c'est une lâcheté ³³ :
L'usage d'un tel art nous le laissons aux hommes,
Et ne voulons passer que pour ce que nous sommes.
　　Nous ne demandons point qu'un courage si fort
S'abaisse, à notre exemple, à se plaindre du sort :
Recevez sans frémir ces mortelles alarmes ;
Voyez couler nos pleurs sans y mêler vos larmes ;
Enfin, pour toute grâce, en de tels déplaisirs,
Gardez votre constance et souffrez nos soupirs.

LE VIEIL HORACE.

Loin de blâmer les pleurs que je vous vois répandre,
Je crois faire beaucoup de m'en pouvoir défendre ³⁴,
Et céderois peut-être à de si rudes coups,
Si je prenois ici même intérêt que vous.
Non qu'Albe par son choix m'ait fait haïr vos frères,
Tous trois me sont encor des personnes bien chères ;
Mais enfin l'amitié n'est pas du même rang,
Et n'a point les effets de l'amour ni du sang ;
Je ne sens point pour eux la douleur qui tourmente
Sabine comme sœur, Camille comme amante :
Je puis les regarder comme nos ennemis,
Et donne sans regret mes souhaits à mes fils.
Ils sont, grâces aux dieux, dignes de leur patrie ;
Aucun étonnement n'a leur gloire flétrie,
Et j'ai vu leur honneur croître de la moitié,
Quand ils ont des deux camps refusé la pitié.
Si par quelque foiblesse ils l'avoient mendiée,
Si leur haute vertu ne l'eût répudiée,
Ma main bientôt sur eux m'eût vengé hautement ³⁵
De l'affront que m'eût fait ce mol consentement.
Mais lorsqu'en dépit d'eux on en a voulu d'autres,
Je ne le cèle point, j'ai joint mes vœux aux vôtres ;
Si le ciel pitoyable eût écouté ma voix
Albe seroit réduite à faire un autre choix ;
Nous pourrions voir tantôt triompher les Horaces
Sans voir leurs bras souillés du sang des Curiaces,
Et de l'événement d'un combat plus humain
Dépendroit maintenant l'honneur du nom romain.

La prudence des dieux autrement en dispose ;
Sur leur ordre éternel mon esprit se repose :
Il s'arme en ce besoin de générosité,
Et du bonheur public fait sa félicité.
Tâchez d'en faire autant pour soulager vos peines,
Et songez toutes deux que vous êtes Romaines :
Vous l'êtes devenue, et vous l'êtes encor ;
Un si glorieux titre est un digne trésor.
Un jour, un jour viendra que par toute la terre
Rome se fera craindre à l'égal du tonnerre,
Et que, tout l'univers tremblant dessous ses lois,
Ce grand nom deviendra l'ambition des rois :
Les dieux à notre Énée ont promis cette gloire [56].

SCÈNE VI.

Le vieil HORACE, SABINE, CAMILLE, JULIE

LE VIEIL HORACE.
Nous venez-vous, Julie, apprendre la victoire ?
JULIE.
Mais plutôt du combat les funestes effets.
Rome est sujette d'Albe, et vos fils sont défaits ;
Des trois les deux sont morts, son époux seul vous reste.
LE VIEIL HORACE.
O d'un triste combat effet vraiment funeste !
Rome est sujette d'Albe ! et, pour l'en garantir
Il n'a pas employé jusqu'au dernier soupir !
Non, non, cela n'est point, on vous trompe, Julie ;
Rome n'est pas sujette, ou mon fils est sans vie :
Je connois mieux mon sang, il sait mieux son devoir
JULIE.
Mille, de nos remparts, comme moi l'ont pu voir.
Il s'est fait admirer tant qu'ont duré ses frères ;
Mais, comme il s'est vu seul contre trois adversaires,
Près d'être enfermé d'eux, sa fuite l'a sauvé.
LE VIEIL HORACE.
Et nos soldats trahis ne l'ont point achevé !
Dans leurs rangs à ce lâche ils ont donné retraite !
JULIE.
Je n'ai rien voulu voir après cette défaite.

CAMILLE.

O mes frères !

LE VIEIL HORACE.

Tout beau, ne les pleurez pas tous ;
Deux jouissent d'un sort dont leur père est jaloux.
Que des plus nobles fleurs leur tombe soit couverte ;
La gloire de leur mort m'a payé de leur perte :
Ce bonheur a suivi leur courage invaincu [37],
Qu'ils ont vu Rome libre autant qu'ils ont vécu,
Et ne l'auront point vue obéir qu'à son prince [38],
Ni d'un État voisin devenir la province.
Pleurez l'autre, pleurez l'irréparable affront
Que sa fuite honteuse imprime à notre front ;
Pleurez le déshonneur de toute notre race,
Et l'opprobre éternel qu'il laisse au nom d'Horace.

JULIE.

Que vouliez-vous qu'il fît contre trois ?

LE VIEIL HORACE.

Qu'il mourût [39] !
Ou qu'un beau désespoir alors le secourût.
N'eût-il que d'un moment reculé sa défaite,
Rome eût été du moins un peu plus tard sujette
Il eût avec honneur laissé mes cheveux gris,
Et c'étoit de sa vie un assez digne prix.
Il est de tout son sang comptable à sa patrie,
Chaque goutte épargnée a sa gloire flétrie [40],
Chaque instant de sa vie, après ce lâche tour [41],
Met d'autant plus ma honte avec la sienne au jour.
J'en romprai bien le cours [42], et ma juste colère,
Contre un indigne fils usant des droits d'un père [43]
Saura bien faire voir, dans sa punition,
L'éclatant désaveu d'une telle action.

SABINE.

Écoutez un peu moins ces ardeurs généreuses,
Et ne nous rendez point tout à fait malheureuses.

LE VIEIL HORACE.

Sabine, votre cœur se console aisément,
Nos malheurs jusqu'ici vous touchent foiblement.
Vous n'avez point encor de part à nos misères,
Le ciel vous a sauvé votre époux et vos frères,
Si nous sommes sujets, c'est de votre pays :

Vos frères sont vainqueurs quand nous sommes trahis ;
Et voyant le haut point où leur gloire se monte,
Vous regardez fort peu ce qui nous vient de honte.
Mais votre trop d'amour pour cet infâme époux
Vous donnera bientôt à plaindre [44] comme à nous.
Vos pleurs en sa faveur sont de foibles défenses.
J'atteste des grands dieux les suprêmes puissances,
Qu'avant ce jour fini, ces mains, ces propres mains
Laveront dans mon sang la honte des Romains.

SABINE.

Suivons-le promptement, la colère l'emporte.
Dieux ! verrons-nous toujours des malheurs de la sorte [45] ?
Nous faudra-t-il toujours en craindre de plus grands,
Et toujours redouter la main de nos parents [46] ?

FIN DU TROISIÈME ACTE.

ACTE QUATRIÈME.

SCÈNE I.

Le vieil HORACE, CAMILLE.

LE VIEIL HORACE.
Ne me parlez jamais en faveur d'un infâme ;
Qu'il me fuie à l'égal des frères de sa femme :
Pour conserver un sang qu'il tient si précieux,
Il n'a rien fait encor s'il n'évite mes yeux.
Sabine y peut mettre ordre, ou derechef j'atteste
Le souverain pouvoir de la troupe céleste....
CAMILLE.
Ah ! mon père, prenez un plus doux sentiment :
Vous verrez Rome même en user autrement,
Et de quelque malheur que le ciel l'ait comblée,
Excuser la vertu sous le nombre accablée.
LE VIEIL HORACE.
Le jugement de Rome est peu pour mon regard[1],
Camille ; je suis père, et j'ai mes droits à part.
Je sais trop comme agit la vertu véritable :
C'est sans en triompher que le nombre l'accable,
Et sa mâle vigueur, toujours en même point,
Succombe sous la force, et ne lui cède point.
 aisez-vous, et sachons ce que nous veut Valère.

SCÈNE II.

Le vieil HORACE, VALÈRE, CAMILLE.

VALÈRE.
 nvoyé par le roi pour consoler un père,
Et pour lui témoigner....
LE VIEIL HORACE.
N'en prenez aucun soin :

C'est un soulagement dont je n'ai pas besoin ;
Et j'aime mieux voir morts que couverts d'infamie
Ceux que vient de m'ôter une main ennemie.
Tous deux pour leur pays sont morts en gens d'honneur
Il me suffit.
VALÈRE.
Mais l'autre est un rare bonheur ;
De tous les trois chez vous il doit tenir la place.
LE VIEIL HORACE.
Que n'a-t-on vu périr en lui le nom d'Horace !
VALÈRE.
Seul vous le maltraitez après ce qu'il a fait.
LE VIEIL HORACE.
C'est à moi seul aussi de punir son forfait.
VALÈRE.
Quel forfait trouvez-vous en sa bonne conduite ?
LE VIEIL HORACE.
Quel éclat de vertu trouvez-vous en sa fuite ?
VALÈRE.
La fuite est glorieuse en cette occasion.
LE VIEIL HORACE.
Vous redoublez ma honte et ma confusion.
Certes l'exemple est rare, et digne de mémoire,
De trouver dans la fuite un chemin à la gloire.
VALÈRE.
Quelle confusion, et quelle honte à vous
D'avoir produit un fils qui nous conserve tous,
Qui fait triompher Rome, et lui gagne un empire ?
A quels plus grands honneurs faut-il qu'un père aspire ?
LE VIEIL HORACE.
Quels honneurs, quel triomphe, et quel empire enfin,
Lorsque Albe sous ses lois range notre destin ?
VALÈRE.
Que parlez-vous ici d'Albe et de sa victoire ?
Ignorez-vous encor la moitié de l'histoire ?
LE VIEIL HORACE.
Je sais que par sa fuite il a trahi l'Etat.
VALÈRE.
Oui, s'il eût en fuyant terminé le combat ;

Mais on a bientôt vu qu'il ne fuyoit qu'en homme
Qui savoit ménager l'avantage de Rome.
LE VIEIL HORACE.
Quoi ! Rome donc triomphe ² ?
HORACE.
Apprenez, apprenez
La valeur de ce fils qu'à tort vous condamnez.
Resté seul contre trois, mais en cette aventure,
Tous trois étant blessés, et lui seul sans blessure,
Trop foible pour eux tous, trop fort pour chacun d'eux,
Il sait bien se tirer d'un pas si hasardeux ;
Il fuit pour mieux combattre, et cette prompte ruse
Divise adroitement trois frères qu'elle abuse.
Chacun le suit d'un pas ou plus ou moins pressé,
Selon qu'il se rencontre ou plus ou moins blessé ;
Leur ardeur est égale à poursuivre sa fuite,
Mais leurs coups³ inégaux séparent leur poursuite.
Horace les voyant l'un de l'autre écartés,
Se retourne, et déjà les croit demi-domptés :
Il attend le premier, et c'étoit votre gendre.
L'autre, tout indigné qu'il ait osé l'attendre,
En vain en l'attaquant fait paroître un grand cœur,
Le sang qu'il a perdu ralentit sa vigueur.
Albe à son tour commence à craindre un sort contraire ;
Elle crie au second qu'il secoure son frère :
Il se hâte et s'épuise en efforts superflus,
Il trouve en les joignant que son frère n'est plus.
CAMILLE.
Hélas !
VALÈRE.
Tout hors d'haleine il prend pourtant sa place,
Et redouble bientôt la victoire d'Horace :
Son courage sans force est un débile appui ;
Voulant venger son frère, il tombe auprès de lui.
L'air résonne des cris qu'au ciel chacun envoie ;
Albe en jette d'angoisse, et les Romains de joie⁴.
Comme notre héros se voit près d'achever,
C'est peu pour lui de vaincre, il veut encore braver ⁵ :
« J'en viens d'immoler deux aux mânes de mes frères ;
Rome aura le dernier de mes trois adversaires ;
C'est à ses intérêts que je vais l'immoler, »
Dit-il, et tout d'un temps on le voit y voler.

La victoire entre eux deux n'étoit pas incertaine ;
L'Albain, percé de coups, ne se traînoit qu'à peine,
Et, comme une victime aux marches de l'autel,
Il sembloit présenter sa gorge au coup mortel ;
Aussi le reçoit-il, peu s'en faut, sans défense ;
Et son trépas de Rome établit la puissance [6].

LE VIEIL HORACE.

O mon fils ! ô ma joie ! ô l'honneur de nos jours !
O d'un Etat penchant l'inespéré secours !
Vertu digne de Rome, et sang digne d'Horace !
Appui de ton pays, et gloire de ta race !
Quand pourrai-je étouffer dans tes embrassements
L'erreur dont j'ai formé de si faux sentiments ?
Quand pourra mon amour baigner avec tendresse
Ton front victorieux de larmes d'allégresse [7] ?

VALÈRE.

Vos caresses bientôt pourront se déployer ;
Le roi dans un moment vous le va renvoyer,
Et remet à demain la pompe qu'il prépare
D'un sacrifice aux dieux pour un bonheur si rare ;
Aujourd'hui seulement on s'acquitte vers eux
Par des chants de victoire et par de simples vœux,
C'est où le roi le mène [8] ; et tandis [9] il m'envoie
Faire office vers vous de douleur et de joie [10] ;
Mais cet office encor n'est pas assez pour lui ;
Il y viendra lui-même et peut-être aujourd'hui :
Il croit mal reconnoître une vertu si pure
Si de sa propre bouche il ne vous en assure,
S'il ne vous dit chez vous combien vous doit l'Etat.

LE VIEIL HORACE.

De tels remerciements ont pour moi trop d'éclat ;
Et je me tiens déjà trop payé par les vôtres
Du service d'un fils et du sang des deux autres.

VALÈRE.

Le roi ne sait que c'est d'honorer à demi [11] ;
Et son sceptre arraché des mains de l'ennemi
Fait qu'il tient cet honneur qu'il lui plaît de vous faire
Au-dessous du mérite, et du fils, et du père.
Je vais lui témoigner quels nobles sentiments
La vertu vous inspire en tous vos mouvements,
Et combien vous montrez d'ardeur pour son service.

LE VIEIL HORACE.
Je vous devrai beaucoup pour un si bon office.

SCÈNE III.

Le vieil HORACE, CAMILLE.

LE VIEIL HORACE.
Ma fille, il n'est plus temps de répandre des pleurs,
Il sied mal d'en verser où l'on voit tant d'honneurs :
On pleure injustement des pertes domestiques,
Quand on en voit sortir des victoires publiques.
Rome triomphe d'Albe, et c'est assez pour nous;
Tous nos maux à ce prix doivent nous être doux.
En la mort d'un amant vous ne perdrez qu'un homme
Dont la perte est aisée à réparer dans Rome;
Après cette victoire, il n'est point de Romain
Qui ne soit glorieux de vous donner la main.
Il me faut à Sabine en porter la nouvelle :
Ce coup sera sans doute assez rude pour elle,
Et ses trois frères morts par la main d'un époux
Lui donneront des pleurs bien plus justes qu'à vous[1]
Mais j'espère aisément en dissiper l'orage,
Et qu'un peu de prudence aidant son grand courage
Fera bientôt régner sur un si noble cœur
Le généreux amour qu'elle doit au vainqueur.
Cependant étouffez cette lâche tristesse ;
Recevez-le, s'il vient, avec moins de foiblesse,
Faites-vous voir sa sœur, et qu'en un même flanc
Le ciel vous a tous deux formés d'un même sang [15].

SCÈNE IV.

CAMILLE.

Oui, je lui ferai voir par d'infaillibles marques
Qu'un véritable amour brave la main des Parques[1]
Et ne prend point de lois de ces cruels tyrans
Qu'un astre injurieux nous donne pour parents.
Tu blâmes ma douleur, tu l'oses nommer lâche,
Je l'aime d'autant plus que plus elle te fâche,

ACTE IV, SCÈNE IV.

Impitoyable père, et par un juste effort
Je la veux rendre égale aux rigueurs de mon sort [15].
 En vit-on jamais un dont les rudes traverses
Prissent en moins de rien tant de faces diverses [16]?
Qui fût doux tant de fois, et tant de fois cruel,
Et portât tant de coups avant le coup mortel ?
Vit-on jamais une âme en un jour plus atteinte
De joie et de douleur, d'espérance et de crainte,
Asservie en esclave à plus d'événements,
Et le piteux jouet de plus de changements ?
Un oracle m'assure [17]; un songe me travaille,
La paix calme l'effroi que me fait la bataille :
Mon hymen se prépare; et, presque en un moment,
Pour combattre mon frère on choisit mon amant [18];
Ce choix me désespère, et tous le désavouent,
La partie est rompue, et les dieux la renouent;
Rome semble vaincue, et seul des trois Albains
Curiace en mon sang n'a point trempé ses mains.
O dieux ! sentois-je alors des douleurs trop légères
Pour le malheur de Rome et la mort de deux frères ?
Et me flattois-je trop quand je croyois pouvoir
L'aimer encor sans crime et nourrir quelque espoir ?
Sa mort m'en punit bien, et la façon cruelle
Dont mon âme éperdue en reçoit la nouvelle ;
Son rival me l'apprend, et faisant à mes yeux
D'un si triste succès le récit odieux,
Il porte sur le front une allégresse ouverte,
Que le bonheur public fait bien moins que ma perte
Et bâtissant en l'air [19] sur le malheur d'autrui,
Aussi bien que mon frère il triomphe de lui.
Mais ce n'est rien encore au prix de ce qui reste :
On demande ma joie en un jour si funeste;
Il me faut applaudir aux exploits du vainqueur,
Et baiser une main qui me perce le cœur.
En un sujet de pleurs si grand, si légitime,
Se plaindre est une honte, et soupirer, un crime :
Leur brutale vertu veut qu'on s'estime heureux,
Et si l'on n'est barbare on n'est point généreux.
 Dégénérons, mon cœur, d'un si vertueux père [20];
Soyons indigne sœur d'un si généreux frère :
C'est gloire de passer pour un cœur abattu,
Quand la brutalité fait la haute vertu.

Éclatez, mes douleurs; à quoi bon vous contraindre?
Quand on a tout perdu, que sauroit-on plus craindre?
Pour ce cruel vainqueur n'ayez point de respect,
Loin d'éviter ses yeux, croissez à son aspect,
Offensez sa victoire, irritez sa colère,
Et prenez, s'il se peut, plaisir à lui déplaire.
Il vient, préparons-nous à montrer constamment
Ce que doit une amante à la mort d'un amant.

SCÈNE V.

HORACE, CAMILLE; PROCULE, portant en main les trois épées des Curiaces.

HORACE.
Ma sœur, voici le bras qui venge nos deux frères,
Le bras qui rompt le cours de nos destins contraires,
Qui nous rend maîtres d'Albe, enfin voici le bras
Qui seul fait aujourd'hui le sort de deux Etats.
Vois ces marques d'honneur, ces témoins de ma gloire,
Et rends ce que tu dois à l'heur de ma victoire.

CAMILLE.
Recevez donc mes pleurs; c'est ce que je lui dois.

HORACE.
Rome n'en veut point voir après de tels exploits,
Et nos deux frères morts dans le malheur des armes
Sont trop payés de sang pour exiger des larmes :
Quand la perte est vengée, on n'a plus rien perdu.

CAMILLE.
Puisqu'ils sont satisfaits par le sang épandu,
Je cesserai pour eux de paraître affligée,
Et j'oublierai leur mort que vous avez vengée.
Mais qui me vengera de celle d'un amant,
Pour me faire oublier sa perte en un moment?

HORACE.
Que dis-tu, malheureuse?

CAMILLE.
        O mon cher Curiace !

HORACE.
O d'une indigne sœur insupportable audace [21]!
D'un ennemi public dont je reviens vainqueur,
Le nom est dans ta bouche, et l'amour dans ton cœur

Ton ardeur criminelle à la vengeance aspire,
Ta bouche la demande, et ton cœur la respire[23] !
Suis moins ta passion, règle mieux tes désirs,
Ne me fais plus rougir d'entendre tes soupirs :
Tes flammes désormais doivent être étouffées,
Bannis-les de ton âme, et songe à mes trophées ;
Qu'ils soient dorénavant ton unique entretien.

CAMILLE.

Donne-moi donc, barbare, un cœur comme le tien :
Et, si tu veux enfin que je t'ouvre mon âme,
Rends-moi mon Curiace, ou laisse agir ma flamme.
Ma joie et mes douleurs dépendoient de son sort,
Je l'adorois vivant, et je le pleure mort.
 Ne cherche plus ta sœur où tu l'avois laissée,
Tu ne revois en moi qu'une amante offensée,
Qui comme une Furie attachée à tes pas
Te veut incessamment reprocher son trépas.
Tigre altéré de sang, qui me défends les larmes[24],
Qui veux que dans sa mort je trouve encor des charmes
Et que jusques au ciel élevant tes exploits
Moi-même je le tue une seconde fois !
Puissent tant de malheurs accompagner ta vie,
Que tu tombes au point de me porter envie !
Et toi bientôt souiller par quelque lâcheté
Cette gloire si chère à ta brutalité !

HORACE.

O ciel ! qui vit jamais une pareille rage[25] !
Crois-tu donc que je sois insensible à l'outrage,
Que je souffre en mon sang ce mortel déshonneur?
Aime, aime cette mort qui fait notre bonheur ;
Et préfère du moins au souvenir d'un homme
Ce que doit ta naissance aux intérêts de Rome.

CAMILLE.

Rome, l'unique objet de mon ressentiment[26] !
Rome, à qui vient ton bras d'immoler mon amant !
Rome qui t'a vu naître, et que ton cœur adore !
Rome enfin que je hais parce qu'elle t'honore !
Puissent tous ses voisins ensemble conjurés
Saper ses fondements encor mal assurés !
Et, si ce n'est assez de toute l'Italie
Que l'Orient contre elle à l'Occident s'allie ;
Que cent peuples unis des bouts de l'univers

Passent pour la détruire et les monts et les mers!
Qu'elle-même sur soi renverse ses murailles,
Et de ses propres mains déchire ses entraille
Que le courroux du ciel allumé par mes vœux
Fasse pleuvoir sur elle un déluge de feux!
Puissé-je de mes yeux y voir tomber ce foudre,
Voir ses maisons en cendre, et tes lauriers en poudre,
Voir le dernier Romain à son dernier soupir,
Moi seule en être cause, et mourir de plaisir!

HORACE, mettant l'épée à la main, et poursuivant sa sœur qui s'enfuit.

C'est trop, ma patience à la raison fait place.
Va dedans les enfers plaindre ton Curiace [27]!

CAMILLE, blessée, derrière le théâtre.

Ah! traître!

HORACE, revenant sur le théâtre.

Ainsi reçoive un châtiment soudain
Quiconque ose pleurer un ennemi romain [28]!

SCÈNE VI.

HORACE, PROCULE.

PROCULE.

Que venez-vous de faire?

HORACE.

Un acte de justice.
Un semblable forfait veut un pareil supplice.

PROCULE.

Vous deviez la traiter avec moins de rigueur.

HORACE.

Ne me dis point qu'elle est et mon sang et ma sœur.
Mon père ne peut plus l'avouer pour sa fille :
Qui maudit son pays renonce à sa famille;
Des noms si pleins d'amour ne lui sont plus permis;
De ses plus chers parents il fait ses ennemis,
Le sang même les arme en haine de son crime.
La plus prompte vengeance en est plus légitime;
Et ce souhait impie, encore qu'impuissant,
Est un monstre qu'il faut étouffer en naissant.

SCÈNE VII.

HORACE, SABINE, PROCULE.

SABINE.

A quoi s'arrête ici ton illustre colère[29] ?
Viens voir mourir ta sœur dans les bras de ton père,
Viens repaître tes yeux d'un spectacle si doux :
Ou si tu n'es point las de ces généreux coups,
Immole au cher pays des vertueux Horaces
Ce reste malheureux du sang des Curiaces.
Si prodigue du tien, n'épargne pas le leur.
Joins Sabine à Camille, et ta femme à ta sœur.
Nos crimes sont pareils ainsi que nos misères,
Je soupire comme elle, et déplore mes frères,
Plus coupable en ce point contre tes dures lois,
Qu'elle n'en pleuroit qu'un, et que j'en pleure trois :
Qu'après son châtiment ma faute continue.

HORACE.

Sèche tes pleurs, Sabine, ou les cache à ma vue,
Rends-toi digne du nom de ma chaste moitié,
Et ne m'accable point d'une indigne pitié.
Si l'absolu pouvoir d'une pudique flamme
Ne nous laisse à tous deux qu'un penser et qu'une âme,
C'est à toi d'élever tes sentiments aux miens,
Non à moi de descendre à la honte des tiens.
Je t'aime, et je connois la douleur qui te presse;
Embrasse ma vertu pour vaincre ta foiblesse,
Participe à ma gloire au lieu de la souiller,
Tâche à t'en revêtir, non à m'en dépouiller.
Es-tu de mon honneur si mortelle ennemie,
Que je te plaise mieux couvert d'une infamie?
Sois plus femme que sœur, et, te réglant sur moi,
Fais-toi de mon exemple une immuable loi.

SABINE.

Cherche pour t'imiter des âmes plus parfaites :
Je ne t'impute point les pertes que j'ai faites,
J'en ai les sentiments que je dois en avoir,
Et je m'en prends au sort plutôt qu'à ton devoir.
Mais enfin je renonce à la vertu romaine[30],
Si pour la posséder je dois être inhumaine,

Et ne puis voir en moi la femme du vainqueur
Sans y voir des vaincus la déplorable sœur.
　Prenons part en public aux victoires publiques,
Pleurons dans la maison nos malheurs domestiques,
Et ne regardons point des biens communs à tous,
Quand nous voyons des maux qui ne sont que pour nous.
Pourquoi veux-tu, cruel, agir d'une autre sorte?
Laisse en entrant ici tes lauriers à la porte,
Mêle tes pleurs aux miens. Quoi! ces lâches discours
N'arment point ta vertu contre mes tristes jours?
Mon crime redoublé n'émeut point ta colère?
Que Camille est heureuse! elle a pu te déplaire;
Elle a reçu de toi ce qu'elle a prétendu,
Et recouvre là-bas tout ce qu'elle a perdu.
Cher époux, cher auteur du tourment qui me presse [31],
Ecoute la pitié, si ta colère cesse,
Exerce l'une ou l'autre après de tels malheurs,
A punir ma foiblesse, ou finir mes douleurs :
Je demande la mort pour grâce, ou pour supplice,
Qu'elle soit un effet d'amour, ou de justice,
N'importe, tous ses traits n'auront rien que de doux
Si je les vois partir de la main d'un époux.

HORACE.

Quelle injustice aux dieux d'abandonner aux femmes
Un empire si grand sur les plus belles âmes,
Et de se plaire à voir de si foibles vainqueurs
Régner si puissamment sur les plus nobles cœurs!
A quel point ma vertu devient-elle réduite [32]!
Rien ne la sauroit plus garantir que la fuite [33].
Adieu, ne me suis point, ou retiens tes soupirs.

SABINE, seule.

O colère, ô pitié! sourdes à mes désirs
Vous négligez mon crime, et ma douleur vous lasse,
Et je n'obtiens de vous ni supplice ni grâce.
Allons-y par nos pleurs faire encore un effort;
Et n'employons après que nous à notre mort.

FIN DU QUATRIÈME ACTE.

ACTE CINQUIÈME[1].

SCÈNE I.
LE VIEIL HORACE, HORACE.

LE VIEIL HORACE.
Retirons nos regards de cet objet funeste
Pour admirer ici le jugement céleste.
Quand la gloire nous enfle, il sait bien comme il faut
Confondre notre orgueil qui s'élève trop haut :
Nos plaisirs les plus doux ne vont pas sans tristesse[2] ;
Il mêle à nos vertus des marques de foiblesse,
Et rarement accorde à notre ambition
L'entier et pur honneur d'une bonne action.
Je ne plains point Camille, elle étoit criminelle,
Je me tiens plus à plaindre, et je te plains plus qu'elle:
Moi, d'avoir mis au jour un cœur si peu romain,
Toi, d'avoir par sa mort déshonoré ta main.
Je ne la trouve point injuste, ni trop prompte,
Mais tu pouvois, mon fils, t'en épargner la honte;
Son crime, quoique énorme et digne du trépas,
Etoit mieux impuni que puni par ton bras.

HORACE.
Disposez de mon sang, les lois vous en font maître,
J'ai cru devoir le sien aux lieux qui m'ont vu naître :
Si dans vos sentiments mon zèle est criminel,
S'il m'en faut recevoir un reproche éternel,
Si ma main en devient honteuse et profanée[3],
Vous pouvez d'un seul mot trancher ma destinée.
Reprenez tout ce sang de qui ma lâcheté
A si brutalement souillé la pureté ;
Ma main n'a pu souffrir de crime en votre race,
Ne souffrez point de tache en la maison d'Horace.
C'est en ces actions dont l'honneur est blessé[4]
Qu'un père tel que vous se montre intéressé :

Son amour doit se taire où toute excuse est nulle
Lui-même il y prend part lorsqu'il les dissimule,
Et de sa propre gloire il fait trop peu de cas
Quand il ne punit point ce qu'il n'approuve pas.

LE VIEIL HORACE.

Il n'use pas toujours d'une rigueur extrême,
Il épargne ses fils bien souvent pour soi-même,
Sa vieillesse sur eux aime à se soutenir,
Et ne les punit point, de peur de se punir.
Je te vois d'un autre œil que tu ne te regardes [5],
Je sais.... Mais le roi vient, je vois entrer ses gardes.

SCÈNE II.

TULLE, VALÈRE, LE VIEIL HORACE, HORACE,
TROUPE DE GARDES.

LE VIEIL HORACE.

Ah! sire, un tel honneur a trop d'excès pour moi,
Ce n'est point en ce lieu que je dois voir mon roi,
Permettez qu'à genoux....

TULLE.

Non, levez-vous, mon père,
Je fais ce qu'en ma place un bon prince doit faire.
Un si rare service et si fort important
Veut l'honneur le plus rare et le plus éclatant :

Montrant Valère.

Vous en aviez déjà sa parole pour gage,
Je ne l'ai pas voulu différer davantage.
J'ai su par son rapport, et je n'en doutois pas,
Comme de vos deux fils vous portez le trépas [6],
Et que déjà votre âme étant trop résolue,
Ma consolation vous seroit superflue;
Mais je viens de savoir quel étrange malheur
D'un fils victorieux a suivi la valeur,
Et que son trop d'amour pour la cause publique,
Par ses mains à son père ôte une fille unique.
Ce coup est un peu rude à l'esprit le plus fort,
Et je doute comment vous portez cette mort.

LE VIEIL HORACE.

Sire, avec déplaisir, mais avec patience.

TULLE.

C'est l'effet vertueux de votre expérience.
Beaucoup par un long âge ont appris comme vous
Que le malheur succède au bonheur le plus doux :
Peu savent comme vous s'appliquer ce remède,
Et dans leur intérêt [7] toute leur vertu cède.
Si vous pouvez trouver dans ma compassion
Quelque soulagement pour votre affliction,
Ainsi que votre mal sachez qu'elle est extrême,
Et que je vous en plains autant que je vous aime.

VALÈRE.

Sire, puisque le ciel entre la main des rois
Dépose sa justice et la force des lois,
Et que l'Etat demande aux princes légitimes
Des prix pour les vertus, des peines pour les crimes,
Souffrez qu'un bon sujet vous fasse souvenir
Que vous plaignez beaucoup ce qu'il vous faut punir [8];
Souffrez...

LE VIEIL HORACE.

Quoi ! qu'on envoie un vainqueur au supplice ?

TULLE.

Permettez qu'il achève, et je ferai justice :
J'aime à la rendre à tous, à toute heure, en tout lieu ;
C'est par elle qu'un roi se fait un demi-dieu,
Et c'est dont je vous plains [9], qu'après un tel service
On puisse contre lui me demander justice [10].

VALÈRE.

Souffrez donc, ô grand roi, le plus juste des rois,
Que tous les gens de bien vous parlent par ma voix.
Non que nos cœurs jaloux de ses honneurs s'irritent;
S'il en reçoit beaucoup, ses hauts faits les méritent;
Ajoutez-y plutôt que d'en diminuer :
Nous sommes tous encor prêts d'y contribuer.
Mais puisque d'un tel crime il s'est montré capable,
Qu'il triomphe en vainqueur et périsse en coupable.
Arrêtez sa fureur, et sauvez de ses mains,
Si vous voulez régner, le reste des Romains :
Il y va de la perte, ou du salut du reste [11].
  La guerre avoit un cours si sanglant, si funeste,
Et les nœuds de l'hymen, durant nos bons destins,
Ont tant de fois uni des peuples si voisins,

Qu'il est peu de Romains que le parti contraire
N'intéresse en la mort d'un gendre ou d'un beau-frère,
Et qui ne soient forcés de donner quelques pleurs,
Dans le bonheur public, à leurs propres malheurs.
Si c'est offenser Rome, et que l'heur de ses armes
L'autorise à punir ce crime de nos larmes,
Quel sang épargnera ce barbare vainqueur,
Qui ne pardonne pas à celui de sa sœur,
Et ne peut excuser cette douleur pressante
Que la mort d'un amant jette au cœur d'une amante,
Quand, près d'être éclairés du nuptial flambeau,
Elle voit avec lui son espoir au tombeau ?
Faisant triompher Rome, il se l'est asservie ;
Il a sur nous un droit et de mort et de vie,
Et nos jours criminels ne pourront plus durer
Qu'autant qu'à sa clémence il plaira l'endurer.
  Je pourrois ajouter aux intérêts de Rome
Combien un pareil coup est indigne d'un homme ;
Je pourrois demander qu'on mît devant vos yeux
Ce grand et rare exploit d'un bras victorieux.
Vous verriez un beau sang, pour accuser sa rage,
D'un frère si cruel rejaillir au visage [12] ;
Vous verriez des horreurs qu'on ne peut concevoir ;
Son âge et sa beauté vous pourroient émouvoir :
Mais je hais ces moyens qui sentent l'artifice.
Vous avez à demain remis le sacrifice,
Pensez-vous que les dieux, vengeurs des innocents,
D'une main parricide acceptent de l'encens ?
Sur vous ce sacrilége attireroit sa peine ;
Ne la considérez qu'en objet de leur haine,
Et croyez avec nous qu'en tous ces trois combats
Le bon destin de Rome a plus fait que son bras,
Puisque ces mêmes dieux auteurs de sa victoire
Ont permis qu'aussitôt il en souillât la gloire,
Et qu'un si grand courage, après ce noble effort,
Fût digne en même jour de triomphe et de mort.
Sire, c'est ce qu'il faut que votre arrêt décide ;
En ce lieu Rome a vu le premier parricide [13],
La suite en est à craindre, et la haine des cieux ;
Sauvez-nous de sa main, et redoutez les dieux.

TULLE.

Défendez-vous, Horace.

HORACE.
                    A quoi bon me défendre ?
Vous savez l'action, vous la venez d'entendre,
Ce que vous en croyez me doit être une loi.
   Sire, on se défend mal contre l'avis d'un roi,
Et le plus innocent devient souvent coupable
Quand aux yeux de son prince il paroît condamnable.
C'est crime qu'envers lui se vouloir excuser,
Notre sang est son bien, il en peut disposer;
Et c'est à nous de croire, alors qu'il en dispose,
Qu'il ne s'en prive point sans une juste cause.
Sire, prononcez donc, je suis prêt d'obéir;
D'autres aiment la vie, et je la dois haïr.
Je ne reproche point à l'ardeur de Valère
Qu'en amant de la sœur il accuse le frère :
Mes vœux avec les siens conspirent aujourd'hui;
Il demande ma mort, je la veux comme lui.
Un seul point entre nous met cette différence,
Que mon honneur par là cherche son assurance,
Et qu'à ce même but nous voulons arriver,
Lui, pour flétrir ma gloire, et moi, pour la sauver.
   Sire, c'est rarement qu'il s'offre une matière
A montrer d'un grand cœur la vertu tout entière [14];
Suivant l'occasion elle agit plus ou moins,
Et paroît forte, ou foible, aux yeux de ses témoins.
Le peuple, qui voit tout seulement par l'écorce,
S'attache à son effet pour juger de sa force;
Il veut que ses dehors gardent un même cours,
Qu'ayant fait un miracle, elle en fasse toujours.
Après une action pleine, haute, éclatante,
Tout ce qui brille moins remplit mal son attente :
Il veut qu'on soit égal en tout temps, en tous lieux;
Il n'examine point si lors on pouvoit mieux,
Ni que s'il ne voit pas sans cesse une merveille,
L'occasion est moindre, et la vertu pareille;
Son injustice accable et détruit les grands noms,
L'honneur des premiers faits se perd par les seconds;
Et quand la renommée a passé l'ordinaire,
Si l'on n'en veut déchoir, il faut ne plus rien faire.
   Je ne vanterai point les exploits de mon bras;
Votre majesté, sire, a vu mes trois combats;
Il est bien malaisé qu'un pareil les seconde,

Qu'une autre occasion à celle-ci réponde,
Et que tout mon courage, après de si grands coups,
Parvienne à des succès qui n'aillent au-dessous ;
Si bien que, pour laisser une illustre mémoire,
La mort seule aujourd'hui peut conserver ma gloire.
Encor la falloit-il sitôt que j'eus vaincu,
Puisque pour mon honneur j'ai déjà trop vécu :
Un homme tel que moi voit sa gloire ternie,
Quand il tombe en péril de quelque ignominie,
Et ma main auroit su déjà m'en garantir :
Mais sans votre congé, mon sang n'ose sortir [15] ;
Comme il vous appartient, votre aveu doit se prendre,
C'est vous le dérober qu'autrement le répandre.
Rome ne manque point de généreux guerriers ;
Assez d'autres sans moi soutiendront vos lauriers [16]
Que votre majesté désormais m'en dispense :
Et si ce que j'ai fait vaut quelque récompense,
Permettez, ô grand roi, que de ce bras vainqueur
Je m'immole à ma gloire, et non pas à ma sœur.

SCÈNE III.

TULLE, VALERE, LE VIEIL HORACE, HORACE, SABINE.

SABINE.

Sire, écoutez Sabine, et voyez dans son âme
Les douleurs d'une sœur, et celles d'une femme,
Qui, toute désolée à vos sacrés genoux,
Pleure pour sa famille et craint pour son époux.
Ce n'est pas que je veuille avec cet artifice
Dérober un coupable au bras de la justice ;
Quoi qu'il ait fait pour vous, traitez-le comme tel,
Et punissez en moi ce noble criminel ;
De mon sang malheureux expiez tout son crime,
Vous ne changerez point pour cela de victime,
Ce n'en sera point prendre une injuste pitié,
Mais en sacrifier la plus chère moitié.
Les nœuds de l'hyménée et son amour extrême
Font qu'il vit plus en moi qu'il ne vit en lui-même ;
Et si vous m'accordez de mourir aujourd'hui,
Il mourra plus en moi, qu'il ne mourroit en lui [1].
La mort que je demande, et qu'il faut que j'obtienne

Augmentera sa peine, et finira la mienne.
Sire, voyez l'excès de mes tristes ennuis,
Et l'effroyable état où mes jours sont réduits.
Quelle horreur d'embrasser un homme dont l'épée
De toute ma famille a la trame coupée !
Et quelle impiété de haïr un époux
Pour avoir bien servi les siens, l'État, et vous !
Aimer un bras souillé du sang de tous mes frères !
N'aimer pas un mari qui finit nos misères !
Sire, délivrez-moi, par un heureux trépas,
Des crimes de l'aimer, et de ne l'aimer pas.
J'en nommerai l'arrêt une faveur bien grande :
Ma main peut me donner ce que je vous demande,
Mais ce trépas enfin me sera bien plus doux,
Si je puis de sa honte affranchir mon époux,
Si je puis par mon sang apaiser la colère
Des dieux qu'a pu fâcher sa vertu trop sévère,
Satisfaire en mourant aux mânes de sa sœur [18],
Et conserver à Rome un si bon défenseur.

LE VIEIL HORACE.

Sire, c'est donc à moi de répondre à Valère :
Mes enfants avec lui conspirent contre un père,
Tous trois veulent me perdre, et s'arment sans raison
Contre si peu de sang qui reste en ma maison.

A Sabine.

Toi qui, par des douleurs à ton devoir contraires,
Veux quitter un mari pour rejoindre tes frères,
Va plutôt consulter leurs mânes généreux ;
Ils sont morts, mais pour Albe, et s'en tiennent heureux.
Puisque le ciel vouloit qu'elle fût asservie,
Si quelque sentiment demeure après la vie,
Ce malheur semble moindre, et moins rudes ses coups,
Voyant que tout l'honneur en retombe sur nous.
Tous trois désavoueront la douleur qui te touche,
Les larmes de tes yeux, les soupirs de ta bouche,
L'horreur que tu fais voir d'un mari vertueux [19].
Sabine, sois leur sœur, suis ton devoir comme eux.

Au roi.

Contre ce cher époux Valère en vain s'anime :
Un premier mouvement ne fut jamais un crime,
Et la louange est due au lieu du châtiment
Quand la vertu produit ce premier mouvement.

Aimer nos ennemis avec idolâtrie,
De rage en leur trépas maudire la patrie,
Souhaiter à l'Etat un malheur infini,
C'est ce qu'on nomme crime, et ce qu'il a puni.
Le seul amour de Rome a sa main animée,
Il seroit innocent s'il l'avoit moins aimée.
Qu'ai-je dit, sire? il l'est, et ce bras paternel
L'auroit déjà puni s'il étoit criminel,
J'aurois su mieux user de l'entière puissance
Que me donnent sur lui les droits de la naissance [20];
J'aime trop l'honneur, sire, et ne suis point de rang
A souffrir ni d'affront, ni de crime en mon sang.
C'est dont [21] je ne veux point de témoin que Valère;
Il a vu quel accueil lui gardoit ma colère,
Lorsque ignorant encor la moitié du combat
Je croyois que sa fuite avoit trahi l'Etat.
Qui le fait se charger des soins de ma famille?
Qui le fait, malgré moi, vouloir venger ma fille [22]?
Et par quelle raison, dans son juste trépas,
Prend-il un intérêt qu'un père ne prend pas?
On craint qu'après sa sœur il n'en maltraite d'autres!
Sire, nous n'avons part qu'à la honte des nôtres,
Et, de quelque façon qu'un autre puisse agir,
Qui ne nous touche point ne nous fait point rougir.

A Valère.

Tu peux pleurer, Valère, et même aux yeux d'Horace;
Il ne prend intérêt qu'aux crimes de sa race :
Qui n'est point de son sang ne peut faire d'affront
Aux lauriers immortels qui lui ceignent le front.
Lauriers, sacrés rameaux qu'on veut réduire en poudre,
Vous qui mettez sa tête à couvert de la foudre [23],
L'abandonnerez-vous à l'infâme couteau
Qui fait choir les méchants sous la main d'un bourreau?
Romains, souffrirez-vous qu'on vous immole un homme
Sans qui Rome aujourd'hui cesseroit d'être Rome,
Et qu'un Romain s'efforce à tacher le renom
D'un guerrier à qui tous doivent un si beau nom?
Dis, Valère, dis-nous, si tu veux qu'il périsse,
Où tu penses choisir un lieu pour son supplice :
Sera-ce entre ces murs que mille et mille voix
Font résonner encor du bruit de ses exploits?
Sera-ce hors des murs, au milieu de ces places

Qu'on voit fumer encor du sang des Curiaces ;
Entre leurs trois tombeaux, et dans ce champ d'honneur
Témoin de sa vaillance et de notre bonheur ?
Tu ne saurois cacher sa peine à sa victoire :
Dans les murs, hors des murs, tout parle de sa gloire ;
Tout s'oppose à l'effort de ton injuste amour,
Qui veut d'un si beau sang souiller un si beau jour.
Albe ne pourra pas souffrir un tel spectacle,
Et Rome par ses pleurs y mettra trop d'obstacle [24].
  Vous les préviendrez, sire ; et par un juste arrêt
Vous saurez embrasser bien mieux son intérêt.
Ce qu'il a fait pour elle, il peut encor le faire ;
Il peut la garantir encor d'un sort contraire.
Sire, ne donnez rien à mes débiles ans :
Rome aujourd'hui m'a vu père de quatre enfants ;
Trois en ce même jour sont morts pour sa querelle
Il m'en reste encore un, conservez-le pour elle [25] :
N'ôtez pas à ses murs un si puissant appui,
Et souffrez, pour finir, que je m'adresse à lui.
  Horace, ne crois pas que le peuple stupide
Soit le maître absolu d'un renom bien solide.
Sa voix tumultueuse assez souvent fait bruit ;
Mais un moment l'élève, un moment le détruit ;
Et ce qu'il contribue à notre renommée,
Toujours en moins de rien se dissipe en fumée.
C'est aux rois, c'est aux grands, c'est aux esprits bien faits [26],
A voir la vertu pleine en ses moindres effets ;
C'est d'eux seuls qu'on reçoit la véritable gloire,
Eux seuls des vrais héros assurent la mémoire.
Vis toujours en Horace, et toujours auprès d'eux
Ton nom demeurera grand, illustre, fameux,
Bien que l'occasion, moins haute ou moins brillante,
D'un vulgaire ignorant trompe l'injuste attente.
Ne hais donc plus la vie, et du moins vis pour moi
Et pour servir encor ton pays et ton roi.
  Sire, j'en ai trop dit : mais l'affaire vous touche ;
Et Rome tout entière a parlé par ma bouche.

VALÈRE.

Sire, permettez-moi...

TULLE.

    Valère, c'est assez ;
Vos discours par les leurs ne sont pas effacés :

J'en garde en mon esprit les forces plus pressantes [27],
Et toutes vos raisons me sont encor présentes.
Cette énorme action, faite presque à nos yeux,
Outrage la nature, et blesse jusqu'aux dieux.
Un premier mouvement qui produit un tel crime
Ne sauroit lui servir d'excuse légitime :
Les moins sévères lois en ce point sont d'accord;
Et si nous les suivons, il est digne de mort.
Si d'ailleurs nous voulons regarder le coupable,
Ce crime, quoique grand, énorme, inexcusable,
Vient de la même épée, et part du même bras
Qui me fait aujourd'hui maître de deux États.
Deux sceptres en ma main, Albe à Rome asservie,
Parlent bien hautement en faveur de sa vie [28] :
Sans lui, j'obéirois où je donne la loi,
Et je serois sujet où je suis deux fois roi.
Assez de bons sujets dans toutes les provinces
Par des vœux impuissants s'acquittent vers leurs princes;
Tous les peuvent aimer : mais tous ne peuvent pas
Par d'illustres effets assurer leurs Etats;
Et l'art et le pouvoir d'affermir des couronnes
Sont des dons que le ciel fait à peu de personnes [29].
De pareils serviteurs sont les forces des rois,
Et de pareils aussi sont au-dessus des lois.
Qu'elles se taisent donc; que Rome dissimule
Ce que dès sa naissance elle vit en Romule [30];
Elle peut bien souffrir en son libérateur
Ce qu'elle a bien souffert en son premier auteur.
Vis donc, Horace, vis, guerrier trop magnanime;
Ta vertu met ta gloire au-dessus de ton crime [31] :
Sa chaleur généreuse a produit ton forfait;
D'une cause si belle il faut souffrir l'effet.
Vis pour servir l'Etat; vis, mais aime Valère :
Qu'il ne reste entre vous ni haine ni colère;
Et, soit qu'il ait suivi l'amour ou le devoir,
Sans aucun sentiment [32] résous-toi de le voir.
Sabine, écoutez moins la douleur qui vous presse;
Chassez de ce grand cœur ces marques de foiblesse :
C'est en séchant vos pleurs que vous vous montrerez
La véritable sœur de ceux que vous pleurez.

Mais nous devons aux dieux demain un sacrifice;
Et nous aurions le ciel à nos vœux mal propice [33]

Si nos prêtres, avant que de sacrifier,
Ne trouvoient les moyens de le purifier [54].
Son père en prendra soin : il lui sera facile
D'apaiser tout d'un temps les mânes de Camille.
Je la plains; et pour rendre à son sort rigoureux
Ce que peut souhaiter son esprit amoureux,
Puisqu'en un même jour l'ardeur d'un même zèle
Achève le destin de son amant et d'elle,
Je veux qu'un même jour, témoin de leurs deux morts,
En un même tombeau voie enfermer leurs corps.

SCÈNE IV [35].

JULIE, seule.

Camille, ainsi le ciel t'avoit bien avertie
Des tragiques succès [36] qu'il t'avoit préparés;
Mais toujours du secret il cache une partie
Aux esprits les plus nets et les plus éclairés.
Il sembloit nous parler de ton proche hyménée,
Il sembloit tout promettre à tes vœux innocents;
Et nous cachant ainsi ta mort inopinée,
Sa voix n'est que trop vraie en trompant notre sens.
« Albe et Rome aujourd'hui prennent une autre face.
Tes vœux sont exaucés; elles goûtent la paix;
Et tu vas être unie avec ton Curiace,
Sans qu'aucun mauvais sort t'en sépare jamais. »

FIN DU CINQUIÈME ACTE.

NOTES.

ACTE PREMIER (p. 101).

1. « Corneille, dans l'examen d'*Horace*, dit que le personnage de Sabine est heureusement inventé, mais qu'il ne sert pas plus à l'action que l'*Infante* à celle du *Cid*. Il est vrai que ce rôle n'est pas nécessaire à la pièce, mais j'ose ici être moins sévère que Corneille ; ce rôle est du moins incorporé à la tragédie : c'est une femme qui tremble pour son mari et pour ses frères. Elle ne cause aucun événement, il est vrai : c'est un défaut sur un théâtre aussi perfectionné que le nôtre, mais elle prend part à tous les événements, et c'est beaucoup pour un temps où l'art commençoit à naître. Observez que ce personnage débite souvent de très-beaux vers, et qu'il fait l'exposition du sujet d'une manière très-intéressante et très-noble. »
(VOLTAIRE.)

2. *Ne peut rien sur mes larmes*. Ne peut me forcer à pleurer.

3. *Quand on arrête là* n'est pas, comme le prétend Voltaire, une expression de comédie ; elle est simple, et non sans noblesse.

4. Correction heureuse d'un vers dont le souvenir a été conservé par le ridicule. Il y avoit primitivement :

Je suis Romaine, hélas ! puisque *mon époux l'est*.
L'hymen me fait de Rome embrasser l'intérêt.

5. *Respirer le jour* est une figure hasardée dont la hardiesse disparoît dans le subit enthousiasme qui saisit l'âme de Sabine au souvenir de sa patrie. On l'approuve sans la remarquer. Racine l'a reproduite deux fois sans la passion qui la justifie, 1° *Britannicus*, acte I, sc. 1 :

Quoi ! vous à qui Néron doit le jour qu'il respire.

2° dans *Iphigénie*, acte II, sc. 1 :

Je reçus et je vois le jour que je respire.

Et alors on la remarque sans l'approuver.

6. « Voyez comme ces vers sont supérieurs à ceux du commencement : c'est ici un sentiment vrai ; il n'y a point là de lieux communs, point de vaines sentences, rien de recherché, ni dans les idées, ni dans les expressions. *Albe, mon cher pays*, est la nature seule qui parle : cette comparaison de Corneille avec lui-même formera mieux le goût que toutes les dissertations et les poétiques. »
(VOLTAIRE.)

7. « Ce vers est resté en proverbe. »   (VOLTAIRE.)

8. Corneille ne lisoit pas seulement Lucain; il y a dans ces beaux vers quelque souvenir de Virgile.

«Imperium Oceano famam qui *terminet* astris,»
(*Æn.*, lib. I, v. 287.)

a inspiré

Ne le *borneront* pas chez les peuples latins.

Et « l'empire de la terre » procède de

«Imperium sine fine dedi. »   (L. I, v. 278.)

9. Pourquoi faut-il que ce beau vers ait suggéré à Legouvé (*Mérite des femmes*) cette parodie sentimentale :

Tombe aux pieds de ce sexe à qui tu dois ta mère !

10. « Ce mot *heur*, qui favorisoit la versification, et qui ne choque point l'oreille, est aujourd'hui banni de notre langue. Il seroit à souhaiter que la plupart des formes dont Corneille s'est servi fussent en usage : son nom devroit consacrer ceux qui ne sont pas rebutants. »   (VOLTAIRE.)

11. Il est fâcheux de trouver, après cette judicieuse observation, la critique suivante : « Cette phrase est équivoque. Le mot de *ravir*, quand il signifie *joie*, ne prend point un datif : on n'est point ravi à quelque chose; c'est un solécisme de phrase. » (VOLTAIRE.) *Ravir à* n'est point un solécisme. *A* équivaut à *par*, et vaut mieux. C'est ainsi que Racine a dit :

Je me laissai conduire *à* (par) cet aimable guide.
(*Iphigénie*, acte II, sc. 1.)

12. *Vu que* est prosaïque.

13. « *Jeter à bas* est une expression familière qui ne seroit pas même admise dans la prose. Corneille n'ayant aucun rival qui écrivit avec noblesse, se permettoit ces négligences dans les petites choses, et s'abandonnoit à son génie dans les grandes. »   (VOLTAIRE.)

14. « La joie des succès de sa patrie et d'un frère peut-elle être appelée *maligne* ? » (VOLTAIRE.) Non, si Sabine n'étoit que sœur et Albaine; oui, puisqu'elle est épouse et Romaine.

15. « Ce n'est pas ce *tant* qui est précieux; c'est le *sang* C'est au prix d'un sang qui m'est si précieux. Le *tant* est inutil et corrompt un peu la pureté de la phrase et la beauté du vers. C'est une très-petite faute. »   (VOLTAIRE.)

16. « *Egale à* n'est pas françois en ce sens. L'auteur veut dire *juste envers tous les deux*; car Sabine doit être juste, et non pas indifférente. » (VOLTAIRE.) Le sens que Corneille donne à ce mot étoit alors généralement admis.

17. « Elle ne doit pas haïr son mari, ses enfants, s'ils sont

victorieux; ce sentiment n'est pas permis : elle devroit plutôt dire *sans haïr les vainqueurs.* » (VOLTAIRE.)

18. « Le lecteur se sent arrêter à ces deux vers : ces *de des* embarrassent l'esprit. *Traverses* n'est point le mot propre : les passions ici ne sont point *diverses*. Sabine et Camille se trouvent dans une situation à peu près semblable. » (VOLTAIRE.) La remarque de Voltaire manque de justesse. En effet, Camille et Sabine, *traversées* dans leurs pensées par les mêmes événements, en éprouvent des sentiments divers. L'idée est juste et le sens clair.

19. « On prend *jour*, et on ne prend point *journée*, parce que *jour* signifie *temps*, et que *journée* signifie *bataille*. La journée d'Ivry, la journée de Fontenoy. » (VOLTAIRE.) Ici le *jour* doit devenir une *journée*, et la nuance s'efface.

20. « *Hier* est toujours aujourd'hui de deux syllabes : la prononciation seroit trop gênée en le faisant d'une seule, comme s'il y avoit *her. Belle humeur* ne peut se dire que dans la comédie. » (VOLTAIRE.)

21. « Ces deux vers appartiennent plutôt au genre de la comédie qu'à la tragédie. » (VOLTAIRE.)

22. « Ces mots font voir que l'auteur sentoit que Sabine a tort ; mais il valoit mieux supprimer ces soupçons de Sabine que vouloir les justifier, puisque en effet Sabine semble se contredire en prétendant que Camille a sans doute quitté son frère, et en disant ensuite que les âmes sont rarement blessées de nouveau. Tout cet examen du sujet de la joie de Camille n'est nullement héroïque. » (VOLTAIRE.)

23. « Mais on n'a pas aussi de si doux entretiens,
Ni de contentements qui soient pareils aux siens,

sont de la comédie de ce temps-là. L'art de dire noblement les petites choses n'étoit pas encore trouvé. » (VOLTAIRE.)

24. « Ce tour a vieilli : c'est un malheur pour la langue ; il est vif et naturel, et mérite, je crois, d'être imité. »(VOLTAIRE.

25. « ..... Ma sœur, entretenez Julie,

est encore de la comédie; mais il y a ici un plus grand défaut : c'est qu'il semble que Camille vienne sans aucun intérêt, et seulement pour faire conversation. La tragédie ne permet pas qu'un personnage paroisse sans une raison importante. On est fort dégoûté aujourd'hui de toutes les longues conversations qui ne sont amenées que pour remplir le vide de l'action, et qui ne le remplissent pas. D'ailleurs, pourquoi s'en aller quand un bon génie lui envoie Camille, et qu'elle peut s'éclaircir? » (VOLTAIRE.)

26. « Cela n'est pas françois : on cherche la solitude pour cacher ses soupirs, et une solitude propre à les cacher. Du temps de Corneille, presque personne ne s'étudioit à parler

purement. » (VOLTAIRE.) *A cacher* signifie *pour cacher*; c'est un latinisme, *ad celandum*. Voltaire a tort de s'unir aux grammairiens pour bannir une locution élégante, qui s'appuie de l'étymologie et de l'autorité du bon vieux langage.

27. « Cette formule de conversation ne doit jamais entrer dans la tragédie, où les personnages doivent, pour ainsi dire, parler malgré eux, emportés par la passion qui les anime. »
(VOLTAIRE.)

28. « *Plus unique* ne peut se dire ; *unique* n'admet ni de plus, ni de moins. » (VOLTAIRE.) *Unique* se prenant dans le sens de *cher* peut avoir des degrés. Pourquoi appauvrir notre langue par ces chicanes ? Voltaire oublie qu'il l'a appelée « une gueuse fière à qui il faut faire l'aumône malgré elle. »

29. « Ce vers porte entièrement le caractère de la comédie. »
(VOLTAIRE.)

30. « Vous serez toute nôtre,

n'est pas du style noble. Ces familiarités étoient encore d'usage. »
(VOLTAIRE.)

31. « *Faire bon visage* est du discours le plus familier. »
(VOLTAIRE.)

32. « Tout cela est d'un style un peu trop bourgeois, qui étoit admis alors. » (VOLTAIRE.)

33. « Non-seulement un *espoir jeté par terre* est une expression vicieuse, mais la même idée est exprimée ici en quatre façons différentes ; ce qui est un vice plus grand. Il faut, autant qu'on le peut, éviter ces pléonasmes ; c'est une abondance stérile : je ne crois pas qu'il y en ait un seul exemple dans Racine. »
(VOLTAIRE.)

34. S'il y a quelque subtilité dans les vers précédents, comme le pense Voltaire, ce cri du cœur,

    Tout ce que je voyois me sembloit Curiace,

est d'une telle beauté qu'il couvre tout.

35. « Ce songe est beau, en ce qu'il alarme un esprit rassuré par un oracle. Je remarquerai ici qu'en général un songe, ainsi qu'un oracle, doit servir au nœud de la pièce ; tel est le songe admirable d'Athalie : elle voit un enfant en songe, elle trouve ce même enfant dans le temple ; c'est là que l'art est poussé à sa perfection. » (VOLTAIRE.)

36. Voltaire avoit transporté ce vers dans son *OEdipe*, qui, dans l'édition de 1719, commençoit ainsi :

    Est-ce vous, Philoctète, en croirai-je mes yeux ?

37. Ce sentiment n'est pas naturel à celle qui vient de dire :

    Jamais, jamais ce nom ne sera pour un homme
    Qui soit ou le vainqueur ou l'esclave de Rome.

Un transfuge, même par amour, est bien méprisable, et si la passion de Camille est assez forte pour l'aveugler à ce point, elle cesse d'être intéressante.

38. « J'ose dire que, dans ce discours imité de Tite-Live, l'auteur françois est au-dessus du romain, plus nerveux, plus touchant; et quand on songe qu'il étoit gêné par la rime, et par une langue embarrassée d'articles, et qui souffre si peu d'inversions, qu'il a surmonté toutes ces difficultés, qu'il n'a employé le secours d'aucune épithète, que rien n'arrête l'éloquente rapidité de son discours, c'est là qu'on reconnoît le grand Corneille. Il n'y a que *tant et tant de nœuds* à reprendre. »
(VOLTAIRE.)

39. « Ce mot de *divorces*, s'il ne signifioit que des querelles, seroit impropre ; mais ici il dénote les querelles des deux peuples unis; et par là il est juste, nouveau, et excellent. »
(VOLTAIRE.)

40. « *A demain* est trop du style de la comédie. Je fais souvent cette observation, c'étoit un des vices du temps. La *Sophonisbe* de Mairet est tout entière dans ce style; et Corneille s'y livroit quand les grandes images ne le soutenoient pas. »
(VOLTAIRE.)

41. « *Le bonheur sans pareil* n'étoit pas si ridicule qu'aujourd'hui. Ce fut Boileau qui proscrivit toutes ces expressions communes de *sans pareil, sans seconde, à nul autre pareil, à nulle autre seconde.* »
(VOLTAIRE.)

42. « Ce vers et le précédent sont de pure comédie : aussi les retrouve-t-on mot à mot dans la comédie du *Menteur*; mais l'auteur auroit dû les retrancher de la tragédie des *Horaces.* »
(VOLTAIRE.)

43. « Il n'est pas inutile de dire aux étrangers que *misère* est, en poésie, un terme noble, qui signifie *calamité*, et non pas *indigence*.

Hécube près d'Ulysse acheva sa *misère*....
Peut-être je devrois, plus humble en ma *misère*. » (RACINE.)
(VOLTAIRE.)

ACTE SECOND (p. 111).

1. Remarquez l'énergie et la concision de ce vers, grâce à l'emploi de la préposition *de* dans le sens de *par*, à *l'aide de, d'une seule maison, par* une seule, etc. Voltaire dit que l'expression n'est pas heureuse, mais il avoue que le sens est fort beau.

2. *Hautement* fait languir le vers, parce que ce mot est inutile.

3. C'est le même sentiment qui a inspiré les vers du *Cid* :

> Mourir pour le pays n'est pas un triste sort,
> C'est s'immortaliser par une belle mort.

Ici ce n'est plus un apophthegme, mais un élan de l'âme, ce qui vaut mieux poétiquement.

4. « Ce n'est pas ici une battologie; cette répétition, *vous et vos deux frères*, est sublime par la situation. Voilà la première scène au théâtre où un simple messager ait fait un effet tragique, en croyant apporter des nouvelles ordinaires. J'ose croire que c'est la perfection de l'art. » (VOLTAIRE.)

5. Ce transport de Curiace a quelque analogie avec le début de l'imprécation contre l'Angleterre, par J. Du Bellay. En voici les premiers vers :

> Mânes, ombres, esprits, et si l'antiquité
> A donné d'autres noms à votre déité,
> Érèbe, Phlégéton, Styx, Achéron, Cocyte
> Le chaos et la nuit, et tout ce qui habite
> A la gueule d'enfer, la rage, la fureur, etc.

Voltaire trouve cet entassement et ce retour des mêmes mots condamnable dans Corneille.

6. « *Le sort qui veut se mesurer avec la valeur* paroît recherché et peu naturel; mais que ce qui suit est admirable! » (VOLTAIRE.)

7. « Hors de l'ordre commun il nous fait des fortunes,

n'est pas une expression propre. Ce mot de *fortune* au pluriel ne doit jamais être employé sans épithète : *bonnes* et *mauvaises fortunes*, *fortunes diverses*, mais jamais *des fortunes*. Cependant le sens est si beau, et la poésie a tant de priviléges, que je ne crois pas qu'on puisse condamner ce vers. » (VOLTAIRE.) Le tour de ces vers rappelle cette phrase de Montaigne (liv. III, c. 5) : « Il fault à Horace des mots et des figures oultre l'ordinaire, comme sa conception est oultre l'ordinaire. »

8. Corneille avoit déjà fait dire à Chimène (*Cid*, acte IV, sc. 5) :

> Mourir pour le pays n'est pas un triste sort,
> C'est s'immortaliser par une belle mort.

9. C'est le *grand nom* de la vertu.

10. « .... Albe montre, en effet,
> Qu'elle m'estime autant que Rome vous a fait,

n'est pas françois. On peut dire en prose, et non en vers : *J'ai dû vous estimer autant que je fais*, et *autant que je le fais*; mais non pas *autant que je vous fais*; et le mot *faire*, qui revient immédiatement après, est encore une faute : mais ce sont des fautes légères qui ne peuvent gâter une si belle scène. » (VOLTAIRE.) Cet emploi du mot *faire*, pris dans l'acception du verbe qui précède, et qu'il faudroit répéter, est un idiotisme excellent. C'est ainsi que Molière a dit (*Tartufe*, acte I, sc. 2) :

> Il l'appelle son frère, et l'aime, dans son âme,
> Cent fois plus qu'il ne *fait* mère, fils, fille et femme.

Montaigne (liv. I, c. 35) : « Il ne sait pas ablatif, conjunctif, substantif, ny la grammaire ; ne le *fait* pas son laquais, etc. » Un commentateur propose ici *ne le sait pas*, comme si la leçon étoit fautive ; c'est le commentateur qui est en défaut. Et voilà comment se dissipe le trésor de notre vieille langue, faute d'étude !

11. Virgile met le même sentiment dans la bouche de son héros (*En.*, liv. I, v. 94) :

> .... O terque quaterque beati !
> Queis ante ora patrum, Trojæ sub mœnibus altis
> Contigit oppetere !...

12. « Cette tirade fit un effet surprenant sur tout le public, et les deux derniers vers sont devenus un proverbe, ou plutôt une maxime admirable. » (VOLTAIRE.)

13. *Faire vanité* étoit une expression consacrée. On en trouve beaucoup d'exemples :

> Ce style figuré dont on fait vanité.
> (MOLIÈRE, *Misanthr.*, acte I, sc. 2.)

14. Inversion forcée.

15. « A ces mots, *je ne vous connois plus, — je vous connois encore*, on se récria d'admiration ; on n'avoit jamais rien vu de si sublime ; il n'y a pas dans Longin un seul exemple d'une pareille grandeur. Ce sont ces traits qui ont mérité à Corneille le nom de grand, non-seulement pour le distinguer de son frère, mais du reste des hommes. Une telle scène fait pardonner mille défauts. » (VOLTAIRE.)

16. Vauvenargues trouvoit dans ces vers un outrage odieux qu'Horace ne devoit pas faire à son beau-frère. Voltaire blâme aussi l'amertume et l'ironie de cette réponse. Corneille a raison contre eux si le langage d'un personnage doit être en rapport avec ses actions et son caractère. Horace n'est un modèle ni d'humanité ni de politesse.

17. Voltaire prétend que *voici venir* ne se dit plus, et fait un mauvais effet. Il en cherche les raisons. Il eût mieux valu protester contre la désuétude, et faire remarquer que l'infinitif est très-régulier après *voici*, qui enferme le verbe *voir*, qui appelle naturellement *venir*. Les langues s'appauvrissent et se faussent par l'oubli de l'étymologie.

18. « *L'état* ne se dit plus, et je voudrois qu'on le dit : notre langue n'est pas assez riche pour bannir tant de termes dont Corneille s'est servi heureusement. » (VOLTAIRE.)

19. Ce vers contient une menace qui amènera la catastrophe

il paroît avoir inspiré le vers également prophétique d'*Iphigénie* (acte V, sc. 3) :

> Ne reprochez jamais mon trépas à mon père.

20. *Se presse*, se resserre.

21. Corneille avoit dit d'abord : *Iras-tu, ma chère âme ?* et il auroit dû laisser cette expression de tendresse, pleine de naturel et de charme.

22. « .... Mon pouvoir t'excuse à ta patrie,

n'est pas françois ; il faut *envers ta patrie*, *auprès de ta patrie*. » (VOLTAIRE.)

23. « Cet *autre* ne seroient plus soufferts. Telle est la tyrannie de l'usage ; *nul autre* donne peut-être moins de rapidité e de force au discours. » (VOLTAIRE.)

24. Ce beau vers est peut-être un peu trop poétique. La valeur peut sommeiller et même s'endormir, la métaphore est juste ; mais en plaçant la valeur endormie sous l'amour, le poëte trace un tableau qui conviendroit mieux à l'épopée ou à l'ode. Cyrano (*Agrippine*, acte II, sc. 4) a dit dans le même style :

> Pour un temps sur sa haine elle endort sa mémoire.

25.
> Le fils tout dégoutant du meurtre de son père,
> Et, sa tête à la main, demandant son salaire.
> (*Cinna*, acte I, sc. 3.)

26. Ce mot touchant n'a pas tout le pathétique du trait célèbre d'Orosmane : *Zaïre, vous pleurez*. C'est que dans *Zaïre* la situation est plus forte et la surprise plus vive. La même exclamation dans Racine (*Bajazet*, acte III, sc. 4) : « Qu'avez-vous ? vous pleurez ! » produit peu d'effet.

27. « Remarquez qu'on peut dire *le langage des pleurs*, comme on dit *le langage des yeux* ; pourquoi ? parce que les regards et les pleurs expriment le sentiment : mais on ne peut pas dire *le discours des pleurs*, parce que ce mot *discours* tient au raisonnement. Les pleurs n'ont point de discours ; et, de plus, *avoir des discours* est un barbarisme. » (VOLTAIRE.)

28. « Ces réflexions générales font rarement un bon effet ; on sent que c'est le poëte qui parle : c'est à la passion du personnage à parler. Un *bel œil* n'est ni noble ni convenable : il n'est pas question ici de savoir si Camille a un *bel œil*, et si un bel œil est fort ; il s'agit de perdre une femme qu'on adore, et qu'on va épouser. Retranchez ces quatre premiers vers, le discours en devient plus rapide et plus pathétique. » (VOLTAIRE.) Corneille a reproduit ce *bel œil* dans *Polyeucte* :

> .... Sur nos pareils un *bel œil* est bien fort.

Il en avoit usé et abusé dans ses premières comédies.

29. « J'ose penser qu'il y a ici plus d'artifice et de subtilité

que de naturel. On sent trop que Curiace ne parle pas sérieusement. Ce trait de rhéteur refroidit; mais Camille répond avec des sentiments si vrais, qu'elle couvre tout d'un coup ce petit défaut. » (VOLTAIRE.)

30. *Voyez* plus haut, p. 115, et 161, note 10.

31. «　.......　Quel malheur, si l'amour de sa femme
Ne peut non plus sur lui que le mien sur ton âme,

n'est pas françois; la grammaire demande *ne peut pas plus sur lui*. Ces deux vers ne sont pas bien faits. Il ne faut pas s'attendre à trouver dans Corneille la pureté, la correction, l'élégance du style : ce mérite ne fut connu que dans les beaux jours du siècle de Louis XIV. C'est une réflexion que les lecteurs doivent faire souvent pour justifier Corneille, et pour excuser la multitude des notes du commentateur. »
(VOLTAIRE.)

32. Racine a dit :

Laisse aux pleurs d'une amante attendrir sa victoire.

Dans ces deux exemples, la proposition *à* équivaut à *par*; vaincre *par*, attendrir *par*.

33. « *Se fâche* est trop foible, trop du style familier. » (VOLTAIRE.) Le poëte délaye ici en deux vers le sens du proverbe populaire : « Bon sang ne peut mentir. »

34. « Quand Sabine vient proposer à son frère et à son mari de lui donner la mort, on sait trop qu'ils ne le feront ni l'un ni l'autre. Ce n'est donc qu'une vaine déclamation; car Sabine ne doit pas plus le demander qu'ils ne doivent le faire; c'est un remplissage amené par des sentiments peu naturels. »
(LA HARPE.)

35. « Ce *peu* et ce *moins* font un mauvais effet, et *vous vous étiez moins* est prosaïque et familier. » (VOLTAIRE.)

36. « Ces vers échappent quelquefois au génie, dans le feu de la composition. Ils ne disent rien, mais ils accompagnent des vers qui disent beaucoup. » (VOLTAIRE.)

37. Racine paroît avoir imité ces deux vers, lorsqu'il a dit dans *Iphigénie*, acte III, sc. 5 :

Ou si je ne vous puis dérober à leurs coups,
Ma fille, ils pourront bien m'immoler avant vous.

Et encore, acte IV, sc. 6 :

Pour aller jusqu'au cœur que vous voulez percer,
Voilà par quel chemin vos coups doivent passer.

38. Corneille avoit dit : « Femme, que t'ai-je fait? » et il a substitué à cette forme naïve et rude le tour plus poli : « Que t'ai-je fait, Sabine? » Nous avons déjà remarqué, p. 36, l'effet d'un scrupule semblable. Le goût du naturel faisoit insensiblement place au sentiment exagéré de la dignité théâtrale.

39. « Notre malheureuse rime arrache quelquefois de ces mauvais vers : ils passent à la faveur des bons ; mais ils feroient tomber un ouvrage médiocre dans lequel ils seroient en grand nombre. » (VOLTAIRE.)

40. « *Qu'est-ce-ci* ne se dit plus aujourd'hui que dans le discours familier. » (VOLTAIRE.)

41. « *Avec des femmes* seroit comique en toute autre occasion ; mais je ne sais si cette expression commune ne va pas ici jusqu'à la noblesse, tant elle peint bien le vieil Horace. » (VOLTAIRE.)

42. L'antithèse du *sang* et des *pleurs* est ici d'une grande beauté. Corneille n'avoit pas été aussi heureux en rapprochant ces deux mots dans son *Clitandre*. Il est curieux de rappeler ce souvenir pour mesurer l'espace que le génie de Corneille avoit franchi en peu d'années. Dans cette pièce, le traître Pymante, à qui la perfide Dorise vient de crever l'œil d'un coup d'aiguille, s'écrie :

> Coule, coule, mon *sang* ; en de si grands malheurs,
> Tu dois, avec raison, me tenir lieu de *pleurs*.

Et il ajoute :

> Miraculeux effet ! pour traître que je sois,
> Mon *sang* l'est encor plus, et sert tout à la fois
> De *pleurs* à ma douleur, d'indices à ma prise,
> De peine à mon forfait, de vengeance à Dorise.

43. « Effugere est triumphus. » (HORACE.)

44. Le mot est un peu rude pour un mari et un frère. Mais la colère d'une foible femme est volontiers hyperbolique.

45. Souvenir de l'intervention des Sabines dans le premier combat que les Romains eurent à soutenir.

46. « Des pays ne demandent point *des devoirs* ; la patrie impose *des devoirs* ; elle en demande l'accomplissement. » (VOLTAIRE.)

47. « Cette larme paternelle qui tombe des yeux de l'inflexible vieillard touche cent fois plus que les plaintes superflues des deux femmes. On reconnoît ici la vérité de ce qu'a dit Voltaire, que l'amour n'est point fait pour la seconde place. » (LA HARPE.)

48. « J'ai cherché dans tous les anciens et dans tous les théâtres étrangers une situation pareille, un pareil mélange de grandeur d'âme, de douleur, de bienséance, et je ne l'ai point trouvé : je remarquerai surtout que chez les Grecs il n'y a rien dans ce goût. » (VOLTAIRE.)

ACTE TROISIÈME (p. 123).

1. « Ce monologue de Sabine est absolument inutile, et fait languir la pièce. Les comédiens vouloient alors des monologues. La déclamation approchoit du chant, surtout celle des femmes; les auteurs avoient cette complaisance pour elles. Sabine s'adresse sa pensée, la retourne, répète ce qu'elle a dit, oppose parole à parole.

> En l'une je suis femme, en l'autre je suis fille.
> En l'une je suis fille, en l'autre je suis femme.
> Songeons pour quelle cause, et non par quelles mains.
> Je songe par quels bras, et non pour quelle cause.

Les quatre derniers vers sont plus dans la passion. »
(VOLTAIRE.

2. N'est-ce pas ici une réminiscence de Virgile :

> « Atque deos, atque *astra vocat crudelia* mater. »
> (Ecl. v, v. 24.)

3. « Il ne s'agit point ici de rang : l'auteur a voulu rimer à *sang*. La plus grande difficulté de la poésie françoise et son plus grand mérite est que la rime ne doit jamais empêcher d'employer le mot propre. » (VOLTAIRE.)

4. « La tragédie admet les métaphores, mais non pas les comparaisons. Pourquoi? parce que la métaphore, quand elle est naturelle, appartient à la passion ; les comparaisons n'appartiennent qu'à l'esprit. » (VOLTAIRE.) Ici la comparaison est si juste, si courte et si poétique, que Corneille n'a pas besoin d'excuse. Il en est de même dans *Rodogune*, acte II, sc. 1.

5. Voici encore de ces vers en refrain dont le retour charmoit singulièrement les contemporains de Corneille.

6. « Autant la première scène a refroidi les esprits, autant cette seconde les échauffe; pourquoi? c'est qu'on y apprend quelque chose de nouveau et d'intéressant : il n'y a point de vaine déclamation, et c'est là le grand art de la tragédie, fondé sur la connoissance du cœur humain, qui veut toujours être remué. » (VOLTAIRE.)

7. « *Hostie* ne se dit plus, et c'est dommage; il ne reste plus que le mot de *victime*. Plus on a de termes pour exprimer la même chose, plus la poésie est variée. » (VOLTAIRE.) Ce mot tendoit dès lors à se restreindre au sens unique qu'il a conservé de nos jours, s'il est vrai qu'à la représentation de l'*Agrippine* de Cyrano de Bergerac, le mot des conjurés : « Allons frapper l'hostie, » ait paru une impiété pour les spectateurs. La plupart des éditions présentent une variante pour ce vers. On y lit :

> De tous les combattants a-t-il fait des hosties ?

8. « On n'emploie plus aujourd'hui *désespoir* au pluriel; il

fait pourtant un très-bel effet. *Mes déplaisirs, mes craintes, mes douleurs, mes ennuis*, disent plus que mon *déplaisir, ma crainte*, etc. Pourquoi ne pourroit-on pas dire *mes désespoirs*, comme on dit *mes espérances*? Ne peut-on pas désespérer de plusieurs choses, comme on peut en espérer plusieurs? » (VOLTAIRE.) Il y a ici un souvenir des Sabines.

9. Remarquons une double hardiesse. Non-seulement le poëte emploie substantivement un adjectif, comme dans *le Cid* à ce vers :

> Et tout ce que l'Espagne a produit *de vaillants;*

mais il y ajoute une épithète d'autant plus saisissante, qu'elle fait antithèse : ces *cruels* généreux.

10. La construction n'est pas régulière, puisque le signe de la comparaison *plutôt* ne se trouve qu'une fois, et que le dernier vers *que par un d'eux* est le complément des deux propositions qui précèdent. Il y a ellipse pour la seconde.

11. Variante :

> Oui ; mais d'autre côté les deux camps se mutinent.

12. « *En ce discord* ne se dit plus, mais il est à regretter. » (VOLTAIRE.) Nous sommes un peu moins timorés que Voltaire : non-seulement *discord* nous paroît à regretter, mais à ressaisir, en dépit des scrupuleux.

13. « C'est une petite faute : le sens est, *comme si toutes deux voyoient en lui leur roi. Connoître un homme pour roi* ne signifie pas le reconnoître pour son souverain. On peut connoître un homme pour roi d'un autre pays : *connoître* ne veut pas dire *reconnoître*. » (VOLTAIRE.)

14. « Au lieu de *die*, on a imprimé *dise* dans les éditions suivantes. *Die* n'est plus qu'une licence ; on ne l'emploie que pour la rime. *Une bonne nouvelle* est du style de la comédie ; ce n'est là qu'une très-légère inattention. Il étoit très-aisé à Corneille de mettre : *Ah! ma sœur, apprenez une heureuse nouvelle*, et d'exprimer ce petit détail autrement ; mais alors ces expressions familières étoient tolérées ; elles ne sont devenues des fautes que quand la langue s'est perfectionnée ; et c'est à Corneille même qu'elle doit en partie cette perfection. On fit bientôt une étude sérieuse d'une langue dans laquelle il avoit écrit de si belles choses. » (VOLTAIRE.) La correction que propose Voltaire montre combien le style a perdu à la recherche de cette noblesse fausse et guindée qui a prévalu dans la tragédie. Le subjonctif *die* n'est pas une licence, mais un archaïsme.

15. Les dieux auront en vain ordonné son trépas.
(RACINE, *Iphigénie*, acte III, sc. 7.)

16. « *Bas étage* est bien bas, et la pensée n'est que poétique. Cette contestation de Sabine et de Camille paroît froide, dans

un moment où l'on est si impatient de savoir ce qui se passe. Ce discours de Camille semble avoir un autre défaut : ce n'est point à une amante à dire que les *dieux inspirent toujours les rois, qu'ils sont des rayons de la Divinité ;* c'est là de la déclamation d'un rhéteur dans un panégyrique. Ces contestations de Camille et de Sabine sont, à la vérité, des jeux d'esprit un peu froids ; c'est un grand malheur que le peu de matière que fournit la pièce ait obligé l'auteur à y mêler ces scènes, qui, par leur inutilité, sont toujours languissantes. » (VOLTAIRE.) Corneille a l'âme républicaine et l'esprit monarchique. Il combat ici le proverbe : *Vox populi, vox Dei.*

17. Un oracle toujours se plaît à se cacher.
(RACINE, *Iphigénie*, acte II, sc. 1.)

18. « *Tout l'est* n'est guère plus euphonique que *mon époux l'est*, qui a été retranché, acte I, sc. 1. *Voyez* p. 156, note 4.

19. « Ce vers de comédie démontre l'inutilité de la scène. La nécessité de savoir comme tout se passe condamne tout ce froid dialogue. » (VOLTAIRE.)

20. « Ce discours de Julie est trop d'une soubrette de comédie. » (VOLTAIRE.)

21. « Cette scène est encore froide. On sent trop que Sabine et Camille ne sont là que pour amuser le peuple en attendant qu'il arrive un événement intéressant ; elles répètent ce qu'elles ont déjà dit. Corneille manque à la grande règle, *semper ad eventum festinat ;* mais quel homme l'a toujours observée ? J'avouerai que Shakspeare est, de tous les auteurs tragiques, celui où l'on trouve le moins de ces scènes de pure conversation : il y a presque toujours quelque chose de nouveau dans chacune de ses scènes ; c'est, à la vérité, aux dépens des règles, de la bienséance et de la vraisemblance ; c'est en entassant vingt années d'événements les uns sur les autres ; c'est en mêlant le grotesque au terrible ; c'est en passant d'un cabaret à un champ de bataille, et d'un cimetière à un trône ; mais enfin il attache. L'art seroit d'attacher et de surprendre toujours, sans aucun de ces moyens irréguliers et burlesques tant employés sur les théâtres espagnols et anglois. » (VOLTAIRE.)

22. On se voit d'un autre œil qu'on ne voit son prochain.
(LA FONTAINE, liv. I, fab. 7.)

Corneille dit plus loin, acte V, sc. 1 :

Je te vois d'un autre œil que tu ne te regardes.

23. *Ne sont rien à l'égal d'un époux* n'est plus françois, à cause du sens négatif que l'habitude attache au mot *rien*. Une chose n'est rien au prix d'une autre, en comparaison d'une autre, et non pas à *l'égal*. Mais si on revient au sens étymologique (*rien*, chose, de *res*), la phrase est alors correcte, car elle peut se traduire ainsi : « Un frère n'est pas *chose* qui égale un époux. »

24. « Il faut *attache à une autre famille* ; d'ailleurs ces vers sont trop familiers. » (VOLTAIRE.)

25. « Ce seul mot de *raisonnement* est la condamnation de cette scène et de toutes celles qui lui ressemblent. Tout doit être action dans une tragédie; non que chaque scène doive être un événement, mais chaque scène doit servir à nouer ou à dénouer l'intrigue; chaque discours doit être préparation ou obstacle. C'est en vain qu'on cherche à mettre des contrastes dans ces scènes inutiles, si ces contrastes ne produisent rien. »
(VOLTAIRE.)

26. « Ce beau vers est d'une grande vérité; mais les quatre qui suivent sont des vers comiques qui gâteroient la plus belle tirade. » (VOLTAIRE.)

27. « Ce *point* est de trop; il faut: *Vous ne connoissez ni l'amour ni ses traits.* » (VOLTAIRE.) Le critique ne remarque point que ce tour régulier dans nos vieux auteurs donne plus d'énergie à la négation.

28. Principiis obsta : sero medicina paratur
Quum mala per longas invaluere moras. (OVIDE.)

29. « Ces maximes détachées, qui sont un défaut quand la passion doit parler, avoient alors le mérite de la nouveauté; on s'écrioit: *C'est connoître le cœur humain!* Mais c'est le connoître bien mieux que de faire dire en sentiment ce qu'on n'exprimoit guère alors qu'en sentences, défaut éblouissant que les auteurs imitoient de Sénèque. » (VOLTAIRE.)

30. « Ces deux *peut*, ces syllabes dures, ces monosyllabes *veut* et *peut*, et cette idée de vouloir ce que l'amour veut, comme s'il étoit question ici du dieu d'amour, tout cela constitue deux des plus mauvais vers qu'on pût faire; et c'étoit de tels vers qu'il falloit corriger. » (VOLTAIRE.)

31. « Toute cette scène est ce qu'on appelle du remplissage; défaut insupportable, mais devenu presque nécessaire dans nos tragédies, qui sont toutes trop longues, à l'exception d'un très-petit nombre. » (VOLTAIRE.)

32. « Comme l'arrivée du vieil Horace rend la vie au théâtre qui languissoit! quel moment et quelle noble simplicité! »
(VOLTAIRE.)

33. « Ces sentences et ces raisonnements sont bien mal placés dans un moment si douloureux; c'est là le poëte qui parle et qui raisonne. » (VOLTAIRE.)

34. Imité par Racine, *Iphigénie*, acte I, sc. 5 :
Mon cœur se met sans peine à la place du vôtre,
Et frémissant du coup qui vous fait soupirer,
Loin de blâmer vos pleurs, je suis près de pleurer.

35. « Ce discours du vieil Horace est plein d'un art d'autant

plus beau, qu'il ne paroît pas : on ne voit que la hauteur d'un Romain, et la chaleur d'un vieillard qui préfère l'honneur à la ature. Mais cela même prépare tout ce qu'il dit dans la scène uivante; c'est là qu'est le vrai génie. » (VOLTAIRE.)

36. Cette prédiction remplit le discours de Jupiter à Vénus dans le premier livre de l'*Énéide*. Elle y est exprimée en ces termes magnifiques par les vers suivants :

> His ego nec metas rerum nec tempora pono,
> Imperium sine fine dedi....
> Romanos rerum dominos gentemque togatam.....
> Imperium Oceano, famam qui terminet astris.

37. « Ce mot *invaincu* n'a été employé que par Corneille, et devroit l'être, je crois, par tous nos poëtes. Une expression si bien mise à sa place dans *le Cid* et dans cette admirable scène ne doit jamais vieillir. » (VOLTAIRE.) Ce mot avoit été employé par Ronsard.

38. « Ce *point* est ici un solécisme; il faut : *et ne l'auront vu obéir qu'à.* » (VOLTAIRE.) *Voyez* ci-dessus, p. 169, note 27.

39. « Voilà ce fameux *qu'il mourût*, ce trait du plus grand sublime, ce mot auquel il n'en est aucun de comparable dans toute l'antiquité. Tout l'auditoire fut si transporté, qu'on n'entendit jamais le vers foible qui suit; et le morceau, *n'eût-il que d'un moment retardé sa défaite*, étant plein de chaleur, augmente encore la force du *qu'il mourût*. Que de beautés! et d'où naissent-elles? d'une simple méprise très-naturelle, sans complication d'événements, sans aucune intrigue recherchée, sans aucun effort. Il y a d'autres beautés tragiques; mais celle-ci est au premier rang. » (VOLTAIRE.) Après cet élan d'admiration, Voltaire se ravise, et il ajoute :

« Il est vrai que le vieil Horace, qui étoit présent quand les Horaces et les Curiaces ont refusé qu'on nommât d'autres champions, a dû être présent à leur combat. Cela gâte jusqu'au *qu'il mourût.* » Palissot réfute judicieusement la critique de Voltaire par la remarque suivante :

« Non, le *qu'il mourût* n'est point gâté, et ne sauroit l'être. Quoi qu'en dise Voltaire, il n'est point prouvé que le vieil Horace dût être présent au combat. Il est Romain, le *qu'il mourût* l'atteste assez; mais il est père, et lui-même a dit, dans l'autre scène, à Camille et à Sabine :

> Loin de blâmer les pleurs que je vous vois répandre,
> Je crois faire beaucoup de m'en pouvoir défendre.

Il ne pardonneroit pas à ses fils de s'être déshonorés par une lâcheté; mais il ne veut être le témoin ni de leur mort, ni de celle des Curiaces. Corneille nous paroît avoir admirablement assorti toutes les parties de ce grand caractère. M. de La Harpe, dans son *Cours de littérature*, a développé longuement ce que nous ne pourrions qu'effleurer dans cette note, et ce qui n'a jamais été douteux pour les hommes qui savent juger. »

La Harpe résume ainsi des considérations pleines de goût sur le même passage :

« C'est Rome qui a prononcé *qu'il mourût;* c'est la nature qui, ne renonçant jamais à l'espérance, a dit tout de suite :

<blockquote>Ou qu'un beau désespoir alors le secourût.</blockquote>

« Je veux bien que Rome soit ici plus sublime que la nature: cela doit être. Mais la nature n'est pas *foible* quand elle dit ce qu'elle doit dire. »

Champfort, pour soutenir le sublime du *qu'il mourût,* affoibli, disoit-on, par le vers suivant, avoit imaginé d'y substituer celui-ci :

<blockquote>JULIE.
Mais il est votre fils !
LE VIEIL HORACE.
Lui, mon fils ! il le fut.</blockquote>

L'esprit, lorsqu'il veut corriger le génie, risque fort de l'affoiblir.

40. Il faut, dans la rigueur, *a flétri sa gloire :* mais *a sa gloire flétrie* est plus beau, plus poétique, plus éloigné du langage ordinaire, sans causer d'obscurité. » (VOLTAIRE.)

41. « *Après ce lâche tour* est une expression trop triviale. » (VOLTAIRE.)

42. « Ces derniers mots se rapportent naturellement à la honte; mais on ne rompt point le cours d'une honte : il faut donc qu'ils tombent sur *chaque instant de sa vie,* qui est plus haut; mais *je romprai bien le cours de chaque instant de sa vie,* ne peut se dire. *Bien* signifie, dans ces occasions, *fortement* ou *aisément :* je le punirai *bien,* je l'empêcherai *bien.* » (VOLTAIRE.)

43. L'autorité paternelle alloit chez les Romains jusqu'à disposer de la vie d'un fils.

44. *Plaindre* ne se dit pas d'une manière absolue et demande un complément. Il faudroit *gémir.* Il est vrai que dans la phrase « nous sommes à plaindre, » plaindre se présente sans régime; mais alors ou le régime est sous-entendu, ou le sens est passif. En effet, on peut la résoudre de deux manières, ou « nous sommes dignes *d'être plaints,* » ou « il convient qu'on *nous* plaigne. »

45. « Ce *de la sorte* est une expression qui n'est pas françoise. Il faudroit *de cette sorte,* ou *de telle sorte.* » (VOLTAIRE.)

46. « Ce dernier vers est de la plus grande beauté: non-seulement il dit ce dont il s'agit, mais il prépare ce qui doit suivre. » (VOLTAIRE.)

ACTE QUATRIÈME (p. 134).

1. « *Pour mon regard* est suranné et hors d'usage, c'est pourtant une expression nécessaire. » (VOLTAIRE.)

2. « Que ce mot est pathétique ! comme il sort des entrailles d'un vieux Romain ! » (VOLTAIRE.)

3. Les coups qu'ils ont reçus, leurs blessures.

4. « On ne dit plus guère *angoisse*, et pourquoi ? quel mot lui a-t-on substitué ? *Douleur, horreur, peine, affliction*, ne sont pas des équivalents ; *angoisse* exprime la douleur pressante et la crainte à la fois. » (VOLTAIRE.)

5. « *Braver* est un verbe actif qui demande toujours un régime ; de plus, ce n'est pas ici une bravade, c'est un sentiment généreux d'un citoyen qui venge ses frères et sa patrie. » (VOLTAIRE.)

6. *Voyez* le récit de Tite-Live, que Corneille surpasse, bien qu'il écrive en vers.

7. C'est pour ces beaux endroits où notre poëte est incomparable, que madame de Sévigné, malgré le charme des vers de Racine, s'écrioit : « Vive notre vieux Corneille ! »

8. « *Mener à des chants et à des vœux*, n'est ni noble ni juste ; mais le récit de Valère a été si beau, qu'on pardonne aisément ces petites fautes. » (VOLTAIRE.)

9. *Tandis* a le sens de *cependant*, *pendant ce temps* : c'est un archaïsme regrettable. Marot dit fort élégamment : « Tandis la perdrix vire. » Corneille a souvent employé adverbialement le mot *tandis* dans ses premières pièces. Il suffira d'en rapporter un exemple :

FLORIDAN.

Tandis, tu peux donc vivre en d'éternels supplices.

CLITANDRE.

Tandis, ce m'est assez qu'un rival préféré
N'obtient, non plus que moi, le succès espéré.

(*Clitandre*, acte II, sc. 5.)

10. « *Faire office de douleur* n'est plus françois, et je ne sais s'il l'a jamais été : on dit familièrement, *faire office d'ami, office de serviteur, office d'homme intéressé* ; mais non *office de douleur et de joie*. » (VOLTAIRE.)

11. Corneille a sacrifié ce latinisme, *le roi ne sait que c'est*, pour y substituer *il ne sait ce que c'est*. Le vers n'y a pas gagné. — « Ici la pièce est finie, l'action est complétement terminée. Il s'agissait de la victoire, et elle est remportée ; du destin de Rome, et il est décidé. » (VOLTAIRE.)

Le sujet de la pièce n'est pas, comme le prétend Voltaire, la victoire de Rome ; c'est la peinture de l'esprit romain. La tragédie pèche, il est vrai, contre l'unité d'action, puisque celle

NOTES.

qui va suivre et fournir la matière de deux actes est accidentelle, mais il y a unité de mœurs et d'impression. Le héros véritable n'est pas le vainqueur des Curiaces, mais le vieil Horace. Le principal intérêt se concentre sur cet héroïque vieillard, et se trouve exprimé dans ces vers qu'il prononce au cinquième acte, sc. 3 :

> Rome aujourd'hui m'a vu père de quatre enfants ;
> Trois en ce même jour sont morts pour sa querelle :
> Il m'en reste encore un, conservez-le pour elle.

12. « *Lui donneront des pleurs justes* n'est pas françois. C'est Sabine qui donnera des pleurs ; ce ne sont pas ses frères morts qui lui en donneront. Un accident fait couler des pleurs, et ne les donne pas. » (VOLTAIRE.)

13. « *Faites-vous voir...*, *et qu'en...* est un solécisme, parce que *faites-vous voir* signifie *montrez-vous, soyez sa sœur, montrez-vous, soyez, paroissez*, et ne peut régir un *que*. » (VOLTAIRE.) L'accord des deux propositions est syllepique : *faites-vous voir sa sœur*, équivaut à *montrez que vous êtes sa sœur*, et appelle ainsi le *que* critiqué grammaticalement par Voltaire.

14. « Voici Camille qui s'échauffe tout d'un coup, et comme de propos délibéré ; elle débute par une sentence poétique. La vraie douleur ne raisonne point tant, ne récapitule point ; elle ne dit pas qu'on bâtit en l'air *sur le malheur d'autrui*, et que son père *triomphe*, comme son frère, de ce malheur ; elle ne s'excuse point *à braver la colère*, à essayer de déplaire ; tous ces vains efforts sont froids ; et pourquoi ? c'est qu'au fond le sujet manque à l'auteur. » (VOLTAIRE.)

15. « Elle dit ici qu'elle veut rendre sa douleur *égale, par un juste effort, aux rigueurs de son sort*. Quand on fait ainsi des efforts pour proportionner sa douleur à son état, on n'est pas même poétiquement affligé. » (VOLTAIRE.)

16. Même mouvement et idée analogue dans ce vers de La Fontaine :

> En est-il un plus pauvre en la machine ronde ?
> (Liv. I, fab. 16.)

17. « *M'assure* ne signifie pas *me rassure* : et c'est *me rassure* que l'auteur entend. » (VOLTAIRE.) *Assurer* veut dire donner de la sûreté, de la confiance, et *rassurer*, rendre la confiance, faire cesser des craintes. Ce mot, au XVIIe siècle, n'avoit pas seulement le sens d'*affermir* et d'*affirmer*, qu'il a conservé ; mais, outre l'acception qu'il a dans ce passage, on disoit encore *je m'assure* pour *je suis certain*.

18. « Cette récapitulation de la pièce précédente n'est pas un signe de véritable douleur. *Curæ leves loquuntur.* » (VOLTAIRE.)

19. *Bâtir en l'air* a positivement le sens de faire des châteaux en Espagne, imaginer des chimères. On cherche vainement l'étymologie de ce proverbe. *Bâtir en l'air* ne nous met-il pas sur la voie? Châteaux en l'air, châteaux dans l'espace ; et, par une méprise facile à comprendre, à cause de l'ancienne prononciation (*Voyez* Genin, *Variations du langage françois*), qui effaçoit les syllabes finales, la confusion d'espace et d'Espagne. Voici deux vers de Jodelle (OEuv. de Jod., p. 56), qui montrent au moins l'identité des *châteaux en l'air* et des *châteaux en Espagne :*

<blockquote>
Cent beaux *châteaux en l'air* s'est jà bâti celuy
Qui sa pauvre chambrette empruntoit aujourd'huy.
</blockquote>

20. « Ce *dégénérons, mon cœur*, cette résolution de se mettre en colère, ce long discours, cette nouvelle sentence mal exprimée, que *c'est gloire de passer pour un cœur abattu*, enfin tout refroidit, tout glace le lecteur, qui ne souhaite plus rien. C'est, encore une fois, la faute du sujet. L'aventure des Horaces et des Curiaces, et de Camille, est plus propre en effet pour l'histoire que pour le théâtre. On ne peut trop honorer Corneille, qui a senti ce défaut, et qui en parle dans son Examen avec la candeur d'un grand homme. »

(VOLTAIRE.)

21. « Observez que la colère du vieil Horace contre son fils étoit très-intéressante, et que celle de son fils contre sa sœur est révoltante, et sans aucun intérêt. C'est que la colère du vieil Horace supposoit le malheur de Rome; au lieu que le jeune Horace ne se met en colère que contre une femme qui pleure et qui crie, et qu'il faut laisser crier et pleurer. »

(VOLTAIRE.)

22. « Le reproche est évidemment injuste. Horace lui-même devoit plaindre Curiace, c'est son beau-frère; il n'y a plus d'ennemis, les deux peuples n'en font plus qu'un. »

(VOLTAIRE.)

23. Racine a fait passer ce vers presque entier dans sa comédie es *Plaideurs*, acte III, sc. 4 :

<blockquote>Sa fille le veut bien, son amant le respire.</blockquote>

24. <blockquote>Tigre à qui la pitié ne peut se faire entendre !
(J.-B. ROUSSEAU, liv. IV, ode 8.)</blockquote>

25. Mouvement imité par Racine, *Iphig.*, acte IV, sc. 6 :

<blockquote>..................O ciel ! le puis-je croire,
Qu'on ose des fureurs avouer la plus noire !</blockquote>

26. « Ces imprécations de Camille ont toujours été un beau morceau de déclamation, et ont fait valoir toutes les actrices qui ont joué ce rôle. Il y a une observation à faire, c'est que jamais les douleurs de Camille, ni sa mort, n'ont fait répandre une larme.

<blockquote>Pour m'arracher des pleurs, il faut que vous pleuriez.</blockquote>

Mais Camille n'est que furieuse. »

(VOLTAIRE.)

27. *Dedans* ne s'emploie plus qu'adverbialement; au temps de Corneille il étoit indifféremment adverbe ou préposition.

28. « Cette scène a toujours paru dure et révoltante. Aristote remarque que la plus froide des catastrophes est celle dans laquelle on commet de sang-froid une action atroce qu'on a voulu commettre. » (VOLTAIRE.) En effet, Horace commet ce meurtre *par raison:*

   Ma patience à la raison fait place.

29. « *L'illustre colère et les généreux coups* sont une déclamation ironique. Racine a pourtant imité ce vers dans *Andromaque*, acte IV, sc. 5:

   Que peut-on refuser à ces généreux coups ? »
   (VOLTAIRE.)

30. Corneille affoiblit ici, en la reproduisant, l'idée exprimée par Curiace, acte II, sc. 3. *Voyez* p. 115.

31.   Cruel auteur des troubles de mon âme,
      Que la pitié retarde un peu tes pas.
      (J.-B. ROUSSEAU, *Cantate de Circé.*)

32. « *Devient réduite* n'est pas françois. On devient foible, malheureux, hardi, timide, etc.; mais on ne devient pas *forcé à, réduit à.* »   (VOLTAIRE.)

33. Corneille a déjà dit, acte II, sc. 7:

   Et ce n'est qu'en fuyant qu'on pare de tels coups.

ACTE CINQUIÈME (p. 145).

1. « Corneille, dans son jugement sur *Horace*, s'exprime ainsi: *Tout ce cinquième acte est encore une des causes du peu de satisfaction que laisse cette tragédie; il est tout en plaidoyers*, etc. Après un si noble aveu, il ne faut parler de la pièce que pour rendre hommage au génie d'un homme assez grand pour se condamner lui-même. Si j'ose ajouter quelque chose, c'est qu'on trouvera de beaux détails dans ces plaidoyers. Il est vrai que cette pièce n'est pas régulière, qu'il y a en effet trois tragédies absolument distinctes: la victoire d'Horace, la mort de Camille, et le procès d'Horace. C'est imiter, en quelque façon, le défaut qu'on reproche à la scène angloise et à l'espagnole; mais les scènes d'Horace, de Curiace et du vieil Horace sont d'une si grande beauté, qu'on reverra toujours ce poëme avec plaisir, quand il se trouvera des acteurs qui auront assez de talent pour faire sentir ce qu'il y a d'excellent, et faire pardonner ce qu'il y a de défectueux. »
   (VOLTAIRE.)

2. Voltaire critique ce vers, et prétend que les plaisirs ne

vont point. La Fontaine pensoit différemment, et il a emprunté à ses souvenirs de Corneille ce vers charmant (liv. VI, fab. 21):

> La perte d'un époux ne va pas sans soupirs.

3. « Une action est honteuse, mais la main ne l'est pas; elle est souillée, coupable. » (VOLTAIRE.) Chicane antipoétique.

4. *Dont*, par lesquelles. *Interessé*, voyez plus bas, note 7.

5. Imité par La Fontaine (liv. I, fab. 7):

> On se voit d'un autre œil qu'on ne voit son prochain.

6. En rapprochant ce vers de celui qui termine la tirade:

> Et je doute comment vous portez cette mort,

on voit que dans la langue de Corneille, *comme* et *comment* avoient tous deux le sens de *quomodo*, et que *porter* valoit autant que *souffrir* et *supporter*.

7. *Dans leur intérêt* ne signifie pas *à leur profit*, mais dans *leur affliction*. C'est dans le même sens qu'il faut comprendre ces deux vers du *Cid*, acte II, sc. 3 :

> Chimène est généreuse, et, quoique intéressée,
> Elle ne peut souffrir une basse pensée.

8. « Il faut avouer que ce Valère fait là un fort mauvais personnage. » (VOLTAIRE.) Oui, mais sa poursuite amène une admirable scène.

9. Même ellipse que dans *le roi ne sait que c'est*. (Acte IV, sc. 2, p. 675.)

10. « C'est la loi de l'unité de lieu qui force ici l'auteur à suivre le procès d'Horace dans sa propre maison, ce qui n'est ni convenable ni vraisemblable. » (VOLTAIRE.)

11. Voici l'exemple d'un de ces sophismes si familiers à la passion, qui conclut toujours du particulier au général. Le vieil Horace le réfutera victorieusement en disant :

> On craint qu'après sa sœur il n'en maltraite d'autres;
> Sire, nous n'avons part qu'à la honte des nôtres, etc.

12. Inversion forcée.

13. Valère oublie le meurtre de Rémus par Romulus, que Tulle rappelle fort à propos :

> Que Rome dissimule
> Ce que, dès sa naissance, elle vit en Romule;
> Elle peut bien souffrir en son libérateur
> Ce qu'elle a bien souffert en son premier auteur.

14. « Ces vers sont beaux parce qu'ils sont vrais et bien écrits. » (VOLTAIRE.)

15. *Congé*, permission. Le sens de ce mot s'est restreint

certaines permissions, et s'est étendu à certains ordres; d'où *congédier*.

16. Assez d'autres viendront, à mes ordres soumis,
Se couvrir des lauriers qui vous furent promis.
(RACINE, *Iphigénie*, acte IV, sc. 6.)

17. « Ces subtilités de Sabine jettent beaucoup de froid sur cette scène. On est las de voir une femme qui a toujours eu une douleur étudiée, qui a proposé à Horace de la tuer afin que Curiace la vengeât, et qui maintenant veut qu'on la fasse mourir pour Horace, parce que *Horace vit en elle.* »
(VOLTAIRE.)

18. Voltaire a transporté ce vers dans *la Mort de César* :

Satisfaire en tombant aux mânes de Crassus.

Et l'abbé du Jarry l'avoit imité dans une ode, en parlant *des chênes élevés* qui

Satisfont en tombant aux vents qu'ils ont bravés.

19. « Cela n'est pas vrai. Sabine, qui veut mourir pour Horace, n'a point montré d'horreur pour lui. » (VOLTAIRE.)

20. Telle étoit, en effet, à Rome, l'autorité du père de famille.

21. *Voyez* p. 176, note 9.

22. Racine a surpassé ces vers en les imitant, *Iphigénie*, acte IV, sc. 6 :

Eh! qui vous a chargé du soin de ma famille?
Ne pourrai-je, sans vous, disposer de ma fille?

23. Corneille a déjà fait allusion à ce préjugé des anciens dans ce vers du *Cid* (acte II, sc. 1) :

Avec tous vos lauriers, craignez encor le foudre;

et il y est revenu dans *Sophonisbe*, acte III, sc. 4, où il dit :

Afin que vos lauriers me sauvent du tonnerre,
Allez aux dieux du ciel joindre ceux de la terre.

24. Il n'y a ni en françois, ni en aucune langue, de plus beaux vers que toute cette tirade. Disons, avec madame de Sévigné : « Vive donc notre vieux Corneille! »

25. *Voyez* sur ces vers la note 11, p. 172. — « Quoiqu'en effet tout ce cinquième acte ne soit qu'un plaidoyer hors d'œuvre, et dans lequel personne ne craint pour l'accusé, cependant il y a de temps en temps des maximes profondes, nobles, justes, qu'on écoutoit autrefois avec grand plaisir. » (VOLTAIRE.)

26. Pascal avoit noté ce passage, qui se trouve dans ses *Pensées* : « Il faut plaire aux esprits bien faits. »

27. « *Force* s'emploie au pluriel pour les forces du corps, pour celles d'un État, mais non pour un discours. *Plus* est une faute. » (VOLTAIRE.) *Plus* n'est pas une faute. Nos anciens

avoient le droit d'exprimer ainsi le superlatif, et Racine a pu dire dans *Bajazet*, acte III, sc. 2 :

> Chargeant de mon débris les reliques plus chères,

pour les *plus chères reliques*.

28. Ces vers valent mieux que ceux de *Nicomède* (acte I, sc. 1) :—

> Trois sceptres à son trône attachés par mon bras,
> Parleront au lieu d'elle, *et ne se tairont pas*.

29. Ici Corneille suit tout le mouvement, et reproduit quelques expressions d'une admirable strophe de Malherbe dans son *Ode à Marie de Médicis* :

> Apollon à portes ouvertes
> Laisse indifféremment cueillir
> Les belles feuilles toujours vertes
> Qui gardent les noms de vieillir ;
> Mais l'art d'en faire des couronnes
> N'est pas su de toutes personnes ;
> Et trois ou quatre seulement,
> Au nombre desquels on me range,
> Peuvent donner une louange
> Qui demeure éternellement.

30. Tulle réfute ici un des arguments de Valère, qui avoit dit, dans son plaidoyer :

> En ce lieu Rome a vu le premier parricide,
> La suite en est à craindre, etc.

Voyez plus haut, p. 176, note 13.

31. Souvenir de l'historien Florus : « Virtus parricidam abstulit et scelus intra gloriam fuit. » — La valeur emporta le parricide et la gloire, voilà le crime.

32. Il faudroit, dit Palissot, *ressentiment ;* mais dans la langue de Corneille, *ressentiment* n'impliquoit pas l'idée de colère, et s'appliquoit au souvenir du bienfait comme de l'injure.

33. Voltaire, dans le commentaire de *Polyeucte* (acte I sc. 4), à propos de ce vers :

> Le destin aux grands cœurs si souvent *mal propice*,

critique cette expression, et dit à tort qu'il faudroit *peu propice*. *Mal propice* est synonyme de *contraire*.

34. Ce vers, obscur à la lecture, est fort clair au théâtre, où l'acteur, en prononçant le mot *le*, désigne du geste Horace auquel il s'applique.

35. Corneille a retranché ce monologue, qui ramenoit inutilement la pensée sur Camille, déjà oubliée du spectateur.

36. *Succès* a ici le sens primitif de *résultat*. Ce n'est que plus tard que le sens de ce mot a été limité à celui de *réussite*.

EXAMEN D'HORACE.

C'est une croyance assez générale que cette pièce pourroit passer pour la plus belle des miennes, si les derniers actes répondoient aux premiers. Tous veulent que la mort de Camille en gâte la fin, et j'en demeure d'accord; mais je ne sais si tous en savent la raison. On l'attribue communément à ce qu'on voit cette mort sur la scène; ce qui seroit plutôt la faute de l'actrice que la mienne, parce que, quand elle voit son frère mettre l'épée à la main, la frayeur, si naturelle au sexe, lui doit faire prendre la fuite, et recevoir le coup derrière le théâtre, comme je le marque dans cette impression. D'ailleurs, si c'est une règle de ne le point ensanglanter, elle n'est pas du temps d'Aristote, qui nous apprend que pour émouvoir puissamment il faut de grands déplaisirs, des blessures et des morts en spectacle. Horace ne veut pas que nous y hasardions des événements trop dénaturés, comme de Médée qui tue ses enfants; mais je ne vois pas qu'il en fasse une règle générale pour toutes sortes de morts, ni que l'emportement d'un homme passionné pour sa patrie contre une sœur qui la maudit en sa présence avec des imprécations horribles, soit de même nature que la cruauté de cette mère. Sénèque l'expose aux yeux du peuple, en dépit d'Horace; et, chez Sophocle, Ajax ne se cache point aux spectateurs lorsqu'il se tue. L'adoucissement que j'apporte dans le second de ces discours[1] pour rectifier la mort de Clytemnestre, ne peut être propre ici à celle de Camille. Quand elle s'enferreroit d'elle-même par désespoir en voyant son frère l'épée à la main, ce frère ne laisseroit pas d'être criminel de l'avoir tirée contre elle, puisqu'il n'y a point de troisième personne sur le théâtre à qui il pût adresser le coup qu'elle recevroit, comme peut faire Oreste à Égisthe. D'ailleurs,

---

[1]. Corneille parle ici des trois discours, *sur le poëme dramatique, sur la tragédie, sur les trois unités*, dans lesquels il se montre critique supérieur. Voici le passage auquel il fait allusion : « Pour rectifier ce sujet à notre mode, il faudroit qu'Oreste n'eût dessein que contre Égisthe; qu'un reste de tendresse respectueuse pour sa mère lui en fît remettre la punition aux dieux; que cette reine s'opiniâtrât à la protection de son adultère, et qu'elle se mît entre son fils et lui, si malheureusement, qu'elle reçût le coup que ce prince voudroit porter à cet assassin de son père; ainsi elle mourroit de la main de son fils sans que la barbarie d'Oreste nous fît horreur. » — Voltaire a mis ce conseil à profit pour sa tragédie d'*Oreste*.

l'histoire est trop connue pour retrancher le péril qu'il court d'une mort infâme après l'avoir tuée, et la défense que lui prête son père pour obtenir sa grâce n'auroit plus de lieu, s'il demeuroit innocent. Quoi qu'il en soit, voyons si cette action n'a pu causer la chute de ce poëme[1] que par là, et si elle n'a point d'autre irrégularité que de blesser les yeux.

Comme je n'ai point accoutumé de dissimuler mes défauts, j'en trouve ici deux ou trois assez considérables. Le premier est que cette action, qui devient la principale de la pièce, est momentanée, et n'a point cette juste grandeur que lui demande Aristote, et qui consiste en un commencement, un milieu, et une fin. Elle surprend tout d'un coup; et toute la préparation que j'y ai donnée par la peinture de la vertu farouche d'Horace, et par la défense qu'il fait à sa sœur de regretter qui que ce soit de lui ou de son amant[2] qui meure au combat, n'est point suffisante pour faire attendre un emportement si extraordinaire, et servir de commencement à cette action.

Le second défaut est que cette mort fait une action double par le second péril où tombe Horace après être sorti du premier. L'unité de péril d'un héros dans la tragédie fait l'unité d'action; et quand il en est garanti, la pièce est finie, si ce n'est que la sortie même de ce péril l'engage si nécessairement dans un autre, que la liaison et la continuité des deux n'en fasse qu'une action; ce qui n'arrive point ici, où Horace revient triomphant sans aucun besoin de tuer sa sœur, ni même de parler à elle, et l'action seroit suffisamment terminée à sa victoire. Cette chute d'un péril en l'autre, sans nécessité, fait ici un effet d'autant plus mauvais, que d'un péril public, où il y va de tout l'État, il tombe en un péril particulier, où il n'y va que de sa vie; et, pour dire encore plus, d'un péril illustre, où il ne peut succomber que glorieusement, en un péril infâme, dont il ne peut sortir sans tache. Ajoutez, pour troisième imperfection, que Camille, qui ne tient que le second rang dans les trois premiers actes, et y laisse le premier à Sabine, prend le premier en ces deux derniers, où cette Sabine n'est plus considérable; et qu'ainsi s'il y a égalité dans les mœurs, il n'y en a point dans la dignité des personnages, où se doit étendre ce précepte d'Horace:

Servetur ad imum
Qualis ab incepto processerit, et sibi constet.

Ce défaut en Rodelinde a été une des principales causes de

---

[1]. Combien de poëmes voudroient être tombés comme *Horace!* Corneille se pouvoit employer ce mot en parlant d'un chef-d'œuvre.
[2]. Ne me reprochez point la mort de votre amant.
(Acte II, sc. 4.)

mauvais succès de *Pertharite*[1], et je n'ai point encore vu sur nos théâtres cette inégalité de rang en un même acteur, qui n'ait produit un très-méchant effet. Il seroit bon d'en établir une règle inviolable.

Du côté du temps, l'action n'est point trop pressée et n'a rien qui ne me semble vraisemblable. Pour le lieu, bien que l'unité y soit exacte, elle n'est pas sans quelque contrainte. Il est constant qu'Horace et Curiace n'ont point de raison de se séparer du reste de la famille pour commencer le second acte; et c'est une adresse de théâtre de n'en donner aucune, quand on n'en peut donner de bonnes. L'attachement de l'auditeur à l'action présente, souvent ne lui permet pas de descendre à l'examen sévère de cette justesse, et ce n'est pas un crime que de s'en prévaloir pour l'éblouir, quand il est malaisé de le satisfaire.

Le personnage de Sabine est assez heureusement inventé, et trouve sa vraisemblance aisée dans le rapport à l'histoire, qui marque assez d'amitié et d'égalité entre les deux familles pour avoir pu faire cette double alliance.

Elle ne sert pas davantage à l'action, que l'infante à celle du *Cid*, et ne fait que se laisser toucher diversement, comme elle, à la diversité des événements. Néanmoins, on a généralement approuvé celle-ci et condamné l'autre. J'en ai cherché la raison, et j'en ai trouvé deux : l'une est la liaison des scènes, qui semble, s'il m'est permis de parler ainsi, incorporer Sabine dans cette pièce; au lieu que, dans le *Cid*, toutes celles de l'infante sont détachées et paroissent hors d'œuvre :

Tantum series juncturaque pollet.

L'autre, qu'ayant une fois posé Sabine pour femme d'Horace, il est nécessaire que tous les incidents de ce poëme lui donnent les sentiments qu'elle en témoigne avoir, par l'obligation qu'elle a de prendre intérêt à ce qui regarde son mari et ses frères; mais l'infante n'est point obligée d'en prendre aucun en ce qui touche le Cid; et si elle a quelque inclination secrète pour lui, il n'est point besoin qu'elle en fasse rien paroître, puisqu'elle ne produit aucun effet[2].

L'oracle qui est proposé au premier acte trouve son vrai sens à la conclusion du cinquième. Il semble clair d'abord, et porte l'imagination à un sens contraire; et je les aimerois

---

[1]. Il y en a bien d'autres, hélas! et qui ne justifient que trop la chute de ce *Pertharite*, dont Corneille fut inconsolable.

[2]. Corneille oublie que l'amour de l'infante donne du relief à Rodrigue, et sert d'excuse à Chimène.

mieux de cette sorte sur nos théâtres, que ceux qu'on fait entièrement obscurs, parce que la surprise de leur véritable effet en est plus belle. J'en ai usé ainsi encore dans l'*Andromède* et dans l'*OEdipe*. Je ne dis pas la même chose des songes, qui peuvent faire encore un grand ornement dans la protase, pourvu qu'on ne s'en serve pas souvent. Je voudrois qu'ils eussent l'idée de la fin véritable de la pièce, mais avec quelque confusion qui n'en permit pas l'intelligence entière. C'est ainsi que je m'en suis servi deux fois, ici et dans *Polyeucte*, mais avec plus d'éclat et d'artifice dans ce dernier poëme, où il marque toutes les particularités de l'événement, qu'en celui-ci, où il ne fait qu'exprimer une ébauche tout à fait informe de ce qui doit arriver de funeste.

Il passe pour constant que le second acte est un des plus pathétiques qui soient sur la scène, et le troisième un des plus artificieux ; il est soutenu de la seule narration de la moitié du combat des trois frères, qui est coupée très-heureusement pour laisser Horace le père dans la colère et le déplaisir, et lui donner ensuite un beau retour à la joie dans le quatrième. Il a été à propos, pour le jeter dans cette erreur, de se servir de l'impatience d'une femme qui suit brusquement sa première idée, et présume le combat achevé, parce qu'elle a vu deux Horaces par terre, et le troisième en fuite. Un homme, qui doit être plus posé et plus judicieux, n'eût pas été propre à donner cette fausse alarme ; il eût dû prendre plus de patience, afin d'avoir plus de certitude de l'événement, et n'eût pas été excusable de se laisser emporter si légèrement, par les apparences, à présumer le mauvais succès d'un combat dont il n'eût pas vu la fin.

Bien que le roi n'y paroisse qu'au cinquième, il y est mieux dans sa dignité que dans le *Cid*, parce qu'il a intérêt pour tout son État dans le reste de la pièce ; et, bien qu'il n'y parle point, il ne laisse pas d'y agir comme roi. Il vient aussi dans ce cinquième comme roi qui veut honorer par cette visite un père dont les fils lui ont conservé sa couronne, et acquis celle d'Albe au prix de leur sang. S'il y fait l'office de juge, ce n'est ue par accident ; et il le fait dans ce logis même d'Horace, ar la seule contrainte qu'impose la règle de l'unité de lieu. out ce cinquième est encore une des causes du peu de satisaction que laisse cette tragédie : il est tout en plaidoyers ; et ce n'est pas là la place des harangues ni des longs discours : ils peuvent être supportés en un commencement de pièce, où l'action n'est pas encore échauffée ; mais le cinquième acte doit plus agir que discourir. L'attention de l'auditeur, déjà lassée, se rebute de ces conclusions qui traînent et tirent la fin en longueur.

Quelques-uns ne veulent pas que Valère y soit un digne accusateur d'Horace, parce que, dans la pièce, il n'a pas fait voir assez de passion pour Camille; à quoi je réponds que ce n'est pas à dire qu'il n'en eût une très-forte, mais qu'un amant mal voulu ne pouvoit se montrer de bonne grâce à sa maîtress dans le jour qui la rejoignoit à un amant aimé. Il n'y avoit point de place pour lui au premier acte, et encore moins au second : il falloit qu'il tînt son rang à l'armée pendant le troisième ; et il se montre au quatrième, sitôt que la mort de son rival fait quelque ouverture à son espérance : il tâche à gagner les bonnes grâces du père par la commission qu'il prend du roi de lui apporter les glorieuses nouvelles de l'honneur que ce prince lui veut faire; et, par occasion, il lui apprend la victoire de son fils, qu'il ignoroit. Il ne manque pas d'amour durant les trois premiers actes, mais d'un temps propre à le témoigner; et, dès la première scène de la pièce, il paroît bien qu'il rendoit assez de soins à Camille, puisque Sabine s'en alarme pour son frère. S'il ne prend pas le procédé de France, il faut considérer qu'il est Romain, et dans Rome, où il n'auroit pu entreprendre un duel contre un autre Romain sans faire un crime d'État, et que j'en aurois fait un de théâtre si j'avois habillé un Romain à la françoise.

FIN.

CINNA

ou

LA CLÉMENCE D'AUGUSTE

TRAGÉDIE DE P. CORNEILLE

— 1639 —

« Quoique j'aie osé trouver des défauts dans *Cinna*, j'oserois dire à Corneille : Je souscris à l'avis de ceux qui mettent cette pièce au-dessus de tous vos autres ouvrages; je suis frappé de la noblesse, des sentiments vrais, de la force, de l'éloquence, des grands traits de cette tragédie. Il y a peu de cette emphase et de cette enflure qui n'est qu'une grandeur fausse. Le récit que fait Cinna au premier acte, la délibération d'Auguste, plusieurs traits d'Æmilie, et enfin la dernière scène, sont des beautés de tous les temps, et des beautés supérieures. Quand je vous compare surtout aux contemporains qui osoient alors produire leurs ouvrages à côté des vôtres, je lève les épaules, et je vous admire comme un être à part. Qui étoient ces hommes qui vouloient courir la même carrière que vous? Tristan, la Case, Grenaille, Rosiers, Boyer, Colletet, Gaulmin, Gillet, Provais, la Ménardière, Magnon, Picou, de Brosse. J'en nommerois cinquante dont pas un n'est connu, ou dont les noms ne se prononcent qu'en riant. C'est au milieu de cette foule que vous vous éleviez au delà des bornes connues de l'art. Vous deviez avoir autant d'ennemis qu'il y avoit de mauvais écrivains; et tous les bons esprits devoient être vos admirateurs. Si j'ai trouvé des taches dans *Cinna*, ces défauts mêmes auroient été de très-grandes beautés dans les écrits de vos pitoyables adversaires. Je n'ai remarqué ces défauts que pour la perfection d'un art dont je vous regarde comme le créateur. »   (VOLTAIRE.)

ÉPITRE DE CORNEILLE

A MONSIEUR DE MONTAURON[1]

Monsieur,

Je vous présente un tableau d'une des plus belles actions d'Auguste. Ce monarque étoit tout généreux, et sa générosité n'a jamais paru avec tant d'éclat que dans les effets de sa clémence et de sa libéralité. Ces deux rares vertus lui étoient si naturelles, et si inséparables en lui, qu'il semble qu'en cette histoire que j'ai mise sur notre théâtre, elles se soient tour à tour entre-produites dans son âme. Il avoit été si libéral envers Cinna, que sa conjuration ayant fait voir une ingratitude extraordinaire, il eut besoin d'un extraordinaire effort de clémence pour lui pardonner; et le pardon qu'il lui donna fut la source des nouveaux bienfaits dont il lui fut prodigue, pour vaincre tout à fait cet esprit qui n'avoit pu être gagné par les premiers; de sorte qu'il est vrai de dire qu'il eût été moins clément envers lui s'il eût été moins libéral, et qu'il eût été moins libéral s'il eût été moins clément. Cela étant, à qui pourrois-je plus justement donner le portrait de l'une de ces héroïques vertus, qu'à celui qui possède l'autre en un si haut degré, puisque, dans cette action, ce grand prince les a si bien attachées et

---

[1]. Les Mémoires de Tallemant des Réaux nous apprennent que M. de Montauron avoit d'abord servi dans le régiment des Gardes, et qu'ensuite, après avoir été commis, puis intéressé dans la recette de Guienne, il avoit acheté la charge de receveur général de cette province. « Il étoit si magnifique en toute chose, qu'on l'appeloit *son Éminence gasconne.* »

comme unies l'une à l'autre, qu'elles ont été tout ensemble et la cause et l'effet l'une de l'autre? Vous avez des richesses, mais vous savez en jouir, et vous en jouissez d'une façon si noble, si relevée, et tellement illustre, que vous forcez la voix publique d'avouer que la fortune a consulté la raison quand elle a répandu ses faveurs sur vous, et qu'on a plus de sujet de vous en souhaiter le redoublement que de vous en envier l'abondance. J'ai vécu si éloigné de la flatterie, que je pense être en possession de me faire croire quand je dis du bien de quelqu'un; et lorsque je donne des louanges, ce qui m'arrive assez rarement, c'est avec tant de retenue, que je supprime toujours quantité de glorieuses vérités, pour ne me rendre pas suspect d'étaler de ces mensonges obligeants que beaucoup de nos modernes savent débiter de si bonne grâce. Aussi je ne dirai rien des avantages de votre naissance, ni de votre courage qui l'a si dignement soutenue dans la profession des armes à qui vous avez donné vos premières années; ce sont des choses trop connues de tout le monde. Je ne dirai rien de ce prompt et puissant secours que reçoivent chaque jour de votre main tant de bonnes familles ruinées par les désordres de nos guerres; ce sont des choses que vous voulez tenir cachées. Je dirai seulement un mot de ce que vous avez particulièrement de commun avec Auguste[1]: c'est que cette générosité qui compose la meilleure partie de votre âme et règne sur l'autre, et qu'à juste titre on peut nommer l'âme de votre âme, puisqu'elle en fait mouvoir toutes les puissances; c'est, dis-je, que cette générosité, à l'exemple de ce grand empereur, prend plaisir à s'étendre sur les gens de lettres, en un temps où beaucoup pensent avoir trop récompensé leurs travaux quand ils les ont honorés d'une louange stérile. Et certes, vous avez traité quelques-unes

---

1. La comparaison de Montauron à Auguste paroîtroit aujourd'hui très-déplacée; mais un usage vicieux, dont alors on ne sentoit pas le ridicule, avoit introduit ces comparaisons dans presque toutes les dédicaces   (PALISSOT.)

de nos muses avec tant de magnanimité, qu'en elles vous avez obligé toutes les autres, et qu'il n'en est point qui ne vous en doive un remercîment. Trouvez donc bon, Monsieur, que je m'acquitte de celui que je reconnois vous en devoir, par le présent que je vous fais de ce poëme, que j'ai choisi comme le plus durable des miens, pour apprendre plus longtemps à ceux qui le liront que le généreux M. de Montauron, par une libéralité inouïe en ce siècle, s'est rendu toutes les muses redevables, et que je prends tant de part aux bienfaits dont vous avez surpris quelques-unes d'elles, que je m'en dirai toute ma vie,

Monsieur,

Votre très-humble et très-obligé
serviteur,

P. CORNEILLE.

EXTRAIT
DU LIVRE DE SÉNÈQUE LE PHILOSOPHE
DONT LE SUJET DE CINNA EST TIRÉ.

Seneca, *de Clementia*, lib. 1, cap. 9.[1]

Divus Augustus fuit mitis princeps, si quis illum a principatu suo æstimare incipiat. In communi quidem republica gladium movit : quum hoc ætatis esset quod tu nunc es[2], duodevicesimum egressus annum, jam pugiones in sinu amicorum absconderat, jam insidiis M. Antonii consulis latus petierat, jam fuerat collega proscriptionis : sed quum annum quadragesimum transisset, et in Gallia moraretur[3], delatum est ad eum indicium, L. Cinnam[4], stolidi ingenii virum, insidias ei struere. Dictum est et ubi, et quando, et quemadmodum aggredi vellet : unus ex consciis deferebat. Constituit se ab eo vindicare; consilium amicorum advocari jussit.

Nox illi inquieta erat, quum cogitaret adolescentem nobilem, hoc detracto, integrum, Cn. Pompeii nepotem[5] damnandum. Jam unum hominem occidere non poterat, quum M. Antonio proscriptionis edictum inter cœnam dictarat. Gemens subinde voces emittebat varias, et inter se contrarias : « Quid ergo ? ego « percussorem meum securum ambulare patiar, me sollicito ? « Ergo non dabit pœnas, qui tot civilibus bellis frustra petitum « caput, tot navalibus, tot pedestribus præliis incolume, post-« quam terra marique pax parta est, non occidere constituit, sed « immolare ? » nam sacrificantem placuerat adoriri. Rursus silentio interposito, majore multo voce sibi quam Cinnæ irascebatur : « Quid vivis, si perire te tam multorum interest ? Quis « finis erit suppliciorum ? quis sanguinis ? Ego sum nobilibus « adolescentulis expositum caput, in quod mucrones acuant. « Non est tanti vita, si, ut ego non peream, tam multa per-

---

1. L'aventure de Cinna laisse quelque doute. Il se peut que ce soit une fiction de Sénèque, ou du moins qu'il ait ajouté beaucoup à l'histoire. C'est une chose bien étonnante que Suétone, qui entre dans tous les détails de la vie d'Auguste, passe sous silence un acte de clémence qui feroit tant d'honneur à cet empereur, et qui seroit la plus mémorable de ses actions. (Voltaire.)

2. L'ouvrage de Sénèque d'où est tiré ce récit est adressé à l'empereur Néron.

3. L'an de Rome 738. Auguste étoit alors âgé de 48 ans. Dion Cassius, qui rapporte la même anecdote (liv. iv, ch. 14-22), dit que la chose arriva dans Rome, l'an 757. Corneille a suivi Dion pour le lieu de la scène; mais pour la date il s'en rapporte à Sénèque, puisqu'il donne pour père à Æmilie, C. Toranius, qui fut proscrit par les triumvirs et périt, par leur ordre, l'an de Rome 711. Au reste, le poète, comme le remarque Palissot, n'est pas assujetti à l'ordre des temps comme un historien, et Corneille étoit bien le maître de raccourcir l'intervalle qui sépare les proscriptions d'Auguste de la conjuration de Cinna.

4. Dion le nomme *Cneius Cornelius*.

5. Il étoit fils d'une fille de Pompée, et de Cornelius Faustus, fils du dictateur Sylla.

« denda sunt. » Interpellavit tandem illum Livia uxor, et,
« Admittis, inquit, muliebre consilium? Fac quod medici so-
« lent: qui ubi usitata remedia non procedunt, tentant contraria.
« Severitate nihil adhuc profecisti : Salvidienum Lepidus secu-
« tus est, Lepidum Muræna, Murænam Cæpio, Cæpionem Egna-
« tius, ut alios taceam, quos tantum ausos pudet : nunc tenta
« quomodo tibi cedat clementia. Ignosce L. Cinnæ. Deprehensus
« est; jam nocere tibi non potest, prodesse famæ tuæ potest. »
Gavisus, sibi quod advocatum invenerat, uxori quidem gratias
egit : renuntiari autem extemplo amicis quos in consilium roga-
verat imperavit, et Cinnam unum ad se arcessit; dimissisque
omnibus e cubiculo, quum alteram Cinnæ poni cathedram jussis-
set, « Hoc, inquit, primum a te peto, ne me loquentem interpel-
« les, ne medio sermone meo proclames; dabitur tibi loquendi
« liberum tempus. Ego te, Cinna, quum in hostium castris in-
« venissem, non factum tantum mihi inimicum, sed natum, ser-
« vari; patrimonium tibi omne concessi. Hodie tam felix es et
« tam dives, ut victo victores invideant. Sacerdotium tibi petenti,
« præteritis compluribus quorum parentes mecum militaverant,
« dedi. Quum sic de te meruerim, occidere me constituisti ! »
Quum ad hanc vocem exclamasset, procul hanc ab se abesse
dementiam : « Non præstas, inquit, fidem, Cinna; convenerat
« ne interloquereris. Occidere, inquam, me paras. » Adjecit
locum, socios, diem, ordinem insidiarum, cui commissum esset
ferrum. Et quum defixum videret, nec ex conventione jam, sed
ex conscientia tacentem : « Quo, inquit, hoc animo facis? Ut
« ipse sis princeps? Male mehercule cum populo romano agi-
« tur, si tibi ad imperandum nihil præter me obstat. Domum
« tueri tuam non potes; nuper libertini hominis gratia in privato
« judicio superatus es. Adeo nihil facilius putas quam contra
« Cæsarem advocare? Cedo, si spes tuas solus impedio, Paul-
« lusne te, et Fabius Maximus, et Cossi, et Servilii ferent, tan-
« tumque agmen nobilium, non inania nomina præferentium,
« sed eorum qui imaginibus suis decori sunt? » Ne, totam ejus
orationem repetendo, magnam partem voluminis occupem, diu-
tius enim quam duabus horis locutum esse constat, quum hanc
pœnam qua sola erat contentus futurus, extenderet : « Vitam
« tibi, inquit, Cinna, iterum do, prius hosti, nunc insidiatori ac
« parricidæ. Ex hodierno die inter nos amicitia incipiat. Conten-
« damus, utrum ego meliore fide vitam tibi dederim, an tu de-
« beas. » Post hæc detulit ultro consulatum[1], questus quod non
auderet petere; amicissimum fidelissimumque habuit; hæres solus fuit illi; nullis amplius insidiis ab ullo petitus est[2].

1. Cinna fut consul l'an de Rome 758.

2. C'est surtout dans ses deux derniers actes que Corneille a imité et embelli ce chapitre de Sénèque. Tout en admirant le récit intéressant et dramatique du philosophe latin, je crois qu'après avoir vu combien notre grand poète s'est élevé au-dessus de lui, combien il est original dans ses imitations, on ne sera pas tenté de dire avec Diderot : « Je ne connais point d'auteur moderne qui ait plus d'analogie avec un auteur ancien, que Corneille avec Sénèque. »

EXTRAIT
DES ESSAIS DE MONTAIGNE
(Liv. I, ch. 23[1]).

L'empereur Auguste, estant en la Gaule, receut certain advertissement d'une coniuration que luy brassoit L. Cinna : il delibera de s'en venger, et manda pour cet effect au lendemain le conseil de ses amis. Mais la nuict d'entre deux, il la passa avecques grande inquietude, considerant qu'il avoit à faire mourir un ieune homme de bonne maison et nepveu du grand Pompeius, et produisoit en se plaignant plusieurs divers discours: « Quoy doncques, disoit il, sera il vray que ie demeureray en « crainte et en alarme, et que ie lairray mon meurtrier se promener ce pendant à son ayse ? S'en ira il quitte, ayant assailly ma « teste, que i'ay sauvee de tant de guerres civiles, de tant de batailles par mer et par terre, et aprez avoir estably la paix universelle du monde ? sera il absoult, ayant deliberé non de me meurtrir seulement, mais de me sacrifier ? » car la coniuration estoit faicte de le tuer comme il feroit quelque sacrifice. Aprez cela, s'estant tenu coy quelque espace de temps, il recommenceoit d'une voix plus forte, et s'en prenoit à soy mesme : « Pourquoi « vis tu, s'il importe à tant de gents que tu meures ? n'y aura-il « point de fin à tes vengeances et à tes cruautez ? Ta vie vault-elle « que tant de dommage se face pour la conserver ? » Livia, sa femme, le sentant en ces angoisses : « Et les conseils des femmes « y seront ils receus ? luy dict elle : fay ce que font les medecins; « quand les receptes accoustumées ne peuvent servir, ils en essayent « de contraires. Par severité, tu n'as iusques à cette heure rien « proufité; Lepidus a suyvi Salvidienus; Murena, Lepidus; Caepio, « Murena; Egnatius, Caepio : commence à experimenter comment « te succederont la doulceur et la clemence. Cinna est convaincu, « pardonne luy : de te nuire desormais, il ne pourra, et proufitera à ta gloire. » Auguste feut bien ayse d'avoir trouvé un advocat de son humeur; et, ayant remercié sa femme, et contremandé ses amis qu'il avoit assignez au conseil, commanda qu'on feist venir à luy Cinna tout seul : et ayant faict sortir tout le monde de sa chambre, et faict donner un siege à

---

1. Cet extrait de Montaigne se trouve dans la première édition de *Cinna*, à suite du passage de Sénèque, auquel il peut servir de traduction.

Cinna, il luy parla en ceste maniere : « En premier lieu, ie
« te demande, Cinna, paisible audience; n'interromps pas
« mon parler; ie te donray temps et loisir d'y respondre. Tu
« sçais, Cinna, que t'ayant prins au camp de mes ennemis, non
« seulement t'estant faict mon ennemy, mais estant nay tel, ie
« te sauvay, ie te meis entre mains touts tes biens, et t'ai enfin
« rendu si accommodé et si aysé, que les victorieux sont envieux
« de la condition du vaincu : l'office du sacerdoce que tu me de-
« mandas, ie te l'octroyay, l'ayant refusé à d'aultres, desquels les
« peres avoyent tousiours combattu avecques moy. T'ayant si fort
« obligé, tu as entreprins de me tuer. » A quoy Cinna s'estant
escrié qu'il estoit bien esloingné d'une si meschante pensée : « Tu
« ne me tiens pas, Cinna, ce que tu m'avois promis, suyvit Au-
« guste; tu m'avois asseuré que ie ne seroy pas interrompu. Ouy,
« tu as entreprins de me tuer en tel lieu, tel iour, en telle com-
« paignie, et de telle façon. » Et le veoyant transi de ces nouvelles,
et en silence, non plus pour tenir le marché de se taire, mais
de la presse de sa conscience : « Pourquoy, adiousta il, le fais tu?
« Est ce pour estre empereur? Vrayement il va bien mal à la
« chose publique, s'il n'y a que moy qui t'empesche d'arriver à
« l'empire. Tu ne peulx pas seulement deffendre ta maison, et per-
« dis dernierement un procez par la faveur d'un simple libertin [1].
« Quoy! n'as tu moyen ny pouvoir en aultre chose qu'à entrepren-
« dre Cesar? Ie le quitte, s'il n'y a que moy qui empesche tes es-
« perances. Penses tu que Paulus, que Fabius, que les Cosseens
« et Serviliens te souffrent, et une si grande troupe de nobles, non
« seulement nobles de nom, mais qui par leur vertu honnorent
« leur noblesse? » Aprez plusieurs aultres propos (car il parla à luy
plus de deux heures entieres) : « Or va, luy dict il, ie te donne,
« Cinna, la vie à traistre et à parricide, que ie te donnay aultre-
« fois à ennemy : que l'amitié commence de ce iourd'huy entre
« nous : essayons qui de nous deux de meilleure foy, moy t'aye
« donné ta vie, ou tu l'ayes receue. » Et se despartit d'avecques
luy en cette maniere. Quelque temps aprez il luy donna le consulat, se plaignant de quoy il ne le luy avoit osé demander. Il l'eut
depuis pour fort amy, et feut seul faict par luy heritier de ses
biens. Or depuis cet accident, qui advint à Auguste au quaran-
tiesme an de son aage, il n'y eut iamais de coniuration ny d'en-
treprinse contre luy, et receut une iuste recompense de ceste
sienne clemence.

---

[1]. Du mot latin *libertinus*, qui signifie, non pas *fils d'affranchi*, comme on l'a cru longtemps, mais *affranchi*.

PERSONNAGES.

OCTAVE-CÉSAR-AUGUSTE, empereur de Rome.
LIVIE, impératrice.
CINNA [1], fils d'une fille de Pompée, chef de la conjuration contre Auguste.
MAXIME, autre chef de la conjuration.
ÆMILIE, fille de C. Toranius, tuteur d'Auguste, et proscrit par lui durant le triumvirat.
FULVIE, confidente d'Æmilie.
POLYCLÈTE, affranchi d'Auguste.
ÉVANDRE, affranchi de Cinna.
EUPHORBE, affranchi de Maxime.

— La scène est à Rome [2]. —

---

1. *Voyez* sur Cinna, et sur C. Toranius, père d'Æmilie, les notes des pag. 190 et 191.

2. Dans le palais d'Auguste. La moitié de la pièce, comme le dit Corneille lui-même dans son *Examen de Cinna*, se passe chez Æmilie, et l'autre dans le cabinet d'Auguste.

CINNA.

ACTE PREMIER.

*SCÈNE Ire.

ÆMILIE.

Impatients désirs d'une illustre vengeance
Dont la mort de mon père a formé la naissance²,
Enfants impétueux de mon ressentiment,
Que ma douleur séduite embrasse aveuglément,
Vous prenez sur mon âme un trop puissant empire³;
Durant quelques moments souffrez que je respire⁴,
Et que je considère, en l'état où je suis,
Et ce que je hasarde, et ce que je poursuis.
Quand je regarde Auguste, au milieu de sa gloire⁵,
Et que vous reprochez à ma triste mémoire
Que par sa propre main mon père massacré
Du trône où je le vois fait le premier degré;
Quand vous me présentez cette sanglante image,
La cause de ma haine et l'effet de sa rage,
Je m'abandonne toute à vos ardents transports,
Et crois, pour une mort, lui devoir mille morts.
Au milieu toutefois d'une fureur si juste,
J'aime encor plus Cinna que je ne hais Auguste,
Et je sens refroidir ce bouillant mouvement,
Quand il faut, pour le suivre, exposer mon amant⁶.
Oui, Cinna, contre moi moi-même je m'irrite,
Quand je songe aux dangers où je te précipite.
Quoique pour me servir tu n'appréhendes rien,
Te demander du sang, c'est exposer le tien⁷ :

* *Voir*, à la fin de la pièce, *les Notes et les Variantes.*

D'une si haute place on n'abat point de têtes,
Sans attirer sur soi mille et mille tempêtes;
L'issue en est douteuse, et le péril certain :
Un ami déloyal peut trahir ton dessein;
L'ordre mal concerté, l'occasion mal prise,
Peuvent sur son auteur renverser l'entreprise³,
Tourner sur toi les coups dont tu le veux frapper;
Dans sa ruine même il peut t'envelopper;
Et, quoi qu'en ma faveur ton amour exécute,
Il te peut, en tombant, écraser sous sa chute⁹.
Ah! cesse de courir à ce mortel danger;
Te perdre en me vengeant, ce n'est pas me venger.
Un cœur est trop cruel quand il trouve des charmes
Aux douceurs que corrompt l'amertume des larmes;
Et l'on doit mettre au rang des plus cuisants malheurs
La mort d'un ennemi qui coûte tant de pleurs.

Mais peut-on en verser alors qu'on venge un père?
Est-il perte à ce prix qui ne semble légère?
Et, quand son assassin tombe sous notre effort,
Doit-on considérer ce que coûte sa mort?
Cessez, vaines frayeurs, cessez, lâches tendresses,
De jeter dans mon cœur vos indignes foiblesses;
Et toi qui les produis par tes soins superflus,
Amour, sers mon devoir, et ne le combats plus :
Lui céder, c'est ta gloire; et le vaincre, ta honte :
Montre-toi généreux, souffrant qu'il te surmonte;
Plus tu lui donneras, plus il te va donner,
Et ne triomphera que pour te couronner.

SCÈNE II.
ÆMILIE, FULVIE.

ÆMILIE.

Je l'ai juré, Fulvie, et je le jure encore,
Quoique j'aime Cinna, quoique mon cœur l'adore,
S'il me veut posséder, Auguste doit périr;
Sa tête est le seul prix dont il peut m'acquérir.
Je lui prescris la loi que mon devoir m'impose.

FULVIE.

Elle a pour la blâmer une trop juste cause;
Par un si grand dessein vous vous faites juger
Digne sang de celui que vous voulez venger

Mais encore une fois souffrez que je vous die
Qu'une si juste ardeur devroit être attiédie [1].
Auguste chaque jour, à force de bienfaits,
Semble assez réparer les maux qu'il vous a faits;
Sa faveur envers vous paroît si déclarée,
Que vous êtes chez lui la plus considérée;
Et de ses courtisans souvent les plus heureux
Vous pressent à genoux de lui parler pour eux [2].

ÆMILIE.

Toute cette faveur ne me rend pas mon père;
Et de quelque façon que l'on me considère,
Abondante en richesse, ou puissante en crédit,
Je demeure toujours la fille d'un proscrit.
Les bienfaits ne font pas toujours ce que tu penses;
D'une main odieuse, ils tiennent lieu d'offenses :
Plus nous en prodiguons à qui nous peut haïr,
Plus d'armes nous donnons à qui nous veut trahir.
Il m'en fait chaque jour sans changer mon courage;
Je suis ce que j'étois, et je puis davantage,
Et des mêmes présents qu'il verse dans mes mains
J'achète contre lui les esprits des Romains;
Je recevrois de lui la place de Livie
Comme un moyen plus sûr d'attenter à sa vie.
Pour qui venge son père il n'est point de forfaits,
Et c'est vendre son sang que se rendre aux bienfaits.

FULVIE.

Quel besoin toutefois de passer pour ingrate?
Ne pouvez-vous haïr sans que la haine éclate?
Assez d'autres sans vous n'ont pas mis en oubli
Par quelles cruautés son trône est établi;
Tant de braves Romains, tant d'illustres victimes,
Qu'à son ambition ont immolés ses crimes,
Laissent à leurs enfants d'assez vives douleurs
Pour venger votre perte en vengeant leurs malheurs.
Beaucoup l'ont entrepris, mille autres vont les suivre :
Qui vit haï de tous ne sauroit longtemps vivre :
Remettez à leurs bras les communs intérêts,
Et n'aidez leurs desseins que par des vœux secrets.

ÆMILIE.

Quoi! je le haïrai sans tâcher de lui nuire?
J'attendrai du hasard qu'il ose le détruire?

Et je satisferai des devoirs si pressants
Par une haine obscure, et des vœux impuissants!
Sa perte, que je veux, me deviendroit amère,
Si quelqu'un l'immoloit à d'autres qu'à mon père;
Et tu verrois mes pleurs couler pour son trépas
Qui, le faisant périr, ne me vengeroit pas [15].
C'est une lâcheté que de remettre à d'autres
Les intérêts publics qui s'attachent aux nôtres.
Joignons à la douceur de venger nos parents
La gloire qu'on remporte à punir les tyrans,
Et faisons publier par toute l'Italie :
« La liberté de Rome est l'œuvre d'Æmilie;
« On a touché son âme, et son cœur s'est épris;
« Mais elle n'a donné son amour qu'à ce prix. »

FULVIE.

Votre amour à ce prix n'est qu'un présent funeste
Qui porte à votre amant sa perte manifeste.
Pensez mieux, Æmilie, à quoi vous l'exposez,
Combien à cet écueil se sont déjà brisés;
Ne vous aveuglez point quand sa mort est visible.

ÆMILIE.

Ah! tu sais me frapper par où je suis sensible.
Quand je songe aux dangers que je lui fais courir,
La crainte de sa mort me fait déjà mourir;
Mon esprit en désordre à soi-même s'oppose;
Je veux, et ne veux pas, je m'emporte, et je n'ose;
Et mon devoir confus, languissant, étonné,
Cède aux rébellions de mon cœur mutiné.
  Tout beau, ma passion, deviens un peu moins forte;
Tu vois bien des hasards, ils sont grands, mais n'importe:
Cinna n'est pas perdu pour être hasardé.
De quelques légions qu'Auguste soit gardé,
Quelque soin qu'il se donne, et quelque ordre qu'il tienne,
Qui méprise la vie est maître de la sienne [14].
Plus le péril est grand, plus doux en est le fruit;
La vertu nous y jette, et la gloire le suit :
Quoi qu'il en soit, qu'Auguste ou que Cinna périsse,
Aux mânes paternels je dois ce sacrifice;
Cinna me l'a promis en recevant ma foi :
Et ce coup seul aussi le rend digne de moi.
  Il est tard, après tout, de m'en vouloir dédire.
Aujourd'hui l'on s'assemble, aujourd'hui l'on conspire:

L'heure, le lieu, le bras se choisit aujourd'hui ;
Et c'est à faire enfin à mourir après lui.

SCÈNE III.
CINNA, ÆMILIE, FULVIE.

ÆMILIE.

Mais le voici qui vient. Cinna, votre assemblée
Par l'effroi du péril n'est-elle point troublée [15] ?
Et reconnoissez-vous au front de vos amis
Qu'ils soient prêts à tenir ce qu'ils vous ont promis ?

CINNA.

Jamais contre un tyran entreprise conçue
Ne permit d'espérer une si belle issue,
Jamais de telle ardeur on n'en jura la mort [16],
Et jamais conjurés ne furent mieux d'accord ;
Tous s'y montrent portés avec tant d'allégresse,
Qu'ils semblent, comme moi, servir une maîtresse ;
Et tous font éclater un si puissant courroux,
Qu'ils semblent tous venger un père, comme vous.

ÆMILIE.

Je l'avois bien prévu, que, pour un tel ouvrage,
Cinna sauroit choisir des hommes de courage,
Et ne remettroit pas en de mauvaises mains
L'intérêt d'Æmilie et celui des Romains.

CINNA.

Plût aux dieux que vous-même eussiez vu de quel zèle
Cette troupe entreprend une action si belle [17] !
Au seul nom de César, d'Auguste, et d'empereur,
Vous eussiez vu leurs yeux s'enflammer de fureur [18],
Et dans un même instant, par un effet contraire,
Leur front pâlir d'horreur, et rougir de colère.
« Amis, leur ai-je dit, voici le jour heureux
« Qui doit conclure enfin nos desseins généreux ;
« Le ciel entre nos mains a mis le sort de Rome,
« Et son salut dépend de la perte d'un homme,
« Si l'on doit le nom d'homme à qui n'a rien d'humain,
« A ce tigre altéré de tout le sang romain.
« Combien pour le répandre a-t-il formé de brigues !
« Combien de fois changé de partis et de ligues,
« Tantôt ami d'Antoine, et tantôt ennemi,
« Et jamais insolent ni cruel à demi ! »

Là, par un long récit de toutes les misères
Que durant notre enfance ont enduré nos pères,
Renouvelant leur haine avec leur souvenir,
Je redouble en leurs cœurs l'ardeur de le punir.
Je leur fais des tableaux de ces tristes batailles
Où Rome par ses mains déchiroit ses entrailles,
Où l'aigle abattoit l'aigle, et de chaque côté
Nos légions s'armoient contre leur liberté;
Où les meilleurs soldats, et les chefs les plus braves
Mettoient toute leur gloire à devenir esclaves;
Où, pour mieux assurer la honte de leurs fers,
Tous vouloient à leur chaîne attacher l'univers[19];
Et l'exécrable honneur de lui donner un maître[20]
Faisant aimer à tous l'infâme nom de traître,
Romains contre Romains, parents contre parents,
Combattoient seulement pour le choix des tyrans.
  J'ajoute à ces tableaux la peinture effroyable
De leur concorde impie, affreuse, inexorable[21],
Funeste aux gens de bien, aux riches, au sénat,
Et, pour tout dire enfin, de leur triumvirat;
Mais je ne trouve point de couleurs assez noires
Pour en représenter les tragiques histoires.
Je les peins dans le meurtre à l'envi triomphants,
Rome entière noyée au sang de ses enfants :
Les uns assassinés dans les places publiques,
Les autres dans le sein de leurs dieux domestiques :
Le méchant par le prix au crime encouragé,
Le mari par sa femme en son lit égorgé;
Le fils tout dégouttant du meurtre de son père,
Et, sa tête à la main, demandant son salaire,
Sans pouvoir exprimer par tant d'horribles traits[22]
Qu'un crayon imparfait de leur sanglante paix.
  Vous dirai-je les noms de ces grands personnages
Dont j'ai dépeint les morts pour aigrir les courages[23]
De ces fameux proscrits, ces demi-dieux mortels[24],
Qu'on a sacrifiés jusque sur les autels ?
Mais pourrois-je vous dire à quelle impatience,
A quels frémissements, à quelle violence,
Ces indignes trépas, quoique mal figurés,
Ont porté les esprits de tous nos conjurés ?
Je n'ai point perdu temps, et, voyant leur colère
Au point de ne rien craindre, en état de tout faire,

J'ajoute en peu de mots : « Toutes ces cruautés,
« La perte de nos biens et de nos libertés,
« Le ravage des champs, le pillage des villes,
« Et les proscriptions, et les guerres civiles,
« Sont les degrés sanglants dont Auguste a fait choix
« Pour monter sur le trône et nous donner des lois.
« Mais nous pouvons changer un destin si funeste[25],
« Puisque de trois tyrans c'est le seul qui nous reste,
« Et que, juste une fois, il s'est privé d'appui,
« Perdant, pour régner seul, deux méchants comme lui ;
« Lui mort, nous n'avons point de vengeur ni de maître[26] ;
« Avec la liberté Rome s'en va renaître[27] ;
« Et nous mériterons le nom de vrais Romains,
« Si le joug qui l'accable est brisé par nos mains.
« Prenons l'occasion tandis qu'elle est propice :
« Demain au Capitole il fait un sacrifice ;
« Qu'il en soit la victime, et faisons en ces lieux
« Justice à tout le monde, à la face des dieux :
« Là presque pour sa suite il n'a que notre troupe ;
« C'est de ma main qu'il prend et l'encens et la coupe ;
« Et je veux pour signal que cette même main
« Lui donne, au lieu d'encens, d'un poignard dans le sein.
« Ainsi d'un coup mortel la victime frappée
« Fera voir si je suis du sang du grand Pompée ;
« Faites voir, après moi, si vous vous souvenez
« Des illustres aïeux de qui vous êtes nés. »
A peine ai-je achevé, que chacun renouvelle,
Par un noble serment, le vœu d'être fidèle :
L'occasion leur plaît ; mais chacun veut pour soi
L'honneur du premier coup, que j'ai choisi pour moi.
La raison règle enfin l'ardeur qui les emporte :
Maxime et la moitié s'assurent de la porte ;
L'autre moitié me suit, et doit l'environner,
Prête au premier signal que je voudrai donner.
 Voilà, belle Æmilie, à quel point nous en sommes.
Demain j'attends la haine ou la faveur des hommes,
Le nom de parricide ou de libérateur,
César celui de prince ou d'un usurpateur[28].
Du succès qu'on obtient contre la tyrannie
Dépend ou notre gloire ou notre ignominie ;
Et le peuple, inégal à l'endroit des tyrans,
S'il les déteste morts, les adore vivants.

Pour moi, soit que le ciel me soit dur ou propice,
Qu'il m'élève à la gloire, ou me livre au supplice,
Que Rome se déclare ou pour ou contre nous,
Mourant pour vous servir, tout me semblera doux.

ÆMILIE.

Ne crains point de succès qui souille ta mémoire :
Le bon et le mauvais sont égaux pour ta gloire ;
Et, dans un tel dessein, le manque de bonheur
Met en péril ta vie, et non pas ton honneur.
Regarde le malheur de Brute et de Cassie ;
La splendeur de leurs noms en est-elle obscurcie ?
Sont-ils morts tout entiers avec leurs grands desseins[29] ?
Ne les compte-t-on plus pour les derniers Romains[30] ?
Leur mémoire dans Rome est encor précieuse,
Autant que de César la vie est odieuse ;
Si leur vainqueur y règne, ils y sont regrettés,
Et par les vœux de tous leurs pareils souhaités.
  Va marcher sur leurs pas où l'honneur te convie :
Mais ne perds pas le soin de conserver ta vie ;
Souviens-toi du beau feu dont nous sommes épris,
Qu'aussi bien que la gloire Æmilie est ton prix ;
Que tu me dois ton cœur, que mes faveurs t'attendent,
Que tes jours me sont chers, que les miens en dépendent.
Mais quelle occasion mène Évandre vers nous[31] ?

SCÈNE IV.

CINNA, ÆMILIE, ÉVANDRE, FULVIE.

ÉVANDRE.

Seigneur, César vous mande, et Maxime avec vous.

CINNA.

Et Maxime avec moi ! Le sais-tu bien, Évandre ?

ÉVANDRE.

Polyclète est encor chez vous à vous attendre,
Et fût venu lui-même avec moi vous chercher,
Si ma dextérité n'eût su l'en empêcher ;
Je vous en donne avis de peur d'une surprise.
Il presse fort.

ÆMILIE.

Mander les chefs de l'entreprise !

ACTE I, SCÈNE IV.

Tous deux! en même temps! Vous êtes découverts.
CINNA.
Espérons mieux, de grâce.
ÆMILIE.
Ah! Cinna! je te perds!
Et les dieux, obstinés à nous donner un maître,
Parmi tes vrais amis ont mêlé quelque traître.
Il n'en faut point douter, Auguste a tout appris.
Quoi, tous deux! et sitôt que le conseil est pris!
CINNA.
Je ne vous puis celer que son ordre m'étonne;
Mais souvent il m'appelle auprès de sa personne;
Maxime est comme moi de ses plus confidents,
Et nous nous alarmons peut-être en imprudents.
ÆMILIE.
Sois moins ingénieux à te tromper toi-même,
Cinna, ne porte point mes maux jusqu'à l'extrême,
Et, puisque désormais tu ne peux me venger [32],
Dérobe au moins ta tête à ce mortel danger;
Fuis d'Auguste irrité l'implacable colère.
Je verse assez de pleurs pour la mort de mon père;
N'aigris point ma douleur par un nouveau tourment;
Et ne me réduis point à pleurer mon amant [33].
CINNA.
Quoi! sur l'illusion d'une terreur panique,
Trahir vos intérêts et la cause publique!
Par cette lâcheté moi-même m'accuser,
Et tout abandonner quand il faut tout oser!
Que feront nos amis si vous êtes déçue?
ÆMILIE.
Mais que deviendras-tu si l'entreprise est sue?
CINNA.
S'il est pour me trahir des esprits assez bas,
Ma vertu pour le moins ne me trahira pas;
Vous la verrez, brillante au bord des précipices,
Se couronner de gloire en bravant les supplices,
Rendre Auguste jaloux du sang qu'il répandra,
Et le faire trembler alors qu'il me perdra.
    Je deviendrois suspect à tarder davantage.
Adieu. Raffermissez ce généreux courage.
S'il faut subir le coup d'un destin rigoureux,
Je mourrai tout ensemble heureux et malheureux.

Heureux pour vous servir de perdre ainsi la vie,
Malheureux de mourir sans vous avoir servie.
ÆMILIE.
Oui, va, n'écoute plus ma voix qui te retient;
Mon trouble se dissipe, et ma raison revient.
Pardonne à mon amour cette indigne foiblesse.
Tu voudrois fuir en vain, Cinna, je le confesse;
Si tout est découvert, Auguste a su pourvoir
A ne te laisser pas ta fuite en ton pouvoir.
Porte, porte chez lui cette mâle assurance,
Digne de notre amour, digne de ta naissance;
Meurs, s'il y faut mourir, en citoyen romain,
Et par un beau trépas couronne un beau dessein.
Ne crains pas qu'après toi rien ici me retienne;
Ta mort emportera mon âme vers la tienne;
Et mon cœur aussitôt percé des mêmes coups....
CINNA.
Ah! souffrez que tout mort je vive encore en vous;
Et du moins en mourant permettez que j'espère
Que vous saurez venger l'amant avec le père.
Rien n'est pour vous à craindre; aucun de nos amis
Ne sait ni vos desseins ni ce qui m'est promis;
Et, leur parlant tantôt des misères romaines,
Je leur ai tu la mort qui fait naître nos haines,
De peur que mon ardeur, touchant vos intérêts,
D'un si parfait amour ne trahît les secrets;
Il n'est su que d'Évandre et de votre Fulvie.
ÆMILIE.
Avec moins de frayeur je vais donc chez Livie,
Puisque dans ton péril il me reste un moyen
De faire agir pour toi son crédit et le mien :
Mais si mon amitié par là ne te délivre,
N'espère pas qu'enfin je veuille te survivre.
Je fais de ton destin des règles à mon sort,
Et j'obtiendrai ta vie, ou je suivrai ta mort.
CINNA.
Soyez en ma faveur moins cruelle à vous-même.
ÆMILIE.
Va-t'en, et souviens-toi seulement que je t'aime.

FIN DU PREMIER ACTE.

ACTE SECOND.

SCENE I.-

AUGUSTE, CINNA, MAXIME, TROUPE DE COURTISANS.

AUGUSTE.

Que chacun se retire, et qu'aucun n'entre ici,
Vous, Cinna, demeurez, et vous, Maxime, aussi.
(Tous se retirent, à la réserve de Cinna et de Maxime.)
Cet empire absolu sur la terre et sur l'onde,
Ce pouvoir souverain que j'ai sur tout le monde,
Cette grandeur sans borne, et cet illustre rang [1]
Qui m'a jadis coûté tant de peine et de sang [2],
Enfin tout ce qu'adore en ma haute fortune
D'un courtisan flatteur la présence importune,
N'est que de ces beautés dont l'éclat éblouit,
Et qu'on cesse d'aimer sitôt qu'on en jouit.
L'ambition déplaît quand elle est assouvie,
D'une contraire ardeur son ardeur est suivie;
Et comme notre esprit, jusqu'au dernier soupir,
Toujours vers quelque objet pousse quelque désir,
Il se ramène en soi, n'ayant plus où se prendre,
Et, monté sur le faîte, il aspire à descendre [3].
J'ai souhaité l'empire, et j'y suis parvenu;
Mais, en le souhaitant, je ne l'ai pas connu :
Dans sa possession j'ai trouvé pour tous charmes
D'effroyables soucis, d'éternelles alarmes,
Mille ennemis secrets, la mort à tous propos,
Point de plaisir sans trouble, et jamais de repos.
Sylla m'a précédé dans ce pouvoir suprême;
Le grand César mon père en a joui de même;
D'un œil si différent tous deux l'ont regardé [4],
Que l'un s'en est démis, et l'autre l'a gardé :
Mais l'un, cruel, barbare, est mort aimé, tranquille,
Comme un bon citoyen dans le sein de sa ville;

L'autre, tout débonnaire, au milieu du sénat
A vu trancher ses jours par un assassinat.
Ces exemples récents suffiroient pour m'instruire,
Si par l'exemple seul on se devoit conduire :
L'un m'invite à le suivre, et l'autre me fait peur;
Mais l'exemple souvent n'est qu'un miroir trompeur;
Et l'ordre du destin qui gêne nos pensées
N'est pas toujours écrit dans les choses passées :
Quelquefois l'un se brise où l'autre s'est sauvé,
Et par où l'un périt un autre est conservé.
 Voilà, mes chers amis, ce qui me met en peine.
Vous, qui me tenez lieu d'Agrippe et de Mécène⁵,
Pour résoudre ce point avec eux débattu,
Prenez sur mon esprit le pouvoir qu'ils ont eu :
Ne considérez point cette grandeur suprême,
Odieuse aux Romains, et pesante à moi-même;
Traitez-moi comme ami, non comme souverain;
Rome, Auguste, l'État, tout est en votre main :
Vous mettrez et l'Europe, et l'Asie, et l'Afrique,
Sous les lois d'un monarque ou d'une république;
Votre avis est ma règle, et par ce seul moyen
Je veux être empereur, ou simple citoyen.

CINNA.

Malgré notre surprise, et mon insuffisance,
Je vous obéirai, seigneur, sans complaisance,
Et mets bas le respect qui pourroit m'empêcher
De combattre un avis où vous semblez pencher;
Souffrez-le d'un esprit jaloux de votre gloire,
Que vous allez souiller d'une tache trop noire,
Si vous ouvrez votre âme à ces impressions⁶
Jusques à condamner toutes vos actions.
 On ne renonce point aux grandeurs légitimes;
On garde sans remords ce qu'on acquiert sans crimes;
Et plus le bien qu'on quitte est noble, grand, exquis,
Plus qui l'ose quitter le juge mal acquis.
N'imprimez pas, seigneur, cette honteuse marque
A ces rares vertus qui vous ont fait monarque;
Vous l'êtes justement, et c'est sans attentat
Que vous avez changé la forme de l'État.
Rome est dessous vos lois par le droit de la guerre
Qui sous les lois de Rome a mis toute la terre;

Vos armes l'ont conquise, et tous les conquérants,
Pour être usurpateurs, ne sont pas des tyrans;
Quand ils ont sous leurs lois asservi des provinces[7],
Gouvernant justement, ils s'en font justes princes :
C'est ce que fit César; il vous faut aujourd'hui
Condamner sa mémoire, ou faire comme lui.
Si le pouvoir suprême est blâmé par Auguste,
César fut un tyran, et son trépas fut juste,
Et vous devez aux dieux compte de tout le sang
Dont vous l'avez vengé pour monter à son rang.
N'en craignez point, seigneur, les tristes destinées;
Un plus puissant démon veille sur vos années[8] :
On a dix fois sur vous attenté sans effet,
Et qui l'a voulu perdre au même instant l'a fait.
On entreprend assez, mais aucun n'exécute;
Il est des assassins, mais il n'est plus de Brute :
Enfin, s'il faut attendre un semblable revers,
Il est beau de mourir maître de l'univers.
C'est ce qu'en peu de mots j'ose dire; et j'estime
Que ce peu que j'ai dit est l'avis de Maxime.

MAXIME.

Oui, j'accorde qu'Auguste a droit de conserver
L'empire où sa vertu l'a fait seule arriver,
Et qu'au prix de son sang, au péril de sa tête,
Il a fait de l'État une juste conquête;
Mais que, sans se noircir, il ne puisse quitter
Le fardeau que sa main est lasse de porter,
Qu'il accuse par là César de tyrannie,
Qu'il approuve sa mort, c'est ce que je dénie.
 Rome est à vous, seigneur, l'empire est votre bien;
Chacun en liberté peut disposer du sien;
Il le peut à son choix garder, ou s'en défaire :
Vous seul ne pourriez pas ce que peut le vulgaire,
Et seriez devenu, pour avoir tout dompté,
Esclave des grandeurs où vous êtes monté!
Possédez-les, seigneur, sans qu'elles vous possèdent.
Loin de vous captiver, souffrez qu'elles vous cèdent;
Et faites hautement connoître enfin à tous
Que tout ce qu'elles ont est au-dessous de vous.
Votre Rome autrefois vous donna la naissance;
Vous lui voulez donner votre toute-puissance;

Et Cinna vous impute à crime capital
La libéralité vers le pays natal !
Il appelle remords l'amour de la patrie !
Par la haute vertu la gloire est donc flétrie⁹,
Et ce n'est qu'un objet digne de nos mépris,
Si de ses pleins effets l'infamie est le prix !
Je veux bien avouer qu'une action si belle
Donne à Rome bien plus que vous ne tenez d'elle;
Mais commet-on un crime indigne de pardon¹⁰,
Quand la reconnoissance est au-dessus du don?
Suivez, suivez, seigneur, le ciel qui vous inspire :
Votre gloire redouble à mépriser l'empire;
Et vous serez fameux chez la postérité,
Moins pour l'avoir conquis que pour l'avoir quitté.
Le bonheur peut conduire à la grandeur suprême,
Mais pour y renoncer il faut la vertu même;
Et peu de généreux vont jusqu'à dédaigner,
Après un sceptre acquis, la douceur de régner.
 Considérez d'ailleurs que vous régnez dans Rome,
Où, de quelque façon que votre cour vous nomme,
On hait la monarchie; et le nom d'empereur,
Cachant celui de roi, ne fait pas moins d'horreur.
Il passe pour tyran quiconque s'y fait maître¹¹;
Qui le sert, pour esclave, et qui l'aime, pour traître;
Qui le souffre a le cœur lâche, mol, abattu,
Et, pour s'en affranchir, tout s'appelle vertu.
Vous en avez, seigneur, des preuves trop certaines :
On a fait contre vous dix entreprises vaines;
Peut-être que l'onzième est prête d'éclater,
Et que ce mouvement qui vous vient d'agiter¹²
N'est qu'un avis secret que le ciel vous envoie,
Qui pour vous conserver n'a plus que cette voie.
Ne vous exposez plus à ces fameux revers :
Il est beau de mourir maître de l'univers;
Mais la plus belle mort souille notre mémoire,
Quand nous avons pu vivre et croître notre gloire¹³.

CINNA.

Si l'amour du pays doit ici prévaloir,
C'est son bien seulement que vous devez vouloir;
Et cette liberté, qui lui semble si chère,
N'est pour Rome, seigneur, qu'un bien imaginaire,

Plus nuisible qu'utile, et qui n'approche pas
De celui qu'un bon prince apporte à ses États :
Avec ordre et raison les honneurs il dispense,
Avec discernement punit et récompense [14],
Et dispose de tout en juste possesseur,
Sans rien précipiter, de peur d'un successeur.
Mais, quand le peuple est maître, on n'agit qu'en tumulte :
La voix de la raison jamais ne se consulte ;
Les honneurs sont vendus aux plus ambitieux,
L'autorité livrée aux plus séditieux [15].
Ces petits souverains qu'il fait pour une année,
Voyant d'un temps si court leur puissance bornée,
Des plus heureux desseins font avorter le fruit,
De peur de le laisser à celui qui les suit ;
Comme ils ont peu de part aux biens dont ils ordonnent,
Dans le champ du public largement ils moissonnent [16],
Assurés que chacun leur pardonne aisément,
Espérant à son tour un pareil traitement :
Le pire des États, c'est l'État populaire [17].

AUGUSTE.

Et toutefois le seul qui dans Rome peut plaire.
Cette haine des rois que depuis cinq cents ans
Avec le premier lait sucent tous ses enfants,
Pour l'arracher des cœurs, est trop enracinée.

MAXIME.

Oui, seigneur, dans son mal Rome est trop obstinée ;
Son peuple, qui s'y plaît, en fuit la guérison :
Sa coutume l'emporte, et non pas la raison ;
Et cette vieille erreur, que Cinna veut abattre,
Est une heureuse erreur dont il est idolâtre,
Par qui le monde entier, asservi sous ses lois [18],
L'a vu cent fois marcher sur la tête des rois,
Son épargne s'enfler du sac de leurs provinces.
Que lui pouvoient de plus donner les meilleurs princes ?
  J'ose dire, seigneur, que par tous les climats
Ne sont pas bien reçus toutes sortes d'États ;
Chaque peuple a le sien conforme à sa nature,
Qu'on ne sauroit changer sans lui faire une injure :
Telle est la loi du ciel, dont la sage équité
Sème dans l'univers cette diversité.
Les Macédoniens aiment le monarchique,
Et le reste des Grecs la liberté publique ;

Les Parthes, les Persans veulent des souverains;
Et le seul consulat est bon pour les Romains.

CINNA.

Il est vrai que du ciel la prudence infinie [19]
Départ à chaque peuple un différent génie;
Mais il n'est pas moins vrai que cet ordre des cieux
Change selon les temps, comme selon les lieux.
Rome a reçu des rois ses murs et sa naissance;
Elle tient des consuls sa gloire et sa puissance,
Et reçoit maintenant de vos rares bontés
Le comble souverain de ses prospérités.
Sous vous, l'État n'est plus en pillage aux armées;
Les portes de Janus par vos mains sont fermées,
Ce que sous ses consuls on n'a vu qu'une fois [20],
Et qu'a fait voir comme eux le second de ses rois.

MAXIME.

Les changements d'État que fait l'ordre céleste
Ne coûtent point de sang, n'ont rien qui soit funeste.

CINNA.

C'est un ordre des dieux qui jamais ne se rompt,
De nous vendre un peu cher les grands biens qu'ils nous font [21]
L'exil des Tarquins même ensanglanta nos terres,
Et nos premiers consuls nous ont coûté des guerres.

MAXIME.

Donc votre aïeul Pompée au ciel a résisté,
Quand il a combattu pour notre liberté?

CINNA.

Si le ciel n'eût voulu que Rome l'eût perdue,
Par les mains de Pompée il l'auroit défendue:
Il a choisi sa mort pour servir dignement
D'une marque éternelle à ce grand changement,
Et devoit cette gloire aux mânes d'un tel homme,
D'emporter avec eux la liberté de Rome.
Ce nom depuis longtemps ne sert qu'à l'éblouir,
Et sa propre grandeur l'empêche d'en jouir.
Depuis qu'elle se voit la maîtresse du monde,
Depuis que la richesse entre ses murs abonde,
Et que son sein, fécond en glorieux exploits,
Produit des citoyens plus puissants que des rois,
Les grands, pour s'affermir achetant les suffrages,
Tiennent pompeusement leurs maîtres à leurs gages,

Qui, par des fers dorés se laissant enchaîner,
Reçoivent d'eux les lois qu'ils pensent leur donner.
Envieux l'un de l'autre, ils mènent tout par brigues,
Que leur ambition tourne en sanglantes ligues.
Ainsi de Marius Sylla devint jaloux ;
César, de mon aïeul ; Marc-Antoine, de vous :
Ainsi la liberté ne peut plus être utile
Qu'à former les fureurs d'une guerre civile,
Lorsque, par un désordre à l'univers fatal,
L'un ne veut point de maître, et l'autre point d'égal.
  Seigneur, pour sauver Rome, il faut qu'elle s'unisse
En la main d'un bon chef à qui tout obéisse.
Si vous aimez encore à la favoriser,
Otez-lui les moyens de se plus diviser.
Sylla, quittant la place enfin bien usurpée,
N'a fait qu'ouvrir le champ à César et Pompée,
Que le malheur des temps ne nous eût pas fait voir [22],
S'il eût dans sa famille assuré son pouvoir.
Qu'a fait du grand César le cruel parricide,
Qu'élever contre vous Antoine avec Lépide,
Qui n'eussent pas détruit Rome par les Romains,
Si César eût laissé l'empire entre vos mains?
Vous la replongerez, en quittant cet empire,
Dans les maux dont à peine encore elle respire,
Et de ce peu, seigneur, qui lui reste de sang,
Une guerre nouvelle épuisera son flanc.
  Que l'amour du pays, que la pitié vous touche;
Votre Rome à genoux vous parle par ma bouche.
Considérez le prix que vous avez coûté :
Non pas qu'elle vous croie avoir trop acheté,
Des maux qu'elle a soufferts elle est trop bien payée;
Mais une juste peur tient son âme effrayée :
Si, jaloux de son heur, et las de commander,
Vous lui rendez un bien qu'elle ne peut garder,
S'il lui faut à ce prix en acheter un autre,
Si vous ne préférez son intérêt au vôtre,
Si ce funeste don la met au désespoir,
Je n'ose dire ici ce que j'ose prévoir.
Conservez-vous, seigneur, en lui laissant un maître [22]
Sous qui son vrai bonheur commence de renaître;
Et, pour mieux assurer le bien commun de tous,
Donnez un successeur qui soit digne de vous.

AUGUSTE.

N'en délibérons plus, cette pitié l'emporte.
Mon repos m'est bien cher, mais Rome est la plus forte;
Et, quelque grand malheur qui m'en puisse arriver,
Je consens à me perdre afin de la sauver.
Pour ma tranquillité mon cœur en vain soupire :
Cinna, par vos conseils je retiendrai l'empire;
Mais je le retiendrai pour vous en faire part.
Je vois trop que vos cœurs n'ont point pour moi de fard,
Et que chacun de vous, dans l'avis qu'il me donne,
Regarde seulement l'État et ma personne,
Votre amour en tous deux fait ce combat d'esprits[24],
Et vous allez tous deux en recevoir le prix.
Maxime, je vous fais gouverneur de Sicile,
Allez donner mes lois à ce terroir fertile :
Songez que c'est pour moi que vous gouvernerez,
Et que je répondrai de ce que vous ferez.
Pour épouse, Cinna, je vous donne Æmilie;
Vous savez qu'elle tient la place de Julie,
Et que si nos malheurs et la nécessité
M'ont fait traiter son père avec sévérité,
Mon épargne depuis en sa faveur ouverte
Doit avoir adouci l'aigreur de cette perte.
Voyez-la de ma part, tâchez de la gagner :
Vous n'êtes point pour elle un homme à dédaigner[25];
De l'offre de vos vœux elle sera ravie[26].
Adieu : j'en veux porter la nouvelle à Livie.

SCÈNE II.

CINNA, MAXIME.

MAXIME.

Quel est votre dessein après ces beaux discours?

CINNA.

Le même que j'avois, et que j'aurai toujours.

MAXIME.

Un chef de conjurés flatte la tyrannie!

CINNA.

Un chef de conjurés la veut voir impunie!

MAXIME.

Je veux voir Rome libre.

CINNA.
            Et vous pouvez juger
Que je veux l'affranchir ensemble et la venger.
   Octave aura donc vu ses fureurs assouvies [27],
Pillé jusqu'aux autels, sacrifié nos vies,
Rempli les champs d'horreur, comblé Rome de morts,
Et sera quitte après pour l'effet d'un remords!
Quand le ciel par nos mains à le punir s'apprête,
Un lâche repentir garantira sa tête!
C'est trop semer d'appâts, et c'est trop inviter
Par son impunité quelque autre à l'imiter.
Vengeons nos citoyens, et que sa peine étonne
Quiconque après sa mort aspire à la couronne.
Que le peuple aux tyrans ne soit plus exposé :
S'il eût puni Sylla, César eût moins osé.

MAXIME.
Mais la mort de César, que vous trouvez si juste,
A servi de prétexte aux cruautés d'Auguste.
Voulant nous affranchir, Brute s'est abusé;
S'il n'eût puni César, Auguste eût moins osé.

CINNA.
La faute de Cassie, et ses terreurs paniques,
Ont fait rentrer l'État sous des lois tyranniques [28];
Mais nous ne verrons point de pareils accidents,
Lorsque Rome suivra des chefs moins imprudents.

MAXIME.
Nous sommes encor loin de mettre en évidence
Si nous nous conduirons avec plus de prudence;
Cependant c'en est peu que de n'accepter pas
Le bonheur qu'on recherche au péril du trépas.

CINNA.
C'en est encor bien moins, alors qu'on s'imagine
Guérir un mal si grand sans couper la racine;
Employer la douceur à cette guérison,
C'est, en fermant la plaie, y verser du poison.

MAXIME.
Vous la voulez sanglante, et la rendez douteuse.

CINNA.
Vous la voulez sans peine, et la rendez honteuse.

MAXIME.
Pour sortir de ses fers jamais on ne rougit.

CINNA.
On en sort lâchement, si la vertu n'agit.
MAXIME.
Jamais la liberté ne cesse d'être aimable :
Et c'est toujours pour Rome un bien inestimable.
CINNA.
Ce ne peut être un bien qu'elle daigne estimer,
Quand il vient d'une main lasse de l'opprimer :
Elle a le cœur trop bon pour se voir avec joie
Le rebut du tyran dont elle fut la proie ;
Et tout ce que la gloire a de vrais partisans
Le hait trop puissamment pour aimer ses présents.
MAXIME.
Donc pour vous Æmilie est un objet de haine[29] !
CINNA.
La recevoir de lui me seroit une gêne :
Mais, quand j'aurai vengé Rome des maux soufferts,
Je saurai le braver jusque dans les enfers.
Oui, quand par son trépas je l'aurai méritée,
Je veux joindre à sa main ma main ensanglantée,
L'épouser sur sa cendre, et qu'après notre effort
Les présents du tyran soient le prix de sa mort.
MAXIME.
Mais l'apparence, ami, que vous puissiez lui plaire
Teint du sang de celui qu'elle aime comme un père ?
Car vous n'êtes pas homme à la violenter.
CINNA.
Ami, dans ce palais on peut nous écouter,
Et nous parlons peut-être avec trop d'imprudence,
Dans un lieu si mal propre à notre confidence :
Sortons, qu'en sûreté j'examine avec vous
Pour en venir à bout les moyens les plus doux.

FIN DU SECOND ACTE.

ACTE TROISIÈME.

SCÈNE I.
MAXIME, EUPHORBE.

MAXIME.
Lui-même il m'a tout dit; leur flamme est mutuelle;
Il adore Æmilie, il est adoré d'elle;
Mais, sans venger son père, il n'y peut aspirer,
Et c'est pour l'acquérir qu'il nous fait conspirer.

EUPHORBE.
Je ne m'étonne plus de cette violence
Dont il contraint Auguste à garder sa puissance :
La ligue se romproit s'il s'en étoit démis,
Et tous vos conjurés deviendroient ses amis.

MAXIME.
Ils servent à l'envi la passion d'un homme¹
Qui n'agit que pour soi, feignant d'agir pour Rome,
Et moi, par un malheur qui n'eut jamais d'égal,
Je pense servir Rome, et je sers mon rival !

EUPHORBE.
Vous êtes son rival?

MAXIME.
Oui, j'aime sa maîtresse,
Et l'ai caché toujours avec assez d'adresse;
Mon ardeur inconnue, avant que d'éclater²,
Par quelque grand exploit la vouloit mériter :
Cependant par mes mains je vois qu'il me l'enlève;
Son dessein fait ma perte, et c'est moi qui l'achève;
J'avance des succès dont j'attends le trépas,
Et pour m'assassiner je lui prête mon bras.
Que l'amitié me plonge en un malheur extrême!

EUPHORBE.
L'issue en est aisée, agissez pour vous-même;

D'un dessein qui vous perd rompez le coup fatal
Gagnez une maîtresse, accusant un rival.
Auguste, à qui par là vous sauverez la vie,
Ne vous pourra jamais refuser Æmilie.

MAXIME.

Quoi! trahir mon ami!

EUPHORBE.

L'amour rend tout permis;
Un véritable amant ne connoît point d'amis,
Et même avec justice on peut trahir un traître
Qui pour une maîtresse ose trahir son maître.
Oubliez l'amitié comme lui les bienfaits.

MAXIME.

C'est un exemple à fuir que celui des forfaits⁵.

EUPHORBE.

Contre un si noir dessein tout devient légitime;
On n'est point criminel quand on punit un crime.

MAXIME.

Un crime par qui Rome obtient sa liberté!

EUPHORBE.

Craignez tout d'un esprit si plein de lâcheté.
L'intérêt du pays n'est point ce qui l'engage;
Le sien, et non la gloire, anime son courage :
Il aimeroit César, s'il n'étoit amoureux,
Et n'est enfin qu'ingrat, et non pas généreux.
Pensez-vous avoir lu jusqu'au fond de son âme?
Sous la cause publique il vous cachoit sa flamme,
Et peut cacher encor sous cette passion
Les détestables feux de son ambition.
Peut-être qu'il prétend, après la mort d'Octave,
Au lieu d'affranchir Rome, en faire son esclave,
Qu'il vous compte déjà pour un de ses sujets,
Ou que sur votre perte il fonde ses projets.

MAXIME.

Mais comment l'accuser sans nommer tout le reste?
A tous nos conjurés l'avis seroit funeste,
Et par là nous verrions indignement trahis
Ceux qu'engage avec nous le seul bien du pays.
D'un si lâche dessein mon âme est incapable :
Il perd trop d'innocents pour punir un coupable.
J'ose tout contre lui, mais je crains tout pour eux.

ACTE III, SCENE I.

EUPHORBE.

Auguste s'est lassé d'être si rigoureux ;
En ces occasions, ennuyé de supplices,
Ayant puni les chefs, il pardonne aux complices.
Si toutefois pour eux vous craignez son courroux,
Quand vous lui parlerez, parlez au nom de tous.

MAXIME.

Nous disputons en vain, et ce n'est que folie
De vouloir par sa perte acquérir Æmilie ;
Ce n'est pas le moyen de plaire à ses beaux yeux
Que de priver du jour ce qu'elle aime le mieux.
Pour moi, j'estime peu qu'Auguste me la donne ;
Je veux gagner son cœur plutôt que sa personne,
Et ne fais point d'état de sa possession,
Si je n'ai point de part à son affection.
Puis-je la mériter par une triple offense ?
Je trahis son amant, je détruis sa vengeance,
Je conserve le sang qu'elle veut voir périr ;
Et j'aurois quelque espoir qu'elle me pût chérir !

EUPHORBE.

C'est ce qu'à dire vrai je vois fort difficile.
L'artifice pourtant vous y peut être utile ;
Il en faut trouver un qui la puisse abuser,
Et du reste le temps en pourra disposer.

MAXIME.

Mais si pour s'excuser il nomme sa complice,
S'il arrive qu'Auguste avec lui la punisse,
Puis-je lui demander, pour prix de mon rapport,
Celle qui nous oblige à conspirer sa mort ?

EUPHORBE.

Vous pourriez m'opposer tant et de tels obstacles,
Que pour les surmonter il faudroit des miracles ;
J'espère toutefois qu'à force d'y rêver....

MAXIME.

Éloigne-toi ; dans peu j'irai te retrouver [4] :
Cinna vient, et je veux en tirer quelque chose,
Pour mieux résoudre après ce que je me propose.

SCÈNE II.

CINNA, MAXIME.

MAXIME.

Vous me semblez pensif.

CINNA.

Ce n'est pas sans sujet.

MAXIME.

Puis-je d'un tel chagrin savoir quel est l'objet⁵?

CINNA.

Æmilie et César; l'un et l'autre me gêne;
L'un me semble trop bon, l'autre trop inhumaine.
Plût aux dieux que César employât mieux ses soins⁶,
Et s'en fît plus aimer, ou m'aimât un peu moins;
Que sa bonté touchât la beauté qui me charme,
Et la pût adoucir comme elle me désarme!
Je sens au fond du cœur mille remords cuisants
Qui rendent à mes yeux tous ses bienfaits présents;
Cette faveur si pleine, et si mal reconnue,
Par un mortel reproche à tous moments me tue.
Il me semble surtout incessamment le voir
Déposer en nos mains son absolu pouvoir,
Écouter nos avis, m'applaudir, et me dire :
« Cinna, par vos conseils je retiendrai l'empire,
« Mais je le retiendrai pour vous en faire part : »
Et je puis dans son sein enfoncer un poignard!
Ah! plutôt.... Mais, hélas! j'idolâtre Æmilie;
Un serment exécrable à sa haine me lie;
L'horreur qu'elle a de lui me le rend odieux :
Des deux côtés j'offense et ma gloire et les dieux;
Je deviens sacrilége, ou je suis parricide,
Et vers l'un ou vers l'autre il faut être perfide.

MAXIME.

Vous n'aviez point tantôt ces agitations;
Vous paroissiez plus ferme en vos intentions;
Vous ne sentiez au cœur ni remords ni reproche.

CINNA.

On ne les sent aussi que quand le coup approche⁷,
Et l'on ne reconnoît de semblables forfaits
Que quand la main s'apprête à venir aux effets.

L'âme, de son dessein jusque-là possédée,
S'attache aveuglément à sa première idée ;
Mais alors quel esprit n'en devient point troublé ?
Ou plutôt quel esprit n'en est point accablé ?
Je crois que Brute même, à tel point qu'on le prise [8],
Voulut plus d'une fois rompre son entreprise,
Qu'avant que de frapper elle lui fit sentir [9]
Plus d'un remords en l'âme, et plus d'un repentir.

MAXIME.

Il eut trop de vertu pour tant d'inquiétude ;
Il ne soupçonna point sa main d'ingratitude,
Et fut contre un tyran d'autant plus animé
Qu'il en reçut de biens et qu'il s'en vit aimé.
Comme vous l'imitez, faites la même chose,
Et formez vos remords d'une plus juste cause,
De vos lâches conseils, qui seuls ont arrêté
Le bonheur renaissant de notre liberté :
C'est vous seul aujourd'hui qui nous l'avez ôtée ;
De la main de César Brute l'eût acceptée,
Et n'eût jamais souffert qu'un intérêt léger
De vengeance ou d'amour l'eût remise en danger.
N'écoutez plus la voix d'un tyran qui vous aime,
Et vous veut faire part de son pouvoir suprême ;
Mais entendez crier Rome à votre côté :
« Rends-moi, rends-moi, Cinna, ce que tu m'as ôté ;
« Et, si tu m'as tantôt préféré ta maîtresse,
« Ne me préfère pas le tyran qui m'oppresse. »

CINNA.

Ami, n'accable plus un esprit malheureux
Qui ne forme qu'en lâche un dessein généreux [10].
Envers nos citoyens je sais quelle est ma faute,
Et leur rendrai bientôt tout ce que je leur ôte ;
Mais pardonne aux abois d'une vieille amitié
Qui ne peut expirer sans me faire pitié,
Et laisse-moi, de grâce, attendant Æmilie,
Donner un libre cours à ma mélancolie :
Mon chagrin t'importune, et le trouble où je suis
Veut de la solitude à calmer tant d'ennuis.

MAXIME.

Vous voulez rendre compte à l'objet qui vous blesse
De la bonté d'Octave, et de votre foiblesse ;

L'entretien des amants veut un entier secret.
Adieu. Je me retire en confident discret.

SCÈNE III.

CINNA.

Donne un plus digne nom au glorieux empire[11]
Du noble sentiment que la vertu m'inspire,
Et que l'honneur oppose au coup précipité
De mon ingratitude et de ma lâcheté ;
Mais plutôt continue à le nommer foiblesse[12],
Puisqu'il devient si foible auprès d'une maîtresse,
Qu'il respecte un amour qu'il devroit étouffer,
Ou que, s'il le combat, il n'ose en triompher[15].
En ces extrémités quel conseil dois-je prendre ?
De quel côté pencher ? à quel parti me rendre ?

Qu'une âme généreuse a de peine à faillir !
Quelque fruit que par là j'espère de cueillir,
Les douceurs de l'amour, celles de la vengeance,
La gloire d'affranchir le lieu de ma naissance,
N'ont point assez d'appas pour flatter ma raison,
S'il les faut acquérir par une trahison,
S'il faut percer le flanc d'un prince magnanime
Qui du peu que je suis fait une telle estime,
Qui me comble d'honneurs, qui m'accable de biens,
Qui ne prend pour régner de conseils que les miens.
O coup ! ô trahison trop indigne d'un homme !
Dure, dure à jamais l'esclavage de Rome !
Périsse mon amour, périsse mon espoir,
Plutôt que de ma main parte un crime si noir !
Quoi ! ne m'offre-t-il pas tout ce que je souhaite,
Et qu'au prix de son sang ma passion achète ?
Pour jouir de ses dons faut-il l'assassiner ?
Et faut-il lui ravir ce qu'il me veut donner ?

Mais je dépends de vous, ô serment téméraire !
O haine d'Æmilie ! ô souvenir d'un père !
Ma foi, mon cœur, mon bras, tout vous est engagé,
Et je ne puis plus rien que par votre congé :
C'est à vous à régler ce qu'il faut que je fasse ;
C'est à vous, Æmilie, à lui donner sa grâce ;
Vos seules volontés président à son sort,
Et tiennent en mes mains et sa vie et sa mort.

O dieux, qui comme vous la rendez adorable,
Rendez-la, comme vous, à mes vœux exorable[14];
Et, puisque de ses lois je ne puis m'affranchir,
Faites qu'à mes désirs je la puisse fléchir!
Mais voici de retour cette aimable inhumaine.

SCÈNE IV.
ÆMILIE, CINNA, FULVIE.

ÆMILIE.

Grâces aux dieux, Cinna, ma frayeur étoit vaine;
Aucun de tes amis ne t'a manqué de foi[15],
Et je n'ai point eu lieu de m'employer pour toi.
Octave en ma présence a tout dit à Livie,
Et par cette nouvelle il m'a rendu la vie.

CINNA.

Le désavouerez-vous? et du don qu'il me fait
Voudrez-vous retarder le bienheureux effet?

ÆMILIE.

L'effet est en ta main.

CINNA.

       Mais plutôt en la vôtre.

ÆMILIE.

Je suis toujours moi-même, et mon cœur n'est point autre,
Me donner à Cinna, c'est ne lui donner rien,
C'est seulement lui faire un présent de son bien.

CINNA.

Vous pouvez toutefois.... ô ciel! l'osé-je dire?

ÆMILIE.

Que puis-je? et que crains-tu?

CINNA.

       Je tremble, je soupire,
Et vois que, si nos cœurs avoient mêmes désirs[16],
Je n'aurois pas besoin d'expliquer mes soupirs.
Ainsi je suis trop sûr que je vais vous déplaire,
Mais je n'ose parler et je ne puis me taire.

ÆMILIE.

C'est trop me gêner, parle.

CINNA.

       Il faut vous obéir.
Je vais donc vous déplaire, et vous m'allez haïr.

Je vous aime, Æmilie, et le ciel me foudroie
Si cette passion ne fait toute ma joie,
Et si je ne vous aime avec toute l'ardeur
Que peut un digne objet attendre d'un grand cœur[17]
Mais voyez à quel prix vous me donnez votre âme;
En me rendant heureux vous me rendez infâme;
Cette bonté d'Auguste....

ÆMILIE.

      Il suffit, je t'entends,
Je vois ton repentir et tes vœux inconstants :
Les faveurs du tyran emportent tes promesses;
Tes feux et tes serments cèdent à ses caresses;
Et ton esprit crédule ose s'imaginer
Qu'Auguste pouvant tout peut aussi me donner;
Tu me veux de sa main plutôt que de la mienne;
Mais ne crois pas qu'ainsi jamais je t'appartienne.
Il peut faire trembler la terre sous ses pas,
Mettre un roi hors du trône, et donner ses États[18],
De ses proscriptions rougir la terre et l'onde,
Et changer à son gré l'ordre de tout le monde;
Mais le cœur d'Æmilie est hors de son pouvoir[19].

CINNA.

Aussi n'est-ce qu'à vous que je veux le devoir[20].
Je suis toujours moi-même, et ma foi toujours pure;
La pitié que je sens ne me rend point parjure;
J'obéis sans réserve à tous vos sentiments[21],
Et prends vos intérêts par-delà mes serments.
 J'ai pu, vous le savez, sans parjure et sans crime,
Vous laisser échapper cette illustre victime :
César, se dépouillant du pouvoir souverain,
Nous ôtoit tout prétexte à lui percer le sein;
La conjuration s'en alloit dissipée,
Vos desseins avortés, votre haine trompée :
Moi seul j'ai raffermi son esprit étonné,
Et, pour vous l'immoler, ma main l'a couronné.

ÆMILIE.

Pour me l'immoler, traître! et tu veux que moi-même
Je retienne ta main! qu'il vive, et que je l'aime!
Que je sois le butin de qui l'ose épargner,
Et le prix du conseil qui le force à régner!

CINNA.

Ne me condamnez point quand je vous ai servie :

Sans moi, vous n'auriez plus de pouvoir sur sa vie;
Et, malgré ses bienfaits, je rends tout à l'amour,
Quand je veux qu'il périsse ou vous doive le jour.
Avec les premiers vœux de mon obéissance,
Souffrez ce foible effort de ma reconnoissance,
Que je tâche de vaincre un indigne courroux,
Et vous donner pour lui l'amour qu'il a pour vous.
Une âme généreuse, et que la vertu guide,
Fuit la honte des noms d'ingrate et de perfide;
Elle en hait l'infamie attachée au bonheur,
Et n'accepte aucun bien aux dépens de l'honneur.

ÆMILIE.

Je fais gloire, pour moi, de cette ignominie :
La perfidie est noble envers la tyrannie;
Et, quand on rompt le cours d'un sort si malheureux[23],
Les cœurs les plus ingrats sont les plus généreux.

CINNA.

Vous faites des vertus au gré de votre haine.

ÆMILIE.

Je me fais des vertus dignes d'une Romaine.

CINNA.

Un cœur vraiment romain....

ÆMILIE.

Ose tout pour ravir
Une odieuse vie à qui le fait servir[23];
Il fuit plus que la mort la honte d'être esclave.

CINNA.

C'est l'être avec honneur que de l'être d'Octave;
Et nous voyons souvent des rois à nos genoux
Demander pour appui tels esclaves que nous[24];
Il abaisse à nos pieds l'orgueil des diadèmes,
Il nous fait souverains sur leurs grandeurs suprêmes,
Il prend d'eux les tributs dont il nous enrichit,
Et leur impose un joug dont il nous affranchit.

ÆMILIE.

L'indigne ambition que ton cœur se propose!
Pour être plus qu'un roi, tu te crois quelque chose!
Aux deux bouts de la terre en est-il un si vain[25]
Qu'il prétende égaler un citoyen romain?
Antoine sur sa tête attira notre haine,
En se déshonorant par l'amour d'une reine[26];

Attale, ce grand roi, dans la pourpre blanchi,
Qui du peuple romain se nommoit l'affranchi,
Quand de toute l'Asie il se fût vu l'arbitre,
Eût encor moins prisé son trône que ce titre.
Souviens-toi de ton nom, soutiens sa dignité;
Et prenant d'un Romain la générosité,
Sache qu'il n'en est point que le ciel n'ait fait naître
Pour commander aux rois et pour vivre sans maître.

CINNA.

Le ciel a trop fait voir en de tels attentats
Qu'il hait les assassins et punit les ingrats;
Et, quoi qu'on entreprenne, et quoi qu'on exécute,
Quand il élève un trône, il en venge la chute;
Il se met du parti de ceux qu'il fait régner;
Le coup dont on les tue est longtemps à saigner;
Et, quand à les punir il a pu se résoudre,
De pareils châtiments n'appartiennent qu'au foudre.

ÆMILIE.

Dis que de leur parti toi-même tu te rends,
De te remettre au foudre à punir les tyrans.
   Je ne t'en parle plus, va, sers la tyrannie;
Abandonne ton âme à son lâche génie;
Et, pour rendre le calme à ton esprit flottant,
Oublie et ta naissance et le prix qui t'attend.
Sans emprunter ta main pour servir ma colère[27],
Je saurai bien venger mon pays et mon père.
J'aurois déjà l'honneur d'un si fameux trépas,
Si l'amour jusqu'ici n'eût arrêté mon bras;
C'est lui qui, sous tes lois me tenant asservie,
M'a fait en ta faveur prendre soin de ma vie:
Seule contre un tyran, en le faisant périr,
Par les mains de sa garde il me falloit mourir.
Je t'eusse par ma mort dérobé ta captive;
Et, comme pour toi seul l'amour veut que je vive,
J'ai voulu, mais en vain, me conserver pour toi,
Et te donner moyen d'être digne de moi.
   Pardonnez-moi, grands dieux, si je me suis trompée,
Quand j'ai pensé chérir un neveu de Pompée,
Et si d'un faux semblant mon esprit abusé
A fait choix d'un esclave en son lieu supposé.
Je t'aime toutefois, quel que tu puisses être[28],
Et, si pour me gagner il faut trahir ton maître,

Mille autres à l'envi recevroient cette loi,
S'ils pouvoient m'acquérir à même prix que toi;
Mais n'appréhende pas qu'un autre ainsi m'obtienne.
Vis pour ton cher tyran, tandis que je meurs tienne :
Mes jours avec les siens se vont précipiter,
Puisque ta lâcheté n'ose me mériter.
Viens me voir dans son sang et dans le mien baignée,
De ma seule vertu mourir accompagnée,
Et te dire en mourant d'un esprit satisfait :
« N'accuse point mon sort, c'est toi seul qui l'as fait;
« Je descends dans la tombe où tu m'as condamnée,
« Où la gloire me suit qui t'étoit destinée :
« Je meurs en détruisant un pouvoir absolu;
« Mais je vivrois à toi si tu l'avois voulu. »

CINNA.

Eh bien, vous le voulez, il faut vous satisfaire,
Il faut affranchir Rome, il faut venger un père,
Il faut sur un tyran porter de justes coups;
Mais apprenez qu'Auguste est moins tyran que vous.
S'il nous ôte à son gré nos biens, nos jours, nos femmes,
Il n'a point jusqu'ici tyrannisé nos âmes;
Mais l'empire inhumain qu'exercent vos beautés
Force jusqu'aux esprits et jusqu'aux volontés.
Vous me faites priser ce qui me déshonore;
Vous me faites haïr ce que mon âme adore;
Vous me faites répandre un sang pour qui je dois
Exposer tout le mien et mille et mille fois :
Vous le voulez, j'y cours, ma parole est donnée[29],
Mais ma main, aussitôt contre mon sein tournée,
Aux mânes d'un tel prince immolant votre amant
A mon crime forcé joindra mon châtiment[30],
Et, par cette action dans l'autre confondue,
Recouvrera ma gloire aussitôt que perdue.
Adieu.

SCÈNE V.

ÆMILIE, FULVIE.

FULVIE.
Vous avez mis son âme au désespoir.
ÆMILIE.
Qu'il cesse de m'aimer, ou suive son devoir.

FULVIE.

Il va vous obéir aux dépens de sa vie
Vous en pleurez!

ÆMILIE.

Hélas! cours après lui, Fulvie,
Et, si ton amitié daigne me secourir,
Arrache-lui du cœur ce dessein de mourir;
Dis-lui....

FULVIE.

Qu'en sa faveur vous laissez vivre Auguste?

ÆMILIE.

Ah! c'est faire à ma haine une loi trop injuste.

FULVIE.

Et quoi donc?

ÆMILIE.

Qu'il achève, et dégage sa foi,
Et qu'il choisisse après de la mort ou de moi.

FIN DU TROISIÈME ACTE.

ACTE QUATRIÈME.

SCÈNE I.

AUGUSTE, EUPHORBE, POLYCLÈTE, gardes.

AUGUSTE.
Tout ce que tu me dis, Euphorbe, est incroyable.
EUPHORBE.
Seigneur, le récit même en paroît effroyable :
On ne conçoit qu'à peine une telle fureur,
Et la seule pensée en fait frémir d'horreur.
AUGUSTE.
Quoi! mes plus chers amis! quoi! Cinna! quoi! Maxime!
Les deux que j'honorois d'une si haute estime,
A qui j'ouvrois mon cœur, et dont j'avois fait choix
Pour les plus importants et plus nobles emplois!
Après qu'entre leurs mains j'ai remis mon empire,
Pour m'arracher le jour l'un et l'autre conspire!
Maxime a vu sa faute, il m'en fait avertir[1],
Et montre un cœur touché d'un juste repentir;
Mais Cinna!
EUPHORBE.
    Cinna seul dans sa rage s'obstine,
Et contre vos bontés d'autant plus se mutine;
Lui seul combat encor les vertueux efforts
Que sur les conjurés fait ce juste remords[2],
Et, malgré les frayeurs à leurs regrets mêlées,
Il tâche à raffermir leurs âmes ébranlées.
AUGUSTE.
Lui seul les encourage, et lui seul les séduit!
O le plus déloyal que la terre ait produit!
O trahison conçue au sein d'une furie!
O trop sensible coup d'une main si chérie!
Cinna, tu me trahis! Polyclète, écoutez.
(Il lui parle à l'oreille.)

POLYCLÈTE.

Tous vos ordres, seigneur, seront exécutés.

AUGUSTE.

Qu'Éraste en même temps aille dire à Maxime
Qu'il vienne recevoir le pardon de son crime.

(Polyclète rentre.)

EUPHORBE.

Il l'a jugé trop grand pour ne pas s'en punir³.
A peine du palais il a pu revenir,
Que, les yeux égarés, et le regard farouche,
Le cœur gros de soupirs, les sanglots à la bouche,
Il déteste sa vie et ce complot maudit,
M'en apprend l'ordre entier tel que je vous l'ai dit:
Et, m'ayant commandé que je vous avertisse,
Il ajoute : « Dis-lui que je me fais justice,
« Que je n'ignore point ce que j'ai mérité⁴. »
Puis soudain dans le Tibre il s'est précipité ;
Et l'eau grosse et rapide, et la nuit assez noire⁵,
M'ont dérobé la fin de sa tragique histoire.

AUGUSTE.

Sous ce pressant remords il a trop succombé,
Et s'est à mes bontés lui-même dérobé ;
Il n'est crime envers moi qu'un repentir n'efface :
Mais, puisqu'il a voulu renoncer à ma grâce,
Allez pourvoir au reste, et faites qu'on ait soin
De tenir en lieu sûr ce fidèle témoin.

SCÈNE II.

AUGUSTE.

Ciel, à qui voulez-vous désormais que je fie
Les secrets de mon âme et le soin de ma vie?
Reprenez le pouvoir que vous m'avez commis,
Si, donnant des sujets, il ôte les amis,
Si tel est le destin des grandeurs souveraines,
Que leurs plus grands bienfaits n'attirent que des haines,
Et si votre rigueur les condamne à chérir
Ceux que vous animez à les faire périr.
Pour elles rien n'est sûr; qui peut tout doit tout craindre.
  Rentre en toi-même, Octave, et cesse de te plaindre.
Quoi! tu veux qu'on t'épargne, et n'as rien épargné!
Songe aux fleuves de sang où ton bras s'est baigné,

De combien ont rougi les champs de Macédoine,
Combien en a versé la défaite d'Antoine,
Combien celle de Sexte, et revois tout d'un temps
Pérouse au sien noyée et tous ses habitants;
Remets dans ton esprit, après tant de carnages,
De tes proscriptions les sanglantes images,
Où toi-même, des tiens devenu le bourreau,
Au sein de ton tuteur enfonças le couteau;
Et puis ose accuser le destin d'injustice,
Quand tu vois que les tiens s'arment pour ton supplice [6],
Et que, par ton exemple à ta perte guidés,
Ils violent des droits que tu n'as pas gardés!
Leur trahison est juste, et le ciel l'autorise :
Quitte ta dignité comme tu l'as acquise;
Rends un sang infidèle à l'infidélité,
Et souffre des ingrats après l'avoir été.
  Mais que mon jugement au besoin m'abandonne!
Quelle fureur, Cinna, m'accuse et te pardonne?
Toi, dont la trahison me force à retenir
Ce pouvoir souverain dont tu me veux punir,
Me traite en criminel, et fait seule mon crime,
Relève pour l'abattre un trône illégitime,
Et, d'un zèle effronté couvrant son attentat,
S'oppose, pour me perdre, au bonheur de l'État?
Donc jusqu'à l'oublier je pourrois me contraindre!
Tu vivrois en repos après m'avoir fait craindre!
Non, non, je me trahis moi-même d'y penser :
Qui pardonne aisément invite à l'offenser;
Punissons l'assassin, proscrivons les complices.
  Mais quoi! toujours du sang, et toujours des supplices!
Ma cruauté se lasse, et ne peut s'arrêter;
Je veux me faire craindre, et ne fais qu'irriter.
Rome a pour ma ruine une hydre trop fertile;
Une tête coupée en fait renaître mille,
Et le sang répandu de mille conjurés
Rend mes jours plus maudits, et non plus assurés.
Octave, n'attends plus le coup d'un nouveau Brute;
Meurs et dérobe-lui la gloire de ta chute;
Meurs, tu ferois pour vivre un lâche et vain effort,
Si tant de gens de cœur font des vœux pour ta mort,
Et si tout ce que Rome a d'illustre jeunesse
Pour te faire périr tour à tour s'intéresse;

Meurs, puisque c'est un mal que tu ne peux guérir;
Meurs enfin, puisqu'il faut ou tout perdre ou mourir:
La vie est peu de chose, et le peu qui t'en reste
Ne vaut pas l'acheter par un prix si funeste;
Meurs, mais quitte du moins la vie avec éclat,
Éteins-en le flambeau dans le sang de l'ingrat,
A toi même, en mourant, immole ce perfide,
Contentant ses désirs, punis son parricide;
Fais un tourment pour lui de ton propre trépas,
En faisant qu'il le voie et n'en jouisse pas :
Mais jouissons plutôt nous-même de sa peine;
Et si Rome nous hait, triomphons de sa haine.
    O Romains! ô vengeance! ô pouvoir absolu!
O rigoureux combat d'un cœur irrésolu
Qui fuit en même temps tout ce qu'il se propose!
D'un prince malheureux ordonnez quelque chose.
Qui des deux dois-je suivre, et duquel m'éloigner?
Ou laissez-moi périr, ou laissez-moi régner.

SCÈNE III.

AUGUSTE, LIVIE.

AUGUSTE.

Madame, on me trahit, et la main qui me tue
Rend sous mes déplaisirs ma constance abattue.
Cinna, Cinna le traître....

LIVIE.

Euphorbe m'a tout dit,
Seigneur, et j'ai pâli cent fois à ce récit.
Mais écouteriez-vous les conseils d'une femme?

AUGUSTE.

Hélas! de quel conseil est capable mon âme?

LIVIE.

Votre sévérité, sans produire aucun fruit[8],
Seigneur, jusqu'à présent a fait beaucoup de bruit;
Par les peines d'un autre aucun ne s'intimide :
Salvidien à bas a soulevé Lépide;
Murène a succédé, Cépion l'a suivi :
Le jour à tous les deux dans les tourments ravi
N'a point mêlé de crainte à la fureur d'Égnace[9],
Dont Cinna maintenant ose prendre la place;

Et dans les plus bas rangs les noms les plus abjets
Ont voulu s'ennoblir par de si hauts projets.
Après avoir en vain puni leur insolence,
Essayez sur Cinna ce que peut la clémence ;
Faites son châtiment de sa confusion,
Cherchez le plus utile en cette occasion :
Sa peine peut aigrir une ville animée :
Son pardon peut servir à votre renommée ;
Et ceux que vos rigueurs ne font qu'effaroucher
Peut-être à vos bontés se laisseront toucher.

AUGUSTE.

Gagnons-les tout à fait en quittant cet empire
Qui nous rend odieux, contre qui l'on conspire.
J'ai trop par vos avis consulté là-dessus ;
Ne m'en parlez jamais, je ne consulte plus.
 Cesse de soupirer, Rome, pour ta franchise ;
Si je t'ai mise aux fers, moi-même je les brise,
Et te rends ton État, après l'avoir conquis,
Plus paisible et plus grand que je ne te l'ai pris :
Si tu me veux haïr, hais-moi sans plus rien feindre ;
Si tu me veux aimer, aime-moi sans me craindre :
De tout ce qu'eut Sylla de puissance et d'honneur
Lassé, comme il en fut, j'aspire à son bonheur.

LIVIE.

Assez et trop longtemps son exemple vous flatte ;
Mais gardez que sur vous le contraire n'éclate :
Ce bonheur sans pareil qui conserva ses jours
Ne seroit pas bonheur, s'il arrivoit toujours.

AUGUSTE.

Eh bien! s'il est trop grand, si j'ai tort d'y prétendre
J'abandonne mon sang à qui voudra l'épandre.
Après un long orage il faut trouver un port ;
Et je n'en vois que deux, le repos ou la mort.

LIVIE.

Quoi! vous voulez quitter le fruit de tant de peines!

AUGUSTE.

Quoi! vous voulez garder l'objet de tant de haines!

LIVIE.

Seigneur, vous emporter à cette extrémité,
C'est plutôt désespoir que générosité.

AUGUSTE.

Régner et caresser une main si traîtresse,
Au lieu de sa vertu, c'est montrer sa foiblesse.

LIVIE.

C'est régner sur vous-même, et, par un noble choix,
Pratiquer la vertu la plus digne des rois.

AUGUSTE.

Vous m'aviez bien promis des conseils d'une femme;
Vous me tenez parole, et c'en sont là, madame.
　Après tant d'ennemis à mes pieds abattus,
Depuis vingt ans je règne, et j'en sais les vertus;
Je sais leur divers ordre, et de quelle nature11
Sont les devoirs d'un prince en cette conjoncture :
Tout son peuple est blessé par un tel attentat,
Et la seule pensée est un crime d'État,
Une offense qu'on fait à toute sa province,
Dont il faut qu'il la venge, ou cesse d'être prince.

LIVIE.

Donnez moins de croyance à votre passion.

AUGUSTE.

Ayez moins de foiblesse, ou moins d'ambition.

LIVIE.

Ne traitez plus si mal un conseil salutaire.

AUGUSTE.

Le ciel m'inspirera ce qu'ici je dois faire.
Adieu : nous perdons temps.

LIVIE.

　　　　　　　Je ne vous quitte point,
Seigneur, que mon amour n'ait obtenu ce point.

AUGUSTE.

C'est l'amour des grandeurs qui vous rend importune.

LIVIE.

J'aime votre personne, et non votre fortune.
　　(Elle est seule.)
Il m'échappe; suivons, et forçons-le de voir12
Qu'il peut, en faisant grâce, affermir son pouvoir,
Et qu'enfin la clémence est la plus belle marque
Qui fasse à l'univers connoître un vrai monarque.

SCÈNE IV.

ÆMILIE, FULVIE.

ÆMILIE.

D'où me vient cette joie, et que mal à propos
Mon esprit malgré moi goûte un entier repos!
César mande Cinna sans me donner d'alarmes!
Mon cœur est sans soupirs, mes yeux n'ont point de larmes.
Comme si j'apprenois d'un secret mouvement
Que tout doit succéder à mon contentement!
Ai-je bien entendu? me l'as-tu dit, Fulvie?

FULVIE.

J'avois gagné sur lui qu'il aimeroit la vie,
Et je vous l'amenois, plus traitable et plus doux,
Faire un second effort contre votre courroux [15];
Je m'en applaudissois, quand soudain Polyclète,
Des volontés d'Auguste ordinaire interprète,
Est venu l'aborder et sans suite et sans bruit,
Et de sa part sur l'heure au palais l'a conduit.
Auguste est fort troublé, l'on ignore la cause;
Chacun diversement soupçonne quelque chose;
Tous présument qu'il ait un grand sujet d'ennui,
Et qu'il mande Cinna pour prendre avis de lui.
Mais ce qui m'embarrasse, et que je viens d'apprendre [14],
C'est que deux inconnus se sont saisis d'Évandre,
Qu'Euphorbe est arrêté sans qu'on sache pourquoi,
Que même de son maître on dit je ne sais quoi :
On lui veut imputer un désespoir funeste;
On parle d'eaux, de Tibre, et l'on se tait du reste.

ÆMILIE.

Que de sujets de craindre et de désespérer,
Sans que mon triste cœur en daigne murmurer!
A chaque occasion le ciel y fait descendre
Un sentiment contraire à celui qu'il doit prendre :
Une vaine frayeur tantôt m'a pu troubler [15];
Et je suis insensible alors qu'il faut trembler.
  Je vous entends, grands dieux! vos bontés que j'adore
Ne peuvent consentir que je me déshonore;
Et ne me permettant soupirs, sanglots, ni pleurs,
Soutiennent ma vertu contre de tels malheurs.

Vous voulez que je meure avec ce grand courage
Qui m'a fait entreprendre un si fameux ouvrage;
Et je veux bien périr comme vous l'ordonnez,
Et dans la même assiette où vous me retenez.

O liberté de Rome! ô mânes de mon père!
J'ai fait de mon côté tout ce que j'ai pu faire :
Contre votre tyran j'ai ligué ses amis,
Et plus osé pour vous qu'il ne m'étoit permis.
Si l'effet a manqué, ma gloire n'est pas moindre;
N'ayant pu vous venger, je vous irai rejoindre,
Mais si fumante encor d'un généreux courroux,
Par un trépas si noble et si digne de vous,
Qu'il vous fera sur l'heure aisément reconnoître [16]
Le sang des grands héros dont vous m'avez fait naître.

SCÈNE V.

MAXIME, ÆMILIE, FULVIE.

ÆMILIE.

Mais je vous vois, Maxime, et l'on vous faisoit mort!

MAXIME.

Euphorbe trompe Auguste avec ce faux rapport;
Se voyant arrêté, la trame découverte,
Il a feint ce trépas pour empêcher ma perte.

ÆMILIE.

Que dit-on de Cinna?

MAXIME.

Que son plus grand regret
C'est de voir que César sait tout votre secret;
En vain il le dénie et le veut méconnoître,
Évandre a tout conté pour excuser son maître,
Et par l'ordre d'Auguste on vient vous arrêter.

ÆMILIE.

Celui qui l'a reçu tarde à l'exécuter;
Je suis prête à le suivre et lasse de l'attendre.

MAXIME.

Il vous attend chez moi.

ÆMILIE.

Chez vous!

MAXIME.

C'est vous surprendre.

ACTE IV, SCÈNE V.

Mais apprenez le soin que le ciel a de vous;
C'est un des conjurés qui va fuir avec nous.
Prenons notre avantage avant qu'on nous poursuive;
Nous avons pour partir un vaisseau sur la rive [17].

ÆMILIE.
Me connois-tu, Maxime, et sais-tu qui je suis?

MAXIME.
En faveur de Cinna je fais ce que je puis,
Et tâche à garantir de ce malheur extrême
La plus belle moitié qui reste de lui-même.
　Sauvons-nous, Æmilie, et conservons le jour,
Afin de le venger par un heureux retour.

ÆMILIE.
Cinna dans son malheur est de ceux qu'il faut suivre,
Qu'il ne faut pas venger, de peur de leur survivre;
Quiconque, après sa perte, aspire à se sauver
Est indigne du jour qu'il tâche à conserver.

MAXIME.
Quel désespoir aveugle à ces fureurs vous porte?
O dieux! que de foiblesse en une âme si forte!
Ce cœur si généreux rend si peu de combat,
Et du premier revers la fortune l'abat!
Rappelez, rappelez cette vertu sublime,
Ouvrez enfin les yeux, et connoissez Maxime;
C'est un autre Cinna qu'en lui vous regardez;
Le ciel vous rend en lui l'amant que vous perdez;
Et, puisque l'amitié n'en faisoit plus qu'une âme,
Aimez en cet ami l'objet de votre flamme;
Avec la même ardeur il saura vous chérir,
Que....

ÆMILIE.
　Tu m'oses aimer, et tu n'oses mourir [18]!
Tu prétends un peu trop; mais quoi que tu prétendes,
Rends-toi digne du moins de ce que tu demandes;
Cesse de fuir en lâche un glorieux trépas,
Ou de m'offrir un cœur que tu fais voir si bas;
Fais que je porte envie à ta vertu parfaite;
Ne te pouvant aimer, fais que je te regrette;
Montre d'un vrai Romain la dernière vigueur,
Et mérite mes pleurs au défaut de mon cœur.

Quoi! si ton amitié pour Cinna s'intéresse [19],
Crois-tu qu'elle consiste à flatter sa maîtresse?
Apprends, apprends de moi quel en est le devoir,
Et donne-m'en l'exemple, ou viens le recevoir.
MAXIME.
Votre juste douleur est trop impétueuse.
ÆMILIE.
La tienne en ta faveur est trop ingénieuse.
Tu me parles déjà d'un bienheureux retour,
Et dans tes déplaisirs tu conçois de l'amour!
MAXIME.
Cet amour en naissant est toutefois extrême;
C'est votre amant en vous, c'est mon ami que j'aime,
Et des mêmes ardeurs dont il fut embrasé....
ÆMILIE.
Maxime, en voilà trop pour un homme avisé.
Ma perte m'a surprise, et ne m'a point troublée;
Mon noble désespoir ne m'a point aveuglée;
Ma vertu tout entière agit sans s'émouvoir,
Et je vois malgré moi plus que je ne veux voir.
MAXIME.
Quoi! vous suis-je suspect de quelque perfidie?
ÆMILIE.
Oui, tu l'es, puisque enfin tu veux que je le die;
L'ordre de notre fuite est trop bien concerté,
Pour ne te soupçonner d'aucune lâcheté :
Les dieux seroient pour nous prodigues en miracles,
S'ils en avoient sans toi levé tous les obstacles.
Fuis sans moi, tes amours sont ici superflus.
MAXIME.
Ah! vous m'en dites trop.
ÆMILIE.
J'en présume encor plus
Ne crains pas toutefois que j'éclate en injures;
Mais n'espère non plus m'éblouir de parjures.
Si c'est te faire tort que de m'en défier,
Viens mourir avec moi pour te justifier.
MAXIME.
Vivez, belle Æmilie, et souffrez qu'un esclave....
ÆMILIE.
Je ne t'écoute plus qu'en présence d'Octave.
Allons, Fulvie, allons.

SCÈNE VI.

MAXIME.

Désespéré, confus,
Et digne, s'il se peut, d'un plus cruel refus,
Que résous-tu, Maxime? et quel est le supplice
Que ta vertu prépare à ton vain artifice?
Aucune illusion ne te doit plus flatter;
Æmilie en mourant va tout faire éclater;
Sur un même échafaud la perte de sa vie
Étalera sa gloire et ton ignominie,
Et sa mort va laisser à la postérité [20]
L'infâme souvenir de ta déloyauté.
Un même jour t'a vu, par une fausse adresse,
Trahir ton souverain, ton ami, ta maîtresse,
Sans que de tant de droits en un jour violés,
Sans que de deux amants au tyran immolés,
Il te reste aucun fruit que la honte et la rage
Qu'un remords inutile allume en ton courage.
Euphorbe, c'est l'effet de tes lâches conseils
Mais que peut-on attendre enfin de tes pareils?
Jamais un affranchi n'est qu'un esclave infâme;
Bien qu'il change d'état, il ne change point d'âme [21];
La tienne, encor servile, avec la liberté
N'a pu prendre un rayon de générosité :
Tu m'as fait relever une injuste puissance;
Tu m'as fait démentir l'honneur de ma naissance;
Mon cœur te résistoit, et tu l'as combattu,
Jusqu'à ce que ta fourbe ait souillé sa vertu.
Il m'en coûte la vie, il m'en coûte la gloire,
Et j'ai tout mérité pour t'avoir voulu croire;
Mais les dieux permettront à mes ressentiments
De te sacrifier aux yeux des deux amants,
Et j'ose m'assurer qu'en dépit de mon crime
Mon sang leur servira d'assez pure victime,
Si dans le tien mon bras, justement irrité,
Peut laver le forfait de t'avoir écouté.

FIN DU QUATRIÈME ACTE.

ACTE CINQUIÈME.

SCÈNE I.
AUGUSTE, CINNA.

AUGUSTE.
Prends un siége, Cinna, prends, et sur toute chose
Observe exactement la loi que je t'impose :
Prête, sans me troubler, l'oreille à mes discours;
D'aucun mot, d'aucun cri, n'en interromps le cours;
Tiens ta langue captive; et, si ce grand silence
A ton émotion fait quelque violence,
Tu pourras me répondre après tout à loisir :
Sur ce point seulement contente mon désir.
CINNA.
Je vous obéirai, seigneur.
AUGUSTE.
Qu'il te souvienne.
De garder ta parole, et je tiendrai la mienne.
Tu vois le jour, Cinna; mais ceux dont tu le tiens
Furent les ennemis de mon père, et les miens :
Au milieu de leur camp tu reçus la naissance;
Et, lorsque après leur mort tu vins en ma puissance,
Leur haine enracinée au milieu de ton sein
T'avoit mis contre moi les armes à la main[1];
Tu fus mon ennemi même avant que de naître,
Et tu le fus encor quand tu me pus connoître,
Et l'inclination jamais n'a démenti
Ce sang qui t'avoit fait du contraire parti :
Autant que tu l'as pu les effets l'ont suivie;
Je ne m'en suis vengé qu'en te donnant la vie;
Je te fis prisonnier pour te combler de biens;
Ma cour fut ta prison, mes faveurs tes liens[2];
Je te restituai d'abord ton patrimoine;
Je t'enrichis après des dépouilles d'Antoine,

Et tu sais que depuis, à chaque occasion,
Je suis tombé pour toi dans la profusion;
Toutes les dignités que tu m'as demandées,
Je te les ai sur l'heure et sans peine accordées;
Je t'ai préféré même à ceux dont les parents
Ont jadis dans mon camp tenu les premiers rangs,
A ceux qui de leur sang m'ont acheté l'empire³,
Et qui m'ont conservé le jour que je respire;
De la façon enfin qu'avec toi j'ai vécu,
Les vainqueurs sont jaloux du bonheur du vaincu.
Quand le ciel me voulut, en rappelant Mécène,
Après tant de faveur montrer un peu de haine,
Je te donnai sa place en ce triste accident,
Et te fis, après lui, mon plus cher confident;
Aujourd'hui même encor, mon âme irrésolue
Me pressant de quitter ma puissance absolue,
De Maxime et de toi j'ai pris les seuls avis,
Et ce sont, malgré lui, les tiens que j'ai suivis;
Bien plus, ce même jour je te donne Æmilie,
Le digne objet des vœux de toute l'Italie,
Et qu'ont mise si haut mon amour et mes soins,
Qu'en te couronnant roi je t'aurois donné moins.
Tu t'en souviens, Cinna, tant d'heur et tant de gloire
Ne peuvent pas sitôt sortir de ta mémoire;
Mais ce qu'on ne pourroit jamais s'imaginer,
Cinna, tu t'en souviens, et veux m'assassiner.

CINNA.

Moi! seigneur, moi, que j'eusse une âme si traîtresse!
Qu'un si lâche dessein....

AUGUSTE.

Tu tiens mal ta promesse
Sieds-toi, je n'ai pas dit encor ce que je veux;
Tu te justifiras après, si tu le peux;
Écoute cependant, et tiens mieux ta parole.
Tu veux m'assassiner demain au Capitole,
Pendant le sacrifice, et ta main pour signal
Me doit au lieu d'encens donner le coup fatal;
La moitié de tes gens doit occuper la porte,
L'autre moitié te suivre et te prêter main-forte
Ai-je de bons avis, ou de mauvais soupçons⁴?
De tous ces meurtriers te dirai-je les noms?

Procule, Glabrion, Virginian, Rutile,
Marcel, Plaute, Lénas, Pompone, Albin, Icile,
Maxime, qu'après toi j'avois le plus aimé;
Le reste ne vaut pas l'honneur d'être nommé;
Un tas d'hommes perdus de dettes et de crimes,
Que pressent de mes lois les ordres légitimes,
Et qui, désespérant de les plus éviter,
Si tout n'est renversé, ne sauroient subsister.
　Tu te tais maintenant, et gardes le silence,
Plus par confusion que par obéissance.
Quel étoit ton dessein, et que prétendois-tu,
Après m'avoir au temple à tes pieds abattu?
Affranchir ton pays d'un pouvoir monarchique?
Si j'ai bien entendu tantôt ta politique,
Son salut désormais dépend d'un souverain
Qui, pour tout conserver, tienne tout en sa main;
Et si sa liberté te faisoit entreprendre,
Tu ne m'eusses jamais empêché de la rendre;
Tu l'aurois acceptée au nom de tout l'État,
Sans vouloir l'acquérir par un assassinat.
Quel étoit donc ton but? d'y régner en ma place?
D'un étrange malheur son destin le menace,
Si, pour monter au trône et lui donner la loi,
Tu ne trouves dans Rome autre obstacle que moi,
Si jusques à ce point son sort est déplorable,
Que tu sois après moi le plus considérable,
Et que ce grand fardeau de l'empire romain
Ne puisse après ma mort tomber mieux qu'en ta main.
　Apprends à te connoître, et descends en toi-même:
On t'honore dans Rome, on te courtise, on t'aime;
Chacun tremble sous toi, chacun t'offre des vœux,
Ta fortune est bien haut, tu peux ce que tu veux:
Mais tu ferois pitié même à ceux qu'elle irrite[6],
Si je t'abandonnois à ton peu de mérite.
Ose me démentir, dis-moi ce que tu vaux;
Conte-moi tes vertus, tes glorieux travaux,
Les rares qualités par où tu m'as dû plaire,
Et tout ce qui t'élève au-dessus du vulgaire.
Ma faveur fait ta gloire et ton pouvoir en vient;
Elle seule t'élève, et seule te soutient;
C'est elle qu'on adore, et non pas ta personne;
Tu n'as crédit ni rang qu'autant qu'elle t'en donne;

V. 107.

Et, pour te faire choir, je n'aurois aujourd'hui
Qu'à retirer la main qui seule est ton appui.
J'aime mieux toutefois céder à ton envie;
Règne, si tu le peux, aux dépens de ma vie;
Mais oses-tu penser que les Serviliens,
Les Cosses, les Métels, les Pauls, les Fabiens,
Et tant d'autres enfin de qui les grands courages
Des héros de leur sang sont les vives images,
Quittent le noble orgueil d'un sang si généreux,
Jusqu'à pouvoir souffrir que tu règnes sur eux?
Parle, parle, il est temps.

CINNA.

Je demeure stupide;
Non que votre colère ou la mort m'intimide;
Je vois qu'on m'a trahi, vous m'y voyez rêver,
Et j'en cherche l'auteur sans le pouvoir trouver.
Mais c'est trop y tenir toute l'âme occupée[7].
Seigneur, je suis Romain, et du sang de Pompée.
Le père et les deux fils lâchement égorgés,
Par la mort de César étoient trop peu vengés;
C'est là d'un beau dessein l'illustre et seule cause :
Et puisqu'à vos rigueurs la trahison m'expose,
N'attendez point de moi d'infâmes repentirs,
D'inutiles regrets, ni de honteux soupirs;
Le sort vous est propice, autant qu'il m'est contraire;
Je sais ce que j'ai fait, et ce qu'il vous faut faire.
Vous devez un exemple à la postérité,
Et mon trépas importe à votre sûreté.

AUGUSTE.

Tu me braves, Cinna, tu fais le magnanime,
Et, loin de t'excuser, tu couronnes ton crime.
Voyons si ta constance ira jusques au bout.
Tu sais ce qui t'est dû; tu vois que je sais tout;
Fais ton arrêt toi-même, et choisis tes supplices.

SCÈNE II.

LIVIE[a], AUGUSTE, CINNA, ÆMILIE, FULVIE.

LIVIE.

Vous ne connoissez pas encor tous les complices;
Votre Æmilie en est, seigneur, et la voici.

CINNA.
C'est elle-même, ô dieux!
AUGUSTE.
Et toi, ma fille, aussi!
ÆMILIE.
Oui, tout ce qu'il a fait, il l'a fait pour me plaire⁹,
Et j'en étois, seigneur, la cause et le salaire.
AUGUSTE.
Quoi! l'amour qu'en ton cœur j'ai fait naître aujourd'hui
T'emporte-t-il déjà jusqu'à mourir pour lui!
Ton âme à ces transports un peu trop s'abandonne,
Et c'est trop tôt aimer l'amant que je te donne.
ÆMILIE.
Cet amour qui m'expose à vos ressentiments
N'est point le prompt effet de vos commandements;
Ces flammes dans nos cœurs sans votre ordre étoient nées¹⁰;
Et ce sont des secrets de plus de quatre années :
Mais, quoique je l'aimasse, et qu'il brûlât pour moi,
Une haine plus forte à tous deux fit la loi;
Je ne voulus jamais lui donner d'espérance,
Qu'il ne m'eût de mon père assuré la vengeance;
Je la lui fis jurer; il chercha des amis :
Le ciel rompt le succès que je m'étois promis,
Et je vous viens, seigneur, offrir une victime;
Non pour sauver sa vie en me chargeant du crime,
Son trépas est trop juste après son attentat,
Et toute excuse est vaine en un crime d'État;
Mourir en sa présence, et rejoindre mon père,
C'est tout ce qui m'amène, et tout ce que j'espère.
AUGUSTE.
Jusques à quand, ô ciel, et par quelle raison
Prendrez-vous contre moi des traits dans ma maison?
Pour ses débordements j'en ai chassé Julie;
Mon amour en sa place a fait choix d'Æmilie,
Et je la vois comme elle indigne de ce rang.
L'une m'ôtoit l'honneur, l'autre a soif de mon sang;
Et, prenant toutes deux leur passion pour guide,
L'une fut impudique, et l'autre est parricide.
O ma fille! est-ce là le prix de mes bienfaits?
ÆMILIE.
Ceux de mon père en vous firent mêmes effets¹¹.

AUGUSTE.

Songe avec quel amour j'élevai ta jeunesse.

ÆMILIE.

Il éleva la vôtre avec même tendresse;
Il fut votre tuteur, et vous son assassin;
Et vous m'avez au crime enseigné le chemin :
Le mien d'avec le vôtre en ce point seul diffère,
Que votre ambition s'est immolé mon père,
Et qu'un juste courroux dont je me sens brûler
A son sang innocent vouloit vous immoler.

LIVIE.

C'en est trop, Æmilie, arrête, et considère
Qu'il t'a trop bien payé les bienfaits de ton père :
Sa mort, dont la mémoire allume ta fureur,
Fut un crime d'Octave, et non de l'empereur.
Tous ces crimes d'État qu'on fait pour la couronne,
Le ciel nous en absout alors qu'il nous la donne,
Et dans le sacré rang où sa faveur l'a mis
Le passé devient juste, et l'avenir permis;
Qui peut y parvenir ne peut être coupable;
Quoi qu'il ait fait ou fasse, il est inviolable :
Nous lui devons nos biens, nos jours sont en sa main;
Et jamais on n'a droit sur ceux du souverain.

ÆMILIE.

Aussi, dans le discours que vous venez d'entendre,
Je parlois pour l'aigrir, et non pour me défendre.
Punissez donc, seigneur, ces criminels appas
Qui de vos favoris font d'illustres ingrats;
Tranchez mes tristes jours pour assurer les vôtres.
Si j'ai séduit Cinna, j'en séduirai bien d'autres;
Et je suis plus à craindre et vous plus en danger,
Si j'ai l'amour ensemble, et le sang à venger [12].

CINNA.

Que vous m'ayez séduit, et que je souffre encore
D'être déshonoré par celle que j'adore!
Seigneur, la vérité doit ici s'exprimer :
J'avois fait ce dessein avant que de l'aimer;
A mes plus saints désirs la trouvant inflexible [13],
Je crus qu'à d'autres soins elle seroit sensible;
Je parlai de son père, et de votre rigueur,
Et l'offre de mon bras suivit celle du cœur.

Que la vengeance est douce à l'esprit d'une femme!
Je l'attaquai par là, par là je pris son âme;
Dans mon peu de mérite elle me négligeoit,
Et ne put négliger le bras qui la vengeoit :
Elle n'a conspiré que par mon artifice;
J'en suis le seul auteur, elle n'est que complice.

ÆMILIE.

Cinna, qu'oses-tu dire? est-ce là me chérir,
Que de m'ôter l'honneur quand il me faut mourir?

CINNA.

Mourez, mais en mourant ne souillez point ma gloire.

ÆMILIE.

La mienne se flétrit, si César te veut croire.

CINNA.

Et la mienne se perd, si vous tirez à vous
Toute celle qui suit de si généreux coups.

ÆMILIE.

Eh bien! prends-en ta part et me laisse la mienne;
Ce seroit l'affoiblir que d'affoiblir la tienne :
La gloire et le plaisir, la honte et les tourments,
Tout doit être commun entre de vrais amants.
   Nos deux âmes, seigneur, sont deux âmes romaines;
Unissant nos désirs, nous unîmes nos haines;
De nos parents perdus le vif ressentiment
Nous apprit nos devoirs en un même moment;
En ce noble dessein nos cœurs se rencontrèrent;
Nos esprits généreux ensemble le formèrent;
Ensemble nous cherchons l'honneur d'un beau trépas :
Vous vouliez nous unir, ne nous séparez pas.

AUGUSTE.

Oui, je vous unirai, couple ingrat et perfide,
Et plus mon ennemi qu'Antoine ni Lépide;
Oui, je vous unirai, puisque vous le voulez;
Il faut bien satisfaire aux feux dont vous brûlez;
Et que tout l'univers, sachant ce qui m'anime,
S'étonne du supplice aussi bien que du crime.

SCÈNE III.

AUGUSTE, LIVIE, CINNA, MAXIME, ÆMILIE, FULVIE.

AUGUSTE.
Mais enfin le ciel m'aime, et ses bienfaits nouveaux [14]
Ont arraché Maxime à la fureur des eaux.
Approche, seul ami que j'éprouve fidèle.
MAXIME.
Honorez moins, seigneur, une âme criminelle.
AUGUSTE.
Ne parlons plus de crime après ton repentir,
Après que du péril tu m'as su garantir ;
C'est à toi que je dois et le jour et l'empire.
MAXIME.
De tous vos ennemis connoissez mieux le pire :
Si vous régnez encor, seigneur, si vous vivez,
C'est ma jalouse rage à qui vous le devez.
   Un vertueux remords n'a point touché mon âme,
Pour perdre mon rival j'ai découvert sa trame ;
Euphorbe vous a feint que je m'étois noyé,
De crainte qu'après moi vous n'eussiez envoyé :
Je voulois avoir lieu d'abuser Æmilie,
Effrayer son esprit, la tirer d'Italie,
Et pensois la résoudre à cet enlèvement
Sous l'espoir du retour pour venger son amant ;
Mais, au lieu de goûter ces grossières amorces,
Sa vertu combattue a redoublé ses forces,
Elle a lu dans mon cœur, vous savez le surplus,
Et je vous en ferois des récits superflus.
Vous voyez le succès de mon lâche artifice :
Si pourtant quelque grâce est due à mon indice,
Faites périr Euphorbe au milieu des tourments [15],
Et souffrez que je meure aux yeux de ces amants.
J'ai trahi mon ami, ma maîtresse, mon maître,
Ma gloire, mon pays, par l'avis de ce traître ;
Et croirai toutefois mon bonheur infini,
Si je puis m'en punir après l'avoir puni.
AUGUSTE.
En est-ce assez, ô ciel ? et le sort pour me nuire
A-t-il quelqu'un des miens qu'il veuille encor séduire ?

Qu'il joigne à ses efforts le secours des enfers :
Je suis maître de moi comme de l'univers ;
Je le suis, je veux l'être. O siècles, ô mémoire,
Conservez à jamais ma dernière victoire !
Je triomphe aujourd'hui du plus juste courroux
De qui le souvenir puisse aller jusqu'à vous.
 Soyons amis, Cinna, c'est moi qui t'en convie !
Comme à mon ennemi je t'ai donné la vie ;
Et, malgré la fureur de ton lâche dessein,
Je te la donne encor comme à mon assassin.
Commençons un combat qui montre par l'issue
Qui l'aura mieux de nous ou donnée ou reçue.
Tu trahis mes bienfaits, je les veux redoubler ;
Je t'en avois comblé, je t'en veux accabler :
Avec cette beauté que je t'avois donnée,
Reçois le consulat pour la prochaine année.
 Aime Cinna, ma fille, en cet illustre rang ;
Préfère-s-en la pourpre à celle de mon sang ;
Apprends sur mon exemple à vaincre ta colère [17] :
Te rendant un époux, je te rends plus qu'un père.

ÆMILIE.

Et je me rends, seigneur, à ces hautes bontés ;
Je recouvre la vue auprès de leurs clartés :
Je connois mon forfait qui me sembloit justice ;
Et, ce que n'avoit pu la terreur du supplice,
Je sens naître en mon âme un repentir puissant,
Et mon cœur en secret me dit qu'il y consent.
 Le ciel a résolu votre grandeur suprême ;
Et pour preuve, seigneur, je n'en veux que moi-même
J'ose avec vanité me donner cet éclat,
Puisqu'il change mon cœur, qu'il veut changer l'État.
Ma haine va mourir, que j'ai crue immortelle,
Elle est morte, et ce cœur devient sujet fidèle,
Et, prenant désormais cette haine en horreur,
L'ardeur de vous servir succède à sa fureur.

CINNA.

Seigneur, que vous dirai-je, après que nos offenses,
Au lieu de châtiments, trouvent des récompenses ?
O vertu sans exemple ! ô clémence, qui rend
Votre pouvoir plus juste et mon crime plus grand !

AUGUSTE.

Cesse d'en retarder un oubli magnanime ;

Et tous deux avec moi faites grâce à Maxime :
Il nous a trahis tous ; mais ce qu'il a commis
Vous conserve innocents, et me rend mes amis.
(A Maxime :)
Reprends auprès de moi ta place accoutumée ;
Rentre dans ton crédit et dans ta renommée ;
Qu'Euphorbe de tous trois ait sa grâce à son tour ;
Et que demain l'hymen couronne leur amour.
Si tu l'aimes encor, ce sera ton supplice.

MAXIME.

Je n'en murmure point, il a trop de justice ;
Et je suis plus confus, seigneur, de vos bontés
Que je ne suis jaloux du bien que vous m'ôtez.

CINNA.

Souffrez que ma vertu, dans mon cœur rappelée,
Vous consacre une foi lâchement violée,
Mais si ferme à présent, si loin de chanceler,
Que la chute du ciel ne pourroit l'ébranler.
Puisse le grand moteur des belles destinées,
Pour prolonger vos jours, retrancher nos années ;
Et moi, par un bonheur dont chacun soit jaloux,
Perdre pour vous cent fois ce que je tiens de vous !

LIVIE.

Ce n'est pas tout, seigneur ; une céleste flamme
D'un rayon prophétique illumine mon âme.
Oyez ce que les dieux vous font savoir par moi ;
De votre heureux destin c'est l'immuable loi.
Après cette action vous n'avez rien à craindre ;
On portera le joug désormais sans se plaindre ;
Et les plus indomptés, renversant leurs projets,
Mettront toute leur gloire à mourir vos sujets ;
Aucun lâche dessein, aucune ingrate envie
N'attaquera le cours d'une si belle vie ;
Jamais plus d'assassins ni de conspirateurs :
Vous avez trouvé l'art d'être maître des cœurs.
Rome, avec une joie et sensible et profonde,
Se démet en vos mains de l'empire du monde ;
Vos royales vertus lui vont trop enseigner
Que son bonheur consiste à vous faire régner :
D'une si longue erreur pleinement affranchie,
Elle n'a plus de vœux que pour la monarchie.

Vous prépare déjà des temples, des autels,
Et le ciel une place entre les immortels;
Et la postérité, dans toutes les provinces,
Donnera votre exemple aux plus généreux princes.

AUGUSTE.

J'en accepte l'augure, et j'ose l'espérer :
Ainsi toujours les dieux vous daignent inspirer !
   Qu'on redouble demain les heureux sacrifices
Que nous leur offrirons sous de meilleurs auspices,
Et que vos conjurés entendent publier
Qu'Auguste a tout appris, et veut tout oublier [18].

FIN DU CINQUIÈME ACTE.

NOTES ET VARIANTES.

ACTE PREMIER (p. 195).

1. Plusieurs actrices ont supprimé ce monologue dans les représentations. Le public même paroissoit souhaiter ce retranchement : on y trouvoit de l'amplification. Cependant j'étois si touché des beautés répandues dans cette première scène, que j'engageai l'actrice qui jouoit Æmilie à la remettre au théâtre; et elle fut très-bien reçue. (VOLTAIRE.)

2. VAR. A qui la mort d'un père a donné la naissance.

3. Il y avoit dans les premières éditions, *Vous régnez sur mon âme avecque trop d'empire; avecque* faisoit un son dur et trainant. On ne peut corriger mieux. (VOLTAIRE.)

4. VAR. Pour le moins un moment souffrez que je respire.

5. VAR. Quand je regarde Auguste en son trône de gloire.

6. VAR. Quand il faut, pour le perdre, exposer mon amant.

7. VAR. Te demander son sang, c'est exposer le tien.

8. VAR. Peuvent dessus ton chef renverser l'entreprise,
Porter sur toi les coups dont tu le veux frapper.

9. VAR. Il te peut, en tombant, accabler sous sa chute.

10. VAR. Et je tiens qu'il faut mettre au rang des grands malheurs
La mort d'un ennemi qui nous coûte des pleurs.

11. VAR. Que cette passion dût être refroidie.

12. VAR. Ont encore besoin que vous parliez pour eux.

13. Ce sentiment atroce et ces beaux vers ont été imités par Racine dans *Andromaque* :

> Ma vengeance est perdue,
> S'il ignore en mourant que c'est moi qui le tue. (VOLTAIRE.)

14. VAR. Qui méprise sa vie est maître de la sienne.

15. VAR. Des grandeurs du péril n'est-elle point troublée ?

16. VAR. Jamais de telle ardeur on ne jura sa mort.

17. Ce discours de Cinna est un des plus beaux morceaux d'éloquence que nous ayons dans notre langue. (VOLTAIRE.)

18. VAR. Vous eussiez vu leurs yeux s'allumer de fureur.

19. Les premières éditions portent :

> Où le but des soldats et des chefs les plus braves,
> C'étoit d'être vainqueurs pour devenir esclaves;
> Où chacun trahissoit, aux yeux de l'univers,
> Soi-même et son pays pour assurer ses fers.

Ce mot *but*, dans cette place, ne paroissoit ni assez noble ni assez juste. *Aux yeux de l'univers* étoit un foible hémistiche, un de ces vers oiseux qui servoient uniquement à la rime. Corneille corrigea ces deux petites fautes, et mit à la place ces vers dignes du reste de cet admirable récit. (VOLTAIRE.)

20. VAR. Et, tâchant d'acquérir avec le nom de traître
L'abominable honneur de lui donner un maître.

21. VAR. De leur concorde affreuse, horrible, impitoyable.

22. VAR. Sans exprimer encore avecque tous ces traits.

23. Dans le temps de Corneille, on disoit *les courages* pour *les esprits.* (VOLTAIRE.)

24. VAR. Ces illustres proscrits, ces demi-dieux mortels.

25. VAR. Rendons toutefois grâce à la bonté céleste,
Que de nos trois tyrans c'est le seul qui nous reste.

26. Il veut dire :
Mort, il est sans vengeur, et nous sommes sans maître*.

En effet, c'est Rome qui a des vengeurs dans les assassins du tyran. Corneille entend donc qu'Auguste restera sans vengeance. (VOLTAIRE.)

27. *S'en va renaître.* Racine a dit de même, dans son *Iphigénie*:

Et ce triomphe heureux qui s'en va devenir
L'éternel entretien des siècles à venir.

28. VAR. César celui de prince, ou bien d'usurpateur.

29. Il y avoit :
Et sont-ils morts entiers avecque leurs desseins?

D'abord l'auteur substitua, *Et sont-ils morts entiers avec leurs grands desseins?* ensuite il mit, *Sont-ils morts tout entiers?* Cette expression sublime, *mourir tout entier,* est prise du latin d'Horace, *non omnis moriar;* et *tout entier* est plus énergique. Racine l'a imitée dans sa belle pièce d'*Iphigénie*:

Ne laisser aucun nom, et mourir tout entier. (VOLTAIRE.)

30. VAR. Ont-ils perdu celui de derniers des Romains?

31. VAR. Et que.... Mais quel sujet mène Évandre vers nous?

32. VAR. Et, puisque désormais tu ne me peux venger.

33. VAR. Et ne lui permets point de m'ôter mon amant.

34. VAR. Heureux pour vous servir d'abandonner la vie.

35. VAR. Dans un si grand péril vos jours sont assurés.
Vos desseins ne sont sus d'aucun des conjurés ;
Et, décrivant tantôt les misères romaines,
. . . .
De peur que trop d'ardeur, touchant vos intérêts,
Sur mon visage ému ne peignît nos secrets :
Notre amour n'est connu que d'Évandre et Fulvie.

* Ce vers mérite d'être adopté ; c'est une correction très-heureuse. (PALISSOT.)

NOTES ET VARIANTES.

ACTE SECOND (p. 205).

1. Var. Cette grandeur sans borne et ce superbe rang.

2. Fénelon, dans sa lettre à l'Académie sur l'éloquence, dit : « Il me semble qu'on a donné souvent aux Romains un discours « trop fastueux; je ne trouve point de proportion entre l'em- « phase avec laquelle Auguste parle dans la tragédie de Cinna et « la modeste simplicité avec laquelle Suétone le dépeint. » Il est vrai : mais ne faut-il pas quelque chose de plus relevé sur le théâtre que dans Suétone? Il y a un milieu à garder entre l'enflure et la simplicité. (VOLTAIRE.)

3. Quelque crainte que mon père eût de parler de vers à mon frère, quand il le vit en âge de pouvoir discerner le bon du mauvais, il lui fit apprendre par cœur des endroits de *Cinna*; et lorsqu'il lui entendoit réciter ce beau vers :

Et, monté sur le faîte, il aspire à descendre,

« Remarquez bien cette expression, lui disoit-il avec enthou- « siasme. On dit : aspirer à monter; mais il faut connoître le « cœur humain aussi bien que Corneille l'a connu, pour avoir « su dire de l'ambitieux, qu'il aspire à descendre. » On ne croira point qu'il ait affecté la modestie lorsqu'il parloit ainsi en particulier à son fils : il lui disoit ce qu'il pensoit. (L. RACINE.)

4. Var. Sylla s'en est démis, mon père l'a gardé;
Différents en leur fin comme en leur procédé.
L'un, cruel et barbare, est mort aimé, tranquille.

5. Auguste eut en effet, à ce qu'on dit, cette conversation avec Agrippa et Mécénas : Dion Cassius les fait parler tous deux (liv. LII, ch. 1-41); mais qu'il est foible et stérile en comparaison de Corneille! (VOLTAIRE.)

6. Var. Si, vous laissant séduire à ces impressions,
Vous-même condamnez toutes vos actions.

7. Var. Lorsque notre valeur nous gagne une province,
Gouvernant justement, on devient juste prince.

8. Il y avoit d'abord :

Mais sa mort vous fait peur, seigneur; les destinées
D'un soin bien plus exact veillent sur vos années.

Corneille a changé heureusement ces deux vers. (VOLTAIRE.)

9. Var. Par la même vertu la gloire est donc flétrie,
. . . .
Si de ses plus hauts faits l'infamie est le prix.

10. Var. Mais ce n'est pas un crime indigne de pardon.

11. Var. Ils passent pour tyran quiconque s'y fait maître.

Le vers est écrit de cette façon, avec le verbe au pluriel, dans toutes les éditions publiées par Corneille, de son vivant; et même dans celle qui fut donnée par son frère Thomas, en 1692.

12. Var. Et que ce mouvement qui vous vient agiter.

13. Var. Quand nous avons pu vivre avecque plus de gloire.

14. Var. Avecque jugement punit et récompense,
Ne précipite rien, de peur d'un successeur,
Et dispose de tout en juste possesseur.

15. Var. Les magistrats donnés aux plus séditieux.

16. Var. Dedans le champ d'autrui largement ils moissonnent.

17. Quelle prodigieuse supériorité de la belle poésie sur la prose! Tous les écrivains politiques ont délayé ces pensées; aucun a-t-il approché de la force, de la profondeur, de la netteté, de la précision de ces discours de Cinna et de Maxime? Tous les corps de l'État auroient dû assister à cette pièce pour apprendre à penser et à parler. (VOLTAIRE.)

18. Var. Par qui le monde entier, rangé dessous ses lois.

19. Var. S'il est vrai que du ciel la puissance infinie
. . . .
Il est certain aussi que cet ordre des cieux.

20. Var. Ce que tous ses consuls n'ont pu faire deux fois,
Et qu'a fait avant eux le second de ses rois.

21. Var. De nous vendre bien cher les grands biens qu'ils nous font.

22. Il semble que le malheur des temps ne nous eût pas fait voir César et Pompée. La phrase est louche et obscure.
Il veut dire : *Le malheur des temps ne nous eût pas fait voir le champ ouvert à César et à Pompée.* (VOLTAIRE.)

23. Var. Conservez-vous, seigneur, lui conservant un maître
Et daignez assurer le bien commun de tous,
Laissant un successeur qui soit digne de vous.

24. Var. Votre amour pour tous deux fait ce combat d'esprits,
Et je veux que chacun en reçoive le prix.

25. Var. Vous n'êtes pas pour elle un homme à dédaigner.

26. Var. Je présume plutôt qu'elle en sera ravie.

27. Il y avoit :
Auguste aura soûlé ses damnables envies.

On remarque ces changements pour faire voir comment le style se perfectionna avec le temps. La plupart de ces corrections furent faites plus de vingt années après la première édition.
(VOLTAIRE.)

28. Var. Ont fait tomber l'État sous des lois tyranniques.

29. Var. Donc pour vous Æmilie est un objet de haine,
Et cette récompense est pour vous une peine?

CINNA.

Oui ; mais, pour le braver jusque dans les enfers,
Quand nous aurons vengé Rome des maux soufferts,
Et que par son trépas je l'aurai méritée.

ACTE TROISIÈME (p. 215).

1. VAR. Ils servent abusés, la passion d'un homme.
2. VAR. Mon amour inconnu, avant que d'éclater.
3. VAR. Un exemple à faillir n'autorise jamais.

EUPHORBE.
Sa faute contre lui vous rend tout légitime.

4. VAR. Va, devant qu'il soit peu, je t'irai retrouver.
. . . .
Pour t'aller dire après ce que je me propose.
5. VAR. D'un penser si profond quel est le triste objet ?
6. VAR. Plût aux dieux que César, avecque tous ses soins,
Ou s'en fît plus aimer, ou m'aimât un peu moins!

7. Il sera peut-être utile de faire voir comment Shakspeare, soixante ans auparavant, exprima le même sentiment dans la même occasion. C'est Brutus prêt à assassiner César (*Mort de César*, acte II, sc. 1) :

Between the acting of a dreadful thing
And the first motion, all the interim is
Like a phantasma, or a hideous dream, etc.

« Entre le dessein et l'exécution d'une chose si terrible, tout
« l'intervalle n'est qu'un rêve affreux. Le génie de Rome et les
« instruments mortels de sa ruine semblent tenir conseil dans no-
« tre âme bouleversée : cet état funeste de l'âme tient de l'hor-
« reur de nos guerres civiles. » (VOLTAIRE.)

8. VAR. Je crois que Brute même, à quel point qu'on le prise.
9. VAR. Et qu'avant que frapper elle lui fît sentir.
10. VAR. Qui même fait en lâche un acte généreux.
11. VAR. Que tu sais mal nommer le glorieux empire.
12. VAR. Mais plutôt qu'à bon droit tu le nommes foiblesse.
13. VAR. Ou, s'il l'ose combattre, il n'ose en triompher.

14. *Exorable* devroit se dire; c'est un terme sonore, intelligible, nécessaire, et digne des beaux vers que débite Cinna. Il est bien étrange qu'on dise *implacable*, et non *placable*; *âme inaltérable*, et non pas *âme altérable*; *héros indomptable*, et non *héros domptable*, etc.   (VOLTAIRE.)

15. VAR. Tes amis généreux n'ont point manqué de foi,
Et ne m'ont point réduite à m'employer pour toi.
16. VAR. Et si nos cœurs étoient conformes en désirs.
17. VAR. Que peut un bel objet attendre d'un grand cœur.
18. VAR. Jeter un roi du trône, et donner ses États.

19. Voilà une imitation admirable de ces beaux vers d'Horace (*Odes*, liv. II, 1, v. 23) :

Et cuncta terrarum subacta,
Præter atrocem animum Catonis.

Cette imitation est d'autant plus belle, qu'elle est en sentiment.
(VOLTAIRE.)

20. Var. Aussi n'est-ce qu'à vous que je le veux devoir.
21. Var. J'obéis sans reserve à tous vos mouvements.
22. Var. Et quand il faut répandre un sang si malheureux.
23. Var. Et le sang et la vie à qui le fait servir.
24. Var. Implorer la faveur d'esclaves tels que nous.
25. Var. Aux deux bouts de la terre en est-il d'assez vain
Pour prétendre égaler un citoyen romain?
26. Var. En se déshonorant pour l'amour d'une reine.
27. Var. Je saurai bien sans toi, dans ma noble colère,
Venger les fers de Rome et le sang de mon père.
28. Var. Je t'aime toutefois, tel que tu puisses être;
Tu te plains d'un amour qui te veut rendre traître.
29. Var. Je l'ai juré, j'y cours, et vous serez vengée;
Mais ma main aussitôt dedans mon sein plongée.
30. Var. A ce crime forcé joindra le châtiment.

ACTE QUATRIÈME (p. 227).

1. Var. Encore pour Maxime, il m'en fait avertir,
Et s'est laissé toucher à quelque repentir.
2. Var. Que sur les conjurés fait un juste remords.
3. Var. Il l'a jugé trop grand pour se le pardonner.
A peine du palais il a pu retourner,
Que de tous les côtés lançant un œil farouche.
4. Var. Que je n'ignore pas ce que j'ai mérité.
5. Var. Et l'eau grosse et rapide, et la nuit survenue,
L'ont dérobé sur l'heure à ma débile vue.

AUGUSTE.
Sous ses justes remords il a trop succombé.

6. Var. Si les tiens maintenant s'arment pour ton supplice,
Et si, par ton exemple à ta perte guidés,
Ils violent les droits que tu n'as pas gardés.

7. On retranché au théâtre toute cette scène. Le conseil que Livie donne à Auguste est rapporté par Sénèque et par Dion Cassius; « mais il fait, dit Voltaire, un très-mauvais effet dans la tragédie; il ôte à Auguste la gloire de prendre de lui-même un parti généreux. Auguste répond à Livie : *Vous m'aviez bien promis des conseils d'une femme, vous me tenez parole;* et après ces vers comiques il suit ces mêmes conseils : cette conduite l'avilit. Pardonnons ces fautes au commencement de l'art, et surtout au sublime, dont Corneille a donné beaucoup plus d'exemples qu'il n'en a donné de foiblesse dans ses belles tragédies. »

(VOLTAIRE.)

8. Var. Seigneur, jusques ici votre sévérité
A fait beaucoup de bruit, et n'a rien profité.
9. Var. N'a point mis de frayeur dedans l'esprit d'Eguace,
Dont Cinna maintenant ose imiter l'audace.

NOTES ET VARIANTES.

10. Var. Aussi dedans la place où je m'en vais descendre.
11. Var. Je sais les soins qu'un roi doit avoir de sa vie,
A quoi le bien public, en ce cas, le convie.
12. Var. Il m'échappe ; suivons, et le forçons de voir.
13. Var. Faire un second effort contre ce grand courroux ;
J'en rendois grâce aux dieux, quand soudain Polyclète.
14. Var. Mais ce qui plus m'étonne, et que je viens d'apprendre.
15. Var. Une vaine frayeur m'a pu tantôt troubler.
16. Var. Que d'abord son éclat vous fera reconnoître.
17. Var. Nous avons un vaisseau tout prêt dessus la rive.
18.   Tu m'oses aimer, et tu n'oses mourir !

est sublime. (VOLTAIRE.)

19. Var. Quoi ! si ton amitié pour Cinna t'intéresse.
20. Var. Et porte avec son nom à la postérité.
21. Var. Et, pour changer d'état, il ne change point d'âme.

ACTE CINQUIÈME (p. 238).

1. Il y avoit auparavant :

    Ce fut dedans leur camp que tu pris la naissance ;
    Et, quand après leur mort tu vins en ma puissance,
    Leur haine héréditaire, ayant passé dans toi,
    T'avoit mis à la main les armes contre moi.

Leur haine héréditaire étoit bien plus beau que *Leur haine enracinée*. (VOLTAIRE.)

2. Var. Et le sang t'ayant fait d'un contraire parti,
Ton inclination ne l'a point démenti ;
Comme elle l'a suivi, les effets l'ont suivie.
3. Var. M'ont conservé le jour qu'à présent je respire,
Et m'ont de tout leur sang acheté cet empire.
4. Var. Assurés au besoin du secours des premiers,
Te dirai-je le nom de tous ces meurtriers ?

5. Racine a exprimé la même pensée dans ces deux vers :

    Si le monde penchant n'a plus que cet appui,
    Je le plains, et vous plains vous-même autant que lui.
        Alexandre, acte II, sc. 2.

6. Var. Mais en un triste état on la verroit réduite.
7. Var. Cette stupidité s'est enfin dissipée.
8. On supprime au théâtre, dans cette scène et dans la suivante, le personnage de Livie ; et l'on fait prononcer par Æmilie les deux premiers vers de la scène II. Mais, comme le dit Voltaire, « ils lui sont peu convenables ; elle ne doit pas dire à Auguste *votre Æmilie ;* ce mot la condamne ; si elle veut s'accuser « elle-même, il faut qu'elle débute en disant : *Je viens mourir* « *avec Cinna.* »

9. Var. Oui, seigneur, du dessein je suis la seule cause;
C'est pour moi qu'il conspire, et c'est pour moi qu'il ose.

10. Var. Ces flammes dans nos cœurs dès longtemps étoient nées.

11. Var. Mon père l'eut pareil de ceux qu'il vous a faits.

12. Var. Ayant avec un père un amant à venger.

13. Var. A mes chastes désirs la trouvant inflexible.

14. Var. Mais enfin le ciel m'aime, et parmi tant de maux
Il m'a rendu Maxime, et l'a sauvé des eaux.

15. Var. A vos bontés, seigneur, j'en demanderai deux,
Le supplice d'Euphorbe, et ma mort à leurs yeux.

16. Le grand Condé versa des larmes en entendant ce vers. Cette belle situation agit plus tard non moins vivement sur le cœur de Louis XIV. Le chevalier de Rohan avoit conspiré contre l'État, et le roi refusa constamment sa grâce. Cependant, la veille du jour où le chevalier devoit être exécuté, ce prince vit représenter *Cinna*, et il en fut si touché, qu'il avoua depuis que, si l'on eût saisi cet instant pour lui parler de nouveau en faveur du condamné, il n'eût pu demeurer plus longtemps inflexible.

17. Var. Apprends, à mon exemple, à vaincre ta colère.

18. On peut rapprocher des deux derniers actes de *Cinna* la fin de *la Clemenza di Tito*, drame lyrique de Métastase. C'est une élégante imitation de Corneille, où les sentiments héroïques sont, je ne dirai pas effacés, mais affoiblis et mollement tempérés par la douceur harmonieuse et les grâces insinuantes du langage. Nous citerons le monologue de Titus, et le commencement de la scène du pardon :

ATTO III, SCENA VII.

TITO.

E dove mai s'intese
Più contumace infedeltà ! Poteva
Il più tenero padre un figlio reo
Trattar con più dolcezza ? Anche innocente
D'ogni altro error, saria di vita indegno
Per questo sol. Deggio alla mia negletta
Disprezzata clemenza una vendetta*.
Vendetta ! Ah Tito ! E tu sarai capace
D'un sì basso desio, che rende eguale
L'offeso all' offensor ? Merita in vero
Gran lode una vendetta, ove non costi
Più che il volerla. Il torre altrui la vita
È facoltà comune
Al più vil della terra; il dalla è solo
De' Numi e de' regnanti. Eh viva.... In vano
Parlan dunque le leggi ? Io lor custode
Le eseguisco così ? Di Sesto amico
Non sa Tito scordarsi ? Han pur saputo
Obliar d'esser padri e Manlio e Bruto.
Sieguansi i grandi esempi **. Ogni altro affetto
D'amicizia e pietà taccia per ora.

* Và con isdegno verso il tavolino, e s'arresta. — ** Siede

Sesto è reo; Sesto mora*. Eccoci al fine
Su le vie del rigore**. Eccoci aspersi
Di cittadino sangue; e s'incomincia
Dal sangue d'un amico! Or che diranno
I posteri di noi? Diran che in Tito
Si stancò la clemenza,
Come in Silla e in Augusto
La crudeltà. Forse diran che troppo
Rigido io fui; ch' eran difese al reo
I natali e l'età; che un primo errore
Punir non si dovea; che un ramo infermo
Subito non recide
Saggio cultor, se a risanarlo in vano
Molto pria non sudò; che Tito al fine
Era l'offeso, e che le proprie offese
Senza ingiuria del giusto,
Ben poteva obliar.... Ma dunque io faccio
Sì gran forza al mio cor? Ne almen sicuro
Sarò ch' altri m' approvi? Ah non si lasci
Il solito cammin. Viva l'amico***,
Benchè infedele; e, se accusarmi il mondo
Vuol pur di qualche errore,
M'accusi di pietà, non di rigore****.

SCENA XIII.

TITO.

Sesto, de' tuoi delitti
Tu sai la serie, e sai
Qual pena ti si dee. Roma sconvolta,
L'offesa maestà, le leggi offese,
L'amicizia tradita, il mondo, il cielo
Voglion la morte tua. De' tradimenti
Sai pur ch'io son l'unico oggetto. Or senti.

VITELLIA.

Eccoti, eccelso Augusto,
Eccoti al piè la più confusa....

TITO.
    Ah sorgi.
Che fai? che brami?

VITELLIA.
    Io ti conduco innanzi
L'autor dell' empia trama.

TITO.
    Ov' è? Chi mai
Preparò tante insidie al viver mio?

VITELLIA.
Nol crederai.

TITO.
  Perchè?

VITELLIA.
    Perchè son io

TITO
Tu ancora!

* Sottoscrivo. — ** S'alza. — *** Lacera il foglio. — **** Getta il foglio lacerato.

SESTO e SERVILIA.
Oh stelle!
ANNIO e PUBLIO.
Oh Numi!
TITO.
E quanti mai,
Quanti siete a tradirmi?
VITELLIA.
Io la più rea
Son di ciascuno : io meditai la trama;
Il più fedele amico
Io ti sedussi : io del suo cieco amore
A tuo danno abusai.
TITO.
Ma del tuo sdegno
Chi fu cagion?
VITELLIA.
La tua bontà. Credei
Che questa fosse amor. La destra, e il trono
Da te sperava in dono : e poi negletta
Restai due volte, e procurai vendetta.
TITO.
Ma che giorno è mai questo! Al punto istesso
Che assolvo un reo, ne scopro un altro! E quando
Troverò, giusti Numi,
Un' anima fedel? Congiuran gli astri,
Cred' io, per obligarmi a mio dispetto
A diventar crudel. No, non avranno
Questo trionfo. A sostener la gara
Già s'impegnò la mia virtù. Vediamo
Se più costante sia
L'altrui perfidia, o la clemenza mia.
Olà, Sesto si sciolga : abbian di nuovo
Lentulo e i suoi seguaci
E vita e libertà. Sia noto a Roma,
Ch' io son l'istesso, e ch' io
Tutto so, tutti assolvo, e tutto oblio.

EXAMEN DE CINNA PAR CORNEILLE.

Ce poëme a tant d'illustres suffrages qui lui donnent le premier rang parmi les miens, que je me ferois trop d'importants ennemis si j'en disois du mal : je ne le suis pas assez de moi-même pour chercher des défauts où ils n'en ont point voulu voir, et accuser le jugement qu'ils en ont fait, pour obscurcir la gloire qu'ils m'en ont donnée. Cette approbation si forte et si générale vient sans doute de ce que la vraisemblance s'y trouve si heureusement conservée aux endroits où la vérité lui manque, qu'il n'a jamais besoin de recourir au nécessaire. Rien n'y contredit l'histoire, bien que beaucoup de choses y soient ajoutées; rien n'y est violenté par les incommodités de la représentation, ni par l'unité de jour, ni par celle de lieu.

Il est vrai qu'il s'y rencontre une duplicité de lieu particulier La moitié de la pièce se passe chez Æmilie, et l'autre dans le cabinet d'Auguste. J'aurois été ridicule si j'avois prétendu que cet empereur délibérât avec Maxime et Cinna s'il quitteroit l'empire ou non, précisément dans la même place où ce dernier vient de rendre compte à Æmilie de la conspiration qu'il a formée contre lui. C'est ce qui m'a fait rompre la liaison des scènes au quatrième acte, n'ayant pu me résoudre à faire que Maxime vînt donner l'alarme à Æmilie de la conjuration découverte au lieu même où Auguste en venoit de recevoir l'avis par son ordre, et dont il ne faisoit que de sortir avec tant d'inquiétude et d'irrésolution. C'eût été une impudence extraordinaire, et tout à fait hors du vraisemblable, de se présenter dans son cabinet un moment après qu'il lui avoit fait révéler le secret de cette entreprise, dont il étoit un des chefs, et porter la nouvelle de sa fausse mort. Bien loin de pouvoir surprendre Æmilie par la peur de se voir arrêtée, c'eût été se faire arrêter lui-même, et se précipiter dans un obstacle invincible au dessein qu'il vouloit exécuter. Æmilie ne parle donc pas où parle Auguste, à la réserve du cinquième acte; mais cela n'empêche pas qu'à considérer tout le poëme ensemble, il n'ait son unité de lieu, puisque tout s'y peut passer, non-seulement dans Rome, ou dans un quartier de Rome, mais dans le seul palais d'Auguste, pourvu que vous y vouliez donner un appartement à Æmilie qui soit éloigné du sien.

Le compte que Cinna lui rend de sa conspiration justifie ce que j'ai dit ailleurs, que, pour faire souffrir une narration ornée, il faut que celui qui la fait et celui qui l'écoute ayent l'esprit assez tranquille, et s'y plaisent assez pour lui prêter toute la patience qui lui est nécessaire. Æmilie a de la joie d'apprendre de la bouche de son amant avec quelle chaleur il a suivi ses intentions; et Cinna n'en a pas moins de lui pouvoir donner de si belles espérances de l'effet qu'elle en souhaite : c'est pourquoi, quelque longue que soit cette narration, sans interruption aucune, elle n'ennuie point. Les ornements de rhétorique dont j'ai tâché de l'enrichir ne la font point condamner de trop d'artifice, et la diversité de ses figures ne fait point regretter le temps que j'y perds; mais si j'avois attendu à la commencer qu'Évandre eût troublé ces deux amants par la nouvelle qu'il leur apporte, Cinna eût été obligé de s'en taire ou de la conclure en six vers, et Æmilie n'en eût pu supporter davantage.

Comme les vers de ma tragédie d'*Horace* ont quelque chose de plus net et de moins guindé pour les pensées que ceux du *Cid*, on peut dire que ceux de cette pièce ont quelque chose de plus achevé que ceux d'*Horace*, et qu'enfin la facilité de concevoir le sujet, qui n'est ni trop chargé d'incidents, ni trop embarrassé des récits de ce qui s'est passé avant le commencement de la pièce, est une des causes sans doute de la grande approbation qu'il a reçue. L'auditeur aime à s'abandonner à l'action présente, et à n'être point obligé, pour l'intelligence de ce qu'il voit, de réfléchir sur ce qu'il a déjà vu, et de fixer sa mémoire sur les premiers actes pendant que les derniers sont devant ses yeux. C'est l'incommodité des pièces embarrassées, qu'en termes de l'art on nomme *implexes*, par un mot emprunté du latin, telles que sont *Rodogune* et *Héraclius*. Elle ne se rencontre pas dans les simples; mais comme celles-là ont sans doute besoin de plus d'esprit pour les imaginer, et de plus d'art pour les conduire, celles-ci, n'ayant pas le même secours du côté du sujet, demandent plus de force de vers, de raisonnement, et de sentiments, pour les soutenir.

FIN.

POLYEUCTE

MARTYR

TRAGÉDIE CHRÉTIENNE DE P. CORNEILLE

— 1640 —

« J'ai lu quelque part que *Polyeucte* étoit celle des tragédies de Corneille que Boileau regardoit comme la plus complétement belle; mon opinion est fort peu de chose auprès de celle du législateur de notre Parnasse; mais j'avoue qu'entre les chefs-d'œuvre de cet illustre poëte tragique, j'ai toujours eu pour cette pièce un sentiment de préférence. »   (ANDRIEUX.)

« Le *Cid* avoit élevé Corneille au-dessus de ses rivaux ; *Horace*, *Cinna* l'avoient élevé au-dessus de ses modèles ; *Polyeucte* l'élève au-dessus de lui-même. »   (GAILLARD, *Éloge de Corneille.*)

ÉPITRE DE CORNEILLE
A LA REINE RÉGENTE[1].

MADAME,

Quelque connoissance que j'aie de ma foiblesse, quelque profond respect qu'imprime Votre Majesté dans les âmes de ceux qui l'approchent, j'avoue que je me jette à ses pieds sans timidité et sans défiance, et que je me tiens assuré de lui plaire, parce que je suis assuré de lui parler de ce qu'elle aime le mieux. Ce n'est qu'une pièce de théâtre que je lui présente, mais qui l'entretiendra de Dieu : la dignité de la matière est si haute, que l'impuissance de l'artisan ne la peut ravaler; et votre âme royale se plaît trop à cette sorte d'entretien, pour s'offenser des défauts d'un ouvrage où elle rencontrera les délices de son cœur. C'est par là, MADAME, que j'espère obtenir de Votre Majesté le pardon du long temps que j'ai attendu à lui rendre cette sorte d'hommage. Toutes les fois que j'ai mis sur notre scène des vertus morales ou politiques, j'en ai toujours cru les tableaux trop peu dignes de paroître devant elle, quand j'ai considéré qu'avec quelque soin que je les pusse choisir dans l'histoire, et quelques ornements dont l'artifice les pût enrichir, elle en voyoit de plus grands exemples dans elle-même. Pour rendre les choses proportionnées, il falloit aller à la plus haute espèce, et n'entreprendre

[1]. La tragédie de *Polyeucte* fut imprimée pour la première fois en 1644. Louis XIII étoit mort l'année précédente, laissant les rênes de l'État entre les mains d'Anne d'Autriche, sa veuve, régente pendant la minorité de son fils, qui fut depuis Louis le Grand.

pas de rien offrir de cette nature à une Reine très-chrétienne, et qui l'est beaucoup plus encore par ses actions que par son titre, à moins que de lui offrir un portrait des vertus chrétiennes dont l'amour et la gloire de Dieu formassent les plus beaux traits, et qui rendît les plaisirs qu'elle y pourra prendre aussi propres à exercer sa piété qu'à délasser son esprit. C'est à cette extraordinaire et admirable piété, MADAME, que la France est redevable des bénédictions qu'elle voit tomber sur les premières armes de son Roi ; les heureux succès qu'elles ont obtenus en sont les rétributions éclatantes, et des coups du ciel qui répand abondamment sur tout le royaume les récompenses et les grâces que Votre Majesté a méritées. Notre perte sembloit infaillible après celle de notre grand monarque ; toute l'Europe avoit déjà pitié de nous, et s'imaginoit que nous nous allions précipiter dans un extrême désordre, parce qu'elle nous voyoit dans une extrême désolation : cependant la prudence et les soins de Votre Majesté, les bons conseils qu'elle a pris, les grands courages qu'elle a choisis pour les exécuter, ont agi si puissamment dans tous les besoins de l'État, que cette première année de sa régence a non-seulement égalé les plus glorieuses de l'autre règne, mais a même effacé, par la prise de Thionville, le souvenir du malheur qui, devant ses murs, avoit interrompu une si longue suite de victoires. Permettez que je me laisse emporter au ravissement que me donne cette pensée, et que je m'écrie dans ce transport :

> Que vos soins, grande reine, enfantent de miracles !
> Bruxelles et Madrid en sont tout interdits ;
> Et si notre Apollon me les avoit prédits,
> J'aurois moi-même osé douter de ses oracles.
>
> Sous vos commandements on force tous obstacles ;
> On porte l'épouvante aux cœurs les plus hardis,
> Et par des coups d'essai vos États agrandis
> Des drapeaux ennemis font d'illustres spectacles.
>
> La victoire elle-même accourant à mon roi,
> Et mettant à ses pieds Thionville et Rocroi,
> Fait retentir ces vers sur les bords de la Seine :

A LA REINE RÉGENTE.

France, attends tout d'un règne ouvert en triomphant
Puisque tu vois déjà les ordres de ta reine
Faire un foudre en tes mains des armes d'un enfant.

Il ne faut point douter que des commencements si merveilleux ne soient soutenus par des progrès encore plus étonnants. Dieu ne laisse point ses ouvrages imparfaits ; il les achèvera, Madame, et rendra non-seulement la régence de Votre Majesté, mais encore toute sa vie, un enchaînement continuel de prospérités. Ce sont les vœux de toute la France, et ce sont ceux que fait avec plus de zèle,

Madame,

DE VOTRE MAJESTÉ

Le très-humble, très-obéissant et très-fidèle serviteur et sujet,

P. CORNEILLE.

ABRÉGÉ

DU MARTYRE DE SAINT POLYEUCTE,

ÉCRIT PAR SIMÉON MÉTAPHRASTE,

et rapporté par Surius
(*Vitæ Sanctorum*, t. I, 9 janvier).

L'ingénieuse tissure des fictions avec la vérité, où consiste le plus beau secret de la poésie, produit d'ordinaire deux sortes d'effets, selon la diversité des esprits qui la voient. Les uns se laissent si bien persuader à cet enchaînement, qu'aussitôt qu'ils ont remarqué quelques événements véritables, ils s'imaginent la même chose des motifs qui les font naître et des circonstances qui les accompagnent; les autres, mieux avertis de notre artifice, soupçonnent de fausseté tout ce qui n'est pas de leur connoissance; si bien que, quand nous traitons quelque histoire écartée dont ils ne trouvent rien dans leur souvenir, ils l'attribuent tout entière à l'effort de notre imagination, et la prennent pour une aventure de roman.

L'un et l'autre de ces effets seroit dangereux en cette rencontre: il y va de la gloire de Dieu, qui se plaît dans celle de ses saints, dont la mort si précieuse devant ses yeux ne doit pas passer pour fabuleuse devant ceux des hommes. Au lieu de sanctifier notre théâtre par sa représentation, nous y profanerions la sainteté de leurs souffrances, si nous permettions que la crédulité des uns et la défiance des autres, également abusées par ce mélange, se méprissent également en la vénération qui leur est due, et que les premiers la rendissent mal à propos à ceux qui ne la méritent pas, pendant que les autres la dénieroient à ceux à qui elle appartient.

Saint Polyeucte est un martyr dont, s'il m'est permis de parler ainsi, beaucoup ont plutôt appris le nom à la comédie qu'à l'église. Le *Martyrologe romain* en fait mention sur le 13 de février, mais en deux mots, suivant sa coutume; Baronius, dans ses *Annales*, n'en dit qu'une ligne; le seul Surius, ou plutôt Mosander, qui l'a augmenté dans les dernières impressions, en rapporte la mort assez au long sur le neuvième de janvier: et j'ai cru qu'il étoit de mon devoir d'en mettre ici l'abrégé comme il a été à propos d'en rendre la représentation agréable, afin que le plaisir pût insinuer plus doucement l'utilité, et lui servir comme de véhicule pour la porter dans l'âme du peuple, il est juste aussi de lui donner cette lumière pour démêler la vérité d'avec ses ornements, et lui faire reconnoître ce qui lui doit imprimer du respect comme saint, et ce qui le doit seulement divertir comme industrieux. Voici donc ce que ce dernier nous apprend :

Polyeucte et Néarque[1] étoient deux cavaliers étroitement liés ensemble d'amitié; ils vivoient en l'an 250, sous l'empire de Décius; leur demeure étoit dans Mélitène, capitale d'Arménie; leur religion différente, Néarque étant chrétien, et Polyeucte suivant encore la secte des gentils, mais ayant toutes les qualités dignes d'un chrétien, et une grande inclination à le devenir. L'empereur ayant fait publier un édit très-rigoureux contre les chrétiens, cette publication donna un grand trouble à Néarque, non pour la crainte des supplices dont il étoit menacé, mais pour l'appréhension qu'il eut que leur amitié ne souffrît quelque séparation ou refroidissement par cet édit, vu les peines qui y étoient proposées à ceux de sa religion, et les honneurs promis à ceux du parti contraire; il en conçut un si profond déplaisir que son ami s'en aperçut; et l'ayant obligé de lui en dire la cause, il prit de là occasion de lui ouvrir son cœur : « Ne craignez point, « lui dit-il, que l'édit de l'empereur nous désunisse; j'ai vu cette « nuit le Christ que vous adorez; il m'a dépouillé d'une robe sale « pour me revêtir d'une autre toute lumineuse, et m'a fait monter « sur un cheval ailé pour le suivre : cette vision m'a résolu en- « tièrement à faire ce qu'il y a longtemps que je médite; le seul « nom de chrétien me manque; et vous-même, toutes les fois que « vous m'avez parlé de votre grand Messie, vous avez pu remar- « quer que je vous ai toujours écouté avec respect; et quand vous « m'avez lu sa vie et ses enseignements, j'ai toujours admiré la « sainteté de ses actions et de ses discours. O Néarque! si je ne me « croyois pas indigne d'aller à lui sans être initié de ses mystères « et avoir reçu la grâce de ses sacrements, que vous verriez éclater « l'ardeur que j'ai de mourir pour sa gloire et le soutien de ses « éternelles vérités! » Néarque l'ayant éclairci sur l'illusion du scrupule où il étoit par l'exemple du bon larron, qui en un moment mérita le ciel, bien qu'il n'eût pas reçu le baptême; aussitôt notre martyr, plein d'une sainte ferveur, prend l'édit de l'empereur, crache dessus, et le déchire en morceaux qu'il jette au vent; et, voyant des idoles que le peuple portoit sur les autels pour les adorer, il les arrache à ceux qui les portoient,

---

[1]. On dit que Néarque écrivit lui-même les actes du martyre de saint Polyeucte.

les brise contre terre, et les foule aux pieds, étonnant tout le monde et son ami même par la chaleur de ce zèle qu'il n'avoit pas espéré.

Son beau-père Félix, qui avoit la commission de l'empereur pour persécuter les chrétiens, ayant vu lui-même ce qu'avoit fait son gendre, saisi de douleur de voir l'espoir et l'appui de sa famille perdus, tâche d'ébranler sa constance, premièrement par de belles paroles, ensuite par des menaces, enfin par des coups qu'il lui fait donner par ses bourreaux sur tout le visage; mais n'en ayant pu venir à bout, pour dernier effort il lui envoie sa fille Pauline, afin de voir si ses larmes n'auroient point plus de pouvoir sur l'esprit d'un mari que n'avoient eu ses artifices et ses rigueurs. Il n'avance rien davantage par là; au contraire, voyant que sa fermeté convertissoit beaucoup de païens, il le condamne à perdre la tête. Cet arrêt fut exécuté sur l'heure; et le saint martyr, sans autre baptême que de son sang, s'en alla prendre possession de la gloire que Dieu a promise à ceux qui renonceroient à eux-mêmes pour l'amour de lui [1].

Voilà en peu de mots ce qu'en dit Surius. Le songe de Pauline, l'amour de Sévère, le baptême effectif de Polyeucte, le sacrifice pour la victoire de l'empereur, la dignité de Félix, que je fais gouverneur d'Arménie, la mort de Néarque, la conversion de Félix et de Pauline, sont des inventions et des embellissements de théâtre. La seule victoire de l'empereur contre les Perses a quelque fondement dans l'histoire; et, sans chercher d'autres auteurs, elle est rapportée par M. Coeffeteau dans son *Histoire romaine*; mais il ne dit pas, ni qu'il leur imposa tribut, ni qu'il envoya faire des sacrifices de remercîment en Arménie.

Si j'ai ajouté ces incidents et ces particularités selon l'art, ou non, les savants en jugeront; mon but ici n'est pas de les justifier, mais seulement d'avertir le lecteur de ce qu'il en peut croire.

---

[1]. Il y avoit à Mélitène, dans le quatrième siècle, une église de saint Polyeucte. Il y en avoit aussi une magnifique à Constantinople, sous l'empereur Justinien; et les hommes, comme nous l'apprenons de saint Grégoire de Tours (*de Glor. mart.*, lib. 1, c. 103), y faisoient leurs serments les plus solennels. Nous voyons encore dans le même auteur (*Hist. Franc.*, lib. VII, c. 6), que nos rois de la première race confirmoient leurs traités par le nom du saint martyr Polyeucte.

PERSONNAGES.

FÉLIX, sénateur romain, gouverneur d'Arménie.
POLYEUCTE, seigneur arménien, gendre de Félix.
SÉVÈRE, chevalier romain, favori de l'empereur Décie[1].
NÉARQUE, seigneur arménien, ami de Polyeucte.
PAULINE, fille de Félix, et femme de Polyeucte.
STRATONICE, confidente de Pauline.
ALBIN, confident de Félix.
FABIAN, domestique de Sévère.
CLÉON, domestique de Félix.
TROIS GARDES.

La scène est à Mélitène[2], capitale d'Arménie, dans le palais de Félix[3].

---

1. Dont le règne ne dura qu'un peu plus de deux ans (249-251), et qui fut un violent persécuteur du christianisme.
2. Ville située dans la partie orientale de la Cappadoce, non loin de l'Euphrate, et qui étoit alors la capitale de la petite Arménie.
3 « L'unité de lieu est assez exacte, dit Corneille dans son *Examen de Polyeucte* puisque tout se passe dans une salle ou antichambre commune aux appartements de Félix et de sa fille. »

POLYEUCTE.

ACTE PREMIER.

*SCÈNE I.
POLYEUCTE, NÉARQUE.

NÉARQUE.
Quoi! vous vous arrêtez aux songes d'une femme!
De si foibles sujets troublent cette grande âme!
Et ce cœur tant de fois dans la guerre éprouvé
S'alarme d'un péril qu'une femme a rêvé!
POLYEUCTE.
Je sais ce qu'est un songe, et le peu de croyance
Qu'un homme doit donner à son extravagance,
Qui d'un amas confus des vapeurs de la nuit
Forme de vains objets que le réveil détruit;
Mais vous ne savez pas ce que c'est qu'une femme;
Vous ignorez quels droits elle a sur toute l'âme [1].
Quand, après un long temps qu'elle a su nous charmer,
Les flambeaux de l'hymen viennent de s'allumer.
Pauline, sans raison dans la douleur plongée,
Craint et croit déjà voir ma mort qu'elle a songée;
Elle oppose ses pleurs au dessein que je fais,
Et tâche à m'empêcher de sortir du palais.
Je méprise sa crainte, et je cède à ses larmes;
Elle me fait pitié sans me donner d'alarmes;
Et mon cœur, attendri sans être intimidé,
N'ose déplaire aux yeux dont il est possédé.
L'occasion, Néarque, est-elle si pressante,
Qu'il faille être insensible aux soupirs d'une amante?
Par un peu de remise épargnons son ennui,
Pour faire en plein repos ce qu'il trouble aujourd'hui [2].

* *Voir*, à la fin de la pièce, *Les Notes et les Variantes*.

NÉARQUE.

Avez-vous cependant une pleine assurance[3]
D'avoir assez de vie ou de persévérance?
Et Dieu, qui tient votre âme et vos jours dans sa main,
Promet-il à vos vœux de le vouloir demain?
Il est toujours tout juste et tout bon; mais sa grâce
Ne descend pas toujours avec même efficace[4];
Après certains moments que perdent nos longueurs,
Elle quitte ces traits qui pénètrent les cœurs;
Le nôtre s'endurcit, la repousse, l'égare :
Le bras qui la versoit en devient plus avare[5],
Et cette sainte ardeur qui doit porter au bien[6]
Tombe plus rarement, ou n'opère plus rien.
Celle qui vous pressoit de courir au baptême,
Languissante déjà, cesse d'être la même,
Et, pour quelques soupirs qu'on vous a fait ouïr,
Sa flamme se dissipe, et va s'évanouir.

POLYEUCTE.

Vous me connoissez mal : la même ardeur me brûle,
Et le désir s'accroît quand l'effet se recule.
Ces pleurs, que je regarde avec un œil d'époux,
Me laissent dans le cœur aussi chrétien que vous;
Mais, pour en recevoir le sacré caractère
Qui lave nos forfaits dans une eau salutaire,
Et qui, purgeant notre âme, et dessillant nos yeux[7],
Nous rend le premier droit que nous avions aux cieux,
Bien que je le préfère aux grandeurs d'un empire[8],
Comme le bien suprême et le seul où j'aspire,
Je crois, pour satisfaire un juste et saint amour,
Pouvoir un peu remettre et différer d'un jour.

NÉARQUE.

Ainsi du genre humain l'ennemi vous abuse :
Ce qu'il ne peut de force, il l'entreprend de ruse.
Jaloux des bons desseins qu'il tâche d'ébranler,
Quand il ne les peut rompre, il pousse à reculer;
D'obstacle sur obstacle il va troubler le vôtre,
Aujourd'hui par des pleurs, chaque jour par quelque autre;
Et ce songe rempli de noires visions[9]
N'est que le coup d'essai de ses illusions :
Il met tout en usage, et prière, et menace;
Il attaque toujours, et jamais ne se lasse;

Il croit pouvoir enfin ce qu'encore il n'a pu,
Et que ce qu'on diffère est à demi rompu.
   Rompez ces premiers coups; laissez pleurer Pauline.
Dieu ne veut point d'un cœur où le monde domine [10],
Qui regarde en arrière, et, douteux en son choix,
Lorsque sa voix l'appelle, écoute une autre voix.

POLYEUCTE.
Pour se donner à lui faut-il n'aimer personne?

NÉARQUE.
Nous pouvons tout aimer, il le souffre, il l'ordonne;
Mais, à vous dire tout, ce Seigneur des seigneurs [11]
Veut le premier amour et les premiers honneurs.
Comme rien n'est égal à sa grandeur suprême,
Il faut ne rien aimer qu'après lui, qu'en lui-même,
Négliger, pour lui plaire, et femme, et biens, et rang
Exposer pour sa gloire et verser tout son sang.
Mais que vous êtes loin de cette ardeur parfaite [12]
Qui vous est nécessaire, et que je vous souhaite!
Je ne puis vous parler que les larmes aux yeux.
Polyeucte, aujourd'hui qu'on nous hait en tous lieux,
Qu'on croit servir l'État quand on nous persécute,
Qu'aux plus âpres tourments un chrétien est en butte,
Comment en pourrez-vous surmonter les douleurs,
Si vous ne pouvez pas résister à des pleurs?

POLYEUCTE.
Vous ne m'étonnez point; la pitié qui me blesse
Sied bien aux plus grands cœurs, et n'a point de foiblesse [13].
Sur mes pareils, Néarque, un bel œil est bien fort :
Tel craint de le fâcher qui ne craint pas la mort;
Et s'il faut affronter les plus cruels supplices,
Y trouver des appas, en faire mes délices,
Votre Dieu, que je n'ose encor nommer le mien,
M'en donnera la force en me faisant chrétien.

NÉARQUE.
Hâtez-vous donc de l'être.

POLYEUCTE.
                    Oui, j'y cours, cher Néarque;
Je brûle d'en porter la glorieuse marque.
Mais Pauline s'afflige, et ne peut consentir,
Tant ce songe la trouble, à me laisser sortir.

NÉARQUE.
Votre retour pour elle en aura plus de charmes;

Dans une heure au plus tard vous essuierez ses larmes;
Et l'heur de vous revoir lui semblera plus doux,
Plus elle aura pleuré pour un si cher époux.
Allons, on nous attend.

POLYEUCTE.

    Apaisez donc sa crainte,
Et calmez la douleur dont son âme est atteinte.
Elle revient.

NÉARQUE.

Fuyez.

POLYEUCTE.

   Je ne puis.

NÉARQUE.

     Il le faut;
Fuyez un ennemi qui sait votre défaut,
Qui le trouve aisément, qui blesse par la vue,
Et dont le coup mortel vous plaît quand il vous tue.
Fuyons, puisqu'il le faut.

SCÈNE II.

POLYEUCTE, NÉARQUE, PAULINE, STRATONICE.

POLYEUCTE.

    Adieu, Pauline, adieu.
Dans une heure au plus tard je reviens en ce lieu.

PAULINE.

Quel sujet si pressant à sortir vous convie?
Y va-t-il de l'honneur? y va-t-il de la vie?

POLYEUCTE.

Il y va de bien plus.

PAULINE.

   Quel est donc ce secret?

POLYEUCTE.

Vous le saurez un jour : je vous quitte à regret;
Mais enfin il le faut.

PAULINE.

  Vous m'aimez?

POLYEUCTE.

     Je vous aime
Le ciel m'en soit témoin, cent fois plus que moi-même;
Mais....

PAULINE.

Mais mon déplaisir ne vous peut émouvoir!
Vous avez des secrets que je ne puis savoir!
Quelle preuve d'amour! Au nom de l'hyménée,
Donnez à mes soupirs cette seule journée.

POLYEUCTE.

Un songe vous fait peur?.

PAULINE.

Ses présages sont vains,
Je le sais; mais enfin je vous aime, et je crains.

POLYEUCTE.

Ne craignez rien de mal pour une heure d'absence.
Adieu : vos pleurs sur moi prennent trop de puissance;
Je sens déjà mon cœur prêt à se révolter,
Et ce n'est qu'en fuyant que j'y puis résister.

SCÈNE III.

PAULINE, STRATONICE.

PAULINE.

Va, néglige mes pleurs, cours, et te précipite
Au-devant de la mort que les dieux m'ont prédite;
Suis cet agent fatal de tes mauvais destins,
Qui peut-être te livre aux mains des assassins.
Tu vois, ma Stratonice, en quel siècle nous sommes [14] :
Voilà notre pouvoir sur les esprits des hommes;
Voilà ce qui nous reste, et l'ordinaire effet
De l'amour qu'on nous offre, et des vœux qu'on nous fait.
Tant qu'ils ne sont qu'amants, nous sommes souveraines,
Et jusqu'à la conquête ils nous traitent de reines;
Mais après l'hyménée ils sont rois à leur tour.

STRATONICE.

Polyeucte pour vous ne manque point d'amour.
S'il ne vous traite ici d'entière confidence,
S'il part malgré vos pleurs, c'est un trait de prudence;
Sans vous en affliger, présumez avec moi
Qu'il est plus à propos qu'il vous cèle pourquoi;
Assurez-vous sur lui qu'il en a juste cause.
Il est bon qu'un mari nous cache quelque chose,
Qu'il soit quelquefois libre, et ne s'abaisse pas
A nous rendre toujours compte de tous ses pas :

On n'a tous deux qu'un cœur qui sent mêmes traverses;
Mais ce cœur a pourtant ses fonctions diverses,
Et la loi de l'hymen qui vous tient assemblés
N'ordonne pas qu'il tremble alors que vous tremblez :
Ce qui fait vos frayeurs ne peut le mettre en peine;
Il est Arménien, et vous êtes Romaine,
Et vous pouvez savoir que nos deux nations
N'ont pas sur ce sujet mêmes impressions.
Un songe en notre esprit passe pour ridicule,
Il ne nous laisse espoir, ni crainte, ni scrupule;
Mais il passe dans Rome avec autorité
Pour fidèle miroir de la fatalité.

PAULINE.

Quelque peu de crédit que chez vous il obtienne[15],
Je crois que ta frayeur égaleroit la mienne,
Si de telles horreurs t'avoient frappé l'esprit,
Si je t'en avois fait seulement le récit.

STRATONICE.

A raconter ses maux souvent on les soulage.

PAULINE.

Écoute; mais il faut te dire davantage,
Et que, pour mieux comprendre un si triste discours,
Tu saches ma foiblesse et mes autres amours :
Une femme d'honneur peut avouer sans honte
Ces surprises des sens que la raison surmonte;
Ce n'est qu'en ces assauts qu'éclate la vertu,
Et l'on doute d'un cœur qui n'a point combattu.
  Dans Rome, où je naquis, ce malheureux visage
D'un chevalier romain captiva le courage,
Il s'appeloit Sévère : excuse les soupirs
Qu'arrache encore un nom trop cher à mes désirs.

STRATONICE.

Est-ce lui qui naguère aux dépens de sa vie
Sauva des ennemis votre empereur Décie,
Qui leur tira mourant la victoire des mains,
Et fit tourner le sort des Perses aux Romains?
Lui, qu'entre tant de morts immolés à son maître,
On ne put rencontrer, ou du moins reconnoître;
A qui Décie enfin, pour des exploits si beaux,
Fit si pompeusement dresser de vains tombeaux!

PAULINE.

Hélas! c'étoit lui-même, et jamais notre Rome

N'a produit plus grand cœur, ni vu plus honnête homme.
Puisque tu le connois, je ne t'en dirai rien.
Je l'aimai, Stratonice ; il le méritoit bien.
Mais que sert le mérite où manque la fortune?
L'un étoit grand en lui, l'autre foible et commune ;
Trop invincible obstacle, et dont trop rarement
Triomphe auprès d'un père un vertueux amant !
STRATONICE.
La digne occasion d'une rare constance !
PAULINE.
Dis plutôt d'une indigne et folle résistance.
Quelque fruit qu'une fille en puisse recueillir,
Ce n'est une vertu que pour qui veut faillir.
  Parmi ce grand amour que j'avois pour Sévère,
J'attendois un époux de la main de mon père,
Toujours prête à le prendre ; et jamais ma raison
N'avoua de mes yeux l'aimable trahison :
Il possédoit mon cœur, mes désirs, ma pensée ;
Je ne lui cachois point combien j'étois blessée ;
Nous soupirions ensemble et pleurions nos malheurs ;
Mais, au lieu d'espérance, il n'avoit que des pleurs ;
Et, malgré des soupirs si doux, si favorables,
Mon père et mon devoir étoient inexorables.
Enfin je quittai Rome et ce parfait amant,
Pour suivre ici mon père en son gouvernement ;
Et lui, désespéré, s'en alla dans l'armée
Chercher d'un beau trépas l'illustre renommée.
Le reste, tu le sais. Mon abord en ces lieux
Me fit voir Polyeucte, et je plus à ses yeux ;
Et, comme il est ici le chef de la noblesse,
Mon père fut ravi qu'il me prît pour maîtresse,
Et par son alliance il se crut assuré
D'être plus redoutable et plus considéré ;
Il approuva sa flamme, et conclut l'hyménée ;
Et moi, comme à son lit je me vis destinée,
Je donnai par devoir à son affection
Tout ce que l'autre avoit par inclination.
Si tu peux en douter, juge-le par la crainte
Dont en ce triste jour tu me vois l'âme atteinte.
STRATONICE.
Elle fait assez voir à quel point vous l'aimez [16].
Mais quel songe, après tout, tient vos sens alarmés?

PAULINE.

Je l'ai vu cette nuit, ce malheureux Sévère,
La vengeance à la main, l'œil ardent de colère :
Il n'étoit point couvert de ces tristes lambeaux
Qu'une ombre désolée emporte des tombeaux ;
Il n'étoit point percé de ces coups pleins de gloire
Qui, retranchant sa vie, assurent sa mémoire ;
Il sembloit triomphant, et tel que sur son char
Victorieux dans Rome entre notre César.
Après un peu d'effroi que m'a donné sa vue,
« Porte à qui tu voudras la faveur qui m'est due,
« Ingrate, m'a-t-il dit, et, ce jour expiré,
« Pleure à loisir l'époux que tu m'as préféré. »
A ces mots j'ai frémi, mon âme s'est troublée ;
Ensuite des chrétiens une impie assemblée,
Pour avancer l'effet de ce discours fatal,
A jeté Polyeucte aux pieds de son rival.
Soudain à son secours j'ai réclamé mon père ;
Hélas ! c'est de tout point ce qui me désespère.
J'ai vu mon père même un poignard à la main
Entrer le bras levé pour lui percer le sein :
Là, ma douleur trop forte a brouillé ces images ;
Le sang de Polyeucte a satisfait leurs rages.
Je ne sais ni comment ni quand ils l'ont tué,
Mais je sais qu'à sa mort tous ont contribué.
Voilà quel est mon songe.

STRATONICE.

     Il est vrai qu'il est triste;
Mais il faut que votre âme à ces frayeurs résiste :
La vision de soi peut faire quelque horreur,
Mais non pas vous donner une juste terreur.
Pouvez-vous craindre un mort, pouvez-vous craindre un père,
Qui chérit votre époux, que votre époux révère,
Et dont le juste choix vous a donnée à lui
Pour s'en faire en ces lieux un ferme et sûr appui ?

PAULINE.

Il m'en a dit autant, et rit de mes alarmes ;
Mais je crains des chrétiens les complots et les charmes,
Et que sur mon époux leur troupeau ramassé
Ne venge tant de sang que mon père a versé.

STRATONICE.

Leur secte est insensée, impie, et sacrilége,

Et dans son sacrifice use de sortilége;
Mais sa fureur ne va qu'à briser nos autels;
Elle n'en veut qu'aux dieux, et non pas aux mortels.
Quelque sévérité que sur eux on déploie,
Ils souffrent sans murmure, et meurent avec joie;
Et, depuis qu'on les traite en criminels d'État,
On ne peut les charger d'aucun assassinat.

PAULINE.

Tais-toi, mon père vient.

SCÈNE IV.

FÉLIX, ALBIN, PAULINE, STRATONICE.

FÉLIX.

Ma fille, que ton songe
En d'étranges frayeurs ainsi que toi me plonge!
Que j'en crains les effets qui semblent s'approcher!

PAULINE.

Quelle subite alarme ainsi vous peut toucher [17]?

FÉLIX.

Sévère n'est point mort.

PAULINE.

Quel mal nous fait sa vie?

FÉLIX.

Il est le favori de l'empereur Décie.

PAULINE.

Après l'avoir sauvé des mains des ennemis,
L'espoir d'un si haut rang lui devenoit permis;
Le destin, aux grands cœurs si souvent mal propice,
Se résout quelquefois à leur faire justice.

FÉLIX.

Il vient ici lui-même.

PAULINE.

Il vient!

FÉLIX.

Tu le vas voir.

PAULINE.

C'en est trop; mais comment le pouvez-vous savoir?

FÉLIX.

Albin l'a rencontré dans la proche campagne;
Un gros de courtisans en foule l'accompagne,

Et montre assez quel est son rang et son crédit.
Mais, Albin, redis-lui ce que ses gens t'ont dit.

ALBIN.

Vous savez quelle fut cette grande journée,
Que sa perte pour nous rendit si fortunée,
Où l'empereur captif, par sa main dégagé,
Rassura son parti déjà découragé,
Tandis que sa vertu succomba sous le nombre;
Vous savez les honneurs qu'on fit faire à son ombre,
Après qu'entre les morts on ne le put trouver :
Le roi de Perse aussi l'avoit fait enlever.
Témoin de ses hauts faits et de son grand courage[16],
Ce monarque en voulut connoître le visage;
On le mit dans sa tente, où, tout percé de coups,
Tout mort qu'il paroissoit, il fit mille jaloux[19];
Là bientôt il montra quelque signe de vie :
Ce prince généreux en eut l'âme ravie,
Et sa joie, en dépit de son dernier malheur,
Du bras qui le causoit honora la valeur;
Il en fit prendre soin, la cure en fut secrète;
Et, comme au bout d'un mois sa santé fut parfaite,
Il offrit dignités, alliance, trésors,
Et pour gagner Sévère il fit cent vains efforts.
Après avoir comblé ses refus de louange,
Il envoie à Décie en proposer l'échange;
Et soudain l'empereur, transporté de plaisir,
Offre au Perse son frère, et cent chefs à choisir.
Ainsi revint au camp le valeureux Sévère
De sa haute vertu recevoir le salaire;
La faveur de Décie en fut le digne prix.
De nouveau l'on combat, et nous sommes surpris.
Ce malheur toutefois sert à croître sa gloire;
Lui seul rétablit l'ordre, et gagne la victoire,
Mais si belle, et si pleine, et par tant de beaux faits,
Qu'on nous offre tribut, et nous faisons la paix.
L'empereur, qui lui montre une amour infinie[20],
Après ce grand succès l'envoie en Arménie;
Il vient en apporter la nouvelle en ces lieux,
Et par un sacrifice en rendre hommage aux dieux.

FÉLIX.

O ciel! en quel état ma fortune est réduite!

ACTE I, SCÈNE IV.

ALBIN.
Voilà ce que j'ai su d'un homme de sa suite,
Et j'ai couru, seigneur, pour vous y disposer.

FÉLIX.
Ah! sans doute, ma fille, il vient pour t'épouser;
L'ordre d'un sacrifice est pour lui peu de chose,
C'est un prétexte faux dont l'amour est la cause.

PAULINE.
Cela pourroit bien être; il m'aimoit chèrement.

FÉLIX.
Que ne permettra-t-il à son ressentiment?
Et jusques à quel point ne porte sa vengeance
Une juste colère avec tant de puissance?
Il nous perdra, ma fille.

PAULINE.
   Il est trop généreux.

FÉLIX.
Tu veux flatter en vain un père malheureux;
Il nous perdra, ma fille. Ah! regret qui me tue
De n'avoir pas aimé la vertu toute nue!
Ah, Pauline! en effet, tu m'as trop obéi;
Ton courage étoit bon, ton devoir l'a trahi :
Que ta rébellion m'eût été favorable!
Qu'elle m'eût garanti d'un état déplorable!
Si quelque espoir me reste, il n'est plus aujourd'hui
Qu'en l'absolu pouvoir qu'il te donnoit sur lui;
Ménage en ma faveur l'amour qui le possède,
Et d'où provient mon mal fais sortir le remède.

PAULINE.
Moi! moi! que je revoie un si puissant vainqueur,
Et m'expose à des yeux qui me percent le cœur!
Mon père, je suis femme, et je sais ma foiblesse;
Je sens déjà mon cœur qui pour lui s'intéresse,
Et poussera sans doute, en dépit de ma foi,
Quelque soupir indigne et de vous et de moi.
Je ne le verrai point.

FÉLIX.
   Rassure un peu ton âme.

PAULINE.
Il est toujours aimable, et je suis toujours femme;
Dans le pouvoir sur moi que ses regards ont eu,
Je n'ose m'assurer de toute ma vertu[21].

Je ne le verrai point.

FÉLIX.

Il faut le voir, ma fille,
Ou tu trahis ton père et toute ta famille.

PAULINE.

C'est à moi d'obéir, puisque vous commandez;
Mais voyez les périls où vous me hasardez.

FÉLIX.

Ta vertu m'est connue.

PAULINE.

Elle vaincra sans doute;
Ce n'est pas le succès que mon âme redoute :
Je crains ce dur combat et ces troubles puissants
Que fait déjà chez moi la révolte des sens;
Mais, puisqu'il faut combattre un ennemi que j'aime,
Souffrez que je me puisse armer contre moi-même,
Et qu'un peu de loisir me prépare à le voir.

FÉLIX.

Jusqu'au-devant des murs je vais le recevoir;
Rappelle cependant tes forces étonnées,
Et songe qu'en tes mains tu tiens nos destinées.

PAULINE.

Oui, je vais de nouveau dompter mes sentiments,
Pour servir de victime à vos commandements.

FIN DU PREMIER ACTE.

ACTE SECOND.

SCÈNE I.
SÉVÈRE, FABIAN.

SÉVÈRE.
Cependant que Félix donne ordre au sacrifice,
Pourrai-je prendre un temps à mes vœux si propice?
Pourrai-je voir Pauline, et rendre à ses beaux yeux
L'hommage souverain que l'on va rendre aux dieux?
Je ne t'ai point celé que c'est ce qui m'amène,
Le reste est un prétexte à soulager ma peine[1];
Je viens sacrifier, mais c'est à ses beautés
Que je viens immoler toutes mes volontés.

FABIAN.
Vous la verrez, seigneur.

SÉVÈRE.
Ah, quel comble de joie!
Cette chère beauté consent que je la voie[2]!
Mais ai-je sur son âme encor quelque pouvoir?
Quelque reste d'amour s'y fait-il encor voir?
Quel trouble, quel transport lui cause ma venue?
Puis-je tout espérer de cette heureuse vue?
Car je voudrois mourir piutôt que d'abuser
Des lettres de faveur que j'ai pour l'épouser;
Elles sont pour Félix, non pour triompher d'elle :
Jamais à ses désirs mon cœur ne fut rebelle;
Et, si mon mauvais sort avoit changé le sien,
Je me vaincrois moi-même, et ne prétendrois rien.

FABIAN.
Vous la verrez, c'est tout ce que je vous puis dire.

SÉVÈRE.
D'où vient que tu frémis, et que ton cœur soupire?
Ne m'aime-t-elle plus? éclaircis-moi ce point.

FABIAN.

M'en croirez-vous, seigneur? ne la revoyez point;
Portez en lieu plus haut l'honneur de vos caresses :
Vous trouverez à Rome assez d'autres maîtresses;
Et, dans ce haut degré de puissance et d'honneur,
Les plus grands y tiendront votre amour à bonheur.

SÉVÈRE.

Qu'à des pensers si bas mon âme se ravale!
Que je tienne Pauline à mon sort inégale!
Elle en a mieux usé, je la dois imiter;
Je n'aime mon bonheur que pour la mériter.
Voyons-la, Fabian, ton discours m'importune;
Allons mettre à ses pieds cette haute fortune :
Je l'ai dans les combats trouvée heureusement
En cherchant une mort digne de son amant;
Ainsi ce rang est sien, cette faveur est sienne,
Et je n'ai rien enfin que d'elle je ne tienne.

FABIAN.

Non, mais encore un coup ne la revoyez point.

SÉVÈRE.

Ah! c'en est trop, enfin éclaircis-moi ce point;
As-tu vu des froideurs, quand tu l'en as priée?

FABIAN.

Je tremble à vous le dire; elle est....

SÉVÈRE.

Quoi?

FABIAN.

Mariée.

SÉVÈRE.

Soutiens-moi, Fabian; ce coup de foudre est grand,
Et frappe d'autant plus, que plus il me surprend.

FABIAN.

Seigneur, qu'est devenu ce généreux courage?

SÉVÈRE.

La constance est ici d'un difficile usage;
De pareils déplaisirs accablent un grand cœur;
La vertu la plus mâle en perd toute vigueur;
Et, quand d'un feu si beau les âmes sont éprises,
La mort les trouble moins que de telles surprises.
Je ne suis plus à moi, quand j'entends ce discours.
Pauline est mariée!

ACTE II, SCÈNE I.

FABIAN.
Oui, depuis quinze jours ;
Polyeucte, un seigneur des premiers d'Arménie,
Goûte de son hymen la douceur infinie.

SÉVÈRE.
Je ne la puis du moins blâmer d'un mauvais choix ;
Polyeucte a du nom, et sort du sang des rois :
Foibles soulagements d'un malheur sans remède !
Pauline, je verrai qu'un autre vous possède !
O ciel, qui malgré moi me renvoyez au jour,
O sort, qui redonniez l'espoir à mon amour,
Reprenez la faveur que vous m'avez prêtée,
Et rendez-moi la mort que vous m'avez ôtée !
Voyons-la toutefois, et, dans ce triste lieu,
Achevons de mourir en lui disant adieu ;
Que mon cœur, chez les morts emportant son image,
De son dernier soupir puisse lui faire hommage.

FABIAN.
Seigneur, considérez....

SÉVÈRE.
Tout est considéré.
Quel désordre peut craindre un cœur désespéré ?
N'y consent-elle pas ?

FABIAN.
Oui, seigneur, mais....

SÉVÈRE.
N'importe.

FABIAN.
Cette vive douleur en deviendra plus forte.

SÉVÈRE.
Et ce n'est pas un mal que je veuille guérir ;
Je ne veux que la voir, soupirer, et mourir.

FABIAN.
Vous vous échapperez sans doute en sa présence ;
Un amant qui perd tout n'a plus de complaisance ;
Dans un tel entretien il suit sa passion [2],
Et ne pousse qu'injure et qu'imprécation.

SÉVÈRE.
Juge autrement de moi, mon respect dure encore ;
Tout violent qu'il est, mon désespoir l'adore.
Quels reproches aussi peuvent m'être permis ?
De quoi puis-je accuser qui ne m'a rien promis ?

Elle n'est point parjure, elle n'est point légère;
Son devoir m'a trahi, mon malheur, et son père ⁸.
Mais son devoir fut juste, et son père eut raison;
J'impute à mon malheur toute la trahison;
Un peu moins de fortune et plus tôt arrivée
Eût gagné l'un par l'autre, et me l'eût conservée;
Trop heureux, mais trop tard, je n'ai pu l'acquérir :
Laisse-la moi donc voir, soupirer, et mourir.

FABIAN.

Oui, je vais l'assurer qu'en ce malheur extrême
Vous êtes assez fort pour vous vaincre vous-même.
Elle a craint comme moi ces premiers mouvements
Qu'une perte imprévue arrache aux vrais amants,
Et dont la violence excite assez de trouble,
Sans que l'objet présent l'irrite et le redouble.

SÉVÈRE.

Fabian, je la vois.

FABIAN.

Seigneur, souvenez-vous....

SÉVÈRE.

Hélas! elle aime un autre, un autre est son époux.

SCÈNE II.

SÉVÈRE, PAULINE, STRATONICE, FABIAN.

PAULINE.

Oui, je l'aime, Sévère, et n'en fais point d'excuse;
Que tout autre que moi vous flatte et vous abuse,
Pauline a l'âme noble, et parle à cœur ouvert.
Le bruit de votre mort n'est point ce qui vous perd;
Si le ciel en mon choix eût mis mon hyménée,
A vos seules vertus je me serois donnée,
Et toute la rigueur de votre premier sort
Contre votre mérite eût fait un vain effort;
Je découvrois en vous d'assez illustres marques
Pour vous préférer même aux plus heureux monarques;
Mais, puisque mon devoir m'imposoit d'autres lois,
De quelque amant pour moi que mon père eût fait choix,
Quand à ce grand pouvoir que la valeur vous donne
Vous auriez ajouté l'éclat d'une couronne,

Quand je vous aurois vu, quand je l'aurois haï,
J'en aurois soupiré, mais j'aurois obéi,
Et sur mes passions ma raison souveraine
Eût blâmé mes soupirs et dissipé ma haine.

SÉVÈRE.

Que vous êtes heureuse! et qu'un peu de soupirs
Fait un aisé remède à tous vos déplaisirs[6]!
Ainsi, de vos désirs toujours reine absolue,
Les plus grands changements vous trouvent résolue;
De la plus forte ardeur vous portez vos esprits
Jusqu'à l'indifférence, et peut-être au mépris;
Et votre fermeté fait succéder sans peine
La faveur au dédain, et l'amour à la haine[7].
Qu'un peu de votre humeur ou de votre vertu
Soulageroit les maux de ce cœur abattu!
Un soupir, une larme à regret épandue
M'auroit déjà guéri de vous avoir perdue :
Ma raison pourroit tout sur l'amour affoibli,
Et de l'indifférence iroit jusqu'à l'oubli;
Et, mon feu désormais se réglant sur le vôtre,
Je me tiendrois heureux entre les bras d'une autre.
O trop aimable objet, qui m'avez trop charmé,
Est-ce là comme on aime, et m'avez-vous aimé?

PAULINE.

Je vous l'ai trop fait voir, seigneur; et si mon âme[8]
Pouvoit bien étouffer les restes de sa flamme,
Dieux, que j'éviterois de rigoureux tourments!
Ma raison, il est vrai, dompte mes sentiments :
Mais, quelque autorité que sur eux elle ait prise,
Elle n'y règne pas, elle les tyrannise;
Et, quoique le dehors soit sans émotion,
Le dedans n'est que trouble et que sédition :
Un je ne sais quel charme encor vers vous m'emporte;
Votre mérite est grand, si ma raison est forte :
Je le vois, encor tel qu'il alluma mes feux,
D'autant plus puissamment solliciter mes vœux,
Qu'il est environné de puissance et de gloire,
Qu'en tous lieux après vous il traîne la victoire,
Que j'en sais mieux le prix, et qu'il n'a point déçu
Le généreux espoir que j'en avois conçu.
Mais ce même devoir qui le vainquit dans Rome,
Et qui me range ici dessous les lois d'un homme,

Repousse encor si bien l'effort de tant d'appas,
Qu'il déchire mon âme et ne l'ébranle pas;
C'est cette vertu même, à nos désirs cruelle,
Que vous louiez alors en blasphémant contre elle :
Plaignez-vous-en encor; mais louez sa rigueur
Qui triomphe à la fois de vous et de mon cœur.
Et voyez qu'un devoir moins ferme et moins sincère
N'auroit pas mérité l'amour du grand Sévère.

SÉVÈRE.

Ah! madame, excusez une aveugle douleur
Qui ne connoît plus rien que l'excès du malheur :
Je nommois inconstance, et prenois pour un crime,
De ce juste devoir l'effort le plus sublime.
De grâce, montrez moins à mes sens désolés
La grandeur de ma perte et ce que vous valez;
Et, cachant par pitié cette vertu si rare,
Qui redouble mes feux lorsqu'elle nous sépare,
Faites voir des défauts qui puissent à leur tour
Affoiblir ma douleur avecque mon amour.

PAULINE.

Hélas! cette vertu, quoique enfin invincible,
Ne laisse que trop voir une âme trop sensible.
Ces pleurs en sont témoins, et ces lâches soupirs
Qu'arrachent de nos feux les cruels souvenirs :
Trop rigoureux effets d'une aimable présence
Contre qui mon devoir a trop peu de défense !
Mais, si vous estimez ce vertueux devoir,
Conservez-m'en la gloire, et cessez de me voir.
Épargnez-moi des pleurs qui coulent à ma honte;
Épargnez-moi des feux qu'à regret je surmonte;
Enfin épargnez-moi ces tristes entretiens,
Qui ne font qu'irriter vos tourments et les miens.

SÉVÈRE.

Que je me prive ainsi du seul bien qui me reste !

PAULINE.

Sauvez-vous d'une vue à tous les deux funeste.

SÉVÈRE.

Quel prix de mon amour ! quel fruit de mes travaux !

PAULINE.

C'est le remède seul qui peut guérir nos maux.

SÉVÈRE.

Je veux mourir des miens; aimez-en la mémoire.

PAULINE.
Je veux guérir des miens; ils souilleroient ma gloire.
SÉVÈRE.
Ah! puisque votre gloire en prononce l'arrêt,
Il faut que ma douleur cède à son intérêt.
Est-il rien que sur moi cette gloire n'obtienne[11]?
Elle me rend les soins que je dois à la mienne.
Adieu : je vais chercher au milieu des combats
Cette immortalité que donne un beau trépas,
Et remplir dignement, par une mort pompeuse,
De mes premiers exploits l'attente avantageuse;
Si toutefois, après ce coup mortel du sort,
J'ai de la vie assez pour chercher une mort.
PAULINE.
Et moi, dont votre vue augmente le supplice,
Je l'éviterai même en votre sacrifice[12];
Et, seule dans ma chambre enfermant mes regrets,
Je vais pour vous aux dieux faire des vœux secrets.
SÉVÈRE.
Puisse le juste ciel, content de ma ruine,
Combler d'heur et de jours Polyeucte et Pauline!
PAULINE.
Puisse trouver Sévère, après tant de malheur,
Une félicité digne de sa valeur!
SÉVÈRE.
Il la trouvoit en vous.
PAULINE.
Je dépendois d'un père[15].
SÉVÈRE.
O devoir qui me perd et qui me désespère!
Adieu, trop vertueux objet, et trop charmant.
PAULINE.
Adieu, trop malheureux et trop parfait amant.

SCÈNE III.
PAULINE, STRATONICE.

STRATONICE.
Je vous ai plaints tous deux, j'en verse encor des larmes;
Mais du moins votre esprit est hors de ses alarmes :
Vous voyez clairement que votre songe est vain;
Sévère ne vient pas la vengeance à la main.

PAULINE.

Laisse-moi respirer du moins, si tu m'as plainte;
Au fort de ma douleur tu rappelles ma crainte;
Souffre un peu de relâche à mes esprits troublés;
Et ne m'accable point par des maux redoublés.

STRATONICE.

Quoi! vous craignez encor?

PAULINE.

      Je tremble, Stratonice;
Et, bien que je m'effraie avec peu de justice [14],
Cette injuste frayeur sans cesse reproduit
L'image des malheurs que j'ai vus cette nuit.

STRATONICE.

Sévère est généreux.

PAULINE.

    Malgré sa retenue,
Polyeucte sanglant frappe toujours ma vue.

STRATONICE.

Vous voyez ce rival faire des vœux pour lui [15].

PAULINE.

Je crois même au besoin qu'il seroit son appui :
Mais, soit cette croyance ou fausse ou véritable,
Son séjour en ce lieu m'est toujours redoutable;
A quoi que sa vertu puisse le disposer,
Il est puissant, il m'aime, et vient pour m'épouser.

SCÈNE IV.

POLYEUCTE, NÉARQUE, PAULINE, STRATONICE.

POLYEUCTE.

C'est trop verser de pleurs; il est temps qu'ils tarissent;
Que votre douleur cesse, et vos craintes finissent;
Malgré les faux avis par vos dieux envoyés,
Je suis vivant, madame, et vous me revoyez.

PAULINE.

Le jour est encor long, et, ce qui plus m'effraie,
La moitié de l'avis se trouve déjà vraie;
J'ai cru Sévère mort, et je le vois ici.

POLYEUCTE.

Je le sais : mais enfin j'en prends peu de souci.

Je suis dans Mélitène, et, quel que soit Sévère,
Votre père y commande, et l'on m'y considère;
Et je ne pense pas qu'on puisse avec raison
D'un cœur tel que le sien craindre une trahison :
On m'avoit assuré qu'il vous faisoit visite,
Et je venois lui rendre un honneur qu'il mérite.

PAULINE.

Il vient de me quitter assez triste et confus;
Mais j'ai gagné sur lui qu'il ne me verra plus.

POLYEUCTE.

Quoi! vous me soupçonnez déjà de quelque ombrage?

PAULINE.

Je ferois à tous trois un trop sensible outrage.
J'assure mon repos que troublent ses regards :
La vertu la plus ferme évite les hasards;
Qui s'expose au péril veut bien trouver sa perte;
Et, pour vous en parler avec une âme ouverte,
Depuis qu'un vrai mérite a pu nous enflammer,
Sa présence toujours a droit de nous charmer.
Outre qu'on doit rougir de s'en laisser surprendre,
On souffre à résister, on souffre à s'en défendre;
Et, bien que la vertu triomphe de ces feux,
La victoire est pénible, et le combat honteux.

POLYEUCTE.

O vertu trop parfaite, et devoir trop sincère,
Que vous devez coûter de regrets à Sévère!
Qu'aux dépens d'un beau feu vous me rendez heureux!
Et que vous êtes doux à mon cœur amoureux!
Plus je vois mes défauts et plus je vous contemple,
Plus j'admire....

SCÈNE V.

POLYEUCTE, PAULINE, NÉARQUE, STRATONICE,
CLÉON.

CLÉON.

Seigneur, Félix vous mande au temple;
La victime est choisie, et le peuple à genoux;
Et pour sacrifier on n'attend plus que vous.

POLYEUCTE.
Va, nous allons te suivre. Y venez-vous, madame?
PAULINE.
Sévère craint ma vue, elle irrite sa flamme;
Je lui tiendrai parole, et ne veux plus le voir.
Adieu : vous l'y verrez ; pensez à son pouvoir,
Et ressouvenez-vous que sa valeur est grande [16].
POLYEUCTE.
Allez, tout son crédit n'a rien que j'appréhende;
Et, comme je connois sa générosité,
Nous ne nous combattrons que de civilité.

SCÈNE VI.

POLYEUCTE, NÉARQUE.

NÉARQUE.
Où pensez-vous aller?
POLYEUCTE.
Au temple où l'on m'appelle.
NÉARQUE.
Quoi! vous mêler aux vœux d'une troupe infidèle!
Oubliez-vous déjà que vous êtes chrétien?
POLYEUCTE.
Vous par qui je le suis, vous en souvient-il bien?
NÉARQUE.
J'abhorre les faux dieux.
POLYEUCTE.
Et moi, je les déteste.
NÉARQUE.
Je tiens leur culte impie.
POLYEUCTE.
Et je le tiens funeste.
NÉARQUE.
Fuyez donc leurs autels.
POLYEUCTE.
Je les veux renverser,
Et mourir dans leur temple, ou les y terrasser [17].
Allons, mon cher Néarque, allons aux yeux des hommes
Braver l'idolâtrie, et montrer qui nous sommes :
C'est l'attente du ciel, il nous la faut remplir;
Je viens de le promettre, et je vais l'accomplir [18]

Je rends grâces au Dieu que tu m'as fait connoître
De cette occasion qu'il a sitôt fait naître,
Où déjà sa bonté, prête à me couronner,
Daigne éprouver la foi qu'il vient de me donner.

NÉARQUE.
Ce zèle est trop ardent, souffrez qu'il se modère.

POLYEUCTE.
On n'en peut avoir trop pour le Dieu qu'on révère.

NÉARQUE.
Vous trouverez la mort.

POLYEUCTE.
Je la cherche pour lui.

NÉARQUE.
Et si ce cœur s'ébranle?

POLYEUCTE.
Il sera mon appui.

NÉARQUE.
Il ne commande point que l'on s'y précipite.

POLYEUCTE.
Plus elle est volontaire, et plus elle mérite.

NÉARQUE.
Il suffit, sans chercher, d'attendre et de souffrir.

POLYEUCTE.
On souffre avec regret, quand on n'ose s'offrir.

NÉARQUE.
Mais dans ce temple enfin la mort est assurée.

POLYEUCTE.
Mais dans le ciel déjà la palme est préparée.

NÉARQUE.
Par une sainte vie il faut la mériter [19].

POLYEUCTE.
Mes crimes en vivant me la pourroient ôter.
Pourquoi mettre au hasard ce que la mort assure?
Quand elle ouvre le ciel, peut-elle sembler dure?
Je suis chrétien, Néarque, et le suis tout à fait;
La foi que j'ai reçue aspire à son effet.
Qui fuit croit lâchement, et n'a qu'une foi morte.

NÉARQUE.
Ménagez votre vie, à Dieu même elle importe [20];
Vivez pour protéger les chrétiens en ces lieux.

POLYEUCTE.
L'exemple de ma mort les fortifiera mieux.

NÉARQUE.
Vous voulez donc mourir?
POLYEUCTE.
Vous aimez donc à vivre?
NÉARQUE.
Je ne puis déguiser que j'ai peine à vous suivre.
Sous l'horreur des tourments je crains de succomber.
POLYEUCTE.
Qui marche assurément n'a point peur de tomber :
Dieu fait part, au besoin, de sa force infinie.
Qui craint de le nier, dans son âme le nie;
Il croit le pouvoir faire, et doute de sa foi.
NÉARQUE.
Qui n'appréhende rien présume trop de soi.
POLYEUCTE.
J'attends tout de sa grâce, et rien de ma foiblesse.
Mais, loin de me presser, il faut que je vous presse!
D'où vient cette froideur?
NÉARQUE.
Dieu même a craint la mort.
POLYEUCTE.
Il s'est offert pourtant; suivons ce saint effort;
Dressons-lui des autels sur des monceaux d'idoles.
Il faut, je me souviens encor de vos paroles,
Négliger, pour lui plaire, et femme, et biens, et rang;
Exposer pour sa gloire et verser tout son sang.
Hélas! qu'avez-vous fait de cette amour parfaite
Que vous me souhaitiez, et que je vous souhaite?
S'il vous en reste encor, n'êtes-vous point jaloux
Qu'à grand'peine chrétien j'en montre plus que vous?
NÉARQUE.
Vous sortez du baptême, et ce qui vous anime,
C'est sa grâce qu'en vous n'affoiblit aucun crime;
Comme encor tout entière, elle agit pleinement,
Et tout semble possible à son feu véhément :
Mais cette même grâce en moi diminuée,
Et par mille péchés sans cesse exténuée,
Agit aux grands effets avec tant de langueur,
Que tout semble impossible à son peu de vigueur :
Cette indigne mollesse et ces lâches défenses
Sont des punitions qu'attirent mes offenses;

Mais Dieu, dont on ne doit jamais se défier,
Me donne votre exemple à me fortifier.
 Allons, cher Polyeucte, allons aux yeux des hommes
Braver l'idolâtrie, et montrer qui nous sommes;
Puissé-je vous donner l'exemple de souffrir,
Comme vous me donnez celui de vous offrir!

POLYEUCTE.

A cet heureux transport que le ciel vous envoie,
Je reconnois Néarque, et j'en pleure de joie.
 Ne perdons plus de temps, le sacrifice est prêt;
Allons-y du vrai Dieu soutenir l'intérêt;
Allons fouler aux pieds ce foudre ridicule
Dont arme un bois pourri ce peuple trop crédule;
Allons en éclairer l'aveuglement fatal;
Allons briser ces dieux de pierre et de métal;
Abandonnons nos jours à cette ardeur céleste;
Faisons triompher Dieu : qu'il dispose du reste.

NÉARQUE.

Allons faire éclater sa gloire aux yeux de tous,
Et répondre avec zèle à ce qu'il veut de nous [21].

FIN DU SECOND ACTE.

ACTE TROISIÈME.

SCÈNE I.
PAULINE.

Que de soucis flottants, que de confus nuages
Présentent à mes yeux d'inconstantes images!
Douce tranquillité, que je n'ose espérer,
Que ton divin rayon tarde à les éclairer!
Mille agitations, que mes troubles produisent[1],
Dans mon cœur ébranlé tour à tour se détruisent;
Aucun espoir n'y coule où j'ose persister;
Aucun effroi n'y règne où j'ose m'arrêter.
Mon esprit, embrassant tout ce qu'il s'imagine,
Voit tantôt mon bonheur, et tantôt ma ruine,
Et suit leur vaine idée avec si peu d'effet,
Qu'il ne peut espérer ni craindre tout à fait.
Sévère incessamment brouille ma fantaisie :
J'espère en sa vertu, je crains sa jalousie;
Et je n'ose penser que d'un œil bien égal
Polyeucte en ces lieux puisse voir son rival.
Comme entre deux rivaux la haine est naturelle,
L'entrevue aisément se termine en querelle;
L'un voit aux mains d'autrui ce qu'il croit mériter,
L'autre un désespéré qui peut trop attenter[2].
Quelque haute raison qui règle leur courage,
L'un conçoit de l'envie, et l'autre de l'ombrage;
La honte d'un affront que chacun d'eux croit voir
Ou de nouveau reçue, ou prête à recevoir,
Consumant dès l'abord toute leur patience,
Forme de la colère et de la défiance;
Et, saisissant ensemble et l'époux et l'amant,
En dépit d'eux les livre à leur ressentiment.
Mais que je me figure une étrange chimère!
Et que je traite mal Polyeucte et Sévère,

Comme si la vertu de ces fameux rivaux
Ne pouvoit s'affranchir de ces communs défauts !
Leurs âmes à tous deux d'elles-mêmes maîtresses
Sont d'un ordre trop haut pour de telles bassesses :
Ils se verront au temple en hommes généreux.
Mais, las ! ils se verront, et c'est beaucoup pour eux.
Que sert à mon époux d'être dans Mélitène,
Si contre lui Sévère arme l'aigle romaine,
Si mon père y commande, et craint ce favori,
Et se repent déjà du choix de mon mari ?
Si peu que j'ai d'espoir ne luit qu'avec contrainte ;
En naissant il avorte, et fait place à la crainte ;
Ce qui doit l'affermir sert à le dissiper.
Dieux ! faites que ma peur puisse enfin se tromper !
Mais sachons-en l'issue.

SCÈNE II.

PAULINE, STRATONICE.

PAULINE.
　　　　Eh bien, ma Stratonice,
Comment s'est terminé ce pompeux sacrifice ?
Ces rivaux généreux au temple se sont vus ?

STRATONICE.
Ah, Pauline !

PAULINE.
　　　　Mes vœux ont-ils été déçus ?
J'en vois sur ton visage une mauvaise marque.
Se sont-ils querellés ?

STRATONICE.
　　　　Polyeucte, Néarque,
Les chrétiens....

PAULINE.
Parle donc : les chrétiens... ?

STRATONICE.
　　　　　　　　　Je ne puis.

PAULINE.
Tu prépares mon âme à d'étranges ennuis.

STRATONICE.
Vous n'en sauriez avoir une plus juste cause.

PAULINE.
L'ont-ils assassiné ?

STRATONICE.
Ce seroit peu de chose.
Tout votre songe est vrai, Polyeucte n'est plus....
PAULINE.
Il est mort!
STRATONICE.
Non, il vit; mais, ô pleurs superflus!
Ce courage si grand, cette âme si divine,
N'est plus digne du jour, ni digne de Pauline.
Ce n'est plus cet époux si charmant à vos yeux;
C'est l'ennemi commun de l'État et des dieux,
Un méchant, un infâme, un rebelle, un perfide,
Un traître, un scélérat, un lâche, un parricide,
Une peste exécrable à tous les gens de bien,
Un sacrilége impie, en un mot, un chrétien.
PAULINE.
Ce mot auroit suffi sans ce torrent d'injures.
STRATONICE.
Ces titres aux chrétiens sont-ce des impostures?
PAULINE.
Il est ce que tu dis, s'il embrasse leur foi;
Mais il est mon époux, et tu parles à moi.
STRATONICE.
Ne considérez plus que le Dieu qu'il adore.
PAULINE.
Je l'aimai par devoir; ce devoir dure encore.
STRATONICE.
Il vous donne à présent sujet de le haïr :
Qui trahit tous nos dieux auroit pu vous trahir[2].
PAULINE.
Je l'aimerois encor, quand il m'auroit trahie;
Et si de tant d'amour tu peux être ébahie[4];
Apprends que mon devoir ne dépend point du sien :
Qu'il y manque, s'il veut; je dois faire le mien.
Quoi! s'il aimoit ailleurs, serois-je dispensée
A suivre, à son exemple, une ardeur insensée!
Quelque chrétien qu'il soit, je n'en ai point d'horreur;
Je chéris sa personne, et je hais son erreur.
Mais quel ressentiment en témoigne mon père?
STRATONICE.
Une secrète rage, un excès de colère,

Malgré qui toutefois un reste d'amitié
Montre pour Polyeucte encor quelque pitié.
Il ne veut point sur lui faire agir sa justice,
Que du traître Néarque il n'ait vu le supplice.

PAULINE.

Quoi! Néarque en est donc?

STRATONICE.

     Néarque l'a séduit;
De leur vieille amitié c'est là l'indigne fruit.
Ce perfide tantôt, en dépit de lui-même,
L'arrachant de vos bras, le traînoit au baptême.
Voilà ce grand secret et si mystérieux
Que n'en pouvoit tirer votre amour curieux.

PAULINE.

Tu me blâmois alors d'être trop importune.

STRATONICE.

Je ne prévoyois pas une telle infortune.

PAULINE.

Avant qu'abandonner mon âme à mes douleurs,
Il me faut essayer la force de mes pleurs;
En qualité de femme, ou de fille, j'espère
Qu'ils vaincront un époux, ou fléchiront un père.
Que si sur l'un et l'autre ils manquent de pouvoir,
Je ne prendrai conseil que de mon désespoir.
Apprends-moi cependant ce qu'ils ont fait au temple.

STRATONICE.

C'est une impiété qui n'eut jamais d'exemple.
Je ne puis y penser sans frémir à l'instant,
Et crains de faire un crime en vous la racontant.
Apprenez en deux mots leur brutale insolence.
 Le prêtre avoit à peine obtenu du silence,
Et devers l'orient assuré son aspect,
Qu'ils ont fait éclater leur manque de respect.
A chaque occasion de la cérémonie,
A l'envi l'un et l'autre étaloit sa manie,
Des mystères sacrés hautement se moquoit,
Et traitoit de mépris les dieux qu'on invoquoit.
Tout le peuple en murmure, et Félix s'en offense;
Mais tous deux, s'emportant à plus d'irrévérence,
« Quoi! but dit Polyeucte en élevant sa voix,
« Adorez-vous des dieux ou de pierre ou de bois? »

Ici dispensez-moi du récit des blasphèmes
Qu'ils ont vomis tous deux contre Jupiter mêmes[6] :
L'adultère et l'inceste en étoient les plus doux.
« Oyez, dit-il ensuite, oyez, peuple; oyez tous[7] :
« Le Dieu de Polyeucte et celui de Néarque
« De la terre et du ciel est l'absolu monarque,
« Seul être indépendant, seul maître du destin[8],
« Seul principe éternel, et souveraine fin.
« C'est ce Dieu des chrétiens qu'il faut qu'on remercie
« Des victoires qu'il donne à l'empereur Décie;
« Lui seul tient en sa main le succès des combats;
« Il le veut élever, il le peut mettre à bas[9];
« Sa bonté, son pouvoir, sa justice est immense;
« C'est lui seul qui punit, lui seul qui récompense;
« Vous adorez en vain des monstres impuissants. »
Se jetant à ces mots sur le vin et l'encens,
Après en avoir mis les saints vases par terre,
Sans crainte de Félix, sans crainte du tonnerre,
D'une fureur pareille ils courent à l'autel.
Cieux! a-t-on vu jamais, a-t-on rien vu de tel!
Du plus puissant des dieux nous voyons la statue
Par une main impie à leurs pieds abattue,
Les mystères troublés, le temple profané,
La fuite et les clameurs d'un peuple mutiné
Qui craint d'être accablé sous le courroux céleste.
Félix.... Mais le voici qui vous dira le reste.

PAULINE.

Que son visage est sombre et plein d'émotion!
Qu'il montre de tristesse et d'indignation!

SCÈNE III.

FÉLIX, PAULINE, STRATONICE.

FÉLIX.

Une telle insolence avoir osé paroître!
En public! à ma vue! il en mourra, le traître.

PAULINE.

Souffrez que votre fille embrasse vos genoux.

FÉLIX.

Je parle de Néarque, et non de votre époux.
Quelque indigne qu'il soit de ce doux nom de gendre,
Mon âme lui conserve un sentiment plus tendre;

La grandeur de son crime et de mon déplaisir
N'a pas éteint l'amour qui me l'a fait choisir.
PAULINE.
Je n'attendois pas moins de la bonté d'un père.
FÉLIX.
Je pouvois l'immoler à ma juste colère :
Car vous n'ignorez pas à quel comble d'horreur
De son audace impie a monté la fureur;
Vous l'avez pu savoir du moins de Stratonice.
PAULINE.
Je sais que de Néarque il doit voir le supplice.
FÉLIX.
Du conseil qu'il doit prendre il sera mieux instruit,
Quand il verra punir celui qui l'a séduit.
Au spectacle sanglant d'un ami qu'il faut suivre,
La crainte de mourir et le désir de vivre
Ressaisissent une âme avec tant de pouvoir,
Que qui voit le trépas cesse de le vouloir.
L'exemple touche plus que ne fait la menace :
Cette indiscrète ardeur tourne bientôt en glace,
Et nous verrons bientôt son cœur inquiété[10]
Me demander pardon de tant d'impiété.
PAULINE.
Vous pouvez espérer qu'il change de courage?
FÉLIX.
Aux dépens de Néarque il doit se rendre sage.
PAULINE.
Il le doit; mais, hélas! où me renvoyez-vous?
Et quels tristes hasards ne court point mon époux,
Si de son inconstance il faut qu'enfin j'espère
Le bien que j'espérois de la bonté d'un père?
FÉLIX.
Je vous en fais trop voir, Pauline, à consentir
Qu'il évite la mort par un prompt repentir.
Je devois même peine à des crimes semblables[11];
Et, mettant différence entre ces deux coupables,
J'ai trahi la justice à l'amour paternel;
Je me suis fait pour lui moi-même criminel :
Et j'attendois de vous, au milieu de vos craintes,
Plus de remercîments que je n'entends de plaintes.
PAULINE.
De quoi remercier qui ne me donne rien?

Je sais quelle est l'humeur et l'esprit d'un chrétien.
Dans l'obstination jusqu'au bout il demeure :
Vouloir son repentir, c'est ordonner qu'il meure.
FÉLIX.
Sa grâce est en sa main, c'est à lui d'y rêver.
PAULINE.
Faites-la tout entière.
FÉLIX.
Il la peut achever.
PAULINE.
Ne l'abandonnez pas aux fureurs de sa secte.
FÉLIX.
Je l'abandonne aux lois, qu'il faut que je respecte.
PAULINE.
Est-ce ainsi que d'un gendre un beau-père est l'appui ?
FÉLIX.
Qu'il fasse autant pour soi comme je fais pour lui.
PAULINE.
Mais il est aveuglé.
FÉLIX.
Mais il se plaît à l'être.
Qui chérit son erreur ne la veut pas connoître.
PAULINE.
Mon père, au nom des dieux....
FÉLIX.
Ne les réclamez pas,
Ces dieux dont l'intérêt demande son trépas.
PAULINE.
Ils écoutent nos vœux.
FÉLIX.
Eh bien, qu'il leur en fasse.
PAULINE.
Au nom de l'empereur, dont vous tenez la place....
FÉLIX.
J'ai son pouvoir en main ; mais, s'il me l'a commis,
C'est pour le déployer contre ses ennemis.
PAULINE.
Polyeucte l'est-il ?
FÉLIX.
Tous chrétiens sont rebelles.
PAULINE.
N'écoutez point pour lui ces maximes cruelles.

En épousant Pauline, il s'est fait votre sang.
FÉLIX.
Je regarde sa faute, et ne vois plus son rang.
Quand le crime d'État se mêle au sacrilége¹²,
Le sang ni l'amitié n'ont plus de privilége.
PAULINE.
Quel excès de rigueur !
FÉLIX.
Moindre que son forfait.
PAULINE.
O de mon songe affreux trop véritable effet !
Voyez-vous qu'avec lui vous perdez votre fille ?
FÉLIX.
Les dieux et l'empereur sont plus que ma famille.
PAULINE.
La perte de tous deux ne vous peut arrêter !
FÉLIX.
J'ai les dieux et Décie ensemble à redouter.
Mais nous n'avons encore à craindre rien de triste :
Dans son aveuglement pensez-vous qu'il persiste ?
S'il nous sembloit tantôt courir à son malheur,
C'est d'un nouveau chrétien la première chaleur.
PAULINE.
Si vous l'aimez encor, quittez cette espérance
Que deux fois en un jour il change de croyance ;
Outre que les chrétiens ont plus de dureté,
Vous attendez de lui trop de légèreté.
Ce n'est point une erreur avec le lait sucée,
Que sans l'examiner son âme ait embrassée :
Polyeucte est chrétien parce qu'il l'a voulu,
Et vous portoit au temple un esprit résolu.
Vous devez présumer de lui comme du reste :
Le trépas n'est pour eux ni honteux ni funeste ;
Ils cherchent de la gloire à mépriser nos dieux¹³ ;
Aveugles pour la terre, ils aspirent aux cieux ;
Et, croyant que la mort leur en ouvre la porte,
Tourmentés, déchirés, assassinés, n'importe,
Les supplices leur sont ce qu'à nous les plaisirs,
Et les mènent au but où tendent leurs désirs ;
La mort la plus infâme, ils l'appellent martyre

FÉLIX.
Eh bien donc! Polyeucte aura ce qu'il désire :
N'en parlons plus.
PAULINE.
Mon père....

SCÈNE IV.
FÉLIX, ALBIN, PAULINE, STRATONICE.

FÉLIX.
Albin, en est-ce fait?
ALBIN.
Oui, seigneur; et Néarque a payé son forfait.
FÉLIX.
Et notre Polyeucte a vu trancher sa vie?
ALBIN.
Il l'a vu, mais, hélas! avec un œil d'envie.
Il brûle de le suivre, au lieu de reculer;
Et son cœur s'affermit, au lieu de s'ébranler.
PAULINE.
Je vous le disois bien. Encore un coup, mon père,
Si jamais mon respect a pu vous satisfaire,
Si vous l'avez prisé, si vous l'avez chéri....
FÉLIX.
Vous aimez trop, Pauline, un indigne mari.
PAULINE.
Je l'ai de votre main : mon amour est sans crime;
Il est de votre choix la glorieuse estime;
Et j'ai, pour l'accepter, éteint le plus beau feu
Qui d'une âme bien née ait mérité l'aveu.
Au nom de cette aveugle et prompte obéissance
Que j'ai toujours rendue aux lois de la naissance,
Si vous avez pu tout sur moi, sur mon amour,
Que je puisse sur vous quelque chose à mon tour!
Par ce juste pouvoir à présent trop à craindre,
Par ces beaux sentiments qu'il m'a fallu contraindre,
Ne m'ôtez pas vos dons; ils sont chers à mes yeux,
Et m'ont assez coûté pour m'être précieux.
FÉLIX.
Vous m'importunez trop : bien que j'aie un cœur tendre,
Je n'aime la pitié qu'au prix que j'en veux prendre:

Employez mieux l'effort de vos justes douleurs ;
Malgré moi m'en toucher, c'est perdre et temps et pleurs ;
J'en veux être le maître, et je veux bien qu'on sache
Que je la désavoue alors qu'on me l'arrache.
Préparez-vous à voir ce malheureux chrétien ;
Et faites votre effort, quand j'aurai fait le mien.
Allez ; n'irritez plus un père qui vous aime ;
Et tâchez d'obtenir votre époux de lui-même.
Tantôt jusqu'en ce lieu je le ferai venir[16] :
Cependant quittez-nous, je veux l'entretenir.

PAULINE.

De grâce, permettez....

FÉLIX.

Laissez-nous seuls, vous dis-je ;
Votre douleur m'offense autant qu'elle m'afflige.
A gagner Polyeucte appliquez tous vos soins ;
Vous avancerez plus en m'importunant moins.

SCÈNE V.
FÉLIX, ALBIN.

FÉLIX.

Albin, comme est-il mort ?

ALBIN.

En brutal, en impie
En bravant les tourments, en dédaignant la vie,
Sans regret, sans murmure, et sans étonnement,
Dans l'obstination et l'endurcissement,
Comme un chrétien enfin, le blasphème à la bouche.

FÉLIX.

Et l'autre ?

ALBIN.

Je l'ai dit déjà, rien ne le touche ;
Loin d'en être abattu, son cœur en est plus haut :
On l'a violenté pour quitter l'échafaud :
Il est dans la prison où je l'ai vu conduire ;
Mais vous êtes bien loin encor de le réduire[17].

FÉLIX.

Que je suis malheureux !

ALBIN.

Tout le monde vous plaint.

FÉLIX.

On ne sait pas les maux dont mon cœur est atteint ;

De pensers sur pensers mon âme est agitée,
De soucis sur soucis elle est inquiétée ;
Je sens l'amour, la haine, et la crainte, et l'espoir,
La joie et la douleur tour à tour l'émouvoir ;
J'entre en des sentiments qui ne sont pas croyables,
J'en ai de violents, j'en ai de pitoyables ;
J'en ai de généreux qui n'oseroient agir :
J'en ai même de bas, et qui me font rougir.
J'aime ce malheureux que j'ai choisi pour gendre,
Je hais l'aveugle erreur qui le vient de surprendre ;
Je déplore sa perte, et, le voulant sauver,
J'ai la gloire des dieux ensemble à conserver ;
Je redoute leur foudre, et celui de Décie ;
Il y va de ma charge, il y va de ma vie.
Ainsi tantôt pour lui je m'expose au trépas,
Et tantôt je le perds pour ne me perdre pas.

ALBIN.
Décie excusera l'amitié d'un beau-père ;
Et d'ailleurs Polyeucte est d'un sang qu'on révère.

FÉLIX.
A punir les chrétiens son ordre est rigoureux ;
Et plus l'exemple est grand, plus il est dangereux :
On ne distingue point quand l'offense est publique ;
Et, lorsqu'on dissimule un crime domestique,
Par quelle autorité peut-on, par quelle loi,
Châtier en autrui ce qu'on souffre chez soi ?

ALBIN.
Si vous n'osez avoir d'égard à sa personne,
Écrivez à Décie, afin qu'il en ordonne.

FÉLIX.
Sévère me perdroit, si j'en usois ainsi :
Sa haine et son pouvoir font mon plus grand souci.
Si j'avois différé de punir un tel crime,
Quoiqu'il soit généreux, quoiqu'il soit magnanime,
Il est homme, et sensible, et je l'ai dédaigné ;
Et de tant de mépris son esprit indigné[18],
Que met au désespoir cet hymen de Pauline,
Du courroux de Décie obtiendroit ma ruine.
Pour venger un affront tout semble être permis,
Et les occasions tentent les plus remis.
Peut-être, et ce soupçon n'est pas sans apparence,
Il rallume en son cœur déjà quelque espérance ;

Et, croyant bientôt voir Polyeucte puni,
Il rappelle un amour à grand'peine banni.
Juge si sa colère, en ce cas implacable,
Me feroit innocent de sauver un coupable,
Et s'il m'épargneroit, voyant par mes bontés
Une seconde fois ses desseins avortés.
 Te dirai-je un penser indigne, bas et lâche?
Je l'étouffe; il renaît; il me flatte et me fâche :
L'ambition toujours me le vient présenter;
Et tout ce que je puis, c'est de le détester.
Polyeucte est ici l'appui de ma famille;
Mais si, par son trépas, l'autre épousoit ma fille,
J'acquerrois bien par là de plus puissants appuis
Qui me mettroient plus haut cent fois que je ne suis.
Mon cœur en prend par force une maligne joie :
Mais que plutôt le ciel à tes yeux me foudroie,
Qu'à des pensers si bas je puisse consentir,
Que jusque-là ma gloire ose se démentir!

ALBIN.

Votre cœur est trop bon, et votre âme trop haute.
Mais vous résolvez-vous à punir cette faute?

FÉLIX.

Je vais dans la prison faire tout mon effort
A vaincre cet esprit par l'effroi de la mort;
Et nous verrons après ce que pourra Pauline [19].

ALBIN.

Que ferez-vous enfin, si toujours il s'obstine?

FÉLIX.

Ne me presse point tant; dans un tel déplaisir,
Je ne puis me résoudre, et ne sais que choisir.

ALBIN.

Je dois vous avertir, en serviteur fidèle,
Qu'en sa faveur déjà la ville se rebelle,
Et ne peut voir passer par la rigueur des lois
Sa dernière espérance et le sang de ses rois.
Je tiens sa prison même assez mal assurée [20];
J'ai laissé tout autour une troupe éplorée;
Je crains qu'on ne la force.

FÉLIX.

　　　　　　　Il faut donc l'en tirer,
Et l'amener ici pour nous en assurer.

ALBIN.

Tirez-l'en donc vous-même, et d'un espoir de grâce
Apaisez la fureur de cette populace.

FÉLIX.

Allons, et, s'il persiste à demeurer chrétien,
Nous en disposerons, sans qu'elle en sache rien.

FIN DU TROISIÈME ACTE.

ACTE QUATRIÈME.

SCÈNE I.
POLYEUCTE, CLÉON, TROIS AUTRES GARDES.

POLYEUCTE.
Gardes, que me veut-on ?
CLÉON.
　　　　Pauline vous demande.
POLYEUCTE.
O présence, ô combat que surtout j'appréhende !
Félix, dans la prison j'ai triomphé de toi,
J'ai ri de ta menace, et t'ai vu sans effroi :
Tu prends pour t'en venger de plus puissantes armes ;
Je craignois beaucoup moins tes bourreaux que ses larmes.
　Seigneur, qui vois ici les périls que je cours,
En ce pressant besoin redouble ton secours ;
Et toi qui, tout sortant encor de la victoire,
Regardes mes travaux du séjour de la gloire,
Cher Néarque, pour vaincre un si fort ennemi,
Prête du haut du ciel la main à ton ami.
　Gardes, oseriez-vous me rendre un bon office ?
Non pour me dérober aux rigueurs du supplice [1],
Ce n'est pas mon dessein qu'on me fasse évader ;
Mais, comme il suffira de trois à me garder,
L'autre m'obligeroit d'aller querir Sévère ;
Je crois que sans péril on peut me satisfaire [2] :
Si j'avois pu lui dire un secret important,
Il vivroit plus heureux, et je mourrois content.
CLÉON.
Si vous me l'ordonnez, j'y cours en diligence [3].
POLYEUCTE.
Sévère à mon défaut fera ta récompense.

Va, ne perds point de temps, et reviens promptement.
CLÉON.
Je serai de retour, seigneur, dans un moment.

SCÈNE II.
POLYEUCTE.
(Les gardes se retirent aux coins du théâtre.)

Source délicieuse, en misères féconde,
Que voulez-vous de moi, flatteuses voluptés ?
Honteux attachements de la chair et du monde,
Que ne me quittez-vous, quand je vous ai quittés ?
Allez, honneurs, plaisirs, qui me livrez la guerre :
    Toute votre félicité,
    Sujette à l'instabilité,
    En moins de rien tombe par terre ;
    Et comme elle a l'éclat du verre,
    Elle en a la fragilité [a].

Ainsi n'espérez pas qu'après vous je soupire.
Vous étalez en vain vos charmes impuissants ;
Vous me montrez en vain par tout ce vaste empire
Les ennemis de Dieu pompeux et florissants.
Il étale à son tour des revers équitables
    Par qui les grands sont confondus ;
    Et les glaives qu'il tient pendus
    Sur les plus fortunés coupables [b]
    Sont d'autant plus inévitables,
    Que leurs coups sont moins attendus.

Tigre altéré de sang, Décie impitoyable [6],
Ce Dieu t'a trop longtemps abandonné les siens :
De ton heureux destin vois la suite effroyable ;
Le Scythe va venger la Perse et les chrétiens.
Encore un peu plus outre, et ton heure est venue ;
    Rien ne t'en sauroit garantir ;
    Et la foudre qui va partir,
    Toute prête à crever la nue,
    Ne peut plus être retenue
    Par l'attente du repentir.

Que cependant Félix m'immole à ta colère ;
Qu'un rival plus puissant éblouisse ses yeux [7] ;
Qu'aux dépens de ma vie il s'en fasse beau-père,
Et qu'à titre d'esclave il commande en ces lieux :
Je consens, ou plutôt j'aspire à ma ruine.
    Monde, pour moi tu n'as plus rien [8] :
    Je porte en un cœur tout chrétien
    Une flamme toute divine ;
    Et je ne regarde Pauline
    Que comme un obstacle à mon bien.

Saintes douceurs du ciel, adorables idées,
Vous remplissez un cœur qui vous peut recevoir :
De vos sacrés attraits les âmes possédées
Ne conçoivent plus rien qui les puisse émouvoir.
Vous promettez beaucoup, et donnez davantage :
    Vos biens ne sont point inconstants,
    Et l'heureux trépas que j'attends
    Ne vous sert que d'un doux passage
    Pour nous introduire au partage
    Qui nous rend à jamais contents.

C'est vous, ô feu divin que rien ne peut éteindre,
Qui m'allez faire voir Pauline sans la craindre.
Je la vois : mais mon cœur, d'un saint zèle enflammé,
N'en goûte plus l'appas dont il étoit charmé ;
Et mes yeux, éclairés des célestes lumières,
Ne trouvent plus aux siens leurs grâces coutumières.

SCÈNE III.

POLYEUCTE, PAULINE, GARDES.

POLYEUCTE.

Madame, quel dessein vous fait me demander ?
Est-ce pour me combattre, ou pour me seconder ?
Cet effort généreux de votre amour parfaite [9]
Vient-il à mon secours, vient-il à ma défaite ?
Apportez-vous ici la haine, ou l'amitié,
Comme mon ennemie, ou ma chère moitié ?

PAULINE.

Vous n'avez point ici d'ennemi que vous-même ;
Seul vous vous haïssez, lorsque chacun vous aime [10]

Seul vous exécutez tout ce que j'ai rêvé :
Ne veuillez pas vous perdre, et vous êtes sauvé.
A quelque extrémité que votre crime passe,
Vous êtes innocent, si vous vous faites grâce.
Daignez considérer le sang dont vous sortez,
Vos grandes actions, vos rares qualités ;
Chéri de tout le peuple, estimé chez le prince,
Gendre du gouverneur de toute la province,
Je ne vous compte à rien le nom de mon époux :
C'est un bonheur pour moi qui n'est pas grand pour vous;
Mais après vos exploits, après votre naissance,
Après votre pouvoir, voyez notre espérance ;
Et n'abandonnez pas à la main d'un bourreau
Ce qu'à nos justes vœux promet un sort si beau.

POLYEUCTE.

Je considère plus ; je sais mes avantages,
Et l'espoir que sur eux forment les grands courages.
Ils n'aspirent enfin qu'à des biens passagers,
Que troublent les soucis, que suivent les dangers ;
La mort nous les ravit, la fortune s'en joue ;
Aujourd'hui dans le trône, et demain dans la boue ;
Et leur plus haut éclat fait tant de mécontents,
Que peu de vos Césars en ont joui longtemps.
 J'ai de l'ambition, mais plus noble et plus belle :
Cette grandeur périt, j'en veux une immortelle,
Un bonheur assuré, sans mesure et sans fin,
Au-dessus de l'envie, au-dessus du destin.
Est-ce trop l'acheter que d'une triste vie,
Qui tantôt, qui soudain me peut être ravie ;
Qui ne me fait jouir que d'un instant qui fuit,
Et ne peut m'assurer de celui qui le suit ?

PAULINE.

Voilà de vos chrétiens les ridicules songes ;
Voilà jusqu'à quel point vous charment leurs mensonges:
Tout votre sang est peu pour un bonheur si doux !
Mais, pour en disposer, ce sang est-il à vous ?
Vous n'avez pas la vie ainsi qu'un héritage ;
Le jour qui vous la donne en même temps l'engage :
Vous la devez au prince, au public, à l'État.

POLYEUCTE.

Je la voudrois pour eux perdre dans un combat ;

ACTE IV, SCÈNE III.

Je sais quel en est l'heur, et quelle en est la gloire
Des aïeux de Décie on vante la mémoire ;
Et ce nom, précieux encore à vos Romains,
Au bout de six cents ans lui met l'empire aux mains.
Je dois ma vie au peuple, au prince, à sa couronne ;
Mais je la dois bien plus au Dieu qui me la donne :
Si mourir pour son prince est un illustre sort,
Quand on meurt pour son Dieu, quelle sera la mort

PAULINE.

Quel Dieu !

POLYEUCTE.

Tout beau, Pauline : il entend vos paroles ;
Et ce n'est pas un Dieu, comme vos dieux frivoles,
Insensibles et sourds, impuissants, mutilés,
De bois, de marbre, ou d'or, comme vous les voulez :
C'est le Dieu des chrétiens, c'est le mien, c'est le vôtre ;
Et la terre et le ciel n'en connoissent point d'autre.

PAULINE.

Adorez-le dans l'âme, et n'en témoignez rien.

POLYEUCTE.

Que je sois tout ensemble idolâtre et chrétien !

PAULINE.

Ne feignez qu'un moment : laissez partir Sévère,
Et donnez lieu d'agir aux bontés de mon père.

POLYEUCTE.

Les bontés de mon Dieu sont bien plus à chérir ;
Il m'ôte des périls que j'aurois pu courir,
Et, sans me laisser lieu de tourner en arrière,
Sa faveur me couronne entrant dans la carrière ;
Du premier coup de vent il me conduit au port,
Et, sortant du baptême, il m'envoie à la mort.
Si vous pouviez comprendre, et le peu qu'est la vie,
Et de quelles douceurs cette mort est suivie....
Mais que sert de parler de ces trésors cachés
A des esprits que Dieu n'a pas encor touchés ?

PAULINE.

Cruel ! car il est temps que ma douleur éclate,
Et qu'un juste reproche accable une âme ingrate ;
Est-ce là ce beau feu ? sont-ce là tes serments ?
Témoignes-tu pour moi les moindres sentiments ?
Je ne te parlois point de l'état déplorable
Où ta mort va laisser ta femme inconsolable ;

Je croyois que l'amour t'en parleroit assez,
Et je ne voulois pas de sentiments forcés :
Mais cette amour si ferme et si bien méritée
Que tu m'avois promise, et que je t'ai portée,
Quand tu me veux quitter, quand tu me fais mourir,
Te peut-elle arracher une larme, un soupir?
Tu me quittes, ingrat, et le fais avec joie [11];
Tu ne la caches pas, tu veux que je la voie;
Et ton cœur, insensible à ces tristes appas,
Se figure un bonheur où je ne serai pas!
C'est donc là le dégoût qu'apporte l'hyménée?
Je te suis odieuse après m'être donnée!

POLYEUCTE.

Hélas!

PAULINE.

Que cet hélas a de peine à sortir!
Encor s'il commençoit un heureux repentir [12],
Que, tout forcé qu'il est, j'y trouverois de charmes!
Mais courage, il s'émeut, je vois couler des larmes.

POLYEUCTE.

J'en verse, et plût à Dieu qu'à force d'en verser,
Ce cœur trop endurci se pût enfin percer!
Le déplorable état où je vous abandonne
Est bien digne des pleurs que mon amour vous donne;
Et si l'on peut au ciel sentir quelques douleurs [13],
J'y pleurerai pour vous l'excès de vos malheurs :
Mais si, dans ce séjour de gloire et de lumière,
Ce Dieu tout juste et bon peut souffrir ma prière;
S'il y daigne écouter un conjugal amour,
Sur votre aveuglement il répandra le jour.
Seigneur, de vos bontés il faut que je l'obtienne;
Elle a trop de vertus pour n'être pas chrétienne :
Avec trop de mérite il vous plut la former,
Pour ne vous pas connoître et ne vous pas aimer,
Pour vivre des enfers esclave infortunée,
Et sous leur triste joug mourir comme elle est née.

PAULINE.

Que dis-tu, malheureux? qu'oses-tu souhaiter?

POLYEUCTE.

Ce que de tout mon sang je voudrois acheter.

PAULINE.

Que plutôt....!

POLYEUCTE.
C'est en vain qu'on se met en défense :
Ce Dieu touche les cœurs, lorsque moins on y pense.
Ce bienheureux moment n'est pas encor venu ;
Il viendra ; mais le temps ne m'en est pas connu.
PAULINE.
Quittez cette chimère, et m'aimez.
POLYEUCTE.
Je vous aime,
Beaucoup moins que mon Dieu, mais bien plus que moi-même.
PAULINE.
Au nom de cet amour, ne m'abandonnez pas.
POLYEUCTE.
Au nom de cet amour, daignez suivre mes pas [14].
PAULINE.
C'est peu de me quitter, tu veux donc me séduire ?
POLYEUCTE.
C'est peu d'aller au ciel, je vous y veux conduire.
PAULINE.
Imaginations !
POLYEUCTE.
Célestes vérités !
PAULINE.
Étrange aveuglement !
POLYEUCTE.
Éternelles clartés !
PAULINE.
Tu préfères la mort à l'amour de Pauline !
POLYEUCTE.
Vous préférez le monde à la bonté divine [15] !
PAULINE.
Va, cruel, va mourir ; tu ne m'aimas jamais.
POLYEUCTE.
Vivez heureuse au monde, et me laissez en paix.
PAULINE.
Oui, je t'y vais laisser ; ne t'en mets plus en peine ;
Je vais....

SCÈNE IV.

POLYEUCTE, PAULINE, SÉVÈRE, FABIAN, GARDES

PAULINE.
Mais quel dessein en ce lieu vous amène,
Sévère ? auroit-on cru qu'un cœur si généreux [16]
Pût venir jusqu'ici braver un malheureux ?

POLYEUCTE.
Vous traitez mal, Pauline, un si rare mérite;
A ma seule prière il rend cette visite.
 Je vous ai fait, seigneur, une incivilité [17],
Que vous pardonnerez à ma captivité.
Possesseur d'un trésor dont je n'étois pas digne,
Souffrez avant ma mort que je vous le résigne [18],
Et laisse la vertu la plus rare à nos yeux
Qu'une femme jamais pût recevoir des cieux
Aux mains du plus vaillant et du plus honnête homme
Qu'ait adoré la terre et qu'ait vu naître Rome.
Vous êtes digne d'elle, elle est digne de vous;
Ne la refusez pas de la main d'un époux :
S'il vous a désunis, sa mort vous va rejoindre.
Qu'un feu jadis si beau n'en devienne pas moindre;
Rendez-lui votre cœur, et recevez sa foi :
Vivez heureux ensemble, et mourez comme moi;
C'est le bien qu'à tous deux Polyeucte désire.
 Qu'on me mène à la mort, je n'ai plus rien à dire.
Allons, gardes, c'est fait.

SCÈNE V.

SÉVÈRE, PAULINE, FABIAN.

SÉVÈRE.
                    Dans mon étonnement,
Je suis confus pour lui de son aveuglement;
Sa résolution a si peu de pareilles,
Qu'à peine je me fie encore à mes oreilles.
Un cœur qui vous chérit (mais quel cœur assez bas
Auroit pu vous connoître, et ne vous chérir pas?)
Un homme aimé de vous, sitôt qu'il vous possède,
Sans regret il vous quitte : il fait plus, il vous cède

Et, comme si vos feux étoient un don fatal,
Il en fait un présent lui-même à son rival !
Certes, ou les chrétiens ont d'étranges manies,
Ou leurs félicités doivent être infinies,
Puisque, pour y prétendre, ils osent rejeter
Ce que de tout l'empire il faudroit acheter.
Pour moi, si mes destins, un peu plus tôt propices,
Eussent de votre hymen honoré mes services,
Je n'aurois adoré que l'éclat de vos yeux,
J'en aurois fait mes rois, j'en aurois fait mes dieux ;
On m'auroit mis en poudre, on m'auroit mis en cendre,
Avant que....

PAULINE.

Brisons là ; je crains de trop entendre,
Et que cette chaleur, qui sent vos premiers feux,
Ne pousse quelque suite indigne de tous deux.
Sévère, connoissez Pauline tout entière.
Mon Polyeucte touche à son heure dernière ;
Pour achever de vivre il n'a plus qu'un moment ;
Vous en êtes la cause, encor qu'innocemment.
Je ne sais si votre âme, à vos désirs ouverte,
Auroit osé former quelque espoir sur sa perte :
Mais sachez qu'il n'est point de si cruels trépas
Où d'un front assuré je ne porte mes pas,
Qu'il n'est point aux enfers d'horreurs que je n'endure,
Plutôt que de souiller une gloire si pure,
Que d'épouser un homme, après son triste sort,
Qui de quelque façon soit cause de sa mort :
Et, si vous me croyiez d'une âme si peu saine,
L'amour que j'eus pour vous tourneroit tout en haine.
Vous êtes généreux ; soyez-le jusqu'au bout.
Mon père est en état de vous accorder tout,
Il vous craint ; et j'avance encor cette parole,
Que, s'il perd mon époux, c'est à vous qu'il l'immole.
Sauvez ce malheureux, employez-vous pour lui ;
Faites-vous un effort pour lui servir d'appui.
Je sais que c'est beaucoup que ce que je demande ;
Mais plus l'effort est grand, plus la gloire en est grande.
Conserver un rival dont vous êtes jaloux,
C'est un trait de vertu qui n'appartient qu'à vous ;
Et si ce n'est assez de votre renommée,
C'est beaucoup qu'une femme autrefois tant aimée,

Et dont l'amour peut-être encor vous peut toucher,
Doive à votre grand cœur ce qu'elle a de plus cher;
Souvenez-vous enfin que vous êtes Sévère.
Adieu. Résolvez seul ce que vous voulez faire [16];
Si vous n'êtes pas tel que je l'ose espérer,
Pour vous priser encor, je le veux ignorer.

SCÈNE VI.
SÉVÈRE, FABIAN

SÉVÈRE.

Qu'est-ce ci, Fabian? quel nouveau coup de foudre
Tombe sur mon bonheur et le réduit en poudre!
Plus je l'estime près, plus il est éloigné;
Je trouve tout perdu quand je crois tout gagné;
Et toujours la fortune, à me nuire obstinée,
Tranche mon espérance aussitôt qu'elle est née;
Avant qu'offrir des vœux, je reçois des refus:
Toujours triste, toujours et honteux et confus
De voir que lâchement elle ait osé renaître,
Qu'encor plus lâchement elle ait osé paroître;
Et qu'une femme enfin dans la calamité [20]
Me fasse des leçons de générosité.
 Votre belle âme est haute autant que malheureuse,
Mais elle est inhumaine autant que généreuse,
Pauline; et vos douleurs avec trop de rigueur
D'un amant tout à vous tyrannisent le cœur.
C'est donc peu de vous perdre, il faut que je vous donne
Que je serve un rival, lorsqu'il vous abandonne;
Et que, par un cruel et généreux effort,
Pour vous rendre en ses mains, je l'arrache à la mort!

FABIAN.

Laissez à son destin cette ingrate famille;
Qu'il accorde, s'il veut, le père avec la fille,
Polyeucte et Félix, l'épouse avec l'époux:
D'un si cruel effort quel prix espérez-vous?

SÉVÈRE.

La gloire de montrer à cette âme si belle
Que Sévère l'égale, et qu'il est digne d'elle,
Qu'elle m'étoit bien due, et que l'ordre des cieux
En me la refusant m'est trop injurieux.

FABIAN.

Sans accuser le sort ni le ciel d'injustice,
Prenez garde au péril qui suit un tel service ;
Vous hasardez beaucoup, seigneur, pensez-y bien.
Quoi ! vous entreprenez de sauver un chrétien !
Pouvez-vous ignorer pour cette secte impie
Quelle est et fut toujours la haine de Décie ?
C'est un crime vers lui si grand, si capital,
Qu'à votre faveur même il peut être fatal.

SÉVÈRE.

Cet avis seroit bon pour quelque âme commune.
S'il tient entre ses mains ma vie et ma fortune,
Je suis encor Sévère ; et tout ce grand pouvoir
Ne peut rien sur ma gloire et rien sur mon devoir.
Ici l'honneur m'oblige, et j'y veux satisfaire ;
Qu'après le sort se montre ou propice ou contraire,
Comme son naturel est toujours inconstant,
Périssant glorieux, je périrai content.
　Je te dirai bien plus, mais avec confidence,
La secte des chrétiens n'est pas ce que l'on pense :
On les hait ; la raison, je ne la connois point ;
Et je ne vois Décie injuste qu'en ce point.
Par curiosité j'ai voulu les connoître :
On les tient pour sorciers dont l'enfer est le maître ;
Et sur cette croyance on punit du trépas
Des mystères secrets que nous n'entendons pas.
Mais Cérès Éleusine, et la bonne déesse,
Ont leurs secrets comme eux à Rome et dans la Grèce ;
Encore impunément nous souffrons en tous lieux,
Leur Dieu seul excepté, toute sorte de dieux :
Tous les monstres d'Égypte ont leurs temples dans Rome ;
Nos aïeux à leur gré faisoient un dieu d'un homme ;
Et, leur sang parmi nous conservant leurs erreurs,
Nous remplissons le ciel de tous nos empereurs :
Mais, à parler sans fard de tant d'apothéoses,
L'effet est bien douteux de ces métamorphoses.
　Les chrétiens n'ont qu'un Dieu, maître absolu de tout.
De qui le seul vouloir fait tout ce qu'il résout :
Mais, si j'ose entre nous dire ce qu'il me semble,
Les nôtres bien souvent s'accordent mal ensemble ;
Et, me dût leur colère écraser à tes yeux,

Nous en avons beaucoup pour être de vrais dieux [21].
Enfin chez les chrétiens les mœurs sont innocentes,
Les vices détestés, les vertus florissantes;
Ils font des vœux pour nous qui les persécutons [22];
Et, depuis tant de temps que nous les tourmentons,
Les a-t-on vus mutins? les a-t-on vus rebelles?
Nos princes ont-ils eu des soldats plus fidèles?
Furieux dans la guerre, ils souffrent nos bourreaux;
Et, lions au combat, ils meurent en agneaux.
J'ai trop de pitié d'eux pour ne les pas défendre.
Allons trouver Félix; commençons par son gendre;
Et contentons ainsi, d'une seule action,
Et Pauline, et ma gloire, et ma compassion.

FIN DU QUATRIÈME ACTE.

ACTE CINQUIÈME.

SCÈNE I.
FÉLIX, ALBIN, CLÉON.

FÉLIX.
Albin, as-tu bien vu la fourbe de Sévère?
As-tu bien vu sa haine? et vois-tu ma misère?

ALBIN.
Je n'ai vu rien en lui qu'un rival généreux,
Et ne vois rien en vous qu'un père rigoureux.

FÉLIX.
Que tu discernes mal le cœur d'avec la mine[1]!
Dans l'âme il hait Félix et dédaigne Pauline;
Et, s'il l'aima jadis, il estime aujourd'hui
Les restes d'un rival trop indignes de lui.
Il parle en sa faveur, il me prie, il menace,
Et me perdra, dit-il, si je ne lui fais grâce;
Tranchant du généreux, il croit m'épouvanter.
L'artifice est trop lourd pour ne pas l'éventer.
Je sais des gens de cour quelle est la politique[2],
J'en connois mieux que lui la plus fine pratique.
C'est en vain qu'il tempête et feint d'être en fureur :
Je vois ce qu'il prétend auprès de l'empereur.
De ce qu'il me demande il m'y feroit un crime;
Épargnant son rival, je serois sa victime;
Et, s'il avoit affaire à quelque maladroit,
Le piége est bien tendu, sans doute il le perdroit :
Mais un vieux courtisan est un peu moins crédule[3],
Il voit quand on le joue, et quand on dissimule;
Et moi j'en ai tant vu de toutes les façons,
Qu'à lui-même au besoin j'en ferois des leçons.

ALBIN.
Dieux! que vous vous gênez par cette défiance!

FÉLIX.

Pour subsister en cour c'est la haute science.
Quand un homme une fois a droit de nous haïr,
Nous devons présumer qu'il cherche à nous trahir;
Toute son amitié nous doit être suspecte.
Si Polyeucte enfin n'abandonne sa secte,
Quoi que son protecteur ait pour lui dans l'esprit,
Je suivrai hautement l'ordre qui m'est prescrit....

ALBIN.

Grâce, grâce, seigneur! que Pauline l'obtienne!

FÉLIX.

Celle de l'empereur ne suivroit pas la mienne;
Et, loin de le tirer de ce pas dangereux [4],
Ma bonté ne feroit que nous perdre tous deux.

ALBIN.

Mais Sévère promet....

FÉLIX.

Albin, je m'en défie,
Et connois mieux que lui la haine de Décie;
En faveur des chrétiens s'il choquoit son courroux,
Lui-même assurément se perdroit avec nous.
Je veux tenter pourtant encore une autre voie.
Amenez Polyeucte; et, si je le renvoie,
S'il demeure insensible à ce dernier effort,
Au sortir de ce lieu qu'on lui donne la mort.

ALBIN.

Votre ordre est rigoureux.

FÉLIX.

Il faut que je le suive,
Si je veux empêcher qu'un désordre n'arrive.
Je vois le peuple ému pour prendre son parti;
Et toi-même tantôt tu m'en as averti :
Dans ce zèle pour lui qu'il fait déjà paroître,
Je ne sais si longtemps j'en pourrois être maître;
Peut-être dès demain, dès la nuit, dès ce soir,
J'en verrois des effets que je ne veux pas voir;
Et Sévère aussitôt, courant à sa vengeance,
M'iroit calomnier de quelque intelligence.
Il faut rompre ce coup qui me seroit fatal.

ALBIN.

Que tant de prévoyance est un étrange mal!

Tout vous nuit, tout vous perd, tout vous fait de l'ombrage :
Mais voyez que sa mort mettra ce peuple en rage;
Que c'est mal le guérir que le désespérer.

FÉLIX.

En vain, après sa mort, il voudra murmurer;
Et, s'il ose venir à quelque violence,
C'est à faire à céder deux jours à l'insolence :
J'aurai fait mon devoir, quoi qu'il puisse arriver.
Mais Polyeucte vient, tâchons à le sauver.
Soldats, retirez-vous, et gardez bien la porte.

SCÈNE II.
FÉLIX, POLYEUCTE, ALBIN.

FÉLIX.

As-tu donc pour la vie une haine si forte,
Malheureux Polyeucte? et la loi des chrétiens
T'ordonne-t-elle ainsi d'abandonner les tiens?

POLYEUCTE.

Je ne hais point la vie, et j'en aime l'usage,
Mais sans attachement qui sente l'esclavage,
Toujours prêt à la rendre au Dieu dont je la tiens;
La raison me l'ordonne, et la loi des chrétiens;
Et je vous montre à tous par là comme il faut vivre,
Si vous avez le cœur assez bon pour me suivre.

FÉLIX.

Te suivre dans l'abîme où tu te veux jeter?

POLYEUCTE.

Mais plutôt dans la gloire où je m'en vais monter.

FÉLIX.

Donne-moi pour le moins le temps de la connoître;
Pour me faire chrétien, sers-moi de guide à l'être;
Et ne dédaigne pas de m'instruire en ta foi,
Ou toi-même à ton Dieu tu répondras de moi.

POLYEUCTE.

N'en riez point, Félix, il sera votre juge;
Vous ne trouverez point devant lui de refuge;
Les rois et les bergers y sont d'un même rang :
De tous les siens sur vous il vengera le sang.

FÉLIX.

Je n'en répandrai plus, et, quoi qu'il en arrive,
Dans la foi des chrétiens je souffrirai qu'on vive;
J'en serai protecteur.

POLYEUCTE.

Non, non, persécutez,
Et soyez l'instrument de nos félicités :
Celle d'un vrai chrétien n'est que dans les souffrances;
Les plus cruels tourments lui sont des récompenses.
Dieu, qui rend le centuple aux bonnes actions,
Pour comble donne encor les persécutions :
Mais ces secrets pour vous sont fâcheux à comprendre;
Ce n'est qu'à ses élus que Dieu les fait entendre.

FÉLIX.

Je te parle sans fard, et veux être chrétien.

POLYEUCTE.

Qui peut donc retarder l'effet d'un si grand bien?

FÉLIX.

La présence importune....

POLYEUCTE.

Et de qui? de Sévère?

FÉLIX.

Pour lui seul contre toi j'ai feint tant de colère :
Dissimule un moment jusques à son départ.

POLYEUCTE.

Félix, c'est donc ainsi que vous parlez sans fard?
Portez à vos païens, portez à vos idoles,
Le sucre empoisonné que sèment vos paroles.
Un chrétien ne craint rien, ne dissimule rien;
Aux yeux de tout le monde il est toujours chrétien.

FÉLIX.

Ce zèle de ta foi ne sert qu'à te séduire,
Si tu cours à la mort plutôt que de m'instruire.

POLYEUCTE.

Je vous en parlerois ici hors de saison;
Elle est un don du ciel, et non de la raison;
Et c'est là que bientôt, voyant Dieu face à face,
Plus aisément pour vous j'obtiendrai cette grâce.

FÉLIX.

Ta perte cependant me va désespérer.

POLYEUCTE.

Vous avez en vos mains de quoi la réparer;

En vous ôtant un gendre, on vous en donne un autre
Dont la condition répond mieux à la vôtre ;
Ma perte n'est pour vous qu'un change avantageux.

FÉLIX.

Cesse de me tenir ce discours outrageux.
Je t'ai considéré plus que tu ne mérites ;
Mais, malgré ma bonté, qui croît plus tu l'irrites [7],
Cette insolence enfin te rendroit odieux,
Et je me vengerois aussi bien que nos dieux.

POLYEUCTE.

Quoi ! vous changez bientôt d'humeur et de langage !
Le zèle de vos dieux rentre en votre courage !
Celui d'être chrétien s'échappe ! et par hasard
Je vous viens d'obliger à me parler sans fard !

FÉLIX.

Va, ne présume pas que, quoi que je te jure,
De tes nouveaux docteurs je suive l'imposture.
Je flattois ta manie, afin de t'arracher
Du honteux précipice où tu vas trébucher ;
Je voulois gagner temps pour ménager ta vie
Après l'éloignement d'un flatteur de Décie :
Mais j'ai trop fait d'injure à nos dieux tout-puissants ;
Choisis de leur donner ton sang, ou de l'encens.

POLYEUCTE.

Mon choix n'est point douteux. Mais j'aperçois Pauline :
O ciel !

SCÈNE III.

PAULINE, FÉLIX, POLYEUCTE, ALBIN.

PAULINE.

Qui de vous deux aujourd'hui m'assassine ?
Sont-ce tous deux ensemble, ou chacun à son tour ?
Ne pourrai-je fléchir la nature ou l'amour ?
Et n'obtiendrai-je rien d'un époux ni d'un père ?

FÉLIX.

Parlez à votre époux.

POLYEUCTE.

Vivez avec Sévère.

PAULINE.

Tigre, assassine-moi du moins sans m'outrager.

POLYEUCTE.

Mon amour, par pitié, cherche à vous soulager [a] ;

Il voit quelle douleur dans l'âme vous possède,
Et sait qu'un autre amour en est le seul remède.
Puisqu'un si grand mérite a pu vous enflammer,
Sa présence toujours a droit de vous charmer :
Vous l'aimiez, il vous aime, et sa gloire augmentée...

PAULINE.

Que t'ai-je fait, cruel, pour être ainsi traitée,
Et pour me reprocher, au mépris de ma foi,
Un amour si puissant que j'ai vaincu pour toi ?
Vois, pour te faire vaincre un si fort adversaire,
Quels efforts à moi-même il a fallu me faire ;
Quels combats j'ai donnés pour te donner un cœur
Si justement acquis à son premier vainqueur ;
Et si l'ingratitude en ton cœur ne domine,
Fais quelque effort sur toi pour te rendre à Pauline :
Apprends d'elle à forcer ton propre sentiment;
Prends sa vertu pour guide en ton aveuglement;
Souffre que de toi-même elle obtienne ta vie,
Pour vivre sous tes lois à jamais asservie.
Si tu peux rejeter de si justes désirs,
Regarde au moins ses pleurs, écoute ses soupirs;
Ne désespère pas une âme qui t'adore.

POLYEUCTE.

Je vous l'ai déjà dit, et vous le dis encore,
Vivez avec Sévère, ou mourez avec moi.
Je ne méprise point vos pleurs, ni votre foi;
Mais, de quoi que pour vous notre amour m'entretienne,
Je ne vous connois plus, si vous n'êtes chrétienne.
C'en est assez : Félix, reprenez ce courroux,
Et sur cet insolent vengez vos dieux, et vous.

PAULINE.

Ah! mon père, son crime à peine est pardonnable;
Mais, s'il est insensé, vous êtes raisonnable :
La nature est trop forte, et ses aimables traits
Imprimés dans le sang ne s'effacent jamais :
Un père est toujours père, et sur cette assurance
J'ose appuyer encore un reste d'espérance.
Jetez sur votre fille un regard paternel :
Ma mort suivra la mort de ce cher criminel;
Et les dieux trouveront sa peine illégitime,
Puisqu'elle confondra l'innocence et le crime

Et qu'elle changera, par ce redoublement,
En injuste rigueur un juste châtiment.:
Nos destins, par vos mains rendus inséparables,
Nous doivent rendre heureux ensemble, ou misérables ;
Et vous seriez cruel jusques au dernier point,
Si vous désunissiez ce que vous avez joint.
Un cœur à l'autre uni jamais ne se retire ;
Et, pour l'en séparer, il faut qu'on le déchire.
Mais vous êtes sensible à mes justes douleurs,
Et d'un œil paternel vous regardez mes pleurs.

FÉLIX.

Oui, ma fille, il est vrai qu'un père est toujours père ;
Rien n'en peut effacer le sacré caractère ;
Je porte un cœur sensible, et vous l'avez percé.
Je me joins avec vous contre cet insensé.
 Malheureux Polyeucte, es-tu seul insensible ?
Et veux-tu rendre seul ton crime irrémissible ?
Peux-tu voir tant de pleurs d'un œil si détaché[9] ?
Peux-tu voir tant d'amour sans en être touché ?
Ne reconnois-tu plus ni beau-père, ni femme,
Sans amitié pour l'un, et pour l'autre sans flamme ?
Pour reprendre les noms et de gendre et d'époux,
Veux-tu nous voir tous deux embrasser tes genoux ?

POLYEUCTE.

Que tout cet artifice est de mauvaise grâce !
Après avoir deux fois essayé la menace,
Après m'avoir fait voir Néarque dans la mort,
Après avoir tenté l'amour et son effort,
Après m'avoir montré cette soif du baptême,
Pour opposer à Dieu l'intérêt de Dieu même,
Vous vous joignez ensemble ! ah ! ruses de l'enfer !
Faut-il tant de fois vaincre avant que triompher !
Vos résolutions usent trop de remise ;
Prenez la vôtre enfin, puisque la mienne est prise.
 Je n'adore qu'un Dieu, maître de l'univers,
Sous qui tremblent le ciel, la terre et les enfers ;
Un Dieu qui, nous aimant d'une amour infinie,
Voulut mourir pour nous avec ignominie,
Et qui, par un effort de cet excès d'amour [10],
Veut pour nous en victime être offert chaque jour.
Mais j'ai tort d'en parler à qui ne peut m'entendre.
Voyez l'aveugle erreur que vous osez défendre :

Des crimes les plus noirs vous souillez tous vos dieux;
Vous n'en punissez point qui n'ait son maître aux cieux;
La prostitution, l'adultère, l'inceste,
Le vol, l'assassinat, et tout ce qu'on déteste,
C'est l'exemple qu'à suivre offrent vos immortels.
J'ai profané leur temple, et brisé leurs autels;
Je le ferois encor, si j'avois à le faire¹¹,
Même aux yeux de Félix, même aux yeux de Sévère,
Même aux yeux du sénat, aux yeux de l'empereur.

FÉLIX.

Enfin ma bonté cède à ma juste fureur :
Adore-les, ou meurs.

POLYEUCTE.

Je suis chrétien.

FÉLIX.

Impie!
Adore-les, te dis-je, ou renonce à la vie.

POLYEUCTE.

Je suis chrétien¹².

FÉLIX.

Tu l'es? O cœur trop obstiné!
Soldats, exécutez l'ordre que j'ai donné.

PAULINE.

Où le conduisez-vous?

FÉLIX.

A la mort.

POLYEUCTE.

A la gloire.
Chère Pauline, adieu; conservez ma mémoire.

PAULINE.

Je te suivrai partout, et mourrai si tu meurs¹³.

POLYEUCTE.

Ne suivez point mes pas, ou quittez vos erreurs.

FÉLIX.

Qu'on l'ôte de mes yeux, et que l'on m'obéisse.
Puisqu'il aime à périr, je consens qu'il périsse.

SCÈNE IV.

FÉLIX, ALBIN.

FÉLIX.

Je me fais violence, Albin, mais je l'ai dû ;
Ma bonté naturelle aisément m'eût perdu.
Que la rage du peuple à présent se déploie,
Que Sévère en fureur tonne, éclate, foudroie,
M'étant fait cet effort, j'ai fait ma sûreté.
Mais n'es-tu point surpris de cette dureté ?
Vois-tu comme le sien des cœurs impénétrables,
Ou des impiétés à ce point exécrables ?
Du moins j'ai satisfait mon esprit affligé[14] :
Pour amollir son cœur je n'ai rien négligé ;
J'ai feint même à tes yeux des lâchetés extrêmes :
Et certes, sans l'horreur de ses derniers blasphèmes,
Qui m'ont rempli soudain de colère et d'effroi,
J'aurois eu de la peine à triompher de moi.

ALBIN.

Vous maudirez peut-être un jour cette victoire,
Qui tient je ne sais quoi d'une action trop noire,
Indigne de Félix, indigne d'un Romain,
Répandant votre sang par votre propre main.

FÉLIX.

Ainsi l'ont autrefois versé Brute et Manlie ;
Mais leur gloire en a crû, loin d'en être affoiblie ;
Et quand nos vieux héros avoient de mauvais sang[15],
Ils eussent, pour le perdre, ouvert leur propre flanc.

ALBIN.

Votre ardeur vous séduit ; mais, quoi qu'elle vous die,
Quand vous la sentirez une fois refroidie,
Quand vous verrez Pauline, et que son désespoir
Par ses pleurs et ses cris saura vous émouvoir....

FÉLIX.

Tu me fais souvenir qu'elle a suivi ce traître,
Et que ce désespoir qu'elle fera paroître
De mes commandements pourra troubler l'effet :
Va donc y donner ordre, et voir ce qu'elle fait ;
Romps ce que ses douleurs y donneroient d'obstacle,
Tire-la, si tu peux, de ce triste spectacle ;
Tâche à la consoler. Va donc ; qui te retient ?

######ALBIN.
Il n'en est pas besoin, seigneur, elle revient.

SCÈNE V.
FÉLIX, PAULINE, ALBIN.
######PAULINE.
Père barbare, achève, achève ton ouvrage;
Cette seconde hostie est digne de ta rage :
Joins ta fille à ton gendre; ose : que tardes-tu?
Tu vois le même crime, ou la même vertu :
Ta barbarie en elle a les mêmes matières.
Mon époux en mourant m'a laissé ses lumières;
Son sang, dont tes bourreaux viennent de me couvrir,
M'a dessillé les yeux, et me les vient d'ouvrir.
 Je vois, je sais, je crois, je suis désabusée :
De ce bienheureux sang tu me vois baptisée;
Je suis chrétienne enfin, n'est-ce point assez dit?
Conserve en me perdant ton rang et ton crédit;
Redoute l'empereur, appréhende Sévère :
Si tu ne veux périr, ma perte est nécessaire;
Polyeucte m'appelle à cet heureux trépas;
Je vois Néarque et lui qui me tendent les bras.
Mène, mène-moi voir tes dieux que je déteste;
Ils n'en ont brisé qu'un, je briserai le reste.
On m'y verra braver tout ce que vous craignez,
Ces foudres impuissants qu'en leurs mains vous peignez,
Et, saintement rebelle aux lois de la naissance,
Une fois envers toi manquer d'obéissance.
Ce n'est point ma douleur que par là je fais voir;
C'est la grâce qui parle, et non le désespoir.
Le faut-il dire encor, Félix? je suis chrétienne;
Affermis par ma mort ta fortune et la mienne;
Le coup à l'un et l'autre en sera précieux,
Puisqu'il t'assure en terre en m'élevant aux cieux.

SCÈNE VI.
FÉLIX, SÉVÈRE, PAULINE, ALBIN, FABIAN.
######SÉVÈRE.
Père dénaturé, malheureux politique,
Esclave ambitieux d'une peur chimérique;

ACTE V, SCÈNE VI.

Polyeucte est donc mort! et par vos cruautés
Vous pensez conserver vos tristes dignités!
La faveur que pour lui je vous avois offerte,
Au lieu de le sauver, précipite sa perte!
J'ai prié, menacé, mais sans vous émouvoir;
Et vous m'avez cru fourbe, ou de peu de pouvoir!
Eh bien, à vos dépens vous verrez que Sévère [16]
Ne se vante jamais que de ce qu'il peut faire;
Et par votre ruine il vous fera juger
Que qui peut bien vous perdre eût pu vous protéger.
Continuez aux dieux ce service fidèle;
Par de telles horreurs montrez-leur votre zèle.
Adieu; mais quand l'orage éclatera sur vous,
Ne doutez point du bras dont partiront les coups.

FÉLIX.

Arrêtez-vous, seigneur, et d'une âme apaisée [17]
Souffrez que je vous livre une vengeance aisée.
Ne me reprochez plus que par mes cruautés
Je tâche à conserver mes tristes dignités;
Je dépose à vos pieds l'éclat de leur faux lustre :
Celle où j'ose aspirer est d'un rang plus illustre;
Je m'y trouve forcé par un secret appas;
Je cède à des transports que je ne connois pas;
Et, par un mouvement que je ne puis entendre,
De ma fureur je passe au zèle de mon gendre.
C'est lui, n'en doutez point, dont le sang innocent
Pour son persécuteur prie un Dieu tout-puissant;
Son amour épandu sur toute la famille
Tire après lui le père aussi bien que la fille.
J'en ai fait un martyr, sa mort me fait chrétien
J'ai fait tout son bonheur, il veut faire le mien.
C'est ainsi qu'un chrétien se venge et se courrouce
Heureuse cruauté dont la suite est si douce!
Donne la main, Pauline. Apportez des liens;
Immolez à vos dieux ces deux nouveaux chrétiens,
Je le suis, elle l'est, suivez votre colère.

PAULINE.

Qu'heureusement enfin je retrouve mon père!
Cet heureux changement rend mon bonheur parfait.

FÉLIX.

Ma fille, il n'appartient qu'à la main qui le fait.

SÉVÈRE.

Qui ne seroit touché d'un si tendre spectacle?
De pareils changements ne vont point sans miracle,
Sans doute vos chrétiens qu'on persécute en vain
Ont quelque chose en eux qui surpasse l'humain;
Ils mènent une vie avec tant d'innocence,
Que le ciel leur en doit quelque reconnoissance :
Se relever plus forts, plus ils sont abattus,
N'est pas aussi l'effet des communes vertus.
Je les aimai toujours, quoi qu'on m'en ait pu dire;
Je n'en vois point mourir que mon cœur n'en soupire;
Et peut-être qu'un jour je les connoîtrai mieux.
J'approuve cependant que chacun ait ses dieux,
Qu'il les serve à sa mode, et sans peur de la peine.
Si vous êtes chrétien, ne craignez plus ma haine;
Je les aime, Félix, et de leur protecteur
Je n'en veux pas sur vous faire un persécuteur.

Gardez votre pouvoir, reprenez-en la marque;
Servez bien votre Dieu, servez notre monarque.
Je perdrai mon crédit envers sa majesté,
Ou vous verrez finir cette sévérité [18] :
Par cette injuste haine il se fait trop d'outrage.

FÉLIX.

Daigne le ciel en vous achever son ouvrage,
Et, pour vous rendre un jour ce que vous méritez,
Vous inspirer bientôt toutes ses vérités!

Nous autres, bénissons notre heureuse aventure
Allons à nos martyrs donner la sépulture,
Baiser leurs corps sacrés, les mettre en digne lieu,
Et faire retentir partout le nom de Dieu.

FIN DU CINQUIÈME ACTE

NOTES ET VARIANTES.

Quand on passe de *Cinna* à *Polyeucte*, on se trouve dans un monde tout différent: mais les grands poëtes, ainsi que les grands peintres, savent traiter tous les sujets. C'est une chose assez connue que, Corneille ayant lu sa tragédie de *Polyeucte* chez madame de Rambouillet, où se rassembloient alors les esprits les plus cultivés, cette pièce y fut condamnée d'une voix unanime, malgré l'intérêt qu'on prenoit à l'auteur dans cette maison : Voiture fut député de toute l'assemblée, pour engager Corneille à ne pas faire représenter cet ouvrage. Il est difficile de démêler ce qui put porter les hommes du royaume qui avoient le plus de goût et de lumières à juger si singulièrement : furent-ils persuadés qu'un martyr ne pouvoit jamais réussir sur le théâtre? c'étoit ne pas connoître le peuple; croyoient-ils que les défauts que leur sagacité leur faisoit remarquer révolteroient le public? c'étoit tomber dans la même erreur qui avoit trompé les censeurs du *Cid* : ils examinoient *le Cid* par l'exacte raison, et ils ne voyoient pas qu'au spectacle on juge par sentiment. (VOLTAIRE.)

ACTE PREMIER (p. 271).

1. Var. Ni le juste pouvoir qu'elle prend sur une âme.

2. Var. Remettons ce dessein qui l'accable d'ennui,
   Nous le pourrons demain aussi bien qu'aujourd'hui;

3. Var. Oui; mais où prenez-vous l'infaillible assurance
. . . .
   Ce Dieu qui tient votre âme et vos jours dans sa main,
   Vous a-t-il assuré du pouvoir de demain?

4. Les maximes sur la grâce divine, qui reviennent en plus d'un endroit de cette pièce, pouvoient avoir un intérêt particulier à cette époque où les querelles du jansénisme commençoient à diviser la France. (LA HARPE.)

5. Var. Le bras qui la versoit s'arrête et se courrouce;
   Notre cœur s'endurcit, et sa pointe s'émousse.

6. Var. Et cette sainte ardeur qui nous emporte au bien
   Tombe sur un rocher, et n'opère plus rien.

7. Var. Et d'un rayon divin nous dessillant les yeux.

8. Var. Quoique je le préfère aux grandeurs d'un empire.

9. Var. Ce songe si rempli de noires visions.

10. Var. Dieu ne veut point d'un cœur que le monde domine.

11. Var. Mais ce grand roi des rois, ce seigneur des seigneurs.

12. Var. Mais que vous êtes loin de cette amour parfaite.

13. Var. Est grandeur de courage aussitôt que foiblesse.

14. Var. Voilà, ma Stratonice, en ce siècle où nous sommes,
Notre empire absolu sur les esprits des hommes.
15. Var. Le mien est bien étrange, et, quoique Arménienne.
16. Var. Je vois que vous l'aimez autant qu'on peut l'aimer.
17. Var. De grâce, apprenez-moi ce qui vous peut toucher.
18. Var. Témoin de ses hauts faits, encor qu'à son dommage,
Il en voulut tout mort connoître le visage.
19. Var. Chacun plaignoit son sort, bien qu'il en fût jaloux.

. . . .
Ce généreux monarque en eut l'âme ravie,
Et, vaincu qu'il étoit, oublia son malheur,
Pour dans son auteur même honorer la valeur.

20. Var. L'empereur lui témoigne une amour infinie,
Et, ravi du succès, l'envoie en Arménie.

. . . .
Et par un sacrifice en rendre grâce aux dieux.

21. Var. Je ne me réponds pas de toute ma vertu.

ACTE SECOND (p. 283).

1. Var. Du reste, mon esprit ne s'en met guère en peine.
2. Var. Cet adorable objet consent que je le voie!

. . . .
En lui parlant d'amour, l'as-tu vu s'émouvoir?

3. Var. J'ai de la peine encore à croire tes discours.
4. Var. Dans un tel désespoir il suit sa passion.
5. Voilà où il est beau de s'élever au-dessus des règles de la grammaire. L'exactitude demanderoit *Son devoir, et son père, et mon malheur m'ont trahi;* mais la passion rend ce désordre de paroles très-beau. (VOLTAIRE.)
6. Var. Vous acquitte aisément de tous vos déplaisirs.
7. Var. La faveur au mépris, et l'amour à la haine.
8. Var. Je vous aimai, Sévère; et si dedans mon âme
Je pouvois étouffer les restes de ma flamme,

. . . .
Ma raison, il est vrai, dompte mes mouvements.

9. Var. De plus bas sentiments n'auroient pas méritée
Cette parfaite amour que vous m'aviez portée.

SÉVÈRE.

Ah! Pauline, excusez une aveugle douleur.

10. Var. Je nommois inconstance, et prenois pour des crimes
D'un vertueux devoir les efforts légitimes.
11. Var. D'un cœur comme le mien qu'est-ce qu'elle n'obtiendroit?
Vous réveillez les soins que je dois à la mienne.
12. Var. Je la veux éviter mêmes au sacrifice.
13. Ces sentiments sont touchants, ce dernier vers convient aussi bien à la tragédie qu'à la comédie, parce qu'il est noble autant que simple : il y a tendresse et précision. (VOLTAIRE.)

NOTES ET VARIANTES.

14. Var. Et, quoique je m'effraie avec peu de justice.
15. Var. Vous-même êtes témoin des vœux qu'il fait pour lui.
16. Var. Et vous ressouvenez que sa faveur est grande.
17. Var. Et mourir dans leur temple, ou bien les en chasser.
18. Var. Je le viens de promettre, et je vais l'accomplir.
19. Var. Par une sainte vie il la faut mériter.
20. Var. Voyez que votre vie à Dieu mêmes importe.

Voyez la note 6 de l'acte suivant.

21. Var. Allons mourir pour lui, comme il est mort pour nous.

ACTE TROISIÈME (p. 296).

1. Var. Mille pensers divers, que mes troubles produisent
Dans mon cœur incertain à l'envi se détruisent;
Nul espoir ne me flatte où j'ose persister,
Nulle peur ne m'effraie où j'ose m'arrêter.
. . . .
Veut tantôt mon bonheur, et tantôt ma ruine;
L'un et l'autre le frappe avec si peu d'effet.

2. Var. L'autre un désespéré qui le lui veut ôter.
3. Var. Qui trahit bien les dieux auroit pu vous trahir.
4. Var. Et si de cette amour tu peux être ébahie.
5. Var. Que l'on s'est aperçu de leur peu de respect.

6. Corneille emploie indifféremment cet adverbe *même* avec une *s* et sans *s*. Les poëtes, tant gênés d'ailleurs, peuvent avoir la liberté d'ôter et d'ajouter une *s* à ce mot. (VOLTAIRE.)

7. Var. Oyez, Félix, suit-il; oyez, peuple, oyez tous.
8. Var. Seul maître du destin, seul être indépendant,
Substance qui jamais ne reçoit d'accident.
9. Var. Il le veut élever, il le peut mettre bas.
10. Var. N'en ayez plus l'esprit si fort inquiété;
Il se repentira de son impiété.

PAULINE.
Quoi! vous espérez donc qu'il change de courage!

11. Var. La même peine est due à des crimes semblables.
12. Var. Où le crime d'État se mêle au sacrilége.
13. Var. Ils cherchent de la gloire à mépriser les dieux.
14. Var. Et j'ai pour l'accepter éteint les plus beaux feux
Qui d'une âme bien née aient mérité les vœux.
15. Var. Vous m'importunez trop.

PAULINE.
Dieux! que viens-je d'entendre?
FÉLIX.
Je n'aime la pitié qu'au prix que j'en veux prendre:
Par tant de vains efforts malgré moi m'en toucher,
C'est perdre avec le temps des pleurs à me fâcher.
Vous m'en avez donné; mais je veux bien qu'on sache.

16. Var. Tantôt jusques ici je le ferai venir.

17. Var. Mais vous n'êtes pas prêt encor de le réduire.

18. Var. Et des mépris reçus son esprit indigné.

19. Var. Et nous verrons après le pouvoir de Pauline.

20. Var. Et même sa prison n'est pas fort assurée.

ACTE QUATRIÈME (p. 309).

1. Var.
CLÉON.
Nous n'osons plus, seigneur, vous rendre aucun service.
POLYEUCTE.
Je ne vous parle pas de me faire évader.

2. Var. Je crois que sans péril cela se peut bien faire.

3. Var. Puisque c'est pour Sévère, à tout je me dispense.
POLYEUCTE.
Lui-même, à mon défaut, fera ta récompense.
Le plus tôt vaut le mieux ; va donc, et promptement.
CLÉON.
J'y cours, et vous m'aurez ici dans un moment.

4. *Fortuna vitrea est ; tum, quum splendet, frangitur.* (Publius Sirus.)
Mais leur gloire tombe par terre ;
Et, comme elle a l'éclat du verre,
Elle en a la fragilité. (Godeau, *Ode à Louis XIII.*)

5. Var. Dessus ces illustres coupables.

6. Var. Tigre affamé de sang, Décie impitoyable.

7. Var. Qu'un rival plus puissant lui donne dans les yeux.

8. Var. Vains appas, vous ne m'êtes rien.

9. Var. Et l'effort généreux de cette amour parfaite
Vient-il à mon secours, ou bien à ma défaite ?

10. Var. Vous seul vous haïssez, lorsque chacun vous aime.

11. Var. Tu me quittes, ingrat, et mêmes avec joie.

12. Var. Encore s'il marquoit un heureux repentir.

13. Var. Et si l'on peut au ciel emporter des douleurs,
J'en emporte de voir l'excès de vos malheurs.

14. Var. Au nom de cet amour, venez suivre mes pas.

15. Voilà ces admirables dialogues à la manière de Corneille, où la franchise de la repartie, la rapidité du tour et la hauteur des sentiments ne manquent jamais de ravir le spectateur. Que Polyeucte est sublime dans cette scène! quelle grandeur d'âme, quel divin enthousiasme, quelle dignité! La gravité et la noblesse du caractère chrétien sont marquées jusque dans ces *vous* opposés aux *tu* de la fille de Félix : cela seul met déjà tout un monde entre le martyr Polyeucte et la païenne Pauline.
(De Chateaubriand.)

16. Var. Sévère, est-ce le fait d'un homme généreux
De venir jusqu'ici braver un malheureux ?

17. Var. Je vous ai fait, Sévère, une incivilité.

18. Var. Souffrez, avant mourir, que je vous la résigne

19. Var. Je m'en vais sans réponse, après cette prière ;
Et si vous n'êtes tel que je l'ose espérer.

20. Var. Et qu'une femme enfin dans l'infélicité.

21. Après ce vers venoient les quatre suivants que Corneille a supprimés, et où l'on auroit bien tort, comme le remarque avec raison M. Taschereau, dans son Histoire de Corneille, de voir la profession de foi du poëte ; car l'on trouve dans son théâtre une foule d'autres vers d'un sens tout opposé, et nul auteur moins que lui ne se substitue à ses personnages :

Peut-être qu'après tout ces croyances publiques
Ne sont qu'inventions de sages politiques,
Pour contenir un peuple ou bien pour l'émouvoir ;
Et dessus sa foiblesse affermir leur pouvoir.

Deux vers plus bas, on lisoit les suivants, qui ne se trouvent que dans les premières éditions :

Jamais un adultère, un traître, un assassin ;
Jamais d'ivrognerie, et jamais de larcin :
Ce n'est qu'amour entre eux, que charité sincère ;
Chacun y chérit l'autre, et le secourt en frère.

22. Remarquez ici que Racine, dans *Esther* (acte III, sc. 4), exprime la même chose en cinq vers :

Tandis que votre main, sur eux appesantie,
A leurs persécuteurs les livroit sans secours,
Ils conjuroient ce Dieu de veiller sur vos jours,
De rompre des méchants les trames criminelles,
De mettre votre trône à l'ombre de ses ailes.

Sévère, qui parle en homme d'État, ne dit qu'un mot, et ce mot est plein d'énergie : Esther, qui veut toucher Assuérus, étend davantage cette idée. Sévère ne fait qu'une réflexion ; Esther fait une prière : ainsi l'un doit être concis, et l'autre déployer une éloquence attendrissante. Ce sont des beautés différentes, et toutes deux à leur place. (VOLTAIRE.)

ACTE CINQUIÈME (p. 321).

1. Var. Que tu le connois mal ! tout son fait n'est que mine.

2. Var. Je connois avant lui la cour et ses intrigues ;
J'en connois les détours, j'en connois les pratiques.

3. Var. Mais un vieux courtisan n'est pas si fort crédule.

4. Var. Et, loin de le tirer de ce pas hasardeux.

5. Var. Que votre défiance est un étrange mal !

6. Var. Aussi bien un chrétien n'est rien sans les souffrances ;
Les plus cruels tourments nous sont des récompenses.

7. Var. Mais, malgré ma bonté, qui croit quand tu l'irrites.

8. Var. Ma pitié, tant s'en faut, cherche à vous soulager ;
Notre amour vous emporte à des douleurs si vraies,
Que rien qu'un autre amour ne peut guérir ces plaies.

9. Var. Peux-tu voir tant de pleurs d'un cœur si détaché ?

10. Var. Et qui, par un excès de cette même amour.

11. Ce vers est dans *le Cid* (acte III, sc. 4), et est à sa place dans les deux pièces. (VOLTAIRE.)

12. Ce mot *Je suis chrétien*, deux fois répété, égale les plus beaux mots d'*Horace*. Corneille, qui se connoissoit si bien en sublime, a senti que l'amour pour la religion pouvoit s'élever au dernier degré d'enthousiasme, puisque le chrétien aime Dieu comme la souveraine beauté, et le ciel comme sa patrie.
(DE CHATEAUBRIAND.)

13. Var. Je te suivrai partout, et mêmes au trépas.
POLYEUCTE.
Sortez de votre erreur, ou ne me suivez pas.

14. Var. Du moins j'ai satisfait à mon cœur affligé :
Pour amollir le sien je n'ai rien négligé.

15. Var. Jamais nos vieux héros n'ont eu de mauvais sang,
Qu'ils n'eussent pour le perdre ouvert leur propre flanc

16. Var. Eh bien! à vos dépens vous saurez que Sévère.

17. Var. Arrêtez-vous, Sévère, et d'une âme apaisée.

18. Var. Ou bien il quittera cette sévérité.

EXAMEN DE POLYEUCTE PAR CORNEILLE.

Ce martyre est rapporté par Surius sur le neuvième de janvier. Polyeucte vivoit en l'année 250, sous l'empereur Décius. Il étoit Arménien, ami de Néarque, et gendre de Félix, qui avoit la commission de l'empereur pour faire exécuter ses édits contre les chrétiens. Cet ami l'ayant résolu à se faire chrétien, il déchira ces édits qu'on publioit, arracha les idoles des mains de ceux qui les portoient sur les autels pour les adorer, les brisa contre terre, résista aux larmes de sa femme Pauline, que Félix employa auprès de lui pour le ramener à leur culte, et perdit la vie par l'ordre de son beau-père, sans autre baptême que celui de son sang. Voilà ce que m'a prêté l'histoire; le reste est de mon invention.

Pour donner plus de dignité à l'action, j'ai fait Félix gouverneur d'Arménie, et ai pratiqué un sacrifice public, afin de rendre l'occasion plus illustre, et donner un prétexte à Sévère de venir en cette province, sans faire éclater son amour avant qu'il en eût l'aveu de Pauline. Ceux qui veulent arrêter nos héros dans une médiocre bonté, où quelques interprètes d'Aristote bornent leur vertu, ne trouveront pas ici leur compte, puisque celle de Polyeucte va jusqu'à la sainteté, et n'a aucun mélange de foiblesse. J'en ai déjà parlé ailleurs, et, pour confirmer ce que j'en ai dit par quelques autorités, j'ajouterai ici que Minturnus, dans son *Traité du Poëte*, agite cette question, *si la Passion de Jésus-Christ et les martyres des saints doivent être exclus du théâtre, à cause qu'ils passent cette médiocre bonté*, et résout en ma faveur. Le célèbre Heinsius, qui non-seulement a traduit la *Poétique* de notre philosophe, mais a fait un *Traité de la constitution de la Tragédie* selon sa pensée, nous en a donné une sur le martyre des Innocents. L'illustre Grotius a mis sur la scène la Passion même de Jésus-Christ et l'histoire de Joseph; et le savant Buchanan a fait la même chose de celle de Jephté, et de la mort de saint Jean-Baptiste. C'est sur ces exemples que j'ai hasardé ce poëme, où je me suis donné des licences qu'ils n'ont pas prises, de changer l'histoire en quelque chose, et d'y mêler des épisodes d'invention : aussi m'étoit-il plus permis sur cette matière qu'à eux sur celle qu'ils ont choisie. Nous ne devons qu'une croyance pieuse à la vie des saints, et nous avons le même droit sur ce que nous en tirons pour le porter sur le théâtre, que sur ce que nous empruntons des autres histoires; mais nous devons une foi chrétienne et indispensable à tout ce qui est dans la *Bible*, qui ne nous laisse aucune liberté d'y rien changer. J'estime toutefois, qu'il ne nous est pas défendu d'y ajouter quelque chose, pourvu qu'il ne détruise rien de ces vérités dictées par le Saint-Esprit. Buchanan ni Grotius ne l'ont pas fait dans leurs poëmes; mais aussi ne les ont-ils pas rendus assez fournis pour notre théâtre, et ne s'y sont proposé pour exemple que la constitution la plus simple des anciens. Heinsius a plus osé qu'eux dans celui que j'ai nommé : les anges qui bercent l'enfant Jésus, et l'ombre de Mariamne avec les furies qui agitent l'esprit d'Hérode, sont des agréments qu'il n'a pas trouvés dans l'Évangile. Je crois même qu'on en peut supprimer quelque chose, quand il y a apparence qu'il ne plairoit pas sur le théâtre, pourvu qu'on ne mette rien en la place; car alors ce seroit changer l'histoire, ce que le respect que nous devons à l'Écriture ne permet point. Si j'avois à y exposer celle de David et de Bethsabée, je ne décrirois pas comme il en devint amoureux en la voyant se baigner dans une fontaine; mais je me contenterois de le peindre avec de l'amour pour elle, sans parler aucunement de quelle manière cet amour se seroit emparé de son cœur.

Je reviens à *Polyeucte*, dont le succès a été très-heureux. Le style n'en est pas si fort ni si majestueux que celui de *Cinna* et de *Pompée;* mais il a quelque chose de plus touchant, et les tendresses de l'amour humain y font un si agréable mélange avec la fermeté du divin, que sa représentation a satisfait tout ensemble les dévots et les gens du monde. A mon gré, je n'ai point fait de pièce où l'ordre du théâtre soit plus beau et l'enchaînement des scènes mieux ménagé. L'unité d'action, et celle de jour et de lieu, y ont leur justesse; et les scrupules qui peuvent naître touchant ces deux dernières se dissiperont aisément, pour peu qu'on me veuille prêter de cette faveur que l'auditeur nous doit toujours, quand l'occasion s'en offre, en reconnoissance de la peine que nous avons prise à le divertir.

Il est hors de doute que, si nous appliquons ce poëme à nos coutumes, le sacrifice se fait trop tôt après la venue de Sévère; et cette précipitation sortira du vraisemblable par la nécessité d'obéir à la règle. Quand le roi envoie ses ordres dans les villes pour y faire rendre des actions de grâces pour ses victoires, ou pour d'autres bénédictions qu'il reçoit du ciel, on ne les exécute pas dès le jour même; mais aussi il faut du temps pour assembler le clergé, les magistrats et les corps de ville, et c'est ce qui en fait différer l'exécution. Nos acteurs n'avoient ici aucune de ces assemblées à faire.

Il suffisoit de la présence de Sévère et de Félix, et du ministère du grand prêtre; ainsi nous n'avons eu aucun besoin de remettre ce sacrifice à un autre jour. D'ailleurs, comme Félix craignoit ce favori, qu'il croyoit irrité du mariage de sa fille, il étoit bien aise de lui donner le moins d'occasion de tarder qu'il lui étoit possible, et de tâcher, durant son peu de séjour, à gagner son esprit par une prompte complaisance, et montrer tout ensemble une impatience d'obéir aux volontés de l'empereur.

L'autre scrupule regarde l'unité de lieu, qui est assez exacte, puisque tout s'y passe dans une salle ou antichambre commune aux appartements de Félix et de sa fille. Il semble que la bienséance y soit un peu forcée pour conserver cette unité au second acte, en ce que Pauline vient jusque dans cette antichambre pour trouver Sévère, dont elle devroit attendre la visite dans son cabinet. A quoi je réponds qu'elle a eu deux raisons de venir au-devant de lui : l'une, pour faire plus d'honneur à un homme dont son père redoutoit l'indignation, et qu'il lui avoit commandé d'adoucir en sa faveur; l'autre, pour rompre plus aisément la conversation avec lui, en se retirant dans ce cabinet, s'il ne vouloit pas la quitter à sa prière, et se délivrer, par cette retraite, d'un entretien dangereux pour elle; ce qu'elle n'eût pu faire, si elle eût reçu sa visite dans son appartement.

Sa confidence avec Stratonice, touchant l'amour qu'elle avoit eu pour ce cavalier, me fait faire une réflexion sur le temps qu'elle prend pour cela. Il s'en fait beaucoup sur nos théâtres d'affections qui ont déjà duré deux ou trois ans, dont on attend à révéler le secret justement au jour de l'action qui se représente, et non-seulement sans aucune raison de choisir ce jour-là plutôt qu'un autre pour le déclarer, mais lors même que vraisemblablement on s'en est dû ouvrir beaucoup auparavant avec la personne à qui on en fait confidence. Ce sont choses dont il faut instruire le spectateur, en les faisant apprendre par un des acteurs à l'autre; mais il faut prendre garde avec soin que celui à qui on les apprend ait eu lieu de les ignorer jusque-là, aussi bien que le spectateur, et que quelque occasion tirée du sujet oblige celui qui les récite à rompre enfin un silence qu'il a gardé si longtemps. L'Infante, dans *le Cid*, avoue à Léonor l'amour secret qu'elle a pour lui, et l'auroit pu faire un an ou six mois plus tôt. Cléopâtre, dans *Pompée*, ne prend pas des mesures plus ustes avec Charmion; elle lui conte la passion de César pour elle, et comme

> Chaque jour ses courriers
> Lui portent en tribut ses vœux et ses lauriers.

Cependant, comme il ne paroit personne avec qui elle ait plus d'ouverture de cœur qu'avec cette Charmion, il y a grande apparence que c'étoit elle-même dont cette reine se servoit pour introduire ces courriers, et qu'ainsi elle devoit savoir déjà tout ce commerce entre César et sa maîtresse. Du moins il falloit marquer quelque raison qui lui eût laissé ignorer jusque-là tout ce qu'elle lui apprend, et de quel autre ministère cette princesse s'étoit servie pour recevoir ces courriers. Il n'en va pas de même ici. Pauline ne s'ouvre avec Stratonice que pour lui faire entendre le songe qui la trouble, et les sujets qu'elle a de s'en alarmer; et, comme elle n'a fait ce songe que la nuit d'auparavant, et qu'elle ne lui eût jamais révélé son secret sans cette occasion qui l'y oblige, on peut dire qu'elle n'a point eu lieu de lui faire cette confidence plus tôt qu'elle ne l'a faite.

Je n'ai point fait de narration de la mort de Polyeucte, parce que je n'avois personne pour la faire ni pour l'écouter, que des païens qui ne la pouvoient ni écouter, ni faire que comme ils avoient fait et écouté celle de Néarque; ce qui auroit été une répétition et marque de stérilité, et, en outre, n'auroit pas répondu à la dignité de l'action principale, qui est terminée par là. Ainsi j'ai mieux aimé la faire connoître par un saint emportement de Pauline, que cette mort a convertie, que par un récit qui n'eût point eu de grâce dans une bouche indigne de le prononcer. Félix son père se convertit après elle; et ces deux conversions, quoique miraculeuses, sont si ordinaires dans les martyres, qu'elles ne sortent point de la vraisemblance, parce qu'elles ne sont pas de ces événements rares et singuliers qu'on ne peut tirer en exemple; et elles servent à remettre le calme dans les esprits de Félix, de Sévère et de Pauline; que sans cela j'aurois eu bien de la peine à retirer du théâtre dans un état qui rendît la pièce complète, en ne laissant rien à souhaiter à la curiosité de l'auditeur.

FIN.

BRITANNICUS

TRAGÉDIE DE J. RACINE.

— 1669 —

« On admira dans *Britannicus* toute l'énergie de Tacite exprimée dans des vers dignes de Virgile. » (VOLTAIRE.)

ÉPITRE DE RACINE

A MONSEIGNEUR

LE DUC DE CHEVREUSE[1].

MONSEIGNEUR,

Vous serez peut-être étonné de voir votre nom à la tête de cet ouvrage; et, si je vous avois demandé la permission de vous l'offrir, je doute si je l'aurois obtenue. Mais ce seroit être en quelque sorte ingrat que de cacher plus longtemps au monde les bontés dont vous m'avez toujours honoré. Quelle apparence qu'un homme qui ne travaille que pour la gloire se puisse taire d'une protection aussi glorieuse que la vôtre?

Non, MONSEIGNEUR, il m'est trop avantageux que l'on sache que mes amis mêmes ne vous sont pas indifférents, que vous prenez part à tous mes ouvrages, et que vous m'avez procuré l'honneur de lire celui-ci devant un homme dont toutes les heures sont précieuses[2]. Vous fûtes témoin avec quelle pénétration d'esprit il jugea de l'économie de la pièce, et combien l'idée qu'il s'est formée d'une excellente tragédie est au delà de tout ce que j'en ai pu concevoir.

---

[1]. Charles-Honoré d'Albert, duc de Luynes, de Chevreuse et de Chaulnes, pair de France, né le 7 octobre 1646, mort à Paris le 5 novembre 1712, treize ans après Racine. Son père avoit fait bâtir un petit château sur le terrain même de Port-Royal. Il étoit très-lié avec les solitaires. C'est pour lui qu'avoit été faite la Logique de Port-Royal. Il fut aussi ami intime de Fenelon.

[2]. On ne peut guère douter qu'il ne soit ici question du grand Colbert, beau-père du duc de Chevreuse.

Ne craignez pas, Monseigneur, que je m'engage plus avant, et que, n'osant le louer en face, je m'adresse à vous pour le louer avec plus de liberté. Je sais qu'il seroit dangereux de le fatiguer de ses louanges; et j'ose dire que cette même modestie, qui vous est commune avec lui, n'est pas un des moindres liens qui vous attachent l'un à l'autre.

La modération n'est qu'une vertu ordinaire, quand elle ne se rencontre qu'avec des qualités ordinaires. Mais qu'avec toutes les qualités et du cœur et de l'esprit, qu'avec un jugement qui, ce semble, ne devroit être le fruit que de l'expérience de plusieurs années, qu'avec mille belles connoissances que vous ne sauriez cacher à vos amis particuliers, vous ayez encore cette sage retenue que tout le monde admire en vous, c'est sans doute une vertu rare en un siècle où l'on fait vanité des moindres choses. Mais je me laisse emporter insensiblement à la tentation de parler de vous; il faut qu'elle soit bien violente, puisque je n'ai pu y résister dans une lettre où je n'avois autre dessein que de vous témoigner avec combien de respect je suis,

Monseigneur,

Votre très-humble, très-obéissant
et très-fidèle serviteur,

RACINE.

PREMIÈRE PRÉFACE DE RACINE.

De tous les ouvrages que j'ai donnés au public, il n'y en a point qui m'ait attiré plus d'applaudissements ni plus de censeurs que celui-ci. Quelque soin que j'aie pris pour travailler cette tragédie, il semble qu'autant que je me suis efforcé de la rendre bonne, autant de certaines gens se sont efforcés de la décrier : il n'y a point de cabale qu'ils n'aient faite, point de critique dont ils ne se soient avisés[1]. Il y en a qui ont pris même le parti de Néron contre moi : ils ont dit que je le faisois trop cruel. Pour moi, je croyois que le nom seul de Néron faisoit entendre quelque chose de plus que cruel. Mais peut-être qu'ils raffinent sur son histoire, et veulent dire qu'il étoit honnête homme dans ses premières années : il ne faut qu'avoir lu Tacite pour savoir que, s'il a été quelque temps un bon empereur, il a toujours été un très-méchant homme. Il ne s'agit point dans ma tragédie des affaires du dehors : Néron est ici dans son particulier et dans sa famille; et ils me dispenseront de leur rapporter tous les passages qui pourroient aisément leur prouver que je n'ai point de réparation à lui faire.

D'autres ont dit, au contraire, que je l'avois fait trop bon. J'avoue que je ne m'étois pas formé l'idée d'un bon homme en la personne de Néron : je l'ai toujours regardé comme un monstre. Mais c'est ici un monstre naissant. Il n'a pas encore mis le feu à Rome; il n'a pas encore tué sa mère, sa femme, ses gouverneurs : à cela près, il me semble qu'il lui échappe assez de cruautés pour empêcher que personne ne le méconnoisse.

Quelques-uns ont pris l'intérêt de Narcisse, et se sont plaints que j'en eusse fait un très-méchant homme, et le confident de Néron. Il suffit d'un passage pour leur répondre. « Néron, dit Tacite[2], « porta impatiemment la mort de Narcisse, parce que cet affranchi « avoit une conformité merveilleuse avec les vices du prince encore cachés : *Cujus abditis adhuc vitiis.... mire congruebat.* »

Les autres se sont scandalisés que j'eusse choisi un homme

---

[1]. *Britannicus* fut d'abord reçu froidement, et ce n'est qu'avec le temps que les connoisseurs firent revenir le public. Boileau, dès la première représentation, fut frappé des beautés de cette tragédie. A la fin de la pièce, il courut vers Racine, et, l'embrassant en présence d'un grand nombre de personnes, il lui cria : «Voilà ce que vous avez fait de mieux.»

[2]. *Annales*, liv. XIII, ch. 1.

aussi jeune que Britannicus pour le héros d'une tragédie. Je leur ai déclaré, dans la préface d'Andromaque, le sentiment d'Aristote sur le héros de la tragédie ; et que, bien loin d'être parfait, il faut toujours qu'il ait quelque imperfection. Mais je leur dirai encore ici qu'un jeune prince de dix-sept ans, qui a beaucoup de cœur, beaucoup d'amour, beaucoup de franchise et beaucoup de crédulité, qualités ordinaires d'un jeune homme, m'a semblé très-capable d'exciter la compassion. Je n'en veux pas davantage.

« Mais, disent-ils, ce prince n'entroit que dans sa quinzième « année lorsqu'il mourut. On le fait vivre, lui et Narcisse, deux « ans plus qu'ils n'ont vécu. » Je n'aurois point parlé de cette objection, si elle n'avoit été faite avec chaleur par un homme[1] qui s'est donné la liberté de faire régner vingt ans un empereur qui n'en a régné que huit, quoique ce changement soit bien plus considérable dans la chronologie, où l'on suppute les temps par les années des empereurs.

Junie ne manque pas non plus de censeurs : ils disent que d'une vieille coquette, nommée Junia Silana, j'en ai fait une jeune fille très-sage. Qu'auroient-ils à me répondre, si je leur disois que cette Junie est un personnage inventé, comme l'Émilie de Cinna, comme la Sabine d'Horace? Mais j'ai à leur dire que s'ils avoient bien lu l'histoire, ils auroient trouvé une Junia Calvina, de la famille d'Auguste, sœur de Silanus, à qui Claudius avoit promis Octavie. Cette Junie étoit jeune, belle, et, comme dit Sénèque, *festivissima omnium puellarum*[2]. Elle aimoit tendrement son frère ; et leurs ennemis, dit Tacite[3], les accusèrent tous deux d'inceste, quoiqu'ils ne fussent coupables que d'un peu d'indiscrétion. Si je la présente plus retenue qu'elle n'étoit, je n'ai pas ouï dire qu'il nous fût défendu de rectifier les mœurs d'un personnage, surtout lorsqu'il n'est pas connu[4].

L'on trouve étrange qu'elle paroisse sur le théâtre après la mort de Britannicus. Certainement la délicatesse est grande de ne pas vouloir qu'elle dise en quatre vers assez touchants qu'elle passe chez Octavie. « Mais, disent-ils, cela ne valoit pas la peine « de la faire revenir ; un autre l'auroit pu raconter pour elle. » Ils ne savent pas qu'une des règles du théâtre est de ne mettre en récit que les choses qui ne se peuvent passer en action, et que tous les anciens font venir souvent sur la scène des acteurs

---

1. Corneille, qui, dans *Héraclius*, fait régner vingt ans l'empereur Phocas, lequel n'en a régné que huit.
2. *De morte Claudii ludus*, c. 8.
3. *Annales*, liv. XII, ch. 4.
4. Une autre critique tout aussi puérile est celle de l'abbé Dubos qui fait un crime à Racine d'avoir présenté Junie sur la scène, parce qu'à cette époque elle étoit exilée et qu'elle ne revint à Rome qu'après la mort d'Agrippine.

qui n'ont autre chose à dire, sinon qu'ils viennent d'un endroit, et qu'ils s'en retournent en un autre.

« Tout cela est inutile, disent mes censeurs : la pièce est finie « au récit de la mort de Britannicus, et l'on ne devroit point « écouter le reste. » On l'écoute pourtant, et même avec autant d'attention qu'aucune fin de tragédie. Pour moi, j'ai toujours compris que la tragédie étant l'imitation d'une action complète, où plusieurs personnes concourent, cette action n'est point finie que l'on ne sache en quelle situation elle laisse ces mêmes personnes. C'est ainsi que Sophocle en use presque partout : c'est ainsi que dans l'Antigone il emploie autant de vers à représenter la fureur d'Hémon et la punition de Créon, après la mort de cette princesse, que j'en ai employé aux imprécations d'Agrippine, à la retraite de Junie, à la punition de Narcisse, et au désespoir de Néron, après la mort de Britannicus.

Que faudroit-il faire pour contenter des juges si difficiles ? La chose seroit aisée, pour peu qu'on voulût trahir le bon sens. Il ne faudroit que s'écarter du naturel pour se jeter dans l'extraordinaire. Au lieu d'une action simple, chargée de peu de matière, telle que doit être une action qui se passe en un seul jour, et qui, s'avançant par degrés vers sa fin, n'est soutenue que par les intérêts, les sentiments et les passions des personnages, il faudroit remplir cette même action de quantité d'incidents qui ne se pourroient passer qu'en un mois, d'un grand nombre de jeux de théâtre d'autant plus surprenants qu'ils seroient moins vraisemblables, d'une infinité de déclamations où l'on feroit dire aux acteurs tout le contraire de ce qu'ils devroient dire. Il faudroit, par exemple, représenter quelque héros ivre, qui se voudroit faire haïr de sa maîtresse de gaîté de cœur, un Lacédémonien grand parleur[1], un conquérant qui ne débiteroit que des maximes d'amour, une femme qui donneroit des leçons de fierté à des conquérants. Voilà sans doute de quoi faire récrier tous ces messieurs. Mais que diroit cependant le petit nombre de gens sages auxquels je m'efforce de plaire ? De quel front oserois-je me montrer, pour ainsi dire, aux yeux de ces grands hommes de l'antiquité que j'ai choisis pour modèles ? Car, pour me servir de la pensée d'un ancien, voilà les véritables spectateurs que nous devons nous proposer ; et nous devons sans cesse nous demander : que diroient Homère et Virgile, s'ils

---

[1]. Racine désigne ici plusieurs tragédies de Corneille, *la Mort de Pompée, Sertorius, Agésilas.* On sent que le succès médiocre de *Britannicus*, et l'acharnement des partisans outrés de Corneille avoient mis Racine dans une situation à ne plus rien ménager. Corneille, malgré son âge, n'avoit pas gardé lui-même plus de ménagements, et sembloit avoir irrité le jeune poëte par une lettre adressée à Saint-Évremond, l'un de ses plus zélés partisans. (GEOFFROY.)

lisoient ces vers? que diroit Sophocle, s'il voyoit représenter cette scène? Quoi qu'il en soit, je n'ai point prétendu empêcher qu'on ne parlât contre mes ouvrages; je l'aurois prétendu inutilement : *Quid de te alii loquantur ipsi videant*, dit Cicéron, *sed loquentur tamen*[1].

Je prie seulement le lecteur de me pardonner cette petite préface, que j'ai faite pour lui rendre raison de ma tragédie. Il n'y a rien de plus naturel que de se défendre quand on se croit injustement attaqué. Je vois que Térence même semble n'avoir fait des prologues que pour se justifier contre les critiques d'un vieux poëte mal-intentionné, *malevoli veteris poetæ*, et qui venoit briguer des voix contre lui jusqu'aux heures où l'on représentoit ses comédies :

« . . . . Occepta est agi:
« Exclamat, etc.[2] »

On me pouvoit faire une difficulté qu'on ne m'a point faite. Mais ce qui est échappé aux spectateurs pourra être remarqué par les lecteurs. C'est que je fais entrer Junie dans les vestales, où, selon Aulu-Gelle[3], on ne recevoit personne au-dessous de six ans, ni au-dessus de dix. Mais le peuple prend ici Junie sous sa protection; et j'ai cru qu'en considération de sa naissance, de sa vertu et de son malheur, il pouvoit la dispenser de l'âge prescrit par les lois, comme il a dispensé de l'âge pour le consulat tant de grands hommes qui avoient mérité ce privilége.

Enfin je suis très-persuadé qu'on me peut faire bien d'autres critiques, sur lesquelles je n'aurois d'autre parti à prendre que celui d'en profiter à l'avenir. Mais je plains fort le malheur d'un homme qui travaille pour le public. Ceux qui voient le mieux nos défauts sont ceux qui les dissimulent le plus volontiers: ils nous pardonnent les endroits qui leur ont déplu, en faveur de ceux qui leur ont donné du plaisir. Il n'y a rien, au contraire, de plus injuste qu'un ignorant : il croit toujours que l'admiration est le partage des gens qui ne savent rien; il condamne toute une pièce pour une scène qu'il n'approuve pas; il s'attaque même aux endroits les plus éclatants, pour faire croire qu'il a de l'esprit; et, pour peu que nous résistions à ses sentiments, il nous traite de présomptueux qui ne veulent croire personne, et ne songe pas qu'il tire quelquefois plus de vanité d'une critique fort mauvaise que nous n'en tirons d'une assez bonne pièce de théâtre.

« Homine imperito nunquam quidquam injustiu'st[4]. »

---

1. *De Republ.*, lib. VI, c. 16.
2. Térence, *Eunuch.*, Prolog., v. 22.
3. *Nuits attiques*, liv. I, ch. 12.
4. Térence, *Adelphes*, acte I, sc. 2, v. 18.

SECONDE PRÉFACE DE RACINE

Voici celle de mes tragédies que je puis dire que j'ai le plus travaillée. Cependant j'avoue que le succès ne répondit pas d'abord à mes espérances : à peine elle parut sur le théâtre, qu'il s'éleva quantité de critiques qui sembloient la devoir détruire [1]. Je crus moi-même que sa destinée seroit à l'avenir moins heureuse que celle de mes autres tragédies. Mais enfin il est arrivé de cette pièce ce qui arrivera toujours des ouvrages qui auront quelque bonté : les critiques se sont évanouies, la pièce est demeurée. C'est maintenant celle des miennes que la cour et le public revoient le plus volontiers. Et si j'ai fait quelque chose de solide, et qui mérite quelque louange, la plupart des connoisseurs demeurent d'accord que c'est ce même Britannicus.

A la vérité j'avois travaillé sur des modèles qui m'avoient extrêmement soutenu dans la peinture que je voulois faire de la cour d'Agrippine et de Néron. J'avois copié mes personnages d'après le plus grand peintre de l'antiquité, je veux dire d'après Tacite, et j'étois alors si rempli de la lecture de cet excellent historien, qu'il n'y a presque pas un trait éclatant dans ma tragédie dont il ne m'ait donné l'idée. J'avois voulu mettre dans ce recueil un extrait des plus beaux endroits [2] que j'ai tâché d'imiter ; mais j'ai trouvé que cet extrait tiendroit presque autant de place que la tragédie. Ainsi le lecteur trouvera bon que je le renvoie à cet auteur, qui aussi bien est entre les mains de tout le monde, et je me contenterai de rapporter ici quelques-uns de ses passages sur chacun des personnages que j'introduis sur la scène.

Pour commencer par Néron, il faut se souvenir qu'il est ici dans les premières années de son règne, qui ont été heureuses, comme l'on sait. Ainsi il ne m'a pas été permis de le représenter aussi méchant qu'il l'a été depuis. Je ne le représente pas non plus comme un homme vertueux, car il ne l'a jamais été. Il n'a

---

1. « Cette pièce si belle, dit Louis Racine, et qui fait faire tant d'utiles réflexions, fut très-mal reçue, parce qu'on ne va point au spectacle pour réfléchir, et qu'on y cherche le plaisir du cœur plutôt que celui de l'esprit. Pour découvrir toutes les beautés que celle-ci renferme, il faut la méditer comme on médite Tacite. »

2. Voyez les notes, à la fin de la pièce.

pas encore tué sa mère, sa femme, ses gouverneurs; mais il a en lui les semences de tous ces crimes : il commence à vouloir secouer le joug; il les hait les uns et les autres; il leur cache sa haine sous de fausses caresses, *factus natura.... velare odium fallacibus blanditiis* [1]. En un mot, c'est ici un monstre naissant, mais qui n'ose encore se déclarer, et qui cherche des couleurs à ses méchantes actions : *Hactenus Nero flagitiis et sceleribus velamenta quæsivit* [2]. Il ne pouvoit souffrir Octavie, princesse d'une bonté et d'une vertu exemplaires, *fato quodam, an quia prævalent illicita...; metuebaturque ne in stupra feminarum illustrium prorumperet* [3].

Je lui donne Narcisse pour confident. J'ai suivi en cela Tacite, qui dit que Néron porta impatiemment la mort de Narcisse, parce que cet affranchi avoit une conformité merveilleuse avec les vices du prince encore cachés : *Cujus abditis adhuc vitiis mire congruebat* [4]. Ce passage prouve deux choses : il prouve et que Néron étoit déjà vicieux, mais qu'il dissimuloit ses vices, et que Narcisse l'entretenoit dans ses mauvaises inclinations.

J'ai choisi Burrhus pour opposer un honnête homme à cette peste de cour; et je l'ai choisi plutôt que Sénèque; en voici la raison : ils étoient tous deux gouverneurs de la jeunesse de Néron, l'un pour les armes, et l'autre pour les lettres; et ils étoient fameux, Burrhus pour son expérience dans les armes et pour la sévérité de ses mœurs, *militaribus curis et severitate morum*, Sénèque pour son éloquence et le tour agréable de son esprit, *Seneca præceptis eloquentiæ et comitate honesta* [5]. Burrhus, après sa mort, fut extrêmement regretté à cause de sa vertu: *Civitati grande desiderium ejus mansit, per memoriam virtutis* [6].

Toute leur peine étoit de résister à l'orgueil et à la férocité d'Agrippine, *quæ, cunctis malæ dominationis cupidinibus flagrans, habebat in partibus Pallantem* [7]. Je ne dis que ce mot d'Agrippine, car il y auroit trop de choses à en dire. C'est elle que je me suis surtout efforcé de bien exprimer, et ma tragédie n'est pas moins la disgrâce d'Agrippine que la mort de Britannicus. Cette mort fut un coup de foudre pour elle; et il parut, dit Tacite, par sa frayeur et par sa consternation, qu'elle étoit aussi innocente de cette mort qu'Octavie. Agrippine perdoit en lui

---

1. Tacite, *Annales*, liv. XIV, ch. 56.
2. Idem, *ibid.*, liv. XIII, ch. 47.
3. Idem, *ibid.*, liv. XIII, ch. 12.
4. Idem, *ibid.*, liv. XIII, ch. 1.
5. Idem, *ibid.*, liv. XIII, ch. 2.
6. Idem, *ibid.*, liv. XIV, ch. 51.
7. Idem, *ibid.*, liv. XIII, ch. 2.

SECONDE PRÉFACE DE RACINE.

dernière espérance, et ce crime lui en faisoit craindre un plus grand : *Sibi supremum auxilium ereptum, et parricidii exemplum intelligebat* [1].

L'âge de Britannicus étoit si connu, qu'il ne m'a pas été permis de le représenter autrement que comme un jeune prince qui avoit beaucoup de cœur, beaucoup d'amour et beaucoup de franchise, qualités ordinaires d'un jeune homme. Il avoit quinze ans, et on dit qu'il avoit beaucoup d'esprit, soit qu'on dise vrai, ou que ses malheurs aient fait croire cela de lui, sans qu'il ait pu en donner des marques : *Neque segnem ei fuisse indolem ferunt, sive verum, seu, periculis commendatus, retinuit famam sine experimento* [2].

Il ne faut pas s'étonner s'il n'a auprès de lui qu'un aussi méchant homme que Narcisse; car il y avoit longtemps qu'on avoit donné ordre qu'il n'y eût auprès de Britannicus que des gens qui n'eussent ni foi ni honneur : *Nam, ut proximus quisque Britannico neque fas neque fidem pensi haberet, olim provisum erat* [3].

Il me reste à parler de Junie. Il ne la faut pas confondre avec une vieille coquette qui s'appeloit *Junia Silana*. C'est ici une autre Junie, que Tacite appelle *Junia Calvina*, de la famille d'Auguste, sœur de Silanus, à qui Claudius avoit promis Octavie. Cette Junie étoit jeune, belle, et, comme dit Sénèque [4], *festivissima omnium puellarum*. Son frère et elle s'aimoient tendrement; *et leurs ennemis*, dit Tacite [5], *les accusèrent tous deux d'inceste, quoiqu'ils ne fussent coupables que d'un peu d'indiscrétion*. Elle vécut jusqu'au règne de Vespasien.

Je la fais entrer dans les vestales, quoique, selon Aulu-Gelle [6], on n'y reçût jamais personne au-dessous de six ans, ni au-dessus de dix. Mais le peuple prend ici Junie sous sa protection; et j'ai cru qu'en considération de sa naissance, de sa vertu et de son malheur, il pouvoit la dispenser de l'âge prescrit par les lois, comme il a dispensé de l'âge pour le consulat tant de grands hommes qui avoient mérité ce privilége.

---

1. Tacite, *Annales*, liv. XIII, ch. 16.
2. Idem, *ibid*, liv. XII, ch. 26.
3. Idem, *ibid.*, liv. XIII, ch. 15.
4. *De morte Claudii ludus*, c. 8.
5. Tacite, *Annales*, liv. XII, ch. 4.
6. *Nuits attiques*, liv. I, ch. 12.

PERSONNAGES.

NÉRON, empereur, fils d'Agrippine.
BRITANNICUS, fils de l'empereur Claudius et de Messaline.
AGRIPPINE, veuve de Domitius Ænobarbus, père de Néron, et, en secondes noces, veuve de l'empereur Claudius.
JUNIE, amante de Britannicus.
BURRHUS, gouverneur de Néron.
NARCISSE, gouverneur de Britannicus.
ALBINE, confidente d'Agrippine.
GARDES.

La scène est à Rome, dans une chambre du palais de Néron.

BRITANNICUS.

ACTE PREMIER.

*SCÈNE I.
AGRIPPINE, ALBINE.

ALBINE.
Quoi! tandis que Néron s'abandonne au sommeil,
Faut-il que vous veniez attendre son réveil?
Qu'errant dans le palais, sans suite et sans escorte,
La mère de César veille seule à sa porte?
Madame, retournez dans votre appartement.

AGRIPPINE.
Albine, il ne faut pas s'éloigner un moment.
Je veux l'attendre ici : les chagrins qu'il me cause
M'occuperont assez tout le temps qu'il repose.
Tout ce que j'ai prédit n'est que trop assuré :
Contre Britannicus Néron s'est déclaré.
L'impatient Néron cesse de se contraindre;
Las de se faire aimer, il veut se faire craindre.
Britannicus le gêne, Albine; et chaque jour
Je sens que je deviens importune à mon tour.

ALBINE.
Quoi! vous à qui Néron doit le jour qu'il respire,
Qui l'avez appelé de si loin à l'empire?
Vous qui, déshéritant le fils de Claudius,
Avez nommé César l'heureux Domitius?
Tout lui parle, madame, en faveur d'Agrippine :
Il vous doit son amour.

AGRIPPINE.
Il me le doit, Albine :

Voir, à la fin de la pièce, *les Notes et les Variantes.*

Tout, s'il est généreux, lui prescrit cette loi;
Mais tout, s'il est ingrat, lui parle contre moi.

ALBINE.

S'il est ingrat, madame? Ah! toute sa conduite
Marque dans son devoir une âme trop instruite.
Depuis trois ans entiers, qu'a-t-il dit, qu'a-t-il fait,
Qui ne promette à Rome un empereur parfait?
Rome, depuis trois ans, par ses soins gouvernée,
Au temps de ses consuls croit être retournée :
Il la gouverne en père. Enfin Néron naissant
A toutes les vertus d'Auguste vieillissant[1].

AGRIPPINE.

Non, non, mon intérêt ne me rend point injuste :
Il commence, il est vrai, par où finit Auguste;
Mais crains que, l'avenir détruisant le passé,
Il ne finisse ainsi qu'Auguste a commencé.
Il se déguise en vain : je lis sur son visage
Des fiers Domitius l'humeur triste et sauvage;
Il mêle avec l'orgueil qu'il a pris dans leur sang
La fierté des Nérons qu'il puisa dans mon flanc[2].
Toujours la tyrannie a d'heureuses prémices :
De Rome, pour un temps, Caïus[3] fut les délices;
Mais, sa feinte bonté se tournant en fureur,
Les délices de Rome en devinrent l'horreur.
Que m'importe, après tout, que Néron, plus fidèle,
D'une longue vertu laisse un jour le modèle?
Ai-je mis dans sa main le timon de l'État
Pour le conduire au gré du peuple et du sénat?
Ah! que de la patrie il soit, s'il veut, le père :
Mais qu'il songe un peu plus qu'Agrippine est sa mère.
De quel nom cependant pouvons-nous appeler
L'attentat que le jour vient de nous révéler?
Il sait, car leur amour ne peut être ignorée,
Que de Britannicus Junie est adorée :
Et ce même Néron, que la vertu conduit,
Fait enlever Junie au milieu de la nuit!
Que veut-il? Est-ce haine, est-ce amour qui l'inspire?
Cherche-t-il seulement le plaisir de leur nuire;
Ou plutôt n'est-ce point que sa malignité
Punit sur eux l'appui que je leur ai prêté?

ALBINE.

Vous, leur appui, madame?

ACTE I, SCÈNE I.

AGRIPPINE.

Arrête, chère Albine.
Je sais que j'ai moi seule avancé leur ruine ;
Que du trône, où le sang l'a dû faire monter,
Britannicus par moi s'est vu précipiter.
Par moi seule, éloigné de l'hymen d'Octavie,
Le frère de Junie abandonna la vie,
Silanus, sur qui Claude avoit jeté les yeux,
Et qui comptoit Auguste au rang de ses aïeux.
Néron jouit de tout : et moi, pour récompense,
Il faut qu'entre eux et lui je tienne la balance,
Afin que quelque jour, par une même loi,
Britannicus la tienne entre mon fils et moi.

ALBINE.

Quel dessein !

AGRIPPINE.

Je m'assure un port dans la tempête.
Néron m'échappera, si ce frein ne l'arrête.

ALBINE.

Mais prendre contre un fils tant de soins superflus ?

AGRIPPINE.

Je le craindrois bientôt, s'il ne me craignoit plus.

ALBINE.

Une juste frayeur vous alarme peut-être.
Mais si Néron pour vous n'est plus ce qu'il doit être,
Du moins son changement ne vient pas jusqu'à nous,
Et ce sont des secrets entre César et vous.
Quelques titres nouveaux que Rome lui défère,
Néron n'en reçoit point qu'il ne donne à sa mère.
Sa prodigue amitié ne se réserve rien :
Votre nom est dans Rome aussi saint que le sien ;
A peine parle-t-on de la triste Octavie.
Auguste votre aïeul honora moins Livie :
Néron devant sa mère a permis le premier
Qu'on portât les faisceaux couronnés de laurier.
Quels effets voulez-vous de sa reconnoissance ?

AGRIPPINE.

Un peu moins de respect, et plus de confiance.
Tous ces présents, Albine, irritent mon dépit :
Je vois mes honneurs croître, et tomber mon crédit.
Non, non, le temps n'est plus que Néron, jeune encore,
Me renvoyoit les vœux d'une cour qui l'adore ;

Lorsqu'il se reposoit sur moi de tout l'État;
Que mon ordre au palais assembloit le sénat,
Et que derrière un voile, invisible et présente,
J'étois de ce grand corps l'âme toute-puissante⁴.
Des volontés de Rome alors mal assuré,
Néron de sa grandeur n'étoit point enivré.
Ce jour, ce triste jour frappe encor ma mémoire,
Où Néron fut lui-même ébloui de sa gloire,
Quand les ambassadeurs de tant de rois divers
Vinrent le reconnoître au nom de l'univers.
Sur son trône avec lui j'allois prendre ma place :
J'ignore quel conseil prépara ma disgrâce;
Quoi qu'il en soit, Néron, d'aussi loin qu'il me vit,
Laissa sur son visage éclater son dépit.
Mon cœur même en conçut un malheureux augure.
L'ingrat, d'un faux respect colorant son injure,
Se leva par avance; et, courant m'embrasser,
Il m'écarta du trône où je m'allois placer⁵.
Depuis ce coup fatal le pouvoir d'Agrippine
Vers sa chute à grands pas chaque jour s'achemine⁶.
L'ombre seule m'en reste; et l'on n'implore plus
Que le nom de Sénèque, et l'appui de Burrhus.

ALBINE.

Ah! si de ce soupçon votre âme est prévenue,
Pourquoi nourrissez-vous le venin qui vous tue?
Allez avec César vous éclaircir du moins⁷.

AGRIPPINE.

César ne me voit plus, Albine, sans témoins :
En public, à mon heure, on me donne audience.
Sa réponse est dictée, et même son silence.
Je vois deux surveillants, ses maîtres et les miens,
Présider l'un ou l'autre à tous nos entretiens.
Mais je le poursuivrai d'autant plus qu'il m'évite :
De son désordre, Albine, il faut que je profite.
J'entends du bruit; on ouvre. Allons subitement
Lui demander raison de cet enlèvement :
Surprenons, s'il se peut, les secrets de son âme.
Mais quoi! déjà Burrhus sort de chez lui!

SCÈNE II.
AGRIPPINE, BURRHUS, ALBINE.

BURRHUS.
                        Madame,
Au nom de l'empereur j'allois vous informer
D'un ordre qui d'abord a pu vous alarmer,
Mais qui n'est que l'effet d'une sage conduite,
Dont César a voulu que vous soyez instruite.

AGRIPPINE.
Puisqu'il le veut, entrons : il m'en instruira mieux.

BURRHUS.
César pour quelque temps s'est soustrait à nos yeux.
Déjà par une porte au public moins connue
L'un et l'autre consul vous avoient prévenue,
Madame. Mais souffrez que je retourne exprès....

AGRIPPINE.
Non, je ne trouble point ses augustes secrets;
Cependant voulez-vous qu'avec moins de contrainte
L'un et l'autre une fois nous nous parlions sans feinte ?

BURRHUS.
Burrhus pour le mensonge eut toujours trop d'horreur

AGRIPPINE.
Prétendez-vous longtemps me cacher l'empereur ?
Ne le verrai-je plus qu'à titre d'importune ?
Ai-je donc élevé si haut votre fortune
Pour mettre une barrière entre mon fils et moi ?
Ne l'osez-vous laisser un moment sur sa foi ?
Entre Sénèque et vous disputez-vous la gloire
A qui m'effacera plus tôt de sa mémoire ?
Vous l'ai-je confié pour en faire un ingrat,
Pour être sous son nom les maîtres de l'État ?
Certes, plus je médite, et moins je me figure
Que vous m'osiez compter pour votre créature,
Vous, dont j'ai pu laisser vieillir l'ambition
Dans les honneurs obscurs de quelque légion [8];
Et moi, qui sur le trône ai suivi mes ancêtres [9],
Moi, fille, femme, sœur et mère de vos maîtres !
Que prétendez-vous donc ? Pensez-vous que ma voix
Ait fait un empereur pour m'en imposer trois ?

Néron n'est plus enfant : n'est-il pas temps qu'il règne?
Jusqu'à quand voulez-vous que l'empereur vous craigne?
Ne sauroit-il rien voir qu'il n'emprunte vos yeux?
Pour se conduire, enfin, n'a-t-il pas ses aïeux?
Qu'il choisisse, s'il veut, d'Auguste ou de Tibère;
Qu'il imite, s'il peut, Germanicus mon père.
Parmi tant de héros je n'ose me placer;
Mais il est des vertus que je lui puis tracer :
Je puis l'instruire au moins combien sa confidence
Entre un sujet et lui doit laisser de distance.

BURRHUS.

Je ne m'étois chargé dans cette occasion
Que d'excuser César d'une seule action;
Mais puisque, sans vouloir que je le justifie,
Vous me rendez garant du reste de sa vie,
Je répondrai, madame, avec la liberté
D'un soldat qui sait mal farder la vérité.
 Vous m'avez de César confié la jeunesse,
Je l'avoue; et je dois m'en souvenir sans cesse.
Mais vous avois-je fait serment de le trahir,
D'en faire un empereur qui ne sût qu'obéir?
Non. Ce n'est plus à vous qu'il faut que j'en réponde :
Ce n'est plus votre fils, c'est le maître du monde.
J'en dois compte, madame, à l'empire romain,
Qui croit voir son salut ou sa perte en ma main.
Ah! si dans l'ignorance il le falloit instruire,
N'avoit-on que Sénèque et moi pour le séduire?
Pourquoi de sa conduite éloigner les flatteurs?
Falloit-il dans l'exil chercher des corrupteurs?
La cour de Claudius, en esclaves fertile,
Pour deux que l'on cherchoit en eût présenté mille,
Qui tous auroient brigué l'honneur de l'avilir :
Dans une longue enfance ils l'auroient fait vieillir.
De quoi vous plaignez-vous, madame? On vous révère
Ainsi que par César, on jure par sa mère.
L'empereur, il est vrai, ne vient plus chaque jour
Mettre à vos pieds l'empire, et grossir votre cour;
Mais le doit-il, madame? et sa reconnoissance
Ne peut-elle éclater que dans sa dépendance?
Toujours humble, toujours le timide Néron
N'ose-t-il être Auguste et César que de nom?

Vous le dirai-je enfin? Rome le justifie.
Rome, à trois affranchis si longtemps asservie [10],
A peine respirant du joug qu'elle a porté,
Du règne de Néron compte sa liberté.
Que dis-je? la vertu semble même renaître.
Tout l'empire n'est plus la dépouille d'un maître :
Le peuple au champ de Mars nomme ses magistrats;
César nomme les chefs sur la foi des soldats;
Thraséas au sénat, Corbulon dans l'armée,
Sont encore innocents, malgré leur renommée [11];
Les déserts, autrefois peuplés de sénateurs,
Ne sont plus habités que par leurs délateurs [12].
Qu'importe que César continue à nous croire,
Pourvu que nos conseils ne tendent qu'à sa gloire;
Pourvu que, dans le cours d'un règne florissant,
Rome soit toujours libre, et César tout-puissant [13]?
Mais, madame, Néron suffit pour se conduire.
J'obéis, sans prétendre à l'honneur de l'instruire.
Sur ses aïeux, sans doute, il n'a qu'à se régler;
Pour bien faire, Néron n'a qu'à se ressembler.
Heureux si ses vertus, l'une à l'autre enchaînées,
Ramènent tous les ans ses premières années!

AGRIPPINE.

Ainsi, sur l'avenir n'osant vous assurer,
Vous croyez que sans vous Néron va s'égarer.
Mais vous qui, jusqu'ici content de votre ouvrage,
Venez de ses vertus nous rendre témoignage,
Expliquez-nous pourquoi, devenu ravisseur,
Néron de Silanus fait enlever la sœur?
Ne tient-il qu'à marquer de cette ignominie
Le sang de mes aïeux qui brille dans Junie [14]?
De quoi l'accuse-t-il? Et par quel attentat
Devient-elle en un jour criminelle d'État :
Elle qui, sans orgueil jusqu'alors élevée,
N'auroit point vu Néron, s'il ne l'eût enlevée;
Et qui même auroit mis au rang de ses bienfaits
L'heureuse liberté de ne le voir jamais?

BURRHUS.

Je sais que d'aucun crime elle n'est soupçonnée;
Mais jusqu'ici César ne l'a point condamnée,
Madame. Aucun objet ne blesse ici ses yeux :
Elle est dans un palais tout plein de ses aïeux.

Vous savez que les droits qu'elle porte avec elle
Peuvent de son époux faire un prince rebelle ;
Que le sang de César ne se doit allier
Qu'à ceux à qui César le veut bien confier ;
Et vous-même avouerez qu'il ne seroit pas juste
Qu'on disposât sans lui de la nièce d'Auguste [15].

AGRIPPINE.

Je vous entends : Néron m'apprend par votre voix
Qu'en vain Britannicus s'assure sur mon choix.
En vain, pour détourner ses yeux de sa misère,
J'ai flatté son amour d'un hymen qu'il espère :
A ma confusion, Néron veut faire voir
Qu'Agrippine promet par delà son pouvoir.
Rome de ma faveur est trop préoccupée :
Il veut par cet affront qu'elle soit détrompée,
Et que tout l'univers apprenne avec terreur
A ne confondre plus mon fils et l'empereur.
Il le peut. Toutefois j'ose encore lui dire
Qu'il doit avant ce coup affermir son empire ;
Et qu'en me réduisant à la nécessité
D'éprouver contre lui ma foible autorité,
Il expose la sienne ; et que dans la balance
Mon nom peut-être aura plus de poids qu'il ne pense.

BURRHUS.

Quoi, madame ! toujours soupçonner son respect !
Ne peut-il faire un pas qui ne vous soit suspect [16] ?
L'empereur vous croit-il du parti de Junie ?
Avec Britannicus vous croit-il réunie ?
Quoi ! de vos ennemis devenez-vous l'appui
Pour trouver un prétexte à vous plaindre de lui ?
Sur le moindre discours qu'on pourra vous redire,
Serez-vous toujours prête à partager l'empire ?
Vous craindrez-vous sans cesse ; et vos embrassements
Ne se passeront-ils qu'en éclaircissements ?
Ah ! quittez d'un censeur la triste diligence ;
D'une mère facile affectez l'indulgence ;
Souffrez quelques froideurs sans les faire éclater ;
Et n'avertissez point la cour de vous quitter [17].

AGRIPPINE.

Et qui s'honoreroit de l'appui d'Agrippine [18],
Lorsque Néron lui-même annonce ma ruine [19] ?

Lorsque de sa présence il semble me bannir,
Quand Burrhus à sa porte ose me retenir?

BURRHUS.

Madame, je vois bien qu'il est temps de me taire,
Et que ma liberté commence à vous déplaire.
La douleur est injuste : et toutes les raisons
Qui ne la flattent point aigrissent ses soupçons.
Voici Britannicus. Je lui cède ma place.
Je vous laisse écouter et plaindre sa disgrâce,
Et peut-être, madame, en accuser les soins
De ceux que l'empereur a consultés le moins.

SCÈNE III.

BRITANNICUS, AGRIPPINE, NARCISSE, ALBINE.

AGRIPPINE.

Ah! prince, où courez-vous? Quelle ardeur inquiète
Parmi vos ennemis en aveugle vous jette?
Que venez-vous chercher?

BRITANNICUS.

           Ce que je cherche? Ah dieux !
Tout ce que j'ai perdu, madame, est en ces lieux.
De mille affreux soldats Junie environnée
S'est vue en ce palais indignement traînée.
Hélas! de quelle horreur ses timides esprits
A ce nouveau spectacle auront été surpris?
Enfin on me l'enlève. Une loi trop sévère
Va séparer deux cœurs qu'assembloit leur misère :
Sans doute on ne veut pas que, mêlant nos douleurs,
Nous nous aidions l'un l'autre à porter nos malheurs.

AGRIPPINE.

Il suffit. Comme vous je ressens vos injures;
Mes plaintes ont déjà précédé vos murmures.
Mais je ne prétends pas qu'un impuissant courroux
Dégage ma parole et m'acquitte envers vous.
Je ne m'explique point. Si vous voulez m'entendre,
Suivez-moi chez Pallas, où je vais vous attendre.

SCÈNE IV.

BRITANNICUS, NARCISSE [20].

BRITANNICUS.

La croirai-je, Narcisse ? et dois-je sur sa foi
La prendre pour arbitre entre son fils et moi ?
Qu'en dis-tu ? N'est-ce pas cette même Agrippine
Que mon père épousa jadis pour ma ruine,
Et qui, si je t'en crois, a de ses derniers jours,
Trop lents pour ses desseins, précipité le cours ?

NARCISSE.

N'importe. Elle se sent comme vous outragée ;
A vous donner Junie elle s'est engagée :
Unissez vos chagrins, liez vos intérêts :
Ce palais retentit en vain de vos regrets :
Tandis qu'on vous verra d'une voix suppliante [21]
Semer ici la plainte et non pas l'épouvante,
Que vos ressentiments se perdront en discours,
Il n'en faut pas douter, vous vous plaindrez toujours.

BRITANNICUS.

Ah ! Narcisse, tu sais si de la servitude
Je prétends faire encore une longue habitude ;
Tu sais si pour jamais, de ma chute étonné,
Je renonce à l'empire où j'étois destiné [22].
Mais je suis seul encor : les amis de mon père
Sont autant d'inconnus que glace ma misère,
Et ma jeunesse même écarte loin de moi [23]
Tous ceux qui dans le cœur me réservent leur foi.
Pour moi, depuis un an qu'un peu d'expérience
M'a donné de mon sort la triste connoissance,
Que vois-je autour de moi, que des amis vendus
Qui sont de tous mes pas les témoins assidus,
Qui, choisis par Néron pour ce commerce infâme,
Trafiquent avec lui des secrets de mon âme ?
Quoi qu'il en soit, Narcisse, on me vend tous les jours.
Il prévoit mes desseins, il entend mes discours ;
Comme toi, dans mon cœur il sait ce qui se passe.
Que t'en semble, Narcisse ?

NARCISSE.

Ah ! quelle âme assez basse...

C'est à vous de choisir des confidents discrets,
Seigneur, et de ne pas prodiguer vos secrets.

BRITANNICUS.

Narcisse, tu dis vrai; mais cette défiance
Est toujours d'un grand cœur la dernière science;
On le trompe longtemps. Mais enfin je te croi,
Ou plutôt je fais vœu de ne croire que toi.
Mon père, il m'en souvient, m'assura de ton zèle :
Seul de ses affranchis tu m'es toujours fidèle;
Tes yeux, sur ma conduite incessamment ouverts,
M'ont sauvé jusqu'ici de mille écueils couverts.
Va donc voir si le bruit de ce nouvel orage
Aura de nos amis excité le courage;
Examine leurs yeux, observe leurs discours;
Vois si j'en puis attendre un fidèle secours.
Surtout dans ce palais remarque avec adresse
Avec quel soin Néron fait garder la princesse :
Sache si du péril ses beaux yeux sont remis,
Et si son entretien m'est encore permis.
Cependant de Néron je vais trouver la mère,
Chez Pallas, comme toi l'affranchi de mon père :
Je vais la voir, l'aigrir, la suivre, et, s'il se peut,
M'engager sous son nom plus loin qu'elle ne veut

FIN DU PREMIER ACTE.

ACTE SECOND.

SCENE I.
NÉRON, BURRHUS, NARCISSE, GARDES

NÉRON.

N'en doutez point, Burrhus : malgré ses injustices,
C'est ma mère, et je veux ignorer ses caprices.
Mais je ne prétends plus ignorer ni souffrir
Le ministre insolent qui les ose nourrir.
Pallas de ses conseils empoisonne ma mère ;
Il séduit, chaque jour, Britannicus mon frère ;
Ils l'écoutent lui seul : et qui suivroit leurs pas[1],
Les trouveroit peut-être assemblés chez Pallas.
C'en est trop. De tous deux il faut que je l'écarte.
Pour la dernière fois, qu'il s'éloigne, qu'il parte :
Je le veux, je l'ordonne ; et que la fin du jour
Ne le retrouve plus dans Rome ou dans ma cour.
Allez : cet ordre importe au salut de l'empire.
(Aux gardes :)
Vous, Narcisse, approchez. Et vous, qu'on se retire.

SCENE II.
NÉRON, NARCISSE.

NARCISSE.

Grâces aux dieux, seigneur, Junie entre vos mains
Vous assure aujourd'hui du reste des Romains.
Vos ennemis, déchus de leur vaine espérance,
Sont allés chez Pallas pleurer leur impuissance.
Mais que vois-je ? Vous-même, inquiet, étonné,
Plus que Britannicus paroissez consterné

ACTE II, SCÈNE II.

Que présage à mes yeux cette tristesse obscure,
Et ces sombres regards errants à l'aventure ?
Tout vous rit : la fortune obéit à vos vœux.

NÉRON.

Narcisse, c'en est fait, Néron est amoureux.

NARCISSE.

Vous !

NÉRON.

Depuis un moment ; mais pour toute ma vie.
J'aime, que dis-je, aimer ? j'idolâtre Junie.

NARCISSE.

Vous l'aimez !

NÉRON.

Excité d'un désir curieux,
Cette nuit je l'ai vue arriver en ces lieux,
Triste, levant au ciel ses yeux mouillés de larmes,
Qui brilloient au travers des flambeaux et des armes ;
Belle sans ornement, dans le simple appareil
D'une beauté qu'on vient d'arracher au sommeil.
Que veux-tu ? Je ne sais si cette négligence,
Les ombres, les flambeaux, les cris et le silence,
Et le farouche aspect de ses fiers ravisseurs,
Relevoient de ses yeux les timides douceurs.
Quoi qu'il en soit, ravi d'une si belle vue,
J'ai voulu lui parler, et ma voix s'est perdue :
Immobile, saisi d'un long étonnement,
Je l'ai laissé passer dans son appartement.
J'ai passé dans le mien. C'est là que, solitaire,
De son image en vain j'ai voulu me distraire.
Trop présente à mes yeux je croyois lui parler ;
J'aimois jusqu'à ses pleurs que je faisois couler.
Quelquefois, mais trop tard, je lui demandois grâce :
J'employois les soupirs, et même la menace.
Voilà comme, occupé de mon nouvel amour,
Mes yeux, sans se fermer, ont attendu le jour.
Mais je m'en fais peut-être une trop belle image :
Elle m'est apparue avec trop d'avantage :
Narcisse, qu'en dis-tu ?

NARCISSE.

Quoi, seigneur ! croira-t-on
Qu'elle ait pu si longtemps se cacher à Néron ?

NÉRON.

Tu le sais bien, Narcisse. Et soit que sa colère
M'imputât le malheur qui lui ravit son frère;
Soit que son cœur, jaloux d'une austère fierté,
Enviât à nos yeux sa naissante beauté;
Fidèle à sa douleur, et dans l'ombre enfermée,
Elle se déroboit même à sa renommée :
Et c'est cette vertu, si nouvelle à la cour,
Dont la persévérance irrite mon amour.
Quoi, Narcisse, tandis qu'il n'est point de Romaine
Que mon amour n'honore et ne rende plus vaine,
Qui, dès qu'à ses regards elle ose se fier,
Sur le cœur de César ne les vienne essayer;
Seule, dans son palais, la modeste Junie
Regarde leurs honneurs comme une ignominie,
Fuit, et ne daigne pas peut-être s'informer
Si César est aimable, ou bien s'il sait aimer!
Dis-moi : Britannicus l'aime-t-il?

NARCISSE.

     Quoi! s'il l'aime,
Seigneur?

NÉRON.

  Si jeune encor, se connoît-il lui-même?
D'un regard enchanteur connoît-il le poison?

NARCISSE.

Seigneur, l'amour toujours n'attend pas la raison.
N'en doutez point, il l'aime. Instruits par tant de charmes,
Ses yeux sont déjà faits à l'usage des larmes;
A ses moindres désirs il sait s'accommoder;
Et peut-être déjà sait-il persuader.

NÉRON.

Que dis-tu? Sur son cœur il auroit quelque empire?

NARCISSE.

Je ne sais. Mais, seigneur, ce que je puis vous dire,
Je l'ai vu quelquefois s'arracher de ces lieux,
Le cœur plein d'un courroux qu'il cachoit à vos yeux,
D'une cour qui le fuit pleurant l'ingratitude,
Las de votre grandeur et de sa servitude,
Entre l'impatience et la crainte flottant,
Il alloit voir Junie, et revenoit content.

NÉRON.

D'autant plus malheureux qu'il aura su lui plaire,
Narcisse, il doit plutôt souhaiter sa colère :
Néron impunément ne sera pas jaloux.

NARCISSE.

Vous? Et de quoi, seigneur, vous inquiétez-vous?
Junie a pu le plaindre et partager ses peines :
Elle n'a vu couler de larmes que les siennes ;
Mais aujourd'hui, seigneur, que ses yeux dessillés,
Regardant de plus près l'éclat dont vous brillez,
Verront autour de vous les rois sans diadème,
Inconnus dans la foule, et son amant lui-même,
Attachés sur vos yeux, s'honorer d'un regard
Que vous aurez sur eux fait tomber au hasard ;
Quand elle vous verra, de ce degré de gloire,
Venir en soupirant avouer sa victoire ;
Maître, n'en doutez point, d'un cœur déjà charmé,
Commandez qu'on vous aime, et vous serez aimé.

NÉRON.

A combien de chagrins il faut que je m'apprête!
Que d'importunités !

NARCISSE.

   Quoi donc! qui vous arrête,
Seigneur ?

NÉRON.

  Tout : Octavie, Agrippine, Burrhus,
Sénèque, Rome entière, et trois ans de vertus².
Non que pour Octavie un reste de tendresse
M'attache à son hymen et plaigne sa jeunesse :
Mes yeux, depuis longtemps fatigués de ses soins,
Rarement de ses pleurs daignent être témoins.
Trop heureux, si bientôt la faveur d'un divorce
Me soulageoit d'un joug qu'on m'imposa par force !
Le ciel même en secret semble la condamner :
Ses vœux, depuis quatre ans, ont beau l'importuner,
Les dieux ne montrent point que sa vertu les touche :
D'aucun gage, Narcisse, ils n'honorent sa couche ;
L'empire vainement demande un héritier.

NARCISSE.

Que tardez-vous, seigneur, à la répudier ?
L'empire, votre cœur, tout condamne Octavie.
Auguste, votre aïeul, soupiroit pour Livie,

Par un double divorce ils s'unirent tous deux³ ;
Et vous devez l'empire à ce divorce heureux
Tibère, que l'hymen plaça dans sa famille.
Osa bien à ses yeux répudier sa fille.
Vous seul, jusques ici, contraire à vos désirs,
N'osez par un divorce assurer vos plaisirs !

NÉRON.

Et ne connois-tu pas l'implacable Agrippine ?
Mon amour inquiet déjà se l'imagine
Qui m'amène Octavie, et d'un œil enflammé
Atteste les saints droits d'un nœud qu'elle a formé ;
Et, portant à mon cœur des atteintes plus rudes,
Me fait un long récit de mes ingratitudes.
De quel front soutenir ce fâcheux entretien ?

NARCISSE.

N'êtes-vous pas, seigneur, votre maître et le sien ?
Vous verrons-nous toujours trembler sous sa tutelle ?
Vivez, régnez pour vous : c'est trop régner pour elle.
Craignez-vous ? Mais, seigneur, vous ne la craignez pas ;
Vous venez de bannir le superbe Pallas,
Pallas, dont vous savez qu'elle soutient l'audace.

NÉRON.

Éloigné de ses yeux, j'ordonne, je menace,
J'écoute vos conseils, j'ose les approuver ;
Je m'excite contre elle, et tâche à la braver :
Mais, je t'expose ici mon âme toute nue,
Sitôt que mon malheur me ramène à sa vue,
Soit que je n'ose encor démentir le pouvoir
De ces yeux où j'ai lu si longtemps mon devoir ;
Soit qu'à tant de bienfaits ma mémoire fidèle
Lui soumette en secret tout ce que je tiens d'elle ;
Mais enfin mes efforts ne me servent de rien :
Mon génie étonné tremble devant le sien⁴.
Et c'est pour m'affranchir de cette dépendance,
Que je la fuis partout, que même je l'offense,
Et que, de temps en temps, j'irrite ses ennuis,
Afin qu'elle m'évite autant que je la fuis.
Mais je t'arrête trop : retire-toi, Narcisse ;
Britannicus pourroit t'accuser d'artifice.

NARCISSE.

Non, non ; Britannicus s'abandonne à ma foi :
Par son ordre, seigneur, il croit que je vous vois.

Que je m'informe ici de tout ce qui le touche,
Et veut de vos secrets être instruit par ma bouche.
Impatient surtout de revoir ses amours,
Il attend de mes soins ce fidèle secours.

NÉRON.
J'y consens ; porte-lui cette douce nouvelle :
Il la verra.

NARCISSE.
Seigneur, bannissez-le loin d'elle.

NÉRON.
J'ai mes raisons, Narcisse ; et tu peux concevoir
Que je lui vendrai cher le plaisir de la voir.
Cependant vante-lui ton heureux stratagème ;
Dis-lui qu'en sa faveur on me trompe moi-même,
Qu'il la voit sans mon ordre. On ouvre ; la voici.
Va retrouver ton maître, et l'amener ici.

SCÈNE III.
NÉRON, JUNIE.

NÉRON.
Vous vous troublez, madame, et changez de visage !
Lisez-vous dans mes yeux quelque triste présage ?

JUNIE.
Seigneur, je ne vous puis déguiser mon erreur ;
J'allois voir Octavie, et non pas l'empereur [5].

NÉRON.
Je le sais bien, madame, et n'ai pu sans envie
Apprendre vos bontés pour l'heureuse Octavie.

JUNIE.
Vous, seigneur ?

NÉRON.
Pensez-vous, madame, qu'en ces lieux
Seule pour vous connoître Octavie ait des yeux ?

JUNIE.
Et quel autre, seigneur, voulez-vous que j'implore ?
A qui demanderois-je un crime que j'ignore ?
Vous qui le punissez, vous ne l'ignorez pas :
De grâce, apprenez-moi, seigneur, mes attentats.

NÉRON.

Quoi ! madame, est-ce donc une légère offense
De m'avoir si longtemps caché votre présence?
Ces trésors dont le ciel voulut vous embellir,
Les avez-vous reçus pour les ensevelir?
L'heureux Britannicus verra-t-il sans alarmes
Croître, loin de nos yeux, son amour et vos charmes?
Pourquoi, de cette gloire exclus jusqu'à ce jour,
M'avez-vous, sans pitié, relégué dans ma cour?
On dit plus : vous souffrez, sans en être offensée,
Qu'il vous ose, madame, expliquer sa pensée :
Car je ne croirai point que sans me consulter
La sévère Junie ait voulu le flatter,
Ni qu'elle ait consenti d'aimer et d'être aimée,
Sans que j'en sois instruit que par la renommée.

JUNIE.

Je ne vous nierai point, seigneur, que ses soupirs
M'ont daigné quelquefois expliquer ses désirs.
Il n'a point détourné ses regards d'une fille
Seul reste du débris d'une illustre famille :
Peut-être il se souvient qu'en un temps plus heureux
Son père me nomma pour l'objet de ses vœux.
Il m'aime; il obéit à l'empereur son père,
Et j'ose dire encore, à vous, à votre mère :
Vos désirs sont toujours si conformes aux siens....

NÉRON.

Ma mère a ses desseins, madame; et j'ai les miens.
Ne parlons plus ici de Claude et d'Agrippine;
Ce n'est point par leur choix que je me détermine.
C'est à moi seul, madame, à répondre de vous;
Et je veux de ma main vous choisir un époux.

JUNIE.

Ah! seigneur, songez-vous que toute autre alliance
Fera honte aux Césars, auteurs de ma naissance?

NÉRON.

Non, madame, l'époux dont je vous entretiens
Peut sans honte assembler vos aïeux et les siens;
Vous pouvez, sans rougir, consentir à sa flamme.

JUNIE.

Et quel est donc, seigneur, cet époux?

NÉRON.

Moi, madame

ACTE II, SCÈNE III.

JUNIE.

Vous!

NÉRON.

Je vous nommerois, madame, un autre nom,
Si j'en savois quelque autre au-dessus de Néron.
Oui, pour vous faire un choix où vous puissiez souscrire,
J'ai parcouru des yeux la cour, Rome et l'empire
Plus j'ai cherché, madame, et plus je cherche encor
En quelles mains je dois confier ce trésor;
Plus je vois que César, digne seul de vous plaire,
En doit être lui seul l'heureux dépositaire,
Et ne peut dignement vous confier qu'aux mains
A qui Rome a commis l'empire des humains.
Vous-même, consultez vos premières années :
Claudius à son fils les avoit destinées;
Mais c'étoit en un temps où de l'empire entier
Il croyoit quelque jour le nommer l'héritier.
Les dieux ont prononcé. Loin de leur contredire,
C'est à vous de passer du côté de l'empire.
En vain de ce présent ils m'auroient honoré,
Si votre cœur devoit en être séparé;
Si tant de soins ne sont adoucis par vos charmes;
Si, tandis que je donne aux veilles, aux alarmes,
Des jours toujours à plaindre et toujours enviés,
Je ne vais quelquefois respirer à vos pieds.
Qu'Octavie à vos yeux ne fasse point d'ombrage :
Rome, aussi bien que moi, vous donne son suffrage,
Répudie Octavie, et me fait dénouer
Un hymen que le ciel ne veut point avouer.
Songez-y donc, madame, et pesez en vous-même
Ce choix digne des soins d'un prince qui vous aime,
Digne de vos beaux yeux trop longtemps captivés,
Digne de l'univers à qui vous vous devez.

JUNIE.

Seigneur, avec raison je demeure étonnée.
Je me vois, dans le cours d'une même journée,
Comme une criminelle amenée en ces lieux;
Et, lorsque avec frayeur je parois à vos yeux,
Que sur mon innocence à peine je me fie,
Vous m'offrez tout d'un coup la place d'Octavie.
J'ose dire pourtant que je n'ai mérité
Ni cet excès d'honneur, ni cette indignité.

Et pouvez-vous, seigneur, souhaiter qu'une fille
Qui vit presque en naissant éteindre sa famille,
Qui, dans l'obscurité nourrissant sa douleur,
S'est fait une vertu conforme à son malheur,
Passe subitement de cette nuit profonde
Dans un rang qui l'expose aux yeux de tout le monde,
Dont je n'ai pu de loin soutenir la clarté,
Et dont une autre enfin remplit la majesté?

NÉRON.

Je vous ai déjà dit que je la répudie :
Ayez moins de frayeur, ou moins de modestie.
N'accusez point ici mon choix d'aveuglement;
Je vous réponds de vous ; consentez seulement.
Du sang dont vous sortez rappelez la mémoire;
Et ne préférez point à la solide gloire
Des honneurs dont César prétend vous revêtir,
La gloire d'un refus sujet au repentir.

JUNIE.

Le ciel connoît, seigneur, le fond de ma pensée.
Je ne me flatte point d'une gloire insensée :
Je sais de vos présents mesurer la grandeur;
Mais plus ce rang sur moi répandroit de splendeur,
Plus il me feroit honte, et mettroit en lumière
Le crime d'en avoir dépouillé l'héritière.

NÉRON.

C'est de ses intérêts prendre beaucoup de soin,
Madame ; et l'amitié ne peut aller plus loin.
Mais ne nous flattons point, et laissons le mystère :
La sœur vous touche ici beaucoup moins que le frère;
Et pour Britannicus....

JUNIE.

Il a su me toucher,
Seigneur ; et je n'ai point prétendu m'en cacher.
Cette sincérité, sans doute, est peu discrète;
Mais toujours de mon cœur ma bouche est l'interprète
Absente de la cour, je n'ai pas dû penser,
Seigneur, qu'en l'art de feindre il fallût m'exercer.
J'aime Britannicus. Je lui fus destinée
Quand l'empire devoit suivre son hyménée⁷ :
Mais ces mêmes malheurs qui l'en ont écarté,
Ses honneurs abolis, son palais déserté,

La fuite d'une cour que sa chute a bannie,
Sont autant de liens qui retiennent Junie.
Tout ce que vous voyez conspire à vos désirs ;
Vos jours toujours sereins coulent dans les plaisirs ;
L'empire en est pour vous l'inépuisable source ;
Ou, si quelque chagrin en interrompt la course,
Tout l'univers, soigneux de les entretenir,
S'empresse à l'effacer de votre souvenir.
Britannicus est seul. Quelque ennui qui le presse,
Il ne voit dans son sort que moi qui s'intéresse,
Et n'a pour tout plaisir, seigneur, que quelques pleurs
Qui lui font quelquefois oublier ses malheurs.

NÉRON.

Et ce sont ces plaisirs et ces pleurs que j'envie,
Que tout autre que lui me paieroit de sa vie.
Mais je garde à ce prince un traitement plus doux :
Madame, il va bientôt paroître devant vous.

JUNIE.

Ah! seigneur, vos vertus m'ont toujours rassurée.

NÉRON.

Je pouvois de ces lieux lui défendre l'entrée ;
Mais, madame, je veux prévenir le danger
Où son ressentiment le pourroit engager.
Je ne veux point le perdre : il vaut mieux que lui-même
Entende son arrêt de la bouche qu'il aime.
Si ses jours vous sont chers, éloignez-le de vous,
Sans qu'il ait aucun lieu de me croire jaloux.
De son bannissement prenez sur vous l'offense ;
Et, soit par vos discours, soit par votre silence,
Du moins par vos froideurs, faites-lui concevoir
Qu'il doit porter ailleurs ses vœux et son espoir.

JUNIE.

Moi! que je lui prononce un arrêt si sévère !
Ma bouche mille fois lui jura le contraire.
Quand même jusque-là je pourrois me trahir,
Mes yeux lui défendront, seigneur, de m'obéir.

NÉRON.

Caché près de ces lieux, je vous verrai, madame.
Renfermez votre amour dans le fond de votre âme ;
Vous n'aurez point pour moi de langages secrets,
J'entendrai des regards que vous croirez muets ;

Et sa perte sera l'infaillible salaire
D'un geste ou d'un soupir échappé pour lui plaire.
JUNIE.
Hélas! si j'ose encor former quelques souhaits,
Seigneur, permettez-moi de ne le voir jamais!

SCÈNE IV.
NÉRON, JUNIE, NARCISSE

NARCISSE.
Britannicus, seigneur, demande la princesse;
Il approche.
NÉRON.
Qu'il vienne.
JUNIE.
Ah! seigneur.
NÉRON.
Je vous laisse.
Sa fortune dépend de vous plus que de moi :
Madame, en le voyant, songez que je vous voi.

SCÈNE V.
JUNIE, NARCISSE.

JUNIE.
Ah! cher Narcisse, cours au-devant de ton maître;
Dis-lui.... Je suis perdue! et je le vois paroître.

SCÈNE VI.
BRITANNICUS, JUNIE, NARCISSE.

BRITANNICUS.
Madame, quel bonheur me rapproche de vous [8]
Quoi! je puis donc jouir d'un entretien si doux
Mais parmi ce plaisir quel chagrin me dévore!
Hélas! puis-je espérer de vous revoir encore?
Faut-il que je dérobe, avec mille détours,
Un bonheur que vos yeux m'accordoient tous les jours?
Quelle nuit! Quel réveil! Vos pleurs, votre présence
N'ont point de ces cruels désarmé l'insolence!

ACTE II, SCÈNE VI.

Que faisoit votre amant? Quel démon envieux
M'a refusé l'honneur de mourir à vos yeux?
Hélas! dans la frayeur dont vous étiez atteinte,
M'avez-vous, en secret, adressé quelque plainte?
Ma princesse, avez-vous daigné me souhaiter?
Songiez-vous aux douleurs que vous m'alliez coûter?
Vous ne me dites rien! Quel accueil! Quelle glace!
Est-ce ainsi que vos yeux consolent ma disgrâce?
Parlez : nous sommes seuls. Notre ennemi, trompé,
Tandis que je vous parle, est ailleurs occupé.
Ménageons les moments de cette heureuse absence.

JUNIE.

Vous êtes en des lieux tout pleins de sa puissance :
Ces murs même, seigneur, peuvent avoir des yeux ;
Et jamais l'empereur n'est absent de ces lieux.

BRITANNICUS.

Et depuis quand, madame, êtes-vous si craintive?
Quoi! déjà votre amour souffre qu'on le captive?
Qu'est devenu ce cœur qui me juroit toujours
De faire à Néron même envier nos amours?
Mais bannissez, madame, une inutile crainte :
La foi dans tous les cœurs n'est pas encore éteinte ;
Chacun semble des yeux approuver mon courroux ;
La mère de Néron se déclare pour nous.
Rome, de sa conduite elle-même offensée....

JUNIE.

Ah! seigneur, vous parlez contre votre pensée.
Vous-même vous m'avez avoué mille fois
Que Rome le louoit d'une commune voix :
Toujours à sa vertu vous rendiez quelque hommage.
Sans doute la douleur vous dicte ce langage.

BRITANNICUS.

Ce discours me surprend, il le faut avouer :
Je ne vous cherchois pas pour l'entendre louer.
Quoi! pour vous confier la douleur qui m'accable,
A peine je dérobe un moment favorable ;
Et ce moment si cher, madame, est consumé
A louer l'ennemi dont je suis opprimé!
Qui vous rend à vous-même, en un jour, si contraire?
Quoi! même vos regards ont appris à se taire?
Que vois-je? Vous craignez de rencontrer mes yeux!
Néron vous plairoit-il? Vous serois-je odieux?

Ah ! si je le croyois !... Au nom des dieux, madame,
Éclaircissez le trouble où vous jetez mon âme.
Parlez. Ne suis-je plus dans votre souvenir?

JUNIE.

Retirez-vous, seigneur; l'empereur va venir.

BRITANNICUS.

Après ce coup, Narcisse, à qui dois-je m'attendre¹⁰?

SCÈNE VII.

NÉRON, JUNIE, NARCISSE.

NÉRON.

Madame....

JUNIE.

Non, seigneur, je ne puis rien entendre,
Vous êtes obéi. Laissez couler du moins
Des larmes dont ses yeux ne seront pas témoins.

SCÈNE VIII.

NÉRON, NARCISSE.

NÉRON.

Hé bien, de leur amour tu vois la violence,
Narcisse : elle a paru jusque dans son silence !
Elle aime mon rival, je ne puis l'ignorer;
Mais je mettrai ma joie à le désespérer.
Je me fais de sa peine une image charmante;
Et je l'ai vu douter du cœur de son amante.
Je la suis. Mon rival t'attend pour éclater :
Par de nouveaux soupçons, va, cours le tourmenter;
Et tandis qu'à mes yeux on le pleure, on l'adore,
Fais-lui payer bien cher un bonheur qu'il ignore.

NARCISSE, seul.

La fortune t'appelle une seconde fois,
Narcisse; voudrois-tu résister à sa voix?
Suivons jusques au bout ses ordres favorables;
Et, pour nous rendre heureux, perdons les misérables.

FIN DU SECOND ACTE.

ACTE TROISIÈME.

SCÈNE I.
NÉRON, BURRHUS.

BURRHUS.
Pallas obéira, seigneur.

NÉRON.
Et de quel œil
Ma mère a-t-elle vu confondre son orgueil ?

BURRHUS.
Ne doutez point, seigneur, que ce coup ne la frappe ;
Qu'en reproches bientôt sa douleur ne s'échappe.
Ses transports dès longtemps commencent d'éclater ;
A d'inutiles cris puissent-ils s'arrêter !

NÉRON.
Quoi ! de quelque dessein la croyez-vous capable ?

BURRHUS.
Agrippine, seigneur, est toujours redoutable :
Rome et tous vos soldats révèrent ses aïeux [2] ;
Germanicus son père est présent à leurs yeux.
Elle sait son pouvoir ; vous savez son courage ;
Et ce qui me la fait redouter davantage,
C'est que vous appuyez vous-même son courroux,
Et que vous lui donnez des armes contre vous.

NÉRON.
Moi, Burrhus ?

BURRHUS.
Cet amour, seigneur, qui vous possède.

NÉRON.
Je vous entends, Burrhus. Le mal est sans remède :
Mon cœur s'en est plus dit que vous ne m'en direz ;
Il faut que j'aime enfin.

BURRHUS.
Vous vous le figurez,

Seigneur; et, satisfait de quelque résistance,
Vous redoutez un mal foible dans sa naissance.
Mais si dans son devoir votre cœur affermi⁵
Vouloit ne point s'entendre avec son ennemi;
Si de vos premiers ans vous consultiez la gloire;
Si vous daigniez, seigneur, rappeler la mémoire
Des vertus d'Octavie indignes de ce prix,
Et de son chaste amour vainqueur de vos mépris;
Surtout si, de Junie évitant la présence,
Vous condamniez vos yeux à quelques jours d'absence;
Croyez-moi, quelque amour qui semble vous charmer,
On n'aime point, seigneur, si l'on ne veut aimer.

NÉRON.

Je vous croirai, Burrhus, lorsque dans les alarmes
Il faudra soutenir la gloire de nos armes,
Ou lorsque, plus tranquille, assis dans le sénat,
Il faudra décider du destin de l'État;
Je m'en reposerai sur votre expérience.
Mais, croyez-moi, l'amour est une autre science,
Burrhus; et je ferois quelque difficulté
D'abaisser jusque-là votre sévérité.
Adieu. Je souffre trop, éloigné de Junie⁴.

SCÈNE II.

BURRHUS.

Enfin, Burrhus, Néron découvre son génie³:
Cette férocité que tu croyois fléchir
De tes foibles liens est prête à s'affranchir.
En quels excès peut-être elle va se répandre!
O dieux! en ce malheur quel conseil dois-je prendre?
Sénèque, dont les soins me devroient soulager⁶,
Occupé loin de Rome, ignore ce danger.
Mais quoi! si d'Agrippine excitant la tendresse
Je pouvois.... La voici : mon bonheur me l'adresse

SCÈNE III.

AGRIPPINE, BURRHUS, ALBINE.

AGRIPPINE

Hé bien, je me trompois, Burrhus, dans mes soupçons!
Et vous vous signalez par d'illustres leçons!

On exile Pallas, dont le crime peut-être
Est d'avoir à l'empire élevé votre maître.
Vous le savez trop bien ; jamais, sans ses avis,
Claude qu'il gouvernoit n'eût adopté mon fils.
Que dis-je? A son épouse on donne une rivale ;
On affranchit Néron de la foi conjugale :
Digne emploi d'un ministre ennemi des flatteurs,
Choisi pour mettre un frein à ses jeunes ardeurs,
De les flatter lui-même, et nourrir dans son âme
Le mépris de sa mère et l'oubli de sa femme!

BURRHUS.

Madame, jusqu'ici c'est trop tôt m'accuser ;
L'empereur n'a rien fait qu'on ne puisse excuser.
N'imputez qu'à Pallas un exil nécessaire :
Son orgueil, dès longtemps exigeoit ce salaire ;
Et l'empereur ne fait qu'accomplir à regret
Ce que toute la cour demandoit en secret.
Le reste est un malheur qui n'est point sans ressource :
Des larmes d'Octavie on peut tarir la source.
Mais calmez vos transports ; par un chemin plus doux,
Vous lui pourrez plus tôt ramener son époux :
Les menaces, les cris, le rendront plus farouche.

AGRIPPINE.

Ah! l'on s'efforce en vain de me fermer la bouche.
Je vois que mon silence irrite vos dédains ;
Et c'est trop respecter l'ouvrage de mes mains.
Pallas n'emporte pas tout l'appui d'Agrippine :
Le ciel m'en laisse assez pour venger ma ruine.
Le fils de Claudius commence à ressentir
Des crimes dont je n'ai que le seul repentir.
J'irai, n'en doutez point, le montrer à l'armée,
Plaindre, aux yeux des soldats son enfance opprimée,
Leur faire, à mon exemple, expier leur erreur.
On verra d'un côté le fils d'un empereur
Redemandant la foi jurée à sa famille,
Et de Germanicus on entendra la fille [7] ;
De l'autre, l'on verra le fils d'Ænobarbus,
Appuyé de Sénèque et du tribun Burrhus,
Qui, tous deux de l'exil rappelés par moi-même,
Partagent à mes yeux l'autorité suprême.
De nos crimes communs je veux qu'on soit instruit ;
On saura les chemins par où je l'ai conduit.

Pour rendre sa puissance et la vôtre odieuses,
J'avouerai les rumeurs les plus injurieuses;
Je confesserai tout, exils, assassinats,
Poison même....

BURRHUS.
Madame, ils ne vous croiront pas :
Ils sauront récuser l'injuste stratagème
D'un témoin irrité qui s'accuse lui-même.
Pour moi qui le premier secondai vos desseins,
Qui fis même jurer l'armée entre ses mains,
Je ne me repens point de ce zèle sincère.
Madame, c'est un fils qui succède à son père.
En adoptant Néron, Claudius par son choix
De son fils et du vôtre a confondu les droits.
Rome l'a pu choisir. Ainsi, sans être injuste,
Elle choisit Tibère adopté par Auguste [8];
Et le jeune Agrippa, de son sang descendu,
Se vit exclus du rang vainement prétendu [9].
Sur tant de fondements sa puissance établie
Par vous-même aujourd'hui ne peut être affoiblie :
Et, s'il m'écoute encor, madame, sa bonté
Vous en fera bientôt perdre la volonté.
J'ai commencé, je vais poursuivre mon ouvrage.

SCÈNE IV.
AGRIPPINE, ALBINE.

ALBINE.
Dans quel emportement la douleur vous engage,
Madame! L'empereur puisse-t-il l'ignorer!

AGRIPPINE.
Ah! lui-même à mes yeux puisse-t-il se montrer!

ALBINE.
Madame, au nom des dieux, cachez votre colère.
Quoi! pour les intérêts de la sœur ou du frère,
Faut-il sacrifier le repos de vos jours?
Contraindrez-vous César jusque dans ses amours?

AGRIPPINE.
Quoi! tu ne vois donc pas jusqu'où l'on me ravale
Albine? C'est à moi qu'on donne une rivale [10].
Bientôt, si je ne romps ce funeste lien,
Ma place est occupée, et je ne suis plus rien.

Jusqu'ici d'un vain titre Octavie honorée,
Inutile à la cour, en étoit ignorée :
Les grâces, les honneurs, par moi seule versés,
M'attiroient des mortels les vœux intéressés.
Une autre de César a surpris la tendresse :
Elle aura le pouvoir d'épouse et de maîtresse ;
Le fruit de tant de soins, la pompe des Césars,
Tout deviendra le prix d'un seul de ses regards.
Que dis-je ? l'on m'évite, et déjà délaissée....
Ah ! je ne puis, Albine, en souffrir la pensée.
Quand je devrois du ciel hâter l'arrêt fatal [11],
Néron, l'ingrat Néron.... Mais voici son rival.

SCÈNE V.

BRITANNICUS, AGRIPPINE, NARCISSE, ALBINE.

BRITANNICUS.

Nos ennemis communs ne sont pas invincibles,
Madame ; nos malheurs trouvent des cœurs sensibles :
Vos amis et les miens, jusqu'alors si secrets,
Tandis que nous perdions le temps en vains regrets,
Animés du courroux qu'allume l'injustice,
Viennent de confier leur douleur à Narcisse.
Néron n'est pas encor tranquille possesseur
De l'ingrate qu'il aime au mépris de ma sœur.
Si vous êtes toujours sensible à son injure,
On peut dans son devoir ramener le parjure.
La moitié du sénat s'intéresse pour nous :
Sylla, Pison, Plautus....

AGRIPPINE.

      Prince, que dites-vous ?
Sylla, Pison, Plautus, les chefs de la noblesse !

BRITANNICUS.

Madame, je vois bien que ce discours vous blesse ;
Et que votre courroux, tremblant, irrésolu,
Craint déjà d'obtenir tout ce qu'il a voulu.
Non, vous avez trop bien établi ma disgrâce ;
D'aucun ami pour moi ne redoutez l'audace :
Il ne m'en reste plus ; et vos soins trop prudents
Les ont tous écartés ou séduits dès longtemps.

AGRIPPINE.

Seigneur, à vos soupçons donnez moins de créance,
Notre salut dépend de notre intelligence.
J'ai promis, il suffit. Malgré vos ennemis,
Je ne révoque rien de ce que j'ai promis.
Le coupable Néron fuit en vain ma colère :
Tôt ou tard il faudra qu'il entende sa mère.
J'essaierai tour à tour la force et la douceur ;
Ou moi-même, avec moi conduisant votre sœur,
J'irai semer partout ma crainte et ses alarmes,
Et ranger tous les cœurs du parti de ses larmes.
Adieu. J'assiégerai Néron de toutes parts.
Vous, si vous m'en croyez, évitez ses regards.

SCÈNE VI.

BRITANNICUS, NARCISSE.

BRITANNICUS.

Ne m'as-tu point flatté d'une fausse espérance ?
Puis-je sur ton récit fonder quelque assurance,
Narcisse ?

NARCISSE.

Oui. Mais, seigneur, ce n'est pas en ces lieux
Qu'il faut développer ce mystère à vos yeux.
Sortons. Qu'attendez-vous ?

BRITANNICUS.

Ce que j'attends, Narcisse ?
Hélas !

NARCISSE.

Expliquez-vous.

BRITANNICUS.

Si, par ton artifice,
Je pouvois revoir....

NARCISSE.

Qui ?

BRITANNICUS.

J'en rougis. Mais enfin
D'un cœur moins agité j'attendrois mon destin.

NARCISSE.

Après tous mes discours, vous la croyez fidèle ?

BRITANNICUS.

Non, je la crois, Narcisse, ingrate, criminelle,
Digne de mon courroux; mais je sens, malgré moi,
Que je ne le crois pas autant que je le doi.
Dans ses égarements, mon cœur opiniâtre
Lui prête des raisons, l'excuse, l'idolâtre.
Je voudrois vaincre enfin mon incrédulité;
Je la voudrois haïr avec tranquillité.
Et qui croira qu'un cœur si grand en apparence,
D'une infidèle cour ennemi dès l'enfance,
Renonce à tant de gloire, et, dès le premier jour,
Trame une perfidie inouïe à la cour?

NARCISSE.

Et qui sait si l'ingrate, en sa longue retraite,
N'a point de l'empereur médité la défaite?
Trop sûre que ses yeux ne pouvoient se cacher,
Peut-être elle fuyoit pour se faire chercher,
Pour exciter Néron par la gloire pénible [12]
De vaincre une fierté jusqu'alors invincible [13].

BRITANNICUS.

Je ne la puis donc voir?

NARCISSE.

Seigneur, en ce moment,
Elle reçoit les vœux de son nouvel amant.

BRITANNICUS.

Hé bien, Narcisse, allons. Mais que vois-je? C'est elle.

NARCISSE, à part.

Ah! dieux. A l'empereur portons cette nouvelle.

SCÈNE VII.
BRITANNICUS, JUNIE.

JUNIE.

Retirez-vous, seigneur, et fuyez un courroux
Que ma persévérance allume contre vous.
Néron est irrité. Je me suis échappée,
Tandis qu'à l'arrêter sa mère est occupée.
Adieu; réservez-vous, sans blesser mon amour,
Au plaisir de me voir justifier un jour.
Votre image sans cesse est présente à mon âme:
Rien ne l'en peut bannir.

BRITANNICUS.
Je vous entends, madame :
Vous voulez que ma fuite assure vos désirs,
Que je laisse un champ libre à vos nouveaux soupirs.
Sans doute, en me voyant, une pudeur secrète
Ne vous laisse goûter qu'une joie inquiète.
Hé bien, il faut partir !

JUNIE.
Seigneur, sans m'imputer....

BRITANNICUS.
Ah ! vous deviez du moins plus longtemps disputer.
Je ne murmure point qu'une amitié commune
Se range du parti que flatte la fortune ;
Que l'éclat d'un empire ait pu vous éblouir ;
Qu'aux dépens de ma sœur vous en vouliez jouir ;
Mais que, de ces grandeurs comme une autre occupée,
Vous m'en ayez paru si longtemps détrompée ;
Non, je l'avoue encor, mon cœur désespéré
Contre ce seul malheur n'étoit point préparé.
J'ai vu sur ma ruine élever l'injustice ;
De mes persécuteurs j'ai vu le ciel complice ;
Tant d'horreurs n'avoient point épuisé son courroux.
Madame ; il me restoit d'être oublié de vous.

JUNIE.
Dans un temps plus heureux, ma juste impatience
Vous feroit repentir de votre défiance ;
Mais Néron vous menace : en ce pressant danger,
Seigneur, j'ai d'autres soins que de vous affliger.
Allez, rassurez-vous, et cessez de vous plaindre :
Néron nous écoutoit, et m'ordonnoit de feindre.

BRITANNICUS.
Quoi ! le cruel....

JUNIE.
Témoin de tout notre entretien,
D'un visage sévère examinoit le mien,
Prêt à faire sur vous éclater la vengeance
D'un geste confident de notre intelligence.

BRITANNICUS.
Néron nous écoutoit, madame ! Mais, hélas !
Vos yeux auroient pu feindre, et ne m'abuser pas :
Ils pouvoient me nommer l'auteur de cet outrage !
L'amour est-il muet, ou n'a-t-il qu'un langage ?

De quel trouble un regard pouvoit me préserver!
Il falloit....

JUNIE.

Il falloit me taire et vous sauver.
Combien de fois, hélas! puisqu'il faut vous le dire,
Mon cœur de son désordre alloit-il vous instruire!
De combien de soupirs interrompant le cours,
Ai-je évité vos yeux que je cherchois toujours!
Quel tourment de se taire en voyant ce qu'on aime,
De l'entendre gémir, de l'affliger soi-même,
Lorsque par un regard on peut le consoler!
Mais quels pleurs ce regard auroit-il fait couler!
Ah! dans ce souvenir, inquiète, troublée,
Je ne me sentois pas assez dissimulée :
De mon front effrayé je craignois la pâleur;
Je trouvois mes regards trop pleins de ma douleur;
Sans cesse il me sembloit que Néron en colère
Me venoit reprocher trop de soin de vous plaire;
Je craignois mon amour vainement renfermé;
Enfin, j'aurois voulu n'avoir jamais aimé.
Hélas! pour son bonheur, seigneur, et pour le nôtre,
Il n'est que trop instruit de mon cœur et du vôtre!
Allez, encore un coup, cachez-vous à ses yeux.
Mon cœur plus à loisir vous éclaircira mieux.
De mille autres secrets j'aurois compte à vous rendre.

BRITANNICUS.

Ah! n'en voilà que trop : c'est trop me faire entendre[14],
Madame, mon bonheur, mon crime, vos bontés.
Et savez-vous pour moi tout ce que vous quittez?

(Se jetant aux pieds de Junie.)

Quand pourrai-je à vos pieds expier ce reproche?

JUNIE.

Que faites-vous? Hélas! votre rival s'approche.

SCÈNE VIII.

NÉRON, BRITANNICUS, JUNIE.

NÉRON.

Prince, continuez des transports si charmants.
Je conçois vos bontés par ses remercîments,

Madame : à vos genoux je viens de le surprendre.
Mais il auroit aussi quelque grâce à me rendre :
Ce lieu le favorise, et je vous y retiens
Pour lui faciliter de si doux entretiens.

BRITANNICUS.

Je puis mettre à ses pieds ma douleur ou ma joie
Partout où sa bonté consent que je la voie;
Et l'aspect de ces lieux où vous la retenez
N'a rien dont mes regards doivent être étonnés.

NÉRON.

Et que vous montrent-ils qui ne vous avertisse
Qu'il faut qu'on me respecte et que l'on m'obéisse?

BRITANNICUS.

Ils ne nous ont pas vus l'un et l'autre élever,
Moi pour vous obéir, et vous pour me braver;
Et ne s'attendoient pas, lorsqu'ils nous virent naître,
Qu'un jour Domitius me dût parler en maître [15].

NÉRON.

Ainsi par le destin nos vœux sont traversés;
J'obéissois alors, et vous obéissez.
Si vous n'avez appris à vous laisser conduire,
Vous êtes jeune encore, et l'on peut vous instruire.

BRITANNICUS.

Et qui m'en instruira?

NÉRON.

    Tout l'empire à la fois,
Rome.

BRITANNICUS.

  Rome met-elle au nombre de vos droits
Tout ce qu'a de cruel l'injustice et la force,
Les emprisonnements, le rapt, et le divorce?

NÉRON.

Rome ne porte point ses regards curieux
Jusque dans des secrets que je cache à ses yeux.
Imitez son respect.

BRITANNICUS.

   On sait ce qu'elle en pense.

NÉRON.

Elle se tait du moins : imitez son silence.

ACTE III, SCÈNE VIII.

BRITANNICUS.
Ainsi Néron commence à ne se plus forcer.
NÉRON.
Néron de vos discours commence à se lasser.
BRITANNICUS.
Chacun devoit bénir le bonheur de son règne.
NÉRON.
Heureux ou malheureux, il suffit qu'on me craigne [16].
BRITANNICUS.
Je connois mal Junie, ou de tels sentiments
Ne mériteront pas ses applaudissements.
NÉRON.
Du moins, si je ne sais le secret de lui plaire,
Je sais l'art de punir un rival téméraire.
BRITANNICUS.
Pour moi, quelque péril qui me puisse accabler,
Sa seule inimitié peut me faire trembler.
NÉRON.
Souhaitez-la; c'est tout ce que je vous puis dire.
BRITANNICUS.
Le bonheur de lui plaire est le seul où j'aspire.
NÉRON.
Elle vous l'a promis, vous lui plairez toujours.
BRITANNICUS.
Je ne sais pas du moins épier ses discours.
Je la laisse expliquer sur tout ce qui me touche,
Et ne me cache point pour lui fermer la bouche.
NÉRON.
Je vous entends. Hé bien, gardes!
JUNIE.
Que faites-vous?
C'est votre frère. Hélas! c'est un amant jaloux.
Seigneur, mille malheurs persécutent sa vie:
Ah! son bonheur peut-il exciter votre envie?
Souffrez que, de vos cœurs rapprochant les liens,
Je me cache à vos yeux et me dérobe aux siens.
Ma fuite arrêtera vos discordes fatales;
Seigneur, j'irai remplir le nombre des vestales.
Ne lui disputez plus mes vœux infortunés;
Souffrez que les dieux seuls en soient importunés.

NÉRON.

L'entreprise, madame, est étrange et soudaine.
Dans son appartement, gardes, qu'on la remène.
Gardez Britannicus dans celui de sa sœur.

BRITANNICUS.

C'est ainsi que Néron sait disputer un cœur!

JUNIE.

Prince, sans l'irriter, cédons à cet orage.

NÉRON.

Gardes, obéissez sans tarder davantage.

SCÈNE IX.

NÉRON, BURRHUS.

BURRHUS.

Que vois-je? O ciel!

NÉRON, sans voir Burrhus.

                Ainsi leurs feux sont redoublés:
Je reconnois la main qui les a rassemblés.
Agrippine ne s'est présentée à ma vue,
Ne s'est dans ses discours si longtemps étendue
Que pour faire jouer ce ressort odieux.
   (Apercevant Burrhus.)
Qu'on sache si ma mère est encore en ces lieux.
Burrhus, dans ce palais je veux qu'on la retienne,
Et qu'au lieu de sa garde on lui donne la mienne.

BURRHUS.

Quoi, seigneur, sans l'ouïr? Une mère!

NÉRON.

                                Arrêtez:
J'ignore quel projet, Burrhus, vous méditez;
Mais, depuis quelques jours, tout ce que je désire
Trouve en vous un censeur prêt à me contredire.
Répondez-m'en, vous dis-je; ou, sur votre refus,
D'autres me répondront et d'elle et de Burrhus.

FIN DU TROISIÈME ACTE

ACTE QUATRIÈME.

SCÈNE I.
AGRIPPINE, BURRHUS.

BURRHUS.
Oui, madame, à loisir vous pourrez vous défendre :
César lui-même ici consent de vous entendre.
Si son ordre au palais vous a fait retenir,
C'est peut-être à dessein de vous entretenir.
Quoi qu'il en soit, si j'ose expliquer ma pensée,
Ne vous souvenez plus qu'il vous ait offensée ;
Préparez-vous plutôt à lui tendre les bras ;
Défendez-vous, madame, et ne l'accusez pas.
Vous voyez, c'est lui seul que la cour envisage [1].
Quoiqu'il soit votre fils, et même votre ouvrage,
Il est votre empereur. Vous êtes, comme nous,
Sujette à ce pouvoir qu'il a reçu de vous.
Selon qu'il vous menace, ou bien qu'il vous caresse,
La cour autour de vous ou s'écarte ou s'empresse.
C'est son appui qu'on cherche, en cherchant votre appui
Mais voici l'empereur.

AGRIPPINE.
Qu'on me laisse avec lui.

SCÈNE II.
NÉRON, AGRIPPINE.

AGRIPPINE, s'asseyant.
Approchez-vous, Néron, et prenez votre place.
On veut sur vos soupçons que je vous satisfasse.
J'ignore de quel crime on a pu me noircir :
De tous ceux que j'ai faits je vais vous éclaircir

Vous régnez : vous savez combien votre naissance
Entre l'empire et vous avoit mis de distance.
Les droits de mes aïeux, que Rome a consacrés,
Étoient même sans moi d'inutiles degrés.
Quand de Britannicus la mère condamnée
Laissa de Claudius disputer l'hyménée,
Parmi tant de beautés qui briguèrent son choix,
Qui de ses affranchis mendièrent les voix,
Je souhaitai son lit, dans la seule pensée
De vous laisser au trône où je serois placée.
Je fléchis mon orgueil; j'allai prier Pallas.
Son maître, chaque jour caressé dans mes bras,
Prit insensiblement dans les yeux de sa nièce
L'amour où je voulois amener sa tendresse.
Mais ce lien du sang qui nous joignoit tous deux
Écartoit Claudius d'un lit incestueux :
Il n'osoit épouser la fille de son frère.
Le sénat fut séduit : une loi moins sévère
Mit Claude dans mon lit, et Rome à mes genoux.
C'étoit beaucoup pour moi, ce n'étoit rien pour vous.
Je vous fis sur mes pas entrer dans sa famille;
Je vous nommai son gendre, et vous donnai sa fille :
Silanus, qui l'aimoit, s'en vit abandonné,
Et marqua de son sang ce jour infortuné.
Ce n'étoit rien encore. Eussiez-vous pu prétendre
Qu'un jour Claude à son fils pût préférer son gendre?
De ce même Pallas j'implorai le secours :
Claude vous adopta, vaincu par ses discours,
Vous appela Néron; et du pouvoir suprême
Voulut, avant le temps, vous faire part lui-même.
C'est alors que chacun, rappelant le passé,
Découvrit mon dessein déjà trop avancé;
Que de Britannicus la disgrâce future
Des amis de son père excita le murmure².
Mes promesses aux uns éblouirent les yeux;
L'exil me délivra des plus séditieux;
Claude même, lassé de ma plainte éternelle,
Éloigna de son fils tous ceux de qui le zèle,
Engagé dès longtemps à suivre son destin,
Pouvoit du trône encor lui rouvrir le chemin.
Je fis plus : je choisis moi-même dans ma suite
Ceux à qui je voulois qu'on livrât sa conduite³;

J'eus soin de vous nommer, par un contraire choix,
Des gouverneurs que Rome honoroit de sa voix;
Je fus sourde à la brigue, et crus la renommée;
J'appelai de l'exil, je tirai de l'armée,
Et ce même Sénèque, et ce même Burrhus⁴,
Qui depuis.... Rome alors estimoit leurs vertus.
De Claude en même temps épuisant les richesses,
Ma main, sous votre nom, répandoit ses largesses.
Les spectacles, les dons, invincibles appas,
Vous attiroient les cœurs du peuple et des soldats,
Qui d'ailleurs, réveillant leur tendresse première,
Favorisoient en vous Germanicus mon père.
Cependant Claudius penchoit vers son déclin.
Ses yeux, longtemps fermés, s'ouvrirent à la fin :
Il connut son erreur. Occupé de sa crainte,
Il laissa pour son fils échapper quelque plainte,
Et voulut, mais trop tard, assembler ses amis.
Ses gardes, son palais, son lit, m'étoient soumis.
Je lui laissai sans fruit consumer sa tendresse;
De ses derniers soupirs je me rendis maîtresse :
Mes soins, en apparence, épargnant ses douleurs,
De son fils, en mourant, lui cachèrent les pleurs.
Il mourut. Mille bruits en courent à ma honte⁵.
J'arrêtai de sa mort la nouvelle trop prompte;
Et tandis que Burrhus alloit secrètement
De l'armée en vos mains exiger le serment,
Que vous marchiez au camp, conduit sous mes auspices,
Dans Rome les autels fumoient de sacrifices;
Par mes ordres trompeurs tout le peuple excité
Du prince déjà mort demandoit la santé.
Enfin, des légions l'entière obéissance
Ayant de votre empire affermi la puissance,
On vit Claude; et le peuple, étonné de son sort,
Apprit en même temps votre règne et sa mort.
C'est le sincère aveu que je voulois vous faire :
Voilà tous mes forfaits. En voici le salaire :
Du fruit de tant de soins à peine jouissant
En avez-vous six mois paru reconnoissant,
Que, lassé d'un respect qui vous gênoit peut-être,
Vous avez affecté de ne me plus connoître.
J'ai vu Burrhus, Sénèque, aigrissant vos soupçons,
De l'infidélité vous tracer des leçons,

Ravis d'être vaincus dans leur propre science.
J'ai vu favorisés de votre confiance [6]
Othon, Sénécion, jeunes voluptueux [7],
Et de tous vos plaisirs flatteurs respectueux ;
Et lorsque, vos mépris excitant mes murmures,
Je vous ai demandé raison de tant d'injures,
(Seul recours d'un ingrat qui se voit confondu)
Par de nouveaux affronts vous m'avez répondu.
Aujourd'hui je promets Junie à votre frère ;
Ils se flattent tous deux du choix de votre mère :
Que faites-vous ? Junie, enlevée à la cour,
Devient en une nuit l'objet de votre amour ;
Je vois de votre cœur Octavie effacée,
Prête à sortir du lit où je l'avois placée ;
Je vois Pallas banni, votre frère arrêté ;
Vous attentez enfin jusqu'à ma liberté :
Burrhus ose sur moi porter ses mains hardies.
Et lorsque, convaincu de tant de perfidies,
Vous deviez ne me voir que pour les expier,
C'est vous qui m'ordonnez de me justifier.

NÉRON.

Je me souviens toujours que je vous dois l'empire ;
Et, sans vous fatiguer du soin de le redire,
Votre bonté, madame, avec tranquillité
Pouvoit se reposer sur ma fidélité.
Aussi bien ces soupçons, ces plaintes assidues,
Ont fait croire à tous ceux qui les ont entendues
Que jadis, j'ose ici vous le dire entre nous,
Vous n'aviez, sous mon nom, travaillé que pour vous.
« Tant d'honneurs, disoient-ils, et tant de déférences,
« Sont-ce de ses bienfaits de foibles récompenses ?
« Quel crime a donc commis ce fils tant condamné ?
« Est-ce pour obéir qu'elle l'a couronné ?
« N'est-il de son pouvoir que le dépositaire ? »
Non que, si jusque-là j'avois pu vous complaire,
Je n'eusse pris plaisir, madame, à vous céder
Ce pouvoir que vos cris sembloient redemander ;
Mais Rome veut un maître, et non une maîtresse.
Vous entendiez les bruits qu'excitoit ma foiblesse :
Le sénat chaque jour et le peuple, irrités
De s'ouïr par ma voix dicter vos volontés,

Publioient qu'en mourant Claude avec sa puissance
M'avoit encor laissé sa simple obéissance.
Vous avez vu cent fois nos soldats en courroux
Porter en murmurant leurs aigles devant vous;
Honteux de rabaisser par cet indigne usage
Les héros dont encore elles portent l'image.
Toute autre se seroit rendue à leurs discours;
Mais, si vous ne régnez, vous vous plaignez toujours⁸.
Avec Britannicus contre moi réunie,
Vous le fortifiez du parti de Junie;
Et la main de Pallas trame tous ces complots.
Et, lorsque malgré moi j'assure mon repos,
On vous voit de colère et de haine animée :
Vous voulez présenter mon rival à l'armée;
Déjà jusques au camp le bruit en a couru.

AGRIPPINE.

Moi, le faire empereur ? Ingrat ! l'avez vous cru ?
Quel seroit mon dessein ? qu'aurois-je pu prétendre ?
Quels honneurs dans sa cour, quel rang pourrois-je attendre⁹ ?
Ah! si sous votre empire on ne m'épargne pas,
Si mes accusateurs observent tous mes pas,
Si de leur empereur ils poursuivent la mère,
Que ferois-je au milieu d'une cour étrangère ?
Ils me reprocheroient, non des cris impuissants,
Des desseins étouffés aussitôt que naissants,
Mais des crimes pour vous commis à votre vue,
Et dont je ne serois que trop tôt convaincue.
Vous ne me trompez point, je vois tous vos détours;
Vous êtes un ingrat, vous le fûtes toujours :
Dès vos plus jeunes ans, mes soins et mes tendresses
N'ont arraché de vous que de feintes caresses.
Rien ne vous a pu vaincre; et votre dureté
Auroit dû dans son cours arrêter ma bonté.
Que je suis malheureuse ! Et par quelle infortune
Faut-il que tous mes soins me rendent importune !
Je n'ai qu'un fils. O ciel ! qui m'entends aujourd'hui,
T'ai-je fait quelques vœux qui ne fussent pour lui ?
Remords, crainte, périls, rien ne m'a retenue;
J'ai vaincu ses mépris; j'ai détourné ma vue
Des malheurs qui dès lors me furent annoncés;
J'ai fait ce que j'ai pu : vous régnez, c'est assez,

Avec ma liberté, que vous m'avez ravie,
Si vous le souhaitez, prenez encor ma vie,
Pourvu que par ma mort tout le peuple irrité
Ne vous ravisse pas ce qui m'a tant coûté.
NÉRON.
Hé bien donc, prononcez. Que voulez-vous qu'on fasse?
AGRIPPINE.
De mes accusateurs qu'on punisse l'audace;
Que de Britannicus on calme le courroux;
Que Junie à son choix puisse prendre un époux;
Qu'ils soient libres tous deux, et que Pallas demeure;
Que vous me permettiez de vous voir à toute heure;
(Apercevant Burrhus dans le fond du théâtre.)
Que ce même Burrhus, qui nous vient écouter,
A votre porte enfin n'ose plus m'arrêter.
NÉRON.
Oui, madame, je veux que ma reconnoissance
Désormais dans les cœurs grave votre puissance;
Et je bénis déjà cette heureuse froideur,
Qui de notre amitié va rallumer l'ardeur.
Quoi que Pallas ait fait, il suffit, je l'oublie;
Avec Britannicus je me réconcilie;
Et, quant à cet amour qui nous a séparés,
Je vous fais notre arbitre, et vous nous jugerez.
Allez donc, et portez cette joie à mon frère.
Gardes, qu'on obéisse aux ordres de ma mère.

SCÈNE III.

NÉRON, BURRHUS.

BURRHUS.
Que cette paix, seigneur, et ces embrassements
Vont offrir à mes yeux de spectacles charmants!
Vous savez si jamais ma voix lui fut contraire,
Si de son amitié j'ai voulu vous distraire,
Et si j'ai mérité cet injuste courroux.
NÉRON.
Je ne vous flatte point, je me plaignois de vous,
Burrhus : je vous ai crus tous deux d'intelligence;
Mais son inimitié vous rend ma confiance.
Elle se hâte trop, Burrhus, de triompher :
J'embrasse mon rival, mais c'est pour l'étouffer.

ACTE IV, SCÈNE III.

BURRHUS.

Quoi, seigneur !

NÉRON.

C'en est trop ; il faut que sa ruine
Me délivre à jamais des fureurs d'Agrippine.
Tant qu'il respirera, je ne vis qu'à demi.
Elle m'a fatigué de ce nom ennemi ;
Et je ne prétends pas que sa coupable audace
Une seconde fois lui promette ma place.

BURRHUS.

Elle va donc bientôt pleurer Britannicus.

NÉRON.

Avant la fin du jour je ne le craindrai plus.

BURRHUS.

Et qui de ce dessein vous inspire l'envie ?

NÉRON.

Ma gloire, mon amour, ma sûreté, ma vie.

BURRHUS.

Non, quoi que vous disiez, cet horrible dessein
Ne fut jamais, seigneur, conçu dans votre sein.

NÉRON.

Burrhus !

BURRHUS.

De votre bouche, ô ciel ! puis-je l'apprendre ?
Vous-même, sans frémir, avez-vous pu l'entendre ?
Songez-vous dans quel sang vous allez vous baigner ?
Néron dans tous les cœurs est-il las de régner ?
Que dira-t-on de vous ? Quelle est votre pensée ?

NÉRON.

Quoi ! toujours enchaîné de ma gloire passée,
J'aurai devant les yeux je ne sais quel amour
Que le hasard nous donne et nous ôte en un jour ?
Soumis à tous leurs vœux, à mes désirs contraire,
Suis-je leur empereur seulement pour leur plaire ?

BURRHUS.

Et ne suffit-il pas, seigneur, à vos souhaits
Que le bonheur public soit un de vos bienfaits ?
C'est à vous à choisir, vous êtes encor maître.
Vertueux jusqu'ici, vous pouvez toujours l'être :
Le chemin est tracé, rien ne vous retient plus ;
Vous n'avez qu'à marcher de vertus en vertus.
Mais, si de vos flatteurs vous suivez la maxime,
Il vous faudra, seigneur, courir de crime en crime,

Soutenir vos rigueurs par d'autres cruautés,
Et laver dans le sang vos bras ensanglantés [12].
Britannicus mourant excitera le zèle
De ses amis, tout prêts à prendre sa querelle.
Ces vengeurs trouveront de nouveaux défenseurs,
Qui, même après leur mort, auront des successeurs :
Vous allumez un feu qui ne pourra s'éteindre.
Craint de tout l'univers, il vous faudra tout craindre,
Toujours punir, toujours trembler dans vos projets,
Et pour vos ennemis compter tous vos sujets [13].
Ah! de vos premiers ans l'heureuse expérience
Vous fait-elle, seigneur, haïr votre innocence?
Songez-vous au bonheur qui les a signalés?
Dans quel repos, ô ciel, les avez-vous coulés!
Quel plaisir de penser et de dire en vous-même :
« Partout, en ce moment, on me bénit, on m'aime;
« On ne voit point le peuple à mon nom s'alarmer [14];
« Le ciel dans tous leurs pleurs ne m'entend point nommer;
« Leur sombre inimitié ne fuit point mon visage [15];
« Je vois voler partout les cœurs à mon passage! »
Tels étoient vos plaisirs. Quel changement, ô dieux!
Le sang le plus abject vous étoit précieux :
Un jour, il m'en souvient, le sénat équitable
Vous pressoit de souscrire à la mort d'un coupable;
Vous résistiez, seigneur, à leur sévérité;
Votre cœur s'accusoit de trop de cruauté;
Et, plaignant les malheurs attachés à l'empire,
« Je voudrois, disiez-vous, ne savoir pas écrire [16]. »
Non, ou vous me croirez, ou bien de ce malheur
Ma mort m'épargnera la vue et la douleur :
On ne me verra point survivre à votre gloire.
Si vous allez commettre une action si noire,
(Se jetant aux pieds de Néron.)
Me voilà prêt, seigneur : avant que de partir,
Faites percer ce cœur qui n'y peut consentir;
Appelez les cruels qui vous l'ont inspirée;
Qu'ils viennent essayer leur main mal assurée....
Mais je vois que mes pleurs touchent mon empereur;
Je vois que sa vertu frémit de leur fureur.
Ne perdez point de temps, nommez-moi les perfides
Qui vous osent donner ces conseils parricides;
Appelez votre frère, oubliez dans ses bras....

NÉRON.
Ah! que demandez-vous?
BURRHUS.
Non, il ne vous hait pas,
Seigneur; on le trahit : je sais son innocence;
Je vous réponds pour lui de son obéissance.
J'y cours. Je vais presser un entretien si doux.
NÉRON.
Dans mon appartement qu'il m'attende avec vous.

SCÈNE IV.
NÉRON, NARCISSE.

NARCISSE.
Seigneur, j'ai tout prévu pour une mort si juste :
Le poison est tout prêt. La fameuse Locuste [17]
A redoublé pour moi ses soins officieux :
Elle a fait expirer un esclave à mes yeux;
Et le fer est moins prompt, pour trancher une vie,
Que le nouveau poison que sa main me confie.
NÉRON.
Narcisse, c'est assez; je reconnois ce soin,
Et ne souhaite pas que vous alliez plus loin.
NARCISSE.
Quoi! pour Britannicus votre haine affoiblie
Me défend....
NÉRON.
Oui, Narcisse : on nous réconcilie.
NARCISSE.
Je me garderai bien de vous en détourner,
Seigneur. Mais il s'est vu tantôt emprisonner :
Cette offense en son cœur sera longtemps nouvelle.
Il n'est point de secrets que le temps ne révèle :
Il saura que ma main lui devoit présenter
Un poison que votre ordre avoit fait apprêter.
Les dieux de ce dessein puissent-ils le distraire!
Mais peut-être il fera ce que vous n'osez faire.
NÉRON.
On répond de son cœur; et je vaincrai le mien.
NARCISSE.
Et l'hymen de Junie en est-il le lien?
Seigneur, lui faites-vous encor ce sacrifice?

NÉRON.
C'est prendre trop de soin. Quoi qu'il en soit, Narcisse,
Je ne le compte plus parmi mes ennemis.
NARCISSE.
Agrippine, seigneur, se l'étoit bien promis :
Elle a repris sur vous son souverain empire.
NÉRON.
Quoi donc? Qu'a-t-elle dit? et que voulez-vous dire?
NARCISSE.
Elle s'en est vantée assez publiquement.
NÉRON.
De quoi?
NARCISSE.
Qu'elle n'avoit qu'à vous voir un moment;
Qu'à tout ce grand éclat, à ce courroux funeste,
On verroit succéder un silence modeste;
Que vous-même à la paix souscririez le premier,
Heureux que sa bonté daignât tout oublier!
NÉRON.
Mais, Narcisse, dis-moi, que veux-tu que je fasse?
Je n'ai que trop de pente à punir son audace;
Et, si je m'en croyois, ce triomphe indiscret
Seroit bientôt suivi d'un éternel regret.
Mais de tout l'univers quel sera le langage?
Sur les pas des tyrans veux-tu que je m'engage,
Et que Rome, effaçant tant de titres d'honneur,
Me laisse pour tout nom celui d'empoisonneur?
Ils mettront ma vengeance au rang des parricides.
NARCISSE.
Et prenez-vous, seigneur, leurs caprices pour guides?
Avez-vous prétendu qu'ils se tairoient toujours?
Est-ce à vous de prêter l'oreille à leurs discours?
De vos propres désirs perdrez-vous la mémoire?
Et serez-vous le seul que vous n'oserez croire?
Mais, seigneur, les Romains ne vous sont pas connus:
Non, non, dans leurs discours ils sont plus retenus.
Tant de précaution affoiblit votre règne :
Ils croiront, en effet, mériter qu'on les craigne.
Au joug, depuis longtemps, ils se sont façonnés;
Ils adorent la main qui les tient enchaînés.
Vous les verrez toujours ardents à vous complaire;
Leur prompte servitude a fatigué Tibère¹.

ACTE IV, SCÈNE IV.

Moi-même, revêtu d'un pouvoir emprunté,
Que je reçus de Claude avec la liberté,
J'ai cent fois, dans le cours de ma gloire passée,
Tenté leur patience, et ne l'ai point lassée.
D'un empoisonnement vous craignez la noirceur?
Faites périr le frère, abandonnez la sœur ;
Rome, sur les autels prodiguant les victimes,
Fussent-ils innocents, leur trouvera des crimes :
Vous verrez mettre au rang des jours infortunés
Ceux où jadis la sœur et le frère sont nés [19].

NÉRON.

Narcisse, encore un coup, je ne puis l'entreprendre.
J'ai promis à Burrhus, il a fallu me rendre.
Je ne veux point encore, en lui manquant de foi,
Donner à sa vertu des armes contre moi.
J'oppose à ses raisons un courage inutile :
Je ne l'écoute point avec un cœur tranquille.

NARCISSE.

Burrhus ne pense pas, seigneur, tout ce qu'il dit :
Son adroite vertu ménage son crédit ;
Ou plutôt ils n'ont tous qu'une même pensée.
Ils verroient par ce coup leur puissance abaissée ;
Vous seriez libre alors, seigneur, et devant vous
Ces maîtres orgueilleux fléchiroient comme nous.
Quoi donc! ignorez-vous tout ce qu'ils osent dire?
« Néron, s'ils en sont crus, n'est point né pour l'empire ;
« Il ne dit, il ne fait que ce qu'on lui prescrit :
« Burrhus conduit son cœur, Sénèque son esprit.
« Pour toute ambition, pour vertu singulière,
« Il excelle à conduire un char dans la carrière,
« A disputer des prix indignes de ses mains [20],
« A se donner lui-même en spectacle aux Romains,
« A venir prodiguer sa voix sur un théâtre,
« A réciter des chants qu'il veut qu'on idolâtre ;
« Tandis que des soldats, de moments en moments,
« Vont arracher pour lui les applaudissements. »
Ah! ne voulez-vous pas les forcer à se taire ?

NÉRON.

Viens, Narcisse : allons voir ce que nous devons faire.

FIN DU QUATRIÈME ACTE.

ACTE CINQUIÈME.

SCÈNE I.
BRITANNICUS, JUNIE.

BRITANNICUS.
Oui, madame, Néron, qui l'auroit pu penser?
Dans son appartement m'attend pour m'embrasser.
Il y fait de sa cour inviter la jeunesse;
Il veut que d'un festin la pompe et l'allégresse
Confirment à leurs yeux la foi de nos serments,
Et réchauffent l'ardeur de nos embrassements;
Il éteint cet amour, source de tant de haine;
Il vous fait de mon sort arbitre souveraine.
Pour moi, quoique banni du rang de mes aïeux,
Quoique de leur dépouille il se pare à mes yeux;
Depuis qu'à mon amour cessant d'être contraire
Il semble me céder la gloire de vous plaire,
Mon cœur, je l'avouerai, lui pardonne en secret,
Et lui laisse le reste avec moins de regret.
Quoi! je ne serai plus séparé de vos charmes!
Quoi! même en ce moment, je puis voir sans alarmes
Ces yeux que n'ont émus ni soupirs ni terreur,
Qui m'ont sacrifié l'empire et l'empereur!
Ah! madame.... Mais quoi! Quelle nouvelle crainte
Tient parmi mes transports votre joie en contrainte?
D'où vient qu'en m'écoutant, vos yeux, vos tristes yeux
Avec de longs regards se tournent vers les cieux?
Qu'est-ce que vous craignez?

JUNIE.
Je l'ignore moi-même;
Mais je crains.

BRITANNICUS.
Vous m'aimez?

JUNIE.
Hélas! si je vous aime!

BRITANNICUS.
Néron ne trouble plus notre félicité.
JUNIE.
Mais me répondez-vous de sa sincérité?
BRITANNICUS.
Quoi! vous le soupçonnez d'une haine couverte?
JUNIE.
Néron m'aimoit tantôt, il juroit votre perte;
Il me fuit, il vous cherche; un si grand changement
Peut-il être, seigneur, l'ouvrage d'un moment?
BRITANNICUS.
Cet ouvrage, madame, est un coup d'Agrippine :
Elle a cru que ma perte entraînoit sa ruine.
Grâce aux préventions de son esprit jaloux,
Nos plus grands ennemis ont combattu pour nous.
Je m'en fie aux transports qu'elle m'a fait paroître;
Je m'en fie à Burrhus; j'en crois même son maître :
Je crois qu'à mon exemple, impuissant à trahir,
Il hait à cœur ouvert, ou cesse de haïr.
JUNIE.
Seigneur, ne jugez pas de son cœur par le vôtre :
Sur des pas différents vous marchez l'un et l'autre.
Je ne connois Néron et la cour que d'un jour;
Mais, si j'ose le dire, hélas! dans cette cour
Combien tout ce qu'on dit est loin de ce qu'on pense!
Que la bouche et le cœur sont peu d'intelligence!
Avec combien de joie on y trahit sa foi!
Quel séjour étranger et pour vous et pour moi!
BRITANNICUS.
Mais que son amitié soit véritable ou feinte,
Si vous craignez Néron, lui-même est-il sans crainte?
Non, non, il n'ira point, par un lâche attentat,
Soulever contre lui le peuple et le sénat.
Que dis-je? Il reconnoît sa dernière injustice;
Ses remords ont paru, même aux yeux de Narcisse.
Ah! s'il vous avoit dit, ma princesse, à quel point....
JUNIE.
Mais Narcisse, seigneur, ne vous trahit-il point?
BRITANNICUS.
Et pourquoi voulez-vous que mon cœur s'en défie?
JUNIE.
Et que sais-je? Il y va, seigneur, de votre vie :

Tout m'est suspect : je crains que tout ne soit séduit;
Je crains Néron; je crains le malheur qui me suit.
D'un noir pressentiment malgré moi prévenue,
Je vous laisse à regret éloigner de ma vue.
Hélas! si cette paix dont vous vous repaissez
Couvroit contre vos jours quelques piéges dressés;
Si Néron, irrité de notre intelligence,
Avoit choisi la nuit pour cacher sa vengeance;
S'il préparoit ses coups tandis que je vous vois;
Et si je vous parlois pour la dernière fois!
Ah! prince.

BRITANNICUS.

Vous pleurez! Ah! ma chère princesse,
Et pour moi jusque-là votre cœur s'intéresse!
Quoi, madame! en un jour où, plein de sa grandeur,
Néron croit éblouir vos yeux de sa splendeur,
Dans des lieux où chacun me fuit et le révère,
Aux pompes de sa cour préférer ma misère!
Quoi! dans ce même jour et dans ces mêmes lieux,
Refuser un empire, et pleurer à mes yeux!
Mais, madame, arrêtez ces précieuses larmes :
Mon retour va bientôt dissiper vos alarmes.
Je me rendrois suspect par un plus long séjour :
Adieu. Je vais, le cœur tout plein de mon amour,
Au milieu des transports d'une aveugle jeunesse,
Ne voir, n'entretenir que ma belle princesse.
Adieu.

JUNIE.

Prince....

BRITANNICUS.

On m'attend, madame, il faut partir.

JUNIE.

Mais du moins attendez qu'on vous vienne avertir.

SCÈNE II.

BRITANNICUS, AGRIPPINE, JUNIE.

AGRIPPINE.

Prince, que tardez-vous? Partez en diligence.
Néron impatient se plaint de votre absence.
La joie et le plaisir de tous les conviés
Attend, pour éclater, que vous vous embrassiez.

Ne faites point languir une si juste envie ;
Allez. Et nous, madame, allons chez Octavie.
BRITANNICUS.
Allez, belle Junie ; et, d'un esprit content,
Hâtez-vous d'embrasser ma sœur qui vous attend.
Dès que je le pourrai, je reviens sur vos traces [2],
Madame ; et de vos soins j'irai vous rendre grâces.

SCÈNE III.
AGRIPPINE, JUNIE.

AGRIPPINE.
Madame, ou je me trompe, ou durant vos adieux
Quelques pleurs répandus ont obscurci vos yeux.
Puis-je savoir quel trouble a formé ce nuage ?
Doutez-vous d'une paix dont je fais mon ouvrage ?
JUNIE.
Après tous les ennuis que ce jour m'a coûtés,
Ai-je pu rassurer mes esprits agités ?
Hélas ! à peine encor je conçois ce miracle.
Quand même à vos bontés je craindrois quelque obstacle,
Le changement, madame, est commun à la cour ;
Et toujours quelque crainte accompagne l'amour.
AGRIPPINE.
Il suffit, j'ai parlé, tout a changé de face :
Mes soins à vos soupçons ne laissent point de place.
Je réponds d'une paix jurée entre mes mains ;
Néron m'en a donné des gages trop certains.
Ah ! si vous aviez vu par combien de caresses
Il m'a renouvelé la foi de ses promesses ;
Par quels embrassements il vient de m'arrêter !
Ses bras, dans nos adieux, ne pouvoient me quitter.
Sa facile bonté, sur son front répandue,
Jusqu'aux moindres secrets est d'abord descendue :
Il s'épanchoit en fils qui vient en liberté
Dans le sein de sa mère oublier sa fierté [3]
Mais bientôt reprenant un visage sévère,
Tel que d'un empereur qui consulte sa mère,
Sa confidence auguste a mis entre mes mains
Des secrets d'où dépend le destin des humains.

Non, il le faut ici confesser à sa gloire,
Son cœur n'enferme point une malice noire;
Et nos seuls ennemis, altérant sa bonté,
Abusoient contre nous de sa facilité :
Mais enfin, à son tour, leur puissance décline;
Rome encore une fois va connoître Agrippine;
Déjà de ma faveur on adore le bruit.
Cependant en ces lieux n'attendons pas la nuit :
Passons chez Octavie, et donnons-lui le reste
D'un jour autant heureux que je l'ai cru funeste.
Mais qu'est-ce que j'entends? Quel tumulte confus!
Que peut-on faire?

JUNIE.

O ciel, sauvez Britannicus!

SCÈNE IV.

AGRIPPINE, JUNIE, BURRHUS.

AGRIPPINE.

Burrhus, où courez-vous? Arrêtez. Que veut dire....

BURRHUS.

Madame, c'en est fait, Britannicus expire.

JUNIE.

Ah! mon prince!

AGRIPPINE

Il expire?

BURRHUS.

Ou plutôt il est mort, Madame.

JUNIE.

Pardonnez, madame, à ce transport.
Je vais le secourir, si je puis, ou le suivre.

SCÈNE V.

AGRIPPINE, BURRHUS.

AGRIPPINE.

Quel attentat, Burrhus!

BURRHUS.

Je n'y pourrai survivre,

ACTE V, SCÈNE VI.

Madame; il faut quitter la cour et l'empereur.
AGRIPPINE.
Quoi! du sang de son frère il n'a point eu d'horreur!
BURRHUS.
Ce dessein s'est conduit avec plus de mystère.
A peine l'empereur a vu venir son frère,
Il se lève, il l'embrasse, on se tait; et soudain
César prend le premier une coupe à la main :
« Pour achever ce jour sous de meilleurs auspices,
« Ma main de cette coupe épanche les prémices,
« Dit-il. Dieux, que j'appelle à cette effusion,
« Venez favoriser notre réunion. »
Par les mêmes serments Britannicus se lie.
La coupe dans ses mains par Narcisse est remplie;
Mais ses lèvres à peine en ont touché les bords,
Le fer ne produit point de si puissants efforts,
Madame : la lumière à ses yeux est ravie;
Il tombe sur son lit sans chaleur et sans vie.
Jugez combien ce coup frappe tous les esprits :
La moitié s'épouvante et sort avec des cris;
Mais ceux qui de la cour ont un plus long usage,
Sur les yeux de César composent leur visage.
Cependant sur son lit il demeure penché;
D'aucun étonnement il ne paroît touché :
« Ce mal dont vous craignez, dit-il, la violence
« A souvent sans péril attaqué son enfance⁴. »
Narcisse veut en vain affecter quelque ennui,
Et sa perfide joie éclate malgré lui.
Pour moi, dût l'empereur punir ma hardiesse,
D'une odieuse cour j'ai traversé la presse;
Et j'allois, accablé de cet assassinat,
Pleurer Britannicus, César et tout l'État.
AGRIPPINE.
Le voici. Vous verrez si c'est moi qui l'inspire⁵.

SCÈNE VI.

NÉRON, AGRIPPINE, BURRHUS, NARCISSE.

NÉRON, voyant Agrippine.
Dieux!
AGRIPPINE.
Arrêtez, Néron : j'ai deux mots à vous **dire**.

Britannicus est mort : je reconnois les coups;
Je connois l'assassin.
NÉRON.
Et qui, madame?
AGRIPPINE.
Vous.
NÉRON.
Moi! Voilà les soupçons dont vous êtes capable.
Il n'est point de malheur dont je ne sois coupable.
Et, si l'on veut, madame, écouter vos discours,
Ma main de Claude même aura tranché les jours.
Son fils vous étoit cher, sa mort peut vous confondre;
Mais des coups du destin je ne puis pas répondre.
AGRIPPINE.
Non, non, Britannicus est mort empoisonné;
Narcisse a fait le coup, vous l'avez ordonné.
NÉRON.
Madame!... Mais qui peut vous tenir ce langage?
NARCISSE.
Hé! seigneur, ce soupçon vous fait-il tant d'outrage?
Britannicus, madame, eut des desseins secrets
Qui vous auroient coûté de plus justes regrets :
Il aspiroit plus loin qu'à l'hymen de Junie;
De vos propres bontés il vous auroit punie.
Il vous trompoit vous-même; et son cœur offensé
Prétendoit tôt ou tard rappeler le passé.
Soit donc que malgré vous le sort vous ait servie,
Soit qu'instruit des complots qui menaçoient sa vie
Sur ma fidélité César s'en soit remis,
Laissez les pleurs, madame, à vos seuls ennemis :
Qu'ils mettent ce malheur au rang des plus sinistres
Mais vous....
AGRIPPINE.
Poursuis, Néron : avec de tels ministres,
Par des faits glorieux tu te vas signaler;
Poursuis. Tu n'as pas fait ce pas pour reculer :
Ta main a commencé par le sang de ton frère;
Je prévois que tes coups viendront jusqu'à ta mère.
Dans le fond de ton cœur je sais que tu me hais[7];
Tu voudras t'affranchir du joug de mes bienfaits.
Mais je veux que ma mort te soit même inutile :
Ne crois pas qu'en mourant je te laisse tranquill

Rome, ce ciel, ce jour que tu reçus de moi,
Partout, à tout moment, m'offriront devant toi.
Tes remords te suivront comme autant de furies;
Tu croiras les calmer par d'autres barbaries;
Ta fureur, s'irritant soi-même dans son cours,
D'un sang toujours nouveau marquera tous tes jours,
Mais j'espère qu'enfin le ciel, las de tes crimes,
Ajoutera ta perte à tant d'autres victimes;
Qu'après t'être couvert de leur sang et du mien,
Tu te verras forcé de répandre le tien;
Et ton nom paroîtra, dans la race future,
Aux plus cruels tyrans une cruelle injure.
Voilà ce que mon cœur se présage de toi.
Adieu : tu peux sortir.

NÉRON.

Narcisse, suivez-moi.

SCÈNE VII.

AGRIPPINE, BURRHUS.

AGRIPPINE.

Ah, ciel! de mes soupçons quelle étoit l'injustice!
Je condamnois Burrhus pour écouter Narcisse!
Burrhus, avez-vous vu quels regards furieux
Néron en me quittant m'a laissés pour adieux?
C'en est fait, le cruel n'a plus rien qui l'arrête;
Le coup qu'on m'a prédit va tomber sur ma tête.
Il vous accablera vous-même à votre tour.

BURRHUS.

Ah! madame, pour moi, j'ai vécu trop d'un jour.
Plût au ciel que sa main, heureusement cruelle,
Eût fait sur moi l'essai de sa fureur nouvelle!
Qu'il ne m'eût pas donné, par ce triste attentat,
Un gage trop certain des malheurs de l'État!
Son crime seul n'est pas ce qui me désespère;
Sa jalousie a pu l'armer contre son frère :
Mais s'il vous faut, madame, expliquer ma douleur,
Néron l'a vu mourir sans changer de couleur.
Ses yeux indifférents ont déjà la constance
D'un tyran dans le crime endurci dès l'enfance.

Qu'il achève, madame, et qu'il fasse périr
Un ministre importun qui ne le peut souffrir.
Hélas! loin de vouloir éviter sa colère,
La plus soudaine mort me sera la plus chère.

SCÈNE VIII.

AGRIPPINE, BURRHUS, ALBINE.

ALBINE.

Ah! madame, ah! seigneur, courez vers l'empereur;
Venez sauver César de sa propre fureur;
Il se voit pour jamais séparé de Junie.

AGRIPPINE.

Quoi! Junie elle-même a terminé sa vie?

ALBINE.

Pour accabler César d'un éternel ennui,
Madame, sans mourir elle est morte pour lui.
Vous savez de ces lieux comme elle s'est ravie :
Elle a feint de passer chez la triste Octavie;
Mais bientôt elle a pris des chemins écartés,
Où mes yeux ont suivi ses pas précipités.
Des portes du palais elle sort éperdue.
D'abord elle a d'Auguste aperçu la statue;
Et, mouillant de ses pleurs le marbre de ses pieds,
Que de ses bras pressants elle tenoit liés :
« Prince, par ces genoux, dit-elle, que j'embrasse,
« Protége en ce moment le reste de ta race;
« Rome, dans ton palais, vient de voir immoler
« Le seul de tes neveux qui te pût ressembler.
« On veut après sa mort que je lui sois parjure;
« Mais pour lui conserver une foi toujours pure,
« Prince, je me dévoue à ces dieux immortels
« Dont ta vertu t'a fait partager les autels. »
Le peuple cependant, que ce spectacle étonne,
Vole de toutes parts, se presse, l'environne,
S'attendrit à ses pleurs, et, plaignant son ennui,
D'une commune voix la prend sous son appui;
Ils la mènent au temple, où depuis tant d'années
Au culte des autels nos vierges destinées
Gardent fidèlement le dépôt précieux
Du feu toujours ardent qui brûle pour nos dieux.

César les voit partir sans oser les distraire.
Narcisse, plus hardi, s'empresse pour lui plaire;
Il vole vers Junie; et, sans s'épouvanter,
D'une profane main commence à l'arrêter.
De mille coups mortels son audace est punie;
Son infidèle sang rejaillit sur Junie.
César, de tant d'objets en même temps frappé,
Le laisse entre les mains qui l'ont enveloppé.
Il rentre. Chacun fuit son silence farouche;
Le seul nom de Junie échappe de sa bouche.
Il marche sans dessein; ses yeux mal assurés
N'osent lever au ciel leurs regards égarés;
Et l'on craint, si la nuit jointe à la solitude
Vient de son désespoir aigrir l'inquiétude,
Si vous l'abandonnez plus longtemps sans secours,
Que sa douleur bientôt n'attente sur ses jours.
Le temps presse : courez. Il ne faut qu'un caprice;
Il se perdroit, madame.

AGRIPPINE.
           Il se feroit justice.
Mais, Burrhus, allons voir jusqu'où vont ses transports :
Voyons quel changement produiront ses remords;
S'il voudra désormais suivre d'autres maximes.

BURRHUS
Plût aux dieux que ce fût le dernier de ses crimes!

FIN DU CINQUIÈME ACTE.

NOTES ET VARIANTES.

ACTE PREMIER (p. 355).

1. « Comparare nemo mansuetudini tuæ audebit divum Au-
« gustum, etiamsi in certamen juvenilium annorum deduxerit
« senectutem plus quam maturam. » (SÉNÈQUE, *de Clementia*
lib. I, c. 11.)

2. Agrippine étoit petite-fille de Claudius Drusus Néron, fils
de Tibérius Claudius Néron et de Livie. La famille des Claudies
étoit une des plus anciennes et des plus illustres de Rome.

3. Plus connu sous le nom de Caligula.

4. « In palatium ob id vocabantur (patres), ut adstaret abditis
« a tergo foribus velo discreta, quod visum arceret, auditum
« non adimeret. » (TACITE, *Annales*, liv. XIII, ch. 5.)

5. « Quin et legatis Armeniorum, causam gentis apud Nero-
« nem orantibus, escendere suggestum imperatoris et præsidere
« simul parabat; nisi, cæteris pavore defixis, Seneca admonuisset
« venienti matri occurreret. Ita, specie pietatis, obviam itum
« dedecori. » (Idem, *ibid*.)

6. Ce vers est une imitation d'un fort beau vers de Corneille,
qui, dans *Nicomède* (acte V, sc. 1), dit, en parlant de Rome :

Sa sagesse profonde
S'achemine à grands pas à l'empire du monde.

7. VAR. Daignez avec César vous éclaircir du moins.

8. Burrhus n'étoit que tribun lorsque Agrippine le choisit pour
être gouverneur de Néron et préfet des cohortes prétoriennes.
« Transfertur regimen cohortium ad Burrhum Afranium, egregiæ
« militaris famæ, gnarum tamen cujus sponte præficeretur. »
(Idem, *ibid.*, liv. XII, ch. 42).

9. Agrippine étoit fille de Germanicus, qui avoit été salué im-
perator par son armée victorieuse, sœur de Caligula, femme
de Claude, mère de Néron. « ....Feminæ, quam imperatore ge-
« nitam, sororem ejus qui rerum potitus sit et conjugem et
« matrem fuisse, unicum ad hunc diem exemplum est. » (Idem,
ibid., liv. XII, ch. 42.)

Ce vers rappelle aussi ce passage si connu de Virgile (*Énéide*,
liv. I, v. 50) :

Ast ego quæ divum incedo regina, Jovisque
Et soror et conjux.

10. Claude, plus qu'aucun autre empereur, fut dominé par ses
affranchis; il en avoit trois principaux, Pallas, Calliste et Nar-

classe, qui étoient, à proprement parler, les maîtres de l'empire romain.

11. Thraséas, célèbre par l'austérité de sa vertu, ne resta pas toujours innocent aux yeux de Néron, qui, devenu tyran, se débarrassa d'un censeur incommode. Corbulon, général distingué, après avoir longtemps échappé, par sa modération et sa prudence, au danger de sa gloire, périt enfin victime de la haine naturelle de Néron pour tous les grands hommes et tous les honnêtes gens.

12. « ... Quumque insulas omnes, quas modo senatorum, jam « delatorum turba compleret. » (PLINE LE JEUNE, *Panég. de Trajan*, ch. 35.)

13. Racine semble avoir eu en vue ce beau passage de la vie d'Agricola (ch. 3), où Tacite félicite Nerva d'avoir réuni deux choses autrefois incompatibles, la liberté et la monarchie : « Res « olim dissociabiles,... principatum ac libertatem. »

14. VAR. Le sang de nos aïeux qui brille dans Junie.

15. *Nièce* est ici poétiquement pour arrière-petite-fille. Tacite dit expressément que M. Junius Silanus, frère de Junia Calvina, étoit arrière-petit-fils d'Auguste, *Divi Augusti abnepos* (*Annales*, liv. XIII, ch. 1).

16. VAR. Ne peut-il faire un pas, qu'il ne vous soit suspect?

17. Ce vers, d'une précision si énergique, peut avoir été inspiré à Racine par le passage suivant de Tacite (*Annales*, liv. XIII, ch. 19) : « Nihil rerum mortalium tam instabile ac fluxum est, « quam fama potentiæ non sua vi nixa. Statim relictum Agrip« pinæ limen. Nemo solari, nemo adire, præter paucas feminas, « amore an odio incertum. »

18. Comparez à ce mouvement de dépit et d'orgueil la fin du discours de Junon dans Virgile (*Énéide*, liv. I, v. 53) :

> Et quisquam numen Junonis adoret
> Præterea, aut supplex aris imponat honorem?

19. VAR. Lorsque Néron lui-même annonce sa ruine, etc.

20. Racine, comme il le dit lui-même dans sa première préface, s'est écarté de la vérité historique en faisant figurer Narcisse parmi les personnages de sa pièce. Tacite nous apprend (*Annales*, liv. XIII, ch. 1) qu'Agrippine l'avoit forcé de se tuer dès les premiers jours du règne de son fils.

21. VAR. Tant que l'on vous verra d'une voix suppliante.

22. VAR. Je renonce aux grandeurs où j'étois destiné.

23. VAR. . . . . Les amis de mon père
Sont autant d'inconnus qu'écarte ma misère;
Et ma jeunesse même éloigne loin de moi.

ACTE SECOND (p. 366).

1. Var. Ils l'écoutent tout seul : et qui suivroit leurs pas.

« Et Nero, infensus iis quibus superbia muliebris innitebatur, de-
« movet Pallantem cura rerum, queis a Claudio impositus, velut
« arbitrum regni agebat. Ferebaturque, degrediente eo, magna
« prosequentium multitudine, non absurde dixisse, ire Pallan-
« tem ut ejuraret. » (TACITE, *Annales*, liv. XIII, ch. 14.)

2. Il suffit de ce vers pour faire sentir que ces *trois ans de vertus* n'étoient que trois ans de contrainte et d'hypocrisie, dont le terme sera le premier instant où les passions de Néron trouveront un obstacle. Quelle force de pinceau ne falloit-il pas pour peindre Néron, et quelle délicatesse de nuances pour le peindre naissant! Prendre pour sujet d'une pièce ce passage si difficile à marquer, étoit par soi-même un trait de génie. (LA HARPE.)

3. Auguste, pour épouser Livie, répudia Scribonie; et Livie, quoique déjà enceinte de plusieurs mois, se sépara de Claudius Tibérius Néron, dont elle avoit déjà un fils; elle fit entrer, par ce mariage, la postérité des Nérons dans la famille des Césars.

4. Plutarque rapporte qu'Antoine, perdant toujours au jeu contre Octave, consulta un devin qui lui conseilla de s'éloigner le plus qu'il pourroit de ce jeune homme : « Car, lui dit-il, vo-
« tre génie redoute le sien; il est fier et hardi quand il est seul;
« mais, à l'approche de l'autre, il devient bas et timide. » (*Vie d'Antoine*, ch. 33.)

5. Il n'étoit pas naturel que Junie vînt d'elle-même trouver Néron, et il l'étoit au contraire qu'elle se rendît auprès d'Octavie. La manière dont elle rencontre Néron est fort bien imaginée. Louis Racine observe à ce sujet, comme dans beaucoup d'autres occasions, que les personnages de Racine n'entrent et ne sortent jamais sans un motif convenable. (LA HARPE.)

6. Var. Digne de l'univers à qui vous les devez.

7. Var. Quand l'empire sembloit suivre son hyménée.

8. Ceux qui désapprouvent cette scène, parce que, disent-ils, s'aller cacher pour entendre une conversation est un jeu puéril qui ne convient pas au sérieux de la tragédie, ne font pas attention que ce n'est pas ici un jeu, mais une cruauté dont Néron seul est capable. Il veut que Junie prononce elle-même à son amant l'arrêt de son bannissement : elle sera la cause de sa mort, s'il lui échappe un geste, un soupir, ou un regard. Quelle situation que celle de Junie, qui sait que Néron l'entend et la voit! et qu'une pareille scène doit exciter l'attention du spectateur! (L. RACINE.)

Cette scène a d'ailleurs un double effet; car, si l'on y prend garde, Néron ne souffre pas moins que les deux amants qu'il met à la gêne. Britannicus ne dit pas un mot qui ne fasse sentir combien il est aimé, et son rival l'entend. (LA HARPE.)

9. Ce vers rappelle celui qu'on a vu un peu plus haut (acte II, sc. 3) :

> J'entendrai des regards que vous croirez muets.

Et ce vers d'Ovide (*Héroïdes*, II, v. 51) :

> Credidimus lacrymis : an et hæ simulare docentur?

10. Var. Après ce coup, Narcisse, à quoi dois-je m'attendre?

ACTE TROISIÈME (p. 379).

1 Racine, avant de donner sa pièce aux comédiens, supprima, au commencement de cet acte, par les conseils de Boileau, une scène entre Burrhus et Narcisse. Boileau conserva cette scène et la remit dans la suite à L. Racine. La voici :

BURRHUS.
Quoi! Narcisse, au palais obsédant l'empereur,
Laisse Britannicus en proie à sa fureur!
Narcisse qui devroit d'une amitié sincère
Sacrifier au fils tout ce qu'il tient du père;
Qui devroit, en plaignant avec lui son malheur,
Loin des yeux de César détourner sa douleur!
Voulez-vous qu'accablé d'horreur, d'inquiétude,
Pressé du désespoir qui suit la solitude,
Il avance sa perte en voulant l'éloigner,
Et force l'empereur à ne plus l'épargner?
Lorsque de Claudius l'impuissante vieillesse
Laissa de tout l'empire Agrippine maîtresse,
Qu'instruit du successeur que lui gardoient les dieux,
Il vit déjà son nom écrit dans tous les yeux;
Ce prince, à ses bienfaits mesurant votre zèle,
Crut laisser à son fils un gouverneur fidèle,
Et qui, sans s'ébranler, verroit passer un jour
Du côté de Néron la fortune et la cour.
Cependant aujourd'hui sur la moindre menace
Qui de Britannicus présage la disgrâce,
Narcisse, qui devoit le quitter le dernier,
Semble dans le malheur le plonger le premier.
César vous voit partout attendre son passage.
NARCISSE.
Avec tout l'univers je viens lui rendre hommage,
Seigneur : c'est le dessein qui m'amène en ces lieux.
BURRHUS.
Près de Britannicus vous le servirez mieux.
Craignez-vous que César n'accuse votre absence?
Sa grandeur lui répond de votre obéissance.
C'est à Britannicus qu'il faut justifier
Un soin dont ses malheurs se doivent défier.
Vous pouvez sans péril respecter sa misère;
Néron n'a point juré la perte de son frère;
Quelque froideur qui semble altérer leurs esprits,
Votre maître n'est point au nombre des proscrits.
Néron même, en son cœur touché de votre zèle,
Vous en tiendroit peut-être un compte plus fidèle
Que de tous ces respects vainement assidus,
Oubliés dans la foule aussitôt que rendus.

NARCISSE.

Ce langage, seigneur, est facile à comprendre;
Avec quelque bonté César daigne m'entendre;
Mes soins trop bien reçus pourroient vous irriter....
A l'avenir, seigneur, je saurai l'éviter.

BURRHUS.

Narcisse, vous réglez mes desseins sur les vôtres :
Ce que vous avez fait, vous l'imputez aux autres.
Ainsi lorsqu'inutile au reste des humains,
Claude laissoit gémir l'empire entre vos mains,
Le reproche éternel de votre conscience
Condamnoit devant lui Rome entière au silence.
Vous lui laissiez à peine écouter vos flatteurs,
Le reste vous sembloit autant d'accusateurs
Qui, prêts à s'élever contre votre conduite,
Alloient de nos malheurs développer la suite;
Et, lui portant les cris du peuple et du sénat,
Lui demander justice au nom de tout l'État.
Toutefois pour César je crains votre présence :
Je crains, puisqu'il vous faut parler sans complaisance,
Tous ceux qui, comme vous, flattant tous ses désirs,
Sont toujours dans son cœur du parti des plaisirs.
Jadis à nos conseils l'empereur plus docile
Affectoit pour son frère une bonté facile,
Et, de son rang pour lui modérant la splendeur,
De sa chute à ses yeux cachoit la profondeur.
Quel soupçon aujourd'hui, quel désir de vengeance
Rompt du sang des Césars l'heureuse intelligence?
Junie est enlevée, Agrippine frémit;
Jaloux et sans espoir Britannicus gémit :
Du cœur de l'empereur son épouse bannie,
D'un divorce à toute heure attend l'ignominie.
Elle pleure; et voilà ce que leur a coûté
L'entretien d'un flatteur qui veut être écouté.

NARCISSE.

Seigneur, c'est un peu loin pousser la violence;
Vous pouvez tout; j'écoute, et garde le silence.
Mes actions un jour pourront vous repartir :
Jusque-là....

BURRHUS.

Puissiez-vous bientôt me démentir!
Plût aux dieux qu'en effet ce reproche vous touche!
Je vous aiderai même à me fermer la bouche.
Sénèque, dont les soins devroient me soulager,
Occupé loin de Rome, ignore ce danger.
Réparons, vous et moi, cette absence funeste :
Du sang de nos Césars réunissons le reste.
Rapprochons-les, Narcisse, au plus tôt, dès ce jour,
Tandis qu'ils ne sont point séparés sans retour.

2. VAR. Rome et tous vos soldats honorent ses aïeux.
3. VAR. Mais si dans sa fierté votre cœur affermi.

4. On trouve dans la tragédie d'*Octavie*, attribuée à Sénèque, une scène entre Néron et Sénèque (acte II, sc. 2), dont la fin a pu donner à Racine l'idée de cette scène entre Néron et Burrhus, mais qui du reste ne mérite sous aucun rapport d'y être comparée.

5. VAR. Hé bien, Burrhus, Néron découvre son génie!

6. Ce vers et le suivant ont été conservés de la grande scène supprimée entre Burrhus et Narcisse (Voyez la fin de la 1re note du 3e acte).

7. « Præceps post hæc Agrippina ruere ad terrorem et minas, « neque principis auribus abstinere, quominus testaretur adul- « tum jam esse Britannicum, veram dignamque stirpem susci- « piendo patris imperio, quod insitus et adoptivus, per inju- « rias matris, exerceret. Non abnuere se quin cuncta infelicis do- « mus mala patefierent, suæ inprimis nuptiæ, suum veneficium. « Id solum diis et sibi provisum quod viveret privignus. Ituram « cum illo in castra. Audiretur hinc Germanici filia, debi- « lis rursus Burrhus et exsul Seneca, trunca scilicet manu et « professoria lingua, generis humani regimen expostulantes. Si- « mul intendere manus, aggerere probra, consecratum Clau- « dium, infernos Silanorum manes invocare, et tot irrita faci- « nora. » (TACITE, *Annales*, liv. XIII, ch. 14.)

8. Nous n'avons pas besoin d'avertir que le poëte s'écarte ici à dessein de la vérité historique. Rome ne choisit pas plus Néron que Tibère. Voyez dans Tacite (*Annales*, liv. XII, ch. 68 et 69) l'histoire de l'élévation de Néron.

9. Le jeune Agrippa, relégué dans l'ile de Planasia, n'étoit guère à portée de prétendre au rang qui lui appartenoit par les droits du sang. Le meurtre de ce petit-fils d'Auguste fut le premier acte du règne de Tibère.

VAR. Se vit exclus d'un rang vainement prétendu.

10. « Agrippina.... filio dare imperium, tolerare imperitantem nequibat. » (TACITE, *Annales*, liv. XII, ch. 64.)

11. Un astrologue, consulté par Agrippine, avoit prédit que Néron seroit empereur, mais qu'il tueroit sa mère. Agrippine avoit répondu : « Qu'il me tue, mais qu'il règne. » — « Occidat, dum imperet. » (TACITE, *Annales*, liv. XIV, ch. 9.)

12. VAR. Pour exciter César par la gloire pénible.

13. Voilà le texte que Racine lui-même commenta depuis avec tant d'éloquence dans la scène d'Aricie avec sa confidente, au second acte de *Phèdre* (scène 1). (GEOFFROY.)

14. VAR. Ah! n'en voilà que trop pour me faire comprendre.

15. Tacite (*Annales*, liv. XII, ch. 41) rapporte que Néron, avant la mort de Claude, ayant un jour salué le jeune prince du nom de Britannicus, celui-ci lui rendit froidement le salut, en l'appelant Domitius, lui rappelant ainsi la distance que la nature avoit mise entre eux. C'est ce trait que Racine a si bien rappelé par ce vers :

Qu'un jour Domitius me dût parler en maître.

16. « ....Dira et abominanda (vox) : *Oderint dum metuant*. Sullano scias sæculo scriptam. » (SÉNÈQUE, *de Ira*, lib. I, c. 16.)

27

ACTE QUATRIÈME (p. 391).

1. Var. Vous le voyez, c'est lui que la cour envisage.

2. « Rogata lex, qua in familiam Claudiam et nomen Nero-
« nis (Domitius) transiret. ....Quibus patratis, nemo adeo expers
« misericordiæ fuit, quem non Britannici fortunæ mœror affice-
« ret. » (TACITE, *Annales*, liv. XII, ch. 26.)

3. « Claudius optimum quemque educatorem filii exsilio a
« morte afficit, datosque a noverca custodiæ ejus imponit. »
(Idem, *ibid.*, liv. XII, ch. 41.)

4. « At Agrippina, ne malis tantum facinoribus notesceret,
« veniam exsilii pro Annæo Seneca, simul præturam impetrat,
« lætum in publicum rata, ob claritudinem studiorum ejus,
« utque Domitii pueritia tali magistro adolesceret, et consiliis
« ejusdem ad spem dominationis uterentur : quia Seneca fidus in
« Agrippinam memoria beneficii, et infensus Claudio dolore in-
« juriæ, credebatur. (Idem, *ibid.*, liv. XII, ch. 8.)

5. Rome entière ne doutoit point qu'Agrippine n'eût accéléré la mort de son mari. Voyez le récit de Tacite, *Annales*, liv. XII, ch. 66 et 67.

6. Var. J'ai vu favoriser de votre confiance.

7. *Voyez* TACITE, *Annales*, liv. XIII, ch. 12.

8. Ce vers rappelle le mot de Tibère à la mère d'Agrippine:
« Correptam græco versu admonuit *non ideo lædi, quia non*
« *regnaret.* » (TACITE, *Annales*, liv. IV, ch. 52.)

9. « Vivere ego, Britannico potiente rerum, poteram? At si
« Plautus, aut quis alius, rempublicam judicaturus obtinuerit,
« desunt scilicet mihi accusatores, qui non verba, impatientia
« caritatis aliquando incauta, sed ea crimina objiciant, quibus
« nisi a filio, absolvi non possim. » (Idem, *ibid.*, liv. XIII, ch. 21.)

10. « Colloquium filii exposcit, ubi nihil pro innocentia, quasi
« diffideret, nec beneficiis, quasi exprobraret, disseruit; sed ul-
« tionem in delatores et præmia amicis obtinuit. » (Idem, *ibid.*)

11. Cette scène est une des plus belles qu'il y ait au théâtre:
les littérateurs la placent au même rang que celle d'Auguste et
de Cinna, de Cléopâtre et de ses deux fils, de Mithridate avec ses
enfants. La différence qu'on peut remarquer entre des scènes si
imposantes et si théâtrales vient encore moins de la différence
du génie des auteurs, que de la différence du sujet. La plus intéressante, sans contredit, est celle d'Auguste et de Cinna, parce
que rien n'égale la situation du maître du monde pardonnant à
son assassin; celle de Cléopâtre, dans *Rodogune*, est la plus
terrible; celle de Mithridate, la plus brillante : mais celle d'A-
grippine et de Néron me paroît être la plus profonde pour l'art
et la peinture des caractères, et en même temps la plus grave
et la plus austère pour le style. Voltaire a dit judicieusement, à
l'occasion du discours de Cléopâtre à ses enfants, dans *Rodo-*

NOTES ET VARIANTES. 419

gune: « Il semble que Racine l'ait pris pour modèle du grand
« discours d'Agrippine à Néron; mais la situation de Cléopâtre
« est bien plus frappante, l'intérêt est beaucoup plus grand, et
« la scène bien autrement intéressante. » (GEOFFROY.)

12. Les principales idées de ces vers sont empruntées au passage suivant de Sénèque (*de Clementia*, lib. I, c. 13) : « Hoc enim
« inter cætera vel pessimum habet crudelitas, quod perseveran-
« dum est, nec ad meliora patet regressus. Scelera enim sceleri-
« bus tuenda sunt. Quid autem eo infelicius, cui jam esse malo
« necesse est? O miserabilem illum, sibi certe (nam cæteris mi-
« sereri ejus nefas sit), qui cædibus ac rapinis potentiam exer-
« cuit, qui suspecta sibi cuncta reddidit, tam externa quam do-
« mestica; quum arma metuat, ad arma confugiens; non amico-
« rum fidei credens, non liberorum pietati! Qui ubi circumspexit
« quæque fecit, quæque facturus est, et conscientiam suam
« plenam sceleribus ac tormentis adaperuit : sæpe mortem timet,
« sæpius optat; invisior sibi quam servientibus. »

13. « Frequens vindicta paucorum odium reprimit, omnium ir-
« ritat : voluntas oportet ante sæviendi quam causa deficiat.
« Alioquin, quemadmodum præcisæ arbores plurimis ramis re-
« pullulant, et multa satorum genera, ut densiora surgant, re-
« ciduntur, ita regia crudelitas auget inimicorum numerum,
« tollendo. Parentes enim liberique eorum qui interfecti sunt,
« et propinqui, et amici, in locum singulorum succedunt. » (SÉ-
« NÈQUE, *de Clementia*, lib. I, c. 8.)

« Quamvis.... recte factorum verus fructus sit fecisse, nec ul-
« lum virtutum pretium dignum illis extra ipsas sit, juvat inspi-
« cere et circuire bonam conscientiam, tum immittere oculos in
« hanc immensam multitudinem,... et ita loqui secum : Ego ex
« omnibus mortalibus placui, electusque sum, qui in terris
« deorum vice fungerer; ego vitæ necisque gentibus arbiter.
« Qualem quisque sortem, statumque habeat, in manu mea po-
« situm est.... In hac tanta facultate rerum, non ira me ad ini-
« qua supplicia compulit, non juvenilis impetus, non temeritas
« hominum et contumacia, quæ sæpe tranquillissimis pectori-
« bus quoque patientiam extorsit : non ipsa ostendendæ per ter-
« rores potentiæ dira, sed frequens magnis imperiis, gloria.
« Conditum imo constrictum apud me ferrum est, summa par-
« cimonia etiam vilissimi sanguinis, etc. » (Idem, *ibid.*, lib. I,
c. 1.)

14. VAR. On ne voit plus le peuple à mon nom s'alarmer.

15. « Illius demum magnitudo stabilis fundataque est.... quo
« procedente, non tanquam malum aliquod aut noxium animal
« e cubili prosilierit, diffugiunt, sed tanquam ad clarum ac be-
« neficum sidus certatim advolant. » (SÉNÈQUE, *de Clementia*,
lib. I, c. 3.)

16. « Animadversurus in latrones duos Burrhus præfectus tuus,
« vir egregius, et tibi Principi notus, exigebat a te, scriberes.

« in quos et ex qua causa animadverti velles. Hoc sæpe dilatum,
« ut aliquando fieret, instabat. Invitus invito quum chartam
« protulisset, traderetque, exclamasti : *Vellem nescire litteras.*
« O dignam vocem quam audirent omnes gentes quæ romanum
« imperium incolunt, quæque juxta jacent dubiæ libertatis,
« quæque se contra viribus aut animis attollunt! O vocem in
« concionem omnium mortalium mittendam, in cujus verba prin-
« cipes regesque jurarent! O vocem publica generis humani in-
« nocentia dignam, cui redderetur antiquum illud sæculum! »
(SÉNÈQUE, *de Clementia*, lib. II, c. 1.)

17. « Britannicum.... veneno aggressus est (Nero). Quod acce-
« ptum a quadam Locusta, venenariorum inclyta, quum opinione
« tardius cederet,... coegit se coram in cubiculo quam posset
« velocissimum ac præsentaneum coquere. » (SUÉTONE, *Nero*,
c. 33.)

18. Il s'écria un jour, en sortant du sénat : « O homines ad ser-
« vitutem paratos! » (Voyez TACITE, *Annales*, lib. III, c. 65.)

19. Voyez dans Tacite (*Annales*, liv. XIV, ch. 12 et 13) le récit des honteuses adulations que l'on prodigua à Néron après le
meurtre de sa mère. Le jour de la naissance d'Agrippine fut mis
au nombre des jours néfastes.

20. A l'époque choisie par Racine, Néron ne s'étoit pas encore
donné en spectacle aux Romains comme histrion et conducteur
de chars. Il n'avoit que dix-huit ans lorsqu'il empoisonna Britannicus; mais ce n'est point là, comme le suppose M. A. W.
Schlégel, une inadvertance échappée à Racine. Sachons-lui gré de
s'être permis cet anachronisme d'où il a su tirer de si grandes
beautés.

ACTE CINQUIÈME (p. 402).

1. VAR. Lui, me trahir! Hé quoi! vous voulez donc, madame,
   Qu'à d'éternels soupçons j'abandonne mon âme!
   Seul de tous mes amis, Narcisse m'est resté.
   L'a-t-on vu de mon père oublier la bonté?
   S'est-il rendu, madame, indigne de la mienne?
   Néron de temps en temps souffre qu'il l'entretienne ;
   Je le sais. Mais il peut, sans violer sa foi,
   Tenir lieu d'interprète entre Néron et moi.
   Et pourquoi voulez-vous que mon cœur s'en défie?
   JUNIE.
   Et que sais-je? etc.

2. VAR. Dès que je le pourrai, je reviens sur ses traces.

3. Le dernier entretien que Néron eut avec sa mère, dont il
avoit ordonné la mort, offre la même scène de dissimulation.
Agrippine se rendit en litière à Baïes, où Néron l'attendoit. « Ibi
« blandimentum sublevavit metum, comiter excepta superque ip-
« sum collocata. Nam pluribus sermonibus, modo familiaritate

« juvenili Nero, et rursus adductus, quasi seria consociaret,
« tracto in longum convictu, prosequitur abeuntem, artius oculis
« et pectori hærens; sive explenda simulatione, seu perituræ
« matris supremus adspectus, quamvis ferum animum retine-
bat. » (TACITE, *Annales*, liv. XIV, ch. 4.)

(11) 4. « Mos habebatur principum liberos, cum cæteris idem ætatis
« nobilibus, sedentes vesci, in adspectu propinquorum, propria
« et parciore mensa. Illic epulante Britannico, quia cibos potus-
« que ejus delectus ex ministris gustu explorabat, ne omittere-
« tur institutum, aut utriusque morte proderetur scelus, talis
« dolus repertus est. Innoxia adhuc ac præcalida, et libata gustu,
« potio traditur Britannico; dein, postquam fervore adsperna-
« batur, frigida in aqua affunditur venenum, quod ita cunctos
« ejus artus pervasit, ut vox pariter et spiritus raperentur. Tre-
« pidatur a circumsedentibus : diffugiunt imprudentes ; at qui-
« bus altior intellectus, resistunt defixi et Neronem intuen-
« tes. Ille, ut erat reclinis, et nescio similis, solitum ita ait, per
« comitialem morbum, quo primum ab infantia afflictaretur
« Britannicus, et redituros paullatim visus sensusque. At Agrip-
« pinæ is pavor, ea consternatio mentis, quamvis vultu preme-
« retur, emicuit, ut perinde ignaram fuisse, ac sororem Britan-
« nici Octaviam, constiterit : quippe sibi supremum auxilium
« ereptum, et parricidii exemplum intelligebat. Octavia quoque,
« quamvis rudibus annis, dolorem, caritatem, omnes affectus
« abscondere didicerat. Ita, post breve silentium, repetita con-
« vivii lætitia. » (TACITE, *Annales*, liv. XIII, ch. 16.)

(1) 5. VAR. Le voici. Vous verrez si je suis sa complice.
(2) — Demeurez.

Dans les premières représentations, Néron arrivoit avec Junie
fondant en larmes, et lui disoit :

> De vos pleurs j'approuve la justice.
> Mais, madame, évitez ce spectacle odieux;
> Moi-même en frémissant j'en détourne les yeux.
> Il est mort : tôt ou tard il faut qu'on vous l'avoue.
> Ainsi de nos desseins la fortune se joue :
> Quand nous nous rapprochons, le ciel nous désunit.

JUNIE.

> J'aimois Britannicus, seigneur, je vous l'ai dit.
> Si de quelque pitié ma misère est suivie,
> Qu'on me laisse chercher dans le sein d'Octavie
> Un entretien conforme à l'état où je suis.

NÉRON.

> Belle Junie, allez; moi-même je vous suis.
> Je vais, par tous les soins que la tendresse inspire,
> Vous....

C'est alors qu'Agrippine l'arrêtoit en lui disant :

> Arrêtez, Néron : j'ai deux mots à vous dire.

Cette variante formoit autrefois la scène sixième. Racine sup
prima cette scène par le conseil de Boileau.

6. Var. Madame, il vous trompoit; et son cœur offensé.

7. Var. Tu te fatigueras d'entendre tes forfaits.

8. On ne recevoit point parmi les vestales une fille au-dessus de dix ans; mais, devant des spectateurs à qui cette règle est peu connue, le poëte peut supposer une exception faite par le peuple en faveur de la vertueuse et malheureuse Junie. C'est ce qui paroît cependant à l'abbé Dubos une faute inexcusable. «Il fait donner, dit-il, par le peuple une dispense d'âge : événement ridicule par rapport à ces temps-là, où le peuple ne faisoit plus les lois.» Un homme d'esprit peut-il, par une critique si pitoyable, attaquer un dénoûment si heureux? Lorsque le spectateur, apprenant que Narcisse est déchiré par le peuple, apprend aussi que Junie est, par la protection du peuple, à l'abri de la fureur de Néron, il est content, et le grand objet du poëte est de le contenter. (L. Racine.)

FIN.

ESTHER

TRAGÉDIE TIRÉE DE L'ÉCRITURE SAINTE

PAR J. RACINE.

— 1689 —

« Vous savez ce que c'est qu'*Esther*, toutes les personnes de mérite en sont charmées.... »

« Racine n'a rien fait de plus beau ni de plus touchant.... »

« Racine s'est surpassé (dans *Esther*).... La Sainte Écriture est suivie exactement. Tout y est beau, tout y est grand, tout y est traité avec dignité. » (Madame de SÉVIGNÉ.)

« Trente vers d'*Esther* valent mieux que beaucoup de tragédies qui ont eu de grands succes. » (VOLTAIRE.)

EXTRAIT
DES SOUVENIRS DE MADAME DE CAYLUS.

« Madame de Maintenon pria Racine de lui faire, dans ses moments de loisir, quelque espèce de poëme, moral ou historique, dont l'amour fût entièrement banni, et dans lequel il ne crût pas que sa réputation fût intéressée, parce que la pièce resteroit ensevelie à Saint-Cyr, ajoutant qu'il lui importoit peu que cet ouvrage fût contre les règles, pourvu qu'il contribuât aux vues qu'elle avoit de divertir les demoiselles de Saint-Cyr en les instruisant. Cette lettre jeta Racine dans une grande agitation. Il vouloit plaire à madame de Maintenon ; le refus étoit impossible à un courtisan, et la commission délicate pour un homme qui, comme lui, avoit une grande réputation à soutenir, et qui, s'il avoit renoncé à travailler pour les comédiens, ne vouloit pas du moins détruire l'opinion que ses ouvrages avoient donnée de lui. Despréaux, qu'il alla consulter, décida brusquement pour la négative. Ce n'étoit pas le compte de Racine. Enfin, après un peu de réflexion, il trouva dans le sujet d'Esther tout ce qu'il falloit pour plaire à la cour. Despréaux lui-même en fut enchanté, et l'exhorta à travailler avec autant de zèle qu'il en avoit eu pour l'en détourner.

« Racine ne fut pas longtemps sans porter à madame de Maintenon, non-seulement le plan de sa pièce (car il avoit accoutumé de les faire en prose, scène pour scène, avant que d'en faire les vers), il porta le premier acte tout fait. Madame de Maintenon en fut charmée, et sa modestie ne put l'empêcher de trouver dans le caractère d'Esther, et dans quelques circonstances de ce sujet, des choses flatteuses pour elle. La Vasthi avoit ses applications [1], Aman des traits de ressemblance [2]; et, indépendamment de ces idées, l'histoire d'Esther convenoit parfaitement à Saint-Cyr. Les chœurs, que Racine, à l'imitation des Grecs, avoit toujours en vue de remettre sur la scène, se trouvoient placés naturellement dans *Esther;* et il étoit ravi d'avoir eu cette occasion de les faire connoître et d'en donner le goût. Enfin je crois que, si l'on fait attention au lieu, au temps et aux circonstances, on trouvera que Racine n'a pas moins marqué d'esprit en cette occasion que dans d'autres ouvrages plus beaux en eux-mêmes.

« *Esther* fut représentée un an après la résolution que madame de Maintenon avait prise de ne plus laisser jouer le pièces profanes à Saint-Cyr [3]. Elle eut un si grand succès que le souvenir n'en est pas encore effacé....

« On représenta *Esther* tout l'hiver; et cette pièce, qui devoit être renfermée dans Saint-Cyr, fut vue plusieurs fois du roi et de toute la cour, toujours avec le même applaudissement [4]. »

1. « Madame de Maintenon étoit flattée, dit madame de la Fayette, de l'invention et de l'exécution. La comédie représentoit en quelque sorte la chute de madame de Montespan, et l'élévation de madame de Maintenon. Toute la différence fut qu'Esther étoit un peu plus jeune et moins précieuse en fait de piété. L'application qu'on lui faisoit du caractère d'Esther, et celle de Vasthi à madame de Montespan, fit qu'elle ne fut pas fâchée de rendre public un divertissement qui n'avoit été fait que pour la communauté et pour quelques-unes de ses amies particulières. »

2. Avec Louvois. Quelques paroles échappées à ce ministre avoient, dit-on, donné lieu à ces vers de la 1re scène du 3e acte :

Il sait qu'il me doit tout, etc.

3. Le 26 janvier 1689.

4. Bien que Racine eût fait insérer dans le privilége d'*Esther* la défense aux comédiens de représenter une tragédie faite pour Saint-Cyr, cette pièce parut sur le théâtre le 8 mai 1721. Les chœurs avoient été supprimés. Elle eut huit représentations dans ce mois, mais qui obtinrent si peu de succès, que Louis Racine dit dans ses Remarques : « Les représentations d'*Esther* firent donc bien peu de bruit, puisque je n'en entendis point parler alors, et qu'elles m'étoient encore aujourd'hui inconnues. »

PRÉFACE DE RACINE.

La célèbre maison de Saint-Cyr ayant été principalement établie pour élever dans la piété un fort grand nombre de jeunes demoiselles rassemblées de tous les endroits du royaume, on n'y a rien oublié de tout ce qui pouvoit contribuer à les rendre capables de servir Dieu dans les différents états où il lui plaira de les appeler. Mais, en leur montrant les choses essentielles et nécessaires, on ne néglige pas de leur apprendre celles qui peuvent servir à leur polir l'esprit, et à leur former le jugement. On a imaginé pour cela plusieurs moyens, qui, sans les détourner de leur travail et de leurs exercices ordinaires, les instruisent en les divertissant; on leur met, pour ainsi dire, à profit leurs heures de récréation : on leur fait faire entre elles, sur leurs principaux devoirs, des conversations ingénieuses qu'on leur a composées exprès, ou qu'elles-mêmes composent sur-le-champ; ou les fait parler sur les histoires qu'on leur a lues, ou sur les importantes vérités qu'on leur a enseignées; on leur fait réciter par cœur et déclamer les plus beaux endroits des meilleurs poëtes : et cela leur sert surtout à les défaire de quantité de mauvaises prononciations qu'elles pourroient avoir apportées de leurs provinces; on a soin aussi de faire apprendre à chanter à celles qui ont de la voix, et on ne leur laisse pas perdre un talent qui les peut amuser innocemment, et qu'elles peuvent employer un jour à chanter les louanges de Dieu.

Mais la plupart des plus excellents vers de notre langue ayant été composés sur des matières fort profanes, et nos plus beaux airs étant sur des paroles extrêmement molles et efféminées, capables de faire des impressions dangereuses sur de jeunes esprits, les personnes illustres qui ont bien voulu prendre la principale direction de cette maison ont souhaité qu'il y eût quelque ouvrage qui, sans avoir tous ces défauts, pût produire une partie de ces bons effets. Elles me firent l'honneur de me communiquer leur dessein, et même de me demander si je ne pourrois pas faire sur quelque sujet de piété et de morale une espèce de poëme où le chant fût mêlé avec le récit, le tout lié par une action qui rendît la chose plus vive et moins capable d'ennuyer.

Je leur proposai le sujet d'Esther, qui les frappa d'abord, cette histoire leur paroissant pleine de grandes leçons d'amour de

Dieu, et de détachement du monde au milieu du monde même. Et je crus de mon côté que je trouverois assez de facilité à traiter ce sujet : d'autant plus qu'il me sembla que, sans altérer aucune des circonstances tant soit peu considérables de l'Écriture sainte, ce qui seroit, à mon avis, une espèce de sacrilège, je pourrois remplir toute mon action avec les seules scènes que Dieu lui-même, pour ainsi dire, a préparées.

J'entrepris donc la chose : et je m'aperçus qu'en travaillant sur le plan qu'on m'avoit donné, j'exécutois en quelque sorte un dessein qui m'avoit souvent passé dans l'esprit, qui étoit de lier comme dans les anciennes tragédies grecques, le chœur et le chant avec l'action, et d'employer à chanter les louanges du vrai Dieu cette partie du chœur que les païens employoient à chanter les louanges de leurs fausses divinités.

A dire vrai, je ne pensois guère que la chose dût être aussi publique qu'elle l'a été. Mais les grandes vérités de l'Écriture, et la manière sublime dont elles y sont énoncées, pour peu qu'on les présente, même imparfaitement, aux yeux des hommes, sont si propres à les frapper ; et d'ailleurs ces jeunes demoiselles ont déclamé et chanté cet ouvrage avec tant de grâce, tant de modestie et tant de piété, qu'il n'a pas été possible qu'il demeurât renfermé dans le secret de leur maison : de sorte qu'un divertissement d'enfants est devenu le sujet de l'empressement de toute la cour, le roi lui-même, qui en avoit été touché, n'ayant pu refuser à tout ce qu'il y a de plus grands seigneurs de les y mener, et ayant eu la satisfaction de voir, par le plaisir qu'ils y ont pris, qu'on se peut aussi bien divertir aux choses de piété qu'à tous les spectacles profanes.

Au reste, quoique j'aie évité soigneusement de mêler le profane avec le sacré, j'ai cru néanmoins que je pouvois emprunter deux ou trois traits d'Hérodote, pour mieux peindre Assuérus : car j'ai suivi le sentiment de plusieurs savants interprètes de l'Écriture, qui tiennent que ce roi est le même que le fameux Darius, fils d'Hystaspe, dont parle cet historien. En effet, ils en rapportent quantité de preuves, dont quelques-unes me paroissent des démonstrations. Mais je n'ai pas jugé à propos de croire ce même Hérodote sur sa parole, lorsqu'il dit que les Perses n'élevoient ni temples, ni autels, ni statues à leurs dieux, et qu'ils ne se servoient point de libations dans leurs sacrifices. Son témoignage est expressément détruit par l'Écriture, aussi bien que par Xénophon, beaucoup mieux instruit que lui des mœurs et des affaires de la Perse, et enfin par Quinte-Curce.

On peut dire que l'unité de lieu est observée dans cette pièce, en ce que toute l'action se passe dans le palais d'Assuérus. Ce pendant, comme on vouloit rendre ce divertissement plus agréable à des enfants, en jetant quelque variété dans les décorations, cela a été cause que je n'ai pas gardé cette unité avec la même rigueur que j'ai fait autrefois dans mes tragédies.

» Je crois qu'il est bon d'avertir ici que, bien qu'il y ait dans *Esther* des personnages d'hommes, ces personnages n'ont pas laissé d'être représentés par des filles avec toute la bienséance de leur sexe. La chose leur a été d'autant plus aisée, qu'anciennement les habits des Persans et des Juifs étoient de longues robes qui tomboient jusqu'à terre.

» Je ne puis me résoudre à finir cette préface sans rendre à celui qui a fait la musique la justice qui lui est due, et sans confesser franchement que ses chants ont fait un des plus grands agréments de la pièce [1]. Tous les connoisseurs demeurent d'accord que depuis longtemps on n'a point entendu d'airs plus touchants ni plus convenables aux paroles. Quelques personnes ont trouvé la musique du dernier chœur un peu longue, quoique très-belle. Mais qu'auroit-on dit de ces jeunes Israélites qui avoient tant fait de vœux à Dieu pour être délivrées de l'horrible péril où elles étoient, si, ce péril étant passé, elles lui en avoient rendu de médiocres actions de grâces? Elles auroient directement péché contre la louable coutume de leur nation, où l'on ne recevoit de Dieu aucun bienfait signalé, qu'on ne l'en remerciât sur-le-champ par de fort longs cantiques : témoin ceux de Marie sœur de Moïse, de Débora et de Judith, et tant d'autres dont l'Écriture est pleine. On dit même que les Juifs, encore aujourd'hui, célèbrent par de grandes actions de grâces le jour où leurs ancêtres furent délivrés par Esther de la cruauté d'Aman [2].

[1] Ce musicien s'appeloit Moreau.
[2] *Voyez* la note 21 du 3ᵉ acte.

PERSONNAGES.

ASSUÉRUS, roi de Perse[1].
ESTHER, reine de Perse.
MARDOCHÉE, oncle d'Esther.
AMAN, favori d'Assuérus.
ZARÈS, femme d'Aman.
HYDASPE, officier du palais intérieur d'Assuérus.
ASAPH, autre officier d'Assuérus.
ÉLISE, confidente d'Esther.
THAMAR, Israélite de la suite d'Esther.
GARDES DU ROI ASSUÉRUS.
CHOEUR DE JEUNES FILLES ISRAÉLITES.

La scène est à Suse[2], dans le palais d'Assuérus.

LA PIÉTÉ fait le Prologue.

---

[1]. Racine nous apprend dans sa Préface qu'il a suivi le sentiment de plusieurs savants interprètes de l'Écriture, qui tiennent qu'Assuérus est le même que le fameux Darius, fils d'Hystaspe.
[2]. Suse, capitale de la Susiane, aujourd'hui le Kousistan, province du royaume de Perse vers le Tigre. Les rois de Perse séjournoient alternativement à Suse, à Ecbatane et à Babylone.

PROLOGUE.

LA PIÉTÉ[1].

Du séjour bienheureux de la Divinité
Je descends dans ce lieu par la Grâce habité[2];
L'Innocence s'y plaît, ma compagne éternelle,
Et n'a point sous les cieux d'asile plus fidèle.
Ici, loin du tumulte, aux devoirs les plus saints
Tout un peuple naissant est formé par mes mains :
Je nourris dans son cœur la semence féconde
Des vertus dont il doit sanctifier le monde.
Un roi qui me protége, un roi victorieux,
A commis à mes soins ce dépôt précieux.
C'est lui qui rassembla ces colombes timides,
Éparses en cent lieux, sans secours et sans guides :
Pour elles, à sa porte, élevant ce palais,
Il leur y fit trouver l'abondance et la paix.
  Grand Dieu, que cet ouvrage ait place en ta mémoire!
Que tous les soins qu'il prend pour soutenir ta gloire
Soient gravés de ta main au livre où sont écrits
Les noms prédestinés des rois que tu chéris !
Tu m'écoutes; ma voix ne t'est point étrangère :
Je suis la Piété, cette fille si chère,
Qui t'offre de ce roi les plus tendres soupirs :
Du feu de ton amour j'allume ses désirs.
Du zèle qui pour toi l'enflamme et le dévore
La chaleur se répand du couchant à l'aurore[5].
Tu le vois tous les jours, devant toi prosterné,
Humilier ce front de splendeur couronné;
Et, confondant l'orgueil par d'augustes exemples,
Baiser avec respect le pavé de tes temples.
De ta gloire animé, lui seul, de tant de rois,
S'arme pour ta querelle, et combat pour tes droits.

[*] Voir *les Notes* à la fin de la pièce.

Le perfide intérêt, l'aveugle jalousie,
S'unissent contre toi pour l'affreuse hérésie;
La discorde en fureur frémit de toutes parts;
Tout semble abandonner tes sacrés étendards;
Et l'enfer, couvrant tout de ses vapeurs funèbres,
Sur les yeux les plus saints a jeté ses ténèbres.
Lui seul, invariable et fondé sur la foi,
Ne cherche, ne regarde, et n'écoute que toi;
Et, bravant du démon l'impuissant artifice,
De la religion soutient tout l'édifice.
Grand Dieu, juge ta cause, et déploie aujourd'hui
Ce bras, ce même bras qui combattoit pour lui,
Lorsque des nations à sa perte animées
Le Rhin vit tant de fois disperser les armées.
Des mêmes ennemis je reconnois l'orgueil;
Ils viennent se briser contre le même écueil :
Déjà, rompant partout leurs plus fermes barrières,
Du débris de leurs forts ils couvrent ses frontières.
Tu lui donnes un fils prompt à le seconder,
Qui sait combattre, plaire, obéir, commander;
Un fils qui, comme lui, suivi de la victoire,
Semble à gagner son cœur borner toute sa gloire;
Un fils à tous ses vœux avec amour soumis,
L'éternel désespoir de tous ses ennemis :
Pareil à ces esprits que ta justice envoie,
Quand son roi lui dit : Pars, il s'élance avec joie;
Du tonnerre vengeur s'en va tout embraser,
Et, tranquille, à ses pieds revient le déposer[4].

    Mais, tandis qu'un grand roi venge ainsi mes injures,
Vous qui goûtez ici des délices si pures,
S'il permet à son cœur un moment de repos,
A vos jeux innocents appelez ce héros;
Retracez-lui d'Esther l'histoire glorieuse,
Et sur l'impiété la foi victorieuse.
    Et vous qui vous plaisez aux folles passions
Qu'allument dans vos cœurs les vaines fictions,
Profanes amateurs de spectacles frivoles,
Dont l'oreille s'ennuie au son de mes paroles,
Fuyez de mes plaisirs la sainte austérité :
Tout respire ici Dieu, la paix, la vérité.

FIN DU PROLOGUE.

ESTHER.

ACTE PREMIER.

(Le théâtre représente l'appartement d'Esther.)

SCÈNE I.
ESTHER, ÉLISE.

ESTHER.
Est-ce toi, chère Élise ? O jour trois fois heureux !
Que béni soit le ciel qui te rend à mes vœux,
Toi qui, de Benjamin comme moi descendue,
Fus de mes premiers ans la compagne assidue,
Et qui, d'un même joug souffrant l'oppression,
M'aidois à soupirer les malheurs de Sion !
Combien ce temps encore est cher à ma mémoire !
Mais toi, de ton Esther ignorois-tu la gloire ?
Depuis plus de six mois que je te fais chercher,
Quel climat, quel désert a donc pu te cacher ?

ÉLISE.
Au bruit de votre mort justement éplorée,
Du reste des humains je vivois séparée,
Et de mes tristes jours n'attendois que la fin,
Quand tout à coup, madame, un prophète divin :
« C'est pleurer trop longtemps une mort qui t'abuse,
« Lève-toi, m'a-t-il dit, prends ton chemin vers Suse
« Là tu verras d'Esther la pompe et les honneurs,
« Et sur le trône assis le sujet de tes pleurs.
« Rassure, ajouta-t-il, tes tribus alarmées,
« Sion : le jour approche où le dieu des armées
« Va de son bras puissant faire éclater l'appui ;
« Et le cri de son peuple est monté jusqu'à lui ?. »
Il dit : et moi, de joie et d'horreur pénétrée²,
Je cours. De ce palais j'ai su trouver l'entrée.

O spectacle ! O triomphe admirable à mes yeux,
Digne en effet du bras qui sauva nos aïeux !
Le fier Assuérus couronne sa captive,
Et le Persan superbe est aux pieds d'une Juive !
Par quels secrets ressorts, par quel enchaînement
Le ciel a-t-il conduit ce grand évènement ?

ESTHER.

Peut-être on t'a conté la fameuse disgrâce
De l'altière Vasthi, dont j'occupe la place,
Lorsque le roi, contre elle enflammé de dépit,
La chassa de son trône, ainsi que de son lit.
Mais il ne put sitôt en bannir la pensée :
Vasthi régna longtemps dans son âme offensée.
Dans ses nombreux États il fallut donc chercher [3]
Quelque nouvel objet qui l'en pût détacher.
De l'Inde à l'Hellespont ses esclaves coururent :
Les filles de l'Égypte à Suse comparurent ;
Celles même du Parthe et du Scythe indompté
Y briguèrent le sceptre offert à la beauté.
On m'élevoit alors, solitaire et cachée,
Sous les yeux vigilants du sage Mardochée [4] :
Tu sais combien je dois à ses heureux secours.
La mort m'avoit ravi les auteurs de mes jours ;
Mais lui, voyant en moi la fille de son frère,
Me tint lieu, chère Élise, et de père et de mère.
Du triste état des Juifs jour et nuit agité,
Il me tira du sein de mon obscurité ;
Et, sur mes foibles mains fondant leur délivrance,
Il me fit d'un empire accepter l'espérance.
A ses desseins secrets, tremblante, j'obéis :
Je vins ; mais je cachai ma race et mon pays [5].
Qui pourroit cependant t'exprimer les cabales
Que formoit en ces lieux ce peuple de rivales,
Qui toutes, disputant un si grand intérêt,
Des yeux d'Assuérus attendoient leur arrêt ?
Chacune avoit sa brigue et de puissants suffrages [6].
L'une d'un sang fameux vantoit les avantages ;
L'autre, pour se parer de superbes atours,
Des plus adroites mains empruntoit le secours ;
Et moi, pour toute brigue et pour tout artifice,
De mes larmes au ciel j'offrois le sacrifice.

Enfin, on m'annonça l'ordre d'Assuérus⁷.
Devant ce fier monarque, Élise, je parus.
Dieu tient le cœur des rois entre ses mains puissantes⁸.
Il fait que tout prospère aux âmes innocentes,
Tandis qu'en ses projets l'orgueilleux est trompé.
De mes foibles attraits le roi parut frappé :
Il m'observa longtemps dans un sombre silence;
Et le ciel, qui pour moi fit pencher la balance,
Dans ce temps-là, sans doute, agissoit sur son cœur.
Enfin, avec des yeux où régnoit la douceur :
Soyez reine, dit-il ; et, dès ce moment même,
De sa main sur mon front posa son diadème⁹.
Pour mieux faire éclater sa joie et son amour,
Il combla de présents tous les grands de sa cour;
Et même ses bienfaits, dans toutes ses provinces,
Invitèrent le peuple aux noces de leurs princes¹⁰.
Hélas! durant ces jours de joie et de festins,
Quelle étoit en secret ma honte et mes chagrins!
Esther, disois-je, Esther dans la pourpre est assise,
La moitié de la terre à son sceptre est soumise;
Et de Jérusalem l'herbe cache les murs !
Sion, repaire affreux de reptiles impurs,
Voit de son temple saint les pierres dispersées,
Et du Dieu d'Israël les fêtes sont cessées!

ÉLISE.
N'avez-vous point au roi confié vos ennuis?

ESTHER.
Le roi, jusqu'à ce jour, ignore qui je suis¹¹ :
Celui par qui le ciel règle ma destinée
Sur ce secret encor tient ma langue enchaînée¹².

ÉLISE.
Mardochée? Hé! peut-il approcher de ces lieux?

ESTHER.
Son amitié pour moi le rend ingénieux.
Absent je le consulte, et ses réponses sages
Pour venir jusqu'à moi trouvent mille passages :
Un père a moins de soin du salut de son fils.
Déjà même, déjà, par ses secrets avis,
J'ai découvert au roi les sanglantes pratiques
Que formoient contre lui deux ingrats domestiques¹³
Cependant mon amour pour notre nation
A rempli ce palais de filles de Sion,

Jeunes et tendres fleurs par le sort agitées,
Sous un ciel étranger comme moi transplantées.
Dans un lieu séparé de profanes témoins,
Je mets à les former mon étude et mes soins;
Et c'est là que, fuyant l'orgueil du diadème,
Lasse de vains honneurs, et me cherchant moi-même,
Aux pieds de l'Éternel je viens m'humilier,
Et goûter le plaisir de me faire oublier [14].
Mais à tous les Persans je cache leurs familles.
Il faut les appeler. Venez, venez, mes filles,
Compagnes autrefois de ma captivité,
De l'antique Jacob jeune postérité.

SCÈNE II.

ESTHER, ÉLISE, LE CHOEUR.

UNE ISRAÉLITE, chantant derrière le théâtre.

Ma sœur, quelle voix nous appelle?

UNE AUTRE.

J'en reconnois les agréables sons :
C'est la reine.

TOUTES DEUX.

Courons, mes sœurs, obéissons.
La reine nous appelle :
Allons, rangeons-nous auprès d'elle.

TOUT LE CHOEUR, entrant sur la scène par plusieurs endroits différents.

La reine nous appelle :
Allons, rangeons-nous auprès d'elle.

ÉLISE.

Ciel! quel nombreux essaim d'innocentes beau[té]s
S'offre à mes yeux en foule, et sort de tous côté[s]
Quelle aimable pudeur sur leur visage est peint[e]!
Prospérez, cher espoir d'une nation sainte.
Puissent jusques au ciel vos soupirs innocents
Monter comme l'odeur d'un agréable encens [15]!
Que Dieu jette sur vous des regards pacifiques!

ESTHER.

Mes filles, chantez-nous quelqu'un de ces cantiques [16],
Où vos voix si souvent se mêlant à mes pleurs
De la triste Sion célèbrent les malheurs.

UNE ISRAÉLITE chante seule.

Déplorable Sion, qu'as-tu fait de ta gloire ?
　Tout l'univers admiroit ta splendeur :
Tu n'es plus que poussière ; et de cette grandeur
Il ne nous reste plus que la triste mémoire.
Sion, jusques au ciel élevée autrefois,
　　Jusqu'aux enfers maintenant abaissée,
　　　Puissé-je demeurer sans voix,
　　Si dans mes chants ta douleur retracée
Jusqu'au dernier soupir n'occupe ma pensée [17] !

TOUT LE CHOEUR.

O rives du Jourdain ! ô champs aimés des cieux !
　　Sacrés monts, fertiles vallées,
　　Par cent miracles signalées !
　　Du doux pays de nos aïeux
　　Serons-nous toujours exilées ?

UNE ISRAÉLITE, seule.

Quand verrai-je, ô Sion ! relever tes remparts,
　Et de tes tours les magnifiques faîtes ?
　　Quand verrai-je de toutes parts
Tes peuples en chantant accourir à tes fêtes ?

TOUT LE CHOEUR.

O rives du Jourdain ! ô champs aimés des cieux !
　　Sacrés monts, fertiles vallées,
　　Par cent miracles signalées !
　　Du doux pays de nos aïeux
　　Serons-nous toujours exilées ?

SCÈNE III.

ESTHER, MARDOCHÉE, ÉLISE, LE CHOEUR.

ESTHER.

Quel profane en ce lieu s'ose avancer vers nous ?
Que vois-je ? Mardochée ! O mon père, est-ce vous ?
Un ange du Seigneur, sous son aile sacrée,
A donc conduit vos pas, et caché votre entrée ?
Mais d'où vient cet air sombre, et ce cilice affreux,
Et cette cendre enfin qui couvre vos cheveux [18] ?
Que nous annoncez-vous ?

MARDOCHÉE.

　　　　　　　O reine infortunée !

O d'un peuple innocent barbare destinée !
Lisez, lisez l'arrêt détestable, cruel....
Nous sommes tous perdus ! et c'est fait d'Israël !
ESTHER.
Juste ciel ! tout mon sang dans mes veines se glace [19].
MARDOCHÉE.
On doit de tous les Juifs exterminer la race.
Au sanguinaire Aman nous sommes tous livrés ;
Les glaives, les couteaux sont déjà préparés ;
Toute la nation à la fois est proscrite.
Aman, l'impie Aman, race d'Amalécite,
A, pour ce coup funeste, armé tout son crédit ;
Et le roi, trop crédule, a signé cet édit.
Prévenu contre nous par cette bouche impure,
Il nous croit en horreur à toute la nature.
Ses ordres sont donnés ; et, dans tous ses États,
Le jour fatal est pris pour tant d'assassinats.
Cieux, éclairerez-vous cet horrible carnage ?
Le fer ne connoîtra ni le sexe ni l'âge ;
Tout doit servir de proie aux tigres, aux vautours ;
Et ce jour effroyable arrive dans dix jours [20].
ESTHER.
O Dieu, qui vois former des desseins si funestes,
As-tu donc de Jacob abandonné les restes ?
UNE DES PLUS JEUNES ISRAÉLITES.
Ciel, qui nous défendra, si tu ne nous défends ?
MARDOCHÉE.
Laissez les pleurs, Esther, à ces jeunes enfants.
En vous est tout l'espoir de vos malheureux frères,
Il faut les secourir ; mais les heures sont chères ;
Le temps vole, et bientôt amènera le jour
Où le nom des Hébreux doit périr sans retour
Toute pleine du feu de tant de saints prophètes,
Allez, osez au roi déclarer qui vous êtes.
ESTHER.
Hélas ! ignorez-vous quelles sévères lois
Aux timides mortels cachent ici les rois ?
Au fond de leur palais leur majesté terrible
Affecte à leurs sujets de se rendre invisible.
Et la mort est le prix de tout audacieux [21]
Qui, sans être appelé, se présente à leurs yeux,
Si le roi dans l'instant, pour sauver le coupable.

Ne lui donne à baiser son sceptre redoutable.
Rien ne met à l'abri de cet ordre fatal,
Ni le rang, ni le sexe, et le crime est égal.
Moi-même, sur son trône, à ses côtés assise,
Je suis à cette loi, comme une autre, soumise :
Et, sans le prévenir, il faut, pour lui parler,
Qu'il me cherche, ou du moins qu'il me fasse appeler.

MARDOCHÉE.

Quoi ! lorsque vous voyez périr votre patrie,
Pour quelque chose, Esther, vous comptez votre vie !
Dieu parle, et d'un mortel vous craignez le courroux !
Que dis-je? votre vie, Esther, est-elle à vous?
N'est-elle pas au sang dont vous êtes issue?
N'est-elle pas à Dieu dont vous l'avez reçue?
Et qui sait, lorsqu'au trône il conduisit vos pas[22],
Si pour sauver son peuple il ne vous gardoit pas?
Songez-y bien : ce Dieu ne vous a pas choisie
Pour être un vain spectacle aux peuples de l'Asie,
Ni pour charmer les yeux des profanes humains :
Pour un plus noble usage il réserve ses saints.
S'immoler pour son nom et pour son héritage,
D'un enfant d'Israël voilà le vrai partage :
Trop heureuse pour lui de hasarder vos jours !
Et quel besoin son bras a-t-il de nos secours?
Que peuvent contre lui tous les rois de la terre?
En vain ils s'uniroient pour lui faire la guerre :
Pour dissiper leur ligue il n'a qu'à se montrer ;
Il parle, et dans la poudre il les fait tous rentrer[23].
Au seul son de sa voix la mer fuit, le ciel tremble ;
Il voit comme un néant tout l'univers ensemble ;
Et les foibles mortels, vains jouets du trépas,
Sont tous devant ses yeux comme s'ils n'étoient pas[24].
S'il a permis d'Aman l'audace criminelle,
Sans doute qu'il vouloit éprouver votre zèle.
C'est lui qui, m'excitant à vous oser chercher,
Devant moi, chère Esther, a bien voulu marcher ;
Et s'il faut que sa voix frappe en vain vos oreilles,
Nous n'en verrons pas moins éclater ses merveilles
Il peut confondre Aman, il peut briser nos fers
Par la plus foible main qui soit dans l'univers ;
Et vous, qui n'aurez point accepté cette grâce,
Vous périrez peut-être, et toute votre race[25].

ESTHER.
Allez : que tous les Juifs dans Suse répandus,
A prier avec vous jour et nuit assidus,
Me prêtent de leurs vœux le secours salutaire,
Et pendant ces trois jours gardent un jeûne austère[25].
Déjà la sombre nuit a commencé son tour :
Demain, quand le soleil rallumera le jour,
Contente de périr, s'il faut que je périsse,
J'irai pour mon pays m'offrir en sacrifice.
Qu'on s'éloigne un moment.

(Le chœur se retire vers le fond du théâtre.)

SCÈNE IV.
ESTHER, ÉLISE, LE CHOEUR.

ESTHER.
                    O mon souverain roi[27],
Me voici donc tremblante et seule devant toi!
Mon père mille fois m'a dit dans mon enfance
Qu'avec nous tu juras une sainte alliance,
Quand, pour te faire un peuple agréable à tes yeux,
Il plut à ton amour de choisir nos aïeux :
Même tu leur promis de ta bouche sacrée
Une postérité d'éternelle durée.
Hélas! ce peuple ingrat a méprisé ta loi;
La nation chérie a violé sa foi;
Elle a répudié son époux et son père,
Pour rendre à d'autres dieux un honneur adultère:
Maintenant elle sert sous un maître étranger.
Mais c'est peu d'être esclave, on la veut égorger :
Nos superbes vainqueurs, insultant à nos larmes,
Imputent à leurs dieux le bonheur de leurs armes,
Et veulent aujourd'hui qu'un même coup mortel
Abolisse ton nom, ton peuple, et ton autel.
Ainsi donc un perfide, après tant de miracles,
Pourroit anéantir la foi de tes oracles,
Raviroit aux mortels le plus cher de tes dons,
Le Saint que tu promets et que nous attendons?
Non, non, ne souffre pas que ces peuples farouches,
Ivres de notre sang, ferment les seules bouches
Qui dans tout l'univers célèbrent tes bienfaits;
Et confonds tous ces dieux qui ne furent jamais.

Pour moi, que tu retiens parmi ces infidèles,
Tu sais combien je hais leurs fêtes criminelles,
Et que je mets au rang des profanations
Leur table, leurs festins, et leurs libations;
Que même cette pompe où je suis condamnée,
Ce bandeau dont il faut que je paroisse ornée
Dans ces jours solennels à l'orgueil dédiés,
Seule et dans le secret, je le foule à mes pieds;
Qu'à ces vains ornements je préfère la cendre,
Et n'ai de goût qu'aux pleurs que tu me vois répandre.
J'attendois le moment marqué dans ton arrêt,
Pour oser de ton peuple embrasser l'intérêt.
Ce moment est venu : ma prompte obéissance
Va d'un roi redoutable affronter la présence.
C'est pour toi que je marche : accompagne mes pas
Devant ce fier lion qui ne te connoît pas;
Commande en me voyant que son courroux s'apaise,
Et prête à mes discours un charme qui lui plaise :
Les orages, les vents, les cieux te sont soumis;
Tourne enfin sa fureur contre nos ennemis.

SCÈNE V.

(Toute cette scène est chantée.)

LE CHOEUR.

UNE ISRAÉLITE, seule.

Pleurons et gémissons, mes fidèles compagnes;
  A nos sanglots donnons un libre cours;
  Levons les yeux vers les saintes montagnes
  D'où l'innocence attend tout son secours.
    O mortelles alarmes!
Tout Israël périt. Pleurez, mes tristes yeux :
    Il ne fut jamais sous les cieux
    Un si juste sujet de larmes.

TOUT LE CHOEUR.

O mortelles alarmes!

UNE AUTRE ISRAÉLITE.

N'étoit-ce pas assez qu'un vainqueur odieux
De l'auguste Sion eût détruit tous les charmes,
Et traîné ses enfants captifs en mille lieux?

TOUT LE CHOEUR.

O mortelles alarmes!

LA MÊME ISRAÉLITE.

Foibles agneaux livrés à des loups furieux,
Nos soupirs sont nos seules armes.

TOUT LE CHOEUR.

O mortelles alarmes!

UNE ISRAÉLITE.

Arrachons, déchirons tous ces vains ornements
Qui parent notre tête.

UNE AUTRE.

Revêtons-nous d'habillements
Conformes à l'horrible fête
Que l'impie Aman nous apprête.

TOUT LE CHOEUR.

Arrachons, déchirons tous ces vains ornements
Qui parent notre tête.

UNE ISRAÉLITE, seule.

Quel carnage de toutes parts!
On égorge à la fois les enfants, les vieillards,
Et la sœur, et le frère,
Et la fille, et la mère,
Le fils dans les bras de son père!
Que de corps entassés, que de membres épars,
Privés de sépulture!
Grand Dieu! tes saints sont la pâture
Des tigres et des léopards.

UNE DES PLUS JEUNES ISRAÉLITES.

Hélas! si jeune encore,
Par quel crime ai-je pu mériter mon malheur?
Ma vie à peine a commencé d'éclore:
Je tomberai comme une fleur
Qui n'a vu qu'une aurore.
Hélas! si jeune encore,
Par quel crime ai-je pu mériter mon malheur?

UNE AUTRE.

Des offenses d'autrui malheureuses victimes,
Que nous servent, hélas! ces regrets superflus?

Nos pères ont péché, nos pères ne sont plus,
  Et nous portons la peine de leurs crimes.

TOUT LE CHOEUR.

Le Dieu que nous servons est le dieu des combats :
  Non, non, il ne souffrira pas
  Qu'on égorge ainsi l'innocence.

UNE ISRAÉLITE, seule.

Hé quoi ! diroit l'impiété,
Où donc est-il ce Dieu si redouté
Dont Israël nous vantoit la puissance ?

UNE AUTRE.

Ce Dieu jaloux, ce Dieu victorieux,
  Frémissez, peuples de la terre,
Ce Dieu jaloux, ce Dieu victorieux,
  Est le seul qui commande aux cieux :
  Ni les éclairs ni le tonnerre
  N'obéissent point à vos dieux.

UNE AUTRE.

Il renverse l'audacieux.

UNE AUTRE.

Il prend l'humble sous sa défense.

TOUT LE CHOEUR.

Le Dieu que nous servons est le dieu des combats :
  Non, non, il ne souffrira pas
  Qu'on égorge ainsi l'innocence.

DEUX ISRAÉLITES.

O Dieu, que la gloire couronne,
  Dieu, que la lumière environne,
Qui voles sur l'aile des vents,
Et dont le trône est porté par les anges[29] :

DEUX AUTRES DES PLUS JEUNES.

Dieu, qui veux bien que de simples enfants
  Avec eux chantent tes louanges ;

TOUT LE CHOEUR.

Tu vois nos pressants dangers :
  Donne à ton nom la victoire ;
  Ne souffre point que ta gloire
  Passe à des dieux étrangers.

UNE ISRAÉLITE, seule.

Arme-toi, viens nous défendre.
Descends, tel qu'autrefois la mer te vit descendre;
Que les méchants apprennent aujourd'hui
A craindre ta colère :
Qu'ils soient comme la poudre et la paille légère
Que le vent chasse devant lui [30].

TOUT LE CHOEUR.

Tu vois nos pressants dangers :
Donne à ton nom la victoire;
Ne souffre point que ta gloire
Passe à des dieux étrangers.

FIN DU PREMIER ACTE.

ACTE SECOND.

(Le théâtre représente la chambre où est le trône d'Assuérus.)

SCÈNE I.
AMAN, HYDASPE.

AMAN.
Hé quoi! lorsque le jour ne commence qu'à luire,
Dans ce lieu redoutable oses-tu m'introduire?
HYDASPE.
Vous savez qu'on s'en peut reposer sur ma foi;
Que ces portes, seigneur, n'obéissent qu'à moi :
Venez. Partout ailleurs on pourroit nous entendre.
AMAN.
Quel est donc le secret que tu me veux apprendre?
HYDASPE.
Seigneur, de vos bienfaits mille fois honoré,
Je me souviens toujours que je vous ai juré
D'exposer à vos yeux, par des avis sincères,
Tout ce que ce palais renferme de mystères.
Le roi d'un noir chagrin paroît enveloppé :
Quelque songe effrayant cette nuit l'a frappé.
Pendant que tout gardoit un silence paisible,
Sa voix s'est fait entendre avec un cri terrible :
J'ai couru. Le désordre étoit dans ses discours :
Il s'est plaint d'un péril qui menaçoit ses jours;
Il parloit d'ennemi, de ravisseur farouche;
Même le nom d'Esther est sorti de sa bouche.
Il a dans ces horreurs passé toute la nuit.
Enfin, las d'appeler un sommeil qui le fuit,
Pour écarter de lui ces images funèbres,
Il s'est fait apporter ces annales célèbres [1]
Où les faits de son règne, avec soin amassés,
Par de fidèles mains chaque jour sont tracés;

On y conserve écrits le service et l'offense,
Monuments éternels d'amour et de vengeance.
Le roi, que j'ai laissé plus calme dans son lit,
D'une oreille attentive écoute ce récit.

AMAN.
De quel temps de sa vie a-t-il choisi l'histoire?

HYDASPE.
Il revoit tous ces temps si remplis de sa gloire,
Depuis le fameux jour qu'au trône de Cyrus
Le choix du sort plaça l'heureux Assuérus[2].

AMAN.
Ce songe, Hydaspe, est donc sorti de son idée?

HYDASPE.
Entre tous les devins fameux dans la Chaldée,
Il a fait assembler ceux qui savent le mieux
Lire en un songe obscur les volontés des cieux....
Mais quel trouble vous-même aujourd'hui vous agite?
Votre âme, en m'écoutant, paroît tout interdite :
L'heureux Aman a-t-il quelques secrets ennuis?

AMAN.
Peux-tu le demander dans la place où je suis?
Haï, craint, envié, souvent plus misérable
Que tous les malheureux que mon pouvoir accable!

HYDASPE.
Hé! qui jamais du ciel eut des regards plus doux?
Vous voyez l'univers prosterné devant vous.

AMAN.
L'univers! Tous les jours un homme.... un vil esclave,
D'un front audacieux me dédaigne et me brave.

HYDASPE.
Quel est cet ennemi de l'État et du roi?

AMAN.
Le nom de Mardochée est-il connu de toi?

HYDASPE.
Qui? ce chef d'une race abominable, impie?

AMAN.
Oui, lui-même.

HYDASPE.
   Hé, seigneur! d'une si belle vie
Un si foible ennemi peut-il troubler la paix?

AMAN.
L'insolent devant moi ne se courba jamais[3].

ACTE II, SCÈNE I.

En vain de la faveur du plus grand des monarques
Tout révère à genoux les glorieuses marques ;
Lorsque d'un saint respect tous les Persans touchés
N'osent lever leurs fronts à la terre attachés,
Lui, fièrement assis, et la tête immobile,
Traite tous ces honneurs d'impiété servile,
Présente à mes regards un front séditieux,
Et ne daigneroit pas au moins baisser les yeux !
Du palais cependant il assiége la porte :
A quelque heure que j'entre, Hydaspe, ou que je sorte,
Son visage odieux m'afflige et me poursuit ;
Et mon esprit troublé le voit encor la nuit.
Ce matin j'ai voulu devancer la lumière :
Je l'ai trouvé couvert d'une affreuse poussière,
Revêtu de lambeaux, tout pâle ; mais son œil
Conservoit sous la cendre encor le même orgueil.
D'où lui vient, cher ami, cette impudente audace ?
Toi, qui dans ce palais vois tout ce qui se passe,
Crois-tu que quelque voix ose parler pour lui ?
Sur quel roseau fragile a-t-il mis son appui ?

HYDASPE.

Seigneur, vous le savez, son avis salutaire
Découvrit de Tharès le complot sanguinaire.
Le roi promit alors de le récompenser :
Le roi, depuis ce temps, paroît n'y plus penser.

AMAN.

Non, il faut à tes yeux dépouiller l'artifice.
J'ai su de mon destin corriger l'injustice :
Dans les mains des Persans jeune enfant apporté,
Je gouverne l'empire où je fus acheté ;
Mes richesses des rois égalent l'opulence ;
Environné d'enfants soutiens de ma puissance,
Il ne manque à mon front que le bandeau royal.
Cependant (des mortels aveuglement fatal !)
De cet amas d'honneurs la douceur passagère
Fait sur mon cœur à peine une atteinte légère·
Mais Mardochée, assis aux portes du palais¹,
Dans ce cœur malheureux enfonce mille traits ;
Et toute ma grandeur me devient insipide,
Tandis que le soleil éclaire ce perfide

HYDASPE.
Vous serez de sa vue affranchi dans dix jours :
La nation entière est promise aux vautours.
AMAN.
Ah! que ce temps est long à mon impatience !
C'est lui, je te veux bien confier ma vengeance,
C'est lui qui, devant moi refusant de ployer,
Les a livrés au bras qui les va foudroyer.
C'étoit trop peu pour moi d'une telle victime[5] :
La vengeance trop foible attire un second crime.
Un homme tel qu'Aman, lorsqu'on l'ose irriter,
Dans sa juste fureur ne peut trop éclater.
Il faut des châtiments dont l'univers frémisse ;
Qu'on tremble en comparant l'offense et le supplice;
Que les peuples entiers dans le sang soient noyés.
Je veux qu'on dise un jour aux siècles effrayés :
« Il fut des Juifs, il fut une insolente race;
« Répandus sur la terre, ils en couvroient la face;
« Un seul osa d'Aman attirer le courroux,
« Aussitôt de la terre ils disparurent tous. »
HYDASPE.
Ce n'est donc pas, seigneur, le sang amalécite
Dont la voix à les perdre en secret vous excite?
AMAN.
Je sais que, descendu de ce sang malheureux,
Une éternelle haine a dû m'armer contre eux;
Qu'ils firent d'Amalec un indigne carnage[6];
Que, jusqu'aux vils troupeaux, tout éprouva leur rage;
Qu'un déplorable reste à peine fut sauvé;
Mais, crois-moi, dans le rang où je suis élevé,
Mon âme, à ma grandeur tout entière attachée,
Des intérêts du sang est foiblement touchée.
Mardochée est coupable; et que faut-il de plus?
Je prévins donc contre eux l'esprit d'Assuérus,
J'inventai des couleurs, j'armai la calomnie,
J'intéressai sa gloire : il trembla pour sa vie.
Je les peignis puissants, riches, séditieux[7];
Leur dieu même ennemi de tous les autres dieux.
« Jusqu'à quand souffre-t-on que ce peuple respire,
« Et d'un culte profane infecte votre empire?
« Étrangers dans la Perse, à nos lois opposés,
« Du reste des humains ils semblent divisés.

« N'aspirent qu'à troubler le repos où nous sommes,
« Et, détestés partout, détestent tous les hommes.
« Prévenez, punissez leurs insolents efforts,
« De leur dépouille enfin grossissez vos trésors⁸. »
Je dis, et l'on me crut. Le roi, dès l'heure même,
Mit dans ma main le sceau de son pouvoir suprême :
« Assure, me dit-il, le repos de ton roi ;
« Va, perds ces malheureux : leur dépouille est à toi⁹. »
Toute la nation fut ainsi condamnée.
Du carnage avec lui je réglai la journée.
Mais de ce traître enfin le trépas différé
Fait trop souffrir mon cœur de son sang altéré.
Un je ne sais quel trouble empoisonne ma joie.
Pourquoi dix jours encor faut-il que je le voie ?

HYDASPE.

Et ne pouvez-vous pas d'un mot l'exterminer ?
Dites au roi, seigneur, de vous l'abandonner.

AMAN.

Je viens pour épier le moment favorable.
Tu connois, comme moi, ce prince inexorable :
Tu sais combien terrible en ses soudains transports,
De nos desseins souvent il rompt tous les ressorts
Mais à me tourmenter ma crainte est trop subtile :
Mardochée à ses yeux est une âme trop vile.

HYDASPE.

Que tardez-vous ? Allez, et faites promptement
Élever de sa mort le honteux instrument¹⁰.

AMAN.

J'entends du bruit ; je sors. Toi, si le roi m'appelle...

HYDASPE.

Il suffit.

SCÈNE II.

ASSUÉRUS, HYDASPE, ASAPH, SUITE D'ASSUÉRUS.

ASSUÉRUS.

Ainsi donc, sans cet avis fidèle,
Deux traîtres dans son lit assassinoient leur roi ?
Qu'on me laisse, et qu'Asaph seul demeure avec moi.

SCÈNE III.

ASSUÉRUS, ASAPH.

ASSUÉRUS, assis sur son trône.

Je veux bien l'avouer : de ce couple perfide
J'avois presque oublié l'attentat parricide ;
Et j'ai pâli deux fois au terrible récit
Qui vient d'en retracer l'image à mon esprit.
Je vois de quel succès leur fureur fut suivie,
Et que dans les tourments ils laissèrent la vie ;
Mais ce sujet zélé qui, d'un œil si subtil,
Sut de leur noir complot développer le fil,
Qui me montra sur moi leur main déjà levée,
Enfin par qui la Perse avec moi fut sauvée,
Quel honneur pour sa foi, quel prix a-t-il reçu[11] ?

ASAPH.

On lui promit beaucoup : c'est tout ce que j'ai su.

ASSUÉRUS.

O d'un si grand service oubli trop condamnable !
Des embarras du trône effet inévitable !
De soins tumultueux un prince environné
Vers de nouveaux objets est sans cesse entraîné ;
L'avenir l'inquiète, et le présent le frappe ;
Mais, plus prompt que l'éclair, le passé nous échappe ;
Et de tant de mortels, à toute heure empressés
A nous faire valoir leurs soins intéressés,
Il ne s'en trouve point qui, touchés d'un vrai zèle,
Prennent à notre gloire un intérêt fidèle,
Du mérite oublié nous fassent souvenir,
Trop prompts à nous parler de ce qu'il faut punir.
Ah ! que plutôt l'injure échappe à ma vengeance,
Qu'un si rare bienfait à ma reconnoissance !
Et qui voudroit jamais s'exposer pour son roi ?
Ce mortel qui montra tant de zèle pour moi
Vit-il encore ?

ASAPH.

Il voit l'astre qui vous éclaire.

ASSUÉRUS.

Et que n'a-t-il plus tôt demandé son salaire ?
Quel pays reculé le cache à mes bienfaits ?

ASAPH.
Assis le plus souvent aux portes du palais,
Sans se plaindre de vous ni de sa destinée,
Il y traîne, seigneur, sa vie infortunée.
ASSUÉRUS.
Et je dois d'autant moins oublier la vertu,
Qu'elle-même s'oublie. Il se nomme, dis-tu?
ASAPH.
Mardochée est le nom que je viens de vous lire.
ASSUÉRUS.
Et son pays?
ASAPH.
Seigneur, puisqu'il faut vous le dire,
C'est un de ces captifs à périr destinés,
Des rives du Jourdain sur l'Euphrate amenés.
ASSUÉRUS.
Il est donc Juif! O ciel, sur le point que la vie
Par mes propres sujets m'alloit être ravie,
Un Juif rend par ses soins leurs efforts impuissants!
Un Juif m'a préservé du glaive des Persans!
Mais, puisqu'il m'a sauvé, quel qu'il soit, il n'importe.
Holà, quelqu'un.

SCÈNE IV.

ASSUÉRUS, HYDASPE, ASAPH.

HYDASPE.
Seigneur?
ASSUÉRUS.
Regarde à cette porte;
Vois s'il s'offre à tes yeux quelque grand de ma cour.
HYDASPE.
Aman à votre porte a devancé le jour.
ASSUÉRUS.
Qu'il entre. Ses avis m'éclaireront peut-être [12].

SCÈNE V [13].

ASSUÉRUS, AMAN, HYDASPE, ASAPH.

ASSUÉRUS.
Approche, heureux appui du trône de ton maître,

Ame de mes conseils, et qui seul tant de fois
Du sceptre dans ma main as soulagé le poids.
Un reproche secret embarrasse mon âme.
Je sais combien est pur le zèle qui t'enflamme :
Le mensonge jamais n'entra dans tes discours,
Et mon intérêt seul est le but où tu cours.
Dis-moi donc : que doit faire un prince magnanime
Qui veut combler d'honneurs un sujet qu'il estime.
Par quel gage éclatant, et digne d'un grand roi,
Puis-je récompenser le mérite et la foi ?
Ne donne point de borne à ma reconnoissance :
Mesure tes conseils sur ma vaste puissance.

AMAN, tout bas.

C'est pour toi-même, Aman, que tu vas prononcer :
Et quel autre que toi peut-on récompenser ?

ASSUÉRUS.

Que penses-tu ?

AMAN.

Seigneur, je cherche, j'envisage
Des monarques persans la conduite et l'usage ;
Mais à mes yeux en vain je les rappelle tous :
Pour vous régler sur eux, que sont-ils près de vous ?
Votre règne aux neveux doit servir de modèle.
Vous voulez d'un sujet reconnoître le zèle,
L'honneur seul peut flatter un esprit généreux :
Je voudrois donc, seigneur, que ce mortel heureux,
De la pourpre aujourd'hui paré comme vous-même,
Et portant sur le front le sacré diadème,
Sur un de vos coursiers pompeusement orné,
Aux yeux de vos sujets dans Suse fût mené ;
Que, pour comble de gloire et de magnificence,
Un seigneur éminent en richesse, en puissance,
Enfin de votre empire après vous le premier,
Par la bride guidât son superbe coursier ;
Et lui-même marchant, en habits magnifiques,
Criât à haute voix dans les places publiques :
« Mortels, prosternez-vous : c'est ainsi que le roi
« Honore le mérite, et couronne la foi. »

ASSUÉRUS.

Je vois que la sagesse elle-même t'inspire.
Avec mes volontés ton sentiment conspire.

Va, ne perds point de temps : ce que tu m'as dicté,
Je veux de point en point qu'il soit exécuté[17].
La vertu dans l'oubli ne sera plus cachée.
Aux portes du palais prends le Juif Mardochée :
C'est lui que je prétends honorer aujourd'hui ;
Ordonne son triomphe, et marche devant lui ;
Que Suse par ta voix de son nom retentisse,
Et fais à son aspect que tout genou fléchisse.
Sortez tous.

AMAN.

Dieux !

SCÈNE VI.

ASSUÉRUS.

Le prix est sans doute inouï :
Jamais d'un tel honneur un sujet n'a joui ;
Mais plus la récompense est grande et glorieuse,
Plus même de ce Juif la race est odieuse,
Plus j'assure ma vie, et montre avec éclat
Combien Assuérus redoute d'être ingrat.
On verra l'innocent discerné du coupable :
Je n'en perdrai pas moins ce peuple abominable ;
Leurs crimes....

SCÈNE VII.

ASSUÉRUS, ESTHER, ÉLISE, THAMAR,
PARTIE DU CHOEUR.

(Esther entre s'appuyant sur Élise ; quatre Israélites soutiennent sa robe.)

ASSUÉRUS.

Sans mon ordre on porte ici ses pas !
Quel mortel insolent vient chercher le trépas ?
Gardes... C'est vous, Esther ? Quoi ! sans être attendue ?

ESTHER.

Mes filles, soutenez votre reine éperdue :
Je me meurs.   (Elle tombe évanouie.)

ASSUÉRUS.

Dieux puissants ! quelle étrange pâleur
De son teint tout à coup efface la couleur !

Esther, que craignez-vous? Suis-je pas votre frère[18]?
Est-ce pour vous qu'est fait un ordre si sévère?
Vivez : le sceptre d'or que vous tend cette main,
Pour vous de ma clémence est un gage certain.
ESTHER.
Quelle voix salutaire ordonne que je vive,
Et rappelle en mon sein mon âme fugitive?
ASSUÉRUS.
Ne connoissez-vous pas la voix de votre époux?
Encore un coup, vivez, et revenez à vous.
ESTHER.
Seigneur, je n'ai jamais contemplé qu'avec crainte[19]
L'auguste majesté sur votre front empreinte;
Jugez combien ce front irrité contre moi
Dans mon âme troublée a dû jeter d'effroi :
Sur ce trône sacré qu'environne la foudre
J'ai cru vous voir tout prêt à me réduire en poudre.
Hélas! sans frissonner, quel cœur audacieux
Soutiendroit les éclairs qui partoient de vos yeux?
Ainsi du Dieu vivant la colère étincelle[20]....
ASSUÉRUS.
O soleil! ô flambeau de lumière immortelle!
Je me trouble moi-même; et sans frémissement
Je ne puis voir sa peine et son saisissement.
Calmez, reine, calmez la frayeur qui vous presse.
Du cœur d'Assuérus souveraine maîtresse,
Éprouvez seulement son ardente amitié.
Faut-il de mes États vous donner la moitié[21]?
ESTHER.
Eh! se peut-il qu'un roi craint de la terre entière,
Devant qui tout fléchit et baise la poussière,
Jette sur son esclave un regard si serein,
Et m'offre sur son cœur un pouvoir souverain?
ASSUÉRUS.
Croyez-moi, chère Esther, ce sceptre, cet empire,
Et ces profonds respects que la terreur inspire,
A leur pompeux éclat mêlent peu de douceur,
Et fatiguent souvent leur triste possesseur.
Je ne trouve qu'en vous je ne sais quelle grâce
Qui me charme toujours et jamais ne me lasse.
De l'aimable vertu doux et puissants attraits!
Tout respire en Esther l'innocence et la paix.

Du chagrin le plus noir elle écarte les ombres,
Et fait des jours sereins de mes jours les plus sombres
Que dis-je? sur ce trône assis auprès de vous,
Des astres ennemis j'en crains moins le courroux,
Et crois que votre front prête à mon diadème
Un éclat qui le rend respectable aux dieux même.
Osez donc me répondre, et ne me cachez pas
Quel sujet important conduit ici vos pas.
Quel intérêt, quels soins vous agitent, vous pressent?
Je vois qu'en m'écoutant vos yeux au ciel s'adressent.
Parlez : de vos désirs le succès est certain,
Si ce succès dépend d'une mortelle main.

ESTHER.

O bonté qui m'assure autant qu'elle m'honore!
Un intérêt pressant veut que je vous implore :
J'attends ou mon malheur ou ma félicité;
Et tout dépend, seigneur, de votre volonté.
Un mot de votre bouche, en terminant mes peines,
Peut rendre Esther heureuse entre toutes les reines.

ASSUÉRUS.

Ah! que vous enflammez mon désir curieux!

ESTHER.

Seigneur, si j'ai trouvé grâce devant vos yeux,
Si jamais à mes vœux vous fûtes favorable,
Permettez, avant tout, qu'Esther puisse à sa table
Recevoir aujourd'hui son souverain seigneur,
Et qu'Aman soit admis à cet excès d'honneur[22].
J'oserai devant lui rompre ce grand silence;
Et j'ai pour m'expliquer besoin de sa présence.

ASSUÉRUS.

Dans quelle inquiétude, Esther, vous me jetez!
Toutefois qu'il soit fait comme vous souhaitez.
(A ceux de sa suite :)
Vous, que l'on cherche Aman; et qu'on lui fasse entendre
Qu'invité chez la reine, il ait soin de s'y rendre[23].

SCÈNE VIII.

ASSUÉRUS, ESTHER, ÉLISE, THAMAR, HYDASPE,
PARTIE DU CHOEUR.

HYDASPE.

Les savants chaldéens, par votre ordre appelés,
Dans cet appartement, seigneur, sont assemblés.

ASSUÉRUS.

Princesse, un songe étrange occupe ma pensée :
Vous-même en leur réponse êtes intéressée.
Venez, derrière un voile écoutant leurs discours,
De vos propres clartés me prêter le secours.
Je crains pour vous, pour moi, quelque ennemi perfide.

ESTHER.

Suis-moi, Thamar. Et vous, troupe jeune et timide,
Sans craindre ici les yeux d'une profane cour,
A l'abri de ce trône attendez mon retour.

SCÈNE IX.

(Cette scène est partie déclamée et partie chantée.)

ÉLISE, PARTIE DU CHOEUR

ÉLISE.

Que vous semble, mes sœurs, de l'état où nous sommes
D'Esther, d'Aman, qui le doit emporter?
Est-ce Dieu, sont-ce les hommes,
Dont les œuvres vont éclater?
Vous avez vu quelle ardente colère
Allumoit de ce roi le visage sévère.

UNE DES ISRAÉLITES.

Des éclairs de ses yeux l'œil étoit ébloui.

UNE AUTRE.

Et sa voix m'a paru comme un tonnerre horrible.

ÉLISE.

Comment ce courroux si terrible
En un moment s'est-il évanoui?

UNE DES ISRAÉLITES chante.

Un moment a changé ce courage inflexible :
Le lion rugissant est un agneau paisible.
Dieu, notre Dieu sans doute a versé dans son cœur
Cet esprit de douceur [24].

LE CHOEUR chante.

Dieu, notre Dieu sans doute a versé dans son cœur
Cet esprit de douceur.

LA MÊME ISRAÉLITE chante.

Tel qu'un ruisseau docile

Obéit à la main qui détourne son cours,
Et, laissant de ses eaux partager le secours,
    Va rendre tout un champ fertile,
Dieu, de nos volontés arbitre souverain,
  Le cœur des rois est ainsi dans ta main[25].

ÉLISE.

Ah ! que je crains, mes sœurs, les funestes nuages
  Qui de ce prince obscurcissent les yeux !
Comme il est aveuglé du culte de ses dieux !

UNE ISRAÉLITE.

Il n'atteste jamais que leurs noms odieux.

UNE AUTRE.

Aux feux inanimés dont se parent les cieux[26]
  Il rend de profanes hommages.

UNE AUTRE.

Tout son palais est plein de leurs images.

LE CHOEUR chante.

Malheureux ! vous quittez le maître des humains
  Pour adorer l'ouvrage de vos mains[27] !

UNE ISRAÉLITE chante.

Dieu d'Israël, dissipe enfin cette ombre :
Des larmes de tes saints quand seras-tu touché ?
  Quand sera le voile arraché
Qui sur tout l'univers jette une nuit si sombre ?
Dieu d'Israël, dissipe enfin cette ombre :
  Jusqu'à quand seras-tu caché ?

UNE DES PLUS JEUNES ISRAÉLITES.

Parlons plus bas, mes sœurs. Ciel ! si quelque infidèle,
Écoutant nos discours, nous alloit déceler !

ÉLISE.

Quoi ! fille d'Abraham, une crainte mortelle
  Semble déjà vous faire chanceler !
Hé ! si l'impie Aman, dans sa main homicide
Faisant luire à vos yeux un glaive menaçant,
  A blasphémer le nom du Tout-Puissant,
  Vouloit forcer votre bouche timide !

UNE AUTRE ISRAÉLITE.

Peut-être Assuérus, frémissant de courroux,
  Si nous ne courbons les genoux
    Devant une muette idole,
  Commandera qu'on nous immole.
  Chère sœur, que choisirez-vous ?

LA JEUNE ISRAÉLITE.

Moi, je pourrois trahir le Dieu que j'aime!
J'adorerois un Dieu sans force et sans vertu,
Reste d'un tronc par les vents abattu,
Qui ne peut se sauver lui-même!

LE CHOEUR chante.

Dieux impuissants, dieux sourds, tous ceux qui vous implorent
Ne seront jamais entendus.
Que les démons, et ceux qui les adorent,
Soient à jamais détruits et confondus!

UNE ISRAÉLITE chante.

Que ma bouche et mon cœur, et tout ce que je suis,
Rendent honneur au Dieu qui m'a donné la vie.
Dans les craintes, dans les ennuis,
En ses bontés mon âme se confie.
Veut-il par mon trépas que je le glorifie?
Que ma bouche et mon cœur, et tout ce que je suis,
Rendent honneur au Dieu qui m'a donné la vie.

ÉLISE.

Je n'admirai jamais la gloire de l'impie.

UNE AUTRE ISRAÉLITE.

Au bonheur du méchant qu'une autre porte envie.

ÉLISE.

Tous ses jours paroissent charmants;
L'or éclate en ses vêtements;
Son orgueil est sans borne ainsi que sa richesse;
Jamais l'air n'est troublé de ses gémissements;
Il s'endort, il s'éveille au son des instruments;
Son cœur nage dans la mollesse[2c].

UNE AUTRE ISRAÉLITE.

Pour comble de prospérité,
Il espère revivre en sa postérité;
Et d'enfants à sa table une riante troupe
Semble boire avec lui la joie à pleine coupe[29]

(Tout le reste est chanté.)

LE CHOEUR.

Heureux, dit-on, le peuple florissant
Sur qui ces biens coulent en abondance!
Plus heureux le peuple innocent
Qui dans le Dieu du ciel a mis sa confiance[30]!

ACTE II, SCÈNE IX.

UNE ISRAÉLITE, seule.

Pour contenter ses frivoles désirs
L'homme insensé vainement se consume :
Il trouve l'amertume
Au milieu des plaisirs.

UNE AUTRE, seule.

Le bonheur de l'impie est toujours agité ;
Il erre à la merci de sa propre inconstance.
Ne cherchons la félicité
Que dans la paix de l'innocence.

LA MÊME, avec une autre.

O douce paix !
O lumière éternelle !
Beauté toujours nouvelle !
Heureux le cœur épris de tes attraits !
O douce paix !
O lumière éternelle !
Heureux le cœur qui ne te perd jamais !

LE CHOEUR.

O douce paix !
O lumière éternelle !
Beauté toujours nouvelle !
O douce paix !
Heureux le cœur qui ne te perd jamais !

LA MÊME, seule.

Nulle paix pour l'impie : il la cherche, elle fuit[21] ;
Et le calme en son cœur ne trouve point de place :
Le glaive au dehors le poursuit ;
Le remords au dedans le glace.

UNE AUTRE.

La gloire des méchants en un moment s'éteint :
L'affreux tombeau pour jamais les dévore.
Il n'en est pas ainsi de celui qui te craint :
Il renaîtra, mon Dieu, plus brillant que l'aurore.

LE CHOEUR.

O douce paix !
Heureux le cœur qui ne te perd jamais !

ÉLISE, sans chanter.

Mes sœurs, j'entends du bruit dans la chambre prochaine.
On nous appelle : allons rejoindre notre reine.

FIN DU SECOND ACTE.

ACTE TROISIÈME.

(Le théâtre représente les jardins d'Esther, et un des côtés du salon où se fait le festin.)

SCÈNE I.
AMAN, ZARÈS.

ZARÈS.
C'est donc ici d'Esther le superbe jardin;
Et ce salon pompeux est le lieu du festin?
Mais, tandis que la porte en est encor fermée,
Écoutez les conseils d'une épouse alarmée.
Au nom du sacré nœud qui me lie avec vous,
Dissimulez, seigneur, cet aveugle courroux;
Éclaircissez ce front où la tristesse est peinte :
Les rois craignent surtout le reproche et la plainte.
Seul entre tous les grands par la reine invité,
Ressentez donc aussi cette félicité.
Si le mal vous aigrit, que le bienfait vous touche.
Je l'ai cent fois appris de votre propre bouche :
Quiconque ne sait pas dévorer un affront,
Ni de fausses couleurs se déguiser le front,
Loin de l'aspect des rois qu'il s'écarte, qu'il fuie.
Il est des contre-temps qu'il faut qu'un sage essuie :
Souvent avec prudence un outrage enduré
Aux honneurs les plus hauts a servi de degré.

AMAN.
O douleur, ô supplice affreux à la pensée!
O honte, qui jamais ne peut être effacée!
Un exécrable Juif, l'opprobre des humains,
S'est donc vu de la pourpre habillé par mes mains,
C'est peu qu'il ait sur moi remporté la victoire;
Malheureux, j'ai servi de héraut à sa gloire!

Le traître, il insultoit à ma confusion ;
Et tout le peuple même, avec dérision
Observant la rougeur qui couvroit mon visage,
De ma chute certaine en tiroit le présage.
Roi cruel, ce sont là les jeux où tu te plais !
Tu ne m'as prodigué tes perfides bienfaits
Que pour me faire mieux sentir ta tyrannie,
Et m'accabler enfin de plus d'ignominie.

ZARÈS.

Pourquoi juger si mal de son intention ?
Il croit récompenser une bonne action.
Ne faut-il pas, seigneur, s'étonner au contraire
Qu'il en ait si longtemps différé le salaire ?
Du reste, il n'a rien fait que par votre conseil.
Vous-même avez dicté tout ce triste appareil :
Vous êtes après lui le premier de l'empire.
Sait-il toute l'horreur que ce Juif vous inspire ?

AMAN.

Il sait qu'il me doit tout, et que, pour sa grandeur [1],
J'ai foulé sous les pieds remords, crainte, pudeur ;
Qu'avec un cœur d'airain exerçant sa puissance,
J'ai fait taire les lois et gémir l'innocence ;
Que pour lui, des Persans bravant l'aversion,
J'ai chéri, j'ai cherché la malédiction :
Et, pour prix de ma vie à leur haine exposée,
Le barbare aujourd'hui m'expose à leur risée !

ZARÈS.

Seigneur, nous sommes seuls. Que sert de se flatter ?
Ce zèle que pour lui vous fîtes éclater,
Ce soin d'immoler tout à son pouvoir suprême,
Entre nous, avoient-ils d'autre objet que vous-même ?
Et, sans chercher plus loin, tous ces Juifs désolés,
N'est-ce pas à vous seul que vous les immolez ?
Et ne craignez-vous point que quelque avis funeste....
Enfin la cour nous hait, le peuple nous déteste.
Ce Juif même, il le faut confesser malgré moi [2],
Ce Juif comblé d'honneurs me cause quelque effroi.
Les malheurs sont souvent enchaînés l'un à l'autre,
Et sa race toujours fut fatale à la vôtre.
De ce léger affront songez à profiter.
Peut-être la fortune est prête à vous quitter ;

Aux plus affreux excès son inconstance passe :
Prévenez son caprice avant qu'elle se lasse.
Où tendez-vous plus haut ? Je frémis quand je voi
Les abîmes profonds qui s'offrent devant moi :
La chute désormais ne peut être qu'horrible.
Osez chercher ailleurs un destin plus paisible :
Regagnez l'Hellespont et ces bords écartés
Où vos aïeux errants jadis furent jetés
Lorsque des Juifs contre eux la vengeance allumée
Chassa tout Amalec de la triste Idumée.
Aux malices du sort enfin dérobez-vous.
Nos plus riches trésors marcheront devant nous.
Vous pouvez du départ me laisser la conduite ;
Surtout de vos enfants j'assurerai la fuite.
N'ayez soin cependant que de dissimuler.
Contente, sur vos pas vous me verrez voler :
La mer la plus terrible et la plus orageuse
Est plus sûre pour nous que cette cour trompeuse.
Mais à grands pas vers vous je vois quelqu'un marcher :
C'est Hydaspe.

SCÈNE II.

AMAN, ZARÈS, HYDASPE.

HYDASPE, à Aman.

Seigneur, je courois vous chercher.
Votre absence en ces lieux suspend toute la joie ;
Et pour vous y conduire Assuérus m'envoie.

AMAN.

Et Mardochée est-il aussi de ce festin ?

HYDASPE.

A la table d'Esther portez-vous ce chagrin ?
Quoi ! toujours de ce Juif l'image vous désole ?
Laissez-le s'applaudir d'un triomphe frivole.
Croit-il d'Assuérus éviter la rigueur ?
Ne possédez-vous pas son oreille et son cœur ?
On a payé le zèle, on punira le crime ;
Et l'on vous a, seigneur, orné votre victime.
Je me trompe, ou vos vœux par Esther secondés
Obtiendront plus encor que vous ne demandez.

AMAN.

Croirai-je le bonheur que ta bouche m'annonce ?

ACTE III, SCÈNE III.

HYDASPE.

J'ai des savants devins entendu la réponse :
Ils disent que la main d'un perfide étranger
Dans le sang de la reine est prête à se plonger.
Et le roi, qui ne sait où trouver le coupable,
N'impute qu'aux seuls Juifs ce projet détestable.

AMAN.

Oui, ce sont, cher ami, des monstres furieux :
Il faut craindre surtout leur chef audacieux.
La terre avec horreur dès longtemps les endure ;
Et l'on n'en peut trop tôt délivrer la nature.
Ah! je respire enfin. Chère Zarès, adieu.

HYDASPE.

Les compagnes d'Esther s'avancent vers ce lieu :
Sans doute leur concert va commencer la fête.
Entrez, et recevez l'honneur qu'on vous apprête.

SCÈNE III.

ÉLISE, LE CHOEUR.

(Ceci se récite sans chant.)

UNE DES ISRAÉLITES.

C'est Aman.

UNE AUTRE.

C'est lui-même, et j'en frémis, ma sœur.

LA PREMIÈRE.

Mon cœur de crainte et d'horreur se resserre.

L'AUTRE.

C'est d'Israël le superbe oppresseur.

LA PREMIÈRE.

C'est celui qui trouble la terre.

ÉLISE.

Peut-on, en le voyant, ne le connoître pas ?
L'orgueil et le dédain sont peints sur son visage.

UNE ISRAÉLITE.

On lit dans ses regards sa fureur et sa rage.

UNE AUTRE.

Je croyois voir marcher la mort devant ses pas.

UNE DES PLUS JEUNES.

Je ne sais si ce tigre a reconnu sa proie :
Mais, en nous regardant, mes sœurs, il m'a semblé
Qu'il avoit dans les yeux une barbare joie
   Dont tout mon sang est encore troublé.

ÉLISE.

Que ce nouvel honneur va croître son audace !
   Je le vois, mes sœurs, je le voi :
A la table d'Esther l'insolent près du roi
   A déjà pris sa place.

UNE DES ISRAÉLITES.

Ministres du festin, de grâce, dites-nous,
Quels mets à ce cruel, quel vin préparez-vous ?

UNE AUTRE.

Le sang de l'orphelin,

UNE TROISIÈME.

   Les pleurs des misérables

LA SECONDE.

Sont ses mets les plus agréables ;

LA TROISIÈME.

C'est son breuvage le plus doux.

ÉLISE.

Chères sœurs, suspendez la douleur qui vous presse.
Chantons, on nous l'ordonne ; et que puissent nos chants
Du cœur d'Assuérus adoucir la rudesse,
Comme autrefois David, par ses accords touchants,
Calmoit d'un roi jaloux la sauvage tristesse[4] !

(Tout le reste de cette scène est chanté.)

UNE ISRAÉLITE.

   Que le peuple est heureux,
   Lorsqu'un roi généreux,
Craint dans tout l'univers, veut encore qu'on l'aime !
Heureux le peuple ! heureux le roi lui-même !

TOUT LE CHOEUR.

   O repos ! ô tranquillité !
O d'un parfait bonheur assurance éternelle,
   Quand la suprême autorité
   Dans ses conseils a toujours auprès d'elle
     La justice et la vérité !

(Ces quatre stances sont chantées alternativement par une voix seule et par tout le chœur.)

UNE ISRAÉLITE.

Rois, chassez la calomnie[5] :
Ses criminels attentats
Des plus paisibles États
Troublent l'heureuse harmonie.

Sa fureur, de sang avide,
Poursuit partout l'innocent.
Rois, prenez soin de l'absent
Contre sa langue homicide.

De ce monstre si farouche
Craignez la feinte douceur :
La vengeance est dans son cœur,
Et la pitié dans sa bouche.

La fraude adroite et subtile
Sème de fleurs son chemin :
Mais sur ses pas vient enfin
Le repentir inutile.

UNE ISRAÉLITE, seule.

D'un souffle l'Aquilon écarte les nuages,
Et chasse au loin la foudre et les orages.
Un roi sage, ennemi du langage menteur,
Écarte d'un regard le perfide imposteur.

UNE AUTRE.

J'admire un roi victorieux,
Que sa valeur conduit triomphant en tous lieux;
Mais un roi sage et qui hait l'injustice,
Qui sous la loi du riche impérieux
Ne souffre point que le pauvre gémisse,
Est le plus beau présent des cieux.

UNE AUTRE.

La veuve en sa défense espère.

UNE AUTRE.

De l'orphelin il est le père.

TOUTES ENSEMBLE.

Et les larmes du juste implorant son appui
Sont précieuses devant lui[6].

UNE ISRAÉLITE, seule.

Détourne, roi puissant, détourne tes oreilles

De tout conseil barbare et mensonger.
Il est temps que tu t'éveilles :
Dans le sang innocent ta main va se plonger
Pendant que tu sommeilles.
Détourne, roi puissant, détourne tes oreilles
De tout conseil barbare et mensonger.

UNE AUTRE.

Ainsi puisse sous toi trembler la terre entière !
Ainsi puisse à jamais contre tes ennemis
Le bruit de ta valeur te servir de barrière !
S'ils t'attaquent, qu'ils soient en un moment soumis;
Que de ton bras la force les renverse ;
Que de ton nom la terreur les disperse ;
Que tout leur camp nombreux soit devant tes soldats
Comme d'enfants une troupe inutile ;
Et si par un chemin il entre en tes États
Qu'il en sorte par plus de mille.

SCÈNE IV.

ASSUÉRUS, ESTHER, AMAN, ÉLISE, LE CHŒUR.

ASSUÉRUS, à Esther.

Oui, vos moindres discours ont des grâces secrètes :
Une noble pudeur à tout ce que vous faites
Donne un prix que n'ont point ni la pourpre ni l'or.
Quel climat renfermoit un si rare trésor ?
Dans quel sein vertueux avez-vous pris naissance,
Et quelle main si sage éleva votre enfance ?
Mais dites promptement ce que vous demandez :
Tous vos désirs, Esther, vous seront accordés ;
Dussiez-vous, je l'ai dit, et veux bien le redire,
Demander la moitié de ce puissant empire[7].

ESTHER.

Je ne m'égare point dans ces vastes désirs.
Mais puisqu'il faut enfin expliquer mes soupirs,
Puisque mon roi lui-même à parler me convie,
(Elle se jette aux pieds du roi.)
J'ose vous implorer, et pour ma propre vie[8],
Et pour les tristes jours d'un peuple infortuné
Qu'à périr avec moi vous avez condamné.

ASSUÉRUS, la relevant.

A périr ! Vous ! Quel peuple ? Et quel est ce mystère[9] ?

ACTE III, SCÈNE IV.

AMAN, tout bas.

Je tremble.

ESTHER.

Esther, seigneur, eut un Juif pour son père.
De vos ordres sanglants vous savez la rigueur.

AMAN, à part.

Ah, dieux!

ASSUÉRUS.

Ah! de quel coup me percez-vous le cœur!
Vous la fille d'un Juif! Hé quoi! tout ce que j'aime,
Cette Esther, l'innocence et la sagesse même,
Que je croyois du ciel les plus chères amours,
Dans cette source impure auroit puisé ses jours!
Malheureux!

ESTHER.

Vous pourrez rejeter ma prière :
Mais je demande au moins que, pour grâce dernière,
Jusqu'à la fin, seigneur, vous m'entendiez parler,
Et que surtout Aman n'ose point me troubler.

ASSUÉRUS.

Parlez.

ESTHER.

O Dieu, confonds l'audace et l'imposture!
Ces Juifs, dont vous voulez délivrer la nature,
Que vous croyez, seigneur, le rebut des humains,
D'une riche contrée autrefois souverains,
Pendant qu'ils n'adoroient que le Dieu de leurs pères,
Ont vu bénir le cours de leurs destins prospères.
Ce Dieu, maître absolu de la terre et des cieux,
N'est point tel que l'erreur le figure à vos yeux :
L'Éternel est son nom; le monde est son ouvrage;
Il entend les soupirs de l'humble qu'on outrage,
Juge tous les mortels avec d'égales lois,
Et du haut de son trône interroge les rois [10].
Des plus fermes États la chute épouvantable,
Quand il veut, n'est qu'un jeu de sa main redoutable.
Les Juifs à d'autres dieux osèrent s'adresser :
Roi, peuples, en un jour tout se vit disperser :
Sous les Assyriens, leur triste servitude
Devint le juste prix de leur ingratitude.
Mais, pour punir enfin nos maîtres à leur tour,
Dieu fit choix de Cyrus avant qu'il vît le jour [11],
L'appela par son nom, le promit à la terre,
Le fit naître, et soudain l'arma de son tonnerre,

Brisa les fiers remparts et les portes d'airain,
Mit des superbes rois la dépouille en sa main,
De son temple détruit vengea sur eux l'injure :
Babylone paya nos pleurs avec usure.
Cyrus, par lui vainqueur, publia ses bienfaits,
Regarda notre peuple avec des yeux de paix,
Nous rendit et nos lois et nos fêtes divines ;
Et le temple déjà sortoit de ses ruines.
Mais, de ce roi si sage, héritier insensé,
Son fils[12] interrompit l'ouvrage commencé,
Fut sourd à nos douleurs : Dieu rejeta sa race,
Le retrancha lui-même, et vous mit en sa place.
  Que n'espérions-nous point d'un roi si généreux !
Dieu regarde en pitié son peuple malheureux,
Disions-nous : un roi règne, ami de l'innocence.
Partout du nouveau prince on vantoit la clémence :
Les Juifs partout de joie en poussèrent des cris.
Ciel ! verra-t-on toujours par de cruels esprits
Des princes les plus doux l'oreille environnée
Et du bonheur public la source empoisonnée ?
Dans le fond de la Thrace un barbare enfanté
Est venu dans ces lieux souffler la cruauté ;
Un ministre ennemi de votre propre gloire....

AMAN.
De votre gloire ! moi ? Ciel ! Le pourriez-vous croire ?
Moi qui n'ai d'autre objet ni d'autre dieu....

ASSUÉRUS.
                                         Tais-toi.
Oses-tu donc parler sans l'ordre de ton roi ?

ESTHER.
Notre ennemi cruel devant vous se déclare[13] :
C'est lui, c'est ce ministre infidèle et barbare
Qui, d'un zèle trompeur à vos yeux revêtu,
Contre notre innocence arma votre vertu.
Et quel autre, grand Dieu ! qu'un Scythe impitoyable
Auroit de tant d'horreurs dicté l'ordre effroyable !
Partout l'affreux signal en même temps donné
De meurtres remplira l'univers étonné :
On verra, sous le nom du plus juste des princes,
Un perfide étranger désoler vos provinces ;
Et dans ce palais même, en proie à son courroux,
Le sang de vos sujets regorger jusqu'à vous.

Et que reproche aux Juifs sa haine envenimée ?
Quelle guerre intestine avons-nous allumée ?
Les a-t-on vus marcher parmi vos ennemis ?
Fut-il jamais au joug esclaves plus soumis ?
Adorant dans leurs fers le Dieu qui les châtie,
Pendant que votre main sur eux appesantie
A leurs persécuteurs les livroit sans secours,
Ils conjuroient ce Dieu de veiller sur vos jours,
De rompre des méchants les trames criminelles,
De mettre votre trône à l'ombre de ses ailes [14].
N'en doutez point, seigneur, il fut votre soutien :
Lui seul mit à vos pieds le Parthe et l'Indien,
Dissipa devant vous les innombrables Scythes,
Et renferma les mers dans vos vastes limites ;
Lui seul aux yeux d'un Juif découvrit le dessein
De deux traîtres tout prêts à vous percer le sein.
Hélas ! ce Juif jadis m'adopta pour sa fille.

ASSUÉRUS.
Mardochée ?

ESTHER.
Il restoit seul de notre famille.
Mon père étoit son frère. Il descend comme moi
Du sang infortuné de notre premier roi [15].
Plein d'une juste horreur pour un Amalécite,
Race que notre Dieu de sa bouche a maudite,
Il n'a devant Aman pu fléchir les genoux,
Ni lui rendre un honneur qu'il ne croit dû qu'à vous.
De là contre les Juifs et contre Mardochée
Cette haine, seigneur, sous d'autres noms cachée.
En vain de vos bienfaits Mardochée est paré :
A la porte d'Aman est déjà préparé
D'un infâme trépas l'instrument exécrable ;
Dans une heure au plus tard ce vieillard vénérable,
Des portes du palais par son ordre arraché,
Couvert de votre pourpre, y doit être attaché.

ASSUÉRUS.
Quel jour mêlé d'horreur vient effrayer mon âme !
Tout mon sang de colère et de honte s'enflamme.
J'étois donc le jouet.... Ciel, daigne m'éclairer !
Un moment sans témoins cherchons à respirer [16].
Appelez Mardochée : il faut aussi l'entendre.

(Le roi s'éloigne.)

UNE ISRAÉLITE.
Vérité, que j'implore, achève de descendre!

SCÈNE V.

ESTHER, AMAN, ÉLISE, LE CHOEUR.

AMAN, à Esther.

D'un juste étonnement je demeure frappé [17].
Les ennemis des Juifs m'ont trahi, m'ont trompé :
J'en atteste du ciel la puissance suprême,
En les perdant j'ai cru vous assurer vous-même.
Princesse, en leur faveur, employez mon crédit :
Le roi, vous le voyez, flotte encore interdit.
Je sais par quels ressorts on le pousse, on l'arrête;
Et fais, comme il me plaît, le calme et la tempête.
Les intérêts des Juifs déjà me sont sacrés.
Parlez : vos ennemis aussitôt massacrés,
Victimes de la foi que ma bouche vous jure,
De ma fatale erreur répareront l'injure.
Quel sang demandez-vous?

ESTHER.
　　　　　　Va, traître, laisse-moi.
Les Juifs n'attendent rien d'un méchant tel que toi.
Misérable, le Dieu vengeur de l'innocence
Tout prêt à te juger, tient déjà sa balance!
Bientôt son juste arrêt te sera prononcé.
Tremble : son jour approche, et ton règne est passé.

AMAN.
Oui, ce Dieu, je l'avoue, est un Dieu redoutable.
Mais veut-il que l'on garde une haine implacable?
C'en est fait : mon orgueil est forcé de plier;
L'inexorable Aman est réduit à prier [18].
(Il se jette à ses pieds.)
Par le salut des Juifs, par ces pieds que j'embrasse,
Par ce sage vieillard, l'honneur de votre race,
Daignez d'un roi terrible apaiser le courroux;
Sauvez Aman, qui tremble à vos sacrés genoux.

SCÈNE VI.

ASSUÉRUS, ESTHER, AMAN, ÉLISE, LE CHOEUR, GARDES.

ASSUÉRUS.
Quoi! le traître sur vous porte ses mains hardies [19]!

Ah! dans ses yeux confus je lis ses perfidies;
Et son trouble, appuyant la foi de vos discours,
De tous ses attentats me rappelle le cours.
Qu'à ce monstre à l'instant l'âme soit arrachée;
Et que devant sa porte, au lieu de Mardochée[20],
Apaisant par sa mort et la terre et les cieux,
De mes peuples vengés il repaisse les yeux.
(Aman est emmené par les gardes.)

SCÈNE VII.

ASSUÉRUS, ESTHER, MARDOCHÉE, ÉLISE, LE CHOEUR.

ASSUÉRUS continue en s'adressant à Mardochée.
Mortel chéri du ciel, mon salut et ma joie,
Aux conseils des méchants ton roi n'est plus en proie;
Mes yeux sont dessillés, le crime est confondu :
Viens briller près de moi dans le rang qui t'est dû.
Je te donne d'Aman les biens et la puissance[21] :
Possède justement son injuste opulence.
Je romps le joug funeste où les Juifs sont soumis;
Je leur livre le sang de tous leurs ennemis;
A l'égal des Persans je veux qu'on les honore,
Et que tout tremble au nom du Dieu qu'Esther adore.
Rebâtissez son temple, et peuplez vos cités;
Que vos heureux enfants dans leurs solennités
Consacrent de ce jour le triomphe et la gloire[22],
Et qu'à jamais mon nom vive dans leur mémoire.

SCÈNE VIII.

ASSUÉRUS, ESTHER, MARDOCHÉE, ASAPH, ÉLISE.
LE CHOEUR.

ASSUÉRUS.
Que veut Asaph?

ASAPH.
Seigneur, le traître est expiré,
Par le peuple en fureur à moitié déchiré.
On traîne, on va donner en spectacle funeste
De son corps tout sanglant le misérable reste.

MARDOCHÉE.
Roi, qu'à jamais le ciel prenne soin de vos jours '
Le péril des Juifs presse, et veut un prompt secours.

ASSUÉRUS.

Oui, je t'entends. Allons, par des ordres contraires,
Révoquer d'un méchant les ordres sanguinaires[25].

ESTHER.

O Dieu, par quelle route inconnue aux mortels
Ta sagesse conduit ses desseins éternels !

SCÈNE IX.

LE CHOEUR.

TOUT LE CHOEUR.

Dieu fait triompher l'innocence :
Chantons, célébrons sa puissance.

UNE ISRAÉLITE.

Il a vu contre nous les méchants s'assembler,
   Et notre sang prêt à couler.
Comme l'eau sur la terre ils alloient le répandre[24] :
  Du haut du ciel sa voix s'est fait entendre ;
   L'homme superbe est renversé,
   Ses propres flèches l'ont percé.

UNE AUTRE.

J'ai vu l'impie adoré sur la terre[25] ;
  Pareil au cèdre, il cachoit dans les cieux
    Son front audacieux ;
Il sembloit à son gré gouverner le tonnerre,
   Fouloit aux pieds ses ennemis vaincus :
Je n'ai fait que passer, il n'étoit déjà plus.

UNE AUTRE.

On peut des plus grands rois surprendre la justice
    Incapables de tromper,
   Ils ont peine à s'échapper
   Des piéges de l'artifice.
Un cœur noble ne peut soupçonner en autrui
   La bassesse et la malice
   Qu'il ne sent point en lui.

UNE AUTRE.

  Comment s'est calmé l'orage ?

UNE AUTRE.

Quelle main salutaire a chassé le nuage ?

TOUT LE CHOEUR.

L'aimable Esther a fait ce grand ouvrage.

ACTE III, SCÈNE IX.

UNE ISRAÉLITE, seule.

De l'amour de son Dieu son cœur s'est embrasé ;
  Au péril d'une mort funeste
  Son zèle ardent s'est exposé :
Elle a parlé ; le ciel a fait le reste.

DEUX ISRAÉLITES.

Esther a triomphé des filles des Persans :
La nature et le ciel à l'envi l'ont ornée.

L'UNE DES DEUX.

Tout ressent de ses yeux les charmes innocents.
Jamais tant de beauté fut-elle couronnée ?

L'AUTRE.

Les charmes de son cœur sont encor plus puissants.
Jamais tant de vertu fut-elle couronnée ?

TOUTES DEUX ensemble.

Esther a triomphé des filles des Persans :
La nature et le ciel à l'envi l'ont ornée.

UNE SEULE.

  Ton Dieu n'est plus irrité :
Réjouis-toi, Sion, et sors de la poussière [25] ;
Quitte les vêtements de ta captivité,
  Et reprends ta splendeur première.
Les chemins de Sion à la fin sont ouverts :
    Rompez vos fers,
    Tribus captives ;
    Troupes fugitives,
  Repassez les monts et les mers ;
Rassemblez-vous des bouts de l'univers.

TOUT LE CHOEUR.

    Rompez vos fers,
    Tribus captives,
    Troupes fugitives,
  Repassez les monts et les mers ;
Rassemblez-vous des bouts de l'univers.

UNE ISRAÉLITE, seule.

Je reverrai ces campagnes si chères.

UNE AUTRE.

J'irai pleurer au tombeau de mes pères.

TOUT LE CHOEUR.

Repassez les monts et les mers ;
Rassemblez-vous des bouts de l'univers.

UNE ISRAÉLITE, seule.
Relevez, relevez les superbes portiques
Du temple où notre Dieu se plaît d'être adoré;
Que de l'or le plus pur son autel soit paré,
Et que du sein des monts le marbre soit tiré.
Liban, dépouille-toi de tes cèdres antiques;
　Prêtres sacrés, préparez vos cantiques.
UNE AUTRE.
Dieu descend et revient habiter parmi nous :
　Terre, frémis d'allégresse et de crainte.
　　Et vous, sous sa majesté sainte,
　　　Cieux, abaissez-vous [27] !
UNE AUTRE.
Que le Seigneur est bon, que son joug est aimable!
Heureux qui dès l'enfance en connoît la douceur!
Jeune peuple, courez à ce maître adorable :
Les biens les plus charmants n'ont rien de comparable
Aux torrents de plaisirs qu'il répand dans un cœur.
Que le Seigneur est bon, que son joug est aimable!
Heureux qui dès l'enfance en connoît la douceur!
UNE AUTRE.
　　Il s'apaise, il pardonne;
　Du cœur ingrat qui l'abandonne
　　Il attend le retour;
　Il excuse notre foiblesse;
　A nous chercher même il s'empresse.
　　Pour l'enfant qu'elle a mis au jour
　　Une mère a moins de tendresse.
Ah! qui peut avec lui partager notre amour!
TROIS ISRAÉLITES.
Il nous fait remporter une illustre victoire.
L'UNE DES TROIS.
　　Il nous a révélé sa gloire,
TOUTES TROIS ensemble.
Ah! qui peut avec lui partager notre amour!
TOUT LE CHOEUR.
Que son nom soit béni; que son nom soit chanté;
　　Que l'on célèbre ses ouvrages
　　Au delà des temps et des âges,
　　Au delà de l'éternité [28] !

FIN DU TROISIÈME ACTE.

NOTES.

PROLOGUE (p. 431).

1. Tous les rôles de cette pièce étoient distribués aux demoiselles de Saint-Cyr, lorsque la jeune mademoiselle de Caylus, qui avoit été élevée dans cette maison, et n'en étoit sortie que depuis peu de temps, témoigna une grande envie de faire quelque personnage; ce qui engagea l'auteur à faire pour elle ce prologue très-heureusement imaginé. Il ne ressemble point à ces prologues d'Euripide, où tout ce qui doit arriver dans la pièce est froidement annoncé. C'est un cadre où Racine a su renfermer délicatement les plus magnifiques éloges du roi, de madame de Maintenon, et de la communauté de Saint-Cyr. (L. RACINE.)

2. La maison de Saint-Cyr. (Note de RACINE.)

3. Il s'agit ici des missions étrangères et des travaux apostoliques dans l'Orient et dans le nouveau monde, que Louis XIV encourageoit par ses bienfaits.

4. Allusion à la campagne de 1688, dans laquelle le grand Dauphin prit Philipsbourg, Heidelberg, Manheim, et conquit le Palatinat.

ACTE PREMIER (p. 433).

1. « Ascenditque clamor eorum ab operibus. » (*Exode*, ch. II, v. 23.) — « Et clamor Jerusalem ascendit. » (JÉRÉMIE, *Prophétie*, ch. XIV, v. 2.)

2. Racine, dans son *Iphigénie* (acte V, sc. 6), a employé ce mot dans le même sens :

Jette une sainte horreur qui nous rassure tous.

3. « Postquam regis Assueri indignatio deferbuerat, recorda-
« tus est Vasthi, et quæ fecisset, vel quæ passa esset. Dixerunt-
« que pueri regis ac ministri ejus : Quærantur regi puellæ vir-
« gines ac speciosæ, et mittantur qui considerent per universas
« provincias puellas speciosas et virgines, et adducant eas ad
« civitatem Susan, et tradant eas in domum feminarum.... Et
« quæcumque inter omnes oculis regis placuerit, ipsa regnet pro
« Vasthi. Placuit sermo regi : et ita ut suggesserant jussit fieri. »
(*Esther*, ch. II, v. 1-4.)

4. « Erat vir Judæus in Susan civitate, vocabulo Mardochæus,
« ...qui translatus fuerat de Jerusalem eo tempore quo Jechoniam
« regem Juda Nabuchodonosor rex Babylonis transtulerat; qui
« fuit nutricius filiæ fratris sui, Edissæ, quæ altero nomine voca-

« batur Esther, et utrumque parentem amiserat; pulchra nimis
« et decora facie. Mortuisque patre ejus ac matre, Mardochæus
« sibi eam adoptavit in filiam. » (*Esther*, ch. II, v. 5-7.)

5. « Quumque percrebruisset regis imperium, et juxta manda-
« tum illius multæ pulchræ virgines adducerentur Susan, et
« Egeo traderentur eunucho, Esther quoque inter cæteras puel-
« las ei tradita est, ut servaretur in numero feminarum. » (*Esther*, ch. II, v. 8.)

« Quæ noluit indicare ei populum et patriam suam : Mardo-
« chæus enim præceperat ei, ut de hac re omnino reticeret. »
(*Esther*, ch. II, v. 10.)

6. « Nec minore ambitu feminæ exarserant : suam quæque no-
« bilitatem, formam, opes contendere, ac digna tanto matri-
« monio ostentare. » (TACITE, *Annales*, liv. XII, ch. I.)

7. « Evoluto autem tempore per ordinem, instabat dies quo
« Esther, filia Abihaïl fratris Mardochæi, quam sibi adoptaverat
« in filiam, deberet intrare ad regem. Quæ non quæsivit mulie-
« brem cultum, sed quæcumque voluit Egeus eunuchus, custos
« virginum, hæc ei ad ornatum dedit. Erat enim formosa valde,
« et incredibili pulchritudine omnium oculis gratiosa et ama-
« bilis videbatur. » (*Esther*, ch. II, v. 15.)

8. « Sicut divisiones aquarum, ita cor regis in manu Domini;
« quocumque voluerit, inclinabit illud. » (*Proverbes*, ch. XXI,
v. 1.)

9. « Et adamavit eam rex plus quam omnes mulieres, habuit-
« que gratiam et misericordiam coram eo super omnes mulie-
« res; et posuit diadema regni in capite ejus, fecitque eam re-
« gnare in loco Vasthi. » (*Esther*, ch. II, v. 17.)

10. « Et jussit convivium præparari permagnificum cunctis
« principibus, et servis suis, pro conjunctione et nuptiis Esther.
« Et dedit requiem universis provinciis, ac dona largitus est
« juxta magnificentiam principalem. » (*Esther*, ch. II, v. 18.)

11. Ce soin de cacher sa naissance fit donner à la nièce de Mardochée le surnom d'*Esther*, qui, en hébreu, signifie *caché*,
inconnue.

12. « Necdum prodiderat Esther patriam et populum suum,
« juxta mandatum ejus; quidquid enim ille præcipiebat, obser-
« vabat Esther, et ita cuncta faciebat, ut eo tempore solita erat
« quo eam parvulam nutriebat. » (*Esther*, ch. II, v. 20.)

13. « Eo igitur tempore quo Mardochæus ad regis januam
« morabatur, irati sunt Bagathan et Thares, duo eunuchi regis,
« qui janitores erant, et in primo palatii limine præsidebant;
« voluteruntque insurgere in regem et occidere eum. Quod Mar-
« dochæum non latuit, statimque nuntiavit reginæ Esther; et
« illa regi, ex nomine Mardochæi, qui ad se rem detulerat. »
(*Esther*, ch. II, v. 21 et 22.)

14. Allusion à la maison de Saint-Cyr, où madame de Maintenon venoit oublier les grandeurs de la cour.

NOTES. 477

15. « Ascendit fumus incensorum de orationibus sanctorum, de manu angeli, coram Deo. » (*Apocalypse*, ch. VIII, v. 4.)

16. Racine met dans la bouche d'Esther les paroles qu'adressoient aux Juifs ceux qui les avoient conduits captifs à Babylone : « Et qui abduxerunt nos : Hymnum cantate nobis de canticis Sion. » (*Psaume* CXXXVI, v. 3.)

17. « Adhæreat lingua mea faucibus meis, si non meminero tui, si non proposuero Jerusalem in principio lætitiæ meæ. » (*Psaume* CXXXVI, v. 6.)

18. « Quæ quum audisset Mardochæus, scidit vestimenta sua, et indutus est sacco, spargens cinerem capiti. » (*Esther*, ch. IV, v. 1.)

19. Racine avoit déjà mis ce vers dans la bouche d'OEnone (*Phèdre*, acte I, sc. 3).

20. « Jussimus ut quoscumque Aman, qui omnibus provinciis præpositus est, et secundus a rege, et quem patris loco colimus, monstraverit, cum conjugibus ac liberis deleantur ab inimicis suis, nullusque eorum misereatur, quarta decima die duodecimi mensis Adar anni præsentis. » (*Esther*, ch. XIII, v. 6.)

21. « Quæ respondit ei, et jussit ut diceret Mardochæo : Omnes servi regis, et cunctæ quæ sub ditione ejus sunt norunt provinciæ, quod sive vir, sive mulier, non vocatus, interius atrium regis intraverit, absque ulla cunctatione statim interficiatur, nisi forte rex auream virgam ad eum tetenderit pro signo clementiæ, atque ita possit vivere. Ego igitur quomodo ad regem intrare potero, quæ triginta jam diebus non sum vocata ad eum ? » (*Esther*, ch. IV, v. 10 et 11.)

22. « Et quis novit utrum idcirco ad regnum veneris, ut in tali tempore parareris. » (*Esther*, ch. IV, v. 14.)

23. Le vers de J.-B. Rousseau :
  Il parle, et nous voyons leurs trônes mis en poudre,
  (*Cantique* tiré du psaume XLVII.)
est une imitation bien languissante de celui de Racine.

24. « Omnes gentes quasi non sint, sic sunt coram eo. » (ISAIE, ch. XL, v. 17.)

25. « Si enim nunc silueris, per aliam occasionem liberabuntur Judæi ; et tu, et domus patris tui, peribitis. » (*Esther*, ch. IV v. 14.)

26. « Vade, et congrega omnes Judæos quos in Susan repereris, et orate pro me. Non comedatis et non bibatis tribus diebus et tribus noctibus ; et ego cum ancillis meis similiter jejunabo, et tunc ingrediar ad regem, contra legem faciens, non vocata, tradensque me morti et periculo. » (*Esther*, ch. IV, v. 16.)

27. « Domine mi, qui rex noster es solus, adjuva me solitariam, et cujus præter te nullus est auxiliator alius. Periculum

« meum in manibus meis est. Audivi a patre meo, quod tu, Do-
« mine, tulisses Israël de cunctis gentibus, et patres nostros ex
« omnibus retro majoribus suis, ut possideres hæreditatem sem-
« piternam, fecistique eis sicut locutus es. Peccavimus in con-
« spectu tuo, et idcirco tradidisti nos in manus inimicorum
« nostrorum : coluimus enim deos eorum. Justus es, Domine.
« Et nunc non eis sufficit, quod durissima nos opprimunt ser-
« vitute, sed robur manuum suarum idolorum potentiæ depu-
« tantes, volunt tua mutare promissa, et delere hæreditatem
« tuam, et claudere ora laudantium te, atque exstinguere glo-
« riam templi et altaris tui, ut aperiant ora gentium, et lau-
« dent idolorum fortitudinem, et prædicent carnalem regem in
« sempiternum. Ne tradas, Domine, sceptrum tuum his qui non
« sunt, ne rideant ad ruinam nostram ; sed converte consilium
« eorum super eos, et eum qui in nos cœpit sævire, disperde.
« Memento, Domine, et ostende te nobis in tempore tribulationis
« nostræ, et da mihi fiduciam, Domine, rex deorum et universæ
« potestatis : tribue sermonem compositum in ore meo in con-
« spectu leonis, et transfer cor illius in odium hostis nostri, ut
« et ipse pereat, et cæteri qui ei consentiunt. Nos autem libera
« manu tua, et adjuva me, nullum aliud auxilium habentem,
« nisi te, Domine, qui habes omnium scientiam, et nosti quia
« oderim gloriam iniquorum et detester cubile incircumcisorum
« et omnis alienigenæ. Tu scis necessitatem meam, quod abomi-
« ner signum superbiæ et gloriæ meæ, quod est super caput
« meum in diebus ostentationis meæ, et detester illud quasi
« pannum menstruatæ, et non portem in diebus silentii mei, et
« quod non comederim in mensa Aman, nec mihi placuerit con-
« vivium regis, et non biberim vinum libaminum; et nunquam
« lætata sit ancilla tua, ex quo huc translata sum usque in præ-
« sentem diem, nisi in te, Domine, Deus Abraham. Deus fortis
« super omnes, exaudi vocem eorum qui nullam aliam spem
« habent, et libera nos de manu iniquorum, et erue me a timore
« meo. » (*Esther*, ch. XIV, v. 3-19.)

28. « Levavi oculos meos in montes, unde veniet auxilium
« mihi. » (*Psaume* CXX, v. 1.)

29. « Amictus lumine sicut vestimento.... Qui ambulas super
« pennas ventorum. » (*Psaume* CIII, v. 2 et 4.) — « Et ascendit
« super cherubim, et volavit, et lapsus est super pennas venti. »
(2ᵉ *livre des Rois*, ch. XXII, v. 11.)

30. « Fiant tanquam pulvis ante faciem venti. » (*Psaume* XXXIV
v. 5.) — « Et sicut stipulam ante faciem venti. » (*Psaume* LXXXII,
v. 14.)

ACTE SECOND (p. 445).

1. Cet usage des rois de Perse, qui prenoient soin de conserver la mémoire de ce qui se passoit de plus mémorable sous
leur règne, est attesté par Hérodote et par Thucydide.

2. On a déjà vu, dans la préface d'*Esther*, que Racine avoit adopté l'opinion de dom Calmet et de quelques autres savants interprètes, qui pensent qu'Assuérus est le même que Darius, fils d'Hystaspe. Si l'on en croit Hérodote, la ruse, plus que le sort, contribua à placer ce prince sur le trône de Perse.

3. « Solus Mardochæus non flectebat genu, neque adorabat eum. » (*Esther*, ch. III, v. 2.)

4. « Egressus est itaque illo die Aman lætus et alacer. Quum- « que vidisset Mardochæum sedentem ante fores palatii, et non so- « lum non assurrexisse sibi, sed nec motum quidem de loco ses- « sionis suæ, indignatus est valde.... Et post hæc ait :... Quum « hæc omnia habeam, nihil me habere puto, quamdiu videro « Mardochæum Judæum sedentem ante fores regias. » (*Esther*, ch. v, v. 9, 12 et 13.)

5. « Et pro nihilo duxit in unum Mardochæum mittere manus « suas : audierat enim quod esset gentis Judææ; magisque voluit « omnem Judæorum, qui erant in regno Assueri, perdere na- « tionem. » (*Esther*, ch. III, v. 6.)

6. Aman descendoit du roi Agag, qui fut pris et épargné par Saül : ce qui fut cause de la réprobation de Saül (voyez le 1er *livre des Rois*, ch. xv); et c'est apparemment par cette raison que Mardochée, qui descendoit de Saül, comme Esther le dit dans la suite, ne vouloit point fléchir le genou devant un homme du sang d'Agag : car il y a apparence que Néhémie, Esdras, et les autres Juifs qui se prosternoient devant le roi, se prosternoient aussi devant Aman. (L. RACINE.)

7. « Dixitque Aman regi Assuero : Est populus per omnes pro- « vincias regni tui dispersus, et a se mutuo separatus, novis « utens legibus et cæremoniis, insuper et regis scita contemnens. « Et optime nosti quod non expediat regno tuo ut insolescat per « licentiam. » (*Esther*, ch. III, v. 8.)

8. « Si tibi placet, decerne ut pereat, et decem millia talen- « torum appendam arcariis gazæ tuæ. » (*Esther*, ch. III, v. 9.)

9. « Tulit ergo rex annulum quo utebatur de manu sua, et « dedit eum Aman.... Dixitque ad eum : Argentum quod tu pol- « liceris, tuum sit; de populo age quod tibi placet. » (*Esther*, ch. III, v. 10 et 11.)

10. « Responderuntque ei Zares uxor ejus et cæteri amici : « Jube parari excelsam trabem, habentem altitudinis quinqua- « ginta cubitos, et dic mane regi, ut appendatur super eam « Mardochæus. » (*Esther*, ch. V, v. 14.)

11. « Quod quum audisset rex, ait : Quid pro hac fide honoris « ac præmii Mardochæus consecutus est? Dixerunt ei servi illius « ac ministri : Nihil omnino mercedis accepit. » (*Esther*, ch. VI, v. 3.)

12. « Statimque rex : Quis est, inquit, in atrio? Aman quippe

« interius atrium domus regiæ intraverat, ut suggereret regi,
« et juberet Mardochæum affigi patibulo quod ei fuerat præpa-
« ratum. Responderunt pueri : Aman stat in atrio. Dixitque rex:
« Ingrediatur. » (*Esther*, ch. VI, v. 4 et 5.)

13. Comparez à cette scène de Racine la scène suivante de Du-ryer, qui, trente ans auparavant, avait traité le sujet d'Esther, dans une tragédie en cinq actes, bien froide et bien languissante. Ce morceau, qui est peut-être le plus remarquable de toute sa pièce, ne peut pas, il est vrai, soutenir dignement le parallèle; mais, quoique ces vers lâches et faciles soient bien loin du style de Racine, l'effet de la scène est assez dramatique, et la répétition qui la termine a, pour Aman, je ne sais quoi d'accablant et d'imprévu, et en même temps une simplicité énergique et digne qui rappelle la manière antique.

Assuérus vient de former la résolution de récompenser avec éclat Mardochée. Aman venant à paroître, il le consulte :

ASSUÉRUS.

Aman, j'aime un sujet généreux et fidèle
De qui les grands effets m'ont témoigné le zèle;
Je l'estime, je l'aime, et lui dois tant de biens
Que c'est trop peu pour lui du haut rang que tu tiens.
Dis-moi de quels honneurs ma puissance royale
Doit envers sa vertu se montrer libérale ?
Dis-moi, que dois-je faire, afin de l'honorer
Autant que ma grandeur le peut faire espérer ?

AMAN.

Comme, mieux qu'un sujet, un prince magnanime
D'un fidèle sujet sait le prix et l'estime,
Il n'appartient aussi qu'aux princes généreux
De savoir honorer des sujets valeureux.

ASSUÉRUS.

Parle; je le souhaite et je te le commande.

AMAN.

A vos commandements il faut que je me rende.
Puisqu'un sujet fidèle et prudent à la fois
Est le plus grand trésor que possèdent les rois,
Jugeant en sa faveur, sire, j'oserai croire
Qu'on ne peut le combler d'une trop haute gloire,
Et qu'un prince régnant ne doit rien réserver
Ou pour se l'acquérir ou pour le conserver.
Si donc de vos faveurs la splendeur immortelle
Doit luire abondamment sur un sujet fidèle,
Si vous lui destinez des honneurs sans égaux,
Faites-le revêtir des ornements royaux;
Faites dessus son front briller le diadème;
Faites le voir au peuple en ce degré suprême,
Et que quelqu'un des grands publie à haute voix
Qu'ainsi sont honorés ceux qu'honorent les rois.

ASSUÉRUS.

. . . . Pour tirer Mardochée
De cette obscurité dont sa gloire est cachée,
Pour rendre avec usure à sa fidélité
Le bien que je lui dois et qu'elle a mérité,
Je veux en sa faveur, avant que tu sommeilles,
Je voir exécuter ce que tu me conseilles.

Je veux rendre par toi ses honneurs sans égaux,
Fais-le donc revêtir des ornements royaux;
Fais briller sur son front l'éclat du diadème;
Fais-le voir à mon peuple en ce degré suprême;
Toi-même, en sa faveur, publie à haute voix
Qu'ainsi sont honorés ceux qu'honorent les rois.
Que si quelque envieux ose noircir sa vie,
Immole à son repos l'envieux et l'envie.

Il sort à ces mots, et abandonne l'orgueilleux ministre à sa stupeur et à sa rage.

14. « Quumque esset ingressus, ait illi : Quid debet fieri viro « quem rex honorare desiderat? » (*Esther*, ch. VI, v. 6.)

15. « Cogitans autem in corde suo Aman, et reputans quod « nullum alium rex, nisi se, vellet honorare.... » (*Esther*, ch. VI, v. 6.)

16. « Debet indui vestibus regiis, et imponi super equum qui « de sella regis est, et accipere regium diadema super caput « suum; et primus de regiis principibus ac tyrannis teneat « equum ejus, et per plateam civitatis incedens clamet, et dicat: « Sic honorabitur quemcumque voluerit rex honorare. » (*Esther*, ch. VI, v. 8 et 9.)

17. « Dixitque ei rex : Festina, et, sumta stola et equo, fac ut « locutus es Mardochæo Judæo, qui sedet ante fores palatii. « Cave ne quidquam de his quæ locutus es, prætermittas. » (*Esther*, ch. VI, v. 10.)

18. « Quid habes, Esther? Ego sum frater tuus : noli me- « tuere. Non morieris : non enim pro te, sed pro omnibus hæc « lex constituta est. Accede igitur, et tange sceptrum. » (*Esther*, ch. XV, v. 12-14.)

19. « Quæ respondit : Vidi te, domine, quasi angelum Dei, et « conturbatum est cor meum præ timore gloriæ tuæ. » (*Esther*, ch. XV, v. 16.)

20. « Exardescet, sicut ignis, ira tua. » (*Psaume* LXXXVIII, v. 47.) Virgile a dit de même (*Énéide*, liv. IX, v. 66) :

Ignescunt iræ; duris dolor ossibus ardet.

21. « Dixitque ad eam rex : Quid vis, Esther regina? Quæ est « petitio tua? Etiamsi dimidiam partem regni petieris, dabitur « tibi. » (*Esther*, ch. V, v. 3.)

22. « Si inveni in conspectu regis gratiam, et si regi placet ut « det mihi quod postulo, et meam impleat petitionem, veniat rex « et Aman ad convivium quod paravi eis, et cras aperiam regi « voluntatem meam. » (*Esther*, ch. V, v. 8.)

23. « Statimque rex : Vocate, inquit, cito Aman, ut Esther « obediat voluntati. » (*Esther*, ch. V, v. 5.)

24. « Convertitque Deus spiritum regis in mansuetudinem. » (*Esther*, ch. XV, v. 11.)

25. Voyez la note 8 du 1er acte, p. 476.

31

26. Louis Racine s'est approprié cette belle expression dans son poëme de *la Religion* (chant III) :

Aux feux inanimés qui roulent sur leurs têtes.

27. « Confundantur omnes qui adorant sculptilia, et qui gloriantur in simulacris suis. » (*Psaume* XCVI, v. 7.)

28. « Væ qui consurgitis mane ad ebrietatem sectandam et « potandum usque ad vesperam, ut vino æstuetis. Cithara, et « lyra, et tympanum, et tibia, et vinum, in conviviis vestris; « et opus Domini non respicitis, nec opera manuum ejus consi« deratis. » (ISAIE, ch. V, v. 11 et 12.)

29. *Boire la joie.* Expression énergique et audacieuse, empruntée de Virgile, qui dit que Didon buvoit l'amour à longs traits.

Longumque bibebat amorem.
(*Énéide*, liv. 1, v. 749.)

Mais Virgile est beaucoup plus hardi : Racine emploie un correctif; il se sert du mot *coupe*, qui adoucit la métaphore. J.-B. Rousseau, dans sa *Cantate de Bacchus*, a plus imité Racine que Racine n'a imité Virgile :

La céleste troupe
. . . .
Boit à pleine coupe
L'immortalité.
(GEOFFROY.)

30. « Beatum dixerunt populum cui hæc sunt; beatus populus « cujus Dominus Deus ejus. » (*Psaume* CXLIII, v. 15.)

31. « Impii autem quasi mare fervens quod quiescere non po« test.... Non est pax impiis. » (ISAIE, ch. LVII, v. 20, 21; et ch. XLVIII, v. 22.)

ACTE TROISIÈME (p. 460).

1. On assure qu'un ministre qui étoit encore en place alors, mais qui n'étoit plus en faveur (M. de Louvois), avoit donné lieu à ce vers, parce que, dans un mouvement de colère, il avoit dit quelque chose de semblable. (L. RACINE.)

2. « Cui responderunt sapientes quos habebat in consilio, et « uxor ejus : Si de semine Judæorum est Mardochæus, ante quem « cadere cœpisti, non poteris ei resistere, sed cades in conspectu « ejus. » (*Esther*, ch. VI, v. 13.)

3. « Adhuc illis loquentibus, venerunt eunuchi regis, et cito « eum ad convivium quod regina paraverat, pergere compu« lerunt. » (*Esther*, ch. VI, v. 14.)

4. « Quandocunque spiritus malus arripiebat Saul, David « tollebat citharam, et percutiebat manu sua, et refocillabatur « Saul, et levius habebat; recedebat enim ab eo spiritus malus. » (1er *livre des Rois*, ch. XVI, v. 23.)

5. Louis Racine dit que son père se félicitoit de ces quatre stances, qui contiennent des vérités utiles aux rois.

6. J.-B. Rousseau a presque copié ces vers (liv. I, ode 6) :
> Et les larmes de l'innocence
> Sont précieuses devant lui.

7. « Quid petis ut detur tibi ? et pro qua re postulas ? Etiamsi « dimidiam partem regni mei petieris, impetrabis. » (*Esther*, ch. v, v. 6.)

8. « Ad quem illa respondit : Si inveni gratiam in oculis tuis, o « rex, et si tibi placet, dona mihi animam meam pro qua rogo, « et populum meum pro quo obsecro. Traditi enim sumus ego « et populus meus, ut conteramur, jugulemur, pereamus. At-« que utinam in servos et famulas venderemur ! esset tolera-« bile malum, et gemens tacerem ; nunc autem hostis noster est, « cujus crudelitas redundat in regem. » (*Esther*, ch. VII, v. 3 et 4.)

9. « Respondensque rex Assuerus ait : Quis est iste, et cujus po-« tentiæ, ut hæc audeat facere ? » (*Esther*, ch. VII, v. 5.)

10. C'est à la lecture de ces vers sublimes que Voltaire, dans toute la naïveté du sentiment dont il étoit pénétré, s'écrioit : « On a honte de faire des vers quand on en lit de pareils. »

11. « Hæc dicit Dominus Christo meo Cyro, cujus apprehendi « dexteram.... Ego ante te ibo ; et gloriosos terræ humiliabo ; « portas æreas conteram, et vectes ferreos confringam.... Ut scias « quia ego Dominus, qui voco nomen tuum.... Vocavi te nomine « tuo. » (ISAIE, ch. XLV, v. 1-4.) — « Quel autre a fait un Cyrus, si ce n'est Dieu qui l'avoit nommé deux cents ans avant sa naissance, dans les oracles d'Isaïe ? « Tu n'es pas encore, lui di-« soit-il, mais je te vois, et je t'ai nommé par ton nom ; tu t'ap-« pelleras Cyrus. Je marcherai devant toi dans les combats ; à « ton approche je mettrai les rois en fuite, je briserai les portes « d'airain. C'est moi qui étends les cieux, qui soutiens la terre, « qui nomme ce qui est comme ce qui n'est pas. » (BOSSUET, *Orais. fun. de Condé*.)

12. Cambyse.

13. « Dixitque Esther : Hostis et inimicus noster pessimus iste « est Aman. » (*Esther*, ch. VII, v. 6.)

14. Voyez la note 22 du 4ᵉ acte de *Polyeucte* (p. 337).

15. Cis, de la tribu de Benjamin, étoit père de Saül, et l'un des aïeux de Mardochée.

16. « Rex autem iratus surrexit, et de loco convivii intravit « in hortum arboribus consitum. » (*Esther*, ch. VII, v. 7.)

17. « Quod ille audiens, illico obstupuit, vultum regis ac re-« ginæ ferre non sustinens. » (*Esther*, ch. VII, v. 6.)

18. « Aman quoque surrexit ut rogaret Esther reginam pro « anima sua ; intellexit enim a rege sibi paratum malum. » (*Esther*, ch. VII, v. 7.)

19. « Qui quum reversus esset de horto nemoribus consito, et « intrasset convivii locum, reperit Aman super lectulum cor-« ruisse in quo jacebat Esther et ait : Etiam reginam vult oppri-

mere, me præsente, in domo mea. Necdum verbum de ore regis
« exierat, et statim operuerunt faciem ejus. » (*Esther*, ch. VII,
v. 8.)

20. « Dixitque Harbona, unus de eunuchis qui stabant in mi-
« nisterio regis : En lignum quod paraverat Mardochæo, qui lo-
« cutus est pro rege, stat in domo Aman, habens altitudinis
« quinquaginta cubitos. Cui dixit rex : Appendite eum in eo. »
(*Esther*, ch. VII, v. 9.)

21. « Die illo dedit rex Assuerus Esther reginæ domum Aman
« adversarii Judæorum. » (*Esther*, ch. VIII, v. 1.)

22. Cette fête, appelée le *Phur* ou le *Sort*, est encore aujour-
d'hui célébrée par les Juifs le quatorzième jour d'Adar, dernier
mois de l'année hébraïque, et qui répond aux mois de février et
de mars. On l'appeloit la fête du *Sort*, parce que le sort fut jeté
dans l'urne, devant Aman, pour savoir en quel mois et quel
jour on devoit exterminer tous les Juifs.

23. « Scribite ergo Judæis, sicut vobis placet, regis nomine,
« signantes litteras annulo meo. Hæc enim consuetudo erat, ut epi-
« stolis quæ ex regis nomine mittebantur et illius annulo signatæ
« erant, nemo auderet contradicere. » (*Esther*, ch. VIII, v. 8.)

24. « Effuderunt sanguinem eorum tanquam aquam. » (*Psaume*
LXXVIII, v. 3.)

25. Boileau disoit que la sublimité des psaumes étoit l'écueil
de tous les traducteurs; que leur majestueuse tranquillité ne
pouvoit être rendue que bien difficilement par la plume des
plus grands maîtres; qu'elle avoit souvent désespéré M. Racine; qu'il étoit venu pourtant à bout de traduire admirablement cet endroit du psalmiste : « Vidi impium superexalta-
« tum, et elevatum sicut cedros Libani; et transivi, et ecce non
erat. » (*Psaume* XXXVI, v. 35 et 36.)

26. « Consurge, consurge; induere fortitudine tua, Sion; in-
« duere vestimentis gloriæ tuæ.... Excutere de pulvere, con-
« surge; sede, Jerusalem; solve vincula colli tui, captiva filia
« Sion. » (ISAIE, ch. LII, v. 1 et 2.)

27. Cette image sublime des cieux qui s'abaissent est empruntée du deuxième livre des *Rois*, ch. XXII, v. 10, et du
psaume XVII, v. 10 : *Inclinavit cœlos*, etc. Après Racine, Voltaire et J.-B. Rousseau s'en sont emparés; le premier a dit dans
la Henriade (chant V) :

> Viens; des cieux enflammés abaisse la hauteur;

et l'autre s'exprime ainsi, dans sa treizième ode sacrée :

> Lève ton bras, lance ta flamme,
> Abaisse la hauteur des cieux.

(GEOFFROY.)

28. « Dominus regnabit in æternum et ultra. » (*Exode*,
ch. XV, v. 18.)

FIN.

ATHALIE

TRAGÉDIE TIRÉE DE L'ÉCRITURE SAINTE

PAR J. RACINE.

— 1691 —

« Cette pièce est regardée avec raison comme le modèle le plus parfait de la tragédie. On est étonné de ce que son mérite a été reconnu si tard. On peut s'étonner aussi de ce qu'il a été enfin si généralement reconnu, que, quand nous parlons des défauts communs aux tragédies, nous exceptons toujours *Athalie*, et que les étrangers en parlent comme nous. Par où une pièce sans amour, sans intrigue, sans aucun de ces événements extraordinaires qu'un poëte invente pour jeter du merveilleux, intéresse-t-elle ignorants et connoisseurs, spectateurs de tout âge, si ce n'est par le vrai d'une imitation où se trouvent réunies toutes les perfections, celle du style, celle de la versification, celle des caractères, celle de la conduite? Cette conduite est si simple, que cette pièce est en poésie ce qu'est en peinture ce tableau de Raphaël qui n'offre que deux figures, un ange qui, sans colère et sans émotion, écrase le démon. » (Louis Racine.)

« *Athalie* est peut-être le chef-d'œuvre de l'esprit humain. Trouver le secret de faire en France une tragédie sans amour, oser faire parler un enfant sur le théâtre, et lui prêter des réponses dont la candeur et la simplicité nous tirent des larmes..., remuer le cœur pendant cinq actes..., se soutenir surtout (et c'est là le grand art) par une diction toujours pure, toujours naturelle et auguste, souvent sublime : c'est là ce qui n'a été donné qu'à Racine et qu'on ne reverra probablement jamais. » (Voltaire.)

PRÉFACE DE RACINE.

Tout le monde sait que le royaume de Juda étoit composé des deux tribus de Juda et de Benjamin, et que les dix autres tribus qui se révoltèrent contre Rohoam composoient le royaume d'Israël. Comme les rois de Juda étoient de la maison de David, et qu'ils avoient dans leur partage la ville et le temple de Jérusalem, tout ce qu'il y avoit de prêtres et de lévites se retirèrent auprès d'eux, et leur demeurèrent toujours attachés : car, depuis que le temple de Salomon fut bâti, il n'étoit plus permis de sacrifier ailleurs; et tous ces autres autels qu'on élevoit à Dieu sur des montagnes, appelés par cette raison dans l'Écriture les hauts lieux, ne lui étoient point agréables. Ainsi le culte légitime ne subsistoit plus que dans Juda. Les dix tribus, excepté un très-petit nombre de personnes, étoient ou idolâtres ou schismatiques.

Au reste, ces prêtres et ces lévites faisoient eux-mêmes une tribu fort nombreuse. Ils furent partagés en diverses classes pour servir tour à tour dans le temple, d'un jour de sabbat à l'autre. Les prêtres étoient de la famille d'Aaron; et il n'y avoit que ceux de cette famille lesquels pussent exercer la sacrificature. Les lévites leur étoient subordonnés, et avoient soin, entre autres choses, du chant, de la préparation des victimes et de la garde du temple. Ce nom de lévite ne laisse pas d'être donné quelquefois indifféremment à tous ceux de la tribu. Ceux qui étoient en semaine avoient, ainsi que le grand prêtre, leur logement dans les portiques ou galeries dont le temple étoit environné, et qui faisoient partie du temple même. Tout l'édifice s'appeloit en général le lieu saint; mais on appeloit plus particulièrement de ce nom cette partie du temple intérieur où étoient le chandelier d'or, l'autel des parfums, et les tables des pains de proposition; et cette partie étoit encore distinguée du Saint des saints, où étoit l'arche, et où le grand prêtre seul avoit droit d'entrer une fois l'année. C'étoit une tradition assez constante que la montagne sur laquelle le temple fut bâti étoit la même montagne où Abraham avoit autrefois offert en sacrifice son fils Isaac.

J'ai cru devoir expliquer ici ces particularités, afin que ceux à qui l'histoire de l'ancien Testament ne sera pas assez présente n'en soient point arrêtés en lisant cette tragédie. Elle a pour sujet Joas reconnu et mis sur le trône : et j'aurois dû, dans les règles, l'intituler Joas; mais la plupart du monde n'en ayant entendu parler que sous le nom d'Athalie, je n'ai pas jugé à propos de la leur présenter sous un autre titre, puisque d'ailleurs Athalie y joue un personnage si considérable, et que c'est sa mort qui termine la pièce. Voici une partie des principaux événements qui devancèrent cette grande action :

Joram, roi de Juda, fils de Josaphat, et le septième roi de la race de David, épousa Athalie, fille d'Achab et de Jézabel, qui régnoient en Israël, fameux l'un et l'autre, mais principalement Jézabel, par leurs sanglantes persécutions contre les prophètes. Athalie, non moins impie que sa mère, entraîna bientôt le roi son mari dans l'idolâtrie, et fit même construire dans Jérusalem un temple à Baal, qui étoit le dieu du pays de Tyr et de Sidon, où Jézabel avoit pris naissance. Joram, après avoir vu périr par les mains des Arabes et des Philistins tous les princes ses enfants, à la réserve d'Ochozias, mourut lui-même misérablement d'une longue maladie qui lui consuma les entrailles. Sa mort funeste n'empêcha pas Ochozias d'imiter son impiété et celle d'Athalie, sa mère. Mais ce prince, après avoir régné seulement un an, étant allé rendre visite au roi d'Israël, frère d'Athalie, fut enveloppé dans la ruine de la maison d'Achab, et tué par l'ordre de Jéhu, que Dieu avoit fait sacrer par ses prophètes pour régner sur Israël, et pour être le ministre de ses vengeances. Jéhu extermina toute la postérité d'Achab, et fit jeter par les fenêtres Jézabel, qui, selon la prédiction d'Élie, fut mangée des chiens dans la vigne de ce même Naboth qu'elle avoit fait mourir autrefois pour s'emparer de son héritage. Athalie, ayant appris à Jérusalem tous ces massacres, entreprit de son côté d'éteindre entièrement la race royale de David, en faisant mourir tous les enfants d'Ochozias, ses petits-fils. Mais heureusement Josabeth, sœur d'Ochozias, et fille de Joram, mais d'une autre mère qu'Athalie, étant arrivée lorsqu'on égorgeoit les princes ses neveux, elle trouva moyen de dérober du milieu des morts le petit Joas encore à la mamelle, et le confia avec sa nourrice au grand prêtre son mari, qui les cacha tous deux dans le temple, où l'enfant fut élevé secrètement jusqu'au jour qu'il fut proclamé roi de Juda. L'Histoire des Rois dit que ce fut la septième année d'après. Mais le texte grec des *Paralipomènes*¹

1. Καὶ ἐν τῷ ἔτει τῷ ὀγδόῳ ἐκραταίωσεν Ἰωδαὲ, κ. τ. λ. (Paralip. ch. XXIII, v. 1). Mais nous lisons à la fin du chapitre précédent, dans le texte grec des Septante, comme dans le texte latin de la Vulgate, que Joas demeura caché dans le temple pendant *six ans* : Καὶ ἦν μετ' αὐτοῦ ἐν οἴκῳ τοῦ Θεοῦ κατακεκρυμμένος ἓξ ἔτη. Ne faut-il pas, en rapprochant ces deux citations, entendre par les mots ἐν τῷ ἔτει τῷ ὀγδόῳ, *la huitième année* (*de la vie de Joas*)?

que Sévère Sulpice[1] a suivi, dit que ce fut la huitième. C'est ce qui m'a autorisé à donner à ce prince neuf à dix ans, pour le mettre déjà en état de répondre aux questions qu'on lui fait.

Je crois ne lui avoir rien fait dire qui soit au-dessus de la portée d'un enfant de cet âge qui a de l'esprit et de la mémoire. Mais, quand j'aurois été un peu au delà, il faut considérer que c'est ici un enfant tout extraordinaire, élevé dans le temple par un grand prêtre, qui, le regardant comme l'unique espérance de sa nation, l'avoit instruit de bonne heure dans tous les devoirs de la religion et de la royauté. Il n'en étoit pas de même des enfants des Juifs, que de la plupart des nôtres : on leur apprenoit les saintes lettres, non-seulement dès qu'ils avoient atteint l'usage de la raison, mais, pour me servir de l'expression de saint Paul, dès la mamelle. Chaque Juif étoit obligé d'écrire une fois en sa vie, de sa propre main, le volume de la loi tout entier. Les rois étoient même obligés de l'écrire deux fois[2], et il leur étoit enjoint de l'avoir continuellement devant les yeux. Je puis dire ici que la France voit en la personne d'un prince de huit ans et demi[3], qui fait aujourd'hui ses plus chères délices, un exemple illustre de ce que peut dans un enfant un heureux naturel aidé d'une excellente éducation; et que si j'avois donné au petit Joas la même vivacité et le même discernement qui brillent dans les reparties de ce jeune prince, on m'auroit accusé avec raison d'avoir péché contre les règles de la vraisemblance.

L'âge de Zacharie, fils du grand prêtre, n'étant point marqué, on peut lui supposer, si l'on veut, deux ou trois ans de plus qu'à Joas.

---

1. « Huic ab avia praereptum imperium, post *octo* fere annos, per sacerdotem et populum, depulsa avia, redditum. » (SULPICE SÉVÈRE, *Sacr. Histor.*, liv. II, ch. 80).

2. Ce que Racine avance ici n'est nullement exact. 1° Chaque Juif n'étoit point obligé d'écrire le volume de la loi. Cela n'eût été possible chez aucun peuple. Le commun des Juifs étoit si peu instruit, qu'il falloit, tous les sept ans, dans l'année sabbatique, lire la loi au peuple assemblé, de peur qu'il ne l'oubliât. 2° Les rois n'étoient obligés d'écrire, et, suivant plusieurs interprètes, de ne faire écrire qu'une copie de la loi. Le passage de l'Écriture qui prescrit cette obligation la restreint même au *Deutéronome*. (Voyez le ch. XVII du *Deutéronome*, v. 18.)
(ACADÉMIE.)

La première critique de l'Académie est confirmée par le témoignage de l'abbé Fleury, qui dit, dans la deuxième partie des *Mœurs des Israélites* (§ XI) : « On pourroit douter qu'il fût fort commun parmi les Israélites de savoir écrire, d'autant plus que les savants sont nommés dans l'Écriture *Sopherim*, c'est-à-dire *Scribes*, suivant les anciennes traductions. »

3. Louis de France, duc de Bourgogne, puis Dauphin, petit-fils de Louis XIV et père de Louis XV, montra dès son enfance un esprit fort supérieur à son âge. Il eut pour gouverneur le duc de Beauvilliers et pour précepteur Fénelon. Né le 6 août 1682, il n'avoit réellement que huit ans et demi dans les premiers mois de 1691, lorsque Racine fit cette préface. Il mourut en 1712, moins d'un an après la mort du Dauphin son père.

J'ai suivi l'explication de plusieurs commentateurs fort habiles, qui prouvent, par le texte même de l'Écriture, que tous ces soldats à qui Joïada, ou Joad, comme il est appelé dans Josèphe, fit prendre les armes consacrées à Dieu par David, étoient autant de prêtres et de lévites, aussi bien que les cinq centeniers qui les commandoient. En effet, disent ces interprètes, tout devoit être saint dans une si sainte action, et aucun profane n'y devoit être employé. Il s'y agissoit non-seulement de conserver le sceptre dans la maison de David, mais encore de conserver à ce grand roi cette suite de descendants dont devoit naître le Messie : « Car ce Messie, tant de fois promis comme fils d'Abra-
« ham, devoit aussi être le fils de David et de tous les rois de
« Juda. » De là vient que l'illustre et savant prélat[1] de qui j'ai emprunté ces paroles, appelle Joas le précieux reste de la maison de David[2]. Josèphe en parle dans les mêmes termes[3]; et l'Écriture dit expressément que Dieu n'extermina pas toute la famille de Joram, voulant conserver à David la lampe qu'il lui avoit promise[4]. Or cette lampe, qu'étoit-ce autre chose que la lumière qui devoit être un jour révélée aux nations?

L'histoire ne spécifie point le jour où Joas fut proclamé. Quelques interprètes veulent que ce fût un jour de fête. J'ai choisi celle de la Pentecôte, qui étoit l'une des trois grandes fêtes des Juifs. On y célébroit la mémoire de la publication de la loi sur le mont de Sinaï, et on y offroit aussi à Dieu les premiers pains de la nouvelle moisson : ce qui faisoit qu'on la nommoit encore la fête des prémices. J'ai songé que ces circonstances me fourniroient quelque variété pour les chants du chœur.

Ce chœur est composé de jeunes filles de la tribu de Lévi, et je mets à leur tête une fille que je donne pour sœur à Zacharie. C'est elle qui introduit le chœur chez sa mère. Elle chante avec lui, porte la parole pour lui, et fait enfin les fonctions de ce personnage des anciens chœurs qu'on appeloit le coryphée. J'ai aussi essayé d'imiter des anciens cette continuité d'action qui fait que leur théâtre ne demeure jamais vide, les intervalles des actes n'étant marqués que par des hymnes et par des moralités du chœur, qui ont rapport à ce qui se passe.

On me trouvera peut-être un peu hardi d'avoir osé mettre sur

---

1. M. de Meaux. (*Note de Racine.*) — Les paroles que Racine vient de citer sont tirées de l'*Histoire universelle* de Bossuet, 2ᵉ partie, sect. IV.
2. *Ibid.*, 1ʳᵉ partie, 6ᵉ époque.
3. *Antiquités judaïques*, liv. IX, ch. 7.
4. « Noluit autem Dominus disperdere Judam, propter David servum suum, sicut promiserat ei, ut daret ei lucernam, et filiis ejus cunctis diebus. » (4ᵉ livre des Rois, ch. VIII, v. 19.)

la scène un prophète inspiré de Dieu, et qui prédit l'avenir. Mais j'ai eu la précaution de ne mettre dans sa bouche que des expressions tirées des prophètes mêmes. Quoique l'Écriture ne dise pas en termes exprès que Joïada ait eu l'esprit de prophétie, comme elle le dit de son fils[1], elle le représente comme un homme tout plein de l'esprit de Dieu. Et d'ailleurs ne paroit-il pas, par l'Évangile, qu'il a pu prophétiser en qualité de souverain pontife? Je suppose donc qu'il voit en esprit le funeste changement de Joas, qui, après trente années d'un règne fort pieux, s'abandonna aux mauvais conseils des flatteurs, et se souilla du meurtre de Zacharie, fils et successeur de ce grand prêtre[2]. Ce meurtre, commis dans le temple[3], fut une des principales causes de la colère de Dieu contre les Juifs, et de tous les malheurs qui leur arrivèrent dans la suite. On prétend même que depuis ce jour-là les réponses de Dieu cessèrent entièrement dans le sanctuaire. C'est ce qui m'a donné lieu de faire prédire de suite à Joad et la destruction du temple et la ruine de Jérusalem. Mais comme les prophètes joignent d'ordinaire les consolations aux menaces, et que d'ailleurs il s'agit de mettre sur le trône un des ancêtres du Messie, j'ai pris occasion de faire entrevoir la venue de ce consolateur, après lequel tous les anciens justes soupiroient. Cette scène, qui est une espèce d'épisode, amène très-naturellement la musique, par la coutume qu'avoient plusieurs prophètes d'entrer dans leurs saints transports au son des instruments : témoin cette troupe de prophètes qui vinrent au-devant de Saül avec des harpes et des lyres qu'on portoit devant eux; et témoin Élisée lui-même, qui, étant consulté sur l'avenir par le roi de Juda et par le roi d'Israël, dit, comme fait ici Joad : *Adducite mihi psaltem*[5]. Ajoutez à cela que cette prophétie sert beaucoup à augmenter le trouble dans la pièce, par la consternation et par les différents mouvements où elle jette le chœur et les principaux acteurs[6].

---

[1]. « Spiritus itaque Dei induit Zachariam, filium Joiadæ, sacerdotem » (*Paralipom.*, liv. II, ch. XXIV, v. 20.)

[2]. « Postquam autem obiit Joiada, ingressi sunt principes Juda, et adoraverunt regem, qui delinitus obsequiis eorum, acquievit eis.... »

« Et non est recordatus Joas rex misericordiæ quam fecerat Joiada pater illius secum, sed interfecit filium ejus. Qui quum moreretur, ait : Videat Dominus, et requirat. » (*Paralipom.*, liv. II, ch. XXIV, v. 17 et 22.)

[3]. « Zachariæ,....quem occidistis inter templum et altare. » (S. MATTHIEU, ch. XXIII, v. 35.)

[4]. Voyez le 1ᵉʳ *livre des Rois*, ch. x, v. 5.

[5]. 4ᵉ *livre des Rois*, ch. III, v. 15.

[6]. « Le silence que l'auteur garde sur la conduite de sa pièce, dans la préface,

EXTRAIT
DES MÉMOIRES DE LOUIS RACINE.

« Le mérite de cette tragédie, dit Louis Racine, dans ses Mémoires sur la vie de son père, fut longtemps ignoré. On avoit fait un scrupule à madame de Maintenon des représentations d'*Esther*.... *Athalie* fut exécutée deux fois devant Louis XIV et devant madame de Maintenon, dans une chambre sans théâtre, par les demoiselles de Saint-Cyr, vêtues de ces habits modestes et uniformes qu'elles portent dans la maison[1]. De pareilles représentations étoient bien différentes de celles d'*Esther*, qui se faisoient avec une grande dépense pour les habits, les décorations et la musique.... Lorsque la pièce parut imprimée, en 1691, elle fut très-peu recherchée. On avoit entendu dire qu'elle étoit faite pour Saint-Cyr, et qu'un enfant y faisoit un principal personnage : on se persuada que c'étoit une pièce qui n'étoit que pour des enfants, et les gens du monde furent peu empressés de la lire.... Racine, étonné de voir que sa pièce, loin de faire dans le public l'éclat qu'il s'en étoit promis, restoit presque dans l'obscurité, s'imagina qu'il avoit manqué son sujet, et il l'avouoit sincèrement à Boileau, qui lui soutenoit au contraire qu'*Athalie* étoit son chef-d'œuvre : « Je m'y connois, lui disoit-il, et le « public y reviendra »…. On en reconnut enfin le mérite ; mais la prédiction de Boileau n'eut son accomplissement que fort tard, et longtemps après la mort de l'auteur[2]. Les vrais connoisseurs

est remarquable. Dans ses autres préfaces, il a coutume de parler de l'économie de sa tragédie, du succès qu'elle a eu, ou des critiques qu'elle a essuyées ; il se contente, dans celle-ci, d'instruire le lecteur du sujet, et ne dit rien de la manière dont il l'a traité, ni de ce qu'il pense de son ouvrage. Comme cette tragédie n'avoit point été représentée, il ignoroit l'impression qu'elle pouvoit faire sur les spectateurs ; ainsi il n'ose en rien dire : il est incertain si elle plaira aux lecteurs ; il attend le jugement du public. Il ne soupçonnoit pas alors que dans la suite il lui seroit si favorable. » (L. RACINE.)

1. Dans l'hiver de 1702, madame de Maintenon, qui avoit toujours apprécié *Athalie*, conçut le projet de la faire jouer une troisième fois devant Louis XIV, par les seigneurs et les dames de la cour. La pièce eut alors trois brillantes représentations ; les chœurs furent exécutés par les demoiselles de la musique du Roi. La duchesse de Bourgogne joua Josabeth ; le duc d'Orléans, depuis régent, remplit le rôle d'Abner ; Baron, retiré depuis dix ans du théâtre, fut chargé de celui de Joad.

2. « L'ouvrage le plus approchant de la perfection qui soit jamais sorti de la main des hommes resta longtemps méprisé ; et son illustre auteur mourut avec le chagrin d'avoir vu son siècle éclairé, mais corrompu, ne pas rendre justice à son chef-d'œuvre. » (VOLTAIRE.)

EXTRAIT DE L. RACINE.

vantèrent le mérite de cette pièce. M. le duc d'Orléans, régent du royaume, voulut connoître quel effet elle produiroit sur le théâtre, et ordonna aux comédiens de l'exécuter (1716). Le succès fut étonnant; et les premières représentations faites à la cour, donnèrent un nouveau prix à cette pièce, parce que, le roi étant à peu près de l'âge de Joas, on ne pouvoit, sans s'attendrir sur lui, entendre quelques vers comme ceux-ci :

Voilà donc votre roi, votre unique espérance.
J'ai pris soin jusqu'ici de vous le conserver....
Du fidèle David c'est le précieux reste....
Songez qu'en cet enfant tout Israël réside.... »

EXTRAIT

DU LIVRE DEUXIÈME DES PARALIPOMÈNES

(Ch. XXII, v. 10-12 et ch. XXIII).

Athalia mater ejus (Ochoziæ), videns quod mortuus esset filius suus, surrexit, et interfecit omnem stirpem regiam domus Joram. Porro Josabeth, filia regis, tulit Joas filium Ochoziæ, et furata est eum de medio filiorum regis, quum interficerentur; absconditque eum cum nutrice sua in cubiculo lectulorum; Josabeth autem, quæ absconderat eum, erat filia regis Joram, uxor Joiadæ pontificis, soror Ochoziæ, et idcirco Athalia non interfecit eum. Fuit ergo cum eis in domo Dei absconditus sex annis, quibus regnavit Athalia super terram.

Anno autem septimo, confortatus est Joiada, assumpsit centuriones, Azariam videlicet filium Jeroham, et Ismahel filium Johanan, Azariam quoque filium Obed, et Maasiam filium Adaiæ, et Elizaphat filium Zechri : et iniit cum eis fœdus. Qui circumeuntes Judam, congregaverunt levitas de cunctis urbibus Juda, et principes familiarum Israël, veneruntque in Jerusalem. Iniit ergo omnis multitudo pactum in domo Dei cum rege; dixitque ad eos Joiada : « Ecce filius regis regnabit, sicut locutus est « Dominus super filios David. Iste est ergo sermo quem facietis. « Tertia pars vestrum qui veniunt ad sabbatum, sacerdotum, et « levitarum, et janitorum, erit in portis; tertia vero pars ad « domum regis; et tertia ad portam quæ appellatur Fundamenti; « omne vero reliquum vulgus sit in atriis domus Domini. Nec « quispiam alius ingrediatur domum Domini, nisi sacerdotes, et « qui ministrant de levitis : ipsi tantummodo ingrediantur, quia « sanctificati sunt; et omne reliquum vulgus observet custodias « Domini. Levitæ autem circumdent regem, habentes singuli arma « sua (et si quis alius ingressus fuerit templum, interficiatur); « sintque cum rege et intrante et egrediente. » Fecerunt ergo levitæ et universus Juda juxta omnia quæ præceperat Joiada pontifex; et assumpserunt singuli viros qui sub se erant et veniebant per ordinem sabbati, cum his qui impleverant sabbatum, et egressuri erant; siquidem Joiada pontifex non dimiserat abire turmas, quæ sibi per singulas hebdomadas succedere consueverant. Deditque Joiada sacerdos centurionibus lanceas, clypeosque et peltas regis David, quas consecraverat in domo Domini. Constituitque omnem populum tenentium pugiones, a parte templi dextra, usque ad partem templi sinistram, coram altari et templo, per circuitum regis. Et eduxerunt filium regis, et imposuerunt ei diadema, et testimonium, dederuntque in manu ejus tenendam legem, et constituerunt eum regem ; unxit quoque illum Joiada pontifex, et filii ejus, imprecatique sunt ei, atque dixerunt : « Vivat rex. » Quod quum audisset Athalia, vocem scilicet currentium atque laudantium regem, ingressa est ad populum in templum Domini. Quumque vidisset regem stantem super gradum in introitu, et principes turmasque circa eum omnemque populum terræ gaudentem, atque clangentem tubis, et diversi generis organis concinentem, vocemque laudantium, scidit vestimenta sua, et ait : «Insidiæ, insidiæ.» Egressus autem Joiada pontifex ad centuriones et principes exercitus, dixit eis: « Educite illam extra septa templi, et interficiatur foris gladio. » Præcepitque sacerdos ne occideretur in domo Domini. Et imposuerunt cervicibus ejus manus; quumque intrasset portam equorum domus regis, interfecerunt eam ibi. Pepigit autem Joiada fœdus inter se, universumque populum, et regem, ut esset populus Domini. Itaque ingressus est omnis populus domum Baal, et destruxerunt eam; et altaria ac simulacra illius confregerunt; Mathan quoque sacerdotem Baal interfecerunt ante aras. Constituit autem Joiada præpositos in domo Domini, sub manibus sacerdotum et levitarum, quos distribuit David in domo Domini, ut offerrent holocausta Domino, sicut scriptum est in lege Moysi, in gaudio et canticis, juxta dispositionem David. Constituit quoque janitores in portis domus Domini, ut non ingrederetur eam immundus in omni re. Assumpsitque centuriones, et fortissimos viros ac principes populi, et omne vulgus terræ, et fecerunt descendere regem de domo Domini, et introire per medium portæ superioris in domum regis, et collocaverunt eum in solio regali. Lætatusque est omnis populus terræ, et urbs quievit : porro Athalia interfecta est gladio.

(Voyez aussi le chapitre XI du livre IV *des Rois*, et le chapitre VII du livre IX des *Antiquités judaïques* de Josèphe.)

PERSONNAGES.

JOAS, roi de Juda, fils d'Ochosias.
ATHALIE, veuve de Joram, aïeule de Joas.
JOAD, autrement JOÏADA, grand prêtre.
JOSABETH, tante de Joas, femme du grand prêtre.
ZACHARIE, fils de Joad et de Josabeth.
SALOMITH, sœur de Zacharie.
ABNER, l'un des principaux officiers des rois de Juda.
AZARIAS, ISMAEL, ET LES TROIS AUTRES CHEFS DES PRÊTRES ET DES LÉVITES.
MATHAN, prêtre apostat, sacrificateur de Baal.
NABAL, confident de Mathan.
AGAR, femme de la suite d'Athalie.
TROUPE DE PRÊTRES ET DE LÉVITES.
SUITE D'ATHALIE.
LA NOURRICE DE JOAS.
CHOEUR DE JEUNES FILLES DE LA TRIBU DE LÉVI.

La scène est dans le temple de Jérusalem, dans un vestibule de l'appartement du grand prêtre.

ATHALIE.

ACTE PREMIER.

SCÈNE I*.
JOAD, ABNER.

ABNER.
Oui, je viens dans son temple adorer l'Éternel;
Je viens, selon l'usage antique et solennel,
Célébrer avec vous la fameuse journée
Où sur le mont Sina la loi nous fut donnée.
Que les temps sont changés! Sitôt que de ce jour
La trompette sacrée annonçoit le retour,
Du temple, orné partout de festons magnifiques,
Le peuple saint en foule inondoit les portiques;
Et tous, devant l'autel avec ordre introduits,
De leurs champs dans leurs mains portant les nouveaux fruits,
Au Dieu de l'univers consacroient ces prémices :
Les prêtres ne pouvoient suffire aux sacrifices.
L'audace d'une femme, arrêtant ce concours,
En des jours ténébreux a changé ces beaux jours.
D'adorateurs zélés à peine un petit nombre
Ose des premiers temps nous retracer quelque ombre :
Le reste pour son Dieu montre un oubli fatal;
Ou même, s'empressant aux autels de Baal [1],
Se fait initier à ses honteux mystères,
Et blasphème le nom qu'ont invoqué leurs pères.
Je tremble qu'Athalie, à ne vous rien cacher,
Vous-même de l'autel vous faisant arracher,
N'achève enfin sur vous ses vengeances funestes,
Et d'un respect forcé ne dépouille les restes.

* Voir, à la fin de la pièce, les Notes et les Variantes.

JOAD.
D'où vous vient aujourd'hui ce noir pressentiment?
ABNER.
Pensez-vous être saint et juste impunément?
Dès longtemps elle hait cette fermeté rare
Qui rehausse en Joad l'éclat de la tiare;
Dès longtemps votre amour pour la religion
Est traité de révolte et de sédition.
Du mérite éclatant cette reine jalouse
Hait surtout Josabeth, votre fidèle épouse.
Si du grand prêtre Aaron Joad est successeur,
De notre dernier roi Josabeth est la sœur [2].
Mathan, d'ailleurs, Mathan, ce prêtre sacrilége,
Plus méchant qu'Athalie, à toute heure l'assiége;
Mathan, de nos autels infâme déserteur,
Et de toute vertu zélé persécuteur.
C'est peu que, le front ceint d'une mitre étrangère,
Ce lévite à Baal prête son ministère;
Ce temple l'importune, et son impiété
Voudroit anéantir le Dieu qu'il a quitté.
Pour vous perdre il n'est point de ressort qu'il n'invente;
Quelquefois il vous plaint, souvent même il vous vante [3];
Il affecte pour vous une fausse douceur;
Et, par là de son fiel colorant la noirceur,
Tantôt à cette reine il vous peint redoutable,
Tantôt, voyant pour l'or sa soif insatiable,
Il lui feint qu'en un lieu que vous seul connoissez,
Vous cachez des trésors par David amassés.
Enfin, depuis deux jours, la superbe Athalie
Dans un sombre chagrin paroît ensevelie.
Je l'observois hier, et je voyois ses yeux
Lancer sur le lieu saint des regards furieux:
Comme si, dans le fond de ce vaste édifice,
Dieu cachoit un vengeur armé pour son supplice.
Croyez-moi, plus j'y pense, et moins je puis douter
Que sur vous son courroux ne soit près d'éclater;
Et que de Jézabel la fille sanguinaire
Ne vienne attaquer Dieu jusqu'en son sanctuaire.
JOAD.
Celui qui met un frein à la fureur des flots
Sait aussi des méchants arrêter les complots.
Soumis avec respect à sa volonté sainte,

Je crains Dieu, cher Abner, et n'ai point d'autre crainte⁵.
Cependant je rends grâce au zèle officieux
Qui sur tous mes périls vous fait ouvrir les yeux.
Je vois que l'injustice en secret vous irrite,
Que vous avez encor le cœur israélite.
Le ciel en soit béni! Mais ce secret courroux,
Cette oisive vertu, vous en contentez-vous?
La foi qui n'agit point est-ce un foi sincère?
Huit ans déjà passés, une impie étrangère
Du sceptre de David usurpe tous les droits⁵,
Se baigne impunément dans le sang de nos rois,
Des enfants de son fils détestable homicide,
Et même contre Dieu lève son bras perfide;
Et vous, l'un des soutiens de ce tremblant État,
Vous, nourri dans les camps du saint roi Josaphat,
Qui sous son fils Joram commandiez nos armées,
Qui rassurâtes seul nos villes alarmées,
Lorsque d'Ochozias le trépas imprévu
Dispersa tout son camp à l'aspect de Jéhu :
« Je crains Dieu, dites-vous; sa vérité me touche! »
Voici comme ce Dieu vous répond par ma bouche :
« Du zèle de ma loi que sert de vous parer⁶?
« Par de stériles vœux pensez-vous m'honorer?
« Quel fruit me revient-il de tous vos sacrifices?
« Ai-je besoin du sang des boucs et des génisses?
« Le sang de vos rois crie, et n'est point écouté.
« Rompez, rompez tout pacte avec l'impiété;
« Du milieu de mon peuple exterminez les crimes;
« Et vous viendrez alors m'immoler vos victimes. »

ABNER.

Hé! que puis-je au milieu de ce peuple abattu?
Benjamin est sans force, et Juda sans vertu :
Le jour qui de leurs rois vit éteindre la race
Éteignit tout le feu de leur antique audace.
« Dieu même, disent-ils, s'est retiré de nous :
« De l'honneur des Hébreux autrefois si jaloux,
« Il voit sans intérêt leur grandeur terrassée;
« Et sa miséricorde à la fin s'est lassée :
« On ne voit plus pour nous ses redoutables mains⁷
« De merveilles sans nombre effrayer les humains;
« L'arche sainte est muette, et ne rend plus d'oracles. »

JOAD.

Et quel temps fut jamais si fertile en miracles?
Quand Dieu par plus d'effets montra-t-il son pouvoir?
Auras-tu donc toujours des yeux pour ne point voir⁸,
Peuple ingrat? Quoi! toujours les plus grandes merveilles
Sans ébranler ton cœur frapperont tes oreilles?
Faut-il, Abner, faut-il vous rappeler le cours
Des prodiges fameux accomplis en nos jours,
Des tyrans d'Israël les célèbres disgrâces⁹,
Et Dieu trouvé fidèle en toutes ses menaces;
L'impie Achab détruit, et de son sang trempé
Le champ que par le meurtre il avoit usurpé¹⁰;
Près de ce champ fatal Jézabel immolée,
Sous les pieds des chevaux cette reine foulée¹¹,
Dans son sang inhumain les chiens désaltérés¹²,
Et de son corps hideux les membres déchirés;
Des prophètes menteurs la troupe confondue,
Et la flamme du ciel sur l'autel descendue¹³;
Élie aux éléments parlant en souverain,
Les cieux par lui fermés et devenus d'airain¹⁴,
Et la terre trois ans sans pluie et sans rosée,
Les morts se ranimant à la voix d'Élisée?
Reconnoissez, Abner, à ces traits éclatants,
Un Dieu tel aujourd'hui qu'il fut dans tous les temps:
Il sait, quand il lui plaît, faire éclater sa gloire;
Et son peuple est toujours présent à sa mémoire.

ABNER.

Mais où sont ces honneurs à David tant promis¹⁵,
Et prédits même encore à Salomon son fils?
Hélas! nous espérions que de leur race heureuse
Devoit sortir de rois une suite nombreuse;
Que sur toute tribu, sur toute nation,
L'un d'eux établiroit sa domination,
Feroit cesser partout la discorde et la guerre,
Et verroit à ses pieds tous les rois de la terre¹⁶.

JOAD.

Aux promesses du ciel pourquoi renoncez-vous?

ABNER.

Ce roi, fils de David, où le chercherons-nous?
Le ciel même peut-il réparer les ruines
De cet arbre séché jusque dans ses racines?
Athalie étouffa l'enfant même au berceau.

Les morts, après huit ans, sortent-ils du tombeau ?
Ah ! si dans sa fureur elle s'étoit trompée ;
Si du sang de nos rois quelque goutte échappée....

JOAD.

Hé bien, que feriez-vous ?

ABNER.

O jour heureux pour moi !
De quelle ardeur j'irois reconnoître mon roi !
Doutez-vous qu'à ses pieds nos tribus empressées....
Mais pourquoi me flatter de ces vaines pensées ?
Déplorable héritier de ces rois triomphants,
Ochozias restoit seul avec ses enfants ;
Par les traits de Jéhu je vis percer le père ;
Vous avez vu les fils massacrés par la mère.

JOAD.

Je ne m'explique point ; mais quand l'astre du jour
Aura sur l'horizon fait le tiers de son tour,
Lorsque la troisième heure aux prières rappelle [17],
Retrouvez-vous au temple, avec ce même zèle.
Dieu pourra vous montrer, par d'importants bienfaits,
Que sa parole est stable, et ne trompe jamais.
Allez : pour ce grand jour il faut que je m'apprête,
Et du temple déjà l'aube blanchit le faîte.

ABNER.

Quel sera ce bienfait que je ne comprends pas ?
L'illustre Josabeth porte vers vous ses pas :
Je sors, et vais me joindre à la troupe fidèle
Qu'attire de ce jour la pompe solennelle.

SCÈNE II.

JOAD, JOSABETH.

JOAD

Les temps sont accomplis, princesse : il faut parler,
Et votre heureux larcin ne se peut plus celer.
Des ennemis de Dieu la coupable insolence
Abusant contre lui de ce profond silence,
Accuse trop longtemps ses promesses d'erreur.
Que dis-je ? Le succès animant leur fureur,
Jusque sur notre autel votre injuste marâtre [18]
Veut offrir à Baal un encens idolâtre.

Montrons ce jeune roi que vos mains ont sauvé,
Sous l'aile du Seigneur dans le temple élevé.
De nos princes hébreux il aura le courage,
Et déjà son esprit a devancé son âge.
Avant que son destin s'explique par ma voix,
Je vais l'offrir au Dieu par qui règnent les rois :
Aussitôt assemblant nos lévites, nos prêtres,
Je leur déclarerai l'héritier de leurs maîtres.

JOSABETH.

Sait-il déjà son nom et son noble destin ?

JOAD.

Il ne répond encor qu'au nom d'Éliacin,
Et se croit quelque enfant rejeté par sa mère,
A qui j'ai par pitié daigné servir de père.

JOSABETH.

Hélas ! de quel péril je l'avois su tirer !
Dans quel péril encore il est près de rentrer !

JOAD.

Quoi ! déjà votre foi s'affoiblit et s'étonne ?

JOSABETH.

A vos sages conseils, seigneur, je m'abandonne
Du jour que j'arrachai cet enfant à la mort
Je remis en vos mains tout le soin de son sort;
Même, de mon amour craignant la violence,
Autant que je le puis j'évite sa présence,
De peur qu'en le voyant quelque trouble indiscret
Ne fasse avec mes pleurs échapper mon secret.
Surtout j'ai cru devoir aux larmes, aux prières,
Consacrer ces trois jours et ces trois nuits entières
Cependant aujourd'hui puis-je vous demander
Quels amis vous avez prêts à vous seconder ?
Abner, le brave Abner viendra-t-il nous défendre ?
A-t-il près de son roi fait serment de se rendre ?

JOAD.

Abner, quoiqu'on se pût assurer sur sa foi,
Ne sait pas même encor si nous avons un roi.

JOSABETH.

Mais à qui de Joas confiez-vous la garde ?
Est-ce Obed, est-ce Amnon que cet honneur regarde ?
De mon père sur eux les bienfaits répandus....

JOAD.

A l'injuste Athalie ils se sont tous vendus.

JOSABETH.
Qui donc opposez-vous contre ses satellites ?
JOAD.
Ne vous l'ai-je pas dit? Nos prêtres, nos lévites.
JOSABETH.
Je sais que, près de vous en secret assemblé [19],
Par vos soins prévoyants leur nombre est redoublé;
Que, pleins d'amour pour vous, d'horreur pour Athalie,
Un serment solennel par avance les lie
A ce fils de David qu'on leur doit révéler.
Mais, quelque noble ardeur dont ils puissent brûler,
Peuvent-ils de leur roi venger seuls la querelle?
Pour un si grand ouvrage est-ce assez de leur zèle?
Doutez-vous qu'Athalie, au premier bruit semé
Qu'un fils d'Ochozias est ici renfermé,
De ses fiers étrangers assemblant les cohortes,
N'environne le temple, et n'en brise les portes?
Suffira-t-il contre eux de vos ministres saints,
Qui, levant au Seigneur leurs innocentes mains,
Ne savent que gémir et prier pour nos crimes,
Et n'ont jamais versé que le sang des victimes?
Peut-être dans leurs bras Joas percé de coups....
JOAD.
Et comptez-vous pour rien Dieu, qui combat pour nous,
Dieu, qui de l'orphelin protége l'innocence,
Et fait dans la foiblesse éclater sa puissance ;
Dieu, qui hait les tyrans, et qui dans Jezraël
Jura d'exterminer Achab et Jézabel ;
Dieu, qui, frappant Joram le mari de leur fille,
A jusque sur son fils poursuivi leur famille;
Dieu, dont le bras vengeur, pour un temps suspendu,
Sur cette race impie est toujours étendu ?
JOSABETH.
Et c'est sur tous ces rois sa justice sévère
Que je crains pour le fils de mon malheureux frère.
Qui sait si cet enfant, par leur crime entraîné,
Avec eux en naissant ne fut pas condamné?
Si Dieu, le séparant d'une odieuse race,
En faveur de David voudra lui faire grâce?
Hélas! l'état horrible où le ciel me l'offrit
Revient à tout moment effrayer mon esprit.

De princes égorgés la chambre étoit remplie ;
Un poignard à la main l'implacable Athalie
Au carnage animoit ses barbares soldats,
Et poursuivoit le cours de ses assassinats.
Joas, laissé pour mort, frappa soudain ma vue :
Je me figure encor sa nourrice éperdue,
Qui devant les bourreaux s'étoit jetée en vain,
Et, foible, le tenoit renversé sur son sein.
Je le pris tout sanglant. En baignant son visage,
Mes pleurs du sentiment lui rendirent l'usage ;
Et, soit frayeur encore, ou pour me caresser,
De ses bras innocents je me sentis presser.
Grand Dieu ! que mon amour ne lui soit point funeste !
Du fidèle David c'est le précieux reste :
Nourri dans ta maison, en l'amour de ta loi,
Il ne connoît encor d'autre père que toi.
Sur le point d'attaquer une reine homicide,
A l'aspect du péril si ma foi s'intimide,
Si la chair et le sang, se troublant aujourd'hui,
Ont trop de part aux pleurs que je répands pour lui,
Conserve l'héritier de tes saintes promesses,
Et ne punis que moi de toutes mes foiblesses !

JOAD.

Vos larmes, Josabeth, n'ont rien de criminel ;
Mais Dieu veut qu'on espère en son soin paternel.
Il ne recherche point, aveugle en sa colère,
Sur le fils qui le craint l'impiété du père [20].
Tout ce qui reste encor de fidèles Hébreux
Lui viendront aujourd'hui renouveler leurs vœux :
Autant que de David la race est respectée,
Autant de Jézabel la fille est détestée.
Joas les touchera par sa noble pudeur,
Où semble de son sang reluire la splendeur ;
Et Dieu, par sa voix même appuyant notre exemple,
De plus près à leur cœur parlera dans son temple.
Deux infidèles rois tour à tour l'ont bravé :
Il faut que sur le trône un roi soit élevé,
Qui se souvienne un jour qu'au rang de ses ancêtres
Dieu l'a fait remonter par la main de ses prêtres,
L'a tiré par leurs mains de l'oubli du tombeau,
Et de David éteint rallumé le flambeau [21].

Grand Dieu ! si tu prévois qu'indigne de sa race
Il doive de David abandonner la trace,
Qu'il soit comme le fruit en naissant arraché,
Ou qu'un souffle ennemi dans sa fleur a séché !
Mais si ce même enfant, à tes ordres docile,
Doit être à tes desseins un instrument utile,
Fais qu'au juste héritier le sceptre soit remis;
Livre en mes foibles mains ses puissants ennemis;
Confonds dans ses conseils une reine cruelle [22] :
Daigne, daigne, mon Dieu, sur Mathan et sur elle
Répandre cet esprit d'imprudence et d'erreur,
De la chute des rois funeste avant-coureur !
L'heure me presse : adieu. Des plus saintes familles
Votre fils et sa sœur vous amènent les filles.

SCÈNE III.

JOSABETH, ZACHARIE, SALOMITH, LE CHOEUR.

JOSABETH.

Cher Zacharie, allez, ne vous arrêtez pas;
De votre auguste père accompagnez les pas.
O filles de Lévi, troupe jeune et fidèle,
Que déjà le Seigneur embrase de son zèle,
Qui venez si souvent partager mes soupirs,
Enfants, ma seule joie en mes longs déplaisirs,
Ces festons dans vos mains, et ces fleurs sur vos têtes,
Autrefois convenoient à nos pompeuses fêtes :
Mais, hélas ! en ce temps d'opprobre et de douleurs,
Quelle offrande sied mieux que celle de nos pleurs ?
J'entends déjà, j'entends la trompette sacrée,
Et du temple bientôt on permettra l'entrée.
Tandis que je me vais préparer à marcher,
Chantez, louez le Dieu que vous venez chercher.

SCÈNE IV.

LE CHOEUR.

TOUT LE CHOEUR chante.

Tout l'univers est plein de sa magnificence :
Qu'on l'adore ce Dieu, qu'on l'invoque à jamais !
Son empire a des temps précédé la naissance;
Chantons, publions ses bienfaits.

UNE VOIX seule.

En vain l'injuste violence
Au peuple qui le loue imposeroit silence :
Son nom ne périra jamais.
Le jour annonce au jour sa gloire et sa puissance[25];
Tout l'univers est plein de sa magnificence :
Chantons, publions ses bienfaits.

TOUT LE CHOEUR répète.

Tout l'univers est plein de sa magnificence :
Chantons, publions ses bienfaits.

UNE VOIX seule.

Il donne aux fleurs leur aimable peinture ;
Il fait naître et mûrir les fruits :
Il leur dispense avec mesure
Et la chaleur des jours et la fraîcheur des nuits ;
Le champ qui les reçut les rend avec usure.

UNE AUTRE.

Il commande au soleil d'animer la nature,
Et la lumière est un don de ses mains ;
Mais sa loi sainte, sa loi pure
Est le plus riche don qu'il ait fait aux humains[24].

UNE AUTRE.

O mont de Sinaï, conserve la mémoire
De ce jour à jamais auguste et renommé,
Quand, sur ton sommet enflammé,
Dans un nuage épais le Seigneur enfermé
Fit luire aux yeux mortels un rayon de sa gloire.
Dis-nous pourquoi ces feux et ces éclairs,
Ces torrents de fumée et ce bruit dans les airs,
Ces trompettes et ce tonnerre :
Venoit-il renverser l'ordre des éléments ?
Sur ses antiques fondements
Venoit-il ébranler la terre ?

UNE AUTRE.

Il venoit révéler aux enfants des Hébreux
De ses préceptes saints la lumière immortelle ;
Il venoit à ce peuple heureux
Ordonner de l'aimer d'une amour éternelle

ACTE I, SCÈNE IV.

TOUT LE CHOEUR.

O divine, ô charmante loi !
O justice, ô bonté suprême !
Que de raisons, quelle douceur extrême
D'engager à ce Dieu son amour et sa foi[25] !

UNE VOIX seule.

D'un joug cruel il sauva nos aïeux,
Les nourrit au désert d'un pain délicieux ;
Il nous donne ses lois, il se donne lui-même :
Pour tant de biens, il commande qu'on l'aime.

LE CHOEUR.

O justice, ô bonté suprême !

LA MÊME VOIX.

Des mers pour eux il entr'ouvrit les eaux ;
D'un aride rocher fit sortir des ruisseaux ;
Il nous donne ses lois, il se donne lui-même :
Pour tant de biens, il commande qu'on l'aime.

LE CHOEUR.

O divine, ô charmante loi !
Que de raisons, quelle douceur extrême
D'engager à ce Dieu son amour et sa foi !

UNE AUTRE VOIX seule.

Vous qui ne connoissez qu'une crainte servile,
Ingrats, un Dieu si bon ne peut-il vous charmer ?
Est-il donc à vos cœurs, est-il si difficile
 Et si pénible de l'aimer ?
L'esclave craint le tyran qui l'outrage ;
Mais des enfants l'amour est le partage.
Vous voulez que ce Dieu vous comble de bienfaits,
 Et ne l'aimer jamais[26] !

TOUT LE CHOEUR.

O divine, ô charmante loi !
O justice, ô bonté suprême !
Que de raisons, quelle douceur extrême
D'engager à ce Dieu son amour et sa foi !

FIN DU PREMIER ACTE.

ACTE SECOND.

SCÈNE I.
JOSABETH, SALOMITH, LE CHOEUR.

JOSABETH.

Mes filles, c'est assez; suspendez vos cantiques :
Il est temps de nous joindre aux prières publiques.
Voici notre heure : allons célébrer ce grand jour,
Et devant le Seigneur paroître à notre tour.

SCÈNE II.
JOSABETH, ZACHARIE, SALOMITH, LE CHOEUR.

JOSABETH.

Mais que vois-je! Mon fils, quel sujet vous ramène?
Où courez-vous ainsi tout pâle et hors d'haleine?

ZACHARIE.

O ma mère!

JOSABETH.

Hé bien, quoi?

ZACHARIE.

Le temple est profané!

JOSABETH.

Comment?

ZACHARIE.

Et du Seigneur l'autel abandonné.

JOSABETH.

Je tremble. Hâtez-vous d'éclaircir votre mère.

ZACHARIE.

Déjà, selon la loi, le grand prêtre mon père,
Après avoir au Dieu qui nourrit les humains
De la moisson nouvelle offert les premiers pains,

Lui présentoit encore entre ses mains sanglantes
Des victimes de paix les entrailles fumantes;
Debout à ses côtés, le jeune Éliacin
Comme moi le servoit en long habit de lin;
Et cependant du sang de la chair immolée
Les prêtres arrosoient l'autel et l'assemblée[1] :
Un bruit confus s'élève, et du peuple surpris
Détourne tout à coup les yeux et les esprits.
Une femme.... Peut-on la nommer sans blasphème?
Une femme.... C'étoit Athalie elle-même.

JOSABETH.

Ciel!

ZACHARIE.

Dans un des parvis, aux hommes réservé,
Cette femme superbe entre, le front levé,
Et se préparoit même à passer les limites
De l'enceinte sacrée ouverte aux seuls lévites.
Le peuple s'épouvante et fuit de toutes parts.
Mon père.... Ah! quel courroux animoit ses regards!
Moïse à Pharaon parut moins formidable :
« Reine, sors, a-t-il dit, de ce lieu redoutable,
« D'où te bannit ton sexe et ton impiété.
« Viens-tu du Dieu vivant braver la majesté? »
La reine alors, sur lui jetant un œil farouche,
Pour blasphémer sans doute ouvroit déjà la bouche :
J'ignore si de Dieu l'ange se dévoilant
Est venu lui montrer un glaive étincelant;
Mais sa langue en sa bouche à l'instant s'est glacée,
Et toute son audace a paru terrassée;
Ses yeux, comme effrayés, n'osoient se détourner;
Surtout Éliacin paroissoit l'étonner[2].

JOSABETH.

Quoi donc! Éliacin a paru devant elle?

ZACHARIE.

Nous regardions tous deux cette reine cruelle,
Et d'une égale horreur nos cœurs étoient frappés.
Mais les prêtres bientôt nous ont enveloppés :
On nous a fait sortir. J'ignore tout le reste,
Et venois vous conter ce désordre funeste.

JOSABETH.

Ah! de nos bras sans doute elle vient l'arracher;
Et c'est lui qu'à l'autel sa fureur vient chercher.

Peut-être en ce moment l'objet de tant de larmes....
Souviens-toi de David, Dieu, qui vois mes alarmes!
SALOMITH.
Quel est-il, cet objet des pleurs que vous versez?
ZACHARIE.
Les jours d'Éliacin seroient-ils menacés?
SALOMITH.
Auroit-il de la reine attiré la colère?
ZACHARIE.
Que craint-on d'un enfant sans support et sans père?
JOSABETH.
Ah! la voici. Sortons : il la faut éviter.

SCÈNE III.
ATHALIE, ABNER, AGAR, SUITE D'ATHALIE.

AGAR.
Madame, dans ces lieux pourquoi vous arrêter?
Ici tous les objets vous blessent, vous irritent.
Abandonnez ce temple aux prêtres qui l'habitent;
Fuyez tout ce tumulte, et dans votre palais
A vos sens agités venez rendre la paix.
ATHALIE.
Non, je ne puis : tu vois mon trouble et ma foiblesse.
Va, fais dire à Mathan qu'il vienne, qu'il se presse;
Heureuse si je puis trouver par son secours
Cette paix que je cherche, et qui me fuit toujours!
(Elle s'assied.)

SCÈNE IV.
ATHALIE, ABNER, SUITE D'ATHALIE.

ABNER.
Madame, pardonnez si j'ose le défendre :
Le zèle de Joad n'a point dû vous surprendre.
Du Dieu que nous servons tel est l'ordre éternel;
Lui-même il nous traça son temple et son autel,
Aux seuls enfants d'Aaron commit ses sacrifices,
Aux lévites marqua leur place et leurs offices,
Et surtout défendit à leur postérité
Avec tout autre dieu toute société.

Hé quoi ! vous de nos rois et la fille et la mère,
Êtes-vous à ce point parmi nous étrangère ?
Ignorez-vous nos lois ? Et faut-il qu'aujourd'hui....
Voici votre Mathan : je vous laisse avec lui.

ATHALIE.

Votre présence, Abner, est ici nécessaire.
Laissons là de Joad l'audace téméraire,
Et tout ce vain amas de superstitions
Qui ferment votre temple aux autres nations :
Un sujet plus pressant excite mes alarmes.
Je sais que, dès l'enfance élevé dans les armes,
Abner a le cœur noble, et qu'il rend à la fois
Ce qu'il doit à son Dieu, ce qu'il doit à ses rois.
Demeurez.

SCÈNE V.

ATHALIE, ABNER, MATHAN, SUITE D'ATHALIE.

MATHAN.

Grande reine, est-ce ici votre place ?
Quel trouble vous agite, et quel effroi vous glace ?
Parmi vos ennemis que venez-vous chercher ?
De ce temple profane osez-vous approcher ?
Avez-vous dépouillé cette haine si vive....

ATHALIE.

Prêtez-moi l'un et l'autre une oreille attentive.
Je ne veux point ici rappeler le passé,
Ni vous rendre raison du sang que j'ai versé :
Ce que j'ai fait, Abner, j'ai cru le devoir faire.
Je ne prends point pour juge un peuple téméraire :
Quoi que son insolence ait osé publier,
Le ciel même a pris soin de me justifier.
Sur d'éclatants succès ma puissance établie
A fait jusqu'aux deux mers respecter Athalie ;
Par moi Jérusalem goûte un calme profond ;
Le Jourdain ne voit plus l'Arabe vagabond,
Ni l'altier Philistin, par d'éternels ravages,
Comme au temps de vos rois, désoler ses rivages ;
Le Syrien me traite et de reine et de sœur[a] ;
Enfin de ma maison le perfide oppresseur,
Qui devoit jusqu'à moi pousser sa barbarie,
Jéhu, le fier Jéhu, tremble dans Samarie ;

De toutes parts pressé par un puissant voisin,
Que j'ai su soulever contre cet assassin,
Il me laisse en ces lieux souveraine maîtresse.
Je jouissois en paix du fruit de ma sagesse;
Mais un trouble importun vient, depuis quelques jours
De mes prospérités interrompre le cours.
Un songe (me devrois-je inquiéter d'un songe⁴?)
Entretient dans mon cœur un chagrin qui le ronge;
Je l'évite partout, partout il me poursuit.
    C'étoit pendant l'horreur d'une profonde nuit;
Ma mère Jézabel devant moi s'est montrée,
Comme au jour de sa mort pompeusement parée;
Ses malheurs n'avoient point abattu sa fierté;
Même elle avoit encor cet éclat emprunté
Dont elle eut soin de peindre et d'orner son visage,
Pour réparer des ans l'irréparable outrage :
« Tremble, m'a-t-elle dit, fille digne de moi;
« Le cruel dieu des Juifs l'emporte aussi sur toi.
« Je te plains de tomber dans ses mains redoutables,
« Ma fille. » En achevant ces mots épouvantables,
Son ombre vers mon lit a paru se baisser;
Et moi, je lui tendois les mains pour l'embrasser;
Mais je n'ai plus trouvé qu'un horrible mélange
D'os et de chair meurtris, et traînés dans la fange,
Des lambeaux pleins de sang, et des membres affreux
Que des chiens dévorants se disputoient entre eux.

                  ABNER.

Grand Dieu !

                  ATHALIE.

        Dans ce désordre à mes yeux se présente
Un jeune enfant couvert d'une robe éclatante,
Tels qu'on voit des Hébreux les prêtres revêtus.
Sa vue a ranimé mes esprits abattus;
Mais lorsque, revenant de mon trouble funeste,
J'admirois sa douceur, son air noble et modeste,
J'ai senti tout à coup un homicide acier
Que le traître en mon sein a plongé tout entier.
De tant d'objets divers le bizarre assemblage
Peut-être du hasard vous paroît un ouvrage :
Moi-même quelque temps, honteuse de ma peur,
Je l'ai pris pour l'effet d'une sombre vapeur.
Mais de ce souvenir mon âme possédée

A deux fois en dormant revu la même idée ;
Deux fois mes tristes yeux se sont vu retracer
Ce même enfant toujours tout prêt à me percer.
Lasse enfin des horreurs dont j'étois poursuivie,
J'allois prier Baal de veiller sur ma vie,
Et chercher du repos au pied de ses autels :
Que ne peut la frayeur sur l'esprit des mortels !
Dans le temple des Juifs un instinct m'a poussée,
Et d'apaiser leur Dieu j'ai conçu la pensée ;
J'ai cru que des présents calmeroient son courroux,
Que ce Dieu, quel qu'il soit, en deviendroit plus doux.
Pontife de Baal, excusez ma foiblesse.
J'entre : le peuple fuit, le sacrifice cesse,
Le grand prêtre vers moi s'avance avec fureur :
Pendant qu'il me parloit, ô surprise ! ô terreur !
J'ai vu ce même enfant dont je suis menacée,
Tel qu'un songe effrayant l'a peint à ma pensée.
Je l'ai vu : son même air, son même habit de lin [7],
Sa démarche, ses yeux, et tous ses traits enfin ;
C'est lui-même. Il marchoit à côté du grand prêtre ;
Mais bientôt à ma vue on l'a fait disparoître.
Voilà quel trouble ici m'oblige à m'arrêter,
Et sur quoi j'ai voulu tous deux vous consulter.
Que présage, Mathan, ce prodige incroyable ?

MATHAN.

Ce songe et ce rapport, tout me semble effroyable....

ATHALIE.

Mais cet enfant fatal, Abner, vous l'avez vu :
Quel est-il ? de quel sang, et de quelle tribu ?

ABNER.

Deux enfants à l'autel prêtoient leur ministère :
L'un est fils de Joad, Josabeth est sa mère ;
L'autre m'est inconnu.

MATHAN.

   Pourquoi délibérer ?
De tous les deux, madame, il se faut assurer.
Vous savez pour Joad mes égards, mes mesures ;
Que je ne cherche point à venger mes injures ;
Que la seule équité règne en tous mes avis ;
Mais lui-même, après tout, fût-ce son propre fils,
Voudroit-il un moment laisser vivre un coupable ?

ABNER.
De quel crime un enfant peut-il être capable?
MATHAN.
Le ciel nous le fait voir un poignard à la main.
Le ciel est juste et sage, et ne fait rien en vain.
Que cherchez-vous de plus?
ABNER.
Mais, sur la foi d'un songe,
Dans le sang d'un enfant voulez-vous qu'on se plonge?
Vous ne savez encor de quel père il est né,
Quel il est.
MATHAN.
On le craint : tout est examiné.
A d'illustres parents s'il doit son origine,
La splendeur de son sort doit hâter sa ruine;
Dans le vulgaire obscur si le sort l'a placé,
Qu'importe qu'au hasard un sang vil soit versé?
Est-ce aux rois à garder cette lente justice?
Leur sûreté souvent dépend d'un prompt supplice.
N'allons point les gêner d'un soin embarrassant :
Dès qu'on leur est suspect, on n'est plus innocent.
ABNER.
Hé quoi, Mathan! d'un prêtre est-ce là le langage?
Moi, nourri dans la guerre aux horreurs du carnage,
Des vengeances des rois ministre rigoureux,
C'est moi qui prête ici ma voix au malheureux!
Et vous, qui lui devez des entrailles de père,
Vous, ministre de paix dans les temps de colère,
Couvrant d'un zèle faux votre ressentiment,
Le sang à votre gré coule trop lentement!
Vous m'avez commandé de vous parler sans feinte,
Madame : quel est donc ce grand sujet de crainte?
Un songe, un foible enfant que votre œil prévenu
Peut-être sans raison croit avoir reconnu.
ATHALIE.
Je le veux croire, Abner; je puis m'être trompée :
Peut-être un songe vain m'a trop préoccupée.
Hé bien, il faut revoir cet enfant de plus près;
Il en faut à loisir examiner les traits.
Qu'on les fasse tous deux paroître en ma présence.
ABNER.
Je crains.....

ATHALIE.

Manqueroit-on pour moi de complaisance?
De ce refus bizarre où seroient les raisons?
Il pourroit m'e jeter en d'étranges soupçons.
Que Josabeth, vous dis-je, ou Joad les amène.
Je puis, quand je voudrai, parler en souveraine.
Vos prêtres, je veux bien, Abner, vous l'avouer,
Des bontés d'Athalie ont lieu de se louer.
Je sais sur ma conduite et contre ma puissance
Jusqu'où de leurs discours ils portent la licence :
Ils vivent cependant, et leur temple est debout.
Mais je sens que bientôt ma douceur est à bout.
Que Joad mette un frein à son zèle sauvage,
Et ne m'irrite point par un second outrage.
Allez.

SCÈNE VI.

ATHALIE, MATHAN, SUITE D'ATHALIE

MATHAN.

Enfin je puis parler en liberté;
Je puis dans tout son jour mettre la vérité.
Quelque monstre naissant dans ce temple s'élève,
Reine : n'attendez pas que le nuage crève.
Abner chez le grand prêtre a devancé le jour :
Pour le sang de ses rois vous savez son amour.
Et qui sait si Joad ne veut point en leur place
Substituer l'enfant dont le ciel vous menace,
Soit son fils, soit quelque autre....

ATHALIE.

Oui, vous m'ouvrez les yeux:
Je commence à voir clair dans cet avis des cieux.
Mais je veux de mon doute être débarrassée :
Un enfant est peu propre à trahir sa pensée;
Souvent d'un grand dessein un mot nous fait juger.
Laissez-moi, cher Mathan, le voir, l'interroger.
Vous cependant, allez; et, sans jeter d'alarmes,
A tous mes Tyriens faites prendre les armes.

SCÈNE VII.

JOAS, ATHALIE, JOSABETH, ZACHARIE, SALOMITH,
ABNER, DEUX LÉVITES, LE CHOEUR, SUITE D'ATHALIE.

JOSABETH, aux deux lévites.
O vous ! sur ces enfants si chers, si précieux,
Ministres du Seigneur, ayez toujours les yeux.
ABNER, à Josabeth.
Princesse, assurez-vous, je les prends sous ma garde.
ATHALIE.
O ciel ! plus j'examine, et plus je le regarde....
C'est lui ! D'horreur encor tous mes sens sont saisis.
(Montrant Joas.)
Épouse de Joad, est-ce là votre fils ?
JOSABETH.
Qui ? lui, madame ?
ATHALIE.
Lui.
JOSABETH.
Je ne suis point sa mère.
(Montrant Zacharie.)
Voilà mon fils.
ATHALIE, à Joas.
Et vous, quel est donc votre père ?
Jeune enfant, répondez.
JOSABETH.
Le ciel jusque aujourd'hui....
ATHALIE.
Pourquoi vous pressez-vous de répondre pour lui ?
C'est à lui de parler.
JOSABETH.
Dans un âge si tendre
Quel éclaircissement en pouvez-vous attendre ?
ATHALIE.
Cet âge est innocent : son ingénuité
N'altère point encor la simple vérité.
Laissez-le s'expliquer sur tout ce qui le touche.
JOSABETH, tout bas.
Daigne mettre, grand Dieu, ta sagesse en sa bouche !
ATHALIE.
Comment vous nommez-vous ?

JOAS.
J'ai nom Éliacin.
ATHALIE.
Votre père ?

JOAS.
Je suis, dit-on, un orphelin
Entre les bras de Dieu jeté dès ma naissance,
Et qui de mes parents n'eus jamais connoissance.
ATHALIE.
Vous êtes sans parents ?
JOAS.
Ils m'ont abandonné.
ATHALIE.
Comment ? et depuis quand ?
JOAS.
Depuis que je suis né.
ATHALIE.
Ne sait-on pas au moins quel pays est le vôtre ?
JOAS.
Ce temple est mon pays ; je n'en connois point d'autre.
ATHALIE.
Où dit-on que le sort vous a fait rencontrer ?
JOAS.
Parmi des loups cruels prêts à me dévorer.
ATHALIE.
Qui vous mit dans ce temple ?
JOAS.
Une femme inconnue,
Qui ne dit point son nom, et qu'on n'a point revue.
ATHALIE.
Mais de vos premiers ans quelles mains ont pris soin ?
JOAS.
Dieu laissa-t-il jamais ses enfants au besoin ?
Aux petits des oiseaux il donne leur pâture[9],
Et sa bonté s'étend sur toute la nature.
Tous les jours je l'invoque ; et d'un soin paternel
Il me nourrit des dons offerts sur son autel.
ATHALIE.
Quel prodige nouveau me trouble et m'embarrasse ?
La douceur de sa voix, son enfance, sa grâce
Font insensiblement à mon inimitié
Succéder.... Je serois sensible à la pitié !

ABNER.

Madame, voilà donc cet ennemi terrible?
De vos songes menteurs l'imposture est visible,
A moins que la pitié qui semble vous troubler
Ne soit ce coup fatal qui vous faisoit trembler.

ATHALIE, à Joas et à Josabeth.

Vous sortez?

JOSABETH.

Vous avez entendu sa fortune :
Sa présence à la fin pourroit être importune.

ATHALIE.

(A Joas :)
Non : revenez. Quel est tous les jours votre emploi?

JOAS.

J'adore le Seigneur; on m'explique sa loi;
Dans son livre divin on m'apprend à la lire;
Et déjà de ma main je commence à l'écrire.

ATHALIE.

Que vous dit cette loi?

JOAS.

Que Dieu veut être aimé;
Qu'il venge tôt ou tard son saint nom blasphémé;
Qu'il est le défenseur de l'orphelin timide;
Qu'il résiste au superbe, et punit l'homicide.

ATHALIE.

J'entends. Mais tout ce peuple enfermé dans ce lieu,
A quoi s'occupe-t-il?

JOAS.

Il loue, il bénit Dieu.

ATHALIE.

Dieu veut-il qu'à toute heure on prie, on le contemple.

JOAS.

Tout profane exercice est banni de son temple.

ATHALIE.

Quels sont donc vos plaisirs?

JOAS.

Quelquefois à l'autel
Je présente au grand prêtre ou l'encens ou le sel [1];
J'entends chanter de Dieu les grandeurs infinies :
Je vois l'ordre pompeux de ses cérémonies.

ATHALIE.
Hé quoi! vous n'avez point de passe-temps plus doux ?
Je plains le triste sort d'un enfant tel que vous.
Venez dans mon palais, vous y verrez ma gloire.
JOAS.
Moi! des bienfaits de Dieu je perdrois la mémoire!
ATHALIE.
Non, je ne vous veux pas contraindre à l'oublier.
JOAS.
Vous ne le priez point.
ATHALIE.
Vous pourrez le prier.
JOAS.
Je verrois cependant en invoquer un autre.
ATHALIE.
J'ai mon Dieu que je sers; vous servirez le vôtre :
Ce sont deux puissants dieux.
JOAS.
Il faut craindre le mien.
Lui seul est Dieu, madame; et le vôtre n'est rien.
ATHALIE.
Les plaisirs près de moi vous chercheront en foule.
JOAS.
Le bonheur des méchants comme un torrent s'écoule.
ATHALIE.
Ces méchants, qui sont-ils ?
JOSABETH.
Hé, madame! excusez
Un enfant....
ATHALIE, à Josabeth.
J'aime à voir comme vous l'instruisez.
Enfin, Éliacin, vous avez su me plaire;
Vous n'êtes point sans doute un enfant ordinaire.
Vous voyez, je suis reine, et n'ai point d'héritier :
Laissez là cet habit, quittez ce vil métier;
Je veux vous faire part de toutes mes richesses;
Essayez dès ce jour l'effet de mes promesses.
A ma table, partout, à mes côtés assis,
Je prétends vous traiter comme mon propre fils[1].
JOAS.
Comme votre fils !

ATHALIE.
Oui.... Vous vous taisez ?
JOAS.
Quel père
Je quitterois ! Et pour....
ATHALIE.
Hé bien ?
JOAS.
Pour quelle mère[12] ?
ATHALIE, à Josabeth.
Sa mémoire est fidèle ; et, dans tout ce qu'il dit,
De vous et de Joad je reconnois l'esprit.
Voilà comme, infectant cette simple jeunesse,
Vous employez tous deux le calme où je vous laisse.
Vous cultivez déjà leur haine et leur fureur ;
Vous ne leur prononcez mon nom qu'avec horreur.
JOSABETH.
Peut-on de nos malheurs leur dérober l'histoire ?
Tout l'univers les sait ; vous-même en faites gloire.
ATHALIE.
Oui, ma juste fureur, et j'en fais vanité,
A vengé mes parents sur ma postérité[13].
J'aurois vu massacrer et mon père et mon frère,
Du haut de son palais précipiter ma mère,
Et dans un même jour égorger à la fois
(Quel spectacle d'horreur !) quatre-vingts fils de rois[14].
Et pourquoi ? pour venger je ne sais quels prophètes
Dont elle avoit puni les fureurs indiscrètes :
Et moi, reine sans cœur, fille sans amitié,
Esclave d'une lâche et frivole pitié,
Je n'aurois pas du moins à cette aveugle rage
Rendu meurtre pour meurtre, outrage pour outrage,
Et de votre David traité tous les neveux
Comme on traitoit d'Achab les restes malheureux !
Où serois-je aujourd'hui si, domptant ma foiblesse,
Je n'eusse d'une mère étouffé la tendresse ;
Si de mon propre sang ma main versant des flots
N'eût par ce coup hardi réprimé vos complots ?
Enfin de votre Dieu l'implacable vengeance
Entre nos deux maisons rompit toute alliance :
David m'est en horreur ; et les fils de ce roi,
Quoique nés de mon sang, sont étrangers pour moi.

ACTE II, SCÈNE IX.

JOSABETH.

Tout vous a réussi. Que Dieu voie, et nous juge!

ATHALIE.

Ce Dieu, depuis longtemps votre unique refuge,
Que deviendra l'effet de ses prédictions?
Qu'il vous donne ce roi promis aux nations,
Cet enfant de David, votre espoir, votre attente....
Mais nous nous reverrons. Adieu. Je sors contente.
J'ai voulu voir; j'ai vu.

ABNER, à Josabeth.

Je vous l'avois promis :
Je vous rends le dépôt que vous m'avez commis.

SCÈNE VIII.

JOAS, JOAD, JOSABETH, ZACHARIE, SALOMITH, ABNER, LÉVITES, LE CHOEUR.

JOSABETH, à Joad.

Avez-vous entendu cette superbe reine,
Seigneur?

JOAD.

J'entendois tout, et plaignois votre peine.
Ces lévites et moi, prêts à vous secourir,
Nous étions avec vous résolus de périr.
    (A Joas, en l'embrassant :)
Que Dieu veille sur vous, enfant dont le courage
Vient de rendre à son nom ce noble témoignage.
Je reconnois, Abner, ce service important :
Souvenez-vous de l'heure où Joad vous attend.
Et nous, dont cette femme impie et meurtrière
A souillé les regards et troublé la prière,
Rentrons; et qu'un sang pur, par mes mains épanché,
Lave jusques au marbre où ses pas ont touché [15].

SCÈNE IX.

LE CHOEUR.

UNE DES FILLES DU CHOEUR.

Quel astre à nos yeux vient de luire?
Quel sera quelque jour cet enfant merveilleux [16]?
    Il brave le faste orgueilleux,

Et ne se laisse point séduire
A tous ses attraits périlleux.
UNE AUTRE.
Pendant que du dieu d'Athalie
Chacun court encenser l'autel,
Un enfant courageux publie
Que Dieu lui seul est éternel,
Et parle comme un autre Élie
Devant cette autre Jézabel.
UNE AUTRE.
Qui nous révélera ta naissance secrète [17],
Cher enfant ? Es-tu fils de quelque saint prophète ?
UNE AUTRE.
Ainsi l'on vit l'aimable Samuel
Croître à l'ombre du tabernacle [18] :
Il devint des Hébreux l'espérance et l'oracle.
Puisses-tu, comme lui, consoler Israël !
UNE AUTRE.
O bienheureux mille fois
L'enfant que le Seigneur aime,
Qui de bonne heure entend sa voix,
Et que ce Dieu daigne instruire lui-même [19] !
Loin du monde élevé, de tous les dons des cieux
Il est orné dès son enfance ;
Et du méchant l'abord contagieux
N'altère point son innocence.
TOUT LE CHOEUR.
Heureuse, heureuse l'enfance
Que le Seigneur instruit et prend sous sa défense !
LA MÊME VOIX seule.
Tel en un secret vallon,
Sur le bord d'une onde pure,
Croît à l'abri de l'aquilon,
Un jeune lis, l'amour de la nature [20].
Loin du monde élevé, de tous les dons des cieux
Il est orné dès sa naissance ;
Et du méchant l'abord contagieux
N'altère point son innocence.
TOUT LE CHOEUR.
Heureux, heureux mille fois
L'enfant que le Seigneur rend docile à ses lois !

ACTE II, SCÈNE IX.

UNE VOIX seule.

Mon Dieu, qu'une vertu naissante
Parmi tant de périls marche à pas incertains !
Qu'une âme qui te cherche et veut être innocente
　Trouve d'obstacle à ses desseins !
　Que d'ennemis lui font la guerre !
　Où se peuvent cacher tes saints ?
　Les pécheurs couvrent la terre.

UNE AUTRE.

O palais de David, et sa chère cité,
Mont fameux, que Dieu même a longtemps habité,
Comment as-tu du ciel attiré la colère ?
Sion, chère Sion, que dis-tu quand tu vois
　Une impie étrangère
Assise, hélas ! au trône de tes rois ?

TOUT LE CHOEUR.

Sion, chère Sion, que dis-tu quand tu vois
　Une impie étrangère
Assise, hélas ! au trône de tes rois ?

LA MÊME VOIX continue.

Au lieu des cantiques charmants
Où David t'exprimoit ses saints ravissements,
Et bénissoit son Dieu, son seigneur, et son père ;
Sion, chère Sion, que dis-tu quand tu vois
　Louer le dieu de l'impie étrangère,
Et blasphémer le nom qu'ont adoré tes rois ?

UNE VOIX seule.

Combien de temps, Seigneur, combien de temps encore
Verrons-nous contre toi les méchants s'élever ?
Jusque dans ton saint temple ils viennent te braver :
Ils traitent d'insensé le peuple qui t'adore.
Combien de temps, Seigneur, combien de temps encore
Verrons-nous contre toi les méchants s'élever[21] ?

UNE AUTRE.

Que vous sert, disent-ils, cette vertu sauvage ?
　De tant de plaisirs si doux
　Pourquoi fuyez-vous l'usage ?
Votre Dieu ne fait rien pour vous[22]

UNE AUTRE.

Rions, chantons, dit cette troupe impie ;
De fleurs en fleurs, de plaisirs en plaisirs,
  Promenons nos désirs.
Sur l'avenir insensé qui se fie.
De nos ans passagers le nombre est incertain :
Hâtons-nous aujourd'hui de jouir de la vie ;
  Qui sait si nous serons demain[23] ?

TOUT LE CHOEUR.

Qu'ils pleurent, ô mon Dieu ! qu'ils frémissent de crainte,
  Ces malheureux, qui de ta cité sainte
  Ne verront point l'éternelle splendeur[24].
C'est à nous de chanter, nous à qui tu révèles
  Tes clartés immortelles ;
C'est à nous de chanter tes dons et ta grandeur.

UNE VOIX seule.

De tous ces vains plaisirs où leur âme se plonge,
Que leur restera-t-il ? Ce qui reste d'un songe
  Dont on a reconnu l'erreur[25].
  A leur réveil (ô réveil plein d'horreur !)
  Pendant que le pauvre à ta table
Goûtera de ta paix la douceur ineffable,
Ils boiront dans la coupe affreuse, inépuisable[26],
Que tu présenteras au jour de ta fureur
  A toute la race coupable.

TOUT LE CHOEUR.

  O réveil plein d'horreur !
  O songe peu durable !
  O dangereuse erreur !

FIN DU SECOND ACTE.

ACTE TROISIÈME.

SCÈNE I.
MATHAN, NABAL, LE CHOEUR.

MATHAN.
Jeunes filles, allez : qu'on dise à Josabeth
Que Mathan veut ici lui parler en secret.
UNE DES FILLES DU CHOEUR.
Mathan! Ô Dieu du ciel, puisses-tu le confondre!
NABAL.
Hé quoi! tout se disperse, et fuit sans vous répondre!
MATHAN.
Approchons.

SCÈNE II.
ZACHARIE, MATHAN, NABAL

ZACHARIE.
Téméraire, où voulez-vous passer?
Au delà de ce lieu gardez-vous d'avancer :
C'est des ministres saints la demeure sacrée ;
Les lois à tout profane en défendent l'entrée.
Qui cherchez-vous? Mon père, en ce jour solennel,
De l'idolâtre impur fuit l'aspect criminel ;
Et devant le Seigneur maintenant prosternée
Ma mère en ce devoir craint d'être détournée.
MATHAN.
Mon fils, nous attendrons ; cessez de vous troubler.
C'est votre illustre mère à qui je veux parler :
Je viens ici chargé d'un ordre de la reine.

SCÈNE III.

MATHAN, NABAL.

NABAL.

Leurs enfants ont déjà leur audace hautaine.
Mais que veut Athalie en cette occasion?
D'où naît dans ses conseils cette confusion?
Par l'insolent Joad ce matin offensée,
Et d'un enfant fatal en songe menacée,
Elle alloit immoler Joad à son courroux,
Et dans ce temple enfin placer Baal et vous.
Vous m'en aviez déjà confié votre joie;
Et j'espérois ma part d'une si riche proie.
Qui fait changer ainsi ses vœux irrésolus?

MATHAN.

Ami, depuis deux jours je ne la connois plus.
Ce n'est plus cette reine éclairée, intrépide,
Élevée au-dessus de son sexe timide,
Qui d'abord accabloit ses ennemis surpris,
Et d'un instant perdu connoissoit tout le prix :
La peur d'un vain remords trouble cette grande âme;
Elle flotte, elle hésite; en un mot, elle est femme.
J'avois tantôt rempli d'amertume et de fiel
Son cœur déjà saisi des menaces du ciel;
Elle-même, à mes soins confiant sa vengeance,
M'avoit dit d'assembler sa garde en diligence;
Mais, soit que cet enfant devant elle amené,
De ses parents, dit-on, rebut infortuné,
Eût d'un songe effrayant diminué l'alarme,
Soit qu'elle eût même en lui vu je ne sais quel charme
J'ai trouvé son courroux chancelant, incertain,
Et déjà remettant sa vengeance à demain.
Tous ses projets sembloient l'un l'autre se détruire.
« Du sort de cet enfant je me suis fait instruire,
« Ai-je dit : on commence à vanter ses aïeux;
« Joad de temps en temps le montre aux factieux,
« Le fait attendre aux Juifs comme un autre Moïse,
« Et d'oracles menteurs s'appuie et s'autorise. »
Ces mots ont fait monter la rougeur sur son front.
Jamais mensonge heureux n'eut un effet si prompt.

« Est-ce à moi de languir dans cette incertitude ?
« Sortons, a-t-elle dit, sortons d'inquiétude.
« Vous-même à Josabeth prononcez cet arrêt :
« Les feux vont s'allumer, et le fer est tout prêt ;
« Rien ne peut de leur temple empêcher le ravage,
« Si je n'ai de leur foi cet enfant pour otage. »

NABAL.

Eh bien, pour un enfant qu'ils ne connoissent pas,
Que le hasard peut-être a jeté dans leurs bras,
Voudront-ils que leur temple enseveli sous l'herbe...

MATHAN.

Ah ! de tous les mortels connois le plus superbe.
Plutôt que dans mes mains par Joad soit livré
Un enfant qu'à son Dieu Joad a consacré,
Tu lui verras subir la mort la plus terrible.
D'ailleurs pour cet enfant leur attache est visible.
Si j'ai bien de la reine entendu le récit,
Joad sur sa naissance en sait plus qu'il ne dit.
Quel qu'il soit, je prévois qu'il leur sera funeste ;
Ils le refuseront : je prends sur moi le reste ;
Et j'espère qu'enfin de ce temple odieux
Et la flamme et le fer vont délivrer mes yeux.

NABAL.

Qui peut vous inspirer une haine si forte ?
Est-ce que de Baal le zèle vous transporte ?
Pour moi, vous le savez, descendu d'Ismaël,
Je ne sers ni Baal, ni le dieu d'Israël.

MATHAN.

Ami, peux-tu penser que d'un zèle frivole
Je me laisse aveugler pour une vaine idole,
Pour un fragile bois, que, malgré mon secours,
Les vers sur son autel consument tous les jours ?
Né ministre du Dieu qu'en ce temple on adore,
Peut-être que Mathan le serviroit encore,
Si l'amour des grandeurs, la soif de commander,
Avec son joug étroit pouvoient s'accommoder.
Qu'est-il besoin, Nabal, qu'à tes yeux je rappelle
De Joad et de moi la fameuse querelle,
Quand j'osai contre lui disputer l'encensoir,
Mes brigues, mes combats, mes pleurs, mon désespoir !
Vaincu par lui, j'entrai dans une autre carrière,
Et mon âme à la cour s'attacha tout entière.

J'approchai par degrés de l'oreille des rois,
Et bientôt en oracle on érigea ma voix.
J'étudiai leur cœur, je flattai leurs caprices;
Je leur semai de fleurs le bord des précipices;
Près de leurs passions rien ne me fut sacré;
De mesure et de poids je changeois à leur gré.
Autant que de Joad l'inflexible rudesse
De leur superbe oreille offensoit la mollesse,
Autant je les charmois par ma dextérité :
Dérobant à leurs yeux la triste vérité,
Prêtant à leurs fureurs des couleurs favorables,
Et prodigue surtout du sang des misérables.
 Enfin, au dieu nouveau qu'elle avoit introduit,
Par les mains d'Athalie un temple fut construit.
Jérusalem pleura de se voir profanée;
Des enfants de Lévi la troupe consternée
En poussa vers le ciel des hurlements affreux[1].
Moi seul, donnant l'exemple aux timides Hébreux,
Déserteur de leur loi, j'approuvai l'entreprise,
Et par là de Baal méritai la prêtrise;
Par là je me rendis terrible à mon rival,
Je ceignis la tiare, et marchai son égal[2].
Toutefois, je l'avoue, en ce comble de gloire,
Du Dieu que j'ai quitté l'importune mémoire
Jette encore en mon âme un reste de terreur :
Et c'est ce qui redouble et nourrit ma fureur.
Heureux si, sur son temple achevant ma vengeance,
Je puis convaincre enfin sa haine d'impuissance,
Et parmi le débris, le ravage et les morts,
A force d'attentats perdre tous mes remords!
Mais voici Josabeth.

SCÈNE IV.

JOSABETH, MATHAN, NABAL.

MATHAN.

Envoyé par la reine,
Pour rétablir le calme et dissiper la haine,
Princesse, en qui le ciel mit un esprit si doux,
Ne vous étonnez pas si je m'adresse à vous.
Un bruit, que j'ai pourtant soupçonné de mensonge,
Appuyant les avis qu'elle a reçus en songe,

Sur Joad, accusé de dangereux complots,
Alloit de sa colère attirer tous les flots.
Je ne veux point ici vous vanter mes services :
De Joad contre moi je sais les injustices ;
Mais il faut à l'offense opposer les bienfaits
Enfin, je viens chargé de paroles de paix.
Vivez, solennisez vos fêtes sans ombrage.
De votre obéissance elle ne veut qu'un gage :
C'est, pour l'en détourner j'ai fait ce que j'ai pu,
Cet enfant sans parents, qu'elle dit qu'elle a vu.

JOSABETH.

Éliacin ?

MATHAN.

J'en ai pour elle quelque honte :
D'un vain songe peut-être elle fait trop de compte.
Mais vous vous déclarez ses mortels ennemis,
Si cet enfant sur l'heure en mes mains n'est remis.
La reine impatiente attend votre réponse.

JOSABETH.

Et voilà de sa part la paix qu'on nous annonce.

MATHAN.

Pourriez-vous un moment douter de l'accepter ?
D'un peu de complaisance est-ce trop l'acheter ?

JOSABETH.

J'admirois si Mathan, dépouillant l'artifice,
Avoit pu de son cœur surmonter l'injustice,
Et si de tant de maux le funeste inventeur
De quelque ombre de bien pouvoit être l'auteur.

MATHAN.

De quoi vous plaignez-vous ? Vient-on avec furie
Arracher de vos bras votre fils Zacharie ?
Quel est cet autre enfant si cher à votre amour ?
Ce grand attachement me surprend à mon tour.
Est-ce un trésor pour vous si précieux, si rare ?
Est-ce un libérateur que le ciel vous prépare ?
Songez-y : vos refus pourroient me confirmer
Un bruit sourd que déjà l'on commence à semer.

JOSABETH.

Quel bruit ?

MATHAN.

Que cet enfant vient d'illustre origine ;
Qu'à quelque grand projet votre époux le destine.

JOSABETH.

Et Mathan, par ce bruit qui flatte sa fureur...

MATHAN.

Princesse, c'est à vous à me tirer d'erreur.
Je sais que, du mensonge implacable ennemie,
Josabeth livreroit même sa propre vie,
S'il falloit que sa vie à sa sincérité
Coûtât le moindre mot contre la vérité.
Du sort de cet enfant on n'a donc nulle trace?
Une profonde nuit enveloppe sa race?
Et vous-même ignorez de quels parents issu,
De quelles mains Joad en ses bras l'a reçu?
Parlez; je vous écoute, et suis prêt à vous croire:
Au Dieu que vous servez, princesse, rendez gloire

JOSABETH.

Méchant, c'est bien à vous d'oser ainsi nommer
Un Dieu que votre bouche enseigne à blasphémer!
Sa vérité par vous peut-elle être attestée,
Vous, malheureux, assis dans la chaire empestée
Où le mensonge règne et répand son poison;
Vous, nourri dans la fourbe et dans la trahison?

SCÈNE V.

JOAD, JOSABETH, MATHAN, NABAL

JOAD.

Où suis-je? De Baal ne vois-je pas le prêtre?
Quoi! fille de David, vous parlez à ce traître!
Vous souffrez qu'il vous parle! Et vous ne craignez pas
Que du fond de l'abîme entr'ouvert sous ses pas
Il ne sorte à l'instant des feux qui vous embrasent,
Ou qu'en tombant sur lui ces murs ne vous écrasent?
Que veut-il? De quel front cet ennemi de Dieu
Vient-il infecter l'air qu'on respire en ce lieu?

MATHAN.

On reconnoît Joad à cette violence.
Toutefois il devroit montrer plus de prudence,
Respecter une reine, et ne pas outrager
Celui que de son ordre elle a daigné charger.

JOAD.

Eh bien, que nous fait-elle annoncer de sinistre?
Quel sera l'ordre affreux qu'apporte un tel ministre

MATHAN.
J'ai fait à Josabeth savoir sa volonté.
JOAD.
Sors donc de devant moi, monstre d'impiété.
De toutes tes horreurs, va, comble la mesure.
Dieu s'apprête à te joindre à la race parjure,
Abiron et Dathan, Doëg, Achitophel[4] :
Les chiens, à qui son bras a livré Jézabel,
Attendant que sur toi sa fureur se déploie,
Déjà sont à ta porte, et demandent leur proie.
MATHAN. (il se trouble.)
Avant la fin du jour.... on verra qui de nous....
Doit.... Mais sortons, Nabal.
NABAL.
Où vous égarez-vous ?
De vos sens étonnés quel désordre s'empare ?
Voilà votre chemin.

SCÈNE VI.
JOAD, JOSABETH.

JOSABETH.
L'orage se déclare :
Athalie en fureur demande Éliacin.
Déjà de sa naissance et de votre dessein
On commence, seigneur, à percer le mystère :
Peu s'en faut que Mathan ne m'ait nommé son père.
JOAD.
Au perfide Mathan qui l'auroit révélé ?
Votre trouble à Mathan n'a-t-il point trop parlé ?
JOSABETH.
J'ai fait ce que j'ai pu pour m'en rendre maîtresse.
Cependant, croyez-moi, seigneur, le péril presse.
Réservons cet enfant pour un temps plus heureux.
Tandis que les méchants délibèrent entre eux,
Avant qu'on l'environne, avant qu'on nous l'arrache,
Une seconde fois souffrez que je le cache :
Les portes, les chemins lui sont encore ouverts.
Faut-il le transporter aux plus affreux déserts ?
Je suis prête : je sais une secrète issue
Par où, sans qu'on le voie, et sans être aperçue,

De Cédron avec lui traversant le torrent,
J'irai dans le désert où jadis en pleurant,
Et cherchant comme nous son salut dans la fuite,
David d'un fils rebelle évita la poursuite.
Je craindrai moins pour lui les lions et les ours....
Mais pourquoi de Jéhu refuser le secours?
Je vous ouvre peut-être un avis salutaire.
Faisons de ce trésor Jéhu dépositaire :
On peut dans ses États le conduire aujourd'hui,
Et le chemin est court qui mène jusqu'à lui.
Jéhu n'a point un cœur farouche, inexorable;
De David à ses yeux le nom est favorable.
Hélas! est-il un roi si dur et si cruel,
A moins qu'il n'eût pour mère une autre Jézabel,
Qui d'un tel suppliant ne plaignît l'infortune?
Sa cause à tous les rois n'est-elle pas commune?

JOAD.

Quels timides conseils m'osez-vous suggérer?
En l'appui de Jéhu pourriez-vous espérer?

JOSABETH.

Dieu défend-il tout soin et toute prévoyance?
Ne l'offense-t-on point par trop de confiance?
A ses desseins sacrés employant les humains,
N'a-t-il pas de Jéhu lui-même armé les mains?

JOAD.

Jéhu, qu'avoit choisi sa sagesse profonde,
Jéhu, sur qui je vois que votre espoir se fonde,
D'un oubli trop ingrat a payé ses bienfaits :
Jéhu laisse d'Achab l'affreuse fille en paix,
Suit des rois d'Israël les profanes exemples,
Du vil dieu de l'Égypte a conservé les temples;
Jéhu, sur les hauts lieux enfin osant offrir
Un téméraire encens que Dieu ne peut souffrir,
N'a pour servir sa cause et venger ses injures
Ni le cœur assez droit, ni les mains assez pures.
Non, non : c'est à Dieu seul qu'il nous faut attacher.
Montrons Éliacin; et, loin de le cacher,
Que du bandeau royal sa tête soit ornée
Je veux même avancer l'heure déterminée.
Avant que de Mathan le complot soit formé.

SCÈNE VII.

JOAD, JOSABETH, AZARIAS, SUIVI DU CHOEUR
ET DE PLUSIEURS LÉVITES.

JOAD.
Eh bien, Azarias, le temple est-il fermé?
AZARIAS.
J'en ai fait devant moi fermer toutes les portes.
JOAD.
N'y reste-t-il que vous et vos saintes cohortes?
AZARIAS.
De ses parvis sacrés j'ai deux fois fait le tour.
Tout a fui, tous se sont séparés sans retour,
Misérable troupeau qu'a dispersé la crainte;
Et Dieu n'est plus servi que dans la tribu sainte.
Depuis qu'à Pharaon ce peuple est échappé,
Une égale terreur ne l'avoit point frappé.
JOAD.
Peuple lâche, en effet, et né pour l'esclavage,
Hardi contre Dieu seul! Poursuivons notre ouvrage.
Mais qui retient encor ces enfants parmi nous?
UNE DES FILLES DU CHOEUR.
Eh! pourrions-nous, seigneur, nous séparer de vous?
Dans le temple de Dieu sommes-nous étrangères?
Vous avez près de vous nos pères et nos frères.
UNE AUTRE.
Hélas! si, pour venger l'opprobre d'Israël,
Nos mains ne peuvent pas, comme autrefois Jahel[6],
Des ennemis de Dieu percer la tête impie,
Nous lui pouvons du moins immoler notre vie.
Quand vos bras combattront pour son temple attaqué,
Par nos larmes du moins il peut être invoqué.
JOAD.
Voilà donc quels vengeurs s'arment pour ta querelle,
Des prêtres, des enfants, ô Sagesse éternelle!
Mais, si tu les soutiens, qui peut les ébranler?
Du tombeau, quand tu veux, tu sais nous rappeler;
Tu frappes et guéris, tu perds et ressuscites[7].
Ils ne s'assurent point en leurs propres mérites,
Mais en ton nom sur eux invoqué tant de fois,
En tes serments jurés au plus saint de leurs rois.

En ce temple où tu fais ta demeure sacrée,
Et qui doit du soleil égaler la durée.
Mais d'où vient que mon cœur frémit d'un saint effroi?
Est-ce l'esprit divin qui s'empare de moi?
C'est lui-même; il m'échauffe, il parle : mes yeux s'ouvrent,
Et les siècles obscurs devant moi se découvrent.
Lévites, de vos sons prêtez-moi les accords,
Et de ses mouvements secondez les transports.

LE CHOEUR chante au son de toute la symphonie des instruments.

Que du Seigneur la voix se fasse entendre,
Et qu'à nos cœurs son oracle divin
    Soit ce qu'à l'herbe tendre
Est, au printemps, la fraîcheur du matin[8].

JOAD.

Cieux, écoutez ma voix; terre, prête l'oreille[9].
Ne dis plus, ô Jacob, que ton Seigneur sommeille!
Pécheurs, disparoissez : le Seigneur se réveille[10].

(Ici recommence la symphonie, et Joad aussitôt reprend la parole.)

Comment en un plomb vil l'or pur s'est-il changé[11]?
Quel est dans le lieu saint ce pontife égorgé[12]?
Pleure, Jérusalem, pleure, cité perfide,
Des prophètes divins malheureuse homicide[13] :
De son amour pour toi ton Dieu s'est dépouillé;
Ton encens à ses yeux est un encens souillé[14].
    Où menez-vous ces enfants et ces femmes[15]?
Le Seigneur a détruit la reine des cités[16] :
Ses prêtres sont captifs, ses rois sont rejetés;
Dieu ne veut plus qu'on vienne à ses solennités[17] :
Temple, renverse-toi, cèdres, jetez des flammes.
    Jérusalem, objet de ma douleur,
Quelle main en un jour t'a ravi tous tes charmes?
Qui changera mes yeux en deux sources de larmes[18]
    Pour pleurer ton malheur?

AZARIAS.

O saint temple!

JOSABETH.

O David!

LE CHOEUR.

    Dieu de Sion, rappelle,
Rappelle en sa faveur tes antiques bontés.

(La symphonie recommence encore; et Joad, un moment après, l'interrompt

JOAD.

Quelle Jérusalem nouvelle [19]
Sort du fond du désert, brillante de clartés,
Et porte sur le front une marque immortelle ?
 Peuples de la terre, chantez :
Jérusalem renaît plus charmante et plus belle.
 D'où lui viennent de tous côtés
Ces enfants qu'en son sein elle n'a point portés [20] ?
Lève, Jérusalem, lève ta tête altière [21] ;
Regarde tous ces rois de ta gloire étonnés ;
Les rois des nations, devant toi prosternés,
 De tes pieds baisent la poussière [22] ;
Les peuples à l'envi marchent à ta lumière [23].
Heureux qui pour Sion d'une sainte ferveur
 Sentira son âme embrasée !
 Cieux, répandez votre rosée,
Et que la terre enfante son Sauveur [24] !

JOSABETH.

Hélas ! d'où nous viendra cette insigne faveur,
Si les rois de qui doit descendre ce Sauveur....

JOAD.

Préparez, Josabeth, le riche diadème
Que sur son front sacré David porta lui-même.
 (Aux lévites :)
Et vous, pour vous armer, suivez-moi dans ces lieux
Où se garde caché, loin des profanes yeux,
Ce formidable amas de lances et d'épées [25]
Qui du sang philistin jadis furent trempées,
Et que David vainqueur, d'ans et d'honneurs chargé,
Fit consacrer au Dieu qui l'avoit protégé.
Peut-on les employer pour un plus noble usage ?
Venez, je veux moi-même en faire le partage.

SCÈNE VIII.

SALOMITH, LE CHOEUR.

SALOMITH.

Que de crainte, mes sœurs, que de troubles mortels !
 Dieu tout-puissant, sont-ce là les prémices,
 Les parfums et les sacrifices
Qu'on devoit en ce jour offrir sur tes autels ?

UNE DES FILLES DU CHOEUR.

Quel spectacle à nos yeux timides!
Qui l'eût cru qu'on dût voir jamais
Les glaives meurtriers, les lances homicides
Briller dans la maison de paix?

UNE AUTRE.

D'où vient que, pour son Dieu pleine d'indifférence
Jérusalem se tait en ce pressant danger?
D'où vient, mes sœurs, que pour nous protéger,
Le brave Abner au moins ne rompt pas le silence?

SALOMITH.

Hélas! dans une cour où l'on n'a d'autres lois
Que la force et la violence,
Où les honneurs et les emplois
Sont le prix d'une aveugle et basse obéissance,
Ma sœur, pour la triste innocence
Qui voudroit élever sa voix?

UNE AUTRE.

Dans ce péril, dans ce désordre extrême,
Pour qui prépare-t-on le sacré diadème?

SALOMITH.

Le Seigneur a daigné parler;
Mais ce qu'à son prophète il vient de révéler,
Qui pourra nous le faire entendre?
S'arme-t-il pour nous défendre?
S'arme-t-il pour nous accabler?

TOUT LE CHOEUR chante.

O promesse! ô menace! ô ténébreux mystère!
Que de maux, que de biens sont prédits tour à tour!
Comment peut-on avec tant de colère
Accorder tant d'amour?

UNE VOIX seule.

Sion ne sera plus: une flamme cruelle
Détruira tous ses ornements.

UNE AUTRE VOIX.

Dieu protége Sion: elle a pour fondements
Sa parole éternelle.

LA PREMIÈRE.

Je vois tout son éclat disparoitre à mes yeux.

ACTE III, SCÈNE VIII.

LA SECONDE.
Je vois de toutes parts sa clarté répandue.
LA PREMIÈRE.
Dans un gouffre profond Sion est descendue.
LA SECONDE.
Sion a son front dans les cieux.
LA PREMIÈRE.
Quel triste abaissement !
LA SECONDE.
Quelle immortelle gloire !
LA PREMIÈRE.
Que de cris de douleur !
LA SECONDE.
Que de chants de victoire !
UNE TROISIÈME.
Cessons de nous troubler : notre Dieu, quelque jour,
Dévoilera ce grand mystère.
TOUTES TROIS.
Révérons sa colère ;
Espérons en son amour
UNE AUTRE.
D'un cœur qui t'aime,
Mon Dieu, qui peut troubler la paix ?
Il cherche en tout ta volonté suprême,
Et ne se cherche jamais.
Sur la terre, dans le ciel même,
Est-il d'autre bonheur que la tranquille paix
D'un cœur qui t'aime ?

FIN DU TROISIÈME ACTE.

ACTE QUATRIÈME.

SCÈNE I.
JOAS, JOSABETH, ZACHARIE, SALOMITH,
UN LÉVITE, LE CHŒUR

SALOMITH.
D'un pas majesteux, à côté de ma mère,
Le jeune Éliacin s'avance avec mon frère.
Dans ces voiles, mes sœurs, que portent-il tous deux?
Quel est ce glaive enfin qui marche devant eux[1]?

JOSABETH, à Zacharie.
Mon fils, avec respect posez sur cette table
De notre sainte loi le livre redoutable.
Et vous aussi, posez, aimable Éliacin,
Cet auguste bandeau près du livre divin.
Lévite, il faut placer, Joad ainsi l'ordonne,
Le glaive de David auprès de sa couronne.

JOAS.
Princesse, quel est donc ce spectacle nouveau?
Pourquoi ce livre saint, ce glaive, ce bandeau?
Depuis que le Seigneur m'a reçu dans son temple,
D'un semblable appareil je n'ai point vu d'exemple.

JOSABETH.
Tous vos doutes, mon fils, bientôt s'éclairciront.

JOAS.
Vous voulez essayer ce bandeau sur mon front?
Ah! princesse, gardez d'en profaner la gloire :
Du roi qui l'a porté respectez la mémoire.
Un malheureux enfant aux ours abandonné....

JOSABETH, lui essayant le diadème.
Laissez, mon fils : je fais ce qui m'est ordonné.

JOAS.
Mais j'entends les sanglots sortir de votre bouche!
Princesse, vous pleurez! Quelle pitié vous touche?

Est-ce qu'en holocauste aujourd'hui présenté,
Je dois, comme autrefois la fille de Jephté²,
Du Seigneur par ma mort apaiser la colère?
Hélas! un fils n'a rien qui ne soit à son père.

JOSABETH.

Voici qui vous dira les volontés des cieux.
Ne craignez rien. Et nous, sortons tous de ces lieux.

SCÈNE II.
JOAS, JOAD³.

JOAS, *courant dans les bras du grand prêtre.*

Mon père!

JOAD.

Hé bien, mon fils?

JOAS.

Qu'est-ce donc qu'on prépare?

JOAD.

Il est juste, mon fils, que je vous le déclare.
Il faut que vous soyez instruit, même avant tous,
Des grands desseins de Dieu sur son peuple et sur vous.
Armez-vous d'un courage et d'une foi nouvelle :
Il est temps de montrer cette ardeur et ce zèle
Qu'au fond de votre cœur mes soins ont cultivés,
Et de payer à Dieu ce que vous lui devez.
Sentez-vous cette noble et généreuse envie?

JOAS.

Je me sens prêt, s'il veut, de lui donner ma vie.

JOAD.

On vous a lu souvent l'histoire de nos rois :
Vous souvient-il, mon fils, quelles étroites lois
Doit s'imposer un roi digne du diadème?

JOAS.

Un roi sage, ainsi Dieu l'a prononcé lui-même,
Sur la richesse et l'or ne met point son appui,
Craint le Seigneur son Dieu, sans cesse a devant lui
Ses préceptes, ses lois, ses jugements sévères,
Et d'injustes fardeaux n'accable point ses frères⁴.

JOAD.

Mais sur l'un de ces rois s'il falloit vous régler,
A qui choisiriez-vous, mon fils, de ressembler?

JOAS.
David, pour le Seigneur plein d'un amour fidèle,
Me paroît des grands rois le plus parfait modèle.
JOAD.
Ainsi dans leurs excès vous n'imiteriez pas
L'infidèle Joram, l'impie Ochozias[5]?
JOAS.
O mon père!
JOAD.
Achevez, dites : que vous en semble?
JOAS.
Puisse périr comme eux quiconque leur ressemble!
(Joad se prosterne à ses pieds.)
Mon père, en quel état vous vois-je devant moi!
JOAD.
Je vous rends le respect que je dois à mon roi.
De votre aïeul David, Joas, rendez-vous digne.
JOAS.
Joas! Moi?
JOAD, se relevant.
Vous saurez par quelle grâce insigne,
D'une mère en fureur Dieu trompant le dessein,
Quand déjà son poignard étoit dans votre sein,
Vous choisit, vous sauva du milieu du carnage.
Vous n'êtes pas encore échappé de sa rage :
Avec la même ardeur qu'elle voulut jadis
Perdre en vous le dernier des enfants de son fils,
A vous faire périr sa cruauté s'attache,
Et vous poursuit encor sous le nom qui vous cache.
Mais sous vos étendards j'ai déjà su ranger
Un peuple obéissant et prompt à vous venger.
Entrez, généreux chefs des familles sacrées,
Du ministère saint tour à tour honorées.

SCÈNE III.

JOAS, JOAD, AZARIAS, ISMAEL, ET LES TROIS AUTRES CHEFS DES LÉVITES.

JOAD continue.
Roi, voilà vos vengeurs contre vos ennemis[6].
Prêtres, voilà le roi que je vous ai promis[7].

AZARIAS.
Quoi! c'est Éliacin?

ISMAEL.
Quoi! cet enfant aimable...

JOAD.
Est des rois de Juda l'héritier véritable,
Dernier né des enfants du triste Ochozias,
Nourri, vous le savez, sous le nom de Joas.
De cette fleur si tendre et sitôt moissonnée,
Tout Juda, comme vous, plaignant la destinée,
Avec ses frères morts le crut enveloppé.
Du perfide couteau comme eux il fut frappé;
Mais Dieu du coup mortel sut détourner l'atteinte,
Conserva dans son cœur la chaleur presque éteinte,
Permit que, des bourreaux trompant l'œil vigilant,
Josabeth dans son sein l'emportât tout sanglant,
Et, n'ayant de son vol que moi seul pour complice,
Dans le temple cachât l'enfant et la nourrice.

JOAS.
Hélas! de tant d'amour et de tant de bienfaits,
Mon père, quel moyen de m'acquitter jamais?

JOAD.
Gardez pour d'autres temps cette reconnoissance.
Voilà donc votre roi, votre unique espérance.
J'ai pris soin jusqu'ici de vous le conserver :
Ministres du Seigneur, c'est à vous d'achever.
Bientôt de Jézabel la fille meurtrière,
Instruite que Joas voit encor la lumière,
Dans l'horreur du tombeau viendra le replonger :
Déjà, sans le connoître, elle veut l'égorger.
Prêtres saints, c'est à vous de prévenir sa rage;
Il faut finir des Juifs le honteux esclavage,
Venger vos princes morts, relever votre loi,
Et faire aux deux tribus reconnoître leur roi.
L'entreprise, sans doute, est grande et périlleuse :
J'attaque sur son trône une reine orgueilleuse,
Qui voit sous ses drapeaux marcher un camp nombreux
De hardis étrangers, d'infidèles Hébreux;
Mais ma force est au Dieu dont l'intérêt me guide.
Songez qu'en cet enfant tout Israël réside.
Déjà ce Dieu vengeur commence à la troubler;
Déjà, trompant ses soins, j'ai su vous rassembler.

Elle nous croit ici sans armes, sans défense.
Couronnons, proclamons Joas en diligence :
De là, du nouveau prince intrépides soldats,
Marchons, en invoquant l'arbitre des combats ;
Et réveillant la foi dans les cœurs endormie,
Jusque dans son palais cherchons notre ennemie.
  Et quels cœurs si plongés dans un lâche sommeil,
Nous voyant avancer dans ce saint appareil,
Ne s'empresseront pas à suivre notre exemple ?
Un roi que Dieu lui-même a nourri dans son temple,
Le successeur d'Aaron de ses prêtres suivi,
Conduisant au combat les enfants de Lévi,
Et, dans ces mêmes mains des peuples révérées,
Les armes au Seigneur par David consacrées !
Dieu sur ses ennemis répandra sa terreur.
Dans l'infidèle sang baignez-vous sans horreur ;
Frappez et Tyriens, et même Israélites.
Ne descendez-vous pas de ces fameux lévites [8]
Qui, lorsqu'au dieu du Nil le volage Israël
Rendit dans le désert un culte criminel,
De leurs plus chers parents saintement homicides,
Consacrèrent leurs mains dans le sang des perfides,
Et par ce noble exploit vous acquirent l'honneur
D'être seuls employés aux autels du Seigneur ?
  Mais je vois que déjà vous brûlez de me suivre.
Jurez donc, avant tout, sur cet auguste livre [9],
A ce roi que le ciel vous redonne aujourd'hui,
De vivre, de combattre, et de mourir pour lui.

AZARIAS.

Oui, nous jurons ici pour nous, pour tous nos frères,
De rétablir Joas au trône de ses pères,
De ne poser le fer entre nos mains remis,
Qu'après l'avoir vengé de tous ses ennemis.
Si quelque transgresseur enfreint cette promesse,
Qu'il éprouve, grand Dieu, ta fureur vengeresse ;
Qu'avec lui ses enfants, de ton partage exclus,
Soient au rang de ces morts que tu ne connois plus [10] !

JOAD.

Et vous, à cette loi, votre règle éternelle,
Roi, ne jurez-vous pas d'être toujours fidèle ?

JOAS.

Pourrois-je à cette loi ne me pas conformer ?

JOAD.

O mon fils, de ce nom j'ose encor vous nommer,
Souffrez cette tendresse, et pardonnez aux larmes
Que m'arrachent pour vous de trop justes alarmes.
Loin du trône nourri, de ce fatal honneur,
Hélas! vous ignorez le charme empoisonneur;
De l'absolu pouvoir vous ignorez l'ivresse,
Et des lâches flatteurs la voix enchanteresse.
Bientôt ils vous diront que les plus saintes lois,
Maîtresses du vil peuple, obéissent aux rois;
Qu'un roi n'a d'autre frein que sa volonté même;
Qu'il doit immoler tout à sa grandeur suprême;
Qu'aux larmes, au travail, le peuple est condamné,
Et d'un sceptre de fer veut être gouverné;
Que, s'il n'est opprimé, tôt ou tard il opprime :
Ainsi de piége en piége, et d'abîme en abîme,
Corrompant de vos mœurs l'aimable pureté,
Ils vous feront enfin haïr la vérité,
Vous peindront la vertu sous une affreuse image.
Hélas! ils ont des rois égaré le plus sage[11]!
   Promettez sur ce livre, et devant ces témoins,
Que Dieu fera toujours le premier de vos soins;
Que, sévère aux méchants, et des bons le refuge,
Entre le pauvre et vous, vous prendrez Dieu pour juge;
Vous souvenant, mon fils, que, caché sous ce lin,
Comme eux vous fûtes pauvre, et comme eux orphelin[12].

JOAS.

Je promets d'observer ce que la loi m'ordonne.
Mon Dieu, punissez-moi si je vous abandonne!

JOAD.

Venez : de l'huile sainte il faut vous consacrer.
Paroissez, Josabeth : vous pouvez vous montrer.

SCÈNE IV.

JOAS, JOAD, JOSABETH, ZACHARIE, SALOMITH, AZARIAS, ISMAEL, LES TROIS AUTRES CHEFS DES LÉVITES, LE CHOEUR.

JOSABETH, embrassant Joas.

O roi, fils de David!

JOAS.

O mon unique mère!

Venez, cher Zacharie, embrasser votre frère.
JOSABETH, à Zacharie.
Aux pieds de votre roi prosternez-vous, mon fils.
(Zacharie se jette aux pieds de Joas.)
JOAD, pendant qu'ils s'embrassent.
Enfants, ainsi toujours puissiez-vous être unis!
JOSABETH, à Joas.
Vous savez donc quel sang vous a donné la vie?
JOAS.
Et je sais quelle main sans vous me l'eût ravie.
JOSABETH.
De votre nom, Joas, je puis donc vous nommer.
JOAS.
Joas ne cessera jamais de vous aimer.
LE CHOEUR.
Quoi! c'est là....
JOSABETH.
C'est Joas.
JOAD.
Écoutons ce lévite.

SCÈNE V.

JOAS, JOAD, JOSABETH, ZACHARIE, SALOMITH, AZARIAS, ISMAEL, LES TROIS AUTRES CHEFS DES LÉVITES, UN LÉVITE, LE CHOEUR.

UN LÉVITE.
J'ignore contre Dieu quel projet on médite;
Mais l'airain menaçant frémit de toutes parts;
On voit luire des feux parmi des étendards,
Et sans doute Athalie assemble son armée :
Déjà même au secours toute voie est fermée;
Déjà le sacré mont, où le temple est bâti,
D'insolents Tyriens est partout investi;
L'un d'eux, en blasphémant, vient de nous faire entendre
Qu'Abner est dans les fers, et ne peut nous défendre.
JOSABETH, à Joas.
Cher enfant, que le ciel en vain m'avoit rendu,
Hélas! pour vous sauver j'ai fait ce que j'ai pu :
Dieu ne se souvient plus de David votre père!
JOAD, à Josabeth.
Quoi! vous ne craignez pas d'attirer sa colère

Sur vous et sur ce roi si cher à votre amour?
Et quand Dieu, de vos bras l'arrachant sans retour,
Voudroit que de David la maison fût éteinte,
N'êtes-vous pas ici sur la montagne sainte
Où le père des Juifs sur son fils innocent [15]
Leva sans murmurer un bras obéissant,
Et mit sur un bûcher ce fruit de sa vieillesse,
Laissant à Dieu le soin d'accomplir sa promesse,
Et lui sacrifiant, avec ce fils aimé,
Tout l'espoir de sa race, en lui seul renfermé?
   Amis, partageons-nous : qu'Ismaël en sa garde [14]
Prenne tout le côté que l'orient regarde;
Vous, le côté de l'ourse; et vous, de l'occident;
Vous, le midi. Qu'aucun, par un zèle imprudent,
Découvrant mes desseins, soit prêtre, soit lévite,
Ne sorte avant le temps, et ne se précipite;
Et que chacun enfin, d'un même esprit poussé,
Garde en mourant le poste où je l'aurai placé.
L'ennemi nous regarde, en son aveugle rage,
Comme de vils troupeaux réservés au carnage,
Et croit ne rencontrer que désordre et qu'effroi.
Qu'Azarias partout accompagne le roi.
(A Joas:)
Venez, cher rejeton d'une vaillante race,
Remplir vos défenseurs d'une nouvelle audace;
Venez du diadème à leurs yeux vous couvrir,
Et périssez du moins en roi, s'il faut périr.
      (A un lévite :)
Suivez-le, Josabeth. Vous, donnez-moi ces armes.
  (Au chœur :)
Enfants, offrez à Dieu vos innocentes larmes.

SCÈNE VI.

SALOMITH, LE CHOEUR.

TOUT LE CHOEUR chante.

  Partez, enfants d'Aaron, partez :
    Jamais plus illustre querelle
    De vos aïeux n'arma le zèle.
  Partez, enfants d'Aaron, partez :
C'est votre roi, c'est Dieu pour qui vous combattez.

UNE VOIX seule.

Où sont les traits que tu lances,
Grand Dieu, dans ton juste courroux?
N'es-tu plus le Dieu jaloux [15] ?
N'es-tu plus le Dieu des vengeances [16] ?

UNE AUTRE.

Où sont, Dieu de Jacob, tes antiques bontés?
Dans l'horreur qui nous environne,
N'entends-tu que la voix de nos iniquités?
N'es-tu plus le Dieu qui pardonne?

TOUT LE CHOEUR.

Où sont, Dieu de Jacob, tes antiques bontés?

UNE VOIX seule.

C'est à toi que dans cette guerre
Les flèches des méchants prétendent s'adresser,
« Faisons, disent-ils, cesser
« Les fêtes de Dieu sur la terre [17] ;
« De son joug importun délivrons les mortels;
« Massacrons tous ses saints; renversons ses autels;
« Que de son nom, que de sa gloire
« Il ne reste plus de mémoire :
« Que ni lui ni son Christ ne règnent plus sur nous. »

TOUT LE CHOEUR.

Où sont les traits que tu lances,
Grand Dieu, dans ton juste courroux?
N'es-tu plus le Dieu jaloux?
N'es-tu plus le Dieu des vengeances?

UNE VOIX seule.

Triste reste de nos rois,
Chère et dernière fleur d'une tige si belle,
Hélas! sous le couteau d'une mère cruelle
Te verrons-nous tomber une seconde fois?
Prince aimable, dis-nous si quelque ange, au berceau,
Contre tes assassins prit soin de te défendre;
Ou si dans la nuit du tombeau
La voix du Dieu vivant a ranimé ta cendre?

UNE AUTRE.

D'un père et d'un aïeul contre toi révoltés,
Grand Dieu, les attentats lui sont-ils imputés?
Est-ce que sans retour ta pitié l'abandonne?

LE CHOEUR.

Où sont, Dieu de Jacob, tes antiques bontés?
  N'es-tu plus le Dieu qui pardonne?

UNE DES FILLES DU CHOEUR, sans chanter.

Chères sœurs, n'entendez-vous pas
Des cruels Tyriens la trompette qui sonne?

SALOMITH.

J'entends même les cris des barbares soldats,
  Et d'horreur j'en frissonne.
  Courons, fuyons; retirons-nous
    A l'ombre salutaire
  Du redoutable sanctuaire.

FIN DU QUATRIÈME ACTE.

ACTE CINQUIÈME.

SCÈNE I.
ZACHARIE, SALOMITH, LE CHOEUR

SALOMITH.
Cher Zacharie, eh bien, que nous apprenez-vous?
ZACHARIE.
Redoublez au Seigneur votre ardente prière:
Peut-être nous touchons à notre heure dernière;
Pour l'horrible combat, ma sœur, l'ordre est donné.
SALOMITH.
Que fait Joas?
ZACHARIE.
Joas vient d'être couronné:
Le grand prêtre a sur lui répandu l'huile sainte.
O ciel! dans tous les yeux quelle joie étoit peinte
A l'aspect de ce roi racheté du tombeau!
Ma sœur, on voit encor la marque du couteau;
On voit paroître aussi sa fidèle nourrice,
Qui, cachée en un coin de ce vaste édifice,
Gardoit ce cher dépôt, et n'avoit de ses soins
Que les yeux de ma mère et que Dieu pour témoins.
Nos lévites pleuroient de joie et de tendresse,
Et mêloient leurs sanglots à leurs cris d'allégresse.
Lui, parmi ces transports, affable [2] et sans orgueil,
A l'un tendoit la main, flattoit l'autre de l'œil,
Juroit de se régler par leurs avis sincères,
Et les appeloit tous ses pères ou ses frères.
SALOMITH.
Ce secret au dehors est-il aussi semé?
ZACHARIE.
Ce secret dans le temple est encor renfermé.
Des enfants de Lévi la troupe partagée
Dans un profond silence aux portes s'est rangée.

Tous doivent à la fois précipiter leurs pas,
Et crier pour signal : Vive le roi Joas !
Mais mon père défend que le roi se hasarde,
Et veut qu'Azarias demeure pour sa garde.
Cependant Athalie, un poignard à la main,
Rit des foibles remparts de nos portes d'airain.
Pour les rompre, elle attend les fatales machines,
Et ne respire enfin que sang et que ruines.
Quelques prêtres, ma sœur, ont d'abord proposé
Qu'en un lieu souterrain, par nos pères creusé,
On renfermât du moins notre arche précieuse.
« O crainte, a dit mon père, indigne, injurieuse !
« L'arche qui fit tomber tant de superbes tours,
« Et força le Jourdain de rebrousser son cours,
« Des dieux des nations tant de fois triomphante,
« Fuiroit donc à l'aspect d'une femme insolente ! »
Ma mère, auprès du roi, dans un trouble mortel,
L'œil tantôt sur ce prince et tantôt vers l'autel,
Muette, et succombant sous le poids des alarmes,
Aux yeux les plus cruels arracheroit des larmes.
Le roi de temps en temps la presse entre ses bras,
La flatte.... Chères sœurs, suivez toutes mes pas;
Et, s'il faut aujourd'hui que notre roi périsse,
Allons, qu'un même sort avec lui nous unisse.

SALOMITH.

Quelle insolente main frappe à coups redoublés ?
Qui fait courir ainsi ces lévites troublés ?
Quelle précaution leur fait cacher leurs armes ?
Le temple est-il forcé ?

ZACHARIE.

Dissipez vos alarmes :
Dieu nous envoie Abner.

SCÈNE II.

JOAD, JOSABETH, ZACHARIE, SALOMITH, ABNER,
ISMAEL, DEUX LÉVITES, LE CHŒUR.

JOAD.

En croirai-je mes yeux,
Cher Abner ? Quel chemin a pu jusqu'en ces lieux

Vous conduire au travers d'un camp qui nous assiége?
On disoit que d'Achab la fille sacrilége
Avoit, pour assurer ses projets inhumains,
Chargé d'indignes fers vos généreuses mains.

ABNER.

Oui, seigneur, elle a craint mon zèle et mon courage;
Mais c'est le moindre prix que me gardoit sa rage.
Dans l'horreur d'un cachot, par son ordre enfermé,
J'attendois que, le temple en cendres consumé,
De tant de flots de sang non encore assouvie,
Elle vînt m'affranchir d'une importune vie,
Et retrancher des jours qu'auroit dû mille fois
Terminer la douleur de survivre à mes rois.

JOAD.

Par quel miracle a-t-on obtenu votre grâce?

ABNER.

Dieu dans ce cœur cruel sait seul ce qui se passe.
Elle m'a fait venir; et d'un air égaré :
« Tu vois de mes soldats tout ce temple entouré,
« Dit-elle; un fer vengeur va le réduire en cendre,
« Et ton Dieu contre moi ne le sauroit défendre.
« Ses prêtres toutefois, mais il faut se hâter,
« A deux conditions peuvent se racheter :
« Qu'avec Éliacin on mette en ma puissance
« Un trésor dont je sais qu'ils ont la connoissance,
« Par votre roi David autrefois amassé,
« Sous le sceau du secret au grand prêtre laissé.
« Va, dis-leur qu'à ce prix je leur permets de vivre. »

JOAD.

Quel conseil, cher Abner, croyez-vous qu'on doit suivre?

ABNER.

Et tout l'or de David, s'il est vrai qu'en effet
Vous gardiez de David quelque trésor secret;
Et tout ce que des mains de cette reine avare
Vous avez pu sauver et de riche et de rare,
Donnez-le. Voulez-vous que d'impurs assassins
Viennent briser l'autel, brûler les chérubins [5],
Et, portant sur notre arche une main téméraire,
De votre propre sang souiller le sanctuaire?

JOAD.

Mais siéroit-il, Abner, à des cœurs généreux
De livrer au supplice un enfant malheureux,

ACTE V, SCÈNE II.

Un enfant que Dieu même à ma garde confie,
Et de nous racheter aux dépens de sa vie?

ABNER.

Hélas! Dieu voit mon cœur. Plût à ce Dieu puissant
Qu'Athalie oubliât un enfant innocent,
Et que du sang d'Abner sa cruauté contente
Crût calmer par ma mort le ciel qui la tourmente!
Mais que peuvent pour lui vos inutiles soins?
Quand vous périrez tous, en périra-t-il moins?
Dieu vous ordonne-t-il de tenter l'impossible?
Pour obéir aux lois d'un tyran inflexible,
Moïse, par sa mère au Nil abandonné,
Se vit, presque en naissant, à périr condamné;
Mais Dieu, le conservant contre toute espérance,
Fit par le tyran même élever son enfance.
Qui sait ce qu'il réserve à votre Éliacin;
Et si, lui préparant un semblable destin,
Il n'a point de pitié déjà rendu capable
De nos malheureux rois l'homicide implacable?
Du moins, et Josabeth comme moi l'a pu voir,
Tantôt à son aspect je l'ai vu s'émouvoir;
J'ai vu de son courroux tomber la violence.
Princesse, en ce péril, vous gardez le silence!
Hé quoi! pour un enfant qui vous est étranger
Souffrez-vous que sans fruit Joad laisse égorger
Vous, son fils, tout ce peuple, et que le feu dévore
Le seul lieu sur la terre où Dieu veut qu'on l'adore?
Que feriez-vous de plus, si des rois vos aïeux
Ce jeune enfant étoit un reste précieux?

JOSABETH, tout bas à Joad.

Pour le sang de ses rois vous voyez sa tendresse :
Que ne lui parlez-vous?

JOAD.

Il n'est pas temps, princesse.

ABNER.

Le temps est cher, seigneur, plus que vous ne pensez.
Tandis qu'à me répondre ici vous balancez,
Mathan, près d'Athalie, étincelant de rage,
Demande le signal, et presse le carnage.
Faut-il que je me jette à vos sacrés genoux?
Au nom du lieu si saint qui n'est ouvert qu'à vous,

Lieu terrible où de Dieu la majesté repose,
Quelque dure que soit la loi qu'on vous impose,
De ce coup imprévu songeons à nous parer.
Donnez-moi seulement le temps de respirer :
Demain, dès cette nuit, je prendrai des mesures
Pour assurer le temple et venger ses injures.
Mais je vois que mes pleurs et que mes vains discours
Pour vous persuader sont un foible secours;
Votre austère vertu n'en peut être frappée :
Eh bien, trouvez-moi donc quelque arme, quelque épée.
Et qu'aux portes du temple, où l'ennemi m'attend,
Abner puisse du moins mourir en combattant.

JOAD.

Je me rends. Vous m'ouvrez un avis que j'embrasse;
De tant de maux, Abner, détournons la menace.
Il est vrai, de David un trésor est resté[4],
La garde en fut commise à ma fidélité;
C'étoit des tristes Juifs l'espérance dernière,
Que mes soins vigilants cachoient à la lumière.
Mais puisqu'à votre reine il faut le découvrir,
Je vais la contenter, nos portes vont s'ouvrir.
De ses plus braves chefs qu'elle entre accompagnée:
Mais de nos saints autels qu'elle tienne éloignée
D'un ramas d'étrangers l'indiscrète fureur :
Du pillage du temple épargnez-moi l'horreur.
Des prêtres, des enfants lui feroient-ils quelque ombre?
De sa suite avec vous qu'elle règle le nombre.
Et quant à cet enfant si craint, si redouté,
De votre cœur, Abner, je connois l'équité,
Je vous veux devant elle expliquer sa naissance :
Vous verrez s'il le faut remettre en sa puissance;
Et je vous ferai juge entre Athalie et lui.

ABNER.

Ah! je le prends déjà, seigneur, sous mon appui.
Ne craignez rien. Je cours vers celle qui m'envoie.

SCÈNE III.

JOAD, JOSABETH, ZACHARIE, SALOMITH, ISMAEL
DEUX LÉVITES, LE CHOEUR.

JOAD.

Grand Dieu! voici ton heure, on t'amène ta proie!
Ismaël, écoutez.   (Il lui parle à l'oreille.)

JOSABETH.

Puissant maître des cieux,
Remets-lui le bandeau dont tu couvris ses yeux,
Lorsque, lui dérobant tout le fruit de son crime,
Tu cachas dans mon sein cette tendre victime.

JOAD.

Allez, sage Ismaël, ne perdez point de temps;
Suivez de point en point ces ordres importants;
Surtout qu'à son entrée, et que sur son passage
Tout d'un calme profond lui présente l'image.
Vous, enfants, préparez un trône pour Joas;
Qu'il s'avance suivi de nos sacrés soldats.
Faites venir aussi sa fidèle nourrice,
Princesse; et de vos pleurs que la source tarisse.
(A un lévite:)
Vous, dès que cette reine, ivre d'un fol orgueil,
De la porte du temple aura passé le seuil,
Qu'elle ne pourra plus retourner en arrière,
Prenez soin qu'à l'instant la trompette guerrière
Dans le camp ennemi jette un subit effroi :
Appelez tout le peuple au secours de son roi;
Et faites retentir jusques à son oreille
De Joas conservé l'étonnante merveille.
Il vient.

SCÈNE IV.

JOAS, JOAD, JOSABETH, ZACHARIE, SALOMITH, AZARIAS, TROUPE DE PRÊTRES ET DE LÉVITES, LE CHOEUR.

JOAD continue.

Lévites saints, prêtres de notre Dieu,
Partout, sans vous montrer, environnez ce lieu;
Et, laissant à mes soins gouverner votre zèle,
Pour paroître attendez que ma voix vous appelle.
(Ils se cachent tous.)
Roi, je crois qu'à vos vœux cet espoir est permis,
Venez voir à vos pieds tomber vos ennemis.
Celle dont la fureur poursuivit votre enfance
Vers ces lieux à grands pas pour vous perdre s'avance;
Mais ne la craignez point : songez qu'autour de vous
L'ange exterminateur est debout avec nous.

Montez sur votre trône, et.... Mais la porte s'ouvre :
Permettez un moment que ce voile vous couvre.
(Il tire un rideau.)
Vous changez de couleur, princesse !

JOSABETH.

Ah ! sans pâlir,
Puis-je voir d'assassins le temple se remplir ?
Quoi ! ne voyez-vous pas quelle nombreuse escorte....

JOAD.

Je vois que du saint temple on referme la porte :
Tout est en sûreté.

SCÈNE V.

JOAS, ATHALIE, JOAD, JOSABETH, ABNER,
SUITE D'ATHALIE

(Joas est caché derrière le rideau.)

ATHALIE, à Joad.

Te voilà, séducteur,
De ligues, de complots, pernicieux auteur,
Qui dans le trouble seul as mis tes espérances,
Éternel ennemi des suprêmes puissances !
En l'appui de ton Dieu tu t'étois reposé :
De ton espoir frivole es-tu désabusé ?
Il laisse en mon pouvoir et ton temple et ta vie.
Je devrois sur l'autel où ta main sacrifie
Te.... Mais du prix qu'on m'offre il faut me contenter.
Ce que tu m'as promis, songe à l'exécuter :
Cet enfant, ce trésor qu'il faut qu'on me remette,
Où sont-ils ?

JOAD.

Sur-le-champ tu seras satisfaite :
Je te les vais montrer l'un et l'autre à la fois.

(Le rideau se tire[6]. On voit Joas sur son trône ; sa nourrice est à genoux à sa droite ; Azarias, l'épée à la main, est debout à sa gauche ; et près de lui Zacharie et Salomith sont à genoux sur les degrés du trône ; plusieurs lévites, l'épée à la main, sont rangés sur les côtés.)

Paroissez, cher enfant, digne sang de nos rois[7].
Connois-tu l'héritier du plus saint des monarques,
Reine ? De ton poignard connois du moins ces marques.
Voilà ton roi, ton fils, le fils d'Ochozias.
Peuples, et vous, Abner, reconnoissez Joas.

ABNER.

Ciel!

ATHALIE, à Joad.

Perfide!

JOAD.

Vois-tu cette Juive fidèle
Dont tu sais bien qu'alors il suçoit la mamelle?
Il fut par Josabeth à ta rage enlevé :
Ce temple le reçut, et Dieu l'a conservé.
Des trésors de David voilà ce qui me reste.

ATHALIE.

Ta fourbe à cet enfant, traître, sera funeste.
D'un fantôme odieux, soldats, délivrez-moi.

JOAD.

Soldats du Dieu vivant, défendez votre roi.

Le fond du théâtre s'ouvre : on voit le dedans du temple; et les lévites armés entrent de tous côtés sur la scène.)

ATHALIE.

Où suis-je? O trahison! ô reine infortunée[8]!
D'armes et d'ennemis je suis environnée!

JOAD.

Tes yeux cherchent en vain, tu ne peux échapper,
Et Dieu de toutes parts a su t'envelopper.
Ce Dieu que tu bravois en nos mains t'a livrée :
Rends-lui compte du sang dont tu t'es enivrée.

ATHALIE.

Quoi! la peur a glacé mes indignes soldats!
Lâche Abner, dans quel piége as-tu conduit mes pas?

ABNER.

Reine, Dieu m'est témoin....

ATHALIE.

Laisse là ton Dieu, traître
Et venge-moi.

ABNER, se jetant aux pieds de Joas.

Sur qui? Sur Joas! sur mon maître!

ATHALIE.

Lui Joas! lui ton roi! Songez, méchants, songez
Que mes armes encor vous tiennent assiégés.
J'entends à haute voix tout mon camp qui m'appelle.
On vient à mon secours : tremblez, troupe rebelle!

SCÈNE VI.

JOAS, ATHALIE, JOAD, ISMAEL, et tous les acteurs
DE LA SCÈNE PRÉCÉDENTE.

ISMAEL, à Joad.

Seigneur, le temple est libre et n'a plus d'ennemis :
L'étranger est en fuite, et le Juif est soumis.
Comme le vent dans l'air dissipe la fumée,
La voix du Tout-Puissant a chassé cette armée.
Nos lévites, du haut de nos sacrés parvis,
D'Ochozias au peuple ont annoncé le fils,
Ont conté son enfance au glaive dérobée,
Et la fille d'Achab dans le piége tombée.
Partout en même temps la trompette a sonné :
Et ses sons et leurs cris dans son camp étonné
Ont répandu le trouble et la terreur subite
Dont Gédéon frappa le fier Madianite.
Les Tyriens, jetant armes et boucliers,
Ont, par divers chemins, disparu les premiers;
Quelques Juifs éperdus ont aussi pris la fuite[9];
Mais, de Dieu sur Joas admirant la conduite,
Le reste à haute voix s'est pour lui déclaré.
Enfin, d'un même esprit tout le peuple inspiré,
Femmes, vieillards, enfants, s'embrassant avec joie[10]
Bénissent le Seigneur et celui qu'il envoie.
Tous chantent de David le fils ressuscité.
Baal est en horreur dans la sainte cité;
De son temple profane on a brisé les portes;
Mathan est égorgé[11].

ATHALIE.

Dieu des Juifs tu l'emportes[12] !
Oui, c'est Joas; je cherche en vain à me tromper :
Je reconnois l'endroit où je le fis frapper;
Je vois d'Ochozias et le port et le geste;
Tout me retrace enfin un sang que je déteste.
David, David triomphe; Achab seul est détruit.
Impitoyable Dieu, toi seul as tout conduit!
C'est toi qui, me flattant d'une vengeance aisée,
M'as vingt fois en un jour à moi-même opposée.
Tantôt pour un enfant excitant mes remords,
Tantôt m'éblouissant de tes riches trésors

Que j'ai craint de livrer aux flammes, au pillage.
Qu'il règne donc ce fils, ton soin et ton ouvrage;
Et que, pour signaler son empire nouveau,
On lui fasse en mon sein enfoncer le couteau !
Voici ce qu'en mourant lui souhaite sa mère :
Que dis-je, souhaiter ! Je me flatte, j'espère
Qu'indocile à ton joug, fatigué de ta loi,
Fidèle au sang d'Achab, qu'il a reçu de moi,
Conforme à son aïeul, à son père semblable,
On verra de David l'héritier détestable
Abolir tes honneurs, profaner ton autel,
Et venger Athalie, Achab et Jézabel.

(Athalie sort, les lévites la suivent.)

JOAD.

Qu'à l'instant hors du temple elle soit emmenée [15],
Et que la sainteté n'en soit pas profanée.
Allez, sacrés vengeurs de vos princes meurtris,
De leur sang par sa mort faire cesser les cris.
Si quelque audacieux embrasse sa querelle,
Qu'à la fureur du glaive on le livre avec elle.

SCÈNE VII.

JOAS, JOAD, JOSABETH, ABNER, ET TOUS LES ACTEURS DE LA SCÈNE PRÉCÉDENTE.

JOAS, descendu de son trône.

Dieu, qui voyez mon trouble et mon affliction,
Détournez loin de moi sa malédiction,
Et ne souffrez jamais qu'elle soit accomplie :
Faites que Joas meure avant qu'il vous oublie.

JOAD, aux lévites.

Appelez tout le peuple, et montrons-lui son roi :
Qu'il lui vienne en ses mains renouveler sa foi.
Roi, prêtres, peuple, allons, pleins de reconnoissance,
De Jacob avec Dieu confirmer l'alliance,
Et, saintement confus de nos égarements,
Nous rengager à lui par de nouveaux serments.
Abner, auprès du roi reprenez votre place.

SCÈNE VIII.

JOAS, JOAD, UN LÉVITE, ET TOUS LES ACTEURS DE LA SCÈNE PRÉCÉDENTE.

JOAD, au lévite.

Eh bien, de cette impie a-t-on puni l'audace ?

UN LÉVITE.

Le fer a de sa vie expié les horreurs.
Jérusalem, longtemps en proie à ses fureurs,
De son joug odieux à la fin soulagée,
Avec joie en son sang la regarde plongée.

JOAD.

Par cette fin terrible, et due à ses forfaits,
Apprenez, roi des Juifs, et n'oubliez jamais
Que les rois dans le ciel ont un juge sévère,
L'innocence un vengeur, et l'orphelin un père.

FIN DU CINQUIÈME ACTE.

NOTES ET VARIANTES.

ACTE PREMIER (p. 497).

1. Baal, idole des Phéniciens et des Chaldéens, adoptée par les habitants du royaume d'Israël, qui mêloient au culte de cette fausse divinité des cérémonies infâmes.

2. Josabeth étoit fille de Joram et sœur d'Ochozias. Voyez le commencement de l'extrait des *Paralipomènes*, p. 494.

3. On lisoit, dans la première édition de 1691 :

> Pour vous perdre il n'est pas de ressorts qu'il ne joue;
> Quelquefois il vous plaint; souvent même il vous loue.

Les amis de Racine lui représentèrent qu'on ne dit point *jouer*, mais *faire jouer des ressorts*. L'auteur changea ce vers dans la seconde édition, faite peu de temps après la première. (L. RACINE.)

4. Tout ce qu'il peut y avoir de sublime paroît rassemblé dans ces quatre vers : la grandeur de la pensée, la noblesse du sentiment, la magnificence des paroles, et l'harmonie de l'expression, si heureusement terminée par ce dernier vers : *Je crains Dieu, cher Abner, etc.* D'où je conclus que c'est avec très-peu de fondement que les admirateurs outrés de Corneille veulent insinuer que monsieur Racine lui est beaucoup inférieur pour le sublime, puisque, sans apporter ici quantité d'autres preuves que je pourrois donner du contraire, il ne me paroît pas que toute cette grandeur de vertu romaine tant vantée, que ce premier a si bien exprimée dans plusieurs de ses pièces, et qui a fait son excessive réputation, soit au-dessus de l'intrépidité plus qu'héroïque, et de la parfaite confiance en Dieu de ce véritablement pieux, grand, sage, et courageux Israélite. (BOILEAU, *Réflexions critiques*, XII.)

Dans une tragédie de R.-J. Nérée, intitulée le *Triomphe de la ligue*, et imprimée en 1607, on lit les vers suivants :

> Je ne crains que mon Dieu, lui tout seul je redoute...
> Celui n'est délaissé qui a Dieu pour son père.
> Il ouvre à tous la main; il nourrit les corbeaux;
> Il donne la viande aux petits passereaux,
>   Aux bêtes des forêts, des prés et des montagnes :
>   Tout vit de sa bonté.
>   (Acte II, sc. I.)

Rien n'est plus naturel, comme le dit Voltaire, que d'avoir les mêmes idées sur le même sujet, ou d'être inspiré, dans une situation semblable, par un même passage de la *Bible*. Il est donc fort possible que ces vers de la tragédie très-obscure de Nérée ne fussent pas connus de Racine. Mais supposons qu'il les ait connus, peut-on dire que ce soit copier ou même imiter, que de transformer ainsi ce qu'on emprunte, et de se l'approprier avec autant d'originalité que l'a fait Racine dans cette scène et dans la scène VII du 2ᵉ acte?

5. Ainsi, dès la première scène, Athalie est présentée comme n'ayant aucun droit au trône de Juda. Voltaire, dans les dernières années de sa vie, a prétendu qu'*Athalie* est un ouvrage de très-mauvais exemple, que Joad est un fanatique et un séditieux, qui fait égorger sa souveraine, à laquelle il a fait serment de fidélité. Mais ces points, sur lesquels il appuie sa censure, sont formellement démentis par l'histoire. Athalie n'est point la souveraine de Joad, puisqu'elle est *usurpatrice et étrangère*. Le légitime souverain de Juda, c'est Joas: Joad est donc le sujet de Joas seulement; en second lieu, Joad n'a fait aucun serment à Athalie, et jamais, dans la pièce, elle ne lui parle comme à son sujet, comme jamais il ne lui parle comme à sa souveraine. Enfin il est impossible, selon la remarque de La Harpe, que Joad, à ne considérer même que son caractère et sa place, ait fait serment de fidélité à une étrangère impie, à qui il ne parle jamais qu'avec horreur, lui qui est le dépositaire des destinées du jeune roi depuis sa naissance, lui qui est inspiré de Dieu comme Samuel, et l'organe des prophéties qui annoncent la perpétuité du sceptre dans la race de David. Un tel homme ne sauroit être un sacrilége; cela implique contradiction; et Voltaire a non-seulement dit ce qui n'étoit pas, mais a supposé ce qui ne peut pas être. Au reste, on peut appeler du jugement de Voltaire vieux au jugement de Voltaire dans la force de l'âge, lorsqu'il écrivoit: « La France se glorifie d'*Athalie*: c'est le chef-d'œuvre de « notre théâtre; c'est celui de la poésie; c'est de toutes les pièces « qu'on joue la seule où l'amour ne soit pas introduit; mais aussi « elle est soutenue par la pompe de la religion, et par cette ma- « jesté de l'éloquence des prophètes. » (M. AIMÉ MARTIN.)

6. « Quo mihi multitudinem victimarum vestrarum, dicit Do- « minus? Plenus sum. Holocausta arietum, et adipem pinguium, « et sanguinem vitulorum et agnorum et hircorum nolui. Quum « veniretis ante conspectum meum, quis quæsivit hæc de mani- « bus vestris, ut ambularetis in atriis meis? Ne offeratis ultra « sacrificium frustra.... Discite benefacere, quærite judicium, « subvenite oppresso, judicate pupillo, defendite viduam. » (ISAIE, ch. I, v. 11, 12, 13 et 17.)

« Numquid manducabo carnes taurorum, aut sanguinem hir- « corum potabo? » (*Psaume* XLIX, v. 13.) J.-B. Rousseau a traduit aussi ce verset (liv. I, ode IV):

> Que m'importent vos sacrifices,
> Vos offrandes et vos troupeaux?
> Dieu boit-il le sang des génisses?
> Mange-t-il la chair des taureaux?

7. « Signa nostra non vidimus, jam non est propheta : et nos non cognoscet amplius. » (*Psaume* LXXIII, v. 9.)

8. « Qui vides multa, nonne custodies? Qui apertas habes aures, nonne audies? » (ISAIE, ch. XLII, v. 20.)

9. Pour ce vers et les treize suivants, voyez les ch. IX, XI, XIV, XVII, XX, XXI, XXII et XXIII du livre III *des Rois*, et les ch. IV et IX du livre IV.

10. Le champ dont il s'agit est la vigne de Naboth, que Jézabel, femme d'Achab, usurpa par le meurtre du propriétaire; et ce fut dans ce champ qu'elle fut dévorée par les chiens. (Voyez l. 3e *livre des Rois*, ch. XXI.)

11. « At ille dixit eis : Præcipitate eam deorsum : et præcipitaverunt eam, aspersusque est sanguine paries; et equorum ungulæ conculcaverunt eam. » (4e *livre des Rois*, ch. IX, v. 33.)

12. « In agro Jezrahel comedent canes carnes Jezabel. » (*Ibid.*, ch. IX, v. 36.)

13. Les prophètes de Baal s'étoient flattés de faire descendre le feu du ciel sur la victime; ils ne purent y réussir; mais, à la voix des prophètes du Seigneur, la flamme descendit sur l'autel, et dévora la victime et les faux prophètes. (Voyez le 3e *livre des Rois*, ch. XVIII.)

14. *Les cieux fermés.* Expression empruntée de l'Écriture : *Dominus claudat cœlum.* (*Deutéronome*, ch. XI, v. 17, etc., etc.)

15. « Ubi sunt misericordiæ tuæ antiquæ, Domine, sicut jurasti David in veritate tua? » (*Psaume* LXXXVIII, v. 50.)

16. Ces prophéties sont souvent répétées dans l'Écriture sainte, et particulièrement dans les *Psaumes :* « Dabo tibi gentes hæreditatem tuam, et possessionem tuam terminos terræ. » (*Psaume* II, v. 8.) — « Orietur in diebus ejus justitia, et abundantia pacis. Et adorabunt eum omnes reges terræ; omnes gentes servient ei. » (*Psaume* LXXI, v. 11 et 17.)

17. La troisième heure répond, suivant notre manière de distribuer le temps, à neuf heures du matin. C'étoit l'heure où l'on offroit le sacrifice du matin.

18. Athalie étoit la belle-mère de Josabeth, fille de Joram.

19. On lit dans la première édition :

Je sais que près de vous en secret rassemblé.

20. « Filius non portabit iniquitatem patris. » (ÉZÉCHIEL, ch. XVIII, v. 20.)

21. *Le flambeau de David.* Cette expression est plusieurs fois employée dans la *Bible*, par exemple dans le 3e *livre des Rois*, ch. XI, v. 36 : « Ut remaneat lucerna David servo meo. » Voyez aussi p. 490, note 4. — Massillon, dans une brillante apostrophe, applique cette même figure biblique au jeune roi Louis XV: « Vous qu'il a rallumé comme une étincelle précieuse dans le sein même des ombres de la mort où il venoit d'éteindre toute

« votre auguste race, et où vous étiez sur le point de vous
« éteindre vous-même.... » (*Petit Carême, sermon pour la fête
de la Purification.*)

22. « Infatua, quæso, Domine, consilium Achitophel. » (2ᵉ *livre
des Rois*, ch. XV, v. 31.)

23. « Dies diei eructat verbum. » (*Psaume* XVIII, v. 2.) J.-B.
Rousseau (liv. I, ode II) a traduit le même passage :

> Le jour au jour la révèle,
> La nuit l'annonce à la nuit.

24. Cette strophe encore paroît avoir été inspirée par le
psaume cité dans la note précédente : « In sole posuit taber-
« naculum suum.... Lex Domini immaculata, convertens ani-
mas. » (*Psaume* XVIII, v. 6 et 8.)

25. Le même sentiment est exprimé avec effusion par le psalmiste, à la suite des passages imités plus haut par Racine : « De-
« siderabilia super aurum et lapidem pretiosum multum, et dul-
« ciora super mel et favum. » (*Psaume* XVIII, v. 11.)

26. Ces deux vers ont été ajoutés par Racine dans les éditions
postérieures à celles de 1691 et 1692.

ACTE SECOND (p. 508).

1. Racine s'est trompé ici sur les rites. On n'arrosoit point
l'assemblée du sang de la victime. Le prêtre trempoit simplement un doigt dans le sang, et en faisoit sept aspersions devant
le voile du sanctuaire ; il en frottoit les cornes de l'autel, et répandoit le reste au pied du même autel. (Voyez le *Lévitique*,
ch. IV, v. 6 et 7.) L'auteur a confondu avec le rite judaïque, ce
qu'il avoit lu dans le ch. XXIV de l'*Exode* (v. 8), où il est dit
que Moïse fit l'aspersion du sang de la victime sur le peuple assemblé ; mais il n'y avoit point encore de rite ni de cérémonies
légales. (ACADÉMIE.)

2. Cette ressemblance entre Joas et l'enfant qu'Athalie a vu
en songe, est, comme le dit La Harpe, un des ressorts les mieux
conçus qu'on ait jamais employés. Josèphe raconte qu'Alexandre
le Grand, arrivant à Jérusalem, reconnut de même le grand
prêtre Jaddus pour l'avoir vu en songe. (Voyez *Antiq. jud.*
liv. XI, ch. VIII.)

3. *Le Syrien*, pour *le roi de Syrie*. Achab, père d'Athalie,
avoit été tué dans un combat contre ce prince. (Voyez le 3ᵉ *livre
des Rois*, ch. XXII.)

4. Ce songe est un morceau achevé : jamais on n'a su narrer
et peindre une foule d'objets différents avec des traits plus vrais,
plus variés, plus énergiques ; et ces traits expriment non-seulement les choses, mais le caractère du personnage. C'est peu de
tant de perfection : ce songe a un mérite unique, que Voltaire
le premier a relevé il y a longtemps. Tous les autres songes qui

se rencontrent dans nos tragédies ne sont que des hors-d'œuvre plus ou moins brillants ; celui d'Athalie seul est le principal mobile de l'action. Il motive la venue d'Athalie dans le temple, le désir qu'elle a de voir Joas, et les frayeurs qui l'engagent ensuite à demander cet enfant. Il amène cette discussion où la bassesse féroce de Mathan est mise en opposition avec la bonté courageuse et compatissante d'Abner. Enfin il donne lieu à cette scène aussi neuve que touchante où Athalie interroge Joas. LA HARPE.)

5. « Venitque Jehu in Jezrahel. Porro Jezabel, introitu ejus audito, depinxit oculos suos stibio, et ornavit caput suum. » (4ᵉ *livre des Rois*, ch. IX, v. 30.)

6. « Quumque issent ut sepelirent eam, non invenerunt nisi « calvariam, et pedes, et summas manus. Reversique nuntiaverunt « ei (Jehu). Et ait Jehu : Sermo Domini est, quem locutus est per « servum suum Eliam Thesbiten, dicens : In agro Jezrahel come- « dent canes carnes Jezabel, et erunt carnes Jezabel sicut ster- « cus super faciem terræ in agro Jezrahel, ita ut prætereuntes « dicant : Hæccine est illa Jezabel ? » (*Ibid.*, ch. IX, v. 35-37.)

7. Voyez plus haut la note 2 du 2ᵉ acte.

8. Ce vers prépare et justifie tout ce qu'il y aura d'étonnant dans les réponses de Joas, suivant ce mot de l'Écriture : (*Psaume* VIII, v. 3) : « Ex ore infantium et lactentium perfecisti laudem. (LA HARPE.)

9. « Qui dat jumentis escam ipsorum, et pullis corvorum in- « vocantibus eum. » (*Psaume* CXLVI, v. 9.) — Voyez la fin de la note 4 du 1ᵉʳ acte.

10. Quidquid obtuleris sacrificii, sale condies, nec auferes sal « fœderis Dei tui de sacrificio tuo. In omni oblatione tua offeres « sal. » (*Lévitique*, ch. II, v. 13.)

« Fundens supra oleum, et thus impones, quia oblatio Domini « est. » (*Ibid.*, v. 15.)

11. Voltaire prétend que Joad et Josabeth « n'ont autre chose « à faire qu'à prendre Athalie au mot ; qu'il est naturel qu'une « vieille femme aime son petit-fils quand elle n'a point d'autre « héritier ; qu'il est naturel qu'Athalie s'attache à Joas et lui « laisse son petit royaume, etc. » Mais qui jamais, à moins de vouloir qu'il n'y ait point de pièce, auroit imaginé qu'Éliacin et Joas sont la même chose pour Athalie ? Qui jamais se persuadera que, parce qu'un enfant inconnu et orphelin lui a plu un moment par les grâces et la naïveté de son esprit, elle va de suite en faire son héritier ? Lui dira-t-on : « Cet enfant que vous voulez traiter comme votre fils est en effet votre petit-fils ; il est le frère de tous les princes que vous avez tués ; il est le dernier de cette race que vous avez cru exterminer tout entière ; il est le légitime maître de ce sceptre dont vous vous êtes emparée. C'est lui dont le ciel vous menace, et qui vous poursuit en songe un poignard à la main. Que pouvez-vous faire de mieux que de le

reconnoître pour ce qu'il est? Que pouvons-nous faire de mieux que de le remettre entre vos mains? » S'il se pouvoit que Joad et Josabeth eussent tenu ce discours (et c'est exactement celui que Voltaire veut leur faire tenir), la réponse n'est pas douteuse; elle est dans la scène même que Voltaire veut changer d'une façon si étrange, et la voici:

> Enfin de votre Dieu l'implacable vengeance
> Entre nos deux maisons rompit toute alliance.
> David m'est en horreur, et les fils de ce roi,
> Quoique nés de mon sang, sont étrangers pour moi

Ces paroles et un coup de poignard, voilà infailliblement la réponse d'Athalie. (LA HARPE.)

12. Le Père Brumoy a comparé l'*Athalie* de Racine à l'*Ion* d'Euripide. Mais le seul rapport qu'il y ait entre les deux pièces, c'est qu'Ion, fils d'Apollon et de Créuse, a été élevé dans le temple de Delphes par la prêtresse du dieu, comme Joas l'a été par Joad et Josabeth dans le temple de Jérusalem. Si l'on entre dans les détails, il n'y a qu'une scène dans la tragédie grecque où l'on puisse apercevoir quelque ressemblance avec *Athalie*; encore cette ressemblance n'est-elle que dans le sujet de la scène. C'est celle où Xuthus, qui croit que l'enfant élevé par la prêtresse est son fils, lui propose de quitter le temple pour venir demeurer avec lui. Voici la fin de la réponse d'Ion. Il préfère, dit-il, aux grandeurs la vie qu'il mène dans le temple:

> . . . . Δημότης δ' ἂν εὐτυχὴς
> ζῆν ἂν θέλοιμι μᾶλλον, ἢ τύραννος ὢν,
> ᾯ τοὺς πονηροὺς ἡδονὴ φίλους ἔχειν,
> Ἐσθλοὺς δὲ μισεῖ, κατθανεῖν φοβούμενος.
> Εἴποις ἂν ὡς ὁ χρυσὸς ἐκνικᾷ τάδε
> Πλουτεῖν τε τερπνόν· οὐ φιλῶ ψόφους κλύειν,
> Ἐν χερσὶ σώζων ὄλβον οὐδ' ἔχειν πόνους.
> Εἴη δ' ἔμοιγε μέτρια μὴ λυπουμένῳ.
> Ἃ δ' ἐνθάδ' εἶχον ἀγάθ', ἄκουσόν μου, πάτερ·
> Τὴν φιλτάτην μὲν πρῶτον ἀνθρώπῳ σχολὴν
> Ὄχλον τε μέτριον· οὐδέ μ' ἐξέπληξ' ὁδοῦ
> Πονηρὸς οὐδείς. Κεῖνο δ' οὐκ ἀνασχετὸν,
> Εἴκειν ὁδοῦ χαλῶντα τοῖς κακίοσιν.
> Θεῶν δ' ἐν εὐχαῖς, ἢ λόγοισιν ἐν βροτῶν
> Ὑπηρέτουν χαίρουσιν, οὐ γοωμένοις·
> Καὶ τοὺς μὲν ἐξέπεμπον, οἱ δ' ἧκον ξένοι,
> Ὥσθ' ἡδὺς ἀεί, καινὸς ὢν, καινοῖσιν ἦν,
> Ὃ δ' εὐκτὸν ἀνθρώποισι, κἂν ἄκουσιν ᾖ,
> Δίκαιον εἶναί μ' ὁ νόμος ἡ φύσις θ' ἅμα
> Παρεῖχε τῷ θεῷ. Ταῦτα συννοούμενος,
> Κρεῖσσω νομίζω τἀνθάδ', ἢ τἀκεῖ, πάτερ.
> Ἔα δ' ἐμαυτῷ ζῆν· ἴση γὰρ ἡ χάρις,
> Μεγάλοισι χαίρειν, σμικρά θ' ἡδέως ἔχειν.
>
> (EURIPIDE, Ion, v. 627-649.)

13. « Athalia vero, mater Ochoziæ, videns mortuum filium
« suum, surrexit et interfecit omne semen regium. » (4ᵉ *livre des
Rois*, ch. XI, v. 1.)

14. « Porro filii regis (Achab), septuaginta viri, apud optimates
« civitatis (Samariæ) nutriebantur. Quumque venissent litteræ
« (Jehu) ad eos, tulerunt filios regis, et occiderunt septuaginta
« viros. » (4ᵉ *livre des Rois*, ch. X, v. 6 et 7.)

15 Ces beaux vers ont le mérite de peindre exactement les
mœurs des Juifs, qui contractoient des souillures par l'attouchement, l'approche ou même la seule vue d'objets immondes, et qui se purifioient par des ablutions. (GEOFFROY.)

16. « Quis, putas, puer iste erit? » (SAINT LUC, ch. I, v. 66.)

17. « Generationem ejus quis enarrabit? » (ISAIE, ch. LIII, v. 8.)

18. « Puer autem Samuel proficiebat, atque crescebat, atque
placebat tam Domino quam hominibus. » (1ᵉʳ *livre des Rois*,
ch. II, v. 26.)

19. « Beatus homo quem tu erudieris, Domine, et de lege tua
docueris eum. » (*Psaume* XCIII, v. 12.)

20. Après ce vers, dans les premières éditions d'*Athalie*, on
passe immédiatement à la strophe qui commence par ces mots :
O palais de David, etc. La répétition des quatre vers, *loin du
monde élevé*, etc., et les neuf vers suivants, ont été ajoutés depuis par Racine dans l'édition de ses œuvres faite en 1697.

21. « Usquequo peccatores, Domine, usquequo peccatores glo« riabuntur; effabuntur, et loquentur iniquitatem; loquentur
« omnes qui operantur iniquitatem? Populum tuum, Domine,
« humiliaverunt, et vexaverunt hæreditatem tuam. » (*Psaume*
XCIII, v. 3, 4 et 5.)

22. « Ne quando dicant gentes : Ubi est Deus eorum? » (*Psaume*
CXIII, v. 10.)

23. « Comedamus et bibamus; cras enim moriemur. » (ISAIE,
ch. XXII, v. 13.) — « Venite ergo et fruamur bonis quæ sunt,
« et utamur creatura tanquam in juventute celeriter. Vino pre« tioso et unguentis nos impleamus; et non prætereat nos flos
« temporis. Coronemus nos rosis, antequam marcescant : nul« lum pratum sit quod non pertranseat luxuria nostra. » (*Sagesse*, ch. II, v. 6, 7 et 8.)

24. « Beatus ero si fuerint reliquiæ seminis mei ad videndam
« claritatem Jerusalem. » (*Tobie*, ch. XIII, v. 20.)

25. « Dormierunt somnum suum, et nihil invenerunt omnes
« viri divitiarum in manibus suis. » (*Psaume* LXXV, v. 6.)

26. « Calix in manu Domini vini meri plenus misto.... Fæx
« ejus non est exinanita : bibent omnes peccatores terræ. »
(*Psaume* LXXIV, v. 9.)

ACTE TROISIÈME (p. 525).

1. Ce mot *hurlement* est du style de l'Écriture sainte. Les prophètes, pour dire *gémissez*, disent souvent *ululate*; et les historiens profanes expriment par le même mot le deuil des Orientaux : *Lugubris clamor, barbaro ululatu.* (L. RACINE.)

2. Cet emploi du verbe *marcher* rappelle le vers de Virgile :
Ast ego quæ divum *incedo* regina....
(*Énéide*, liv. I, v. 50.)

3. « Et in cathedra pestilentiæ non sedit. » (*Psaume* I, v. 1.)

4. Abiron et Dathan se soulevèrent contre Moïse et Aaron : la terre s'entr'ouvrit sous leurs pas et les dévora. (Voyez le *livre des Nombres*, ch. XVI, v. 31, 32 et 33.) « Aperta est terra et « deglutivit Dathan, et operuit super congregationem Abiron. » (*Psaume* CV, v. 17.)

Doëg, l'Iduméen, accusa, auprès de Saül, Achimélech d'avoir secouru David. Chargé de la vengeance de Saül, il massacra Achimélech, et quatre-vingt-cinq prêtres de la ville de Nobé, tous revêtus de leurs ornements pontificaux. (1er *livre des Rois*, ch. XXII.)

Achitophel prit le parti d'Absalon contre David son père, et se pendit de désespoir de ce que ce jeune prince ne suivoit pas ses conseils. (2e *livre des Rois*, ch. XVII.)

5. Voyez le 4e *livre des Rois*, ch. X, v. 29. — Depuis la construction du temple, il étoit expressément défendu par Dieu même de sacrifier sur les hauts lieux, et de célébrer aucune des cérémonies de la religion ailleurs que dans l'enceinte sacrée.

6. Sisara, général des Chananéens, ayant été défait par Barac, chef des Juifs, se retira dans la tente de Jahel, femme d'Haber, celle-ci, pendant son sommeil, le fit périr, en lui enfonçant un clou dans la tête. (Voyez le ch. IV du *livre des Juges*.)

7. « Tu flagellas et salvas; deducis ad inferos et reducis. » (*Tobie*, ch. XIII, v. 2.)

8. « Fluat ut ros eloquium meum, quasi imber super her-« bam. » (*Deutéronome*, ch. XXXII, v. 2.)

9. « Audite, cœli, quæ loquor; audiat terra verba oris mei. » (*Deutéronome*, ch. XXXII, v. 1.)

10. « Exsurgat Deus, et dissipentur inimici ejus, et fugiant qui « oderunt eum a facie ejus. » (*Psaume* LXVII, v. 1.) — « Et exci-« tatus est tanquam dormiens Dominus. » (*Psaume* LXXVII, v. 65.)

11. « Quomodo obscuratum est aurum, mutatus est color opti-« mus? » (JÉRÉMIE, *Lamentations*, ch. IV, v. 1.)

12. Zacharie. (*Note de Racine.*) — Voyez le 2e *livre des Paralipomènes*, ch. XXIV, v. 20-22.

13. « Jerusalem, Jerusalem, quæ occidis prophetas.... » (SAINT MATTHIEU, ch. XXIII, v. 37.) Deux versets plus haut, dans le

même chapitre de Saint Matthieu, est rappelé le meurtre de Zacharie, que prédit Joad : *Quel est dans le lieu saint ce pontife égorgé ?*

14. « Incensum abominatio est mihi. » (ISAIE, ch. I, v. 13.)

15. Captivité de Babylone. (*Note de Racine.*)

16. « Facta est quasi vidua domina gentium, princeps provin-
« ciarum facta est sub tributo. » (JÉRÉMIE, *Lamentations*, ch. I.
v. 1.)

17. « Calendas vestras et solemnitates vestras odivit anima mea :
« facta sunt mihi molesta, laboravi sustinens. » (ISAIE, ch. I, v. 14.)

18. « Quis dabit capiti meo aquam, et oculis meis fontem lacry-
« marum ? et plorabo die ac nocte interfectos filiæ populi mei. »
JÉRÉMIE, *Prophétie*, ch. IX, v. 1.)

19. L'Église. (*Note de Racine.*) — « Quæ est ista quæ ascendit
« per desertum sicut virgula fumi ex aromatibus myrrhæ, et
« thuris, et universi pulveris pigmentarii ? » (*Cantique des cantiques*, ch. III, v. 6.)

20. Les Gentils. (*Note de Racine.*) — « Et dices in corde tuo :
« Quis genuit mihi istos ? ego sterilis et non pariens.... Et istos
« quis enutrivit ? ego destituta et sola ; et isti ubi erant ? » (ISAIE,
ch. XLIX, v. 21.)

21. « Surge, illuminare, Jerusalem, quia venit lumen tuum et
« gloria Domini super te orta est. » (*Idem*, ch. LX, v. 1.)
« Leva in circuitu oculos tuos, et vide : omnes isti congregati
« sunt, venerunt tibi. » (*Idem*, ch. XLIX, v. 18.)

22. « Et erunt reges nutricii tui, et reginæ nutrices tuæ ; vultu
« in terram demisso, adorabunt te, et pulverem pedum tuorum
« lingent. » (*Idem*, *ibid.*, v. 23.)

23. « Et ambulabunt gentes in lumine tuo, et reges in splen-
« dore ortus tui. » (*Idem*, ch. LX, v. 3.)

24. « Rorate, cœli, desuper, et nubes pluant justum ; aperiatur
« terra, et germinet Salvatorem. (*Idem*, ch. XLV, v. 8.)

Toute cette prophétie, composée de passages de l'Écriture
très-bien liés ensemble, est peut-être le plus beau morceau de
poésie lyrique qu'il y ait en notre langue. Il a de plus l'avantage
d'être dramatique et très-utile à l'action : il sert à remplir les
lévites d'un enthousiasme divin ; il en fait des soldats invincibles, prêts à braver tous les dangers pour la défense de Joas et
du temple. (GEOFFROY.)

25. « (Joiada) dedit eis hastas et arma regis David quæ erant
« in domo Domini. » (4ᵉ *livre des Rois*, ch. XI, v. 10.) Voyez plus
haut l'extrait du 2ᵉ *livre des Paralipomènes*, p. 494 et 495.

26. Cette strophe et la suivante ne se trouvent point dans les
premières éditions d'*Athalie*. Elles furent ajoutées par Racine,
dans l'édition de 1697.

ACTE QUATRIÈME (p. 538).

1. Comme le glaive étoit porté en cérémonie, l'expression *qui marche* est aussi juste que poétique. (L. RACINE.)

2. Voyez le chapitre XI du *livre des Juges*.

3. Il y a une scène de ce genre entre le jeune roi et le grand prêtre, dans le *Joas* (*Gioas*) de Métastase, qui fut représenté à Vienne en 1735, et qui, du reste, bien que le sujet soit le même, ne ressemble presque sous aucun rapport, pas même pour la conduite de la pièce, à l'*Athalie* de Racine. Nous ne citerons ni cette scène ni aucune autre du poëte italien. La comparaison lui seroit trop défavorable; et cette tragédie ou plutôt cette *action sacrée*, comme il l'appelle, est tellement au-dessous de ses bonnes pièces, que Racine ne pourroit rien gagner à lui paroître supérieur.

4. *Deutéronome*, ch. XVII. (*Note de Racine.*) — « Quumque
« fuerit constitutus (rex), non multiplicabit sibi equos.... Non
« habebit.... argenti et auri immensa pondera. Postquam autem
« sederit in solio regni sui, describet sibi Deuteronomium legis
« hujus in volumine,... et habebit secum legetque illud omni-
« bus diebus vitæ suæ, ut discat timere Dominum Deum suum,
« et custodire verba et cæremonias ejus, quæ in lege præcepta
« sunt. Nec elevetur cor ejus in superbiam super fratres suos. »
(v. 16-20.)

5. Voyez le 4ᵉ *livre des Rois*, ch. 8 et 9.

6. « Anno autem septimo misit Joiada, et assumens centu-
« riones et milites, introduxit ad se in templum Domini, pepi-
« gitque cum eis fœdus; et adjurans eos in domo Domini,
« ostendit eis filium regis. » (4ᵉ *livre des Rois*, ch. XI, v. 4.)

7. « Ecce filius regis regnabit, sicut locutus est Dominus super
« filios David. » (*Paralipomènes*, liv. II, ch. XXIII, v. 3.)

8. « Congregatique sunt ad eum omnes filii Levi, quibus ait :
« Hæc dicit Dominus, Deus Israël : Ponat vir gladium super femur
« suum.... et occidat unusquisque fratrem, et amicum, et proxi-
« mum suum. Feceruntque filii Levi juxta sermonem Moysis. »
(*Exode*, ch. XXXII, v. 26, 27 et 28.)

9. Voyez plus haut, note 5. (*Paralipomènes*, liv. II, ch. XXIII, v. 11.)

10. « Sicut vulnerati dormientes in sepulcris, quorum non es
« memor amplius. » (*Psaume* LXXXVII, v. 6.)

11. Salomon. Voyez le 3ᵉ *livre des Rois*, ch. XI.

12. « Quand tu seras le maître des autres hommes, souviens-toi que tu as été foible, pauvre et souffrant comme eux. » (FÉNELON *Télémaque*, liv. II.)

13. Abraham. (*Note de Racine.*)—Voyez le ch. XXII de la *Genèse*.

14. Voyez plus haut l'extrait du 2ᵉ *livre des Paralipomènes*, p. 491.

15. « Ego sum Dóminus Deus tuus, fortis, zelotes. » (*Exode*, ch. XX, v. 5.) — « Dominus zelotes nomen ejus, Deus est æmu-« lator. » (*Ibid.*, ch. XXXIV, v. 14.)

16. « Deus ultionum Dominus. » (*Psaume* XCIII, v. 1.)

ACTE CINQUIÈME (p. 548).

1. Ce vers, qui ne trouve sa rime que dans le chœur qui termine l'acte précédent, indique qu'il n'y a jamais d'entr'acte dans cette pièce (quand on la joue avec les chœurs), que la scène n'y est jamais vide, et que Salomith doit aller au-devant de Zacharie à l'instant même où les filles du chœur se retirent dans l'enceinte intérieure. (LA HARPE.)

2. Le mot *affable* étoit alors nouveau. Il fut condamné par Patru; mais Racine le consacra par l'heureux emploi qu'il en fit.

3. *D'impurs assassins*. Les Tyriens qui composoient l'armée d'Athalie (voyez la fin du 4ᵉ acte). Tous les incirconcis étoient impurs. — *Brûler les chérubins*. « Et fecit (Salomon) in oraculo « duos cherubim de lignis olivarum, decem cubitorum altitudi-« nis. » (3ᵉ *livre des Rois*, ch. VI, v. 23.)

4. Parmi les manuscrits de Racine, conservés à la Bibliothèque impér., on trouve le recueil des matériaux qu'il avoit amassés pour construire le plan et motiver les incidents de cette tragédie. Voici la note relative *au trésor de David* : « Pour justifier l'équivoque du grand prêtre, si on l'attaque : 1º « Solvite templum « hoc, et in tribus diebus excitabo illud*. » (S. JOAN., cap. II, vers. 19.) 2º Martyre de saint Laurent, à qui le juge demanda les trésors de l'église : «A quo quum quærentur thesauri eccle-« siæ, promisit se demonstraturum. Sequenti die pauperes duxit. « Interrogatus ubi essent thesauri quos promiserat, ostendit « pauperes, dicens : Hi sunt thesauri ecclesiæ.... Laurentius,... « pro singulari suæ interpretationis vivacitate sacram martyrii « accepit coronam. » (S. AMBROS., *de Offic.*, lib. II, cap. XXVIII.) Dans Prudence, saint Laurent demande du temps pour calculer la somme**. Saint Augustin même, si ennemi du mensonge, loue ce mot de saint Laurent : «Hæ sunt divitiæ ecclesiæ.» (*Serm.* CCCIII.) Dieu a trompé exprès Pharaon. Dieu dit à Moïse : Dites à Pharaon : « Dimitte populum meum ut sacrificet mihi in deserto (*Exode*, ch. V, v. 1); » et ch. VIII, v. 28, Pharaon répond : « Ego dimittam « vos ut sacrificetis Domino Deo vestro in deserto; verumtamen « longius ne abeatis. » Une autre fois, Pharaon dit (v. 25 et 26) : Sacrifiez ici. Moïse répond : Nos victimes sont vos dieux. « Abo-« minationes Ægyptiorum immolabimus Domino. » Donc Dieu

---
* Jésus-Christ parloit de sa mort et de sa résurrection d'une manière figurée; les Juifs prirent ces paroles au sens propre, et l'accusèrent devant Pilate d'avoir dit qu'il pouvoit détruire le temple de Dieu.

** « Nam calculanda primitus,
Tunc subnotanda est summula. »
(*Hymn. in hon. D. Laurentii*, v. 131 et 132.)

vouloit faire sortir le peuple tout à fait; et Pharaon ne l'entendoit pas ainsi. »

5. « Levitæ autem circumdent regem habentes singuli arma « sua. » (*Paralipomènes*, liv. II, ch. XXIII, v. 7.)

6. Dans les éditions faites du vivant de Racine, et dans les premières qui ont paru après sa mort, on ne trouve que ces mots: *Le rideau se tire*. Les indications qui suivent ont sans doute été ajoutées, dans la suite, pour faciliter la mise en scène d'*Athalie*.

7. Je ne connois point de plus grand coup de théâtre. Voltaire a dit que le dernier tableau de *Rodogune* étoit *plus fort*. Oui, de terreur et d'horreur; mais celui-ci réunit la terreur, l'attendrissement, la pompe et la majesté. Cette pièce me semble, sous tous les rapports, le chef-d'œuvre de l'esprit humain. (LA HARPE.)

Dans le *Dictionnaire philosophique*, Voltaire dit, en parlant du dénoûment d'*Athalie*: « C'est là que la catastrophe est ad-« mirablement en action; c'est là que se fait la reconnoissance « la plus intéressante: chaque acteur y joue un grand rôle. On « ne tue point Athalie sur le théâtre; le fils des rois est sauvé et « est reconnu roi: tout ce spectacle transporte les spectateurs. »

8. « Audivit autem Athalia vocem populi currentis; et ingressa « ad turbas in templum Domini, vidit regem stantem super tri-« bunal juxta morem, et cantatores et tubas prope eum, omnem-« que populum terræ lætantem, et canentem tubis; et scidit « vestimenta sua, clamavitque: Conjuratio! conjuratio! » (4ᵉ *livre des Rois*, ch. XI, v. 13 et 14.)

9. Dans cette belle peinture de la joie publique, le poëte n'oublie pas de faire remarquer que *quelques Juifs éperdus* ont pris la fuite. Il a été dit, au commencement de la pièce, que plusieurs étoient du parti d'Athalie, et adoroient Baal. Plus on examine cette pièce, plus on remarque l'ordre dans lequel tout se suit. (L. RACINE.)

10. « Lætatusque est omnis populus terræ, et civitas conquie-« vit. » (4ᵉ *livre des Rois*, ch. XI, v. 20.)

11. « Ingressusque est omnis populus terræ templum Baal, et « destruxerunt aras ejus, et imagines contriverunt valide; Ma-« than quoque sacerdotem Baal occiderunt coram altari. » (4ᵉ *livre des Rois*, ch. XI, v. 18.)

12. Cette exclamation rappelle la parole que quelques auteurs prêtent à Julien mourant: *Tu as vaincu, Galiléen!*

13. « Præcepit autem Joiada centurionibus qui erant super « exercitum, et ait eis: Educite eam extra septa templi; et « quicumque eam secutus fuerit feriatur gladio. Dixerat enim « sacerdos: Non occidatur in templo Domini. Imposueruntque « ei manus, et impegerunt eam per viam introitus equorum, « juxta palatium; et interfecta est ibi. » (4ᵉ *livre des Rois*, ch. XI, v. 15 et 16.)

FIN.

MÉROPE

TRAGÉDIE DE VOLTAIRE

— 1743 —

Hoc legite austeri crimen amoris abest

« Les juges de l'art s'accordent à regarder *Mérope* comme l'ouvrage le plus fini qui soit sorti des mains de Voltaire. »

(LA HARPE.)

LETTRE DE VOLTAIRE

A M. LE MARQUIS SCIPION MAFFEI

AUTEUR DE LA MÉROPE ITALIENNE,
ET DE BEAUCOUP D'OUVRAGES CÉLÈBRES [1].

Monsieur,

Ceux dont les Italiens modernes et les autres peuples ont presque tout appris, les Grecs et les Romains, adressaient leurs ouvrages, sans la vaine formule d'un compliment, à leurs amis et aux maîtres de l'art. C'est à ces titres que je vous dois l'hommage de la *Mérope* française.

Les Italiens, qui ont été les restaurateurs de presque tous les beaux-arts, et les inventeurs de quelques-uns, furent les premiers qui, sous les yeux de Léon X, firent renaître la tragédie; et vous êtes le premier, monsieur, qui, dans ce siècle où l'art des Sophocle commençait à être amolli par des intrigues d'amour souvent étrangères au sujet, ou avili par d'indignes bouffonneries qui déshonoraient le goût de votre ingénieuse nation; vous êtes le premier, dis-je, qui avez eu le courage et le talent de donner une tragédie sans galanterie, une tragédie digne des beaux jours d'Athènes, dans laquelle l'amour d'une mère fait toute l'intrigue, et où le plus tendre intérêt naît de la vertu la plus pure.

La France se glorifie d'*Athalie* : c'est le chef-d'œuvre

---

[1]. François-Scipion Maffei, né à Vérone le 1er juin 1675, mort le 11 février 1755, composa sa *Mérope* à l'âge de trente-huit ans, en 1713. L'impression faite à Parme, 1765, in-8°, est intitulée : *Edizione quarantesima ottava*. La pièce fut jouée à Paris, sur le théâtre italien, le 21 mai 1717, devant un certain nombre de personnes qui avaient reçu des billets où étaient ces mots: *Per che l'intende* On en donna ensuite des représentations pour le public.

de notre théâtre; c'est celui de la poésie; c'est de toutes les pièces qu'on joue la seule où l'amour ne soit pas introduit; mais aussi elle est soutenue par la pompe de la religion, et par cette majesté de l'éloquence des prophètes. Vous n'avez point eu cette ressource, et cependant vous avez fourni cette longue carrière de cinq actes, qui est si prodigieusement difficile à remplir sans épisodes.

J'avoue que votre sujet me paraît beaucoup plus intéressant et plus tragique que celui d'*Athalie;* et si notre admirable Racine a mis plus d'art, de poésie et de grandeur dans son chef-d'œuvre, je ne doute pas que le vôtre n'ait fait couler beaucoup plus de larmes.

Le précepteur d'Alexandre (et il faut de tels précepteurs aux rois), Aristote, cet esprit si étendu, si juste et si éclairé dans les choses qui étaient alors à la portée de l'esprit humain, Aristote, dans sa *Poétique* immortelle, ne balance pas à dire que la reconnaissance de Mérope et de son fils était le moment le plus intéressant de toute la scène grecque[1]. Il donnait à ce coup de théâtre la préférence sur tous les autres. Plutarque dit que les Grecs, ce peuple si sensible, frémissaient de crainte que le vieillard qui devait arrêter le bras de Mérope n'arrivât pas assez tôt[2]. Cette pièce, qu'on jouait de son temps, et dont il nous reste très-peu de fragments, lui paraissait la plus touchante de

---

1. Aristote ne dit pas précisément que la reconnaissance de Mérope et de son fils fût le moment le plus intéressant de toute la scène grecque. Il distingue trois manières d'exciter la terreur et la pitié. La troisième, dit-il, est celle qu'Euripide a employée dans son *Cresphonte*, et c'est la meilleure :

« Ἔτι δὲ τρίτον παρὰ ταῦτα, τὸν μέλλοντα ποεῖν τι τῶν ἀνηκέστων δι' ἄγνοιαν, ἀναγνωρίσαι πρὶν ποιῆσαι.... Κράτιστον δὲ τὸ τελευταῖον. Λέγω δὲ οἷον ἐν τῷ Κρεσφόντῃ ἡ Μερόπη μέλλει τὸν υἱὸν ἀποκτείνειν, ἀποκτείνει δὲ οὔ, ἀλλ' ἀνεγνώρισε. » (*De Poetica,* cap. XIV.)

2. « Σκόπει δὲ καὶ τὴν ἐν τῇ τραγῳδίᾳ Μερόπην, ἐπὶ τὸν υἱὸν αὐτὸν ὡς φονέα τοῦ υἱοῦ πέλεκυν ἀραμένην, καὶ λέγουσαν·

Ὁσιωτέραν δὴ τήνδ' ἐγὼ δίδωμί σοι
Πληγὴν,

ὅσον ἐν τῷ θεάτρῳ κίνημα ποιεῖ, συνεξορθιάζουσα φόβῳ, καὶ δέος μὴ φθάσῃ τὸν ἐπιλαμβανόμενον γέροντα, καὶ τρώσῃ τὸ μειράκιον. » (PLUTARCHUS, *de Esu carnium,* II, 5.)

toutes les tragédies d'Euripide; mais ce n'était pas seulement le choix du sujet qui fit le grand succès d'Euripide, quoique en tout genre le choix soit beaucoup.

Il a été traité plusieurs fois en France, mais sans succès : peut-être les auteurs voulurent charger ce sujet si simple d'ornements étrangers. C'était la Vénus de Praxitèle qu'ils cherchaient à couvrir de clinquant. Il faut toujours beaucoup de temps aux hommes pour leur apprendre qu'en tout ce qui est grand on doit revenir au naturel et au simple.

En 1641, lorsque le théâtre commençait à fleurir en France, et à s'élever même fort au-dessus de celui de la Grèce, par le génie de P. Corneille, le cardinal de Richelieu, qui recherchait toute sorte de gloire, et qui avait fait bâtir la salle des spectacles du Palais-Royal, pour y représenter des pièces dont il avait fourni le dessin, y fit jouer une *Mérope* sous le nom de *Téléphonte*. Le plan est, à ce qu'on croit, entièrement de lui. Il y avait une centaine de vers de sa façon; le reste était de Colletet, de Bois Robert, de Desmarets et de Chapelain ; mais toute la puissance du cardinal de Richelieu ne pouvait donner à ces écrivains le génie qui leur manquait. Il n'avait peut-être pas lui-même celui du théâtre, quoiqu'il en eût le goût, et tout ce qu'il pouvait et devait faire, c'était d'encourager le grand Corneille.

M. Gilbert, résident de la célèbre reine Christine, donna, en 1643, sa *Mérope*[1], aujourd'hui non moins inconnue que l'autre. Jean de la Chapelle[2], de l'Académie française, auteur d'une *Cléopâtre*, jouée avec quelque succès, fit représenter sa *Mérope* en 1683. Il ne manqua pas de remplir sa pièce d'un épisode d'amour. Il se plaint d'ailleurs, dans sa préface, de ce qu'on lui reprochait trop de merveilleux. Il se trompait ; ce n'était pas ce merveilleux qui avait fait tomber son ouvrage, c'était en effet le défaut de génie, et la froideur de la versification ; car voilà le grand point,

---

[1]. Jouée en 1642, imprimée en 1643, sous le titre de *Téléphonte*.
[2]. Mort en 1723.

voilà le vice capital qui fait périr tant de poëmes. L'art d'être éloquent en vers est de tous les arts le plus difficile et le plus rare. On trouvera mille génies qui sauront arranger un ouvrage, et le versifier d'une manière commune; mais le traiter en vrais poëtes, c'est un talent qui est donné à trois ou quatre hommes sur la terre.

Au mois de décembre 1701, M. de la Grange fit jouer son *Amasis*, qui n'est autre chose que le sujet de *Mérope* sous d'autres noms : la galanterie règne aussi dans cette pièce, et il y a beaucoup plus d'incidents merveilleux que dans celle de la Chapelle; mais aussi elle est conduite avec plus d'art, plus de génie, plus d'intérêt; elle est écrite avec plus de chaleur et de force : cependant elle n'eut pas d'abord un succès éclatant, *et habent sua fata libelli*[1]. Mais depuis elle a été rejouée avec de très-grands applaudissements, et c'est une des pièces dont la représentation a fait le plus de plaisir au public.

Avant et après *Amasis*, nous avons eu beaucoup de tragédies sur des sujets à peu près semblables, dans lesquelles une mère va venger la mort de son fils sur son propre fils même, et le reconnaît dans l'instant qu'elle va le tuer. Nous étions même accoutumés à voir sur notre théâtre cette situation frappante, mais rarement vraisemblable, dans laquelle un personnage vient, un poignard à la main, pour tuer son ennemi, tandis qu'un autre personnage arrive dans l'instant même, et lui arrache le poignard. Ce coup de théâtre avait fait réussir, du moins pour un temps, le *Camma* de Thomas Corneille.

Mais de toutes les pièces dont je vous parle, il n'y en a aucune qui ne soit chargée d'un petit épisode d'amour, ou plutôt de galanterie; car il faut que tout se plie au goût dominant. Et ne croyez pas, monsieur, que cette malheureuse coutume d'accabler nos tragédies d'un épisode inutile de galanterie soit due à Racine, comme on le lui reproche en Italie; c'est lui, au contraire, qui a fait ce qu'il a pu

---

1. Terentianus Maurus.

pour réformer en cela le goût de la nation. Jamais chez lui la passion de l'amour n'est épisodique : elle est le fondement de toutes ses pièces ; elle en forme le principal intérêt. C'est la passion la plus théâtrale de toutes, la plus fertile en sentiments, la plus variée : elle doit être l'âme d'un ouvrage de théâtre, ou en être entièrement bannie. Si l'amour n'est pas tragique, il est insipide ; et s'il est tragique, il doit régner seul : il n'est pas fait pour la seconde place. C'est Rotrou, c'est le grand Corneille même, il le faut avouer, qui, en créant notre théâtre, l'ont presque toujours défiguré par ces amours de commande, par ces intrigues galantes qui, n'étant point de vraies passions, ne sont point dignes du théâtre....

On a donné une *Mérope* sur le théâtre de Londres en 1731. Qui croirait qu'une intrigue d'amour y entrât encore ? Mais depuis le règne de Charles II, l'amour s'était emparé du théâtre d'Angleterre ; et il faut avouer qu'il n'y a point de nation au monde qui ait peint si mal cette passion. L'amour ridiculement amené, et traité de même, est encore le défaut le moins monstrueux de la *Mérope* anglaise. Le jeune Égisthe, tiré de sa prison par une fille d'honneur, amoureuse de lui, est conduit devant la reine, qui lui présente une coupe de poison et un poignard, et qui lui dit : « Si tu n'avales le poison, ce poignard va « servir à tuer ta maîtresse. » Le jeune homme boit, et on l'emporte mourant. Il revient, au cinquième acte, annoncer froidement à Mérope qu'il est son fils, et qu'il a tué le tyran. Mérope lui demand comment ce miracle s'est opéré. « Une amie de la fille d'honneur, répond-il, « avait mis du jus de pavot, au lieu de poison, dans la « coupe. Je n'étais qu'endormi, quand on m'a cru mort ; j'ai « appris, en m'éveillant, que j'étais votre fils, et sur-le-« champ j'ai tué le tyran. » Ainsi finit la tragédie.

Elle fut sans doute mal reçue : mais n'est-il pas bien étrange qu'on l'ait représentée ? N'est-ce pas une preuve que le théâtre anglais n'est pas encore épuré ? Il semble que la même cause qui prive les Anglais du génie de la peinture et de la musique, leur ôte aussi celui de la tragédie. Cette île, qui a produit les plus grands philosophes de la terre, n'est pas aussi fertile pour les beaux-arts; et si les Anglais ne s'appliquent sérieusement à suivre les préceptes de leurs excellents citoyens Addison et Pope, ils n'approcheront pas des autres peuples en fait de goût et de littérature.

Mais tandis que le sujet de *Mérope* était ainsi défiguré dans une partie de l'Europe, il y avait longtemps qu'il était traité en Italie selon le goût des anciens. Dans ce seizième siècle, qui sera fameux dans tous les siècles, le comte de Torelli[1] avait donné sa *Mérope* avec des chœurs. Il paraît que si M. de la Chapelle a outré tous les défauts du théâtre français, qui sont l'air romanesque, l'amour inutile, et les épisodes, et que si l'auteur anglais a poussé à l'excès la barbarie, l'indécence et l'absurdité, l'auteur italien avait outré les défauts des Grecs, qui sont le vide d'action et la déclamation. Enfin, monsieur, vous avez évité tous ces écueils; vous qui avez donné à vos compatriotes des modèles en plus d'un genre, vous leur avez donné dans votre *Mérope* l'exemple d'une tragédie simple et intéressante.

J'en fus saisi dès que je la lus : mon amour pour ma patrie ne m'a jamais fermé les yeux sur le mérite des étrangers; au contraire, plus je suis bon citoyen, plus je cherche à enrichir mon pays des trésors qui ne sont point nés dans son sein. Mon envie de traduire votre *Mérope* redoubla lorsque j'eus l'honneur de vous connaître à Paris, en 1733[2]; je m'aperçus qu'en aimant

---

1. Né en 1539, mort en 1608.
2. Ce dut être en 1736. — Voltaire, comme il le dit lui-même, ne s'était d'abord proposé que de traduire la *Mérope* de Maffei. Il avait même commencé cette traduction. En voici les premiers vers :

Sortez, il en est temps, du sein de ces ténèbres :
Montrez-vous; dépouillez ces vêtements funèbres,
Ces tristes monuments, l'appareil des douleurs :
Que le bandeau des rois puisse essuyer vos pleurs;
Que dans ce jour heureux, les peuples de Messène
Reconnaissent dans vous mon épouse et leur reine.
Oubliez tout le reste, et daignez accepter
Et le sceptre et la main qu'on vient vous présenter.

l'auteur je me sentais encore plus d'inclination pour l'ouvrage : mais, quand je voulus y travailler, je vis qu'il était absolument impossible de la faire passer sur notre théâtre français. Notre délicatesse est devenue excessive : nous sommes peut-être des sybarites plongés dans le luxe, qui ne pouvons supporter cet air naïf et rustique, ces détails de la vie champêtre, que vous avez imités du théâtre grec....

Je fus obligé, à regret, d'écrire une *Mérope* nouvelle; je l'ai donc faite différemment, mais je suis bien loin de croire l'avoir mieux faite. Je me regarde avec vous comme un voyageur à qui un roi d'Orient aurait fait présent des plus riches étoffes : ce roi devrait permettre que le voyageur s'en fit habiller à la mode de son pays.

Ma *Mérope* fut achevée au commencement de 1736, à peu près telle qu'elle est aujourd'hui. D'autres études m'empêchèrent de la donner au théâtre; mais la raison qui m'en éloignait le plus était la crainte de la faire paraître après d'autres pièces heureuses, dans lesquelles on avait vu depuis peu le même sujet sous des noms différents. Enfin, j'ai hasardé ma tragédie, et notre nation a fait connaître qu'elle ne dédaignait pas de voir la même matière différemment traitée. Il est arrivé à notre théâtre ce qu'on voit tous les jours dans une galerie de peinture, où plusieurs tableaux représentent le même sujet : les connaisseurs se plaisent à remarquer les diverses manières; chacun saisit, selon son goût, le caractère de chaque peintre; c'est une espèce de concours qui sert à la fois à perfectionner l'art, et à augmenter les lumières du public.

Si la *Mérope* française a eu le même succès que la *Mérope* italienne, c'est à vous, monsieur, que je le dois; c'est à cette simplicité dont j'ai toujours été idolâtre, qui, dans votre ouvrage, m'a servi de modèle. Si j'ai marché dans une route différente, vous m'y avez toujours servi de guide.

J'aurais souhaité pouvoir, à l'exemple des Italiens et des Anglais, employer l'heureuse facilité des vers blancs.... Mais je me suis aperçu, et j'ai dit, il y a longtemps, qu'une telle tentative n'aurait jamais de succès en France, et qu'il y aurait beaucoup plus de faiblesse que de force à éluder un joug qu'ont porté les auteurs de tant d'ouvrages qui dureront autant que la nation française. Notre poésie n'a aucune des libertés de la vôtre, et c'est peut-être une des raisons pour lesquelles les Italiens nous ont précédés de plus de trois siècles dans cet art si aimable et si difficile.

Je voudrais, monsieur, pouvoir vous suivre dans vos autres connaissances, comme j'ai eu le bonheur de vous imiter dans la tragédie. Que n'ai-je pu me former sur votre goût dans la science de l'histoire! non pas dans cette science vague et stérile des faits et des dates, qui se borne à savoir en quel temps mourut un homme inutile ou funeste au monde; science uniquement de dictionnaire, qui chargerait la mémoire sans éclairer l'esprit : je veux parler de cette histoire de l'esprit humain, qui apprend à connaître les mœurs, qui nous trace, de faute en faute et de préjugé en préjugé, les effets des passions des hommes; qui nous fait voir ce que l'ignorance, ou un savoir mal entendu, ont causé de maux, et qui suit surtout le fil du progrès des arts, à travers ce choc effroyable de tant de puissances, et ce bouleversement de tant d'empires.

C'est par là que l'histoire m'est précieuse, et elle me le devient davantage par la place que vous tiendrez parmi ceux qui ont donné de nouveaux plaisirs et de nouvelles lumières aux hommes. La postérité apprendra avec émulation que votre patrie vous a rendu les honneurs les plus rares, et que Vérone vous a élevé une statue, avec cette inscription, AU MARQUIS SCIPION MAFFEI VIVANT; inscription aussi belle en son genre que celle qu'on lit à Montpellier, A LOUIS XIV APRÈS SA MORT.

Daignez ajouter, monsieur, aux hommages de vos concitoyens, celui d'un étranger que sa respectueuse estime vous attache autant que s'il était né à Vérone [1].

---

1. Les seules choses que nous ayons retranchées de cette lettre de Voltaire sont : 1° les citations destinées à prouver que, dans les tragédies du grand Cor-

A M. MAFFEI.

La *Mérope* de Voltaire fut commencée en 1736, terminée en 1737, refusée en 1738 par les comédiens français, parce que, disaient-ils, la pièce ressemblait à l'*Amasis* de la Grange; corrigée en 1738, et jouée en 1743. Elle eut un si grand succès, qu'après la représentation le parterre appela l'auteur. Voltaire reçut ainsi le premier un honneur qui depuis a été si prodigué.

La première édition de *Mérope* est de 1744. Dans la *Mérope*, nouvelle édition corrigée par l'auteur, etc. (Paris, 1758), il y a un personnage de plus, nommé Phanès. Le rôle est composé d'une partie de celui d'Isménie; et c'est Phanès qui fait le récit de la scène VI du cinquième acte. Cette disposition était l'œuvre des comédiens français : Voltaire s'en plaint dans deux de ses lettres à d'Argental.

---

neille, l'amour n'est pas toujours digne du théâtre; 2° celles qui ont pour objet de montrer à Maffei qu'une simple traduction de sa *Mérope* ne pouvait pas réussir à Paris.

Voltaire, comme on le voit, ne dissimulait pas les obligations qu'il avait au marquis de Maffei; mais, comme on se plaisait, malgré cet aveu, à les exagérer encore, il publia, en 1748, une lettre d'un personnage imaginaire nommé de la Lindelle, où l'amertume de la censure formait, dit La Harpe, une espèce d'antidote contre les louanges prodiguées à la *Mérope* italienne dans la dédicace de Voltaire. Si quelques-unes des critiques étaient justes, le procédé n'était pas très-loyal. L'auteur fit suivre cette lettre qu'il s'écrivait à lui-même, d'une réponse où, sous prétexte de défendre Maffei, il loue particulièrement, dans la tragédie italienne, les passages qu'il en a imités avec succès.

PERSONNAGES.

MÉROPE, veuve de Cresphonte, roi de Messène.
ÉGISTHE [1], fils de Mérope.
POLYPHONTE [2], tyran de Messène.
NARBAS, vieillard.
EURYCLÈS, favori de Mérope.
ÉROX, favori de Polyphonte.
ISMÉNIE, confidente de Mérope.

La scène est à Messène [3], dans le palais de Mérope.

1. Son vrai nom est Æpytus (Αἴπυτος). Pausanias (liv. IV, ch. 3) raconte en ces termes son histoire et celle de son père Cresphonte : « Cresphonte épousa Mérope, fille de Cypsélus, alors roi d'Arcadie, et en eut plusieurs enfants, dont le plus jeune était Æpytus. Il fit construire à Sténycléros un palais pour sa résidence et celle de ses descendants.... Le gouvernement de Cresphonte, en général très-populaire, déplut aux gens riches qui se soulevèrent contre lui et le tuèrent, lui et tous ses fils, à l'exception d'Æpytus, qui, étant encore en bas âge, se trouvait chez Cypsélus, son grand-père. Parvenu à l'âge viril, Æpytus fut rétabli sur le trône par les Arcadiens et par les autres rois des Doriens.... Il commença par punir les meurtriers de son père et tous leurs complices,... se fit aimer du peuple par ses libéralités, et s'acquit une telle considération, que ses descendants prirent le nom d'Æpytides, au lieu de celui d'Héraclides qu'avaient porté ses prédécesseurs. »

2. Apollodore (liv. II, ch. 8) nous apprend que l'Héraclide Polyphonte régna après Cresphonte, et qu'il épousa, malgré elle, sa veuve Mérope.

3. Capitale de la Messénie dans le Péloponnèse, entre les monts Éva et Ithome sur les bord du fleuve Pamisus.

MÉROPE.

ACTE PREMIER.

*SCÈNE I.
MÉROPE, ISMÉNIE.

ISMÉNIE.
Grande reine, écartez ces horribles images;
Goûtez des jours sereins, nés du sein des orages [1].
Les dieux nous ont donné la victoire et la paix :
Ainsi que leur courroux ressentez leurs bienfaits.
Messène, après quinze ans de guerres intestines,
Lève un front moins timide, et sort de ses ruines.
Vos yeux ne verront plus tous ces chefs ennemis
Divisés d'intérêts, et pour le crime unis [2],
Par les saccagements, le sang, et le ravage,
Du meilleur de nos rois disputer l'héritage.
Nos chefs, nos citoyens, rassemblés sous vos yeux,
Les organes des lois, les ministres des dieux,
Vont, libres dans leur choix, décerner la couronne.
Sans doute elle est à vous, si la vertu la donne.
Vous seule avez sur nous d'irrévocables droits;
Vous, veuve de Cresphonte, et fille de nos rois;
Vous, que tant de constance, et quinze ans de misère,
Font encor plus auguste et nous rendent plus chère;
Vous, pour qui tous les cœurs en secret réunis....

MÉROPE.
Quoi! Narbas ne vient point! Reverrai-je mon fils?

ISMÉNIE.
Vous pouvez l'espérer : déjà d'un pas rapide
Vos esclaves en foule ont couru dans l'Élide;

---

* *Voir*, à la fin de la pièce, *les Notes et les Variantes.*

La paix a de l'Élide ouvert tous les chemins.
Vous avez mis sans doute en de fidèles mains
Ce dépôt si sacré, l'objet de tant d'alarmes.

MÉROPE.

Me rendrez-vous mon fils, dieux témoins de mes larmes?
Égisthe est-il vivant? Avez-vous conservé
Cet enfant malheureux, le seul que j'ai sauvé?
Écartez loin de lui la main de l'homicide.
C'est votre fils, hélas! c'est le pur sang d'Alcide.
Abandonnerez-vous ce reste précieux
Du plus juste des rois, et du plus grand des dieux,
L'image de l'époux dont j'adore la cendre?

ISMÉNIE.

Mais quoi! cet intérêt et si juste et si tendre
De tout autre intérêt peut-il vous détourner?

MÉROPE.

Je suis mère, et tu peux encor t'en étonner?

ISMÉNIE.

Du sang dont vous sortez l'auguste caractère
Sera-t-il effacé par cet amour de mère?
Son enfance était chère à vos yeux éplorés;
Mais vous avez peu vu ce fils que vous pleurez.

MÉROPE.

Mon cœur a vu toujours ce fils que je regrette;
Ses périls nourrissaient ma tendresse inquiète;
Un si juste intérêt s'accrut avec le temps.
Un mot seul de Narbas, depuis plus de quatre ans,
Vint, dans la solitude où j'étais retenue,
Porter un nouveau trouble à mon âme éperdue :
Égisthe, écrivait-il, mérite un meilleur sort;
Il est digne de vous et des dieux dont il sort :
En butte à tous les maux, sa vertu les surmonte :
Espérez tout de lui, mais craignez Polyphonte.

ISMÉNIE.

De Polyphonte au moins prévenez les desseins;
Laissez passer l'empire en vos augustes mains.

MÉROPE.

L'empire est à mon fils. Périsse la marâtre,
Périsse le cœur dur, de soi-même idolâtre,
Qui peut goûter en paix, dans le suprême rang,
Le barbare plaisir d'hériter de son sang!

Si je n'ai plus de fils, que m'importe un empire?
Que m'importe ce ciel, ce jour que je respire?
Je dus y renoncer alors que dans ces lieux
Mon époux fut trahi des mortels et des dieux.
O perfidie! ô crime! ô jour fatal au monde!
O mort toujours présente à ma douleur profonde!
J'entends encor ces voix, ces lamentables cris,
Ces cris : « Sauvez le roi, son épouse, et ses fils! »
Je vois ces murs sanglants, ces portes embrasées,
Sous ces lambris fumants ces femmes écrasées,
Ces esclaves fuyants, le tumulte, l'effroi,
Les armes, les flambeaux, la mort, autour de moi.
Là, nageant dans son sang, et souillé de poussière,
Tournant encor vers moi sa mourante paupière,
Cresphonte en expirant me serra dans ses bras;
Là, deux fils malheureux, condamnés au trépas,
Tendres et premiers fruits d'une union si chère,
Sanglants et renversés sur le sein de leur père,
A peine soulevaient leurs innocentes mains.
Hélas! ils m'imploraient contre leurs assassins.
Égisthe échappa seul; un dieu prit sa défense :
Veille sur lui, grand dieu, qui sauvas son enfance!
Qu'il vienne; que Narbas le ramène à mes yeux
Du fond de ses déserts au rang de ses aïeux!
J'ai supporté quinze ans mes fers et son absence;
Qu'il règne au lieu de moi : voilà ma récompense.

SCÈNE II.

MÉROPE, ISMÉNIE, EURYCLÈS.

MÉROPE.

Eh bien, Narbas? mon fils?

EURYCLÈS.

Vous me voyez confus;
Tant de pas, tant de soins, ont été superflus.
On a couru, madame, aux rives du Pénée,
Dans les champs d'Olympie, aux murs de Salmonée;
Narbas est inconnu; le sort dans ces climats
Dérobe à tous les yeux la trace de ses pas.

MÉROPE.

Hélas! Narbas n'est plus; j'ai tout perdu, sans doute.

ISMÉNIE.
Vous croyez tous les maux que votre âme redoute;
Peut-être, sur les bruits de cette heureuse paix,
Narbas ramène un fils si cher à nos souhaits.
EURYCLÈS.
Peut-être sa tendresse, éclairée et discrète,
A caché son voyage ainsi que sa retraite:
Il veillé sur Égisthe; il craint ces assassins
Qui du roi votre époux ont tranché les destins.
De leurs affreux complots il faut tromper la rage.
Autant que je l'ai pu j'assure son passage,
Et j'ai sur ces chemins de carnage abreuvés
Des yeux toujours ouverts, et des bras éprouvés.
MÉROPE.
Dans ta fidélité j'ai mis ma confiance.
EURYCLÈS.
Hélas! que peut pour vous ma triste vigilance?
On va donner son trône: en vain ma faible voix
Du sang qui le fit naître a fait parler les droits;
L'injustice triomphe, et ce peuple, à sa honte,
Au mépris de nos lois, penche vers Polyphonte.
MÉROPE.
Et le sort jusque-là pourrait nous avilir!
Mon fils dans ses États reviendrait pour servir!
Il verrait son sujet au rang de ses ancêtres!
Le sang de Jupiter aurait ici des maîtres!
Je n'ai donc plus d'amis? Le nom de mon époux,
Insensibles sujets, a donc péri pour vous?
Vous avez oublié ses bienfaits et sa gloire!
EURYCLÈS.
Le nom de votre époux est cher à leur mémoire:
On regrette Cresphonte, on le pleure, on vous plaint;
Mais la force l'emporte, et Polyphonte est craint.
MÉROPE.
Ainsi donc par mon peuple en tout temps accablée,
Je verrai la justice à la brigue immolée;
Et le vil intérêt, cet arbitre du sort,
Vend toujours le plus faible aux crimes du plus fort.
Allons, et rallumons dans ces âmes timides
Ces regrets mal éteints du sang des Héraclides:
Flattons leur espérance, excitons leur amour.
Parlez, et de leur maître annoncez le retour.

EURYCLÈS.
Je n'ai que trop parlé : Polyphonte en alarmes
Craint déjà votre fils, et redoute vos larmes ;
La fière ambition dont il est dévoré
Est inquiète, ardente, et n'a rien de sacré.
S'il chassa les brigands de Pylos et d'Amphryse,
S'il a sauvé Messène, il croit l'avoir conquise.
Il agit pour lui seul, il veut tout asservir :
Il touche à la couronne, et, pour mieux la ravir,
Il n'est point de rempart que sa main ne renverse,
De lois qu'il ne corrompe, et de sang qu'il ne verse :
Ceux dont la main cruelle égorgea votre époux
Peut-être ne sont pas plus à craindre pour vous.

MÉROPE.
Quoi ! partout sous mes pas le sort creuse un abîme ?
Je vois autour de moi le danger et le crime !
Polyphonte, un sujet de qui les attentats....

EURYCLÈS.
Dissimulez, madame, il porte ici ses pas.

SCÈNE III.
MÉROPE, POLYPHONTE, ÉROX.

POLYPHONTE.
Madame, il faut enfin que mon cœur se déploie.
Ce bras qui vous servit m'ouvre au trône une voie ;
Et les chefs de l'État, tout prêts de prononcer,
Me font entre nous deux l'honneur de balancer.
Des partis opposés qui désolaient Messène,
Qui versaient tant de sang, qui formaient tant de haines,
Il ne reste aujourd'hui que le vôtre et le mien.
Nous devons l'un à l'autre un mutuel soutien :
Nos ennemis communs, l'amour de la patrie,
Le devoir, l'intérêt, la raison, tout nous lie ;
Tout vous dit qu'un guerrier, vengeur de votre époux,
S'il aspire à régner, peut aspirer à vous.
Je me connais ; je sais que, blanchi sous les armes,
Ce front triste et sévère a pour vous peu de charmes ;
Je sais que vos appas, encor dans leur printemps,
Pourraient s'effaroucher de l'hiver de mes ans ;
Mais la raison d'État connaît peu ces caprices ;
Et de ce front guerrier les nobles cicatrices

Ne peuvent se couvrir que du bandeau des rois.
Je veux le sceptre et vous pour prix de mes exploits.
N'en croyez pas, madame, un orgueil téméraire :
Vous êtes de nos rois et la fille et la mère;
Mais l'État veut un maître, et vous devez songer
Que pour garder vos droits il les faut partager.

MÉROPE.

Le ciel, qui m'accabla du poids de sa disgrâce,
Ne m'a point préparée à ce comble d'audace.
Sujet de mon époux, vous m'osez proposer
De trahir sa mémoire et de vous épouser?
Moi, j'irais de mon fils, du seul bien qui me reste,
Déchirer avec vous l'héritage funeste?
Je mettrais en vos mains sa mère et son État,
Et le bandeau des rois sur le front d'un soldat?

POLYPHONTE.

Un soldat tel que moi peut justement prétendre
A gouverner l'État quand il l'a su défendre.
Le premier qui fut roi fut un soldat heureux;
Qui sert bien son pays n'a pas besoin d'aïeux[5].
Je n'ai plus rien du sang qui m'a donné la vie;
Ce sang s'est épuisé, versé pour la patrie;
Ce sang coula pour vous; et, malgré vos refus,
Je crois valoir au moins les rois que j'ai vaincus :
Et je n'offre en un mot à votre âme rebelle
Que la moitié d'un trône où mon parti m'appelle.

MÉROPE.

Un parti! vous, barbare, au mépris de nos lois!
Est-il d'autre parti que celui de vos rois?
Est-ce là cette foi si pure et si sacrée,
Qu'à mon époux, à moi, votre bouche a jurée?
La foi que vous devez à ses mânes trahis,
A sa veuve éperdue, à son malheureux fils,
A ces dieux dont il sort, et dont il tient l'empire?

POLYPHONTE.

Il est encor douteux si votre fils respire.
Mais, quand du sein des morts il viendrait en ces lieux
Redemander son trône à la face des dieux,
Ne vous y trompez pas, Messène veut un maître
Éprouvé par le temps, digne en effet de l'être;
Un roi qui la défende; et j'ose me flatter
Que le vengeur du trône a seul droit d'y monter.

Égisthe, jeune encore, et sans expérience,
Étalerait en vain l'orgueil de sa naissance;
N'ayant rien fait pour nous, il n'a rien mérité.
D'un prix bien différent ce trône est acheté.
Le droit de commander n'est plus un avantage
Transmis par la nature ainsi qu'un héritage ;
C'est le fruit des travaux et du sang répandu ;
C'est le prix du courage ; et je crois qu'il m'est dû.
Souvenez-vous du jour où vous fûtes surprise
Par ces lâches brigands de Pylos et d'Amphryse ;
Revoyez votre époux et vos fils malheureux,
Presque en votre présence, assassinés par eux ;
Revoyez-moi, madame, arrêtant leur furie,
Chassant vos ennemis, défendant la patrie ;
Voyez ces murs enfin par mon bras délivrés ;
Songez que j'ai vengé l'époux que vous pleurez :
Voilà mes droits, madame, et mon rang, et mon titre :
La valeur fit ces droits ; le ciel en est l'arbitre.
Que votre fils revienne ; il apprendra sous moi
Les leçons de la gloire, et l'art de vivre en roi :
Il verra si mon front soutiendra la couronne.
Le sang d'Alcide est beau, mais n'a rien qui m'étonne.
Je recherche un honneur et plus noble et plus grand :
Je songe à ressembler au dieu dont il descend :
En un mot, c'est à moi de défendre la mère,
Et de servir au fils et d'exemple et de père.

MÉROPE.

N'affectez point ici des soins si généreux,
Et cessez d'insulter à mon fils malheureux.
Si vous osez marcher sur les traces d'Alcide,
Rendez donc l'héritage au fils d'un Héraclide.
Ce dieu, dont vous seriez l'injuste successeur,
Vengeur de tant d'États, n'en fut point ravisseur.
Imitez sa justice ainsi que sa vaillance ;
Défendez votre roi ; secourez l'innocence ;
Découvrez, rendez-moi ce fils que j'ai perdu,
Et méritez sa mère à force de vertu ;
Dans nos murs relevés rappelez votre maître :
Alors jusques à vous je descendrais peut-être ;
Je pourrais m'abaisser ; mais je ne puis jamais
Devenir la complice et le prix des forfaits.

SCÈNE IV.
POLYPHONTE, ÉROX.

ÉROX.
Seigneur, attendez-vous que son âme fléchisse?
Ne pouvez-vous régner qu'au gré de son caprice?
Vous avez su du trône aplanir le chemin,
Et pour vous y placer vous attendez sa main !

POLYPHONTE.
Entre ce trône et moi je vois un précipice;
Il faut que ma fortune y tombe ou le franchisse.
Mérope attend Égisthe; et le peuple aujourd'hui,
Si son fils reparaît, peut se tourner vers lui.
En vain, quand j'immolai son père et ses deux frères,
De ce trône sanglant je m'ouvris les barrières;
En vain, dans ce palais, où la sédition
Remplissait tout d'horreur et de confusion,
Ma fortune a permis qu'un voile heureux et sombre
Couvrît mes attentats du secret de son ombre;
En vain du sang des rois, dont je suis l'oppresseur,
Les peuples abusés m'ont cru le défenseur :
Nous touchons au moment où mon sort se décide.
S'il reste un rejeton de la race d'Alcide,
Si ce fils, tant pleuré, dans Messène est produit,
De quinze ans de travaux j'ai perdu tout le fruit.
Crois-moi, ces préjugés de sang et de naissance
Revivront dans les cœurs, y prendront sa défense.
Le souvenir du père, et cent rois pour aïeux,
Cet honneur prétendu d'être issu de nos dieux,
Les cris, le désespoir d'une mère éplorée,
Détruiront ma puissance encor mal assurée.
Égisthe est l'ennemi dont il faut triompher.
Jadis dans son berceau je voulus l'étouffer.
De Narbas à mes yeux l'adroite diligence
Aux mains qui me servaient arracha son enfance :
Narbas, depuis ce temps, errant loin de ces bords,
A bravé ma recherche, a trompé mes efforts.
J'arrêtai ses courriers; ma juste prévoyance
De Mérope et de lui rompit l'intelligence.
Mais je connais le sort; il peut se démentir;
De la nuit du silence un secret peut sortir;

Et des dieux quelquefois la longue patience
Fait sur nous à pas lents descendre la vengeance⁴.

ÉROX.

Ah! livrez-vous sans crainte à vos heureux destins.
La prudence est le dieu qui veille à vos desseins.
Vos ordres sont suivis : déjà vos satellites
D'Élide et de Messène occupent les limites.
Si Narbas reparaît, si jamais à leurs yeux
Narbas ramène Égisthe, ils périssent tous deux.

POLYPHONTE.

Mais me réponds-tu bien de leur aveugle zèle ?

ÉROX.

Vous les avez guidés par une main fidèle :
Aucun d'eux ne connaît ce sang qui doit couler,
Ni le nom de ce roi qu'ils doivent immoler.
Narbas leur est dépeint comme un traître, un transfuge,
Un criminel errant, qui demande un refuge;
L'autre, comme un esclave, et comme un meurtrier
Qu'à la rigueur des lois il faut sacrifier.

POLYPHONTE.

Eh bien, encor ce crime! il m'est trop nécessaire.
Mais, en perdant le fils, j'ai besoin de la mère;
J'ai besoin d'un hymen utile à ma grandeur,
Qui détourne de moi le nom d'usurpateur,
Qui fixe enfin les vœux de ce peuple infidèle,
Qui m'apporte pour dot l'amour qu'on a pour elle.
Je lis au fond des cœurs; à peine ils sont à moi :
Échauffés par l'espoir, ou glacés par l'effroi,
L'intérêt me les donne; il les ravit de même.
Toi, dont le sort dépend de ma grandeur suprême,
Appui de mes projets par tes soins dirigés,
Érox, va réunir les esprits partagés ;
Que l'avare en secret te vende son suffrage :
Assure au courtisan ma faveur en partage;
Du lâche qui balance échauffe les esprits :
Promets, donne, conjure, intimide, éblouis.
Ce fer aux pieds du trône en vain m'a su conduire;
C'est encor peu de vaincre, il faut savoir séduire,
Flatter l'hydre du peuple, au frein l'accoutumer,
Et pousser l'art enfin jusqu'à m'en faire aimer⁵.

FIN DU PREMIER ACTE.

ACTE SECOND.

SCÈNE I[1].
MÉROPE, EURYCLÈS, ISMÉNIE.

MÉROPE.
Quoi ! l'univers se tait sur le destin d'Égisthe !
Je n'entends que trop bien ce silence si triste.
Aux frontières d'Élide enfin n'a-t-on rien su ?
EURYCLÈS.
On n'a rien découvert; et tout ce qu'on a vu,
C'est un jeune étranger, de qui la main sanglante
D'un meurtre encor récent paraissait dégouttante;
Enchaîné par mon ordre, on l'amène au palais.
MÉROPE.
Un meurtre ! un inconnu ! Qu'a-t-il fait, Euryclès ?
Quel sang a-t-il versé ? Vous me glacez de crainte.
EURYCLÈS.
Triste effet de l'amour dont votre âme est atteinte !
Le moindre événement vous porte un coup mortel;
Tout sert à déchirer ce cœur trop maternel;
Tout fait parler en vous la voix de la nature.
Mais de ce meurtrier la commune aventure
N'a rien dont vos esprits doivent être agités.
De crimes, de brigands, ces bords sont infectés;
C'est le fruit malheureux de nos guerres civiles.
La justice est sans force; et nos champs et nos villes
Redemandent aux dieux, trop longtemps négligés,
Le sang des citoyens l'un par l'autre égorgés.
Écartez des terreurs dont le poids vous afflige.
MÉROPE.
Quel est cet inconnu ? Répondez-moi, vous dis-je.
EURYCLÈS.
C'est un de ces mortels du sort abandonnés,
Nourris dans la bassesse, aux travaux condamnés;

ACTE II, SCÈNE I.

Un malheureux sans nom, si l'on croit l'apparence.
MÉROPE.
N'importe, quel qu'il soit, qu'il vienne en ma présence;
Le témoin le plus vil et les moindres clartés
Nous montrent quelquefois de grandes vérités.
Peut-être j'en crois trop le trouble qui me presse;
Mais ayez-en pitié, respectez ma faiblesse :
Mon cœur a tout à craindre, et rien à négliger.
Qu'il vienne, je le veux, je veux l'interroger.
EURYCLÈS.
(A Isménie:)
Vous serez obéie. Allez, et qu'on l'amène;
Qu'il paraisse à l'instant aux regards de la reine.
MÉROPE.
Je sens que je vais prendre un inutile soin.
Mon désespoir m'aveugle; il m'emporte trop loin :
Vous savez s'il est juste. On comble ma misère,
On détrône le fils, on outrage la mère.
Polyphonte, abusant de mon triste destin,
Ose enfin s'oublier jusqu'à m'offrir sa main.
EURYCLÈS.
Vos malheurs sont plus grands que vous ne pouvez croire.
Je sais que cet hymen offense votre gloire;
Mais je vois qu'on l'exige, et le sort irrité
Vous fait de cet opprobre une nécessité :
C'est un cruel parti; mais c'est le seul peut-être
Qui pourrait conserver le trône à son vrai maître.
Tel est le sentiment des chefs et des soldats;
Et l'on croit....
MÉROPE.
Non; mon fils ne le souffrirait pas ;
L'exil, où son enfance a langui condamnée,
Lui serait moins affreux que ce lâche hyménée.
EURYCLÈS.
Il le condamnerait, si, paisible en son rang,
Il n'en croyait ici que les droits de son sang;
Mais, si par les malheurs son âme était instruite,
Sur ses vrais intérêts s'il réglait sa conduite,
De ses tristes amis s'il consultait la voix,
Et la nécessité, souveraine des lois.
Il verrait que jamais sa malheureuse mère
Ne lui donna d'amour une marque plus chère.

MÉROPE.
Ah! que me dites-vous?
EURYCLÈS.
De dures vérités,
Que m'arrachent mon zèle et vos calamités.
MÉROPE.
Quoi! vous me demandez que l'intérêt surmonte
Cette invincible horreur que j'ai pour Polyphonte,
Vous, qui me l'avez peint de si noires couleurs!
EURYCLÈS.
Je l'ai peint dangereux, je connais ses fureurs;
Mais il est tout-puissant; mais rien ne lui résiste :
Il est sans héritier, et vous aimez Égisthe.
MÉROPE.
Ah! c'est ce même amour, à mon cœur précieux,
Qui me rend Polyphonte encor plus odieux.
Que parlez-vous toujours et d'hymen et d'empire?
Parlez-moi de mon fils, dites-moi s'il respire.
Cruel! apprenez-moi.....
EURYCLÈS.
Voici cet étranger
Que vos tristes soupçons brûlaient d'interroger.

SCÈNE II.

**MÉROPE, EURYCLÈS, ÉGISTHE, enchaîné, ISMÉNIE,
GARDES.**

ÉGISTHE, dans le fond du théâtre, à Isménie.
Est-ce là cette reine auguste et malheureuse,
Celle de qui la gloire, et l'infortune affreuse
Retentit jusqu'à moi dans le fond des déserts?
ISMÉNIE.
Rassurez-vous, c'est elle.
(Elle sort.)
ÉGISTHE.
O Dieu de l'univers!
Dieu qui formas ses traits, veille sur ton image!
La vertu sur le trône est ton plus digne ouvrage.
MÉROPE.
C'est là ce meurtrier! Se peut-il qu'un mortel
Sous des dehors si doux ait un cœur si cruel?

Approche, malheureux, et dissipe tes craintes.
Réponds-moi : de quel sang tes mains sont-elles teintes ?
ÉGISTHE.
O reine, pardonnez : le trouble, le respect,
Glacent ma triste voix tremblante à votre aspect.
(A Euryclès:)
Mon âme, en sa présence, étonnée, attendrie....
MÉROPE.
Parle. De qui ton bras a-t-il tranché la vie ?
ÉGISTHE.
D'un jeune audacieux, que les arrêts du sort
Et ses propres fureurs ont conduit à la mort.
MÉROPE.
D'un jeune homme ! Mon sang s'est glacé dans mes veines.
Ah !... T'était-il connu ?
ÉGISTHE.
          Non : les champs de Messènes,
Ses murs, leurs citoyens, tout est nouveau pour moi.
MÉROPE.
Quoi ! ce jeune inconnu s'est armé contre toi ?
Tu n'aurais employé qu'une juste défense ?
ÉGISTHE.
J'en atteste le ciel ; il sait mon innocence.
Aux bords de la Pamise, en un temple sacré,
Où l'un de vos aïeux, Hercule, est adoré,
J'osais prier pour vous ce dieu vengeur des crimes :
Je ne pouvais offrir ni présents ni victimes ;
Né dans la pauvreté, j'offrais de simples vœux,
Un cœur pur et soumis, présent des malheureux.
Il semblait que le dieu, touché de mon hommage,
Au-dessus de moi-même élevât mon courage.
Deux inconnus armés m'ont abordé soudain,
L'un dans la fleur des ans, l'autre vers son déclin.
« Quel est donc, m'ont-ils dit, le dessein qui te guide ?
« Et quels vœux formes-tu pour la race d'Alcide ? »
L'un et l'autre à ces mots ont levé le poignard.
Le ciel m'a secouru dans ce triste hasard :
Cette main du plus jeune a puni la furie ;
Percé de coups, madame, il est tombé sans vie.
L'autre a fui lâchement, tel qu'un vil assassin.
Et moi, je l'avouerai, de mon sort incertain,

Ignorant de quel sang j'avais rougi la terre,
Craignant d'être puni d'un meurtre involontaire,
J'ai traîné dans les flots ce corps ensanglanté.
Je fuyais ; vos soldats m'ont bientôt arrêté :
Ils ont nommé Mérope, et j'ai rendu les armes.

EURYCLÈS.
Eh ! madame, d'où vient que vous versez des larmes ?

MÉROPE.
Te le dirai-je ? hélas ! tandis qu'il m'a parlé,
Sa voix m'attendrissait, tout mon cœur s'est troublé.
Cresphonte, ô ciel !... j'ai cru.... que j'en rougis de honte !
Oui, j'ai cru démêler quelques traits de Cresphonte[2].
Jeux cruels du hasard, en qui me montrez-vous
Une si fausse image, et des rapports si doux ?
Affreux ressouvenir, quel vain songe m'abuse !

EURYCLÈS.
Rejetez donc, madame, un soupçon qui l'accuse ;
Il n'a rien d'un barbare, et rien d'un imposteur.

MÉROPE.
Les dieux ont sur son front imprimé la candeur.
Demeurez ; en quel lieu le ciel vous fit-il naître ?

ÉGISTHE.
En Élide.

MÉROPE.
Qu'entends-je ? en Élide ! Ah ! peut-être....
L'Élide.... répondez.... Narbas vous est connu ?
Le nom d'Égisthe au moins jusqu'à vous est venu ?
Quel était votre état, votre rang, votre père ?

ÉGISTHE.
Mon père est un vieillard accablé de misère ;
Polyclète est son nom ; mais Égisthe, Narbas,
Ceux dont vous me parlez, je ne les connais pas.

MÉROPE.
O Dieux ! vous vous jouez d'une triste mortelle !
J'avais de quelque espoir une faible étincelle ;
J'entrevoyais le jour, et mes yeux affligés
Dans la profonde nuit sont déjà replongés.
Et quel rang vos parents tiennent-ils dans la Grèce ?

ÉGISTHE.
Si la vertu suffit pour faire la noblesse,

Ceux dont je tiens le jour, Polyclète, Sirris,
Ne sont pas des mortels dignes de vos mépris :
Leur sort les avilit; mais leur sage constance
Fait respecter en eux l'honorable indigence.
Sous ses rustiques toits mon père vertueux
Fait le bien, suit les lois, et ne craint que les dieux

MÉROPE.

Chaque mot qu'il me dit est plein de nouveaux charmes.
Pourquoi donc le quitter? pourquoi causer ses larmes?
Sans doute il est affreux d'être privé d'un fils.

ÉGISTHE.

Un vain désir de gloire a séduit mes esprits.
On me parlait souvent des troubles de Messène,
Des malheurs dont le ciel avait frappé la reine,
Surtout de ses vertus, dignes d'un autre prix :
Je me sentais ému par ces tristes récits.
De l'Élide en secret dédaignant la mollesse,
J'ai voulu dans la guerre exercer ma jeunesse,
Servir sous vos drapeaux, et vous offrir mon bras;
Voilà le seul dessein qui conduisit mes pas.
Ce faux instinct de gloire égara mon courage :
A mes parents, flétris sous les rides de l'âge,
J'ai de mes jeunes ans dérobé les secours;
C'est ma première faute; elle a troublé mes jours :
Le ciel m'en a puni, le ciel inexorable
M'a conduit dans le piége, et m'a rendu coupable.

MÉROPE.

Il ne l'est point; j'en crois son ingénuité :
Le mensonge n'a point cette simplicité.
Tendons à sa jeunesse une main bienfaisante;
C'est un infortuné que le ciel me présente :
Il suffit qu'il soit homme, et qu'il soit malheureux.
Mon fils peut éprouver un sort plus rigoureux [3].
Il me rappelle Égisthe; Égisthe est de son âge :
Peut-être, comme lui, de rivage en rivage,
Inconnu, fugitif, et partout rebuté,
Il souffre le mépris qui suit la pauvreté [4].
L'opprobre avilit l'âme, et flétrit le courage.
Pour le sang de nos dieux quel horrible partage!
Si du moins....

SCÈNE III.

MÉROPE, ÉGISTHE, EURYCLÈS, ISMÉNIE.

ISMÉNIE.

Ah! madame, entendez-vous ces cris?
Savez-vous bien....

MÉROPE.

Quel trouble alarme tes esprits?

ISMÉNIE.

Polyphonte l'emporte, et nos peuples volages
A son ambition prodiguent leurs suffrages.
Il est roi, c'en est fait.

ÉGISTHE.

J'avais cru que les dieux
Auraient placé Mérope au rang de ses aïeux.
Dieux! que plus on est grand, plus vos coups sont à craindre!
Errant, abandonné, je suis le moins à plaindre.
Tout homme a ses malheurs.

(On emmène Égisthe.)

EURYCLÈS, à Mérope.

Je vous l'avais prédit:
Vous avez trop bravé son offre et son crédit.

MÉROPE.

Je vois toute l'horreur de l'abîme où nous sommes.
J'ai mal connu les dieux, j'ai mal connu les hommes:
J'en attendais justice; ils la refusent tous.

EURYCLÈS.

Permettez que du moins j'assemble autour de vous
Ce peu de nos amis qui, dans un tel orage,
Pourraient encor sauver les débris du naufrage,
Et vous mettre à l'abri des nouveaux attentats
D'un maître dangereux, et d'un peuple d'ingrats.

SCÈNE IV.

MÉROPE, ISMÉNIE.

ISMÉNIE.

L'État n'est point ingrat; non, madame: on vous aime;
On vous conserve encor l'honneur du diadème:

On veut que Polyphonte, en vous donnant la main,
Semble tenir de vous le pouvoir souverain.
MÉROPE.
On ose me donner au tyran qui me brave;
On a trahi le fils, on fait la mère esclave!
ISMÉNIE.
Le peuple vous rappelle au rang de vos aïeux;
Suivez sa voix, madame; elle est la voix des dieux.
MÉROPE.
Inhumaine, tu veux que Mérope avilie
Rachète un vain honneur à force d'infamie?

SCÈNE V.
MÉROPE, EURYCLÈS, ISMÉNIE.
EURYCLÈS.
Madame, je reviens en tremblant devant vous :
Préparez ce grand cœur aux plus terribles coups;
Rappelez votre force à ce dernier outrage.
MÉROPE.
Je n'en ai plus; les maux ont lassé mon courage
Mais n'importe; parlez.
EURYCLÈS.
   C'en est fait; et le sort...
Je ne puis achever.
MÉROPE.
   Quoi! mon fils?...
EURYCLÈS.
      Il est mort.
Il est trop vrai : déjà cette horrible nouvelle
Consterne vos amis, et glace tout leur zèle.
MÉROPE.
Mon fils est mort!
ISMÉNIE.
  O dieux!
EURYCLÈS.
    D'indignes assassins,
Des piéges de la mort ont semé les chemins.
Le crime est consommé.
MÉROPE.
   Quoi! ce jour que j'abhorre,
Ce soleil luit pour moi! Mérope vit encore!

Il n'est plus! Quelles mains ont déchiré son flanc?
Quel monstre a répandu les restes de mon sang?
EURYCLÈS.
Hélas! cet étranger, ce séducteur impie,
Dont vous-même admiriez la vertu poursuivie,
Pour qui tant de pitié naissait dans votre sein,
Lui que vous protégiez!...
MÉROPE.
     Ce monstre est l'assassin?
EURYCLÈS.
Oui, madame : on en a des preuves trop certaines;
On vient de découvrir, de mettre dans les chaînes,
Deux de ses compagnons, qui, cachés parmi nous,
Cherchaient encor Narbas échappé de leurs coups.
Celui qui sur Égisthe a mis ses mains hardies
A pris de votre fils les dépouilles chéries,
L'armure que Narbas emporta de ces lieux :
(On apporte cette armure dans le fond du théâtre.)
Le traître avait jeté ces gages précieux,
Pour n'être point connu par ces marques sanglantes.
MÉROPE.
Ah! que me dites-vous? mes mains, ces mains tremblantes
En armèrent Cresphonte, alors que de mes bras
Pour la première fois il courut aux combats.
O dépouille trop chère, en quelles mains livrée?
Quoi! ce monstre avait pris cette armure sacrée?
EURYCLÈS.
Celle qu'Égisthe même apportait en ces lieux.
MÉROPE.
Et teinte de son sang on la montre à mes yeux!
Ce vieillard qu'on a vu dans le temple d'Alcide....
EURYCLÈS.
C'était Narbas; c'était son déplorable guide;
Polyphonte l'avoue.
MÉROPE.
    Affreuse vérité!
Hélas! de l'assassin le bras ensanglanté,
Pour dérober aux yeux son crime et son parjure,
Donne à mon fils sanglant les flots pour sépulture!
Je vois tout. O mon fils! quel horrible destin!
EURYCLÈS.
Voulez-vous tout savoir de ce lâche assassin?

SCÈNE VI.

MÉROPE, EURYCLÈS, ISMÉNIE, ÉROX,
GARDES DE POLYPHONTE.

ÉROX.

Madame, par ma voix, permettez que mon maître,
Trop dédaigné de vous, trop méconnu peut-être,
Dans ces cruels moments vous offre son secours.
Il a su que d'Égisthe on a tranché les jours ;
Et cette part qu'il prend aux malheurs de la reine....

MÉROPE.

Il y prend part, Érox, et je le crois sans peine ;
Il en jouit, du moins, et les destins l'ont mis
Au trône de Cresphonte, au trône de mon fils.

ÉROX.

Il vous offre ce trône ; agréez qu'il partage
De ce fils, qui n'est plus, le sanglant héritage,
Et que, dans vos malheurs, il mette à vos genoux
Un front que la couronne a fait digne de vous.
Mais il faut dans mes mains remettre le coupable :
Le droit de le punir est un droit respectable ;
C'est le devoir des rois : le glaive de Thémis,
Ce grand soutien du trône, à lui seul est commis :
A vous, comme à son peuple, il veut rendre justice.
Le sang des assassins est le vrai sacrifice
Qui doit de votre hymen ensanglanter l'autel.

MÉROPE.

Non ; je veux que ma main porte le coup mortel.
Si Polyphonte est roi, je veux que sa puissance
Laisse à mon désespoir le soin de ma vengeance.
Qu'il règne, qu'il possède et mes biens et mon rang ;
Tout l'honneur que je veux, c'est de venger mon sang.
Ma main est à ce prix ; allez, qu'il s'y prépare :
Je la retirerai du sein de ce barbare,
Pour la porter fumante aux autels de nos dieux.

ÉROX.

Le roi, n'en doutez point, va remplir tous vos vœux.
Croyez qu'à vos regrets son cœur sera sensible.

SCÈNE VII.

MÉROPE, EURYCLÈS, ISMÉNIE.

MÉROPE.

Non, ne m'en croyez point; non, cet hymen horrible,
Cet hymen que je crains ne s'accomplira pas
Au sein du meurtrier j'enfoncerai mon bras;
Mais ce bras à l'instant m'arrachera la vie.

EURYCLÈS.

Madame, au nom des dieux....

MÉROPE.

Ils m'ont trop poursuivie.
Irai-je à leurs autels, objet de leur courroux,
Quand ils m'ôtent un fils, demander un époux,
Joindre un sceptre étranger au sceptre de mes pères,
Et les flambeaux d'hymen aux flambeaux funéraires?
Moi, vivre! moi, lever mes regards éperdus
Vers ce ciel outragé que mon fils ne voit plus!
Sous un maître odieux dévorant ma tristesse,
Attendre dans les pleurs une affreuse vieillesse!
Quand on a tout perdu, quand on n'a plus d'espoir,
La vie est un opprobre, et la mort un devoir.

FIN DU SECOND ACTE.

ACTE TROISIÈME.

SCÈNE I.

NARBAS.

O douleur! ô regrets! ô vieillesse pesante!
Je n'ai pu retenir cette fougue imprudente,
Cette ardeur d'un héros, ce courage emporté,
S'indignant dans mes bras de son obscurité.
Je l'ai perdu! la mort me l'a ravi peut-être.
De quel front aborder la mère de mon maître?
Quels maux sont en ces lieux accumulés sur moi!
Je reviens sans Égisthe; et Polyphonte est roi!
Cet heureux artisan de fraudes et de crimes,
Cet assassin farouche, entouré de victimes,
Qui, nous persécutant de climats en climats,
Sema partout la mort, attachée à nos pas :
Il règne; il affermit le trône qu'il profane;
Il y jouit en paix du ciel qui le condamne[1]!
Dieux! cachez mon retour à ses yeux pénétrants,
Dieux! dérobez Égisthe au fer de ses tyrans :
Guidez-moi vers sa mère, et qu'à ses pieds je meure!
Je vois, je reconnais, cette triste demeure
Où le meilleur des rois a reçu le trépas,
Où son fils tout sanglant fut sauvé dans mes bras.
Hélas, après quinze ans d'exil et de misère,
Je viens coûter encor des larmes à sa mère.
A qui me déclarer? Je cherche dans ces lieux
Quelque ami dont la main me conduise à ses yeux;
Aucun ne se présente à ma débile vue.
Je vois près d'une tombe une foule éperdue :
J'entends des cris plaintifs. Hélas! dans ce palais
Un dieu persécuteur habite pour jamais.

SCÈNE II.

NARBAS, ISMÉNIE, dans le fond du théâtre, où l'on découvre
le tombeau de Cresphonte.

ISMÉNIE.
Quel est cet inconnu dont la vue indiscrète
Ose troubler la reine, et percer sa retraite?
Est-ce de nos tyrans quelque ministre affreux,
Dont l'œil vient épier les pleurs des malheureux?

NARBAS.
Oh! qui que vous soyez, excusez mon audace:
C'est un infortuné qui demande une grâce.
Il peut servir Mérope; il voudrait lui parler.

ISMÉNIE.
Ah! quel temps prenez-vous pour oser la troubler?
Respectez la douleur d'une mère éperdue,
Malheureux étranger, n'offensez point sa vue;
Éloignez-vous.

NARBAS.
   Hélas! au nom des dieux vengeurs,
Accordez cette grâce à mon âge, à mes pleurs.
Je ne suis point, madame, étranger dans Messène.
Croyez, si vous servez, si vous aimez la reine,
Que mon cœur, à son sort attaché comme vous,
De sa longue infortune a senti tous les coups.
Quelle est donc cette tombe en ces lieux élevée
Que j'ai vu de vos pleurs en ce moment lavée?

ISMÉNIE.
C'est la tombe d'un roi des dieux abandonné,
D'un héros, d'un époux, d'un père infortuné,
De Cresphonte.

NARBAS, allant vers le tombeau.
   O mon maître! ô cendres que j'adore!

ISMÉNIE.
L'épouse de Cresphonte est plus à plaindre encore.

NARBAS.
Quels coups auraient comblé ses malheurs inouïs?

ISMÉNIE.
Le coup le plus terrible; on a tué son fils.

NARBAS.
Son fils Égisthe, ô dieux! le malheureux Égisthe!
ISMÉNIE.
Nul mortel en ces lieux n'ignore un sort si triste.
NARBAS.
Son fils ne serait plus!
ISMÉNIE.
Un barbare assassin
Aux portes de Messène a déchiré son sein.
NARBAS.
O désespoir! ô mort que ma crainte a prédite!
Il est assassiné? Mérope en est instruite?
Ne vous trompez vous pas?
ISMÉNIE.
Des signes trop certains
Ont éclairé nos yeux sur ses affreux destins.
C'est vous en dire assez; sa perte est assurée.
NARBAS.
Quel fruit de tant de soins!
ISMÉNIE.
Au désespoir livrée,
Mérope va mourir; son courage est vaincu;
Pour son fils seulement Mérope avait vécu :
Des nœuds qui l'arrêtaient sa vie est dégagée;
Mais avant de mourir elle sera vengée :
Le sang de l'assassin par sa main doit couler;
Au tombeau de Cresphonte elle va l'immoler.
Le roi, qui l'a permis, cherche à flatter sa peine;
Un des siens en ces lieux doit aux pieds de la reine
Amener à l'instant ce lâche meurtrier,
Qu'au sang d'un fils si cher on va sacrifier.
Mérope cependant, dans sa douleur profonde,
Veut de ce lieu funeste écarter tout le monde.
NARBAS, *s'en allant.*
Hélas! s'il est ainsi, pourquoi me découvrir?
Aux pieds de ce tombeau je n'ai plus qu'à mourir.

SCÈNE III.
ISMÉNIE.

Ce vieillard est, sans doute, un citoyen fidèle;
Il pleure; il ne craint point de marquer un vrai zèle;

Il pleure; et tout le reste, esclave des tyrans,
Détourne loin de nous des yeux indifférents.
Quel si grand intérêt prend il à nos alarmes?
La tranquille pitié fait verser moins de larmes.
Il montrait pour Égisthe un cœur trop paternel!
Hélas! courons à lui.... Mais quel objet cruel!

SCÈNE IV.

MÉROPE, ISMÉNIE, EURYCLÈS, ÉGISTHE enchaîné,
GARDES, SACRIFICATEURS.

MÉROPE.

Qu'on amène à mes yeux cette horrible victime.
Inventons des tourments qui soient égaux au crime;
Ils ne pourront jamais égaler ma douleur.

ÉGISTHE.

On m'a vendu bien cher un instant de faveur.
Secourez-moi, grands dieux, à l'innocent propices!

EURYCLÈS.

Avant que d'expirer, qu'il nomme ses complices.

MÉROPE, avançant.

Oui; sans doute, il le faut. Monstre! qui t'a porté
A ce comble du crime, à tant de cruauté?
Que t'ai-je fait?

ÉGISTHE.

   Les dieux qui vengent le parjure,
Sont témoins si ma bouche a connu l'imposture.
J'avais dit à vos pieds la simple vérité;
J'avais déjà fléchi votre cœur irrité;
Vous étendiez sur moi votre main protectrice :
Qui peut avoir sitôt lassé votre justice?
Et quel est donc ce sang qu'a versé mon erreur?
Quel nouvel intérêt vous parle en sa faveur?

MÉROPE.

Quel intérêt, barbare!

ÉGISTHE.

   Hélas! sur son visage
J'entrevois de la mort la douloureuse image :
Que j'en suis attendri! j'aurais voulu cent fois
Racheter de mon sang l'état où je la vois.

MÉROPE.
Le cruel! à quel point on l'instruisit à feindre!
Il m'arrache la vie, et semble encor me plaindre!
(Elle se jette dans les bras d'Isménie.)

EURYCLÈS.
Madame, vengez-vous, et vengez à la fois
Les lois, et la nature, et le sang de nos rois.

ÉGISTHE.
A la cour de ces rois telle est donc la justice!
On m'accueille, on me flatte; on résout mon supplice;
Quel destin m'arrachait à mes tristes forêts?
Vieillard infortuné, quels seront vos regrets?
Mère trop malheureuse, et dont la voix si chère [a]
M'avait prédit....

MÉROPE.
Barbare! il te reste une mère!
Je serais mère encor sans toi, sans ta fureur.
Tu m'as ravi mon fils.

ÉGISTHE.
Si tel est mon malheur,
S'il était votre fils, je suis trop condamnable.
Mon cœur est innocent, mais ma main est coupable.
Que je suis malheureux! Le ciel sait qu'aujourd'hui
J'aurais donné ma vie et pour vous et pour lui.

MÉROPE.
Quoi, traître! quand ta main lui ravit cette armure....

ÉGISTHE.
Elle est à moi.

MÉROPE.
Comment? que dis-tu?

ÉGISTHE.
Je vous jure
Par vous, par ce cher fils, par vos divins aïeux,
Que mon père en mes mains mit ce don précieux.

MÉROPE.
Qui? ton père? En Élide? En quel trouble il me jette!
Son nom? parle, réponds.

ÉGISTHE.
Son nom est Polyclète :
Je vous l'ai déjà dit.

MÉROPE.
Tu m'arraches le cœur.

Quelle indigne pitié suspendait ma fureur!
C'en est trop; secondez la rage qui me guide.
Qu'on traîne à ce tombeau ce monstre, ce perfide.
(Levant le poignard.)
Mânes de mon cher fils! mes bras ensanglantés....
NARBAS, paraissant avec précipitation.
Qu'allez-vous faire, ô dieux!
MÉROPE.
Qui m'appelle?
NARBAS.
Arrêtez[5]!
Hélas! il est perdu, si je nomme sa mère,
S'il est connu.
MÉROPE.
Meurs, traître!
NARBAS.
Arrêtez!
ÉGISTHE, tournant les yeux vers Narbas.
O mon père!
MÉROPE
Son père!
ÉGISTHE, à Narbas.
Hélas! que vois-je? où portez-vous vos pas?
Venez-vous être ici témoin de mon trépas?
NARBAS.
Ah! madame, empêchez qu'on achève le crime,
Euryclès, écoutez; écartez la victime :
Que je vous parle.
EURYCLÈS emmène Égisthe, et ferme le fond du théâtre.
O ciel!
MÉROPE, s'avançant.
Vous me faites trembler :
J'allais venger mon fils.
NARBAS se jetant à genoux.
Vous alliez l'immoler[4].
Égisthe....
MÉROPE, laissant tomber le poignard.
Eh bien, Égisthe?
NARBAS.
O reine infortunée!
Celui dont votre main tranchait la destinée,
C'est Égisthe....

MÉROPE.
Il vivrait!
NARBAS.
C'est lui, c'est votre fils.
MÉROPE, tombant dans les bras d'Isménie.
Je me meurs!
ISMÉNIE.
Dieux puissants!
NARBAS, à Isménie.
Rappelez ses esprits.
Hélas! ce juste excès de joie et de tendresse,
Ce trouble si soudain, ce remords qui la presse
Vont consumer ses jours usés par la douleur.
MÉROPE, revenant à elle.
Ah! Narbas, est-ce vous? est-ce un songe trompeur?
Quoi! c'est vous! c'est mon fils! qu'il vienne, qu'il paraisse.
NARBAS.
Redoutez, renfermez cette juste tendresse.
(A Isménie :)
Vous, cachez à jamais ce secret important;
Le salut de la reine et d'Égisthe en dépend.
MÉROPE.
Ah! quel nouveau danger empoisonne ma joie!
Cher Égisthe! quel dieu défend que je te voie?
Ne m'est-il donc rendu que pour mieux m'affliger?
NARBAS.
Ne le connaissant pas, vous alliez l'égorger;
Et, si son arrivée est ici découverte,
En le reconnaissant vous assurez sa perte.
Malgré la voix du sang, feignez, dissimulez :
Le crime est sur le trône; on vous poursuit : tremblez.

SCÈNE V.

MÉROPE, EURYCLÈS, NARBAS, ISMÉNIE.

EURYCLÈS.
Ah! madame, le roi commande qu'on saisisse....
MÉROPE.
Qui?
EURYCLÈS.
Ce jeune étranger qu'on destine au supplice.

MÉROPE, avec transport.

Eh bien, cet étranger, c'est mon fils, c'est mon sang.
Narbas, on va plonger le couteau dans son flanc!
Courons tous.

NARBAS.

Demeurez.

MÉROPE.

C'est mon fils qu'on entraîne!
Pourquoi? quelle entreprise exécrable et soudaine!
Pourquoi m'ôter Égisthe?

EURYCLÈS.

Avant de vous venger,
Polyphonte, dit-il, prétend l'interroger.

MÉROPE.

L'interroger? qui? lui? sait-il quelle est sa mère?

EURYCLÈS.

Nul ne soupçonne encor ce terrible mystère.

MÉROPE.

Courons à Polyphonte; implorons son appui.

NARBAS.

N'implorez que les dieux, et ne craignez que lui.

EURYCLÈS.

Si les droits de ce fils au roi font quelque ombrage,
De son salut au moins votre hymen est le gage.
Prêt à s'unir à vous d'un éternel lien,
Votre fils aux autels va devenir le sien.
Et, dût sa politique en être encor jalouse,
Il faut qu'il serve Égisthe, alors qu'il vous épouse.

NARBAS.

Il vous épouse! lui! quel coup de foudre! ô ciel!

MÉROPE.

C'est mourir trop longtemps dans ce trouble cruel.
Je vais....

NARBAS.

Vous n'irez point, ô mère déplorable!
Vous n'accomplirez point cet hymen exécrable.

EURYCLÈS.

Narbas, elle est forcée à lui donner la main.
Il peut venger Cresphonte.

NARBAS.

Il en est l'assassin.

MÉROPE.

Lui? ce traître?

NARBAS.
Oui, lui-même ; oui, ses mains sanguinaires
Ont égorgé d'Égisthe et le père et les frères :
Je l'ai vu sur mon roi, j'ai vu porter les coups ;
Je l'ai vu tout couvert du sang de votre époux.

MÉROPE.
Ah dieux !

NARBAS.
J'ai vu ce monstre entouré de victimes ;
Je l'ai vu contre vous accumuler les crimes :
Il déguisa sa rage à force de forfaits ;
Lui-même aux ennemis il ouvrit ce palais.
Il y porta la flamme ; et parmi le carnage,
Parmi les traits, les feux, le trouble, le pillage,
Teint du sang de vos fils, mais des brigands vainqueur,
Assassin de son prince, il parut son vengeur.
D'ennemis, de mourants, vous étiez entourée ;
Et moi, perçant à peine une foule égarée,
J'emportai votre fils dans mes bras languissants.
Les dieux ont pris pitié de ses jours innocents :
Je l'ai conduit, seize ans, de retraite en retraite ;
J'ai pris pour me cacher le nom de Polyclète ;
Et, lorsqu'en arrivant je l'arrache à vos coups,
Polyphonte est son maître et devient votre époux[8] !

MÉROPE.
Ah ! tout mon sang se glace à ce récit horrible.

EURYCLÈS.
On vient : c'est Polyphonte.

MÉROPE.
O dieux ! est-il possible ?
(A Narbas :)
Va, dérobe surtout ta vue à sa fureur.

NARBAS.
Hélas ! si votre fils est cher à votre cœur,
Avec son assassin dissimulez, madame.

EURYCLÈS.
Renfermons ce secret dans le fond de notre âme.
Un seul mot peut le perdre.

MÉROPE, à Euryclès.
Ah ! cours ; et que tes yeux
Veillent sur ce dépôt si cher, si précieux.

EURYCLÈS.

N'en doutez point.

MÉROPE.

Hélas ! j'espère en ta prudence :
C'est mon fils, c'est ton roi. Dieux ! ce monstre s'avance

SCÈNE VI.

MÉROPE, POLYPHONTE, ÉROX, ISMÉNIE, suite.

POLYPHONTE.

Le trône vous attend, et les autels sont prêts ;
L'hymen qui va nous joindre unit nos intérêts.
Comme roi, comme époux, le devoir me commande
Que je venge le meurtre, et que je vous défende.
Deux complices déjà, par mon ordre saisis,
Vont payer de leur sang le sang de votre fils.
Mais, malgré tous mes soins, votre lente vengeance
A bien mal secondé ma prompte vigilance.
J'avais à votre bras remis cet assassin ;
Vous-même, disiez-vous, deviez percer son sein.

MÉROPE.

Plût aux dieux que mon bras fût le vengeur du crime !

POLYPHONTE.

C'est le devoir des rois, c'est le soin qui m'anime.

MÉROPE.

Vous ?

POLYPHONTE.

    Pourquoi donc, madame, avez-vous différé ?
Votre amour pour un fils serait-il altéré ?

MÉROPE.

Puissent ses ennemis périr dans les supplices !
Mais si ce meurtrier, seigneur, a des complices ;
Si je pouvais par lui reconnaître le bras,
Le bras dont mon époux a reçu le trépas....
Ceux dont la race impie a massacré le père
Poursuivront à jamais et le fils et la mère.
Si l'on pouvait....

POLYPHONTE.

    C'est là ce que je veux savoir ;
Et déjà le coupable est mis en mon pouvoir.

MÉROPE.
Il est entre vos mains ?

POLYPHONTE.
Oui, madame, et j'espère
Percer en lui parlant ce ténébreux mystère.

MÉROPE.
Ah barbare !... A moi seule il faut qu'il soit remis.
Rendez-moi.... Vous savez que vous l'avez promis.
   (A part.)
O mon sang ! ô mon fils ! quel sort on vous prépare !
   (A Polyphonte :)
Seigneur, ayez pitié....

POLYPHONTE.
Quel transport vous égare !
Il mourra.

MÉROPE.
Lui ?

POLYPHONTE.
Sa mort pourra vous consoler.

MÉROPE.
Ah ! je veux à l'instant le voir et lui parler.

POLYPHONTE.
Ce mélange inouï d'horreur et de tendresse,
Ces transports dont votre âme à peine est la maîtresse,
Ces discours commencés, ce visage interdit,
Pourraient de quelque ombrage alarmer mon esprit.
Mais puis-je m'expliquer avec moins de contrainte ?
D'un déplaisir nouveau votre âme semble atteinte.
Qu'a donc dit ce vieillard que l'on vient d'amener ?
Pourquoi fuit-il mes yeux ? que dois-je en soupçonner ?
Quel est-il ?

MÉROPE.
Eh ! seigneur, à peine sur le trône,
La crainte, le soupçon, déjà vous environne !

POLYPHONTE.
Partagez donc ce trône : et sûr de mon bonheur,
Je verrai les soupçons exilés de mon cœur.
L'autel attend déjà Mérope et Polyphonte.

MÉROPE, en pleurant.
Les dieux vous ont donné le trône de Cresphonte ;

Il y manquait sa femme, et ce comble d'horreur,
Ce crime épouvantable....

ISMÉNIE.

Eh, madame!

MÉROPE.

Ah! seigneur,
Pardonnez.... Vous voyez une mère éperdue.
Les dieux m'ont tout ravi; les dieux m'ont confondue.
Pardonnez.... De mon fils rendez-moi l'assassin.

POLYPHONTE.

Tout son sang, s'il le faut, va couler sous ma main.
Venez, madame.

MÉROPE.

O dieux! dans l'horreur qui me presse,
Secourez une mère, et cachez sa faiblesse.

FIN DU TROISIÈME ACTE.

ACTE QUATRIÈME.

SCÈNE I.
POLYPHONTE, ÉROX.

POLYPHONTE.
A ses emportements, je croirais qu'à la fin
Elle a de son époux reconnu l'assassin;
Je croirais que ses yeux ont éclairé l'abîme
Où dans l'impunité s'était caché mon crime.
Son cœur avec effroi se refuse à mes vœux,
Mais ce n'est pas son cœur, c'est sa main que je veux:
Telle est la loi du peuple; il le faut satisfaire[1].
Cet hymen m'asservit et le fils et la mère;
Et par ce nœud sacré, qui la met dans mes mains,
Je n'en fais qu'une esclave utile à mes desseins.
Qu'elle écoute à son gré son impuissante haine;
Au char de ma fortune il est temps qu'on l'enchaîne.
Mais vous, au meurtrier vous venez de parler;
Que pensez-vous de lui?

ÉROX.
Rien ne peut le troubler;
Simple dans ses discours, mais ferme, invariable,
La mort ne fléchit point cette âme impénétrable.
J'en suis frappé, seigneur, et je n'attendais pas
Un courage aussi grand dans un rang aussi bas.
J'avouerai qu'en secret moi-même je l'admire.

POLYPHONTE.
Quel est-il, en un mot?

ÉROX.
Ce que j'ose vous dire,
C'est qu'il n'est point, sans doute, un de ces assassins
Disposés en secret pour servir vos desseins.

POLYPHONTE.
Pouvez-vous en parler avec tant d'assurance?

Leur conducteur n'est plus. Ma juste défiance
A pris soin d'effacer dans son sang dangereux
De ce secret d'État les vestiges honteux :
Mais ce jeune inconnu me tourmente et m'attriste.
Me répondez-vous bien qu'il m'ait défait d'Égisthe ?
Croirai-je que, toujours soigneux de m'obéir,
Le sort jusqu'à ce point m'ait voulu prévenir ?

ÉROX.

Mérope, dans les pleurs mourant désespérée,
Est de votre bonheur une preuve assurée ;
Et tout ce que je vois le confirme en effet.
Plus fort que tous nos soins, le hasard a tout fait.

POLYPHONTE.

Le hasard va souvent plus loin que la prudence ;
Mais j'ai trop d'ennemis, et trop d'expérience,
Pour laisser le hasard arbitre de mon sort.
Quel que soit l'étranger, il faut hâter sa mort.
Sa mort sera le prix de cet hymen auguste ;
Elle affermit mon trône : il suffit, elle est juste.
Le peuple, sous mes lois pour jamais engagé,
Croira son prince mort, et le croira vengé[2].
Mais répondez : quel est ce vieillard téméraire
Qu'on dérobe à ma vue avec tant de mystère ?
Mérope allait verser le sang de l'assassin :
Ce vieillard, dites-vous, a retenu sa main ;
Que voulait-il ?

ÉROX.

    Seigneur, chargé de sa misère,
De ce jeune étranger ce vieillard est le père :
Il venait implorer la grâce de son fils.

POLYPHONTE.

Sa grâce ! Devant moi je veux qu'il soit admis.
Ce vieillard me trahit, crois-moi, puisqu'il se cache.
Ce secret m'importune, il faut que je l'arrache.
Le meurtrier surtout excite mes soupçons.
Pourquoi, par quel caprice, et par quelles raisons,
La reine, qui tantôt pressait tant son supplice,
N'ose-t-elle achever ce juste sacrifice ?
La pitié paraissait adoucir ses fureurs ;
Sa joie éclatait même à travers ses douleurs.

ÉROX.

Qu'importe sa pitié, sa joie, et sa vengeance ?

POLYPHONTE.
Tout m'importe, et de tout je suis en défiance.
Elle vient : qu'on m'amène ici cet étranger.

SCÈNE II.
POLYPHONTE, ÉROX, ÉGISTHE, EURYCLÈS, MÉROPE, ISMÉNIE, GARDES.

MÉROPE.
Remplissez vos serments ; songez à me venger :
Qu'à mes mains, à moi seule, on laisse la victime.
POLYPHONTE.
La voici devant vous. Votre intérêt m'anime.
Vengez-vous, baignez-vous au sang du criminel ;
Et sur son corps sanglant je vous mène à l'autel.
MÉROPE.
Ah dieux !
ÉGISTHE, à Polyphonte.
Tu vends mon sang à l'hymen de la reine ;
Ma vie est peu de chose, et je mourrai sans peine :
Mais je suis malheureux, innocent, étranger ;
Si le ciel t'a fait roi, c'est pour me protéger.
J'ai tué justement un injuste adversaire.
Mérope veut ma mort ; je l'excuse, elle est mère ;
Je bénirai ses coups prêts à tomber sur moi :
Et je n'accuse ici qu'un tyran tel que toi.
POLYPHONTE.
Malheureux ! oses-tu, dans ta rage insolente....
MÉROPE.
Eh ! seigneur, excusez sa jeunesse imprudente :
Élevé loin des cours, et nourri dans les bois,
Il ne sait pas encor ce qu'on doit à des rois.
POLYPHONTE.
Qu'entends-je ? quel discours ! quelle surprise extrême !
Vous, le justifier !
MÉROPE.
Qui ? moi, seigneur ?
POLYPHONTE.
Vous-même.
De cet égarement sortirez-vous enfin ?
De votre fils, madame, est-ce ici l'assassin ?

MÉROPE.
Mon fils, de tant de rois le déplorable reste,
Mon fils, enveloppé dans un piége funeste,
Sous les coups d'un barbare....

ISMÉNIE.
O ciel! que faites-vous?

POLYPHONTE.
Quoi! vos regards sur lui se tournent sans courroux?
Vous tremblez à sa vue, et vos yeux s'attendrissent?
Vous voulez me cacher les pleurs qui les remplissent?

MÉROPE.
Je ne les cache point, ils paraissent assez;
La cause en est trop juste, et vous la connaissez.

POLYPHONTE.
Pour en tarir la source il est temps qu'il expire.
Qu'on l'immole, soldats!

MÉROPE, s'avançant.
Cruel! qu'osez-vous dire?

ÉGISTHE.
Quoi! de pitié pour moi tous vos sens sont saisis!

POLYPHONTE.
Qu'il meure!

MÉROPE.
Il est....

POLYPHONTE.
Frappez.

MÉROPE, se jetant entre Égisthe et les soldats.
Barbare! il est mon fils.

ÉGISTHE.
Moi! votre fils?

MÉROPE, en l'embrassant.
Tu l'es : et ce ciel que j'atteste,
Ce ciel qui t'a formé dans un sein si funeste,
Et qui trop tard, hélas! a dessillé mes yeux,
Te remet dans mes bras pour nous perdre tous deux.

ÉGISTHE.
Quel miracle, grands dieux, que je ne puis comprendre!

POLYPHONTE.
Une telle imposture a de quoi me surprendre.
Vous, sa mère? qui? vous, qui demandiez sa mort?

ÉGISTHE.
Ah! si je meurs son fils, je rends grâce à mon sort.

ACTE IV, SCÈNE II.

MÉROPE.

Je suis sa mère. Hélas! mon amour m'a trahie.
Oui, tu tiens dans tes mains le secret de ma vie;
Tu tiens le fils des dieux enchaîné devant toi,
L'héritier de Cresphonte, et ton maître, et ton roi.
Tu peux, si tu le veux, m'accuser d'imposture.
Ce n'est pas aux tyrans à sentir la nature;
Ton cœur, nourri de sang, n'en peut être frappé.
Oui, c'est mon fils, te dis-je, au carnage échappé.

POLYPHONTE.

Que prétendez-vous dire? et sur quelles alarmes?...

ÉGISTHE.

Va! je me crois son fils; mes preuves sont ses larmes,
Mes sentiments, mon cœur par la gloire animé,
Mon bras qui t'eût puni s'il n'était désarmé.

POLYPHONTE.

Ta rage auparavant sera seule punie.
C'est trop.

MÉROPE, se jetant à ses genoux.

Commencez donc par m'arracher la vie;
Ayez pitié des pleurs dont mes yeux sont noyés.
Que vous faut-il de plus? Mérope est à vos pieds;
Mérope les embrasse et craint votre colère.
A cet effort affreux jugez si je suis mère.
Jugez de mes tourments : ma détestable erreur,
Ce matin, de mon fils allait percer le cœur.
Je pleure à vos genoux mon crime involontaire.
Cruel! vous qui vouliez lui tenir lieu de père,
Qui deviez protéger ses jours infortunés,
Le voilà devant vous, et vous l'assassinez!
Son père est mort, hélas! par un crime funeste;
Sauvez le fils : je puis oublier tout le reste;
Sauvez le sang des dieux et de vos souverains;
Il est seul, sans défense, il est entre vos mains.
Qu'il vive, et c'est assez. Heureuse en mes misères,
Lui seul il me rendra mon époux et ses frères.
Vous voyez avec moi ses aïeux à genoux,
Votre roi dans les fers.

ÉGISTHE.

O reine! levez-vous,
Et daignez me prouver que Cresphonte est mon père,
En cessant d'avilir et sa veuve et ma mère.

Je sais peu de mes droits quelle est la dignité;
Mais le ciel m'a fait naître avec trop de fierté,
Avec un cœur trop haut pour qu'un tyran l'abaisse.
De mon premier état j'ai bravé la bassesse,
Et mes yeux du présent ne sont point éblouis.
Je me sens né des rois, je me sens votre fils[4].
Hercule ainsi que moi commença sa carrière,
Il sentit l'infortune en ouvrant la paupière;
Et les dieux l'ont conduit à l'immortalité,
Pour avoir, comme moi, vaincu l'adversité.
S'il m'a transmis son sang, j'en aurai le courage.
Mourir digne de vous, voilà mon héritage.
Cessez de le prier, cessez de démentir
Le sang des demi-dieux dont on me fait sortir.

POLYPHONTE, à Mérope.

Eh bien, il faut ici nous expliquer sans feinte.
Je prends part aux douleurs dont vous êtes atteinte;
Son courage me plaît; je l'estime, et je crois
Qu'il mérite en effet d'être du sang des rois.
Mais une vérité d'une telle importance
N'est pas de ces secrets qu'on croit sans évidence.
Je le prends sous ma garde, il m'est déjà remis;
Et, s'il est né de vous, je l'adopte pour fils.

ÉGISTHE.

Vous? m'adopter?

MÉROPE.

Hélas!

POLYPHONTE.

Réglez sa destinée.
Vous achetiez sa mort avec mon hyménée.
La vengeance à ce point a pu vous captiver;
L'amour fera-t-il moins quand il faut le sauver?

MÉROPE.

Quoi, barbare!

POLYPHONTE.

Madame, il y va de sa vie.
Votre âme en sa faveur paraît trop attendrie
Pour vouloir exposer à mes justes rigueurs,
Par d'imprudents refus, l'objet de tant de pleurs.

MÉROPE.

Seigneur, que de son sort il soit du moins le maître.
Daignez....

POLYPHONTE.

C'est votre fils, madame, ou c'est un traître.
Je dois m'unir à vous pour lui servir d'appui;
Ou je dois me venger et de vous et de lui.
C'est à vous d'ordonner sa grâce ou son supplice.
Vous êtes en un mot sa mère, ou sa complice.
Choisissez; mais sachez qu'au sortir de ces lieux
Je ne vous en croirai qu'en présence des dieux.
Vous, soldats, qu'on le garde ; et vous, que l'on me suive.
(A Mérope :)
Je vous attends; voyez si vous voulez qu'il vive;
Déterminez d'un mot mon esprit incertain,
Confirmez sa naissance en me donnant la main.
Votre seule réponse ou le sauve ou l'opprime.
Voilà mon fils, madame, ou voilà ma victime.
Adieu.

MÉROPE.

Ne m'ôtez pas la douceur de le voir;
Rendez-le à mon amour, à mon vain désespoir.

POLYPHONTE.

Vous le verrez au temple.

ÉGISTHE, que les soldats emmènent.

O reine auguste et chère!
O vous que j'ose à peine encor nommer ma mère!
Ne faites rien d'indigne et de vous et de moi
Si je suis votre fils, je sais mourir en roi.

SCÈNE III.

MÉROPE.

Cruels, vous l'enlevez; en vain je vous implore :
Je ne l'ai donc revu que pour le perdre encore?
Pourquoi m'exauciez-vous, ô Dieu trop imploré!
Pourquoi rendre à mes vœux ce fils tant désiré?
Vous l'avez arraché d'une terre étrangère,
Victime réservée au bourreau de son père;
Ah! privez-moi de lui; cachez ses pas errants
Dans le fond des déserts à l'abri des tyrans.

SCÈNE IV.

MÉROPE, NARBAS, EURYCLÈS.

MÉROPE.

Sais-tu l'excès d'horreur où je me vois livrée?

NARBAS.

Je sais que de mon roi la perte est assurée,
Que déjà dans les fers Égisthe est retenu,
Qu'on observe mes pas.

MÉROPE.

C'est moi qui l'ai perdu.

NARBAS.

Vous!

MÉROPE.

J'ai tout révélé. Mais, Narbas, quelle mère
Prête à perdre son fils, peut le voir et se taire?
J'ai parlé, c'en est fait; et je dois désormais
Réparer ma faiblesse à force de forfaits.

NARBAS.

Quels forfaits dites-vous?

SCÈNE V.

MÉROPE, NARBAS, EURYCLÈS, ISMÉNIE

ISMÉNIE.

Voici l'heure, madame,
Qu'il vous faut rassembler les forces de votre âme.
Un vain peuple, qui vole après la nouveauté,
Attend votre hyménée avec avidité.
Le tyran règle tout; il semble qu'il apprête
L'appareil du carnage, et non pas d'une fête.
Par l'or de ce tyran le grand prêtre inspiré,
A fait parler le dieu dans son temple adoré.
Au nom de vos aïeux et du dieu qu'il atteste,
Il vient de déclarer cette union funeste.
Polyphonte, dit-il, a reçu vos serments;
Messène en est témoin, les dieux en sont garants.
Le peuple a répondu par des cris d'allégresse;
Et, ne soupçonnant pas le chagrin qui vous presse,
Il célèbre à genoux cet hymen plein d'horreur :
Il bénit le tyran qui vous perce le cœur.

MÉROPE.
Et mes malheurs encor font la publique joie!
NARBAS.
Pour sauver votre fils quelle funeste voie!
MÉROPE.
C'est un crime effroyable, et déjà tu frémis.
NARBAS.
Mais c'en est un plus grand de perdre votre fils.
MÉROPE.
Eh bien, le désespoir m'a rendu mon courage.
Courons tous vers le temple où m'attend mon outrage.
Montrons mon fils au peuple, et plaçons-le à leurs yeux,
Entre l'autel et moi, sous la garde des dieux.
Il est né de leur sang, ils prendront sa défense ;
Ils ont assez longtemps trahi son innocence.
De son lâche assassin je peindrai les fureurs :
L'horreur et la vengeance empliront tous les cœurs.
Tyrans, craignez les cris et les pleurs d'une mère.
On vient. Ah! je frissonne. Ah! tout me désespère.
On m'appelle, et mon fils est au bord du cercueil;
Le tyran peut encor l'y plonger d'un coup d'œil.
(Aux sacrificateurs :)
Ministres rigoureux du monstre qui m'opprime,
Vous venez à l'autel entraîner la victime.
O vengeance! ô tendresse! ô nature! ô devoir!
Qu'allez-vous ordonner d'un cœur au désespoir?

FIN DU QUATRIÈME ACTE.

ACTE CINQUIÈME.

SCÈNE I.
ÉGISTHE, NARBAS, EURYCLÈS.

NARBAS.
Le tyran nous retient au palais de la reine,
Et notre destinée est encore incertaine.
Je tremble pour vous seul. Ah, mon prince! ah, mon fils!
Souffrez qu'un nom si doux me soit encor permis.
Ah! vivez. D'un tyran désarmez la colère,
Conservez une tête, hélas! si nécessaire,
Si longtemps menacée, et qui m'a tant coûté.
EURYCLÈS.
Songez que, pour vous seul abaissant sa fierté,
Mérope de ses pleurs daigne arroser encore
Les parricides mains d'un tyran qu'elle abhorre.
ÉGISTHE.
D'un long étonnement à peine revenu,
Je crois renaître ici dans un monde inconnu.
Un nouveau sang m'anime, un nouveau jour m'éclaire.
Qui? moi, né de Mérope! Et Cresphonte est mon père!
Mon assassin triomphe; il commande, et je sers!
Je suis le sang d'Hercule, et je suis dans les fers!
NARBAS.
Plût aux dieux qu'avec moi le petit-fils d'Alcide
Fût encore inconnu dans les champs de l'Élide!
ÉGISTHE.
Hé quoi! tous les malheurs aux humains réservés,
Faut-il, si jeune encor, les avoir éprouvés?
Les ravages, l'exil, la mort, l'ignominie,
Dès ma première aurore ont assiégé ma vie.
De déserts en déserts errant, persécuté,
J'ai langui dans l'opprobre et dans l'obscurité.

Le ciel sait cependant si, parmi tant d'injures,
J'ai permis à ma voix d'éclater en murmures.
Malgré l'ambition qui dévorait mon cœur,
J'embrassai les vertus qu'exigeait mon malheur ;
Je respectai, j'aimai, jusqu'à votre misère ;
Je n'aurais point aux dieux demandé d'autre père :
Ils m'en donnent un autre, et c'est pour m'outrager.
Je suis fils de Cresphonte, et ne puis le venger.
Je retrouve une mère, un tyran me l'arrache :
Un détestable hymen à ce monstre l'attache.
Je maudis dans vos bras le jour où je suis né ;
Je maudis le secours que vous m'avez donné.
Ah, mon père ! ah ! pourquoi d'une mère égarée
Reteniez-vous tantôt la main désespérée ?
Mes malheurs finissaient ; mon sort était rempli.

NARBAS.

Ah! vous êtes perdu : le tyran vient ici.

SCÈNE II.

POLYPHONTE, ÉGISTHE, NARBAS, EURYCLÈS,
GARDES.

POLYPHONTE.
(Narbas et Euryclès s'éloignent un peu.)

Retirez-vous ; et toi, dont l'aveugle jeunesse
Inspire une pitié qu'on doit à la faiblesse,
Ton roi veut bien encor, pour la dernière fois,
Permettre à tes destins de changer à ton choix.
Le présent, l'avenir, et jusqu'à ta naissance,
Tout ton être, en un mot, est dans ma dépendance.
Je puis au plus haut rang d'un seul mot t'élever,
Te laisser dans les fers, te perdre ou te sauver.
Élevé loin des cours et sans expérience,
Laisse-moi gouverner ta farouche imprudence.
Crois-moi, n'affecte point, dans ton sort abattu,
Cet orgueil dangereux que tu prends pour vertu.
Si dans un rang obscur le destin t'a fait naître,
Conforme à ton état, sois humble avec ton maître.
Si le hasard heureux t'a fait naître d'un roi,
Rends-toi digne de l'être en servant près de moi¹.

Une reine en ces lieux te donne un grand exemple ;
Elle a suivi mes lois, et marche vers le temple.
Suis ses pas et les miens, viens aux pieds de l'autel
Me jurer à genoux un hommage éternel.
Puisque tu crains les dieux, atteste leur puissance,
Prends-les tous à témoin de ton obéissance.
La porte des grandeurs est ouverte pour toi.
Un refus te perdra ; choisis, et réponds-moi.

ÉGISTHE.

Tu me vois désarmé, comment puis-je répondre ?
Tes discours, je l'avoue, ont de quoi me confondre ;
Mais rends-moi seulement ce glaive que tu crains,
Ce fer que ta prudence écarte de mes mains :
Je répondrai pour lors, et tu pourras connaître
Qui de nous deux, perfide, est l'esclave ou le maître ;
Si c'est à Polyphonte à régler nos destins,
Et si le fils des rois punit les assassins.

POLYPHONTE.

Faible et fier ennemi, ma bonté t'encourage :
Tu me crois assez grand pour oublier l'outrage,
Pour ne m'avilir pas jusqu'à punir en toi
Un esclave inconnu qui s'attaque à son roi.
Eh bien, cette bonté, qui s'indigne et se lasse,
Te donne un seul moment pour obtenir ta grâce.
Je t'attends aux autels, et tu peux y venir :
Viens recevoir la mort, ou jurer d'obéir.
Gardes, auprès de moi vous pourrez l'introduire ;
Qu'aucun autre ne sorte, et n'ose le conduire.
Vous, Narbas, Euryclès, je le laisse en vos mains.
Tremblez, vous répondrez de ses caprices vains.
Je connais votre haine, et j'en sais l'impuissance ;
Mais je me fie au moins à votre expérience.
Qu'il soit né de Mérope, ou qu'il soit votre fils,
D'un conseil imprudent sa mort sera le prix.

SCÈNE III.

ÉGISTHE, NARBAS, EURYCLÈS.

ÉGISTHE.

Ah ! je n'en recevrai que du sang qui m'anime.
Hercule, instruis mon bras à me venger du crime,

Éclaire mon esprit, du sein des immortels !
Polyphonte m'appelle aux pieds de tes autels;
Et j'y cours.

NARBAS.

Ah ! mon prince, êtes-vous las de vivre ?

EURYCLÈS.

Dans ce péril du moins si nous pouvions vous suivre !
Mais laissez-nous le temps d'éveiller un parti
Qui, tout faible qu'il est, n'est point anéanti.
Souffrez....

ÉGISTHE.

En d'autres temps mon courage tranquille
Au frein de vos leçons serait souple et docile;
Je vous croirais tous deux : mais dans un tel malheur,
Il ne faut consulter que le ciel et son cœur.
Qui ne peut se résoudre, aux conseils s'abandonne;
Mais le sang des héros ne croit ici personne.
Le sort en est jeté.... Ciel, qu'est-ce que je voi !
Mérope !

SCÈNE IV.

MÉROPE, ÉGISTHE, NARBAS, EURYCLÈS, SUITE.

MÉROPE.

Le tyran m'ose envoyer vers toi :
Ne crois pas que je vive après cet hyménée;
Mais cette honte horrible où je suis entraînée,
Je la subis pour toi, je me fais cet effort :
Fais-toi celui de vivre, et commande à ton sort.
Cher objet des terreurs dont mon âme est atteinte,
Toi pour qui je connais et la honte et la crainte,
Fils des rois et des dieux, mon fils, il faut servir.
Pour savoir se venger, il faut savoir souffrir.
Je sens que ma faiblesse et t'indigne et t'outrage;
Je t'en aime encor plus, et je crains davantage.
Mon fils....

ÉGISTHE.

Osez me suivre.

MÉROPE.

Arrête. Que fais-tu ?
Dieux ! je me plains à vous de son trop de vertu.

ÉGISTHE.

Voyez-vous en ces lieux le tombeau de mon père?
Entendez-vous sa voix? Êtes-vous reine et mère?
Si vous l'êtes, venez.

MÉROPE.

Il semble que le ciel
T'élève en ce moment au-dessus d'un mortel.
Je respecte mon sang; je vois le sang d'Alcide;
Ah! parle : remplis-moi de ce dieu qui te guide.
Il te presse, il t'inspire. O mon fils! mon cher fils!
Achève, et rends la force à mes faibles esprits.

ÉGISTHE.

Auriez-vous des amis dans ce temple funeste?

MÉROPE.

J'en eus quand j'étais reine, et le peu qui m'en reste
Sous un joug étranger baisse un front abattu;
Le poids de mes malheurs accable leur vertu :
Polyphonte est haï; mais c'est lui qu'on couronne :
On m'aime et l'on me fuit.

ÉGISTHE.

Quoi! tout vous abandonne!
Ce monstre est à l'autel?

MÉROPE.

Il m'attend.

ÉGISTHE.

Ses soldats
A cet autel horrible accompagnent ses pas?

MÉROPE.

Non : la porte est livrée à leur troupe cruelle;
Il est environné de la foule infidèle
Des mêmes courtisans que j'ai vus autrefois
S'empresser à ma suite, et ramper sous mes lois.
Et moi, de tous les siens à l'autel entourée,
De ces lieux à toi seul je puis ouvrir l'entrée.

ÉGISTHE.

Seul, je vous y suivrai; j'y trouverai des dieux
Qui punissent le meurtre, et qui sont mes aïeux.

MÉROPE.

Ils t'ont trahi quinze ans.

ÉGISTHE.

Ils m'éprouvaient, sans doute,

MÉROPE.
Eh! quel est ton dessein?
ÉGISTHE.
Marchons, quoi qu'il en coûte.
Adieu, tristes amis; vous connaîtrez du moins,
Que le fils de Mérope a mérité vos soins.
(A Narbas, en l'embrassant:)
Tu ne rougiras point, crois-moi, de ton ouvrage;
Au sang qui m'a formé tu rendras témoignage.

SCÈNE V.
NARBAS, EURYCLÈS.

NARBAS.
Que va-t-il faire? Hélas! tous mes soins sont trahis;
Les habiles tyrans ne sont jamais punis.
J'espérais que du Temps la main tardive et sûre
Justifierait les dieux en vengeant leur injure;
Qu'Égisthe reprendrait son empire usurpé;
Mais le crime l'emporte, et je meurs détrompé.
Égisthe va se perdre à force de courage:
Il désobéira; la mort est son partage [2].
EURYCLÈS.
Entendez-vous ces cris dans les airs élancés?
NARBAS.
C'est le signal du crime.
EURYCLÈS.
Écoutons.
NARBAS.
Frémissez.
EURYCLÈS.
Sans doute qu'au moment d'épouser Polyphonte
La reine en expirant a prévenu sa honte;
Tel était son dessein dans son mortel ennui.
NARBAS.
Ah! son fils n'est donc plus! Elle eût vécu pour lui.
EURYCLÈS.
Le bruit croît, il redouble, il vient comme un tonnerre
Qui s'approche en grondant et qui fond sur la terre.

NARBAS.
J'entends de tous côtés les cris des combattants,
Les sons de la trompette, et les voix des mourants;
Du palais de Mérope on enfonce la porte.

EURYCLÈS.
Ah! ne voyez-vous pas cette cruelle escorte,
Qui court, qui se dissipe, et qui va loin de nous?

NARBAS.
Va-t-elle du tyran servir l'affreux courroux?

EURYCLÈS.
Autant que mes regards au loin peuvent s'étendre,
On se mêle, on combat.

NARBAS.
Quel sang va-t-on répandre?
De Mérope et du roi le nom remplit les airs.

EURYCLÈS.
Grâces aux immortels! les chemins sont ouverts.
Allons voir à l'instant s'il faut mourir ou vivre.
(Il sort.)

NARBAS.
Allons. D'un pas égal que ne puis-je vous suivre!
O dieux! rendez la force à ces bras énervés,
Pour le sang de mes rois autrefois éprouvés;
Que je donne du moins les restes de ma vie.
Hâtons-nous.

SCÈNE VI.

NARBAS, ISMÉNIE, PEUPLE.

NARBAS.
Quel spectacle! est-ce vous, Isménie?
Sanglante, inanimée, est-ce vous que je vois?

ISMÉNIE.
Ah! laissez-moi reprendre et la vie et la voix.

NARBAS.
Mon fils est-il vivant? Que devient notre reine?

ISMÉNIE.
De mon saisissement je reviens avec peine;
Par les flots de ce peuple entraînée en ces lieux....

NARBAS.
Que fait Égisthe?

ACTE V, SCÈNE VI.

ISMÉNIE.
Il est.... le digne fils des dieux;
Égisthe! Il a frappé le coup le plus terrible.
Non, d'Alcide jamais la valeur invincible
N'a d'un exploit si rare étonné les humains.

NARBAS.
O mon fils! ô mon roi, qu'ont élevé mes mains!

ISMÉNIE.
La victime était prête, et de fleurs couronnée[3];
L'autel étincelait des flambeaux d'hyménée;
Polyphonte, l'œil fixe, et d'un front inhumain,
Présentait à Mérope une odieuse main;
Le prêtre prononçait les paroles sacrées;
Et la reine, au milieu des femmes éplorées,
S'avançant tristement, tremblante entre mes bras,
Au lieu de l'hyménée invoquait le trépas;
Le peuple observait tout dans un profond silence.
Dans l'enceinte sacrée en ce moment s'avance
Un jeune homme, un héros, semblable aux immortels :
Il court; c'était Égisthe; il s'élance aux autels;
Il monte, il y saisit d'une main assurée
Pour les fêtes des dieux la hache préparée.
Les éclairs sont moins prompts; je l'ai vu de mes yeux,
Je l'ai vu qui frappait ce monstre audacieux.
« Meurs, tyran, disait-il; dieux, prenez vos victimes. »
Érox, qui de son maître a servi tous les crimes,
Érox, qui dans son sang voit ce monstre nager,
Lève une main hardie, et pense le venger.
Égisthe se retourne, enflammé de furie;
A côté de son maître il le jette sans vie.
Le tyran se relève : il blesse le héros;
De leur sang confondu j'ai vu couler les flots.
Déjà la garde accourt avec des cris de rage.
Sa mère.... Ah! que l'amour inspire de courage!
Quel transport animait ses efforts et ses pas!
Sa mère.... Elle s'élance au milieu des soldats.
« C'est mon fils! arrêtez, cessez, troupe inhumaine!
« C'est mon fils, déchirez sa mère et votre reine,
« Ce sein qui l'a nourri, ces flancs qui l'ont porté! »
A ces cris douloureux le peuple est agité;
Un foule d'amis, que son danger excite[4],
Entre elle et ces soldats vole et se précipite.

Vous eussiez vû soudain les autels renversés,
Dans des ruisseaux de sang leurs débris dispersés;
Les enfants écrasés dans les bras de leurs mères;
Les frères méconnus immolés par leurs frères;
Soldats, prêtres, amis, l'un sur l'autre expirants :
On marche, on est porté sur les corps des mourants,
On veut fuir, on revient; et la foule pressée
D'un bout du temple à l'autre est vingt fois repoussée
De ces flots confondus le flux impétueux
Roule, et dérobe Égisthe et la reine à mes yeux.
Parmi les combattants je vole ensanglantée;
J'interroge à grands cris la foule épouvantée.
Tout ce qu'on me répond redouble mon horreur.
On s'écrie : « Il est mort, il tombe, il est vainqueur. »
Je cours, je me consume, et le peuple m'entraîne,
Me jette en ce palais, éplorée, incertaine,
Au milieu des mourants, des morts, et des débris,
Venez, suivez mes pas, joignez-vous à mes cris :
Venez. J'ignore encor si la reine est sauvée,
Si de son digne fils la vie est conservée,
Si le tyran n'est plus. Le trouble, la terreur,
Tout ce désordre horrible est encor dans mon cœur[5].

NARBAS.

Arbitre des humains, divine Providence,
Achève ton ouvrage, et soutiens l'innocence :
A nos malheurs passés mesure tes bienfaits;
O ciel! conserve Égisthe, et que je meure en paix!
Ah! parmi ces soldats ne vois-je point la reine?

SCÈNE VII.

MÉROPE, ISMÉNIE, NARBAS, PEUPLE, SOLDATS.

(On voit dans le fond du théâtre le corps de Polyphonte couvert d'une robe sanglante.)

MÉROPE.

Guerriers, prêtres, amis, citoyens de Messène[6],
Au nom des dieux vengeurs, peuples, écoutez-moi.
Je vous le jure encore, Égisthe est votre roi :
Il a puni le crime, il a vengé son père.
Celui que vous voyez traîné sur la poussière,
C'est un monstre ennemi des dieux et des humains :
Dans le sein de Cresphonte il enfonça ses mains.

Cresphonte mon époux, mon appui, votre maître,
Mes deux fils sont tombés sous les coups de ce traître.
Il opprimait Messène, il usurpait mon rang ;
Il m'offrait une main fumante de mon sang.
(En courant vers Égisthe, qui arrive la hache à la main :)
Celui que vous voyez, vainqueur de Polyphonte,
C'est le fils de vos rois, c'est le sang de Cresphonte ;
C'est le mien, c'est le seul qui reste à ma douleur.
Quels témoins voulez-vous plus certains que mon cœur ?
Regardez ce vieillard ; c'est lui dont la prudence
Aux mains de Polyphonte arracha son enfance.
Les dieux ont fait le reste.

NARBAS.
Oui, j'atteste ces dieux
Que c'est là votre roi qui combattait pour eux.

ÉGISTHE.
Amis, pouvez-vous bien méconnaître une mère ?
Un fils qu'elle défend ? un fils qui venge un père ?
Un roi vengeur du crime ?

MÉROPE.
Et si vous en doutez,
Reconnaissez mon fils aux coups qu'il a portés,
A votre délivrance, à son âme intrépide.
Eh ! quel autre jamais qu'un descendant d'Alcide,
Nourri dans la misère, à peine en son printemps,
Eût pu venger Messène et punir les tyrans ?
Il soutiendra son peuple, il vengera la terre.
Écoutez : le ciel parle ; entendez son tonnerre.
Sa voix qui se déclare et se joint à mes cris,
Sa voix rend témoignage, et dit qu'il est mon fils.

SCÈNE VIII.

MÉROPE, ÉGISTHE, ISMÉNIE, NARBAS, EURYCLÈS,
PEUPLE

EURYCLÈS.
Ah ! montrez-vous, madame, à la ville calmée :
Du retour de son roi la nouvelle semée,
Volant de bouche en bouche, a changé les esprits.
Nos amis ont parlé ; les cœurs sont attendris :

Le peuple impatient verse des pleurs de joie;
Il adore le roi que le ciel lui renvoie;
Il bénit votre fils, il bénit votre amour;
Il consacre à jamais ce redoutable jour.
Chacun veut contempler son auguste visage;
On veut revoir Narbas : on veut vous rendre hommage.
Le nom de Polyphonte est partout abhorré;
Celui de votre fils, le vôtre est adoré;
O roi! venez jouir du prix de la victoire;
Ce prix est notre amour; il vaut mieux que la gloire.

ÉGISTHE.

Elle n'est point à moi; cette gloire est aux dieux :
Ainsi que le bonheur, la vertu nous vient d'eux.
Allons monter au trône, en y plaçant ma mère;
Et vous, mon cher Narbas, soyez toujours mon père.

FIN DU CINQUIÈME ACTE.

NOTES ET VARIANTES.

ACTE PREMIER (p. 583).

1. VAR. Grande reine, écartez ces images funèbres :
Goûtez des jours sereins, nés du sein des ténèbres. (*Édition de 1744.*)

2. Ce vers se trouve dans les fragments d'*Artémise* (acte I).

3. Dans la tragédie d'*Eryphile*, Alcméon dit, en parlant de la vertu (acte II, sc. I) :

C'est elle qui met l'homme au rang des demi-dieux ;
Et qui sert son pays n'a pas besoin d'aïeux.

4.   Raro antecedentem scelestum
Deseruit pede poena claudo.
(HORACE, *Odes*, liv. III, 8, v. 31 et 32.)

Voltaire a imité le même passage dans *Oreste* (acte I, sc. II) :

La peine suit le crime, elle arrive à pas lents.

5. Voyez *la Mort de César* (acte I, sc. IV), où l'on retrouve le même fond d'idées, mais avec les nuances qui conviennent à la différence des caractères.

ACTE SECOND (p. 592).

1. La scène suivante, la première de l'acte second, fut supprimée le jour de la première représentation par l'auteur lui-même, qui s'était obstiné à la conserver à toutes les répétitions, malgré les représentations de mademoiselle Dumesnil, qui la trouvait inutile. C'est sur une copie qu'en avait conservée cette actrice, que Palissot l'a publiée en 1802.

ISMÉNIE, EURYCLÈS.

ISMÉNIE.

Oui, toujours de son fils sa douleur occupée,
D'aucun autre intérêt ne peut être frappée.
Cet hymen nécessaire irrite ses esprits ;
Elle craint d'offenser le nom seul de son fils.
Elle a devant les yeux cette éternelle image ;
De ses illusions tendre et funeste ouvrage :
Elle embrasse cette ombre, et ses humides yeux
Relisent ce billet, ce gage précieux,
Ce billet de Narbas, unique témoignage
Qui jusqu'en sa prison put trouver un passage
Le nom de ce cher fils, effacé par ses pleurs,
Flatte son espérance, irrite ses douleurs,
La soutient et l'abat, la console et la tue :
Vous ne guérirez point cette âme prévenue.

EURYCLÈS.

Je saurai l'admirer ; une autre en cet état
De la grandeur suprême aurait mieux vu l'éclat

Eût pleuré sur le trône, et, bientôt consolée,
Oublierait la nature aux grandeurs immolée.
Je vois avec respect ce courage obstiné,
Dans ses nobles douleurs ferme et déterminé,
Vainqueur de l'intérêt, et vainqueur du temps même.
Mérope se perdra, je le vois; mais elle aime.
Que n'ai-je pu savoir ce vertueux amour!
Que n'ai-je pu d'Égisthe annoncer le retour!
J'ai des temples voisins parcouru les asiles;
De moi, de mes amis, les pas sont inutiles;
Ils n'ont rien aperçu sur ces bords odieux
Que le vil assassin que j'amène en ces lieux.

2. Ce trait est indiqué par Maffei (acte I, sc. III) :

ISMENE.

Che hai, Regina? oimè quali improvise
Lagrime ti vegg'io sgorgar da gli occhi?

MEROPE.

O Ismene, nel aprir la bocca a i detti,
Fece costui cul labro un cotal atto,
Che'l mio consorte ritornommi a mente,
E mel ritrasse sì, com'io 'l vedessi.

3. . . . . . Adrasto, usa pietade
Con quel meschin : benche povero, e servo
Egli è pur uomo al fine . . . .
. . . . . . In tal povero stato,
Oimè, ch'anche il mio figlio occulto vive

(MAFFEI, acto I, sc. 3.)

4. Rozzo garzon, solo, inesperto, ignaro
Delle vie, de'costumi, de'perigli,
Ch'appogio alcun non ha, povero, e privo
D'ospiti . . . .
. . . . Quante volte
A l'altrui mense accosterassi, un pane
Chiedendo umile? e ne sarà fors'anche
Scacciato, egli, il cui padre a ricca mensa
Tanta gente accoglica.

(MAFFEI, acte II, sc. 2.)

ACTE TROISIÈME (p. 603).

1. . . . . Et fruitur dis
Iratis . . . .

(JUVÉNAL, sat. I, v. 49 et 50)

2. Ce vers et les deux suivants sont imités de Maffei (acte III, sc. IV) :

EGISTO.

. . . . O madre mia!
Se in questo punto mi vedessi!

MEROPE.

Hai madre?

EGISTO.

Che gran dolor fia il tuo!

MEROPE.

Barbaro, madre
Fui ben anch'io, e sol per tua cagione
Or nol' son più

3. Dans Maffei (acte IV, sc. VI et VII), Mérope surprend Égisthe endormi. Il est pour la seconde fois exposé à perdre la vie, lorsque, réveillé par ce cri de Polydore,

Ferma, Reina ! oimè ! ferma, ti dico,

il s'enfuit sans avoir remarqué son libérateur.

Dans l'*Amasis* de la Grange-Chancel (acte IV, sc. II), lorsque Nitocris va frapper Sésostris, c'est le tyran lui-même qui lui retient le bras, croyant voir son propre fils dans celui de la reine.

4. Dans l'*Électre* de Longepierre, Électre dit :

. . . . J'allais venger mon frère.

Et sa sœur lui répond :

Vous alliez l'immoler.

« Ce dialogue est beau, dit La Harpe; mais il est tellement dicté par la situation, qu'on peut croire, ce me semble, que Voltaire, pour faire ce vers, n'a eu besoin de personne; et la situation, comme on sait, appartenait au sujet depuis deux mille ans. »

6. VAR. . . . J'ai vu ce monstre entouré de victimes,
Massacrer nos amis, les témoins de ses crimes :
. . . .
. . . .
Assassin de son prince, il parut son vengeur.
Blessé, demeuré seul en ce péril funeste,
Je tenais de vos fils le déplorable reste.
Vous parûtes alors, vos yeux furent témoins
Des marques du carnage et de mes tristes soins.
. . . .
. . . .
J'ai pris pour me cacher le nom de Polyclète :
Il vit, je le retrouve, il était sous vos yeux.
J'ai revu votre fils, mais dans quel temps, ô dieux !
Mérope abandonnée à son erreur cruelle
Allait verser son sang de sa main maternelle !
. . . .
Polyphonte est son maître et devient votre époux.

ACTE QUATRIÈME (p. 615).

1. Ce vers et les trois suivants ont été ajoutés en 1748.

2. VAR. Mérope ainsi l'ordonne . . . .
. . . . Et c'est un vil mortel
Que j'écrase en passant quand je cours à l'autel.

« Je donne cette variante, dit M. Beuchot, telle que la donnent les éditions de Kehl, et toutes celles qui les ont suivies; mais je n'ai trouvé dans aucun imprimé ces vers auxquels ressemblent beaucoup deux vers de la scène suivante. »

3. La situation est la même que dans l'*Amasis* de la Grange-Chancel (acte V, sc. V) :

AMASIS.

. . . Que les bourreaux préparent son supplice.

NITOCRIS.
Arrête, que fais-tu? peuple lâche et sans foi!
C'est le sang d'Apriès, c'est mon fils, c'est ton roi.

Dans le *Gustave Wasa* de Piron (acte IV, sc. VI), Christierne, soupçonnant déjà qu'un inconnu, qui s'est vanté d'avoir tué Gustave, était Gustave lui-même, le fait paraître devant Léonore mère de ce héros, et donne devant elle l'ordre de sa mort. Léonor saisit le bras du soldat et crie : *Arrête!*

Ah! c'est ton fils,

dit Christierne. Léonor demande la grâce de ce fils, et le tyran ne l'accorde que sous la condition qu'elle consentira sur-le-champ à l'hymen qu'il lui propose. « C'est la même marche dans *Mérope*, dit La Harpe; mais il est plus aisé d'employer des situations qui réveillent en nous les sentiments de la nature, que de lui donner toute la vérité, toute l'éloquence de son langage. »

4. VAR. Et sans être ébloui du rang où je me vois,
Devant votre fils, j'ose penser en roi.

Cette variante est donnée, comme la précédente, par l'édition de Kehl; mais M. Beuchot dit encore qu'il n'a trouvé ces vers dans aucun imprimé.

ACTE CINQUIÈME (p. 624).

1. VAR. . . . . En commandant sous moi. (*Édition de 1744.*)

2. VAR. Qu'ira-t-il faire? hélas! tous mes soins sont trahis.
Les habiles tyrans ne sont jamais punis.
J'espérais que du Temps la main tardive et sûre
De la race des rois viendrait venger l'injure;
Qu'Égisthe reprendrait son empire usurpé.
Mais le crime l'emporte, et je meurs détrompé.
Ciel, ainsi des méchants protégez-vous la rage?
Gardez un avenir, ce monde est leur partage.

3. Ce récit d'Isménie, qui passe à juste titre pour un des plus beaux du théâtre, est une imitation très-embellie de Maffei (acte V, sc. VI):

Era già in punto il sacrificio, e i peli
Del capo il sacerdote avea già tronchi
Al toro per gittargli entro la fiamma.
Stava da un lato il Re, dall'altro in atto
Di chi a morir sen va, Merope, intorno
La varia turba rimirando immota,
E taciturne. Io, ch'era alquanto in alto,
Vidi Cresfonte aprir la folla, e innanzi
Farsi a gran pena, acceso in volto, e tutto
Da quel di pria diverso : a sbrigar venne
Poco lungi dall'ara, e ritrovossi
Dietro appunto al tiranno. Allora stette
Alquanto, altero, e fosco, e l'occhio bieco
Girò d'intorno : qui il narrar vien manco;
Poichè la sacra preparata scure,
Che fra patere, e vasi avea innanzi,
Ei offerrare a due mani, e or dirittamente

NOTES ET VARIANTES. 639

Calarla, e all'empio Re fenderne il collo,
Fu un sol momento, e fu in un punto solo,
Ch'io vidi il ferro lampeggiare in aria,
E che il misero a terra stramazzò.
Del sacerdote in su la bianca veste
Rosseggiava lo spruzzo; i gridi alzarsi,
Ma in terra i colpi ei replicava. Adrasto
Ch'era vicin, ben si avventò; ma il fiero
Giovane, qual cignal, si volse, e in seno
Gli piantò la bipenne. Or chi la madre
Penger potrebbe? Si scagliò qual tigre,
Si pose innanzi al figlio; ed a chi incontra
Veniagli, opponea il petto: alto gridava:
In tronche voci: È figlio mio, è Cresfonte,
Questi è 'l Re vostro; ma il rumor, la calca
Tutto opprimea: chi vuol fuggir, chi innanzi
Vuol farsi, or spinta, or risospinta ondeggia,
Qual messe al vento, la confusa turba,
E lo perchè non sa; correr, ritrarsi,
Urtare, interrogar, fremer, dolersi,
Urli, stridi, terror, fanciulli oppressi,
Donne sossopra, e fiera scena! il toro
Lasciato in sua balia spavento accresce,
E salta, e mugge; eccheggia d'alto il templo.
Chi s'affanna d'uscir, preme, et s'ingorga,
E per troppo affrettar ritarda: invano
Le guardie là, che custodian le porte,
Si sforzaro d'entrar, che la corrente
Le svolse, e seco alfin le trasse. Intanto
Erasi intorno a noi drappel ridotto
D'antichi amici: sfavillavan gli occhi
Dell'ardito Cresfonte, e altero, e franco
S'avviò per uscir fra suoi ristretto.
Io, che disgiunta ne rimasi, al fosco
Adito augusto, che al palagio guida,
Mi corsi, e gli occhi rivolgendo, io vidi
Sfigurato, è convolto (orribil vista!)
Spaccato il capo, e 'l fianco, in mar di sangue
Polifonte giacer; prostesa Adrasto
Ingombrava la terra, e semivivo
Contorcendosi ancor, ma fe spavento,
Gli occhi appannati nel singhiozzo aprendo.
Roversciata era l'ara, e sparsi, e infranti
Canestri, e vasi, e tripodi, e coltelli.

4. Var. Un gros de nos amis que son danger excite. (*Édition de 1744.*)

5. Var. De ces flots confondus le flux impétueux
Roule, et dérobe Égisthe et la reine à mes yeux.
On fuit, et cependant le reste de Messène
Accourait, se pressait dans la place prochaine;
Le nombre qui redouble augmente encor l'horreur.
L'un croit Égisthe mort, l'autre le croit vainqueur.
On dit que l'ennemi vient surprendre la porte;
On court à ce palais, la foule m'y transporte;
J'y suis, vous m'y voyez semblable aux malheureux
Rejetés par les flots dans un orage affreux.
Je me meurs, je ne sais si la reine est sauvée
Si de son digne fils la vie est conservée.

Je ne sais où je vais : le trouble et la terreur,
Tout ce désordre horrible est encor dans mon cœur.

6.
MEROPE.

Sì, sì, o Messeni, il giuro ancora, è questi,
Questi è 'l mio terzo figlio, io 'l trafugai,
Io l'occultai finor : questi è l'erede,
Questi del vostro buon Cresfonte è 'l figlio.
. . . .
Colui che là dentro in suo sangue è involto,
È quel tiranno, è quel ladron, quel empio
Ribelle, usurpator, che, a tradimento
Del legitimo Re, de' figli imbelli
Trafisse il sen', sparse le membra : è quegli
Ch'ogni dritto violò . . . .
Forse non v'accertate ancor che questi
Sia pure il figlio mio ? . . . .
Ma se pur noi credete al suo sembiante,
Credetelo al mio cor . . . .
. . . . Eccovi il vecchio, il cielo
Mel' manda innanzi, il vecchio che nudrillo.

POLIDORO.

Io, io...

MEROPE.

Ma che! che testimon? che prove?
Questo colpo lo prova : in questa etate
Non s'atterann tiranni in mezzo a un tempio
Da chi discende altronde, e nelle vene
Non ha il sangue d'Alcide. E qual speranza
Or più contra di voi nudrir potranno
Elide, e Sparta, se dell'armi vostre
Fia conduttor sì fatto Eroe?

(MAFFEI, acte V, sc. 7.

7.
EGISTO.

Reina, a questo vecchio io render mai
Ciò che gli debbo non potrei : permetti
Che a tenerlo per padrei o segua ognora.

(MAFFEI, acte V, se. 8.)

Frédéric, dans sa lettre à Voltaire, du 17 juin 1738, proposait de corriger ainsi les deux derniers vers :

Allons monter au trône, et plaçons-y ma mère;
Pour vous, mon cher Narbas, soyez toujours mon père.

FIN.

LE
MISANTHROPE
COMÉDIE DE MOLIÈRE

— 1666 —

PERSONNAGES.

ALCESTE, amant de Célimène [1].
PHILINTE, ami d'Alceste.
ORONTE, amant de Célimène.
CÉLIMÈNE.
ÉLIANTE, cousine de Célimène.
ARSINOÉ, amie de Célimène.
ACASTE,
CLITANDRE, } marquis.
BASQUE, valet de Célimène.
UN GARDE de la Maréchaussée de France.
DUBOIS, valet d'Alceste.

La scène est à Paris, dans la maison de Célimène.

---

1. Le rôle d'*Alceste* fut joué par Molière lui-même; celui de *Célimène* par Armande Béjart, femme de Molière.

LE MISANTHROPE.

ACTE PREMIER.

*SCÈNE I.
PHILINTE, ALCESTE

PHILINTE.
Qu'est-ce donc? qu'avez-vous?
　　　　　ALCESTE, assis.
　　　　　　　　Laissez-moi, je vous prie.
PHILINTE.
Mais encor, dites-moi, quelle bizarrerie....
ALCESTE.
Laissez-moi là, vous dis-je, et courez vous cacher.
PHILINTE.
Mais on entend les gens au moins sans se fâcher.
ALCESTE.
Moi, je veux me fâcher, et ne veux point entendre.
PHILINTE.
Dans vos brusques chagrins je ne puis vous comprendre[2]
Et, quoique amis enfin, je suis tout des premiers....
　　　　ALCESTE, se levant brusquement.
Moi, votre ami? Rayez cela de vos papiers.
J'ai fait jusques ici profession de l'être;
Mais, après ce qu'en vous je viens de voir paroître,
Je vous déclare net que je ne le suis plus,
Et ne veux nulle place en des cœurs corrompus.
PHILINTE.
Je suis donc bien coupable, Alceste, à votre compte!

---

* *Voir, à la fin de la pièce, les Notes et les Variantes.*

ALCESTE.

Allez, vous devriez mourir de pure honte;
Une telle action ne sauroit s'excuser,
Et tout homme d'honneur s'en doit scandaliser.
Je vous vois accabler un homme de caresses,
Et témoigner pour lui les dernières tendresses;
De protestations, d'offres, et de serments,
Vous chargez la fureur de vos embrassements [2];
Et, quand je vous demande après quel est cet homme
A peine pouvez-vous dire comme il se nomme [3];
Votre chaleur pour lui tombe en vous séparant,
Et vous me le traitez, à moi, d'indifférent.
Morbleu! c'est une chose indigne, lâche, infâme,
De s'abaisser ainsi, jusqu'à trahir son âme;
Et si, par un malheur, j'en avois fait autant,
Je m'irois, de regret, pendre tout à l'instant.

PHILINTE.

Je ne vois pas, pour moi, que le cas soit pendable;
Et je vous supplierai d'avoir pour agréable
Que je me fasse un peu grâce sur votre arrêt,
Et ne me pende pas pour cela, s'il vous plaît.

ALCESTE.

Que la plaisanterie est de mauvaise grâce!

PHILINTE.

Mais sérieusement que voulez-vous qu'on fasse?

ALCESTE.

Je veux qu'on soit sincère, et qu'en homme d'honneur
On ne lâche aucun mot qui ne parte du cœur.

PHILINTE.

Lorsqu'un homme vous vient embrasser avec joie,
Il faut bien le payer de la même monnoie [4],
Répondre comme on peut à ses empressements,
Et rendre offre pour offre, et serments pour serments.

ALCESTE.

Non, je ne puis souffrir cette lâche méthode
Qu'affectent la plupart de vos gens à la mode;
Et je ne hais rien tant que les contorsions
De tous ces grands faiseurs de protestations,
Ces affables donneurs d'embrassades frivoles,
Ces obligeants diseurs d'inutiles paroles,
Qui de civilités avec tous font combat,
Et traitent du même air l'honnête homme et le fat.

Quel avantage a-t-on qu'un homme vous caresse,
Vous jure amitié, foi, zèle, estime, tendresse,
Et vous fasse de vous un éloge éclatant,
Lorsqu'au premier faquin il court en faire autant?
Non, non, il n'est point d'âme un peu bien située
Qui veuille d'une estime ainsi prostituée,
Et la plus glorieuse a des régals peu chers,
Dès qu'on voit qu'on nous mêle avec tout l'univers;
Sur quelque préférence une estime se fonde,
Et c'est n'estimer rien qu'estimer tout le monde.
Puisque vous y donnez, dans ces vices du temps,
Morbleu! vous n'êtes pas pour être de mes gens;
Je refuse d'un cœur la vaste complaisance
Qui ne fait de mérite aucune différence;
Je veux qu'on me distingue, et, pour le trancher net :
L'ami du genre humain n'est point du tout mon fait.

PHILINTE.

Mais, quand on est du monde, il faut bien que l'on rende
Quelques dehors civils que l'usage demande.

ALCESTE.

Non, vous dis-je, on devroit châtier sans pitié
Ce commerce honteux de semblants d'amitié[5].
Je veux que l'on soit homme, et qu'en toute rencontre
Le fond de notre cœur dans nos discours se montre,
Que ce soit lui qui parle, et que nos sentiments
Ne se masquent jamais sous de vains compliments.

PHILINTE.

Il est bien des endroits où la pleine franchise
Deviendroit ridicule, et seroit peu permise;
Et parfois, n'en déplaise à votre austère honneur,
Il est bon de cacher ce qu'on a dans le cœur.
Seroit-il à propos, et de la bienséance,
De dire à mille gens tout ce que d'eux on pense?
Et, quand on a quelqu'un qu'on hait ou qui déplaît,
Lui doit-on déclarer la chose comme elle est?

ALCESTE.

Oui.

PHILINTE.

Quoi! vous iriez dire à la vieille Émilie
Qu'à son âge il sied mal de faire la jolie,
Et que le blanc qu'elle a scandalise chacun?

ALCESTE.

Sans doute.

PHILINTE.

A Dorilas, qu'il est trop importun;
Et qu'il n'est, à la cour, oreille qu'il ne lasse
A conter sa bravoure et l'éclat de sa race?

ALCESTE.

Fort bien.

PHILINTE.

Vous vous moquez.

ALCESTE.

Je ne me moque point;
Et je vais n'épargner personne sur ce point.
Mes yeux sont trop blessés, et la cour et la ville
Ne m'offrent rien qu'objets à m'échauffer la bile;
J'entre en une humeur noire, en un chagrin profond,
Quand je vois vivre entre eux les hommes comme ils font;
Je ne trouve partout que lâche flatterie,
Qu'injustice, intérêt, trahison, fourberie;
Je n'y puis plus tenir, j'enrage; et mon dessein
Est de rompre en visière à tout le genre humain.

PHILINTE.

Ce chagrin philosophe est un peu trop sauvage.
Je ris des noirs accès où je vous envisage,
Et crois voir en nous deux, sous mêmes soins nourris [6],
Ces deux frères que peint l'École des Maris [7],
Dont....

ALCESTE.

Mon Dieu! laissons là vos comparaisons fades.

PHILINTE.

Non : tout de bon, quittez toutes ces incartades.
Le monde par vos soins ne se changera pas :
Et, puisque la franchise a pour vous tant d'appas,
Je vous dirai tout franc que cette maladie,
Partout où vous allez donne la comédie;
Et qu'un si grand courroux contre les mœurs du temps
Vous tourne en ridicule auprès de bien des gens.

ALCESTE.

Tant mieux, morbieu! tant mieux, c'est ce que je demande.
Ce m'est un fort bon signe, et ma joie en est grande.
Tous les hommes me sont à tel point odieux,
Que je serois fâché d'être sage à leurs yeux.

PHILINTE.
Vous voulez un grand mal à la nature humaine.
ALCESTE.
Oui, j'ai conçu pour elle une effroyable haine
PHILINTE.
Tous les pauvres mortels, sans nulle exception,
Seront enveloppés dans cette aversion.
Encore en est-il bien, dans le siècle où nous sommes....
ALCESTE.
Non, elle est générale, et je hais tous les hommes;
Les uns, parce qu'ils sont méchants et malfaisants,
Et les autres, pour être aux méchants complaisants[8],
Et n'avoir pas pour eux ces haines vigoureuses[9]
Que doit donner le vice aux âmes vertueuses.
De cette complaisance on voit l'injuste excès,
Pour le franc scélérat avec qui j'ai procès.
Au travers de son masque on voit à plein le traître;
Partout il est connu pour tout ce qu'il peut être;
Et ses roulements d'yeux, et son ton radouci,
N'imposent qu'à des gens qui ne sont point d'ici.
On sait que ce pied-plat, digne qu'on le confonde,
Par de sales emplois s'est poussé dans le monde,
Et que par eux son sort, de splendeur revêtu,
Fait gronder le mérite et rougir la vertu;
Quelques titres honteux qu'en tous lieux on lui donne,
Son misérable honneur ne voit pour lui personne :
Nommez-le fourbe, infâme, et scélérat maudit,
Tout le monde en convient, et nul n'y contredit;
Cependant sa grimace est partout bien venue;
On l'accueille, on lui rit, partout il s'insinue;
Et, s'il est, par la brigue, un rang à disputer,
Sur le plus honnête homme on le voit l'emporter.
Têtebleu! ce me sont de mortelles blessures,
De voir qu'avec le vice on garde des mesures;
Et parfois il me prend des mouvements soudains
De fuir dans un désert l'approche des humains.
PHILINTE.
Mon dieu! des mœurs du temps mettons-nous moins en peine
Et faisons un peu grâce à la nature humaine; [10],
Ne l'examinons point dans la grande rigueur,
Et voyons ses défauts avec quelque douceur.

Il faut, parmi le monde, une vertu traitable;
A force de sagesse, on peut être blâmable;
La parfaite raison fuit toute extrémité,
Et veut que l'on soit sage avec sobriété[11].
Cette grande roideur des vertus des vieux âges
Heurte trop notre siècle et les communs usages;
Elle veut aux mortels trop de perfection :
Il faut fléchir au temps sans obstination;
Et c'est une folie à nulle autre seconde,
De vouloir se mêler de corriger le monde.
J'observe, comme vous, cent choses tous les jours,
Qui pourroient mieux aller, prenant un autre cours;
Mais, quoi qu'à chaque pas je puisse voir paroître,
En courroux, comme vous, on ne me voit point être;
Je prends tout doucement les hommes comme ils sont,
J'accoutume mon âme à souffrir ce qu'ils font[12];
Et je crois qu'à la cour, de même qu'à la ville,
Mon flegme est philosophe autant que votre bile.

ALCESTE.

Mais ce flegme, monsieur, qui raisonne si bien[13],
Ce flegme pourra-t-il ne s'échauffer de rien?
Et s'il faut, par hasard, qu'un ami vous trahisse,
Que, pour avoir vos biens, on dresse un artifice,
Ou qu'on tâche à semer de méchants bruits de vous,
Verrez-vous tout cela sans vous mettre en courroux?

PHILINTE.

Oui, je vois ces défauts dont votre âme murmure,
Comme vices unis à l'humaine nature;
Et mon esprit enfin n'est pas plus offensé
De voir un homme fourbe, injuste, intéressé,
Que de voir des vautours affamés de carnage,
Des singes malfaisants, et des loups pleins de rage[14].

ALCESTE.

Je me verrai trahir, mettre en pièces, voler,
Sans que je sois.... Morbleu! je ne veux point parler,
Tant ce raisonnement est plein d'impertinence!

PHILINTE.

Ma foi, vous ferez bien de garder le silence[15].
Contre votre partie éclatez un peu moins,
Et donnez au procès une part de vos soins.

ALCESTE.

Je n'en donnerai point, c'est une chose dite.

PHILINTE.
Mais qui voulez-vous donc qui pour vous sollicite?
ALCESTE.
Qui je veux? La raison, mon bon droit, l'équité.
PHILINTE.
Aucun juge par vous ne sera visité?
ALCESTE.
Non. Est-ce que ma cause est injuste ou douteuse?
PHILINTE.
J'en demeure d'accord; mais la brigue est fâcheuse,
Et....
ALCESTE.
    Non. J'ai résolu de n'en pas faire un pas.
J'ai tort, ou j'ai raison.
PHILINTE.
          Ne vous y fiez pas.
ALCESTE.
Je ne remuerai point.
PHILINTE.
          Votre partie est forte,
Et peut, par sa cabale, entraîner....
ALCESTE.
                  Il n'importe.
PHILINTE.
Vous vous tromperez.
ALCESTE.
       Soit. J'en veux voir le succès.
PHILINTE.
Mais....
ALCESTE.
J'aurai le plaisir de perdre mon procès.
PHILINTE.
Mais enfin....
ALCESTE.
      Je verrai dans cette plaiderie
Si les hommes auront assez d'effronterie,
Seront assez méchants, scélérats, et pervers,
Pour me faire injustice aux yeux de l'univers.
PHILINTE.
Quel homme!
ALCESTE.
    Je voudrois, m'en coûtât-il grand'chose,

Pour la beauté du fait, avoir perdu ma cause [16].
PHILINTE.
On se riroit de vous, Alceste, tout de bon,
Si l'on vous entendoit parler de la façon.
ALCESTE.
Tant pis pour qui riroit.
PHILINTE.
     Mais cette rectitude
Que vous voulez en tout avec exactitude,
Cette pleine droiture où vous vous renfermez,
La trouvez-vous ici dans ce que vous aimez?
Je m'étonne, pour moi, qu'étant, comme il le semble,
Vous et le genre humain, si fort brouillés ensemble,
Malgré tout ce qui peut vous le rendre odieux,
Vous ayez pris chez lui ce qui charme vos yeux;
Et ce qui me surprend encore davantage,
C'est cet étrange choix où votre cœur s'engage.
La sincère Éliante a du penchant pour vous,
La prude Arsinoé vous voit d'un œil fort doux;
Cependant à leurs vœux votre âme se refuse,
Tandis qu'en ses liens Célimène l'amuse,
De qui l'humeur coquette et l'esprit médisant
Semblent si fort donner dans les mœurs d'à présent.
D'où vient que, leur portant une haine mortelle,
Vous pouvez bien souffrir ce qu'en tient cette belle?
Ne sont-ce plus défauts dans un objet si doux?
Ne les voyez-vous pas, ou les excusez-vous?
ALCESTE.
Non. L'amour que je sens pour cette jeune veuve
Ne ferme point mes yeux aux défauts qu'on lui treuve [17];
Et je suis, quelque ardeur qu'elle m'ait pu donner,
Le premier à les voir, comme à les condamner.
Mais avec tout cela, quoi que je puisse faire,
Je confesse mon foible, elle a l'art de me plaire :
J'ai beau voir ses défauts, et j'ai beau l'en blâmer,
En dépit qu'on en ait, elle se fait aimer;
Sa grâce est la plus forte; et sans doute ma flamme
De ces vices du temps pourra purger son âme.
PHILINTE.
Si vous faites cela, vous ne ferez pas peu.
Vous croyez être donc aimé d'elle?

ALCESTE.
                    Oui, parbleu!
Je ne l'aimerois pas, si je ne croyois l'être.
PHILINTE.
Mais, si son amitié pour vous se fait paroître,
D'où vient que vos rivaux vous causent de l'ennui?
ALCESTE.
C'est qu'un cœur bien atteint veut qu'on soit tout à lui,
Et je ne viens ici qu'à dessein de lui dire
Tout ce que là-dessus ma passion m'inspire.
PHILINTE.
Pour moi, si je n'avois qu'à former des désirs,
La cousine Éliante auroit tous mes soupirs[18];
Son cœur, qui vous estime, est solide et sincère,
Et ce choix plus conforme étoit mieux votre affaire.
ALCESTE.
Il est vrai : ma raison me le dit chaque jour;
Mais la raison n'est pas ce qui règle l'amour.
PHILINTE.
Je crains fort pour vos feux, et l'espoir où vous êtes
Pourroit....

SCÈNE II.

ORONTE[19], ALCESTE, PHILINTE.

ORONTE, à Alceste.
        J'ai su là-bas que, pour quelques emplettes,
Éliante est sortie, et Célimène aussi.
Mais, comme l'on m'a dit que vous étiez ici,
J'ai monté pour vous dire, et d'un cœur véritable,
Que j'ai conçu pour vous une estime incroyable,
Et que, depuis longtemps, cette estime m'a mis
Dans un ardent désir d'être de vos amis.
Oui, mon cœur au mérite aime à rendre justice,
Et je brûle qu'un nœud d'amitié nous unisse.
Je crois qu'un ami chaud, et de ma qualité,
N'est pas assurément pour être rejeté.
(Pendant le discours d'Oronte, Alceste est rêveur, et semble ne pas entendre que
    c'est à lui qu'on parle. Il ne sort de sa rêverie que quand Oronte lui dit :
C'est à vous, s'il vous plaît, que ce discours s'adresse.
ALCESTE.
A moi, monsieur?

ORONTE.
A vous. Trouvez-vous qu'il vous blesse?
ALCESTE.
Non pas. Mais la surprise est fort grande pour moi,
Et je n'attendois pas l'honneur que je reçoi.
ORONTE.
L'estime où je vous tiens ne doit point vous surprendre,
Et de tout l'univers vous la pouvez prétendre.
ALCESTE.
Monsieur....
ORONTE.
L'État n'a rien qui ne soit au-dessous
Du mérite éclatant que l'on découvre en vous[20].
ALCESTE.
Monsieur....
ORONTE.
Oui, de ma part, je vous tiens préférable
A tout ce que j'y vois de plus considérable.
ALCESTE.
Monsieur....
ORONTE.
Sois-je du ciel écrasé, si je mens!
Et, pour vous confirmer ici mes sentiments,
Souffrez qu'à cœur ouvert, monsieur, je vous embrasse,
Et qu'en votre amitié je vous demande place.
Touchez là, s'il vous plaît. Vous me la promettez,
Votre amitié?
ALCESTE.
Monsieur....
ORONTE.
Quoi! vous y résistez?
ALCESTE.
Monsieur, c'est trop d'honneur que vous me voulez faire;
Mais l'amitié demande un peu plus de mystère;
Et c'est assurément en profaner le nom
Que de vouloir le mettre à toute occasion.
Avec lumière et choix cette union veut naître;
Avant que nous lier, il faut nous mieux connoître;
Et nous pourrions avoir telles complexions,
Que tous deux du marché nous nous repentirions.
ORONTE.
Parbleu! c'est là-dessus parler en homme sage.

Et je vous en estime encore davantage.
Souffrons donc que le temps forme des nœuds si doux;
Mais cependant je m'offre entièrement à vous.
S'il faut faire à la cour pour vous quelque ouverture,
On sait qu'auprès du roi je fais quelque figure;
Il m'écoute; et dans tout il en use, ma foi,
Le plus honnêtement du monde avecque moi.
Enfin je suis à vous de toutes les manières;
Et, comme votre esprit a de grandes lumières,
Je viens, pour commencer entre nous ce beau nœud,
Vous montrer un sonnet que j'ai fait depuis peu,
Et savoir s'il est bon qu'au public je l'expose.

ALCESTE.

Monsieur, je suis mal propre à décider la chose.
Veuillez m'en dispenser.

ORONTE.

Pourquoi?

ALCESTE.

J'ai le défaut
D'être un peu plus sincère en cela qu'il ne faut.

ORONTE.

C'est ce que je demande, et j'aurois lieu de plainte,
Si, m'exposant à vous pour me parler sans feinte,
Vous alliez me trahir, et me déguiser rien.

ALCESTE.

Puisqu'il vous plaît ainsi, monsieur, je le veux bien.

ORONTE.

Sonnet. C'est un sonnet.... *L'espoir....* C'est une dame
Qui de quelque espérance avoit flatté ma flamme.
L'espoir.... Ce ne sont point de ces grands vers pompeux,
Mais de petits vers doux, tendres et langoureux.

ALCESTE.

Nous verrons bien.

ORONTE.

L'espoir.... Je ne sais si le style
Pourra vous en paroître assez net et facile,
Et si du choix des mots vous vous contenterez.

ALCESTE.

Nous allons voir, monsieur.

ORONTE.

Au reste, vous saurez
Que je n'ai demeuré qu'un quart d'heure à le faire.

ALCESTE.
Voyons, monsieur; le temps ne fait rien à l'affaire.
ORONTE lit.
L'espoir, il est vrai, nous soulage,
Et nous berce un temps notre ennui;
Mais, Philis, le triste avantage,
Lorsque rien ne marche après lui!
PHILINTE.
Je suis déjà charmé de ce petit morceau.
ALCESTE, bas, à Philinte.
Quoi! vous avez le front de trouver cela beau?
ORONTE.
Vous eûtes de la complaisance;
Mais vous en deviez moins avoir,
Et ne vous pas mettre en dépense
Pour ne me donner que l'espoir.
PHILINTE.
Ah! qu'en termes galants ces choses-là sont mises!
ALCESTE, bas, à Philinte.
Morbleu! vil complaisant, vous louez des sottises[81]?
ORONTE.
S'il faut qu'une attente éternelle
Pousse à bout l'ardeur de mon zèle,
Le trépas sera mon recours.

Vos soins ne m'en peuvent distraire:
Belle Philis, on désespère,
Alors qu'on espère toujours[22].
PHILINTE.
La chute en est jolie, amoureuse, admirable.
ALCESTE, bas, à part.
La peste de ta chute, empoisonneur au diable!
En eusses-tu fait une à te casser le nez!
PHILINTE.
Je n'ai jamais ouï de vers si bien tournés.
ALCESTE, bas, à part.
Morbleu!
ORONTE, à Philinte.
Vous me flattez, et vous croyez peut-être....
PHILINTE.
Non, je ne flatte point.
ALCESTE, bas, à part.
Hé! que fais-tu donc, traître?

ORONTE, à Alceste.

Mais, pour vous, vous savez quel est notre traité.
Parlez-moi, je vous prie, avec sincérité.

ALCESTE.

Monsieur, cette matière est toujours délicate,
Et sur le bel esprit nous aimons qu'on nous flatte.
Mais un jour, à quelqu'un dont je tairai le nom,
Je disois, en voyant des vers de sa façon,
Qu'il faut qu'un galant homme ait toujours grand empire
Sur les démangeaisons qui nous prennent d'écrire;
Qu'il doit tenir la bride aux grands empressements
Qu'on a de faire éclat de tels amusements;
Et que, par la chaleur de montrer ses ouvrages,
On s'expose à jouer de mauvais personnages.

ORONTE.

Est-ce que vous voulez me déclarer par là
Que j'ai tort de vouloir....

ALCESTE.

Je ne dis pas cela.
Mais je lui disois, moi, qu'un froid écrit assomme,
Qu'il ne faut que ce foible à décrier un homme,
Et, qu'eût-on d'autre part cent belles qualités,
On regarde les gens par leurs méchants côtés.

ORONTE.

Est-ce qu'à mon sonnet vous trouvez à redire?

ALCESTE.

Je ne dis pas cela. Mais, pour ne point écrire,
Je lui mettois aux yeux comme, dans notre temps,
Cette soif a gâté de fort honnêtes gens.

ORONTE.

Est-ce que j'écris mal, et leur ressemblerois-je?

ALCESTE.

Je ne dis pas cela²³. Mais enfin, lui disois-je,
Quel besoin si pressant avez-vous de rimer?
Et qui diantre vous pousse à vous faire imprimer?
Si l'on peut pardonner l'essor d'un mauvais livre,
Ce n'est qu'aux malheureux qui composent pour vivre.
Croyez-moi, résistez à vos tentations,
Dérobez au public ces occupations,
Et n'allez point quitter, de quoi que l'on vous somme,
Le nom que dans la cour vous avez d'honnête homme,

Pour prendre, de la main d'un avide imprimeur,
Celui de ridicule et misérable auteur[24].
C'est ce que je tâchai de lui faire comprendre.

ORONTE.

Voilà qui va fort bien, et je crois vous entendre.
Mais ne puis-je savoir ce que dans mon sonnet....

ALCESTE.

Franchement, il est bon à mettre au cabinet[25];
Vous vous êtes réglé sur de méchants modèles,
Et vos expressions ne sont point naturelles.

 Qu'est-ce que, *Nous berce un temps notre ennui?*
  Et que, *Rien ne marche après lui?*
  Que, *Ne vous pas mettre en dépense*
  Pour ne me donner que l'espoir?
  Et que, *Philis, on désespère,*
  Alors qu'on espère toujours?

Ce style figuré, dont on fait vanité,
Sort du bon caractère et de la vérité;
Ce n'est que jeu de mots, qu'affectation pure,
Et ce n'est point ainsi que parle la nature.
Le méchant goût du siècle en cela me fait peur;
Nos pères, tout grossiers, l'avoient beaucoup meilleur;
Et je prise bien moins tout ce que l'on admire,
Qu'une vieille chanson que je m'en vais vous dire.

  Si le roi m'avoit donné
   Paris, sa grand' ville,
  Et qu'il me fallût quitter
   L'amour de ma mie!
  Je dirois au roi Henri,
   Reprenez votre Paris,
  J'aime mieux ma mie, ô gué!
   J'aime mieux ma mie[26].

La rime n'est pas riche, et le style en est vieux :
Mais ne voyez-vous pas que cela vaut bien mieux
Que ces colifichets dont le bon sens murmure,
Et que la passion parle là toute pure?

  Si le roi m'avoit donné
   Paris, sa grand' ville,

Et qu'il me fallût quitter
L'amour de ma mie !
Je dirois au roi Henri,
Reprenez votre Paris,
J'aime mieux ma mie, ô gué !
J'aime mieux ma mie.

Voilà ce que peut dire un cœur vraiment épris.
(A Philinte qui rit :)
Oui, monsieur le rieur, malgré vos beaux esprits,
J'estime plus cela que la pompe fleurie
De tous ces faux brillants où chacun se récrie.

ORONTE.
Et moi, je vous soutiens que mes vers sont fort bons.

ALCESTE.
Pour les trouver ainsi, vous avez vos raisons ;
Mais vous trouverez bon que j'en puisse avoir d'autres
Qui se dispenseront de se soumettre aux vôtres.

ORONTE.
Il me suffit de voir que d'autres en font cas.

ALCESTE.
C'est qu'ils ont l'art de feindre ; et moi, je ne l'ai pas.

ORONTE.
Croyez-vous donc avoir tant d'esprit en partage ?

ALCESTE.
Si je louois vos vers, j'en aurois davantage.

ORONTE.
Je me passerai bien que vous les approuviez [27].

ALCESTE.
Il faut bien, s'il vous plaît, que vous vous en passiez.

ORONTE.
Je voudrois bien, pour voir, que, de votre manière,
Vous en composassiez sur la même matière.

ALCESTE.
J'en pourrois, par malheur, faire d'aussi méchants ;
Mais je me garderois de les montrer aux gens.

ORONTE.
Vous me parlez bien ferme, et cette suffisance....

ALCESTE.
Autre part que chez moi cherchez qui vous encense.

ORONTE.
Mais, mon petit monsieur, prenez-le un peu moins haut.

ALCESTE.
Ma foi, mon grand monsieur, je le prends comme il faut
PHILINTE, se mettant entre deux.
Hé! messieurs, c'en est trop. Laissez cela de grâce.
ORONTE.
Ah! j'ai tort, je l'avoue, et je quitte la place.
Je suis votre valet, monsieur, de tout mon cœur.
ALCESTE.
Et moi, je suis, monsieur, votre humble serviteur [26].

SCÈNE III.

PHILINTE, ALCESTE.

PHILINTE.
Eh bien, vous le voyez : pour être trop sincère,
Vous voilà sur les bras une fâcheuse affaire;
Et j'ai bien vu qu'Oronte, afin d'être flatté....
ALCESTE.
Ne me parlez pas.
PHILINTE.
Mais....
ALCESTE.
Plus de société.
PHILINTE.
C'est trop....
ALCESTE.
Laissez-moi là.
PHILINTE.
Si je....
ALCESTE.
Point de langage.
PHILINTE.
Mais quoi....
ALCESTE.
Je n'entends rien.
PHILINTE.
Mais....
ALCESTE.
Encore?
PHILINTE.
On outrage.....

ALCESTE.
Ah! parbleu! c'en est trop. Ne suivez point mes pas.
PHILINTE.
Vous vous moquez de moi. Je ne vous quitte pas.

FIN DU PREMIER ACTE.

ACTE SECOND.

SCÈNE I.
ALCESTE, CÉLIMÈNE.

ALCESTE.

Madame, voulez-vous que je vous parle net?
De vos façons d'agir je suis mal satisfait :
Contre elles dans mon cœur trop de bile s'assemble,
Et je sens qu'il faudra que nous rompions ensemble.
Oui, je vous tromperois de parler autrement :
Tôt ou tard nous romprons indubitablement;
Et je vous promettrois mille fois le contraire,
Que je ne serois pas en pouvoir de le faire.

CÉLIMÈNE.

C'est pour me quereller donc, à ce que je voi,
Que vous avez voulu me ramener chez moi?

ALCESTE.

Je ne querelle point. Mais votre humeur, madame,
Ouvre au premier venu trop d'accès dans votre âme :
Vous avez trop d'amants qu'on voit vous obséder,
Et mon cœur de cela ne peut s'accommoder.

CÉLIMÈNE.

Des amants que je fais me rendez-vous coupable?
Puis-je empêcher les gens de me trouver aimable?
Et, lorsque pour me voir ils font de doux efforts,
Dois-je prendre un bâton pour les mettre dehors?

ALCESTE.

Non, ce n'est pas, madame, un bâton qu'il faut prendre,
Mais un cœur à leurs vœux moins facile et moins tendre.
Je sais que vos appas vous suivent en tous lieux;
Mais votre accueil retient ceux qu'attirent vos yeux,
Et sa douceur offerte à qui vous rend les armes,
Achève sur les cœurs l'ouvrage de vos charmes.

Le trop riant espoir que vous leur présentez
Attache autour de vous leurs assiduités,
Et votre complaisance, un peu moins étendue,
De tant de soupirants chasseroit la cohue.
Mais, au moins, dites-moi, madame, par quel sort
Votre Clitandre a l'heur de vous plaire si fort?
Sur quel fonds de mérite et de vertu sublime
Appuyez-vous en lui l'honneur de votre estime?
Est-ce par l'ongle long qu'il porte au petit doigt [1]
Qu'il s'est acquis chez vous l'estime où l'on le voit?
Vous êtes-vous rendue, avec tout le beau monde,
Au mérite éclatant de sa perruque blonde?
Sont-ce ses grands canons qui vous le font aimer [2] ?
L'amas de ses rubans a-t-il su vous charmer?
Est-ce par les appas de sa vaste rhingrave [3]
Qu'il a gagné votre âme en faisant votre esclave?
Ou sa façon de rire, et son ton de fausset,
Ont-ils de vous toucher su trouver le secret?

CÉLIMÈNE.

Qu'injustement de lui vous prenez de l'ombrage!
Ne savez-vous pas bien pourquoi je le ménage;
Et que dans mon procès, ainsi qu'il m'a promis,
Il peut intéresser tout ce qu'il a d'amis?

ALCESTE.

Perdez votre procès, madame, avec constance,
Et ne ménagez point un rival qui m'offense.

CÉLIMÈNE.

Mais de tout l'univers vous devenez jaloux.

ALCESTE.

C'est que tout l'univers est bien reçu de vous.

CÉLIMÈNE.

C'est ce qui doit rasseoir votre âme effarouchée,
Puisque ma complaisance est sur tous épanchée;
Et vous auriez plus lieu de vous en offenser,
Si vous me la voyiez sur un seul ramasser.

ALCESTE.

Mais moi, que vous blâmez de trop de jalousie,
Qu'ai-je de plus qu'eux tous, madame, je vous prie?

CÉLIMÈNE.

Le bonheur de savoir que vous êtes aimé.

ALCESTE.

Et quel lieu de le croire à mon cœur enflammé [4] ?

CÉLIMÈNE.
Je pense qu'ayant pris le soin de vous le dire,
Un aveu de la sorte a de quoi vous suffire.
ALCESTE.
Mais qui m'assurera que, dans le même instant,
Vous n'en disiez peut-être aux autres tout autant?
CÉLIMÈNE.
Certes, pour un amant, la fleurette est mignonne,
Et vous me traitez là de gentille personne.
Eh bien, pour vous ôter d'un semblable souci,
De tout ce que j'ai dit je me dédis ici;
Et rien ne sauroit plus vous tromper que vous-même :
Soyez content.
ALCESTE.
Morbleu! faut-il que je vous aime!
Ah! que si de vos mains je rattrape mon cœur,
Je bénirai le ciel de ce rare bonheur!
Je ne le cèle pas, je fais tout mon possible
A rompre de ce cœur l'attachement terrible;
Mais mes plus grands efforts n'ont rien fait jusqu'ici,
Et c'est pour mes péchés que je vous aime ainsi.
CÉLIMÈNE.
Il est vrai, votre ardeur est pour moi sans seconde.
ALCESTE.
Oui, je puis là-dessus défier tout le monde.
Mon amour ne se peut concevoir, et jamais
Personne n'a, madame, aimé comme je fais.
CÉLIMÈNE.
En effet, la méthode en est toute nouvelle,
Car vous aimez les gens pour leur faire querelle;
Ce n'est qu'en mots fâcheux qu'éclate votre ardeur,
Et l'on n'a vu jamais un amour si grondeur[5].
ALCESTE.
Mais il ne tient qu'à vous que son chagrin ne passe.
A tous nos démêlés coupons chemin, de grâce;
Parlons à cœur ouvert, et voyons d'arrêter....

SCÈNE II.
CÉLIMÈNE, ALCESTE, BASQUE.
CÉLIMÈNE.
Qu'est-ce?

BASQUE.
Acaste est là-bas.
CÉLIMÈNE.
Eh bien, faites monter.

SCÈNE III.
CÉLIMÈNE, ALCESTE.

ALCESTE.
Quoi! l'on ne peut jamais vous parler tête à tête?
A recevoir le monde on vous voit toujours prête;
Et vous ne pouvez pas, un seul moment de tous,
Vous résoudre à souffrir de n'être pas chez vous?
CÉLIMÈNE.
Voulez-vous qu'avec lui je me fasse une affaire?
ALCESTE.
Vous avez des égards qui ne sauroient me plaire.
CÉLIMÈNE.
C'est un homme à jamais ne me le pardonner,
S'il savoit que sa vue eût pu m'importuner.
ALCESTE.
Et que vous fait cela pour vous gêner de sorte?...
CÉLIMÈNE.
Mon dieu! de ses pareils la bienveillance importe;
Et ce sont de ces gens qui, je ne sais comment,
Ont gagné, dans la cour, de parler hautement.
Dans tous les entretiens on les voit s'introduire;
Ils ne sauroient servir, mais ils peuvent vous nuire;
Et jamais, quelque appui qu'on puisse avoir d'ailleurs,
On ne doit se brouiller avec ces grands brailleurs.
ALCESTE.
Enfin, quoi qu'il en soit, et sur quoi qu'on se fonde,
Vous trouvez des raisons pour souffrir tout le monde;
Et les précautions de votre jugement....

SCÈNE IV.
ALCESTE, CÉLIMÈNE, BASQUE.

BASQUE.
Voici Clitandre encor, madame.
ALCESTE.
Justement.

CÉLIMÈNE.

Où courez-vous ?

ALCESTE.

Je sors.

CÉLIMÈNE.

Demeurez.

ALCESTE.

Pourquoi faire ?

CÉLIMÈNE.

Demeurez.

ALCESTE.

Je ne puis.

CÉLIMÈNE.

Je le veux.

ALCESTE.

Point d'affaire.
Ces conversations ne font que m'ennuyer,
Et c'est trop que vouloir me les faire essuyer.

CÉLIMÈNE.

Je le veux, je le veux.

ALCESTE.

Non, il m'est impossible.

CÉLIMÈNE.

Eh bien, allez, sortez, il vous est tout loisible.

SCÈNE V.

ÉLIANTE, PHILINTE, ACASTE, CLITANDRE, ALCESTE, CÉLIMÈNE, BASQUE.

ÉLIANTE, à Célimène.

Voici les deux marquis qui montent avec nous.
Vous l'est-on venu dire ?

CÉLIMÈNE.

(A Basque :)
Oui. Des sièges pour tous.

(Basque donne des sièges, et sort.)

(A Alceste :)
Vous n'êtes pas sorti ?

ALCESTE.

Non ; mais je veux, madame,
Ou pour eux, ou pour moi, faire expliquer votre âme.

CÉLIMÈNE.
Taisez-vous.
ALCESTE.
Aujourd'hui vous vous expliquerez.
CÉLIMÈNE.
Vous perdez le sens.
ALCESTE.
Point. Vous vous déclarerez.
CÉLIMÈNE.
Ah !
ALCESTE.
Vous prendrez parti.
CÉLIMÈNE.
Vous vous moquez, je pense.
ALCESTE.
Non. Mais vous choisirez, c'est trop de patience.
CLITANDRE.
Parbleu ! je viens du Louvre, où Cléonte, au levé [8],
Madame, a bien paru ridicule achevé.
N'a-t-il point quelque ami qui pût, sur ses manières,
D'un charitable avis lui prêter les lumières [9] ?
CÉLIMÈNE.
Dans le monde, à vrai dire, il se barbouille fort ;
Partout il porte un air qui saute aux yeux d'abord ;
Et, lorsqu'on le revoit après un peu d'absence,
On le retrouve encor plus plein d'extravagance.
ACASTE.
Parbleu ! s'il faut parler de gens extravagants [10],
Je viens d'en essuyer un des plus fatigants ;
Damon le raisonneur, qui m'a, ne vous déplaise,
Une heure, au grand soleil, tenu hors de ma chaise.
CÉLIMÈNE.
C'est un parleur étrange, et qui trouve toujours
L'art de ne vous rien dire avec de grands discours :
Dans les propos qu'il tient on ne voit jamais goutte,
Et ce n'est que du bruit que tout ce qu'on écoute.
ÉLIANTE, à Philinte.
Ce début n'est pas mal ; et, contre le prochain,
La conversation prend un assez bon train.
CLITANDRE.
Timante encor, madame, est un bon caractère [11]

CÉLIMÈNE.
C'est de la tête aux pieds un homme tout mystère,
Qui vous jette, en passant, un coup d'œil égaré,
Et, sans aucune affaire, est toujours affairé.
Tout ce qu'il vous débite en grimaces abonde;
A force de façons, il assomme le monde;
Sans cesse il a, tout bas, pour rompre l'entretien,
Un secret à vous dire, et ce secret n'est rien;
De la moindre vétille il fait une merveille,
Et, jusques au bonjour, il dit tout à l'oreille [12].

ACASTE.
Et Géralde, madame?
CÉLIMÈNE.
O l'ennuyeux conteur!
Jamais on ne le voit sortir du grand seigneur.
Dans le brillant commerce il se mêle sans cesse,
Et ne cite jamais que duc, prince, ou princesse.
La qualité l'entête; et tous ses entretiens
Ne sont que de chevaux, d'équipage, et de chiens :
Il tutaye, en parlant, ceux du plus haut étage [13],
Et le nom de monsieur est chez lui hors d'usage.

CLITANDRE.
On dit qu'avec Bélise il est du dernier bien.
CÉLIMÈNE.
Le pauvre esprit de femme, et le sec entretien!
Lorsqu'elle vient me voir, je souffre le martyre;
Il faut suer sans cesse à chercher que lui dire;
Et la stérilité de son expression
Fait mourir à tous coups la conversation.
En vain, pour attaquer son stupide silence,
De tous les lieux communs vous prenez l'assistance;
Le beau temps et la pluie, et le froid et le chaud,
Sont des fonds qu'avec elle on épuise bientôt.
Cependant sa visite, assez insupportable,
Traîne en une longueur encore épouvantable;
Et l'on demande l'heure, et l'on bâille vingt fois,
Qu'elle grouille aussi peu qu'une pièce de bois [14].

ACASTE.
Que vous semble d'Adraste?
CÉLIMÈNE.
Ah! quel orgueil extrême!
C'est un homme gonflé de l'amour de soi-même.

Son mérite jamais n'est content de la cour,
Contre elle il fait métier de pester chaque jour ;
Et l'on ne donne emploi, charge, ni bénéfice,
Qu'à tout ce qu'il se croit on ne fasse injustice.

CLITANDRE.

Mais le jeune Cléon, chez qui vont aujourd'hui
Nos plus honnêtes gens, que dites-vous de lui?

CÉLIMÈNE.

Que de son cuisinier il s'est fait un mérite,
Et que c'est à sa table à qui l'on rend visite.

ÉLIANTE.

Il prend soin d'y servir des mets fort délicats.

CÉLIMÈNE.

Oui ; mais je voudrois bien qu'il ne s'y servît pas ;
C'est un fort méchant plat que sa sotte personne,
Et qui gâte, à mon goût, tous les repas qu'il donne.

PHILINTE.

On fait assez de cas de son oncle Damis ;
Qu'en dites-vous, madame?

CÉLIMÈNE.

Il est de mes amis.

PHILINTE.

Je le trouve honnête homme, et d'un air assez sage.

CÉLIMÈNE.

Oui ; mais il veut avoir trop d'esprit, dont j'enrage.
Il est guindé sans cesse ; et, dans tous ses propos,
On voit qu'il se travaille à dire de bons mots.
Depuis que dans la tête il s'est mis d'être habile,
Rien ne touche son goût, tant il est difficile.
Il veut voir des défauts à tout ce qu'on écrit,
Et pense que louer n'est pas d'un bel esprit,
Que c'est être savant que trouver à redire,
Qu'il n'appartient qu'aux sots d'admirer et de rire,
Et qu'en n'approuvant rien des ouvrages du temps,
Il se met au-dessus de tous les autres gens.
Aux conversations même il trouve à reprendre ;
Ce sont propos trop bas pour y daigner descendre ;
Et, les deux bras croisés, du haut de son esprit,
Il regarde en pitié tout ce que chacun dit.

ACASTE.

Dieu me damne, voilà son portrait véritable.

CLITANDRE, à Célimène.
Pour bien peindre les gens vous êtes admirable.
ALCESTE.
Allons, ferme, poussez, mes bons amis de cour [15];
Vous n'en épargnez point, et chacun a son tour :
Cependant aucun d'eux à vos yeux ne se montre,
Qu'on ne vous voie, en hâte, aller à sa rencontre,
Lui présenter la main, et d'un baiser flatteur
Appuyer les serments d'être son serviteur.
CLITANDRE.
Pourquoi s'en prendre à nous? Si ce qu'on dit vous blesse,
Il faut que le reproche à madame s'adresse.
ALCESTE.
Non, morbleu! c'est à vous; et vos ris complaisants
Tirent de son esprit tous ces traits médisants.
Son humeur satirique est sans cesse nourrie
Par le coupable encens de votre flatterie;
Et son cœur à railler trouveroit moins d'appas,
S'il avoit observé qu'on ne l'applaudit pas.
C'est ainsi qu'aux flatteurs on doit partout se prendre
Des vices où l'on voit les humains se répandre [16].
PHILINTE.
Mais pourquoi pour ces gens un intérêt si grand,
Vous qui condamneriez ce qu'en eux on reprend?
CÉLIMÈNE.
Et ne faut-il pas bien que monsieur contredise?
A la commune voix veut-on qu'il se réduise,
Et qu'il ne fasse pas éclater en tous lieux
L'esprit contrariant qu'il a reçu des cieux?
Le sentiment d'autrui n'est jamais pour lui plaire :
Il prend toujours en main l'opinion contraire,
Et penseroit paroître un homme du commun,
Si l'on voyoit qu'il fût de l'avis de quelqu'un.
L'honneur de contredire a pour lui tant de charmes,
Qu'il prend contre lui-même assez souvent les armes,
Et ses vrais sentiments sont combattus par lui,
Aussitôt qu'il les voit dans la bouche d'autrui.
ALCESTE.
Les rieurs sont pour vous, madame, c'est tout dire;
Et vous pouvez pousser contre moi la satire.

PHILINTE.

Mais il est véritable aussi que votre esprit
Se gendarme toujours contre tout ce qu'on dit;
Et que, par un chagrin que lui-même il avoue,
Il ne sauroit souffrir qu'on blâme ni qu'on loue.

ALCESTE.

C'est que jamais, morbleu! les hommes n'ont raison,
Que le chagrin contre eux est toujours de saison,
Et que je vois qu'ils sont, sur toutes les affaires,
Loueurs impertinents, ou censeurs téméraires.

CÉLIMÈNE.

Mais....

ALCESTE.

Non, madame, non, quand j'en devrois mourir,
Vous avez des plaisirs que je ne puis souffrir;
Et l'on a tort ici de nourrir dans votre âme
Ce grand attachement aux défauts qu'on y blâme.

CLITANDRE.

Pour moi, je ne sais pas; mais j'avouerai tout haut
Que j'ai cru jusqu'ici madame sans défaut.

ACASTE.

De grâces et d'attraits je vois qu'elle est pourvue;
Mais les défauts qu'elle a ne frappent point ma vue.

ALCESTE.

Ils frappent tous la mienne; et, loin de m'en cacher,
Elle sait que j'ai soin de les lui reprocher.
Plus on aime quelqu'un, moins il faut qu'on le flatte;
A ne rien pardonner le pur amour éclate;
Et je bannirois, moi, tous ces lâches amants
Que je verrois soumis à tous mes sentiments,
Et dont, à tout propos, les molles complaisances
Donneroient de l'encens à mes extravagances.

CÉLIMÈNE.

Enfin, s'il faut qu'à vous s'en rapportent les cœurs,
On doit, pour bien aimer, renoncer aux douceurs,
Et du parfait amour mettre l'honneur suprême
A bien injurier les personnes qu'on aime.

ÉLIANTE.

L'amour, pour l'ordinaire, est peu fait à ces lois,
Et l'on voit les amants vanter toujours leur choix.
Jamais leur passion n'y voit rien de blâmable,
Et dans l'objet aimé tout leur devient aimable:

Ils comptent les défauts pour des perfections,
Et savent y donner de favorables noms.
La pâle est au jasmin en blancheur comparable ;
La noire à faire peur, une brune adorable ;
La maigre a de la taille et de la liberté ;
La grasse est, dans son port, pleine de majesté ;
La malpropre sur soi, de peu d'attraits chargée,
Est mise sous le nom de beauté négligée ;
La géante paroît une déesse aux yeux ;
La naine, un abrégé des merveilles des cieux ;
L'orgueilleuse a le cœur digne d'une couronne ;
La fourbe a de l'esprit ; la sotte est toute bonne ;
La trop grande parleuse est d'agréable humeur ;
Et la muette garde une honnête pudeur.
C'est ainsi qu'un amant, dont l'ardeur est extrême[17],
Aime jusqu'aux défauts des personnes qu'il aime[18].

ALCESTE.

Et moi, je soutiens, moi....

CÉLIMÈNE.

Brisons là ce discours,
Et dans la galerie allons faire deux tours.
Quoi ! vous vous en allez, messieurs ?

CLITANDRE ET ACASTE.

Non pas, madame.

ALCESTE.

La peur de leur départ occupe fort votre âme.
Sortez quand vous voudrez, messieurs ; mais j'avertis
Que je ne sors qu'après que vous serez sortis.

ACASTE.

A moins de voir madame en être importunée,
Rien ne m'appelle ailleurs de toute la journée.

CLITANDRE.

Moi, pourvu que je puisse être au petit couché,
Je n'ai point d'autre affaire où je sois attaché.

CÉLIMÈNE, à Alceste.

C'est pour rire, je crois.

ALCESTE.

Non, en aucune sorte.
Nous verrons si c'est moi que vous voudrez qui sorte.

SCÈNE VI.

ALCESTE, CÉLIMÈNE, ÉLIANTE, ACASTE, PHILINTE, CLITANDRE, BASQUE.

BASQUE, à Alceste.
Monsieur, un homme est là qui voudroit vous parler
Pour affaire, dit-il, qu'on ne peut reculer.
ALCESTE.
Dis-lui que je n'ai point d'affaires si pressées.
BASQUE.
Il porte une jaquette à grand'basques plissées,
Avec du dor dessus [19].
CÉLIMÈNE, à Alceste.
Allez voir ce que c'est,
Ou bien faites-le entrer.

SCÈNE VII.

ALCESTE, CÉLIMÈNE, ÉLIANTE, ACASTE, PHILINTE, CLITANDRE, UN GARDE DE LA MARÉCHAUSSÉE.

ALCESTE, allant au-devant du garde.
Qu'est-ce donc qu'il vous plaît?
Venez, monsieur.
LE GARDE.
Monsieur, j'ai deux mots à vous dire.
ALCESTE.
Vous pouvez parler haut, monsieur, pour m'en instruire.
LE GARDE.
Messieurs les maréchaux, dont j'ai commandement,
Vous mandent de venir les trouver promptement [20],
Monsieur.
ALCESTE.
Qui? moi, monsieur?
LE GARDE.
Vous-même.
ALCESTE.
Et pour quoi faire?
PHILINTE, à Alceste.
C'est d'Oronte et de vous la ridicule affaire.
CÉLIMÈNE, à Philinte.
Comment?

PHILINTE.
Oronte et lui se sont tantôt bravés
Sur certains petits vers, qu'il n'a pas approuvés;
Et l'on veut assoupir la chose en sa naissance.
ALCESTE.
Moi, je n'aurai jamais de lâche complaisance.
PHILINTE.
Mais il faut suivre l'ordre : allons, disposez-vous.
ALCESTE.
Quel accommodement veut-on faire entre nous ?
La voix de ces messieurs me condamnera-t-elle
A trouver bons les vers qui font notre querelle?
Je ne me dédis point de ce que j'en ai dit,
Je les trouve méchants
PHILINTE.
Mais d'un plus doux esprit....
ALCESTE.
Je n'en démordrai point, les vers sont exécrables.
PHILINTE.
Vous devez faire voir des sentiments traitables.
Allons, venez.
ALCESTE.
J'irai; mais rien n'aura pouvoir
De me faire dédire.
PHILINTE.
Allons vous faire voir.
ALCESTE.
Hors qu'un commandement exprès du roi me vienne
De trouver bons les vers dont on se met en peine,
Je soutiendrai toujours, morbleu! qu'ils sont mauvais,
Et qu'un homme est pendable après les avoir faits [21].
(A Clitandre et à Acaste qui rient:)
Par la sambleu! messieurs, je ne croyois pas être
Si plaisant que je suis.
CÉLIMÈNE.
Allez vite paroître
Où vous devez.
ALCESTE.
J'y vais, madame; et sur mes pas
Je reviens en ce lieu pour vider nos débats.

FIN DU SECOND ACTE.

ACTE TROISIÈME.

SCÈNE I.
CLITANDRE, ACASTE.

CLITANDRE.
Cher marquis, je te vois, l'âme bien satisfaite;
Toute chose t'égaie, et rien ne t'inquiète.
En bonne foi, crois-tu, sans t'éblouir les yeux,
Avoir de grands sujets de paroître joyeux ?
ACASTE.
Parbleu ! je ne vois pas, lorsque je m'examine,
Où prendre aucun sujet d'avoir l'âme chagrine.
J'ai du bien, je suis jeune, et sors d'une maison
Qui se peut dire noble avec quelque raison ;
Et je crois, par le rang que me donne ma race,
Qu'il est fort peu d'emplois dont je ne sois en passe.
Pour le cœur, dont surtout nous devons faire cas,
On sait, sans vanité, que je n'en manque pas;
Et l'on m'a vu pousser dans le monde une affaire
D'une assez vigoureuse et gaillarde manière.
Pour de l'esprit, j'en ai, sans doute; et du bon goût,
A juger sans étude et raisonner de tout;
A faire, aux nouveautés, dont je suis idolâtre,
Figure de savant sur les bancs du théâtre[1];
Y décider en chef, et faire du fracas
A tous les beaux endroits qui méritent des has!
Je suis assez adroit; j'ai bon air, bonne mine,
Les dents belles surtout, et la taille fort fine.
Quant à se mettre bien, je crois, sans me flatter,
Qu'on seroit mal venu de me le disputer.
Je me vois dans l'estime autant qu'on y puisse être,
Fort aimé du beau sexe, et bien auprès du maître.
Je crois qu'avec cela, mon cher marquis, je croi
Qu'on peut, par tout pays, être content de soi.

CLITANDRE.
Oui. Mais, trouvant ailleurs des conquêtes faciles,
Pourquoi pousser ici des soupirs inutiles?
ACASTE.
Moi? Parbleu! je ne suis de taille ni d'humeur
A pouvoir d'une belle essuyer la froideur.
C'est aux gens mal tournés, aux mérites vulgaires,
A brûler constamment pour des beautés sévères,
A languir à leurs pieds et souffrir leurs rigueurs,
A chercher le secours des soupirs et des pleurs,
Et tâcher, par des soins d'une très-longue suite,
D'obtenir ce qu'on nie à leur peu de mérite.
Mais les gens de mon air, marquis, ne sont pas faits
Pour aimer à crédit, et faire tous les frais.
Quelque rare que soit le mérite des belles,
Je pense, dieu merci, qu'on vaut son prix comme elles;
Que, pour se faire honneur d'un cœur comme le mien,
Ce n'est pas la raison qu'il ne leur coûte rien;
Et qu'au moins, à tout mettre en de justes balances,
Il faut qu'à frais communs se fassent les avances.
CLITANDRE.
Tu penses donc, marquis, être fort bien ici?
ACASTE.
J'ai quelque lieu, marquis, de le penser ainsi.
CLITANDRE.
Crois-moi, détache-toi de cette erreur extrême:
Tu te flattes, mon cher, et t'aveugles toi-même.
ACASTE.
Il est vrai, je me flatte, et m'aveugle en effet.
CLITANDRE.
Mais qui te fait juger ton bonheur si parfait?
ACASTE.
Je me flatte.
CLITANDRE.
Sur quoi fonder tes conjectures?
ACASTE.
Je m'aveugle.
CLITANDRE.
En as-tu des preuves qui soient sûres?
ACASTE.
Je m'abuse, te dis-je.

CLITANDRE.
           Est-ce que de ses vœux
Célimène t'a fait quelques secrets aveux?
           ACASTE.
Non, je suis maltraité.
           CLITANDRE.
           Réponds-moi, je te prie.
           ACASTE.
Je n'ai que des rebuts.
           CLITANDRE.
           Laissons la raillerie,
Et me dis quel espoir on peut t'avoir donné.
           ACASTE.
Je suis le misérable, et toi le fortuné;
On a pour ma personne une aversion grande,
Et quelqu'un de ces jours il faut que je me pende.
           CLITANDRE.
Oh! ça, veux-tu, marquis, pour ajuster nos vœux,
Que nous tombions d'accord d'une chose tous deux;
Que, qui pourra montrer une marque certaine
D'avoir meilleure part au cœur de Célimène,
L'autre ici fera place au vainqueur prétendu,
Et le délivrera d'un rival assidu?
           ACASTE.
Ah! parbleu! tu me plais avec un tel langage,
Et, du bon de mon cœur, à cela je m'engage².
Mais, chut!

SCÈNE II.

CÉLIMÈNE, ACASTE, CLITANDRE.

           CÉLIMÈNE.
Encore ici?
           CLITANDRE.
           L'amour retient nos pas.
           CÉLIMÈNE.
Je viens d'ouïr entrer un carrosse là-bas.
Savez-vous qui c'est?
           CLITANDRE.
           Non.

SCÈNE III.

CÉLIMÈNE, ACASTE, CLITANDRE, BASQUE.

BASQUE.

Arsinoé, madame,
Monte ici pour vous voir.

CÉLIMÈNE.

Que me veut cette femme?

BASQUE.

Éliante là-bas est à l'entretenir.

CÉLIMÈNE.

De quoi s'avise-t-elle, et qui la fait venir?

ACASTE.

Pour prude consommée en tous lieux elle passe,
Et l'ardeur de son zèle....

CÉLIMÈNE.

Oui, oui, franche grimace.
Dans l'âme elle est du monde; et ses soins tentent tout
Pour accrocher quelqu'un, sans en venir à bout.
Elle ne sauroit voir qu'avec un œil d'envie
Les amants déclarés dont une autre est suivie;
Et son triste mérite, abandonné de tous,
Contre le siècle aveugle est toujours en courroux.
Elle tâche à couvrir d'un faux voile de prude
Ce que chez elle on voit d'affreuse solitude;
Et, pour sauver l'honneur de ses foibles appas,
Elle attache du crime au pouvoir qu'ils n'ont pas.
Cependant un amant plairoit fort à la dame,
Et même pour Alceste elle a tendresse d'âme.
Ce qu'il me rend de soins outrage ses attraits;
Elle veut que ce soit un vol que je lui fais;
Et son jaloux dépit, qu'avec peine elle cache,
En tous endroits sous main contre moi se détache.
Enfin je n'ai rien vu de si sot à mon gré;
Elle est impertinente au suprême degré,
Et....

SCÈNE IV.

ARSINOÉ, CÉLIMÈNE, CLITANDRE, BASQUE.

CÉLIMÈNE.

Ah! quel heureux sort en ce lieu vous amène?

Madame, sans mentir, j'étois de vous en peine.
ARSINOÉ.
Je viens pour quelque avis que j'ai cru vous devoir.
CÉLIMÈNE.
Ah! mon dieu! que je suis contente de vous voir!
(Clitandre et Acaste sortent en riant.)

SCÈNE V.
ARSINOÉ, CÉLIMÈNE.

ARSINOÉ.
Leur départ ne pouvoit plus à propos se faire.
CÉLIMÈNE.
Voulons-nous nous asseoir?
ARSINOÉ.
Il n'est pas nécessaire.
Madame, l'amitié doit surtout éclater
Aux choses qui le plus nous peuvent importer;
Et, comme il n'en est point de plus grande importance
Que celles de l'honneur et de la bienséance,
Je viens, par un avis qui touche votre honneur,
Témoigner l'amitié que pour vous a mon cœur.
Hier j'étois chez des gens de vertu singulière,
Où sur vous du discours on tourna la matière;
Et là, votre conduite, avec ses grands éclats,
Madame, eut le malheur qu'on ne la loua pas.
Cette foule de gens dont vous souffrez visite,
Votre galanterie, et les bruits qu'elle excite,
Trouvèrent des censeurs plus qu'il n'auroit fallu,
Et bien plus rigoureux que je n'eusse voulu.
Vous pouvez bien penser quel parti je sus prendre;
Je fis ce que je pus pour vous pouvoir défendre;
Je vous excusai fort sur votre intention,
Et voulus de votre âme être la caution.
Mais vous savez qu'il est des choses dans la vie
Qu'on ne peut excuser, quoiqu'on en ait envie;
Et je me vis contrainte à demeurer d'accord
Que l'air dont vous vivez vous faisoit un peu tort;
Qu'il prenoit dans le monde une méchante face;
Qu'il n'est conte fâcheux que partout on n'en fasse;
Et que, si vous vouliez, tous vos déportements

Pourroient moins donner prise aux mauvais jugements.
Non que j'y croie au fond l'honnêteté blessée;
Me préserve le ciel d'en avoir la pensée!
Mais aux ombres du crime on prête aisément foi,
Et ce n'est pas assez de bien vivre pour soi.
Madame, je vous crois l'âme trop raisonnable
Pour ne pas prendre bien cet avis profitable[3],
Et pour l'attribuer qu'aux mouvements secrets
D'un zèle qui m'attache à tous vos intérêts.

CÉLIMÈNE.

Madame, j'ai beaucoup de grâces à vous rendre;
Un tel avis m'oblige; et, loin de le mal prendre,
J'en prétends reconnoître à l'instant la faveur,
Par un avis aussi qui touche votre honneur;
Et, comme je vous vois vous montrer mon amie,
En m'apprenant les bruits que de moi l'on publie,
Je veux suivre, à mon tour, un exemple si doux,
En vous avertissant de ce qu'on dit de vous.
En un lieu, l'autre jour, où je faisois visite,
Je trouvai quelques gens d'un très-rare mérite,
Qui, parlant des vrais soins d'une âme qui vit bien,
Firent tomber sur vous, madame, l'entretien.
Là, votre pruderie et vos éclats de zèle
Ne furent pas cités comme un fort bon modèle;
Cette affectation d'un grave extérieur,
Vos discours éternels de sagesse et d'honneur,
Vos mines et vos cris aux ombres d'indécence
Que d'un mot ambigu peut avoir l'innocence,
Cette hauteur d'estime où vous êtes de vous,
Et ces yeux de pitié que vous jetez sur tous,
Vos fréquentes leçons et vos aigres censures
Sur des choses qui sont innocentes et pures;
Tout cela, si je puis vous parler franchement,
Madame, fut blâmé d'un commun sentiment.
A quoi bon, disoient-ils, cette mine modeste,
Et ce sage dehors que dément tout le reste?
Elle est à bien prier exacte au dernier point;
Mais elle bat ses gens, et ne les paye point[4].
Dans tous les lieux dévots elle étale un grand zèle,
Mais elle met du blanc, et veut paroître belle.
Elle fait des tableaux couvrir les nudités;
Mais elle a de l'amour pour les réalités.

Pour moi, contre chacun, je pris votre défense,
Et leur assurai fort que c'étoit médisance;
Mais tous les sentiments combattirent le mien,
Et leur conclusion fut que vous feriez bien
De prendre moins de soin des actions des autres,
Et de vous mettre un peu plus en peine des vôtres;
Qu'on doit se regarder soi-même un fort long temps
Avant que de songer à condamner les gens;
Qu'il faut mettre le poids d'une vie exemplaire
Dans les corrections qu'aux autres on veut faire;
Et qu'encor vaut-il mieux s'en remettre, au besoin,
A ceux à qui le ciel en a commis le soin.
Madame, je vous crois aussi trop raisonnable
Pour ne pas prendre bien cet avis profitable,
Et pour l'attribuer qu'aux mouvements secrets
D'un zèle qui m'attache à tous vos intérêts.

ARSINOÉ.

A quoi qu'en reprenant on soit assujettie,
Je ne m'attendois pas à cette repartie,
Madame; et je vois bien, par ce qu'elle a d'aigreur,
Que mon sincère avis vous a blessée au cœur.

CÉLIMÈNE.

Au contraire, madame; et, si l'on étoit sage,
Ces avis mutuels seroient mis en usage.
On détruiroit par là, traitant de bonne foi,
Ce grand aveuglement où chacun est pour soi.
Il ne tiendra qu'à vous qu'avec le même zèle
Nous ne continuions cet office fidèle,
Et ne prenions grand soin de nous dire entre nous
Ce que nous entendrons, vous de moi, moi de vous.

ARSINOÉ.

Ah! madame, de vous je ne puis rien entendre;
C'est en moi que l'on peut trouver fort à reprendre.

CÉLIMÈNE.

Madame, on peut, je crois, louer et blâmer tout;
Et chacun a raison, suivant l'âge ou le goût.
Il est une saison pour la galanterie,
Il en est une aussi propre à la pruderie.
On peut, par politique, en prendre le parti,
Quand de nos jeunes ans l'éclat est amorti;
Cela sert à couvrir de fâcheuses disgrâces.
Je ne dis pas qu'un jour je ne suive vos traces;

L'âge amènera tout ; et ce n'est pas le temps,
Madame, comme on sait, d'être prude à vingt ans.

ARSINOÉ.

Certes, vous vous targuez d'un bien foible avantage
Et vous faites sonner terriblement votre âge.
Ce que de plus que vous on en pourroit avoir,
N'est pas un si grand cas pour s'en tant prévaloir [5];
Et je ne sais pourquoi votre âme ainsi s'emporte,
Madame, à me pousser de cette étrange sorte.

CÉLIMÈNE.

Et moi, je ne sais pas, madame, aussi pourquoi
On vous voit en tous lieux vous déchaîner sur moi.
Faut-il de vos chagrins sans cesse à moi vous prendre ?
Et puis-je mais des soins qu'on ne va pas vous rendre ?
Si ma personne aux gens inspire de l'amour,
Et si l'on continue à m'offrir chaque jour
Des vœux que votre cœur peut souhaiter qu'on m'ôte,
Je n'y saurois que faire, et ce n'est pas ma faute ;
Vous avez le champ libre, et je n'empêche pas
Que, pour les attirer, vous n'ayez des appas.

ARSINOÉ.

Hélas ! et croyez-vous que l'on se mette en peine
De ce nombre d'amants dont vous faites la vaine,
Et qu'il ne nous soit pas fort aisé de juger
A quel prix aujourd'hui l'on peut les engager ?
Pensez-vous faire croire, à voir comme tout roule,
Que votre seul mérite attire cette foule ?
Qu'ils ne brûlent pour vous que d'un honnête amour,
Et que pour vos vertus ils vous font tous la cour ?
On ne s'aveugle point par de vaines défaites,
Le monde n'est point dupe ; et j'en vois qui sont faites
A pouvoir inspirer de tendres sentiments,
Qui chez elles pourtant ne fixent point d'amants ;
Et de là nous pouvons tirer des conséquences,
Qu'on n'acquiert point leurs cœurs sans de grandes avances,
Qu'aucun, pour nos beaux yeux, n'est notre soupirant,
Et qu'il faut acheter tous les soins qu'on nous rend.
Ne vous enflez donc pas d'une si grande gloire,
Pour les petits brillants d'une foible victoire [6] ;
Et corrigez un peu l'orgueil de vos appas,
De traiter pour cela les gens de haut en bas [7].
Si nos yeux envioient les conquêtes des vôtres,

Je pense qu'on pourroit faire comme les autres,
Ne se point ménager, et vous faire bien voir
Que l'on a des amants quand on en veut avoir.
CÉLIMÈNE.
Ayez-en donc, madame, et voyons cette affaire;
Par ce rare secret efforcez-vous de plaire;
Et sans....
ARSINOÉ.
Brisons, madame, un pareil entretien,
Il pousseroit trop loin votre esprit et le mien;
Et j'aurois pris déjà le congé qu'il faut prendre,
Si mon carrosse encor ne m'obligeoit d'attendre.
CÉLIMÈNE.
Autant qu'il vous plaira vous pouvez arrêter,
Madame, et là-dessus rien ne doit vous hâter.
Mais, sans vous fatiguer de ma cérémonie,
Je m'en vais vous donner meilleure compagnie;
Et monsieur, qu'à propos le hasard fait venir,
Remplira mieux ma place à vous entretenir[8].

SCÈNE VI.
ALCESTE, CÉLIMÈNE, ARSINOÉ.

CÉLIMÈNE.
Alceste, il faut que j'aille écrire un mot de lettre,
Que, sans me faire tort, je ne saurois remettre.
Soyez avec madame; elle aura la bonté
D'excuser aisément mon incivilité.

SCÈNE VII.
ALCESTE, ARSINOÉ.

ARSINOÉ.
Vous voyez, elle veut que je vous entretienne,
Attendant un moment que mon carrosse vienne;
Et jamais tous ses soins ne pouvoient m'offrir rien
Qui me fût plus charmant qu'un pareil entretien.
En vérité, les gens d'un mérite sublime
Entraînent de chacun et l'amour et l'estime;
Et le vôtre sans doute a des charmes secrets
Qui font entrer mon cœur dans tous vos intérêts.

Je voudrois que la cour, par un regard propice,
A ce que vous valez rendît plus de justice.
Vous avez à vous plaindre; et je suis en courroux,
Quand je vois chaque jour qu'on ne fait rien pour vous.

ALCESTE.

Moi, madame? Et sur quoi pourrois-je en rien prétendre?
Quel service à l'État est-ce qu'on m'a vu rendre?
Qu'ai-je fait, s'il vous plaît, de si brillant de soi,
Pour me plaindre à la cour qu'on ne fait rien pour moi?

ARSINOÉ.

Tous ceux sur qui la cour jette des yeux propices
N'ont pas toujours rendu de ces fameux services.
Il faut l'occasion ainsi que le pouvoir;
Et le mérite enfin que vous nous faites voir
Devroit....

ALCESTE.

Mon dieu! laissons mon mérite, de grâce;
De quoi voulez-vous là que la cour s'embarrasse?
Elle auroit fort à faire, et ses soins seroient grands
D'avoir à déterrer le mérite des gens.

ARSINOÉ.

Un mérite éclatant se déterre lui-même.
Du vôtre en bien des lieux on fait un cas extrême;
Et vous saurez de moi qu'en deux fort bons endroits
Vous fûtes hier loué par des gens d'un grand poids.

ALCESTE.

Hé! madame, l'on loue aujourd'hui tout le monde,
Et le siècle par là n'a rien qu'on ne confonde.
Tout est d'un grand mérite également doué,
Ce n'est plus un honneur que de se voir loué;
D'éloges on regorge, à la tête on les jette,
Et mon valet de chambre est mis dans la gazette.

ARSINOÉ.

Pour moi, je voudrois bien que, pour vous montrer mieux
Une charge à la cour vous pût frapper les yeux.
Pour peu que d'y songer vous nous fassiez les mines,
On peut, pour vous servir, remuer des machines;
Et j'ai des gens en main que j'emploierai pour vous,
Qui vous feront à tout un chemin assez doux.

ALCESTE.

Et que voudriez-vous, madame, que j'y fisse?
L'h   eur dont je me sens veut que je m'en bannisse;

Le ciel ne m'a point fait, en me donnant le jour,
Une âme compatible avec l'air de la cour.
Je ne me trouve point les vertus nécessaires
Pour y bien réussir, et faire mes affaires.
Être franc et sincère est mon plus grand talent;
Je ne sais point jouer les hommes en parlant;
Et qui n'a pas le don de cacher ce qu'il pense,
Doit faire en ce pays fort peu de résidence [9].
Hors de la cour sans doute on n'a pas cet appui,
Et ces titres d'honneur qu'elle donne aujourd'hui;
Mais on n'a pas aussi, perdant ces avantages,
Le chagrin de jouer de fort sots personnages :
On n'a point à souffrir mille rebuts cruels,
On n'a point à louer les vers de messieurs tels,
A donner de l'encens à madame une telle,
Et de nos francs marquis essuyer la cervelle.
           ARSINOÉ.
Laissons, puisqu'il vous plaît, ce chapitre de cour :
Mais il faut que mon cœur vous plaigne en votre amour;
Et, pour vous découvrir là-dessus mes pensées,
Je souhaiterois fort vos ardeurs mieux placées.
Vous méritez sans doute un sort beaucoup plus doux,
Et celle qui vous charme est indigne de vous.
           ALCESTE.
Mais en disant cela, songez-vous, je vous prie,
Que cette personne est, madame, votre amie?
           ARSINOÉ.
Oui. Mais ma conscience est blessée en effet
De souffrir plus longtemps le tort que l'on vous fait
L'état où je vous vois afflige trop mon âme,
Et je vous donne avis qu'on trahit votre flamme.
           ALCESTE.
C'est me montrer, madame, un tendre mouvement
Et de pareils avis obligent un amant.
           ARSINOÉ.
Oui, toute mon amie, elle est et je la nomme
Indigne d'asservir le cœur d'un galant homme;
Et le sien n'a pour vous que de feintes douceurs.
           ALCESTE.
Cela se peut, madame, on ne voit pas les cœurs;
Mais votre charité se seroit bien passée
De jeter dans le mien une telle pensée.

ARSINOÉ.
Si vous ne voulez pas être désabusé,
Il faut ne vous rien dire, il est assez aisé.
ALCESTE.
Non. Mais sur ce sujet, quoi que l'on nous expose,
Les doutes sont fâcheux plus que toute autre chose;
Et je voudrois, pour moi, qu'on ne me fît savoir
Que ce qu'avec clarté l'on peut me faire voir.
ARSINOÉ.
Eh bien, c'est assez dit; et sur cette matière
Vous allez recevoir une pleine lumière.
Oui, je veux que de tout vos yeux vous fassent foi
Donnez-moi seulement la main jusque chez moi;
Là je vous ferai voir une preuve fidèle
De l'infidélité du cœur de votre belle[10];
Et, si pour d'autres yeux le vôtre peut brûler,
On pourra vous offrir de quoi vous consoler.

FIN DU TROISIÈME ACTE.

ACTE QUATRIÈME.

SCÈNE I.
ÉLIANTE, PHILINTE.

PHILINTE.
Non, l'on n'a point vu d'âme à manier si dure,
Ni d'accommodement plus pénible à conclure :
En vain de tous côtés on l'a voulu tourner,
Hors de son sentiment on n'a pu l'entraîner ;
Et jamais différend si bizarre, je pense,
N'avoit de ces messieurs occupé la prudence.
« Non, messieurs, disoit-il, je ne me dédis point,
« Et tomberai d'accord de tout, hors de ce point.
« De quoi s'offense-t-il ? et que veut-il me dire ?
« Y va-t-il de sa gloire à ne pas bien écrire ?
« Que lui fait mon avis qu'il a pris de travers ?
« On peut être honnête homme, et faire mal des vers :
« Ce n'est point à l'honneur que touchent ces matières.
« Je le tiens galant homme en toutes les manières,
« Homme de qualité, de mérite, et de cœur,
« Tout ce qu'il vous plaira, mais fort méchant auteur.
« Je louerai, si l'on veut, son train et sa dépense,
« Son adresse à cheval, aux armes, à la danse ;
« Mais, pour louer ses vers, je suis son serviteur[1] ;
« Et, lorsque d'en mieux faire on n'a pas le bonheur,
« On ne doit de rimer avoir aucune envie,
« Qu'on n'y soit condamné sur peine de la vie[2]. »
Enfin toute la grâce et l'accommodement
Où s'est avec effort plié son sentiment,
C'est de dire, croyant adoucir bien son style[3],
« Monsieur, je suis fâché d'être si difficile ;
« Et, pour l'amour de vous, je voudrois de bon cœur
« Avoir trouvé tantôt votre sonnet meilleur. »
Et, dans une embrassade, on leur a, pour conclure,
Fait vite envelopper toute la procédure.

ÉLIANTE.
Dans ses façons d'agir il est fort singulier;
Mais j'en fais, je l'avoue, un cas particulier;
Et la sincérité dont son âme se pique
A quelque chose en soi de noble et d'héroïque.
C'est une vertu rare au siècle d'aujourd'hui,
Et je la voudrois voir partout comme chez lui.
PHILINTE.
Pour moi, plus je le vois, plus surtout je m'étonne
De cette passion où son cœur s'abandonne.
De l'humeur dont le ciel a voulu le former,
Je ne sais pas comment il s'avise d'aimer;
Et je sais moins encor comment votre cousine
Peut être la personne où son penchant l'incline.
ÉLIANTE.
Cela fait assez voir que l'amour, dans les cœurs,
N'est pas toujours produit par un rapport d'humeurs;
Et toutes ces raisons de douces sympathies
Dans cet exemple-ci se trouvent démenties.
PHILINTE.
Mais croyez-vous qu'on l'aime, aux choses qu'on peut voir?
ÉLIANTE.
C'est un point qu'il n'est pas fort aisé de savoir.
Comment pouvoir juger s'il est vrai qu'elle l'aime?
Son cœur de ce qu'il sent n'est pas bien sûr lui-même;
Il aime quelquefois sans qu'il le sache bien,
Et croit aimer aussi, parfois qu'il n'en est rien.
PHILINTE.
Je crois que notre ami, près de cette cousine,
Trouvera des chagrins plus qu'il ne s'imagine;
Et, s'il avoit mon cœur, à dire vérité,
Il tourneroit ses vœux tout d'un autre côté;
Et, par un choix plus juste, on le verroit, madame,
Profiter des bontés que lui montre votre âme.
ÉLIANTE.
Pour moi, je n'en fais point de façons, et je croi
Qu'on doit, sur de tels points, être de bonne foi.
Je ne m'oppose point à toute sa tendresse;
Au contraire, mon cœur pour elle s'intéresse;
Et, si c'étoit qu'à moi la chose pût tenir,
Moi-même à ce qu'il aime, on me verroit l'unir.
Mais, si dans un tel choix, comme tout se peut faire,

Son amour éprouvoit quelque destin contraire,
S'il falloit que d'un autre on couronnât les feux,
Je pourrois me résoudre à recevoir ses vœux;
Et le refus souffert en pareille occurrence
Ne m'y feroit trouver aucune répugnance^a.

PHILINTE.

Et moi, de mon côté, je ne m'oppose pas,
Madame, à ces bontés qu'ont pour lui vos appas;
Et lui-même, s'il veut, il peut bien vous instruire
De ce que là-dessus j'ai pris soin de lui dire.
Mais si, par un hymen qui les joindroit eux deux,
Vous étiez hors d'état de recevoir ses vœux,
Tous les miens tenteroient la faveur éclatante
Qu'avec tant de bonté votre âme lui présente.
Heureux si, quand son cœur s'y pourra dérober,
Elle pouvoit sur moi, madame, retomber!

ÉLIANTE.

Vous vous divertissez, Philinte.

PHILINTE.

Non, madame,
Et je vous parle ici du meilleur de mon âme.
J'attends l'occasion de m'offrir hautement,
Et, de tous mes souhaits, j'en presse le moment.

SCÈNE II.
ALCESTE, ÉLIANTE, PHILINTE.

ALCESTE.

Ah! faites-moi raison, madame, d'une offense
Qui vient de triompher de toute ma constance.

ÉLIANTE.

Qu'est-ce donc? Qu'avez-vous qui vous puisse émouvoir?

ALCESTE.

J'ai ce que, sans mourir, je ne puis concevoir;
Et le déchaînement de toute la nature
Ne m'accableroit pas comme cette aventure.
C'en est fait.... Mon amour.... Je ne saurois parler.

ÉLIANTE.

Que votre esprit un peu tâche à se rappeler^b.

ALCESTE.

O juste ciel! Faut-il qu'on joigne à tant de grâces
Les vices odieux des âmes les plus basses!

ÉLIANTE.
Mais encor, qui vous peut....
ALCESTE.
Ah! tout est ruiné;
Je suis, je suis trahi, je suis assassiné.
Célimène.... Eût-on pu croire cette nouvelle?
Célimène me trompe, et n'est qu'une infidèle.
ÉLIANTE.
Avez-vous, pour le croire, un juste fondement?
PHILINTE.
Peut-être est-ce un soupçon conçu légèrement;
Et votre esprit jaloux prend parfois des chimères....
ALCESTE.
Ah! morbleu! mêlez-vous, monsieur, de vos affaires.
(A Éliante:)
C'est de sa trahison n'être que trop certain,
Que l'avoir, dans ma poche, écrite de sa main.
Oui, madame, une lettre écrite pour Oronte,
A produit à mes yeux ma disgrâce et sa honte;
Oronte, dont j'ai cru qu'elle fuyoit les soins,
Et que de mes rivaux je redoutois le moins.
PHILINTE.
Une lettre peut bien tromper par l'apparence,
Et n'est pas quelquefois si coupable qu'on pense.
ALCESTE.
Monsieur, encore un coup, laissez-moi, s'il vous plaît,
Et ne prenez souci que de votre intérêt.
ÉLIANTE.
Vous devez modérer vos transports, et l'outrage....
ALCESTE.
Madame, c'est à vous qu'appartient cet ouvrage;
C'est à vous que mon cœur a recours aujourd'hui,
Pour pouvoir s'affranchir de son cuisant ennui.
Vengez-moi d'une ingrate et perfide parente
Qui trahit lâchement une ardeur si constante,
Vengez-moi de ce trait qui doit vous faire horreur.
ÉLIANTE.
Moi, vous venger? Comment?
ALCESTE.
En recevant mon cœur,
Acceptez-le, madame, au lieu de l'infidèle :
C'est par là que je puis prendre vengeance d'elle;

Et je la veux punir par les sincères vœux,
Par le profond amour, les soins respectueux,
Les devoirs empressés et l'assidu service
Dont ce cœur va vous faire un ardent sacrifice.
                    ÉLIANTE.
Je compatis, sans doute, à ce que vous souffrez,
Et ne méprise point le cœur que vous m'offrez;
Mais peut-être le mal n'est pas si grand qu'on pense,
Et vous pourrez quitter ce désir de vengeance⁶.
Lorsque l'injure part d'un objet plein d'appas,
On fait force desseins qu'on n'exécute pas;
On a beau voir, pour rompre, une raison puissante,
Une coupable aimée est bientôt innocente;
Tout le mal qu'on lui veut se dissipe aisément,
Et l'on sait ce que c'est qu'un courroux d'un amant⁷.
                    ALCESTE.
Non, non, madame, non. L'offense est trop mortelle;
Il n'est point de retour, et je romps avec elle;
Rien ne sauroit changer le dessein que j'en fais,
Et je me punirois de l'estimer jamais.
La voici. Mon courroux redouble à cette approche,
Je vais de sa noirceur lui faire un vif reproche,
Pleinement la confondre, et vous porter après
Un cœur tout dégagé de ses trompeurs attraits.

SCÈNE III.
CÉLIMÈNE, ALCESTE

                    ALCESTE, à part.
O ciel! de mes transports puis-je être ici le maître?
                    CÉLIMÈNE, à part.
        (A Alceste:)
Ouais! Quel est donc le trouble où je vous vois paroître?
Et que me veulent dire, et ces soupirs poussés,
Et ces sombres regards que sur moi vous lancez?
                    ALCESTE.
Que toutes les horreurs dont une âme est capable
A vos déloyautés n'ont rien de comparable;
Que le sort, les démons, et le ciel en courroux,
N'ont jamais rien produit de si méchant que vous.
                    CÉLIMÈNE.
Voilà certainement des douceurs que j'admire.

ALCESTE.

Ah! ne plaisantez point, il n'est pas temps de rire.
Rougissez bien plutôt, vous en avez raison;
Et j'ai de sûrs témoins de votre trahison.
Voilà ce que marquoient les troubles de mon âme;
Ce n'étoit pas en vain que s'alarmoit ma flamme;
Par ces fréquents soupçons qu'on trouvoit odieux,
Je cherchois le malheur qu'ont rencontré mes yeux;
Et, malgré tous vos soins et votre adresse à feindre,
Mon astre me disoit ce que j'avois à craindre :
Mais ne présumez pas que, sans être vengé,
Je souffre le dépit de me voir outragé.
Je sais que sur les vœux on n'a point de puissance,
Que l'amour veut partout naître sans dépendance,
Que jamais par la force on n'entra dans un cœur,
Et que toute âme est libre à nommer son vainqueur.
Aussi ne trouverois-je aucun sujet de plainte,
Si pour moi votre bouche avoit parlé sans feinte;
Et, rejetant mes vœux dès le premier abord,
Mon cœur n'auroit eu droit de s'en prendre qu'au sort.
Mais d'un aveu trompeur voir ma flamme applaudie,
C'est une trahison, c'est une perfidie
Qui ne sauroit trouver de trop grands châtiments;
Et je puis tout permettre à mes ressentiments.
Oui, oui, redoutez tout après un tel outrage;
Je ne suis plus à moi, je suis tout à la rage.
Percé du coup mortel dont vous m'assassinez,
Mes sens par la raison ne sont plus gouvernés;
Je cède aux mouvements d'une juste colère,
Et je ne réponds pas de ce que je puis faire [8].

CÉLIMÈNE.

D'où vient donc, je vous prie, un tel emportement?
Avez-vous, dites-moi, perdu le jugement?

ALCESTE.

Oui, oui, je l'ai perdu, lorsque dans votre vue
J'ai pris, pour mon malheur, le poison qui me tue,
Et que j'ai cru trouver quelque sincérité
Dans les traîtres appas dont je fus enchanté.

CÉLIMÈNE.

De quelle trahison pouvez-vous donc vous plaindre?

ALCESTE.

Ah! que ce cœur est double, et sait bien l'art de feindre!

Mais, pour le mettre à bout, j'ai des moyens tout prêts.
Jetez ici les yeux, et connoissez vos traits;
Ce billet découvert suffit pour vous confondre,
Et contre ce témoin on n'a rien à répondre.
CÉLIMÈNE.
Voilà donc le sujet qui vous trouble l'esprit?
ALCESTE.
Vous ne rougissez pas en voyant cet écrit!
CÉLIMÈNE.
Et par quelle raison faut-il que j'en rougisse?
ALCESTE.
Quoi! vous joignez ici l'audace à l'artifice!
Le désavouerez-vous, pour n'avoir point de seing?
CÉLIMÈNE.
Pourquoi désavouer un billet de ma main?
ALCESTE.
Et vous pouvez le voir, sans demeurer confuse
Du crime dont vers moi son style vous accuse!
CÉLIMÈNE.
Vous êtes, sans mentir, un grand extravagant.
ALCESTE.
Quoi! vous bravez ainsi ce témoin convaincant!
Et ce qu'il m'a fait voir de douceur pour Oronte
N'a donc rien qui m'outrage, et qui vous fasse honte?
CÉLIMÈNE.
Oronte! Qui vous dit que la lettre est pour lui?
ALCESTE.
Les gens qui, dans mes mains, l'ont remise aujourd'hui.
Mais je veux consentir qu'elle soit pour un autre,
Mon cœur en a-t-il moins à se plaindre du vôtre?
En serez-vous vers moi moins coupable en effet?
CÉLIMÈNE.
Mais, si c'est une femme à qui va ce billet,
En quoi vous blesse-t-il, et qu'a-t-il de coupable?
ALCESTE.
Ah! le détour est bon, et l'excuse admirable.
Je ne m'attendois pas, je l'avoue, à ce trait;
Et me voilà par là convaincu tout à fait.
Osez-vous recourir à ces ruses grossières?
Et croyez-vous les gens si privés de lumières?
Voyons, voyons un peu par quel biais, de quel air,
Vous voulez soutenir un mensonge si clair;

Et comment vous pourrez tourner pour une femme
Tous les mots d'un billet qui montre tant de flamme.
Ajustez, pour couvrir un manquement de foi,
Ce que je m'en vais lire....

CÉLIMÈNE.

Il ne me plaît pas, moi[9].
Je vous trouve plaisant d'user d'un tel empire,
Et de me dire au nez ce que vous m'osez dire.

ALCESTE.

Non, non, sans s'emporter, prenez un peu souci
De me justifier les termes que voici.

CÉLIMÈNE.

Non, je n'en veux rien faire; et, dans cette occurrence,
Tout ce que vous croirez m'est de peu d'importance.

ALCESTE.

De grâce, montrez-moi, je serai satisfait,
Qu'on peut pour une femme expliquer ce billet.

CÉLIMÈNE.

Non, il est pour Oronte; et je veux qu'on le croie.
Je reçois tous ses soins avec beaucoup de joie,
J'admire ce qu'il dit, j'estime ce qu'il est,
Et je tombe d'accord de tout ce qu'il vous plaît.
Faites, prenez parti, que rien ne vous arrête,
Et ne me rompez pas davantage la tête.

ALCESTE, à part.

Ciel! rien de plus cruel peut-il être inventé,
Et jamais cœur fut-il de la sorte traité!
Quoi! d'un juste courroux je suis ému contre elle,
C'est moi qui me viens plaindre, et c'est moi qu'on querelle!
On pousse ma douleur et mes soupçons à bout,
On me laisse tout croire, on fait gloire de tout;
Et cependant mon cœur est encore assez lâche
Pour ne pouvoir briser la chaîne qui l'attache,
Et pour ne pas s'armer d'un généreux mépris
Contre l'ingrat objet dont il est trop épris!

(A Célimène:)

Ah! que vous savez bien ici contre moi-même,
Perfide, vous servir de ma foiblesse extrême,
Et ménager pour vous l'excès prodigieux
De ce fatal amour né de vos traîtres yeux!
Défendez-vous au moins d'un crime qui m'accable,
Et cessez d'affecter d'être envers moi coupable.

Rendez-moi, s'il se peut, ce billet innocent;
A vous prêter les mains ma tendresse consent.
Efforcez-vous ici de paroître fidèle,
Et je m'efforcerai, moi, de vous croire telle.

CÉLIMÈNE.

Allez, vous êtes fou dans vos transports jaloux,
Et ne méritez pas l'amour qu'on a pour vous.
Je voudrois bien savoir qui pourroit me contraindre
A descendre pour vous aux bassesses de feindre;
Et pourquoi, si mon cœur penchoit d'autre côté,
Je ne le dirois pas avec sincérité.
Quoi! de mes sentiments l'obligeante assurance
Contre tous vos soupçons ne prend pas ma défense?
Auprès d'un tel garant, sont-ils de quelque poids?
N'est-ce pas m'outrager que d'écouter leur voix?
Et, puisque notre cœur fait un effort extrême,
Lorsqu'il peut se résoudre à confesser qu'il aime;
Puisque l'honneur du sexe, ennemi de nos feux,
S'oppose fortement à de pareils aveux,
L'amant qui voit pour lui franchir un tel obstacle,
Doit-il impunément douter de cet oracle?
Et n'est-il pas coupable, en ne s'assurant pas
A ce qu'on ne dit point qu'après de grands combats?
Allez, de tels soupçons méritent ma colère,
Et vous ne valez pas que l'on vous considère.
Je suis sotte, et veux mal à ma simplicité
De conserver encor pour vous quelque bonté;
Je devrois autre part attacher mon estime,
Et vous faire un sujet de plainte légitime.

ALCESTE.

Ah! traîtresse! mon foible est étrange pour vous;
Vous me trompez sans doute avec des mots si doux;
Mais il n'importe, il faut suivre ma destinée :
A votre foi mon âme est tout abandonnée;
Je veux voir jusqu'au bout quel sera votre cœur,
Et si de me trahir il aura la noirceur.

CÉLIMÈNE.

Non, vous ne m'aimez point comme il faut que l'on aime.

ALCESTE.

Ah! rien n'est comparable à mon amour extrême;
Et, dans l'ardeur qu'il a de se montrer à tous,
Il va jusqu'à former des souhaits contre vous.

Oui, je voudrois qu'aucun ne vous trouvât aimable,
Que vous fussiez réduite en un sort misérable;
Que le ciel, en naissant, ne vous eût donné rien;
Que vous n'eussiez ni rang, ni naissance, ni bien;
Afin que de mon cœur l'éclatant sacrifice
Vous pût, d'un pareil sort, réparer l'injustice;
Et que j'eusse la joie et la gloire en ce jour
De vous voir tenir tout des mains de mon amour [10].

CÉLIMÈNE.

C'est me vouloir du bien d'une étrange manière!
Me préserve le ciel que vous ayez matière [11]....
Voici monsieur Dubois plaisamment figuré.

SCÈNE IV.

CÉLIMÈNE, ALCESTE, DUBOIS.

ALCESTE.

Que veut cet équipage et cet air effaré?
Qu'as-tu?

DUBOIS.

Monsieur....

ALCESTE.

Eh bien!

DUBOIS.

Voici bien des mystères.

ALCESTE.

Qu'est-ce?

DUBOIS.

Nous sommes mal, monsieur, dans nos affaires.

ALCESTE.

Quoi?

DUBOIS.

Parlerai-je haut?

ALCESTE.

Oui, parle, et promptement.

DUBOIS.

N'est-il point là quelqu'un?

ALCESTE.

Ah! que d'amusement!

Veux-tu parler?

DUBOIS.
Monsieur, il faut faire retraite.
ALCESTE.
Comment?
DUBOIS.
Il faut d'ici déloger sans trompette.
ALCESTE.
Et pourquoi?
DUBOIS.
Je vous dis qu'il faut quitter ce lieu.
ALCESTE.
La cause?
DUBOIS.
Il faut partir, monsieur, sans dire adieu.
ALCESTE.
Mais par quelle raison me tiens-tu ce langage?
DUBOIS.
Par la raison, monsieur, qu'il faut plier bagage.
ALCESTE.
Ah! je te casserai la tête assurément,
Si tu ne veux, maraud, t'expliquer autrement.
DUBOIS.
Monsieur, un homme noir et d'habit et de mine,
Est venu nous laisser, jusque dans la cuisine,
Un papier griffonné d'une telle façon,
Qu'il faudroit pour le lire être pis que démon [12].
C'est de votre procès, je n'en fais aucun doute;
Mais le diable d'enfer, je crois, n'y verroit goutte.
ALCESTE.
Eh bien, quoi? Ce papier, qu'a-t-il à démêler,
Traître, avec le départ dont tu viens me parler?
DUBOIS.
C'est pour vous dire ici, monsieur, qu'une heure ensuite
Un homme, qui souvent vous vient rendre visite,
Est venu vous chercher avec empressement,
Et, ne vous trouvant pas, m'a chargé doucement,
Sachant que je vous sers avec beaucoup de zèle,
De vous dire.... Attendez, comme est-ce qu'il s'appelle?
ALCESTE.
Laisse là son nom, traître, et dis ce qu'il t'a dit.
DUBOIS.
C'est un de vos amis; enfin cela suffit.

Il m'a dit que d'ici votre péril vous chasse,
Et que d'être arrêté le sort vous y menace.
ALCESTE.
Mais quoi! n'a-t-il voulu te rien spécifier?
DUBOIS.
Non. Il m'a demandé de l'encre et du papier,
Et vous a fait un mot, où vous pourrez, je pense,
Du fond de ce mystère avoir la connoissance.
ALCESTE.
Donne-le donc.
CÉLIMÈNE.
Que peut envelopper ceci?
ALCESTE.
Je ne sais; mais j'aspire à m'en voir éclairci.
Auras-tu bientôt fait, impertinent au diable?
DUBOIS, *après avoir longtemps cherché le billet.*
Ma foi, je l'ai, monsieur, laissé sur votre table.
ALCESTE.
Je ne sais qui me tient....
CÉLIMÈNE.
Ne vous emportez pas,
Et courez démêler un pareil embarras.
ALCESTE.
Il semble que le sort, quelque soin que je prenne,
Ait juré d'empêcher que je vous entretienne;
Mais, pour en triompher, souffrez à mon amour
De vous revoir, madame, avant la fin du jour [15].

FIN DU QUATRIÈME ACTE.

ACTE CINQUIÈME.

SCÈNE I.
ALCESTE, PHILINTE.

ALCESTE.
La résolution en est prise, vous dis-je.
PHILINTE.
Mais, quel que soit ce coup, faut-il qu'il vous oblige ?..
ALCESTE.
Non, vous avez beau faire et beau me raisonner,
Rien de ce que je dis ne peut me détourner;
Trop de perversité règne au siècle où nous sommes,
Et je veux me tirer du commerce des hommes.
Quoi! contre ma partie on voit tout à la fois
L'honneur, la probité, la pudeur et les lois;
On publie en tous lieux l'équité de ma cause;
Sur la foi de mon droit mon âme se repose :
Cependant je me vois trompé par le succès,
J'ai pour moi la justice, et je perds mon procès!
Un traître, dont on sait la scandaleuse histoire,
Est sorti triomphant d'une fausseté noire!
Toute la bonne foi cède à sa trahison!
Il trouve, en m'égorgeant, moyen d'avoir raison!
Le poids de sa grimace, où brille l'artifice,
Renverse le bon droit, et tourne la justice!
Il fait par un arrêt couronner son forfait!
Et, non content encor du tort que l'on me fait,
Il court parmi le monde un livre abominable,
Et de qui la lecture est même condamnable;
Un livre à mériter la dernière rigueur,
Dont le fourbe a le front de me faire l'auteur [1]!
Et là-dessus on voit Oronte qui murmure,
Et tâche méchamment d'appuyer l'imposture!

Lui qui d'un honnête homme à la cour tient le rang,
A qui je n'ai rien fait qu'être sincère et franc,
Qui me vient, malgré moi, d'une ardeur empressée,
Sur des vers qu'il a faits demander ma pensée;
Et parce que j'en use avec honnêteté,
Et ne le veux trahir, lui, ni la vérité,
Il aide à m'accabler d'un crime imaginaire!
Le voilà devenu mon plus grand adversaire!
Et jamais de son cœur je n'aurai de pardon,
Pour n'avoir pas trouvé que son sonnet fût bon!
Et les hommes, morbleu! sont faits de cette sorte!
C'est à ces actions que la gloire les porte!
Voilà la bonne foi, le zèle vertueux,
La justice et l'honneur que l'on trouve chez eux!
Allons, c'est trop souffrir les chagrins qu'on nous forge :
Tirons-nous de ce bois et de ce coupe-gorge.
Puisque entre humains ainsi vous vivez en vrais loups,
Traîtres, vous ne m'aurez de ma vie avec vous.

PHILINTE.

Je trouve un peu bien prompt le dessein où vous êtes;
Et tout le mal n'est pas si grand que vous le faites.
Ce que votre partie ose vous imputer
N'a point eu le crédit de vous faire arrêter;
On voit son faux rapport lui-même se détruire,
Et c'est une action qui pourroit bien lui nuire.

ALCESTE.

Lui? de semblables tours il ne craint point l'éclat :
Il a permission d'être franc scélérat;
Et, loin qu'à son crédit nuise cette aventure,
On l'en verra demain en meilleure posture.

PHILINTE.

Enfin, il est constant qu'on n'a point trop donné
Au bruit que contre vous sa malice a tourné;
De ce côté déjà vous n'avez rien à craindre :
Et pour votre procès, dont vous pouvez vous plaindre,
Il vous est en justice aisé d'y revenir,
Et contre cet arrêt....

ALCESTE.

Non, je veux m'y tenir.
Quelque sensible tort qu'un tel arrêt me fasse,
Je me garderai bien de vouloir qu'on le casse;
On y voit trop à plein le bon droit maltraité,

Et je veux qu'il demeure à la postérité,
Comme une marque insigne, un fameux témoignage
De la méchanceté des hommes de notre âge.
Ce sont vingt mille francs qu'il m'en pourra coûter;
Mais pour vingt mille francs j'aurai droit de pester
Contre l'iniquité de la nature humaine,
Et de nourrir pour elle une immortelle haine[2].

PHILINTE.

Mais enfin....

ALCESTE.

Mais enfin, vos soins sont superflus.
Que pouvez-vous, monsieur, me dire là-dessus?
Aurez-vous bien le front de me vouloir, en face,
Excuser les horreurs de tout ce qui se passe!

PHILINTE.

Non, je tombe d'accord de tout ce qu'il vous plaît :
Tout marche par cabale et par pur intérêt;
Ce n'est plus que la ruse aujourd'hui qui l'emporte,
Et les hommes devroient être faits d'autre sorte.
Mais est-ce une raison que leur peu d'équité
Pour vouloir se tirer de leur société?
Tous ces défauts humains nous donnent, dans la vie,
Des moyens d'exercer notre philosophie :
C'est le plus bel emploi que trouve la vertu;
Et, si de probité tout étoit revêtu,
Si tous les cœurs étoient francs, justes et dociles,
La plupart des vertus nous seroient inutiles,
Puisqu'on en met l'usage à pouvoir, sans ennui,
Supporter dans nos droits l'injustice d'autrui;
Et, de même qu'un cœur d'une vertu profonde....

ALCESTE.

Je sais que vous parlez, monsieur, le mieux du monde;
En beaux raisonnements vous abondez toujours[3];
Mais vous perdez le temps et tous vos beaux discours.
La raison, pour mon bien, veut que je me retire :
Je n'ai point sur ma langue un assez grand empire;
De ce que je dirois je ne répondrois pas,
Et je me jetterois cent choses sur les bras.
Laissez-moi, sans dispute, attendre Célimène.
Il faut qu'elle consente au dessein qui m'amène;
Je vais voir si son cœur a de l'amour pour moi;
Et c'est ce moment-ci qui doit m'en faire foi.

PHILINTE.

Montons chez Éliante, attendant sa venue.

ALCESTE.

Non : de trop de souci je me sens l'âme émue.
Allez-vous-en la voir, et me laissez enfin
Dans ce petit coin sombre avec mon noir chagrin.

PHILINTE.

C'est une compagnie étrange pour attendre;
Et je vais obliger Éliante à descendre.

SCÈNE II.

CÉLIMÈNE, ORONTE, ALCESTE.

ORONTE.

Oui, c'est à vous de voir si, par des nœuds si doux,
Madame, vous voulez m'attacher tout à vous.
Il me faut de votre âme une pleine assurance :
Un amant là-dessus n'aime point qu'on balance.
Si l'ardeur de mes feux a pu vous émouvoir,
Vous ne devez point feindre à me le faire voir;
Et la preuve, après tout, que je vous en demande,
C'est de ne plus souffrir qu'Alceste vous prétende,
De le sacrifier, madame, à mon amour,
Et de chez vous enfin le bannir dès ce jour.

CÉLIMÈNE.

Mais quel sujet si grand contre lui vous irrite,
Vous à qui j'ai tant vu parler de son mérite?

ORONTE.

Madame, il ne faut point ces éclaircissements;
Il s'agit de savoir quels sont vos sentiments.
Choisissez, s'il vous plaît, de garder l'un ou l'autre;
Ma résolution n'attend rien que la vôtre.

ALCESTE, sortant du coin où il étoit.

Oui, monsieur a raison; madame, il faut choisir;
Et sa demande ici s'accorde à mon désir.
Pareille ardeur me presse, et même soin m'amène;
Mon amour veut du vôtre une marque certaine :
Les choses ne sont plus pour traîner en longueur,
Et voici le moment d'expliquer votre cœur.

ORONTE.

Je ne veux point, monsieur, d'une flamme importune
Troubler aucunement votre bonne fortune.

ALCESTE.
Je ne veux point, monsieur, jaloux ou non jaloux,
Partager de son cœur rien du tout avec vous.
ORONTE.
Si votre amour au mien lui semble préférable....
ALCESTE.
Si du moindre penchant elle est pour vous capable⁴....
ORONTE.
Je jure de n'y rien prétendre désormais.
ALCESTE.
Je jure hautement de ne la voir jamais.
ORONTE.
Madame, c'est à vous de parler sans contrainte.
ALCESTE.
Madame, vous pouvez vous expliquer sans crainte.
ORONTE.
Vous n'avez qu'à nous dire où s'attachent vos vœux.
ALCESTE.
Vous n'avez qu'à trancher, et choisir de nous deux.
ORONTE.
Quoi! sur un pareil choix vous semblez être en peine!
ALCESTE.
Quoi! votre âme balance, et paroît incertaine!
CÉLIMÈNE.
Mon dieu! que cette instance est là hors de saison!
Et que vous témoignez tous deux peu de raison!
Je sais prendre parti sur cette préférence,
Et ce n'est pas mon cœur maintenant qui balance :
Il n'est point suspendu sans doute entre vous deux;
Et rien n'est sitôt fait que le choix de nos vœux.
Mais je souffre, à vrai dire, une gêne trop forte
A prononcer en face un aveu de la sorte :
Je trouve que ces mots, qui sont désobligeants,
Ne se doivent point dire en présence des gens;
Qu'un cœur de son penchant donne assez de lumière,
Sans qu'on nous fasse aller jusqu'à rompre en visière;
Et qu'il suffit enfin que de plus doux témoins⁸
Instruisent un amant du malheur de ses soins.
ORONTE.
Non, non, un franc aveu n'a rien que j'appréhende;
J'y consens pour ma part.

ALCESTE.
Et moi, je le demande;
C'est son éclat surtout qu'ici j'ose exiger,
Et je ne prétends point vous voir rien ménager.
Conserver tout le monde est votre grande étude :
Mais plus d'amusement, et plus d'incertitude;
Il faut vous expliquer nettement là-dessus,
Ou bien pour un arrêt je prends votre refus;
Je saurai, de ma part, expliquer ce silence,
Et me tiendrai pour dit tout le mal que j'en pense.

ORONTE.
Je vous sais fort bon gré, monsieur, de ce courroux,
Et je lui dis ici même chose que vous.

CÉLIMÈNE.
Que vous me fatiguez avec un tel caprice!
Ce que vous demandez a-t-il de la justice?
Et ne vous dis-je pas quel motif me retient?
J'en vais prendre pour juge Éliante qui vient.

SCÈNE III.
ÉLIANTE, PHILINTE, CÉLIMÈNE, ORONTE, ALCESTE.

CÉLIMÈNE.
Je me vois, ma cousine, ici persécutée
Par des gens dont l'humeur y paroît concertée.
Ils veulent, l'un et l'autre, avec même chaleur,
Que je prononce entre eux le choix que fait mon cœur,
Et que, par un arrêt qu'en face il me faut rendre,
Je défende à l'un d'eux tous les soins qu'il peut prendre.
Dites-moi si jamais cela se fait ainsi.

ÉLIANTE.
N'allez point là-dessus me consulter ici;
Peut-être y pourriez-vous être mal adressée,
Et je suis pour les gens qui disent leur pensée.

ORONTE.
Madame, c'est en vain que vous vous défendez.

ALCESTE.
Tous vos détours ici seront mal secondés.

ORONTE.
Il faut, il faut parler, et lâcher la balance.

ALCESTE.
Il ne faut que poursuivre à garder le silence.

ORONTE.
Je ne veux qu'un seul mot pour finir nos débats.
ALCESTE.
Et moi, je vous entends, si vous ne parlez pas.

SCÈNE IV.

ARSINOÉ, CÉLIMÈNE, ÉLIANTE, ALCESTE, PHILINTE, ACASTE, CLITANDRE, ORONTE.

ACASTE, à Célimène.
Madame, nous venons tous deux, sans vous déplaire,
Éclaircir avec vous une petite affaire.
CLITANDRE, à Oronte et à Alceste.
Fort à propos, messieurs, vous vous trouvez ici;
Et vous êtes mêlés dans cette affaire aussi.
ARSINOÉ, à Célimène.
Madame, vous serez surprise de ma vue;
Mais ce sont ces messieurs qui causent ma venue :
Tous deux ils m'ont trouvée, et se sont plaints à moi
D'un trait à qui mon cœur ne sauroit prêter foi.
J'ai du fond de votre âme une trop haute estime
Pour vous croire jamais capable d'un tel crime;
Mes yeux ont démenti leurs témoins les plus forts,
Et, l'amitié passant sur de petits discords,
J'ai bien voulu chez vous leur faire compagnie,
Pour vous voir vous laver de cette calomnie.
ACASTE.
Oui, madame, voyons, d'un esprit adouci,
Comment vous vous prendrez à soutenir ceci.
Cette lettre par vous est écrite à Clitandre.
CLITANDRE.
Vous avez pour Acaste écrit ce billet tendre.
ACASTE, à Oronte et à Alceste.
Messieurs, ces traits pour vous n'ont point d'obscurité,
Et je ne doute pas que sa civilité
A connoître sa main n'ait trop su vous instruire;
Mais ceci vaut assez la peine de le lire.

« Vous êtes un étrange homme, de condamner mon en-
« jouement, et de me reprocher que je n'ai jamais tant de
« joie que lorsque je ne suis pas avec vous. Il n'y a rien de

« plus injuste; et, si vous ne venez bien vite me deman-
« der pardon de cette offense, je ne vous la pardonnerai
« de ma vie. Notre grand flandrin de vicomte,...

Il devroit être ici.

« Notre grand flandrin de vicomte, par qui vous commen-
« cez vos plaintes, est un homme qui ne sauroit me reve-
« nir; et, depuis que je l'ai vu, trois quarts d'heure durant,
« cracher dans un puits pour faire des ronds [6], je n'ai pu ja-
« mais prendre bonne opinion de lui. Pour le petit marquis...

C'est moi-même, messieurs, sans nulle vanité.

« Pour le petit marquis, qui me tint hier longtemps la
« main, je trouve qu'il n'y a rien de si mince que toute sa
« personne; et ce sont de ces mérites qui n'ont que la cape
« et l'épée. Pour l'homme aux rubans verts [7]....

(A Alceste :)
A vous le dé, monsieur.

« Pour l'homme aux rubans verts, il me divertit quelque-
« fois avec ses brusqueries et son chagrin bourru; mais il
« est cent moments où je le trouve le plus fâcheux du monde.
« Et pour l'homme à la veste [8]....

(A Oronte :)
Voici votre paquet.

« Et pour l'homme à la veste, qui s'est jeté dans le bel es-
« prit, et veut être auteur malgré tout le monde, je ne
« puis me donner la peine d'écouter ce qu'il dit; et sa prose
« me fatigue autant que ses vers. Mettez-vous donc en tête
« que je ne me divertis pas toujours si bien que vous pen-
« sez; que je vous trouve à dire, plus que je ne voudrois,
« dans toutes les parties où l'on m'entraîne; et que c'est
« un merveilleux assaisonnement aux plaisirs qu'on goûte,
« que la présence des gens qu'on aime.

CLITANDRE.
Me voici maintenant, moi.

« Votre Clitandre, dont vous me parlez, et qui fait tant le
« doucereux, est le dernier des hommes pour qui j'aurois
« de l'amitié. Il est extravagant de se persuader qu'on

« l'aime; et vous l'êtes de croire qu'on ne vous aime pas.
« Changez, pour être raisonnable, vos sentiments contre
« les siens; et voyez-moi le plus que vous pourrez, pour
« m'aider à porter le chagrin d'en être obsédée. »

D'un fort beau caractère on voit là le modèle,
Madame, et vous savez comment cela s'appelle.
Il suffit. Nous allons, l'un et l'autre, en tous lieux,
Montrer de votre cœur le portrait glorieux.
           ACASTE.
J'aurois de quoi vous dire, et belle est la matière;
Mais je ne vous tiens pas digne de ma colère;
Et je vous ferai voir que les petits marquis
Ont, pour se consoler, des cœurs de plus haut prix [9].

SCÈNE V.

CÉLIMÈNE, ÉLIANTE, ARSINOÉ, ALCESTE, ORONTE, PHILINTE.

           ORONTE.
Quoi? de cette façon je vois qu'on me déchire,
Après tout ce qu'à moi je vous ai vu m'écrire!
Et votre cœur, paré de beaux semblants d'amour,
A tout le genre humain se promet tour à tour!
Allez, j'étois trop dupe, et je vais ne plus l'être;
Vous me faites un bien, me faisant vous connoître:
J'y profite d'un cœur qu'ainsi vous me rendez,
Et trouve ma vengeance en ce que vous perdez.
       (A Alceste:)
Monsieur, je ne fais plus d'obstacle à votre flamme,
Et vous pouvez conclure affaire avec madame.

SCÈNE VI.

CÉLIMÈNE, ÉLIANTE, ARSINOÉ, ALCESTE, PHILINTE.

           ARSINOÉ, à Célimène.
Certes, voilà le trait du monde le plus noir;
Je ne m'en saurois taire, et me sens émouvoir [10].
Voit-on des procédés qui soient pareils aux vôtres?
Je ne prends point de part aux intérêts des autres;

(Montrant Alceste.)
Mais monsieur, que chez vous fixoit votre bonheur,
Un homme, comme lui, de mérite et d'honneur,
Et qui vous chérissoit avec idolâtrie,
Devoit-il?...

ALCESTE.
Laissez-moi, madame, je vous prie,
Vider mes intérêts moi-même là-dessus;
Et ne vous chargez point de ces soins superflus.
Mon cœur a beau vous voir prendre ici sa querelle,
Il n'est point en état de payer ce grand zèle;
Et ce n'est pas à vous que je pourrai songer,
Si, par un autre choix, je cherche à me venger.

ARSINOÉ.
Hé! croyez-vous, monsieur, qu'on ait cette pensée,
Et que de vous avoir on soit tant empressée?
Je vous trouve un esprit bien plein de vanité,
Si de cette créance il peut s'être flatté.
Le rebut de madame est une marchandise
Dont on auroit grand tort d'être si fort éprise.
Détrompez-vous, de grâce, et portez-le moins haut.
Ce ne sont pas des gens comme moi qu'il vous faut.
Vous ferez bien encor de soupirer pour elle,
Et je brûle de voir une union si belle.

SCÈNE VII.

CÉLIMÈNE, ÉLIANTE, ALCESTE, PHILINTE.

ALCESTE, à Célimène.
Eh bien, je me suis tû, malgré ce que je vois,
Et j'ai laissé parler tout le monde avant moi.
Ai-je pris sur moi-même un assez long empire?
Et puis-je maintenant?...

CÉLIMÈNE.
Oui, vous pouvez tout dire;
Vous en êtes en droit, lorsque vous vous plaindrez,
Et de me reprocher tout ce que vous voudrez.
J'ai tort, je le confesse; et mon âme confuse
Ne cherche à vous payer d'aucune vaine excuse.
J'ai des autres ici méprisé le courroux;
Mais je tombe d'accord de mon crime envers vous.

Votre ressentiment sans doute est raisonnable;
Je sais combien je dois vous paroître coupable,
Que toute chose dit que j'ai pu vous trahir,
Et qu'enfin vous avez sujet de me haïr.
Faites-le, j'y consens.
ALCESTE.

Hé! le puis-je, traîtresse?
Puis-je ainsi triompher de toute ma tendresse?
Et, quoique avec ardeur je veuille vous haïr,
Trouvé-je un cœur en moi tout prêt à m'obéir?
(A Éliante et à Philinte:)
Vous voyez ce que peut une indigne tendresse,
Et je vous fais tous deux témoins de ma foiblesse.
Mais, à vous dire vrai, ce n'est pas encor tout,
Et vous allez me voir la pousser jusqu'au bout,
Montrer que c'est à tort que sages on nous nomme,
Et que dans tous les cœurs il est toujours de l'homme.
(A Célimène:)
Oui, je veux bien, perfide, oublier vos forfaits;
J'en saurai, dans mon âme, excuser tous les traits;
Et me les couvrirai du nom d'une foiblesse
Où le vice du temps porte votre jeunesse,
Pourvu que votre cœur veuille donner les mains
Au dessein que j'ai fait de fuir tous les humains,
Et que dans mon désert, où j'ai fait vœu de vivre,
Vous soyez, sans tarder, résolue à me suivre.
C'est par là seulement que, dans tous les esprits,
Vous pouvez réparer le mal de vos écrits,
Et qu'après cet éclat qu'un noble cœur abhorre,
Il peut m'être permis de vous aimer encore.
CÉLIMÈNE.
Moi, renoncer au monde avant que de vieillir,
Et dans votre désert aller m'ensevelir!
ALCESTE.
Et, s'il faut qu'à mes feux votre flamme réponde,
Que vous doit importer tout le reste du monde?
Vos désirs avec moi ne sont-il pas contents?
CÉLIMÈNE.
La solitude effraie une âme de vingt ans.
Je ne sens point la mienne assez grande, assez forte,
Pour me résoudre à prendre un dessein de la sorte.
Si le don de ma main peut contenter vos vœux,
Je pourrai me résoudre à serrer de tels nœuds;

Et l'hymen....
ALCESTE.
Non. Mon cœur à présent vous déteste,
Et ce refus lui seul fait plus que tout le reste.
Puisque vous n'êtes point, en des liens si doux,
Pour trouver tout en moi, comme moi tout en vous,
Allez, je vous refuse; et ce sensible outrage,
De vos indignes fers pour jamais me dégage.

SCÈNE VIII.
ÉLIANTE, ALCESTE, PHILINTE.

ALCESTE, à Éliante.

Madame, cent vertus ornent votre beauté,
Et je n'ai vu qu'en vous de la sincérité;
De vous, depuis longtemps, je fais un cas extrême;
Mais laissez-moi toujours vous estimer de même,
Et souffrez que mon cœur, dans ses troubles divers,
Ne se présente point à l'honneur de vos fers;
Je m'en sens trop indigne, et commence à connoître
Que le ciel, pour ce nœud, ne m'avoit point fait naître;
Que ce seroit pour vous un hommage trop bas,
Que le rebut d'un cœur qui ne vous valoit pas;
Et qu'enfin....
ÉLIANTE.
Vous pouvez suivre cette pensée [11]:
Ma main de se donner n'est pas embarrassée;
Et voilà votre ami, sans trop m'inquiéter,
Qui, si je l'en priois, la pourroit accepter.

PHILINTE.
Ah! cet honneur, madame, est toute mon envie,
Et j'y sacrifierois et mon sang et ma vie.

ALCESTE.
Puissiez-vous, pour goûter de vrais contentements,
L'un pour l'autre, à jamais, garder ces sentiments!
Trahi de toutes parts, accablé d'injustices,
Je vais sortir d'un gouffre où triomphent les vices,
Et chercher, sur la terre, un endroit écarté,
Où d'être homme d'honneur on ait la liberté.

PHILINTE.
Allons, madame, allons employer toute chose
Pour rompre le dessein que son cœur se propose.

FIN DU CINQUIÈME ACTE.

NOTES ET VARIANTES.

Le Misanthrope fut joué, pour la première fois, le 4 juin 1666, sur le théâtre du Palais-Royal. Il eut, suivant les registres de la Comédie-Françoise, vingt et une représentations. Habitué à des intrigues plus vives, à un comique moins élevé, le public resta froid, et Molière crut sa pièce tombée. « Je n'ai pu « mieux faire, disoit-il avec amertume, et sûrement je ne ferois « pas mieux. — Attendez, répondoit Boileau, et vous obtiendrez « le succès le plus éclatant. » En effet on s'aperçut bientôt que l'auteur venoit d'ouvrir une nouvelle route, et qu'en abandonnant ses modèles, il étoit devenu lui-même un modèle inimitable. (M. AIMÉ MARTIN.)

Molière a si bien observé dans cette pièce le précepte d'Horace : *Propriè communia dicere*, « dire d'une manière propre et *individuelle des choses générales*, » qu'on a voulu voir dans ses divers personnages, non des représentations idéales de tel ou tel défaut, de telle ou telle qualité, mais des individus, des portraits copiés d'après nature, et dont les originaux vivoient de son temps. Pour ne parler que du rôle principal, les uns ont prétendu que Molière avoit voulu peindre le duc de Montausier, qui en effet, comme le dit M. Auger, réunissoit à la probité rigide et à la sincérité courageuse d'Alceste quelque chose de son humeur âpre, grondeuse et contrariante. D'autres, qui reconnoissent dans Célimène, Armande Béjart, femme de Molière, et dans Philinte, le trop facile Chapelle, son ami, veulent que le Misanthrope soit Molière lui-même. Ces interprétations diverses, surtout la dernière, peuvent sans doute se défendre ; il est facile même de trouver quelques traits frappants de ressemblance entre le caractère d'Alceste et celui de l'auteur. Mais n'est-ce pas aller trop loin que de lui prêter l'intention de se peindre ainsi lui-même ? Ne fait-on pas plus d'honneur au poëte, et la création de ce caractère ne devient-elle pas bien mieux une œuvre de tous les temps et de tous les pays, si l'on reconnoît dans cette figure à la fois austère et comique du Misanthrope, non pas simplement un portrait, l'image d'un seul homme, mais une peinture de la misanthropie elle-même, telle que Platon la définissoit déjà dans son Phédon ; peinture qui est à la fois d'une vérité générale et d'une réalité tout individuelle. « La « misanthropie, dit Platon, vient de ce qu'après s'être beaucoup « trop fié, sans aucune connoissance, à quelqu'un, et l'avoir cru « tout à fait sincère, honnête et digne de confiance, on le trouve, « peu de temps après, méchant et infidèle, et tout autre encore « dans une autre occasion ; et lorsque cela est arrivé à quelqu'un

« plusieurs fois, et surtout relativement à ceux qu'il avoit crus
« ses meilleurs et plus intimes amis, après plusieurs mécomptes,
« il finit par prendre en haine tous les hommes, et ne plus croire
« qu'il y ait rien d'honnête dans aucun d'eux.... N'est-ce donc
« pas une honte? N'est-il pas évident que cet homme-là entre-
« prend de traiter avec les hommes, sans avoir aucune connois-
« sance des choses humaines? car s'il en avoit eu un peu con-
« noissance, il eût pensé, comme cela est en réalité, que les
« bons et les méchants sont les uns et les autres en bien petite
« minorité, et ceux qui tiennent le milieu, en un très-grand
« nombre. »

Fénelon, et après lui J.-J. Rousseau, ont accusé Molière d'a-
voir voulu, dans sa comédie du *Misanthrope*, tourner la vertu
en ridicule. Fénelon dit dans sa *Lettre à l'Académie françoise* :
« Un autre défaut de Molière, que beaucoup de gens d'esprit lui
« pardonnent, et que je n'ai garde de lui pardonner, est qu'il a
« donné... une austérité ridicule et odieuse à la vertu. » Rousseau
n'est pas moins sévère dans sa *Lettre à d'Alembert sur les spectacles* : « Vous ne sauriez, dit-il, me nier deux choses : l'une,
« qu'Alceste est dans cette pièce un homme droit, sincère, esti-
« mable, un véritable homme de bien; l'autre, que l'auteur lui
« donne un personnage ridicule. C'en est assez, ce me semble,
« pour rendre Molière inexcusable. » Pour montrer l'injustice de
cette accusation, que Platon semble avoir réfutée d'avance dans
le passage que l'on vient de lire, il nous suffira de bien poser la
question, et pour cela nous n'aurons qu'à citer le commencement de la réponse que la Harpe adresse à J.-J. Rousseau : « Il
faut absolument, avec un dialecticien aussi subtil que Rousseau, se servir des mêmes armes que lui, et argumenter en
forme. Ainsi d'abord je distingue la majeure et je nie la consé-
quence. *L'auteur donne au misanthrope un personnage ridicule:*
oui; mais ce ridicule porte-t-il sur ce qu'il est *droit, sincère,
homme de bien?* Non. Il porte sur des travers réels, qui tiennent à l'excès de ces bonnes qualités. Et qui peut douter que
l'excès ne gâte les meilleures choses? Ce principe est si reconnu,
qu'il seroit superflu de le prouver. Or, si tout excès est blâmable et dangereux, la comédie n'a-t-elle pas droit d'en montrer le vice et le danger? et si elle y joint le ridicule, ne se
sert-elle pas de l'arme qui lui est propre? »

Après avoir donné quelques exemples, la Harpe conclut en
ces termes : « Le ridicule ne porte que sur ce qui est du ressort
de la censure comique, sur ce qui est outré, déplacé, répréhen-
sible; donc la vertu n'est point compromise, puisqu'un homme
honnête n'en demeure pas moins respectable malgré des défauts
d'humeur et des travers d'esprit. Donc Molière non-seulement
n'est point *inexcusable*, mais il n'a pas même besoin d'excuse,
et ne mérite que des éloges pour avoir donné une leçon très-
importante, non pas, comme tant d'autres poëtes, aux vicieux,
aux sots, à la multitude, mais à la vertu, à la sagesse, en leur
apprenant dans quelles justes bornes elles doivent se renfermer, quels excès elles doivent éviter pour être utiles, et à celui

qui les possède, et à tout le reste des hommes. » Au reste, Rousseau se réfute lui-même sans le vouloir, et fait un aveu qui justifie complétement Molière : « Quoique Alceste, dit-il, ait des défauts réels dont on n'a pas tort de rire, on sent pourtant au fond du cœur un respect pour lui dont on ne peut se défendre. »

Pour n'avoir pas à revenir sur ce reproche d'immoralité, et pour montrer mieux encore, s'il est possible, comment Molière avoit conçu le caractère du misanthrope, nous terminerons cette discussion par l'extrait suivant du commentaire de M. Aimé Martin : « Alceste n'est ni un homme vertueux, ni un méchant, c'est un misanthrope. Être vertueux, c'est aimer tous les hommes, indépendamment de leurs vices, parce que ces vices peuvent toujours être séparés de l'homme, comme la maladie du malade. Être misanthrope, au contraire, c'est non-seulement haïr les vicieux, comme s'ils étoient le vice même, mais encore c'est haïr tous les hommes pour les vices qui ne sont qu'en quelques-uns. Ainsi la misanthropie, séparée de la vertu par une foiblesse et du vice par la vertu, se trompe sans cesse dans l'application de sa haine, et devient, par ses erreurs mêmes, une source abondante de vrai comique. En effet, tout le comique du caractère d'Alceste naît de cette erreur : c'est elle qui lui fait presque haïr la modération dans Philinte, seulement parce que Philinte ne partage pas son injustice, c'est-à-dire parce qu'il se contente de haïr la méchanceté sans haïr les méchants. C'est elle encore qui rend Alceste aussi sensible à une injustice personnelle qu'il le seroit à une injustice faite au genre humain. Enfin c'est elle qui le met en contradiction avec lui-même dans l'amour qu'il éprouve pour une coquette; car il aime Célimène malgré ses vices, parce qu'il sait bien que le vice et Célimène sont deux choses différentes; mais il déteste tous les hommes, parce que les hommes et les vices lui semblent une même chose. Remarquez que si Molière nous fait rire de cette erreur, il nous en fait respecter la source dans tout ce qu'elle a de commun avec la vertu. »

ACTE PREMIER (p. 643).

1 Regnard a emprunté quelques vers du *Misanthrope*. On lit dans *le Distrait* (acte I, sc. I) :

<small>Dans vos brusques humeurs je ne puis vous comprendre.</small>

2. A cette époque, c'étoit une habitude presque générale, parmi les hommes de la cour, de ne s'aborder qu'avec de grandes embrassades, accompagnées de bruyantes protestations d'amitié. (AUGER.)

3. « Il embrasse un homme qu'il trouve sous sa main; il lui presse la tête contre sa poitrine; il demande ensuite qui est celui qu'il a embrassé. » (LA BRUYÈRE, *des Grands*.)

<small>A peine pouvons-nous dire comme il se nomme.
(REGNARD, *Ménechmes*, acte IV, sc. 2.)</small>

4. Ménage, dans ses *Observations sur la langue françoise*, publiées en 1672, nous apprend que dès lors l'usage le plus commun étoit de prononcer *monnaie*. La rime *joie-monnoie* étoit donc déjà inexacte du temps de Molière.

5. VAR. Ce commerce honteux de semblant d'amitié.

6. Ceux qui voient Molière dans Alceste et Chapelle dans Philinte, citent ce vers à l'appui de leur opinion. Molière et Chapelle étoient amis d'enfance; ils avoient étudié tous deux sous le même maître, le célèbre Gassendi.

7. Sganarelle et Ariste.

8. On demandoit à Timon d'Athènes, appelé le Misanthrope, pourquoi il haïssoit tous les hommes. « Je hais les méchants, « répondit-il, parce qu'ils le méritent; et les autres, parce qu'ils « ne haïssent pas les méchants. »

9. Regnard a emprunté cette belle expression à Molière :

> Tu ne saurois saisir ces haines vigoureuses
> Que sentent pour l'amour les âmes généreuses.
> (*Démocrite*, acte IV, sc. 4.)

10. Qu'on nous vante, tant qu'il plaira, la pureté de Térence au désavantage de Molière, j'affirmerois que ni lui, ni Ménandre, s'ils reparoissoient, n'auroient à nous offrir un fragment plus pur, ou même d'une égale perfection, que ces vers de Philinte, où l'auteur établit la moralité fondamentale de sa comédie du *Misanthrope* :

> Mon dieu ! des mœurs du temps mettons-nous moins en peine, etc., etc.

(NÉP. LEMERCIER, *Cours de Littérature*, 23ᵉ séance.)

11. « Non plus sapere quam oportet sapere, sed sapere ad so- « brietatem. » (SAINT PAUL, *Épître aux Romains*, ch. XII, v. 3.)

12. L'empereur Marc-Aurèle, et pourtant il appartenoit à la secte austère des stoïciens, disoit comme Philinte : « Nous ne pouvons pas faire les hommes comme nous les voudrions; il faut donc les supporter tels qu'ils sont, et tirer d'eux le meilleur parti possible. » — « Corrige et redresse les méchants, si tu le peux ; sinon, souviens-toi que c'est pour eux que t'a été donnée la bienveillance. Les dieux mêmes sont bienveillants pour eux....; tu peux les imiter. » (*Réfl. mor.*, liv. IX, ch. XI.)

13. VAR. Mais ce flegme, monsieur, qui raisonnez si bien.

14. Ces vers rappellent un passage de Sénèque, qui cependant partageoit aussi les sévères doctrines du Portique : « Non ira- « scetur sapiens peccantibus. Quare? Quia scit neminem nasci sa- « pientem, sed fieri; .... quia conditionem humanæ vitæ perspe- « ctam habet : nemo autem naturæ sanus irascitur. Quid enim « si mirari velit non in silvestribus dumis poma pendere? Quid « si miretur spineta sentesque non utili aliqua fruge compleri? » (*De Ira*, liv. XI, ch. X.)

15. VAR. Ma foi, vous feriez bien de garder le silence.

16. « Quelque tour qu'on donne à la chose, ou celui qui solli-

cite un juge l'exhorte à remplir son devoir, et alors il lui fait une insulte, ou il lui propose une acception de personnes, et alors il le veut séduire, puisque toute acception de personnes est un crime dans un juge qui doit connoître l'affaire et non les parties, et ne voir que l'ordre et la loi : or je dis qu'engager un juge à faire une mauvaise action, c'est la faire soi-même, et qu'il vaut mieux perdre une cause juste que de faire une mauvaise action. Cela est clair, net, il n'y a rien à répondre. » (J.-J. ROUSSEAU.) — « On pourroit dire à Alceste : Sans doute il vaudroit mieux que la justice seule pût tout faire, mais d'abord ce qui est permis à votre partie ne vous est pas défendu; et, si vous opposez à l'usage la morale rigide, je vais vous convaincre qu'elle est d'accord avec la démarche que je vous conseille. Ne conviendrez-vous pas qu'il vaut encore mieux empêcher une injustice, si on le peut, que d'*avoir le plaisir de perdre son procès?* Eh bien! d'après ce principe que vous ne pouvez pas nier, vous avez tort de vous refuser à ce qu'on vous demande. Car, sans révoquer en doute l'équité de vos juges, n'est-il pas très-possible qu'on leur ait montré l'affaire sous un faux jour, que votre rapporteur n'ait pas fait assez d'attention à des pièces probantes? Faites parler la vérité, et vous pourrez prévenir un arrêt injuste, c'est-à-dire une mauvaise action, un scandale, un mal réel. Que pourroit opposer à ce raisonnement un homme sans passion et sans humeur? Rien. » (LA HARPE.)

17. Du temps de Molière, on disoit encore *treuve*. La Fontaine a dit : *Dans les citrouilles je la treuve;* mais l'usage a aboli ce terme. (VOLTAIRE.)

18. VAR. Sa cousine Éliante auroit tous mes soupirs.

19. On crut que Molière avoit voulu peindre dans Oronte le duc de Saint-Aignan, auteur d'un assez grand nombre de pièces de vers et membre de l'Académie françoise. Racine, comme l'on sait, lui avoit dédié sa *Thébaïde*. S'il faut en croire l'auteur de la vie de Molière, écrite en 1724, le duc de Saint-Aignan avoit eu des paroles avec un autre seigneur, pour des vers de sa façon que l'autre ne louoit pas assez.

20. M. Aimé Martin, qui, dans tout son commentaire, s'efforce de prouver par des raisons toujours ingénieuses, souvent solides, qu'Alceste est Molière lui-même, remarque, au sujet de ces flatteries d'Oronte, que des compliments si exagérés seroient absurdes s'ils s'adressoient à un courtisan; « mais ils conviennent, dit-il, à un homme de lettres. On sent que Molière répète ici une scène d'après nature. Les contemporains ne s'y trompèrent pas, et ils remarquèrent, suivant Brossette, « que Molière s'étoit copié lui-même en quelques endroits du *Misanthrope, et surtout dans la scène où Oronte fait des protestations d'amitié et des offres de service.* »

21. VAR. Hé quoi! vil complaisant, vous louez des sottises?

22. La chute de ce sonnet, qui, selon les uns, est de Benserade, et que, selon d'autres, Molière avoit pris la peine de com-

poser lui-même, paroît empruntée du *Combibado de Piedra*, comédie espagnole qui est l'original du *Festin de Pierre* :

> El que un ben gozar espera
> Quanto espera desespera.

« Celui qui espère jouir d'un bien, désespère tout le temps qu'il espère. »

Cette pointe rappelle aussi une chanson de Ronsard, où se trouve cette définition de l'amour :

> C'est un plaisir tout rempli de tristesse;
> C'est un tourment tout confit de liesse,
> Un désespoir où toujours on espère,
> Un espérer où l'on se désespère.

23. Voilà une de ces répétitions dont Molière a tiré un si grand parti, et qui sont justement comptées parmi ses traits les plus comiques. Ici, *Je ne dis pas cela;* dans *Tartuffe*, *Le pauvre homme!* le *Sans dot*, de *l'Avare;* le *Que diable alloit-il faire dans cette galère?* des *Fourberies de Scapin*, sont d'admirables mots dont Molière semble avoir emporté le secret avec lui. Le seul Regnard, dans le *Légataire*, a trouvé un mot digne d'être placé à côté de ceux-là : *C'est votre léthargie*. (AUGER.)

24. Balzac, dans une lettre à Chapelain, du 23 novembre 1637, parle d'un homme de qualité qui faisoit des livres : « Celui dont me parle votre lettre est de ceux dont j'estime plus la personne que les livres; et quand j'ai dessein de le trouver beau, je ne le regarde pas de ce côté-là. Est-il possible qu'un homme qui n'a pas appris l'art d'écrire, et à qui il n'a point été fait de commandement de par le roi, et sur peine de la vie, de faire des livres, veuille quitter son rang d'honnête homme qu'il tient dans le monde, pour aller prendre celui d'impertinent et de ridicule parmi les docteurs et les écoliers? »

25. Un grand nombre de termes ont vieilli depuis Molière, et leur signification a été considérablement altérée. A cette époque le mot de *cabinet*, exclusivement consacré à un lieu de recueillement et d'étude, n'avoit point encore été détourné à l'acception qu'il a reçue des utiles et commodes innovations de l'architecture moderne. Du temps de Molière, des vers bons à *mettre au cabinet* ne signifioient autre chose que des vers indignes de voir le jour et de recevoir les honneurs de l'impression. C'est ainsi que, dans le procès de *la Femme juge et partie*, comédie qui n'est guère postérieure que de deux ans au *Misanthrope* (2 mars 1669), Montfleuri fait dire à la prude qui prononce la condamnation de l'ouvrage :

> Ordonnons par pitié, pour raison de ses faits,
> Qu'elle entre au cabinet, et n'en sorte jamais.

C'étoit donc là une expression consacrée dont le sens ne donnoit lieu à aucune équivoque. (DUVIQUET.)

26. Baron, le célèbre acteur, élève et ami de Molière, s'essayoit souvent sur cette chanson, et il la récitoit avec tant d'âme et d'un ton si pénétrant, qu'il faisoit fondre en larmes ses auditeurs.

27. Var. Je me passerai fort que vous les approuviez.

28. Je ne crois pas qu'on puisse rien voir de plus agréable que cette scène. Le sonnet n'est point méchant, selon la manière d'écrire d'aujourd'hui; et ceux qui cherchent ce que l'on appelle pointes ou chutes, plutôt que le bon sens, le trouveront sans doute bon. J'en vis même, à la première représentation de cette pièce, qui se firent jouer pendant qu'on représentoit cette scène; car ils crièrent que le sonnet etoit bon avant que le misanthrope en fît la critique, et demeurèrent ensuite tout confus. (DE VISÉ, *Lettre sur la comédie du Misanthrope*, imprimée en tête de la 1re édition, 1667.)

ACTE SECOND (p. 660).

1. Scarron parle aussi de cette mode bizarre dans sa nouvelle tragi-comique, *Plus d'effet que de paroles :* « Il (le prince de Tarente) s'étoit laissé croître l'ongle du petit doigt de la main gauche jusqu'à une grandeur étonnante, ce qu'il trouvoit le plus galant du monde. »

2. *Canon* se disoit autrefois d'une pièce de toile, ronde, fort large, et souvent ornée de dentelle, qu'on attachoit au-dessous du genou.

3. *Rhingrave*, espèce de culotte ou haut-de-chausses fort ample, attaché par le bas avec plusieurs rubans. Ménage dit que la mode en fut apportée en France par un seigneur allemand qu'on appeloit M. le Rheingrave (comte du Rhin), et qui étoit gouverneur de Maestricht.

4. Var. Et quel lieu de le croire a mon cœur enflammé?

L'édition originale est la seule qui porte *à*, préposition; dans toutes les autres, *a* est sans accent, et par conséquent verbe.

5. Var. Et l'on n'a vu jamais un amant si grondeur.

6. Dans l'édition de 1667, on lit *regards* au lieu d'*égards*. Il est probable que c'est une faute d'impression, car longtemps avant Molière on étoit généralement convenu de ne plus dire *regard*, mais *égard*, dans le sens de déférence, marque d'estime, de considération.

7. On a cru reconnoître dans Clitandre le comte de Guiche (né en 1638), et dans Acaste le comte, depuis duc, de Lauzun, favori de Louis XIV (né vers 1632).

8. On dit le *levé* (ou mieux le *lever*) tout court, en parlant du moment où le roi reçoit dans sa chambre, après qu'il est levé.

9. Molière est le premier qui ait su tourner en scène ces conversations du monde, et y mêler des portraits. Le *Misanthrope* en est plein; c'est une peinture continuelle, mais une peinture de ces ridicules que des yeux vulgaires n'aperçoivent pas.

(VOLTAIRE.)

10. Var. Parbleu! s'il faut parler des gens extravagants.

11. Suivant une tradition du temps, l'original du portrait de Timante étoit le comte de Saint-Gilles.

12. « Il (Théodote) est fin, cauteleux, mystérieux; il s'approche de vous, et il vous dit à l'oreille : Voilà un beau temps, voilà un grand dégel! » (LA BRUYÈRE, *de la Cour*.)

13. VAR. Il tutoie, en parlant, ceux du plus bas étage.

Molière a écrit *il tutaye*, apparemment pour figurer la manière dont on prononçoit ce mot à la cour, où dès longtemps on avoit remplacé, dans un grand nombre de mots, le son *oi* par le son *ai* ou *è*. (AUGER.)

14. L'éditeur de 1682 a remplacé les mots, *qu'elle grouille aussi peu*, par, *qu'elle s'émeut autant*. Le mot *grouiller* signifie remuer; il a vieilli. Molière l'a encore employé dans *le Bourgeois gentilhomme* (acte III, sc. 5), et Regnard dans *les Folies amoureuses* (acte III, sc. 4).

15. Les portraits que fait Molière, par l'organe de la médisante Célimène, surpassent en beauté de style les plus achevés de la Bruyère; et l'éloquence même inspira ce mouvement d'Alceste lorsqu'il eut à s'écrier : *Allons, ferme, poussez*, etc. (NÉP. LEMERCIER, *Cours de Littérature*, 23ᵉ séance.)

16. M. Aimé Martin cite ici un passage fort remarquable du roman de *Cyrus*. C'est un portrait du duc de Montausier, sous le nom de Mégabate, auquel Molière, sans avoir peut-être pour cela l'intention de peindre M. de Montausier, pourroit bien avoir emprunté quelques traits du caractère d'Alceste. « Mégabate,
« quoique d'un naturel fort violent, est pourtant souverainement
« équitable, et je suis fermement persuadé que rien ne peut lui
« faire faire une chose qu'il croiroit choquer la justice. Comme
« il est fort juste, il est ennemi déclaré de la flatterie. Il ne peut
« louer ce qu'il ne croit point digne de louanges, et ne peut
« abaisser son âme à dire ce qu'il ne croit pas, aimant beaucoup
« mieux passer pour sévère auprès de ceux qui ne connoissent
« point la véritable vertu, que de s'exposer à passer pour flat-
« teur. Je suis même persuadé que s'il eût été amoureux de quel-
« que dame qui eût eu quelques légers défauts, ou en sa beauté,
« ou en son esprit, ou en son humeur, toute la violence de sa
« passion n'eût pu l'obliger à trahir ses sentiments. En effet, je
« crois que s'il eût eu une maîtresse pâle, il n'eût jamais pu dire
« qu'elle eût été blanche. S'il en eût eu une mélancolique, il
« n'eût pu dire, pour adoucir la chose, qu'elle eût été sérieuse.
« Aussi ceux qui cherchent le plus à reprendre en lui ne l'accu-
« sent que de soutenir ses opinions avec trop de chaleur, et d'être
« si difficile que les moindres imperfections le choquent. Cela est
« causé par la parfaite connoissance qu'il a des choses. Il faut
« souffrir sa critique comme un effet de sa justice. Mais il faut
« dire encore que Mégabate écrit bien en vers et en prose, et que
« personne ne parle plus fortement ni plus agréablement que lui
« quand il est avec des gens qui lui plaisent, et qui ne l'obligent

« pas à garder le silence froid et sévère qu'il garde avec ceux
« qui ne lui plaisent pas. » (Mlle DE SCUDÉRI, *Artamène ou le
Grand Cyrus*, t. VII, liv. I, p. 307.)

17. VAR. C'est ainsi qu'un amant dont l'amour est extrême.

18. Ce morceau est d'autant plus précieux, que c'est tout ce
qui nous reste d'une traduction libre de Lucrèce que Molière
avoit presque achevée, et dont le manuscrit périt par accident.
Il n'avoit traduit en vers que les morceaux vraiment poétiques,
le reste étoit en prose. Voici le passage de Lucrèce :

« Nam faciunt homines plerumque, cupidine cæci,
« Et tribuunt ea, quæ non sunt his commoda vere.
« Multimodis igitur pravas turpesque videmus
« Esse in deliciis, summoque in honore vigere.
. . . .
« Nigra, μελίχροος est; immunda ac fetida, ἄκοσμος·
« Cæsia, Παλλάδιον; nervosa et lignea, δορκάς,
« Parvola, pumilio, Χαρίτων μία, tota merum sal;
« Magna atque immanis, κατάπληξις, plenaque honoris;
« Balba, loqui non quit? τραυλίζει· muta, pudens est;
« At flagrans, odiosa, loquacula, λαμπάδιον fit;
« Ἰσχνὸν ἐρωμένιον tum fit, quum vivere non quit
« Præ macie; ῥαδινὴ vero est, jam mortua tussi;
« Simula, Σιληνὴ, ac Σατύρα est; labiosa, Φίλημα.
« Cætera de genere hoc, longum est, si dicere coner. »

(*De rerum natura*, liv. IV, v. 1149-1164.)

19. Le hoqueton des gardes de la maréchaussée de France étoit
une jaquette, c'est-à-dire un vêtement assez ample qui tomboit
jusqu'aux genoux. — *Avec du dor dessus*. Les gens du peuple et
de la campagne disoient par corruption, *du dor*, pour *de l'or*.
Pierrot dit de même dans *le Festin de Pierre* (acte II, sc. 1) : « Il
« a du dor à son habit tout depis le haut jusqu'en bas. »

20. Avant la révolution, le tribunal des maréchaux de France
connoissoit des affaires d'honneur entre gentilshommes ou officiers; il régloit les réparations suivant la gravité des offenses,
et, pour garantie de ses jugements, il exigeoit la parole des deux
adversaires. Ce tribunal avoit à Paris une garde, dite de la con-
nétablie, chargée d'exécuter ses ordres.

21. Brossette raconte que Molière engageoit un jour Boileau à
moins maltraiter Chapelain dans ses satires, en lui représentant
que ce poëte étoit aimé de Colbert et du roi lui-même. « Oh! le
« roi et M. de Colbert feront ce qu'il leur plaira, répondit Boi-
« leau; mais à moins que le roi ne m'ordonne expressément de
« trouver bons les vers de Chapelain, je soutiendrai toujours
« qu'un homme, après avoir fait *la Pucelle*, mérite d'être
« pendu. »

ACTE TROISIÈME (p. 673).

1. Il y avoit autrefois sur le théâtre, de chaque côté de l'avant-scène, des banquettes où prenoient place les jeunes seigneurs et les gens à la mode. Cet usage subsista jusqu'en 1759.

2. « L'ouverture du troisième acte, dit de Visé dans la lettre déjà citée, se fait par une scène entre les deux marquis, qui disent des choses fort convenables à leurs caractères.... L'accord qu'ils font entre eux de se dire les marques d'estime qu'ils recevront de leur maîtresse, est une adresse de l'auteur, qui prépare la fin de sa pièce. »

3. Destouches a imité ces deux vers dans *le Philosophe Marié* (acte I, sc. 4) :

> Je pense que Finette est assez raisonnable
> Pour prendre en bonne part cet avis charitable.

4. *Paye* est un de ces mots qui ne peuvent entrer dans le vers qu'autant qu'ils sont suivis d'un mot commençant par une voyelle ou par une *h* non aspirée : alors l'*e* muet est élidé. Cette règle, qui n'existoit pas dans notre ancienne versification, n'étoit pas tellement obligatoire, à l'époque où Corneille et Molière même composoient, qu'ils ne crussent pouvoir y déroger assez souvent. (AUGER.) — On lit dans *l'Étourdi*, qui est la première pièce en vers de Molière (acte I, sc. 6) :

> . . . . Crie-t-elle à toute heure.

Et dans *Amphitryon* (acte I, sc. 2) :

> C'est d'être Sosie battu.

5. *N'est pas un si grand cas*, pour dire, n'est pas une si grande chose. Cette locution, qui se trouve dans le *Dictionnaire de l'Académie*, édition de 1694, n'est plus d'aucun usage. Il y a des éditeurs qui, ne la comprenant pas, y ont substitué, *n'est pas d'un si grand cas*; ce qui ne forme point de sens. (AUGER.)

6. Ce mot de *brillants* étoit autrefois d'un usage plus étendu u'aujourd'hui; on disoit, *il y a bien des brillants, de grands rillants dans ce poëme*. Ces exemples sont tirés du *Dictionaire de l'Académie*, édition de 1694. (AUGER.)

7. VAR. De traiter pour cela les gens du haut en bas.

8. Dès les premières représentations, cette scène obtint le plus grand succès; on l'applaudit comme la meilleure de l'ouvrage; elle est du moins une des plus morales et des plus étonnantes. Le caractère de la prude et celui de la coquette s'y montrent à plein, prenant naissance des mêmes vices, et modifiés seulement par l'âge et les circonstances. Arsinoé y fait voir tant d'aigreur et d'envie, qu'en l'écoutant on est tenté de prendre le parti de Célimène. Celle-ci paroit à son tour si brillante de vanité et de malice; elle sait si bien repousser l'injure par l'insulte, que les spectateurs finissent par désirer la punition de tant d'imperti-

nences, et l'humiliation de tant d'orgueil. Un commentateur (M. Auger) a dit que cette scène *n'étoit nullement essentielle à l'action*. Il falloit, au contraire, admirer l'art avec lequel l'auteur a su faire une scène de mœurs et de caractère d'une scène qui tient si éminemment au sujet; car elle motive la vengeance d'Arsinoé, et cette vengeance remplit le reste de la pièce, dont elle amène le dénoûment. (M. AIMÉ MARTIN.)

9. Quid Romæ faciam? Mentiri nescio : librum
Si malus est, nequeo laudare et poscere....
(JUVÉNAL, sat. III, v. 41 et 42.)

Mais moi, vivre à Paris! Eh! qu'y voudrois-je faire?
Je ne sais ni tromper, ni feindre, ni mentir;
Et quand je le pourrois, je n'y puis consentir.
(BOILEAU, sat. I.)

« Le reproche, en un sens, le plus honorable que l'on puisse faire à un homme, c'est de lui dire qu'il ne sait pas la cour : il n'y a sorte de vertus qu'on ne rassemble en lui par ce seul mot. Un homme qui sait la cour est maître de son geste, de ses yeux et de son visage : il est profond, impénétrable; il dissimule les mauvais offices, sourit à ses ennemis, contraint son humeur, déguise ses passions, dément son cœur, parle, agit contre ses sentiments. Tout ce grand raffinement n'est qu'un vice que l'on appelle fausseté, quelquefois aussi inutile au courtisan pour sa fortune, que la franchise, la sincérité et la vertu. » (LA BRUYÈRE, *de la Cour*.)

10. Ce jeu de mots, qu'on a justement désapprouvé dans Molière, ne lui appartient pas. On le trouve dans les *Larmes de saint Pierre*, poëme du Tansillo, imité par Malherbe :

Fait de tous les assauts que la rage peut faire
Une fidèle preuve à l'infidélité.

Corneille, après Malherbe, avoit dit dans *Cinna* (acte IV, sc. 2) :

Rends un sang infidèle à l'infidélité.

Le goût des *concetti*, puisé dans la poésie italienne, exerçoit encore son influence sur les esprits les plus vigoureux. (AUGER.)

ACTE QUATRIÈME (p. 685).

1. Qu'on vante en lui la foi, l'honneur, la probité;
Qu'on prise sa candeur et sa civilité;
Qu'il soit doux, complaisant, officieux, sincère;
On le veut, j'y souscris, et suis prêt à me taire.
Mais que pour un modèle on montre ses écrits,
Qu'il soit le mieux renté de tous les beaux esprits,
Comme roi des auteurs qu'on l'élève à l'empire,
Ma bile alors s'échauffe, et je brûle d'écrire.
(BOILEAU, sat. IX.)

2. Cizeron Rival raconte qu'un jeune magistrat étant venu consulter Malherbe sur des vers de sa façon, le poëte écouta longtemps sa lecture en silence; mais enfin il se lève, fait des

gestes convulsifs, et demande à l'auteur *s'il a eu l'alternative de faire ces vers ou d'être pendu* : à moins de cela, ajoute-t-il, vous ne devez pas exposer votre réputation en produisant une pièce si ridicule. (M. AIMÉ MARTIN.)

3. VAR. C'est de dire, croyant adoucir mieux son style.

4. On sent que, pour opposer le caractère d'Éliante à celui de la coquette, il a fallu beaucoup l'élever. Molière y est parvenu, en ajoutant à sa douceur naturelle beaucoup de franchise et de raison, et surtout en l'honorant de l'estime d'un honnête homme; car les sentiments tranquilles de Philinte pour Éliante ne s'élèvent point au-dessus de l'estime; et c'est, il faut le remarquer, par cette heureuse combinaison de l'art que Molière a sauvé l'inconvenance de deux personnages toujours prêts à s'offrir en pis-aller. Donnez un peu de mouvement au cœur d'Éliante et de Philinte, et ces deux rôles seront insupportables.

(M. AIMÉ MARTIN.)

5. Molière a emprunté ce vers et les cinq précédents à sa comédie de *Don Garcie de Navarre*. Cette pièce, représentée en 1661, n'ayant point eu de succès, Molière y prit des vers et des tirades qu'il plaça dans *le Misanthrope*, en y faisant de légers changements qui portent la plupart sur le style. La scène suivante, l'une des plus belles du *Misanthrope*, est aussi presque entièrement tirée de *Don Garcie*.

6. VAR. Et vous pouvez quitter ce désir de vengeance.

7.   In amore semper mendax iracundia est.

(P. SYRUS.)

8. Voltaire cite cette tirade pour prouver que le style de la comédie peut s'élever quelquefois jusqu'à la hauteur de celui de la tragédie. Il seroit difficile, en effet, de donner un plus bel exemple à l'appui du vers d'Horace (*de Arte poetica*, v. 93) :

Interdum tamen et vocem comœdia tollit.

9. Ce trait est admirable; il exprime tout le pouvoir d'un être froid sur un être passionné. Quelle rapide transition! Il n'a fallu qu'un mot pour changer en suppliant celui qui menaçoit; mais aussi ce mot a été prononcé à temps; il a surpris Alceste prêt à douter de l'évidence. Les preuves qu'il tient dans sa main perdent toute leur force; et il trouve Célimène innocente, seulement parce qu'il le désiroit. Mais ce qui doit surtout attirer notre attention, c'est l'art avec lequel Molière a su éviter le véritable écueil de cette scène, c'est-à-dire le pathétique. Un autre auteur n'auroit pas manqué de soutenir le ton; c'étoit le moyen d'arracher des larmes à tous les yeux. Quelques mots de plus, et la pièce tomboit dans le drame. Molière, par un trait profond de caractère, nous fait soudain rentrer dans la comédie; il trouve le secret de nous faire rire d'un homme qui est venu rompre avec sa maîtresse, et qui finit par la croire innocente sans qu'elle ait rien fait pour se justifier. Ce trait marque les limites des deux genres, limites si difficiles à reconnoître, qu'elles ont été fran-

chies par tous les auteurs modernes. En effet, si l'auteur tragique peut pousser l'attendrissement aussi loin qu'il le juge à propos, l'auteur comique doit s'arrêter promptement pour ne laisser voir que le ridicule des passions. (M. AIMÉ MARTIN.)

10. Mesurez de quel point Alceste partit au commencement, e quel intervalle il a franchi jusqu'au point où il arrive à la fin vous jugerez l'étendue immense du talent de l'auteur. Cette bell scène s'expose par la colère, se lie et s'intrigue par l'amour, et s dénoue par la foiblesse naturelle aux passions véhémentes. (NÉP LEMERCIER, *Cours de Littérature*, 2ᵉ séance.)

11. Quand on songe que Racine, à l'époque où parut *le Misanthrope*, n'avoit encore donné que *la Thébaïde* et *Alexandre*, et qu'il donna *Andromaque* un an après ce chef-d'œuvre de Molière, n'est-on pas forcé de convenir, avec M. Aimé Martin, que Molière non-seulement égaloit Racine, mais encore qu'il fut son maître dans l'art si difficile de peindre l'amour?

12. VAR. Qu'il faudroit pour le lire être pis qu'un démon.

13. Cette scène d'Alceste avec Dubois, qui termine si gaiement le quatrième acte, est une imitation de la scène d'Éraste et de la Montagne, dans *les Fâcheux* (acte II, sc. 3).

ACTE CINQUIÈME (p. 697.)

1. On a prétendu que ce trait faisoit allusion à un libelle infâme que des ennemis de Molière avoient fabriqué et fait courir sous son nom dans Paris.

2. J.-B. Rousseau a imité ces quatre vers dans sa comédie du *Flatteur* :

> Ce sont dix mille écus que j'y perdrai peut-être;
> Mais pour dix mille écus on est trop heureux d'être
> Détrompé pour jamais d'un scélérat maudit.

3. « Ne croiroit-on pas, dit M. Auger, entendre l'implacable Turnus commençant sa réponse au discours de Drancès par cette boutade insolente?

> Larga quidem, Drance, semper tibi copia fandi. »
> (VIRGILE, *Énéide*, liv. XI, v. 378.)

4. Ce dialogue, si précis et si vif, est un exemple frappant de l'art de peindre un homme par son langage. Les deux interlocuteurs ont le même désir, expriment les mêmes pensées, et cependant il seroit impossible de mettre les vers d'Alceste dans la bouche d'Oronte, ou ceux d'Oronte dans la bouche d'Alceste, sans dénaturer leur caractère. (M. AIMÉ MARTIN.)

5. *Témoins* est ici pour *preuves*, *témoignages*. L'expression manque un peu de clarté.

6. On dit que Madame Henriette d'Angleterre demanda à Molière de supprimer ce *grand flandrin de vicomte* qui crach

dans un puits pour faire des ronds. Mais le poëte, qui avoit probablement son original, refusa de sacrifier ce trait.

7. Les hommes portoient alors des nœuds de rubans à la cravate, aux manches, aux jarretières, aux souliers.

8. VAR. Et pour l'homme au sonnet....

L'homme à la veste. Probablement, à cette époque, la mode de porter la veste sous l'habit ou justaucorps n'étoit pas encore très-suivie; et sans doute Oronte se distinguoit par là des autres personnages.

9. VAR. Ont, pour se consoler, des cœurs de plus haut prix.

10. VAR. Je ne me saurois taire, et me sens émouvoir.

11. VAR. .... Vous pouvez suivre votre pensée.

FIN.

TABLE DES MATIÈRES.

Pages.

Le Cid, tragédie de P. Corneille.
Épître de Corneille à Mme la duchesse d'Aiguillon...... 3
Avertissement de Corneille............................ 5
Le Cid.. 11
Notes et variantes.................................... 73
Examen du *Cid* par Corneille......................... 83
Réponse de Corneille aux détracteurs du *Cid*......... 90

Horace, tragédie de P. Corneille.
A monseigneur le cardinal duc de Richelieu........... 93
Extrait de Tite Live.................................. 96
Horace.. 101
Notes... 156
Examen d'Horace....................................... 179

Cinna ou *la Clémence d'Auguste*, tragédie de P. Corneille.
Épître de Corneille à M. de Montauron................ 187
Extrait du livre de Sénèque le philosophe dont le sujet
de *Cinna* est tiré................................... 190
Extrait des *Essais* de Montaigne..................... 192
Cinna... 195
Notes et variantes.................................... 249
Examen de *Cinna* par Corneille....................... 259

Polyeucte, *martyr*, tragédie chrétienne de P. Corneille.
Épître de Corneille à la reine régente............... 263
Abrégé du martyre de saint Polyeucte écrit par Simon
Métaphraste et rapporté par Surius.................. 267
Polyeucte... 271
Notes et variantes.................................... 333
Examen de *Polyeucte* par Corneille................... 339

TABLE DES MATIÈRES.

Pages.

Britannicus, tragédie de J. Racine.
Épître de Racine à monseigneur le duc de Chevreuse... 345
Première préface de Racine............................. 347
Seconde préface de Racine.............................. 351
Britannicus.. 355
Notes et variantes..................................... 412

Esther, tragédie tirée de l'Écriture sainte, par J. Racine...
Extrait des souvenirs de Mme de Caylus........ 425
Préface de Racine...................................... 427
Esther... 433
Notes.. 475

Athalie, tragédie tirée de l'Écriture sainte, par J. Racine.
Préface de Racine...................................... 487
Extrait des Mémoires de Louis Racine................... 492
Extrait du livre deuxième des *Paralipomènes*.......... 494
Athalie.. 497
Notes et variantes..................................... 559

Mérope, tragédie de Voltaire.
Lettre de Voltaire à M. le marquis Scipion Maffei..... 573
Mérope... 583
Notes et variantes..................................... 635

Le Misanthrope, comédie de Molière.
Le Misanthrope....................................... 643
Notes et variantes..................................... 709

FIN DE LA TABLE.

Coulommiers. — Typographie de A. MOUSSIN.

www.ingramcontent.com/pod-product-compliance
Lightning Source LLC
Chambersburg PA
CBHW071707300426
44115CB00010B/1338